新吴年鉴

XINWU YEARBOOK

2020

无锡市新吴区人民政府　主办
无锡市新吴区档案史志馆　编

方志出版社
Publishing House of Local Records

图书在版编目（CIP）数据

新吴年鉴 . 2020 / 无锡市新吴区档案史志馆编 . --
北京：方志出版社，2020.10
ISBN 978-7-5144-4522-0

Ⅰ . ①新… Ⅱ . ①无… Ⅲ . ①区（城市）— 无锡 —
2020 — 年鉴Ⅳ . ① Z525.34

中国版本图书馆 CIP 数据核字 (2020) 第 203076 号

新吴年鉴（2020）

编　　者：无锡市新吴区档案史志馆
责任编辑：高孟君

出 版 者：方志出版社
地址　北京市朝阳区潘家园东里９号（国家方志馆４层）
邮编　100021
网址　http://www.fzph.org
发　　行：方志出版社图书经销中心
电话（010）67110500
经　　销：各地新华书店
印　　刷：无锡轻工大学印刷厂

开　　本：889 × 1194　　1/16
印　　张：26
字　　数：719 千字
版　　次：2020 年 10 月第 1 版　　2020 年 10 月第 1 次印刷
印　　数：0001 ~ 1000 册

ISBN 978-7-5144-4522-0　　定价：280.00 元

编辑说明

一、《新吴年鉴 2020》是中共新吴区委领导，新吴区人民政府主办，新吴区档案史志馆编纂的大型年度资料性文献。本年鉴以马克思列宁主义、毛泽东思想、邓小平理论、“三个代表”重要思想、科学发展观和习近平新时代中国特色社会主义思想为指导，坚持辩证唯物主义和历史唯物主义的立场、观点和方法，旨在全面系统地记述新吴区政治、经济、文化、社会、生态各方面发展的基本情况，为领导决策和管理提供参考，为社会各界认识新吴、了解新吴、建设新吴提供最新、最基本的信息，也为编史修志积累史料。

二、《新吴年鉴（2020）》全面记述 2019 年新吴区各项事业的发展状况和重要成就。记载范围为新吴区行政管辖区域，涵盖新吴区所属部门、街道及驻区企事业单位。

三、《新吴年鉴（2020）》按照分类编辑法，设类目、分目、条目三个层次，部分分目下设子分目，条目为记述的基本形式。类目下有综述，分目下一般先有一简略介绍行业或事业情况的概况，然后按“一事一条”的原则设置条目。

四、《新吴年鉴（2020）》设特载，专文，大事记，新吴概况，中国共产党无锡市新吴区委员会，新吴区人民代表大会，新吴区人民政府，中国人民政治协商会议江苏省无锡市新吴区委员会，中共新吴区纪律检查委员会、新吴区监察委员会，民主党派·工商联，群众团体，法治，军事，智慧新吴，新兴产业，园区建设，对外及港澳台经济与合作，经济管理，城乡建设与管理，制造业，商贸服务业，邮政·电信，旅游，科学技术，教育，文化，体育，医疗卫生，社会生活，环境保护，街道，人物·荣誉共 32 个类目及附录。书后附索引。

五、《新吴年鉴（2020）》所用统计数据，以区统计局提供的数据为主。在统计局以外的部门提供的数据中，因统计来源、口径、方法和时间不同而有不同，如需引用应予注意。所用数据采用法定计量单位，个别遵从习惯。

六、《新吴年鉴（2020）》各条目由各撰稿单位确定专人撰写，并经单位主要领导审定。撰稿人姓名署于条目之后，审稿人员名单列于卷首。书中图片由各职能单位提供，部分来自互联网或自媒体。

七、《新吴年鉴（2020）》的检索方法有目录和索引两种。目录在卷首，编排至条目。索引在卷末，采用主题分析法编制。

编纂委员会

主　　任：蒋　敏　封晓春

副 主 任：匡　辉

委　　员：蒋　敏　封晓春　张明烈　吴胜荣　洪延炜
匡　辉　余银龙　焦夕莲　刘　霞　祝君乔
章晓明　朱晓红　李伟敏　钱　前　丁旭东
丁洪军　尹震源　王丹丹　徐军团　王　佳

编辑部

主　　编：匡　辉

副 主 编：韩　宁　王　佳

执行主编：胡　碧

责任编辑：尤维娜

统　　稿：胡光明　张　丽

编　　辑：于晓曼　刘　清

撰稿单位审稿人员

（按姓氏笔画为序）

丁少春	丁　伟	丁旭东	丁宏伟	丁洪军	王丹丹
王立新	王　佳	尤　伟	卞惠忠	尹震源	卢军英
叶志浩	冯惠兴	匡　宏	匡　辉	朱　飞	朱冬青
朱晓红	华艳红	刘　霞	孙　磊	杜　斌	李伟敏
李桂林	李晓峰	杨二观	杨渊斌	肖伟民	吴治军
吴建华	吴俊芬	吴胜荣	余银龙	邹如春	张文荣
张　英	张国华	张明烈	张桂清	张继鸿	陆　军
陈卫红	范忠良	郁　江	季　茗	周君荣	冼　薇
庞正方	郑　虎	封晓春	封　雷	胡　碧	洪延炜
洪　斌	祝君乔	秦　霞	袁秋明	夏同军	顾国峰
钱　前	钱　洁	钱　韵	徐军团	徐璐琦	殷　璐
郭中华	黄海清	黄家传	曹泉源	章晓明	蒋　敏
韩建中	焦夕莲	潘　涛			

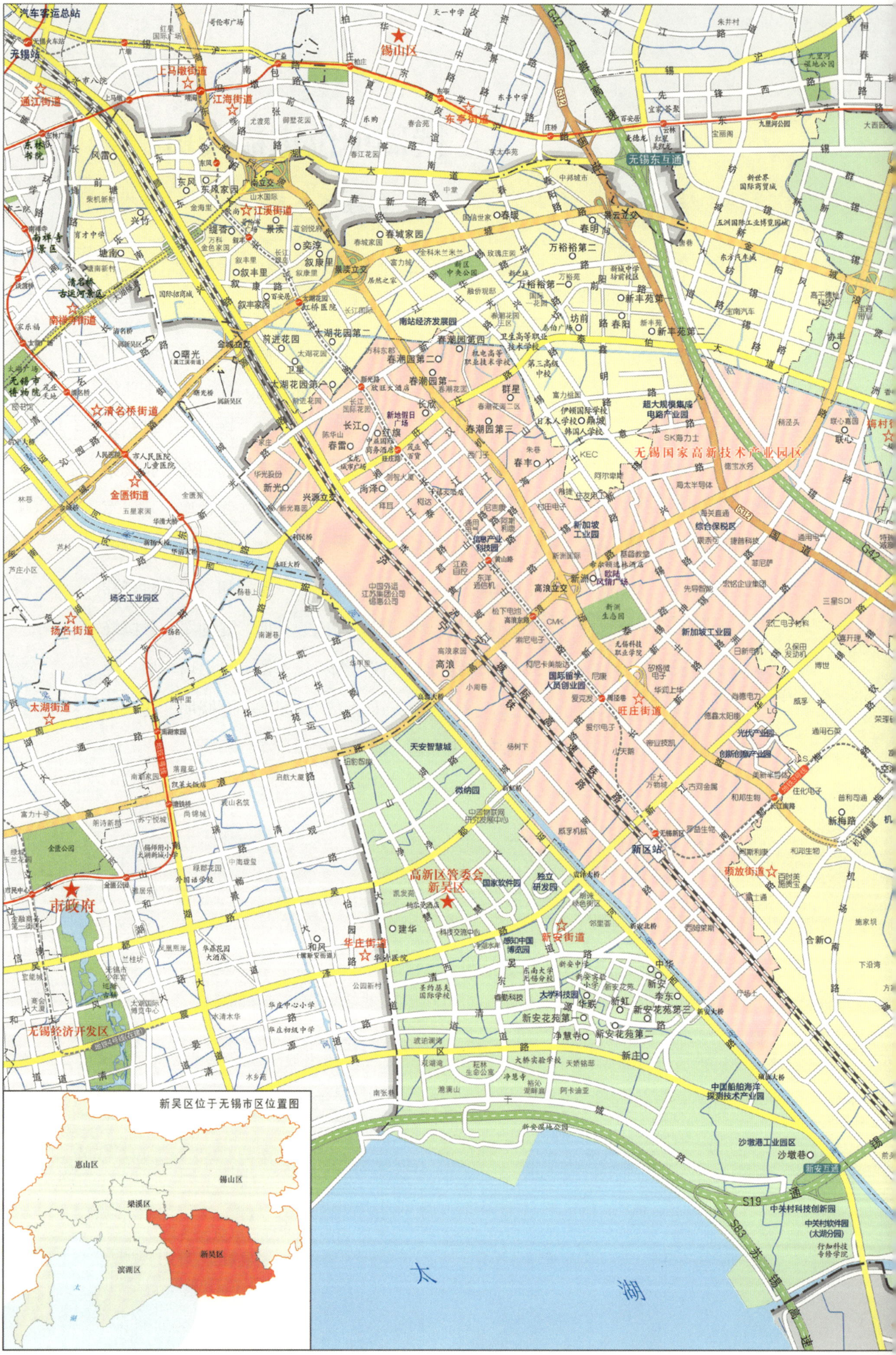

汽车客运总站
无锡站
锡山区
上马墩街道
通江街道
江海街道
东亭街道
无锡东互通
江溪街道
南禅寺景区
清名桥古运河景区
南禅寺街道
无锡市博物院
清名桥街道
金匮街道
扬名街道
扬名工业园区
太湖街道
市政府
无锡经济开发区
无锡国家高新技术产业园区
新加坡工业园
旺庄街道
硕放街道
新区站
高新区管委会
新吴区
新安街道
华庄街道
天安智慧城
国家软件园
中国船舶海洋探测技术产业园
沙墩港工业园区
新安互通
中关村科技创新园
中关村软件园(太湖分园)
太
湖
新吴区位于无锡市区位置图
惠山区
锡山区
梁溪区
新吴区
滨湖区

地图资料提供：无锡市测绘院有限责任公司 2020年8月　　资料截至2020年8月　　审图号：苏B（2020）10号

辉煌70年
1949–2019

——新中国成立 70 周年图片特辑

一、今昔对比

20 世纪 50 年代末硕放人民公社成立

21 世纪初硕放空港

20 世纪 70 年代末泰伯庙会

20 世纪 80 年代泰伯庙会

21 世纪初泰伯庙会

20 世纪 70 年代梅村医院
（泰伯路步行街旧址）

21 世纪初泰伯路步行街

20 世纪 80 年代鸿山大方桥古街

21 世纪初鸿山大方桥古街

20 世纪 80 年代试销商店(黑白电视机)

20 世纪 80 年代试销商店(布料)

21 世纪初宝龙城市广场

21 世纪初奥特莱斯购物中心

20 世纪 80 年代无锡县实验小学

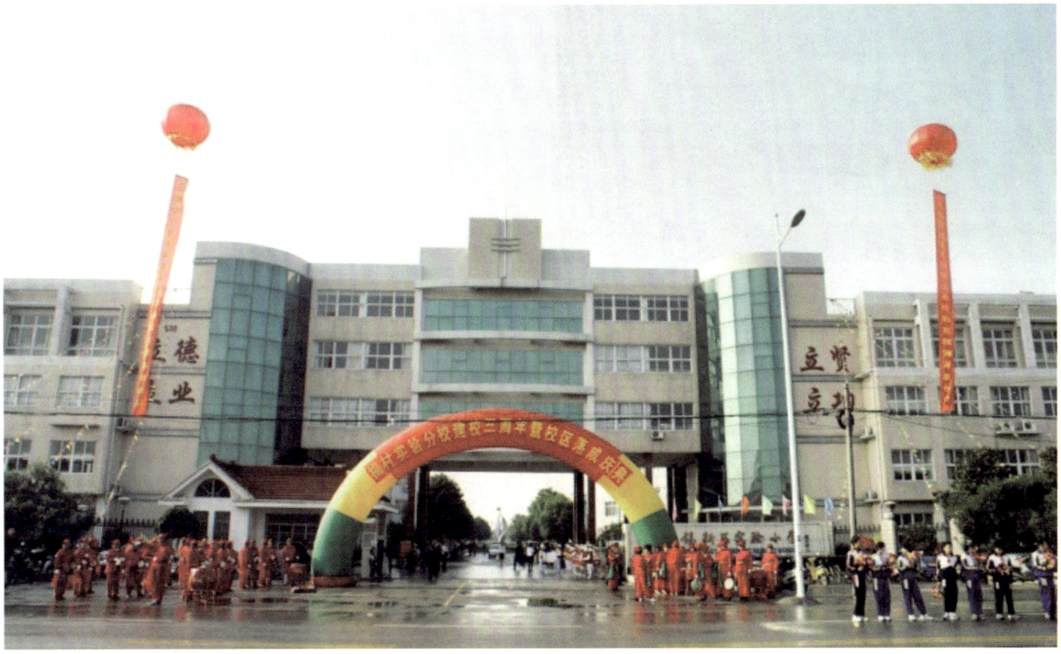

21 世纪初无锡新吴区实验小学

20 世纪 90 年代旺庄立交桥

21 世纪初旺庄立交桥

20 世纪 90 年代原新安花苑旧址

21 世纪初新安街道新安花苑

20 世纪 90 年代南站乡敬老院

21 世纪初江溪街道夕阳红休养中心

1992 年的开发区管委会

1994 年的无锡新区管委会

2001 年无锡高新区管委会

21 世纪初高新区管委会(新吴区人民政府)

二、今日新吴

（一）经济实力雄厚

SK 海力士

华润矽科

尚德生态大楼

无锡隆基

阿斯利康

Nikon

尼康

CATERPILLAR
CATERPILLAR®
Wuxi Research and Development Center
卡特彼勒无锡技术研发中心

卡特彼勒

西门子

祥生医疗

三联生物

通用电气

快递产业园

临空物流园

空港保税物流中心

（二）创新成效突出

阿斯利康商业创新中心

530 创业大厦

传感创新园

传感网大学科技园

工业博览园

留学生创业园

生命科技园总部研发区

天安智慧城

传感网国际创新园

中关村科技创新园

物联网小镇

软件园

物联网研究发展中心

（三）民生事业发展

东南大学无锡分校

波士顿国际学校

无锡科技职业学院

新吴区国际学校

欧陆风情街

机场路休闲游园健康步道

慧海湾公园频道

梅村二胡文化园

万人徒步活动

瑞金医院无锡分院

凯宜医院

新安街道社区卫生服务中心

硕放颐养园

（四）生态环境宜居

伯渎港开放式公园

健康主题公园

梁鸿湿地公园

梁鸿晨色

网红花海

新吴荷花

（五）交通立体发达

穿梭而过的高铁

穿镇而过的伯渎河

高浪路高架

新吴区航道

新吴区高铁站

无锡硕放国际机场

新吴足迹 2019

01 产业强区战略

全面贯彻落实新吴第一届人大常委会第五次代表大会要求，奋力拉开现代产业建设序幕，切实谱写好新吴新篇章。整合升级工业集中区实现优质资源共享，围绕各个体系展开精准招商，持续提高企业核心竞争力，助推企业高质量发展，建设美丽新吴。

项目投资对比图

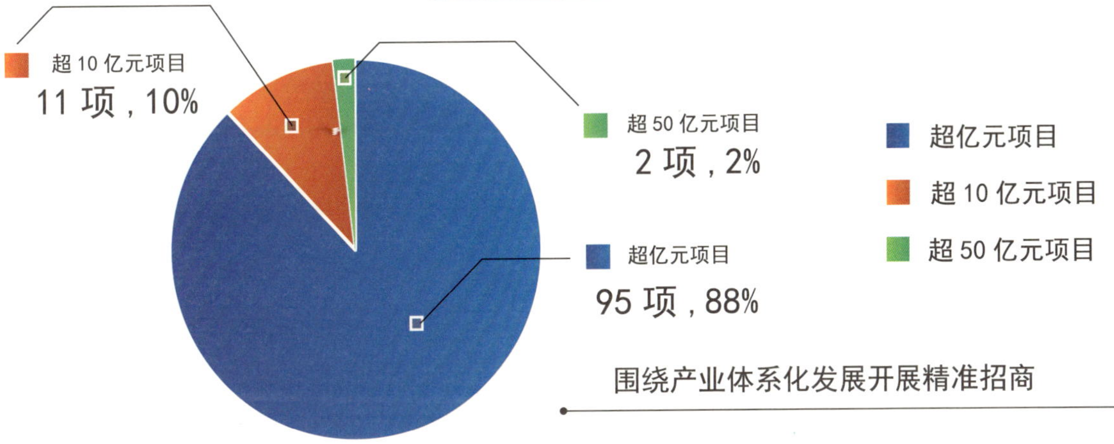

围绕产业体系化发展开展精准招商

新增企业分布图

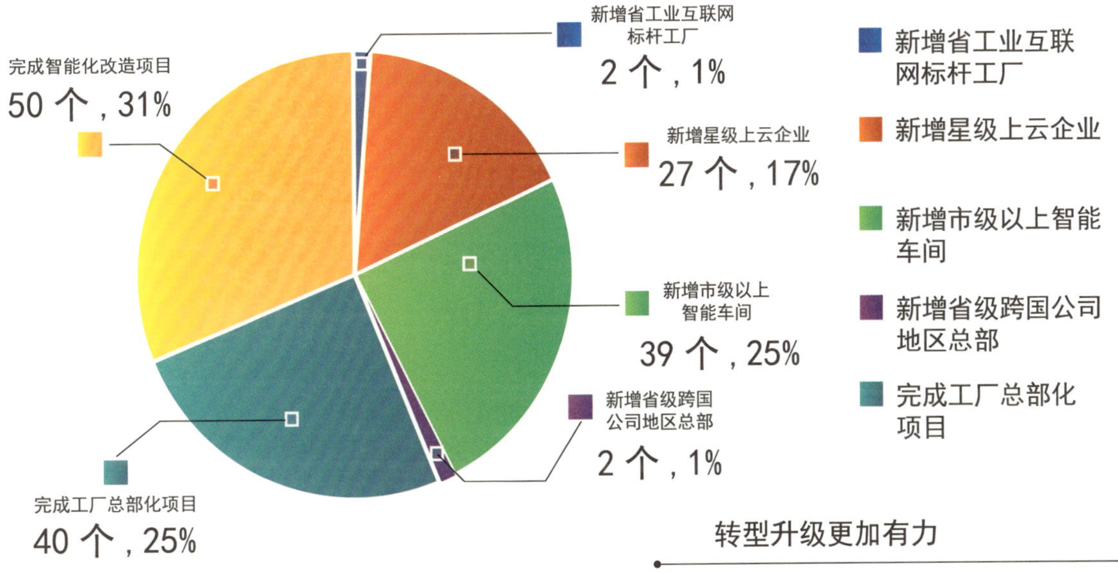

转型升级更加有力

新吴区企业斩获5个“国字号”荣誉项目

序号	获奖单位	荣誉	授予单位	授予时间
1	先导智能股份有限公司	制造业单项冠军企业	工业和信息化部	2019年10月
2	无锡普洛菲斯电子有限公司	国家级“绿色工厂”	工业和信息化部	2019年10月
3	无锡深南电路有限公司	国家级“绿色工厂”	工业和信息化部	2019年10月
4	江苏曼荼罗软件股份有限公司	第三批智慧健康养老示范企业	工业和信息化部	2019年10月
5	江苏中科西北星信息科技有限公司	第三批智慧健康养老示范企业	工业和信息化部	2019年10月

街道工业集中区提档升级，建立5个先行示范区

序号	名称
1	空港智能制造产业园
2	江溪智慧产业创新园
3	无锡国际生命科学创新园
4	苏南国家自主创新示范区
5	国家慢性病综合防控示范区

新增企业类型分布图

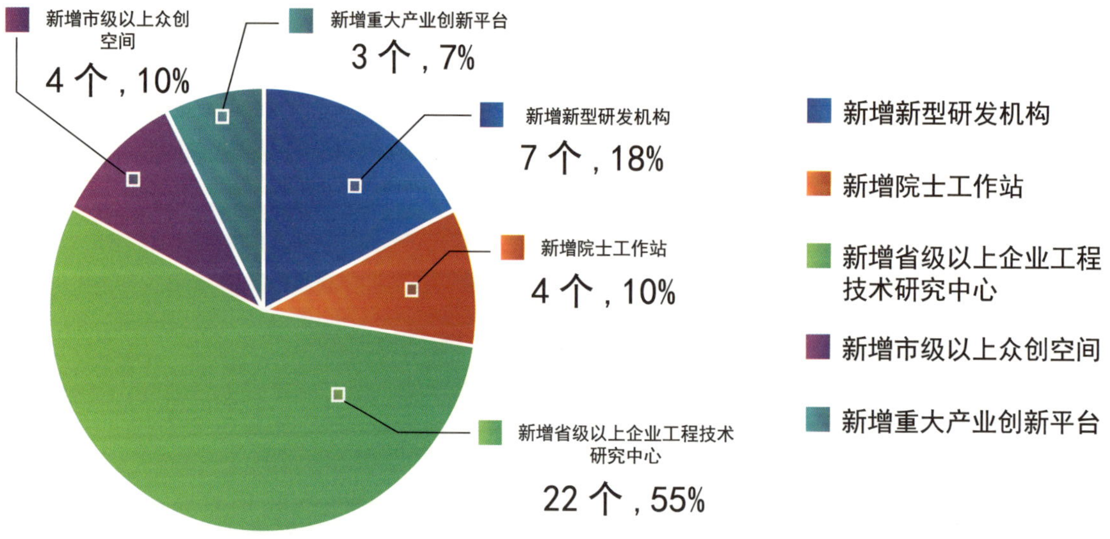

招引企业 / 新增高技术企业对比图

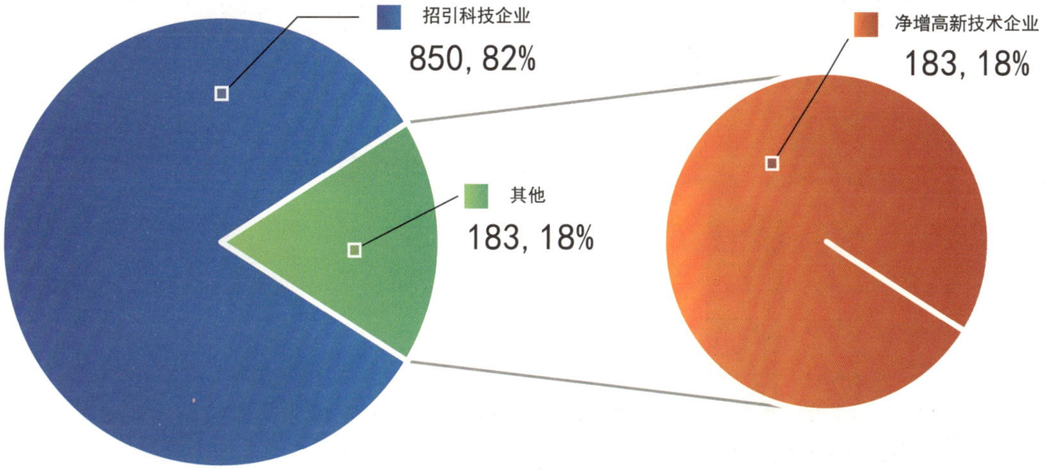

12 月 3 日，科创板无锡市第一股祥生医疗成功上市

微纳园斩获“亚洲最佳孵化器奖”

4月18日，海力士二工厂项目竣工仪式

9月7日，无锡国际生命科学创新园在高新区开园投运

8月7日，无锡国家传感网创新示范区建设十周年专题会议召开

02 产城融合发展

全力以赴谋项目、引项目、建项目。坚持将“产城融合发展”作为项目建设的开路先锋，不断完善城市功能，拉开发展骨架；加快城市基础设施建设，打造良好置业环境；细化服务举措，强化要素保障。为新吴区高质量发展注入新的活力与动力。

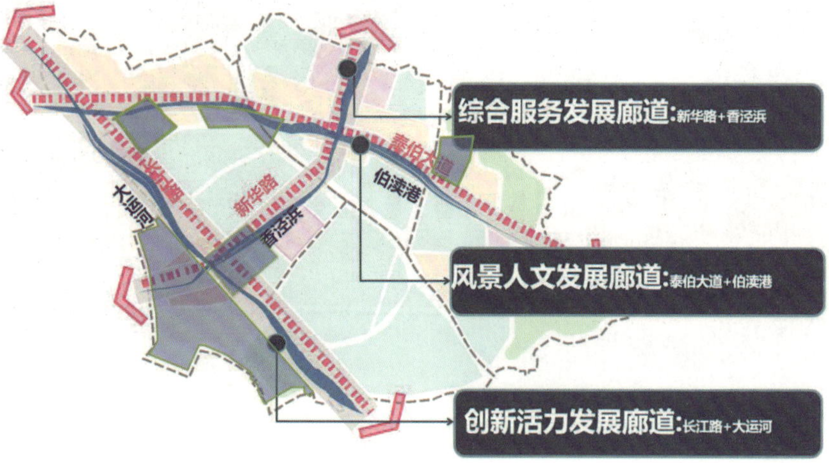

“一心三轴五板块”产城融合发展总体布局

新华日报

高度 贴近 开放

中共中央国务院印发

《新时代爱国主义教育实施纲要》

习近平和希腊总理米佐塔基斯共同参观中远海运比雷埃夫斯港项目

“一带一路”是成功实践和精彩现实

青海省党政代表团在我省考察

进一步把扶贫协作和对口支援任务落实好

娄勤俭吴政隆与王建军刘宁出席座谈会

盛茂林下沉徐州宿迁扬州开展扫黑除恶督导“回头看”时强调

贯彻党的十九届四中全会精神 以专项斗争战果体现主题教育成果

省政府部署冬春农田水利基本建设

省政协举行十二届二十五次主席会议

专题协商加快改善苏北农村住房条件

黄莉新主持并讲话

高淳：营造全域美丽大花园

提升公共服务 扮靓美丽家园

无锡高新区:产城融合焕新颜

11 月 13 日,《新华日报》头版聚焦新吴区产城融合成果

4 月 2 日，“慧海湾生态公园”开园揭牌

2018 年 /2019 年城市设施新增对比图

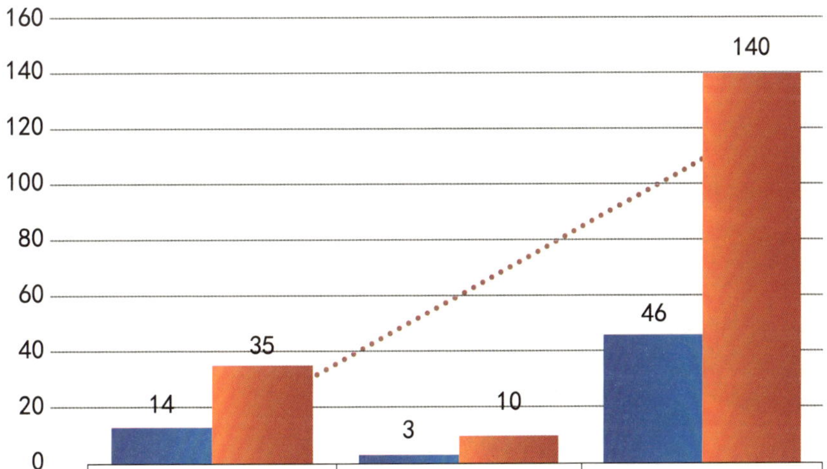

	新建改建公园数量	新开公交条数	新建改建公厕
2018 年	14	3	46
2019 年	35	10	140

安置房建设

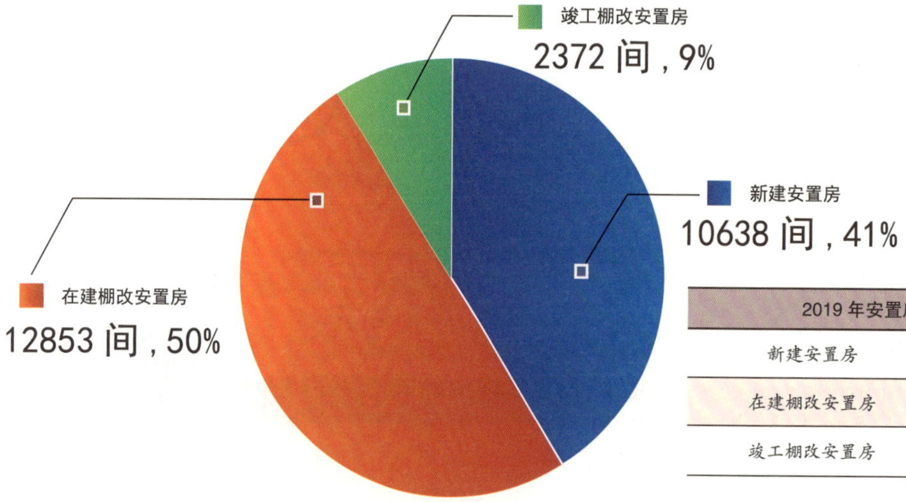

2019 年安置房数量	
新建安置房	10638 间
在建棚改安置房	12853 间
竣工棚改安置房	2372 间

城市安全集中整治

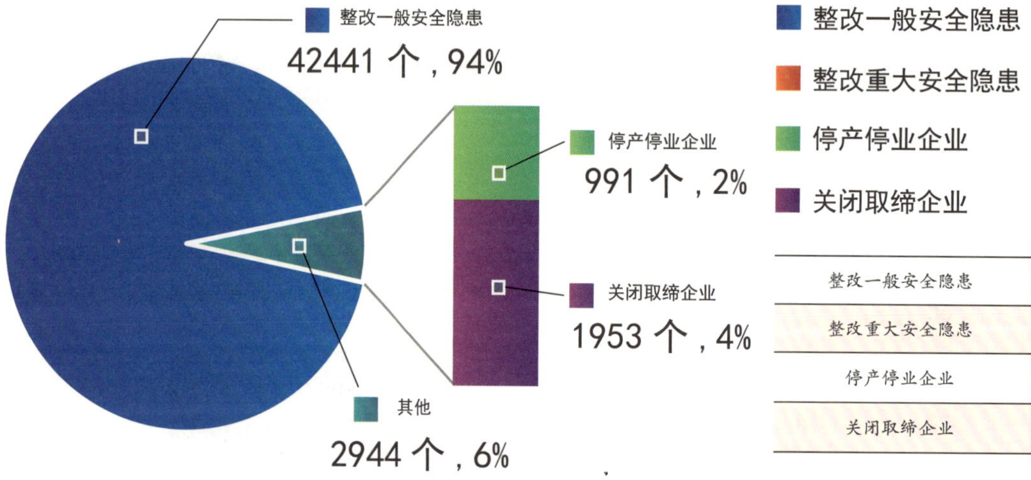

整改一般安全隐患	42441 个
整改重大安全隐患	45 个
停产停业企业	991 个
关闭取缔企业	1953 个

8月16号，新吴区第二批重点建设项目集中开工暨伯渎河重点片区建设启动仪式

环太湖沿线大堤全线贯通

03 全面深化改革开放

在更高起点、更高层次、更高目标上全面推进改革，使改革呈现全面发力、多点突破，蹄疾步稳、纵深推进的生动局面。在经济、政治、文化、社会基础设施、国防和军队、党的建设等重要领域获得突破性进展。

华光签约总价 2.45 亿元西港热电工程

5 月 22 日，ASML 半导体供应链服务中心揭牌

6 月 20 日，苏南国家自主创新示范区无锡高新区一站式服务中心正式投用

无锡祥生医疗科技公司产品

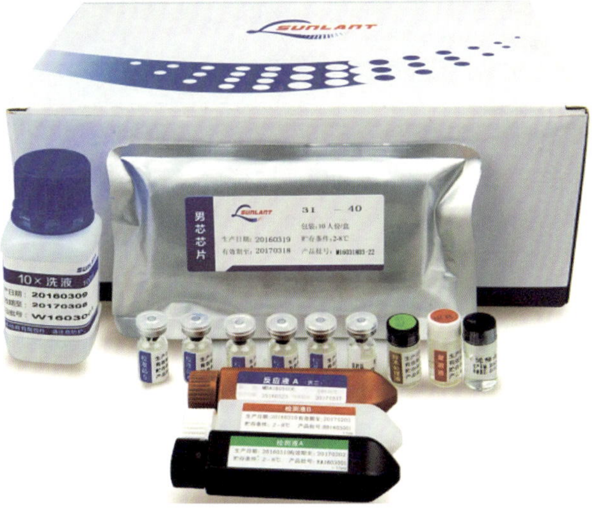

三联生物公司肿瘤标志物检测试剂盒

9月5日，中国（无锡）跨境电商网购保税模式在无锡高新区正式启动

3月20日，SK海力士高端学校项目落户无锡高新区

04 聚焦群众需求，改善民生

坚持以人民为中心的发展思想，全面落实党中央惠民政策，聚焦群众需求，全力做好普惠性、基础性、兜底性民生建设工作，让群众获得更多幸福感、安全感。

· 扫黑除恶专项斗争 ·

案件分布对比图

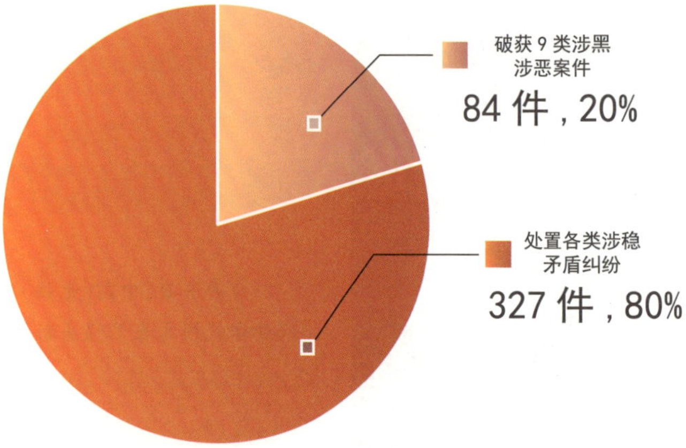

2019 年社会治安处理	
破获 9 类涉黑涉恶案件	84 件
处置各类涉稳矛盾纠纷	327 件

扫黑除恶知识普及现场

深入实施就业促进、创业引领、技能就业计划
社会救助从基础抓起，各方面保障民生

就业 / 创业占比图

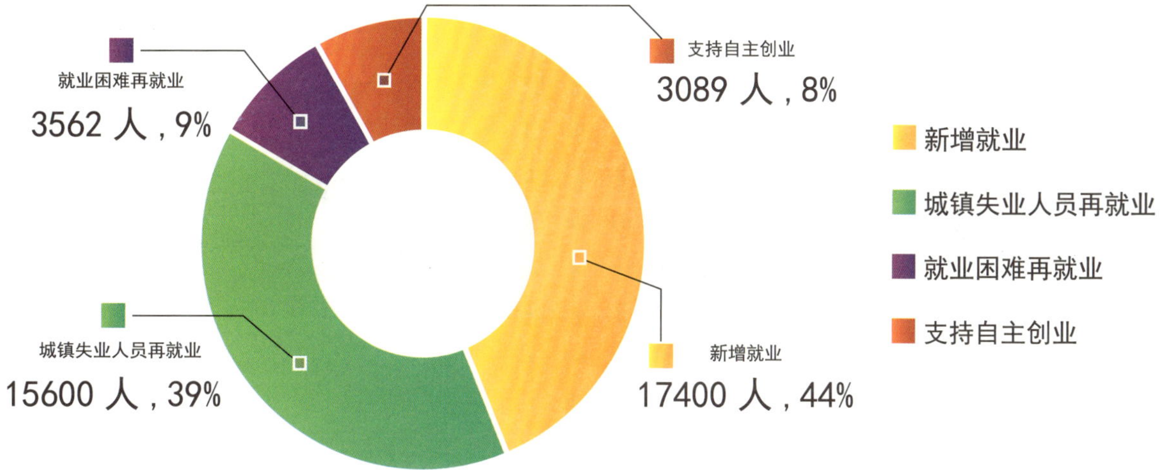

住房救助 / 医疗救助占比图

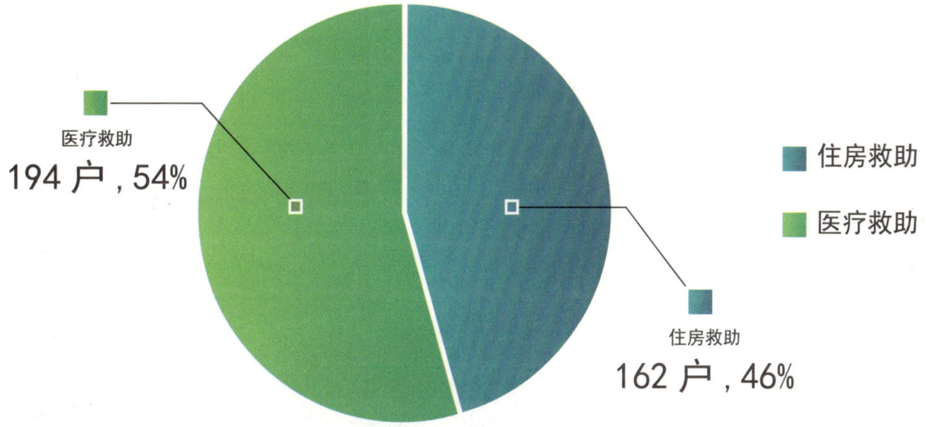

七房桥村入选全国乡村治理示范村

3 月 26 日，新瑞医院开业运营

人民医院新安分院获评省级社区医院

2月13日，国家级非遗2019泰伯庙会·新吴文旅活动启动仪式

3月16日，首届传统民俗文化节—无锡市非遗项目"青白团子"传承体验活动

6月28日，净湖社区新时代文明实践站揭牌

10 月 27 日，无锡高新区（新吴区）第七届运动会开幕式

12 月 28 日，首届鸿山年俗文化节暨江南年俗文化论坛

目录

新吴区人大

新吴区人民政府

附 录

索 引

Contents

Mass Organizations

Rule of Law

Military

Intelligent Xinwu District

Urban Agriculture

Industrial Economy

Emerging Industries

Construction of Functional Parks

Foreign Economy and Cooperation with Hong Kong, Macao and Taiwan

Economic Management

Urban and Rural Construction and Management

Commerce Service Industry

Post and Telecommunication

Tourism

Science and Technology

Education

Culture

Sports

Medical and Healthcare

Social Life

Ecological Environment

Streets

Personage and Honors

Appendix

Index

(Translated by: Hu Guangming)

机构改革文件

锡委办发〔2019〕4号文

中共无锡市委办公室文件

锡委办发〔2019〕4号

中共无锡市委办公室　无锡市人民政府办公室 关于印发《无锡国家高新技术产业开发区 （无锡市新吴区）机构改革方案》的通知

无锡高新区党工委、管委会，中共新吴区委、新吴区人民政府：

《无锡国家高新技术产业开发区（无锡市新吴区）机构改革方案》经省委机构编制委员会办公室审核后，已报省委、省政府批准，现予印发，请认真抓好组织实施。

（此页无正文）

中共无锡市委办公室
无锡市人民政府办公室
2019年1月28日

无锡国家高新技术产业开发区（无锡市新吴区） 机构改革方案

根据《中共中央关于深化党和国家机构改革的决定》《深化党和国家机构改革方案》《关于地方机构改革有关问题的指导意见》《江苏省机构改革方案》《中共江苏省委关于市县机构改革的总体意见》和《无锡市机构改革方案》精神，结合无锡国家高新技术产业开发区与无锡市新吴区实行“区政合一”管理体制的实际，制定无锡国家高新技术产业开发区（无锡市新吴区）机构改革方案。

一、机构改革的总体部署

深化机构改革，要以习近平新时代中国特色社会主义思想为指导，全面贯彻党的十九大和十九届二中、三中全会精神，深入贯彻落实习近平总书记关于深化党和国家机构改革的重要论述，牢固树立政治意识、大局意识、核心意识、看齐意识，坚持加强党的全面领导、坚持以人民为中心的发展思想、坚持社会主义市场经济改革方向、坚持优化协同高效、坚持以法治方式推进改革、坚持在中央统一领导下充分发挥地方积极性。

深化机构改革，要认真贯彻落实习近平总书记关于建设经济强、百姓富、环境美、社会文明程度高新江苏的要求，以及省委、市委工作部署，从机构职能上把加强党的领导落实到各领域各方面各环节，中央和省委、市委明确的改革任务坚决落实到位，区主要机构设置同中央和省保持基本对应，与市级机构改革有效衔接；以"不见面审批服务"改革为抓手，加快政府职能转变，使市场在资源配置中起决定性作用、更好发挥政府作用，强化社会管理和公共服务职能，切实解决人民群众最关心最直接最现实的利益问题；统筹区街各层级、党政群各领域改革，优化机构设置和职能配置，提高效率效能；加强法治规范和保障改革作用，坚决维护国家法制统一、政令统一、市场统一；结合高新区（新吴区）实际，因地制宜，大胆探索机构设置和职能配置，构建系统完备、科学规范、运行高效的机构职能体系，为实现高质量产业发展、高效益科技创新、高层次对外开放、高水平产城融合走在前列，建设"强富美高"新吴区提供坚强有力的体制机制保障。

深化机构改革，要坚持党中央集中统一领导，在省委、市委部署安排下，由高新区党工委（新吴区委）〔以下简称区党工委（区委）〕负总责，不折不扣落实好各项改革任务。

二、调整优化区党政机构和职能

（一）对应中央和省市机构改革，调整优化相应机构和职能

1. 建立健全和优化区党工委（区委）对重大工作的领导体制机制

（1）组建区监察委员会。将区监察局的职责，区人民检察院查处贪污贿赂、失职渎职以及预防职务犯罪等反腐败相关职责整合，组建区监察委员会，同区纪律检查委员会（纪律检查工作委员会）合署办公，履行纪检、监察两项职责，实行一套工作机构、两个机关名称。

不再保留区监察局。

（2）组建区党工委（区委）审计委员会，作为区党工委（区委）议事协调机构。区党工委（区委）审计委员会办公室设在区审计局。

（3）将区委全面深化改革领导小组改为区党工委（区委）全面深化改革委员会，作为区党工委（区委）议事协调机构。区党工委（区委）全面深化改革委员会办公室设在区党政办公室。

（4）将区全面依法治区领导小组改为区党工委（区委）全面依法治区委员会，作为区党工委（区委）议事协调机构。区党工委（区委）全面依法治区委员会办公室设在区司法局。

（5）将区网络安全和信息化领导小组改为区党工委（区委）网络安全和信息化委员会，作为区党工委（区委）议事协调机构。区党工委（区委）网络安全和信息化委员会办公室设在区党工委（区委）宣传部。

（6）组建区党工委（区委）教育工作领导小组，作为区党工委（区委）议事协调机构。区党工委（区委）教育工作领导小组日常工作由区党工委（区委）教育工作委员会承担。区党工委（区委）教育工作委员会与区教育局合署办公，实行一套工作机构、两个机关名称。

（7）组建区党工委（区委）农村工作领导小组，作为区党工委（区委）议事协调机构，区党工委（区委）农村工作领导小组办公室设在区农业农村局。

2. 加强区党工委（区委）职能部门的统一归口协调管理职能

（1）区党工委（区委）组织部统一管理区党工委（区委）机构编制委员会办公室。调整优化区党工委（区委）机构编制委员会领导体制。区党工委（区委）机构编制委员会办公室作为区党工委（区委）机构编制委员会的办事机构，承担区党工委（区委）机构编制委员会日常工作，作为区党工委（区委）职能机构，归口区党工委（区委）组织部管理，对外加挂区事业单位登记管理局牌子。

（2）区党工委（区委）组织部统一管理公务员工作。将区人力资源和社会保障局的公务员考试录用、职位管理、考核奖惩以及培训和工资福利、退休人员待遇政策等公务员管理职责划入区党工委（区委）组织部，对外加挂区公务员局牌子。

区考核工作委员会办公室设在区党工委（区委）组织部。

（3）将区党工委（区委）老干部局并入区党工委（区委）组织部，对外保留区党工委（区委）老干部局、区党工委（区委）离退休干部工作委员会牌子。

不再保留单设的区党工委(区委)老干部局。

(4)区党工委(区委)宣传部统一管理新闻出版和电影工作。将区教育文体局的新闻出版、电影管理等职责划入区党工委(区委)宣传部,对外加挂区新闻出版局(区版权局)、区政府新闻办公室牌子。

将区教育文体局的文化体育管理职责,区商务旅游局的旅游管理职责划入区党工委(区委)宣传部,对外加挂区文化体育和旅游局牌子。

区党工委(区委)宣传部不再保留对外宣传办公室牌子,相关职责由区党工委(区委)宣传部承担。

(5)区党工委(区委)统一战线工作部统一管理区民族宗教和侨务工作,对外保留区民族宗教事务局、区政府侨务办公室牌子。

将区党工委(区委)统一战线工作部(区政府侨务办公室)的海外华人华侨社团联谊等职责划归区侨联行使。

3. 新组建和优化职责的机构

(1)组建区农业农村局。将区农经水利局的农业、农村管理、渔业管理、农田水利建设项目等职责,区经济发展局的农业投资项目、国土资源部门的农田整治项目等管理职责整合,组建区农业农村局,作为区管委会(区政府)职能机构。区农业农村局对外加挂区政府扶贫工作办公室牌子。

将承担行政职能的事业单位区农业服务中心所承担的除行政执法以外的其他相关行政职能划归区农业农村局。

不再保留区农经水利局。

(2)组建区民政和卫生健康局。将区民政和卫生计划生育局的职责,以及区安全生产监督管理和环境保护局的职业安全健康监督管理等职责整合,组建区民政和卫生健康局,作为区管委会(区政府)职能机构。

保留区老龄工作委员会,日常工作由区民政和卫生健康局承担。

不再保留区民政和卫生计划生育局。

(3)组建区退役军人事务局。将区民政和卫生计划生育局的退役军人优抚安置职责,区人力资源和社会保障局的军官转业安置等职责整合,组建区退役军人事务局,作为区管委会(区政府)职能机构。按中央有关改革部署实施。

(4)组建区应急管理局。将区安全生产监督管理和环境保护局的安全生产监督管理职责,区党政办公室(区应急办公室)的应急管理职责,公安部门的消防管理相关职责,区民政和卫生计划生育局的救灾职责,国土资源部门的地质灾害防治相关职责,区农经水利局的水旱灾害防治、森林防火相关职责,区住房和建设交通局(区地震局)的震灾应急救援职责,以及防汛防旱指挥部的职责整合,组建区应急管理局,作为区管委会(区政府)职能机构。按中央有关改革部署实施。

不再保留区安全生产监督管理和环境保护局。区党政办公室不再保留区应急办公室牌子。

(5)重新组建区司法局。将区司法局的职责,以及区党政办公室(区法制办公室)的法制工作职责整合,重新组建区司法局。

区党政办公室不再保留区法制办公室牌子。

(6)优化区审计局职责。将区经济发展局的重大项目稽察职责,区财政局的预算执行和其他财政收支情况的监督检查等职责划入区审计局。

(7)优化区市场监督管理局职责。将区科学技术和信息化局(区知识产权局)的知识产权保护协调和专利管理职责,区经济发展局(区物价局)的价格监督检查相关职责,以及区商务旅游局的参与开展反垄断等相关职责划入区市场监督管理局,对外加挂区知识产权局牌子。

将承担行政职能的事业单位区物价检查所承担的除行政执法以外的其他相关行政职能划归区市场监督管理局。

保留区食品安全委员会,不再保留区食品药品监督管理局牌子,日常工作由区市场监督管理局承担。

(8)环保垂管体制改革具体工作按中央有关改革部署实施。

4. 其他不再设立的机构

(1)不再设立区社会治安综合治理委员会及其办公室、区维护稳定工作领导小组及其办公室,有关职责交由区党工委(区委)政法委员会承担。

(2)将区委防范和处理邪教问题领导小组及其办公室职责交由区党工委(区委)政法委员会、公安部门承担。区党工委(区委)政法委员会指导协调有关工作,公安部门承担具体业务工作。

(二)与中央和省市机关基本对应的其他机构和因地制宜设置的机构

1. 与中央和省市机关基本对应的其他机构

区党政办公室、区委巡察工作办公室、区发展和改革委员会、区教育局、区科学技术局、区工业和信息化局、区财政局、区人力资源和社会保障局、区住房和城乡建设局、区商务局、区统计局作为区职能机构。其中:

(1)优化区党政办公室职责。区党政办公室对外可以区委办公室、区政府办公室名义开展工作。

(2)组建区发展和改革委员会。将区经济发展局（区物价局）的职责，区农经水利局的粮食相关职责，区民政和卫生计划生育局、区商务旅游局的组织实施重要物资和应急储备物资的收储、轮换、日常管理职责，区财政局（区金融工作和国有资产监督管理办公室）的金融监管等职责整合，组建区发展和改革委员会，作为区管委会（区政府）职能机构，对外加挂区粮食和物资储备局、区地方金融监督管理局牌子。

（3）组建区教育局。在区教育文体局的基础上组建区教育局，作为区管委会（区政府）职能机构。区政府教育督导室设在区教育局。

不再保留区教育文体局。

（4）组建区科学技术局。将区科学技术和信息化局的科学技术管理职责，区人力资源和社会保障局的引进国外智力和外国专家管理职责整合，组建区科学技术局，作为区管委会（区政府）职能机构。

不再保留区科学技术和信息化局。

（5）组建区工业和信息化局。将区经济发展局（区中小企业局）的工业经济和信息化领域管理职责，区科学技术和信息化局的信息化职责整合，组建区工业和信息化局，作为区管委会（区政府）职能机构，对外加挂区大数据管理局牌子，承担大数据政策制定、开放共享、统筹管理等职责。

不再保留区经济发展局（区物价局、区中小企业局）。

（6）优化区财政局职责。区财政局对外加挂区政府国有资产监督管理办公室牌子。

不再保留区金融工作和国有资产监督管理办公室牌子。

（7）组建区住房和城乡建设局。将区住房和建设交通局的职责，区农经水利局的水利建设和管理职责整合，组建区住房和城乡建设局，作为区管委会（区政府）职能机构，对外挂区交通运输局、区水利局、区人民防空办公室、区地震局牌子。

将承担行政职能的事业单位区建设工程安全质量监督站、区公路管理处、区运输管理处、区航道管理处承担的除行政执法以外的其他相关行政职能划归区住房和城乡建设局。

不再保留区住房和建设交通局。

（8）组建区商务局。将区招商服务局的职责，以及区商务旅游局的商务管理职责等整合，组建区商务局，作为区管委会（区政府）职能机构。

不再保留区商务旅游局、区招商服务局。

（9）将在区经济发展局挂牌的区统计局改为单独设置，作为区管委会（区政府）职能机构。

2．因地制宜设置的机构

区城市管理局、区行政审批局作为区管委会（区政府）职能机构。其中：

（1）区城市管理局由在区综合行政执法局挂牌改为单独设置，对外保留区综合行政执法局牌子。

不再保留单设的区综合行政执法局。

（2）区行政审批局对外加挂区政务服务管理办公室牌子。

机构改革后，共设置党政职能机构25个。其中，区党工委（区委）职能机构7个，区管委会（区政府）职能机构18个，均为副处级建制。另设纪检监察机关1个。（详见附件）。

三、统筹推进相关领域改革

（一）深化区人大、政协机构改革和群团组织改革

1．深化区人大机构改革

健全人大组织制度和工作制度，完善区人大专门委员会设置，组建区人大社会建设委员会、区人大监察和司法委员会，作为区人大专门委员会。

2．深化区政协机构改革

推进人民政协履职能力建设，加强人民政协民主监督，不断优化政协专门委员会设置，更好发挥其作为专门协商机构的作用。区政协经济科技委员会更名为经济科技和农业农村委员会。

3．深化群团组织改革

认真贯彻落实党中央和省市关于群团组织改革的决策部署，健全党委统一领导群团工作的制度，紧紧围绕保持和增强政治性、先进性、群众性这条主线，强化问题意识，以更大力度、更实举措推进改革，着力解决“机关化、行政化、贵族化、娱乐化”等问题，把群团组织建设得更加充满活力，更加坚强有力。

牢牢把握改革正确方向，始终坚持党对群团组织的领导，群团组织设立的党委（党组），接受批准其成立的党委统一领导，定期汇报工作，确保党的方针政策和决策部署得到贯彻落实。坚持眼睛向下、面向基层，将力量配备、服务资源向基层倾斜，更好适应基层和群众需要。

群团组织改革与机构改革相结合，改革机关设置、优化管理模式、创新运行机制，促进党政机构同群团组织功能有机衔接，支持和鼓励群团组织承接适合其承担的公共服务职能，增强群团组织团结教育、维护权益、服务群众功能，充分发挥党和政府联系人民群众的桥梁纽带作用。

抓好区总工会、团区委、区妇联等群团机关改革方案落实。

（二）深化县级党委政府直属事业单位改革和承担行政职能的事业单位改革

按照精干高效原则设置党工委管委会（区委区

政府）直属事业单位。将承担行政职能事业单位改革纳入党政机构改革，统筹推进、同步实施。将完全、主要和部分承担行政职能的事业单位，全部纳入改革范围。在全面清理职能的基础上，将行政职能回归机关。按照能转职能的不转机构、确需转机构的实行综合设置的原则，区分情况推进改革，理顺政事关系，实现政事分开。改革后保留的事业单位，名称不再称“委、办、局”。除行政执法机构按照中央部署推进改革外，不再保留或新设承担行政职能的事业单位。

（三）深化综合行政执法体制改革

贯彻落实中央和省深化综合行政执法改革部署要求，按照减少层次、整合队伍、提高效率的原则，深化行政执法体制改革，统筹配置行政处罚职责和执法资源，实现一支队伍管执法、一套清单管权责、一个中心管指挥、一个网格管治理、一个平台管信用、一套机制管检查，构建权责统一、权威高效的行政执法体制。

大力推进科学执法。全面梳理和精简行政处罚、行政强制事项，最大限度减少行政执法事项，实行清单化管理，建立动态调整机制。改变行政执法人海战术，更多应用科技手段，推行非现场执法。整合信息资源，推进网格管理，建立指挥平台，建立健全依据权责清单追责、“双随机、一公开”、鼓励举报、市场主体信用承诺联合惩戒、重大风险监测防控、绩效评估等6项机制。

大幅减少执法队伍。落实中央关于整合组建有关领域综合执法队伍的精神，进一步加大整合力度，实行更大范围的综合执法，继续深入推进城市管理等跨领域、跨部门综合执法。

下沉执法力量。强化区行政执法职责，一般实行“局队合一”体制。将综合行政执法向街道等基层延伸，进一步深化基层综合行政执法体制改革，县级以上派驻执法队伍纳入街道统一指挥协调工作机制，建立街道综合检查与县级专业执法协调配合机制，逐步实现一支队伍管执法。

加强执法队伍建设。锁定人员队伍编制底数，暂保持现状不变，待中央统一明确政策后逐步规范。探索建立体现综合行政执法特点的编制和人员管理办法。全面清理规范临时人员和聘用人员，严禁使用辅助人员执法。严把人员入口关，突出德才兼备。综合行政执法改革涉及的机构编制事项按有关规定办理。

严格规范执法行为。完善执法程序，建立完善行政执法可追溯、可问责机制，不作为、乱作为退出机制，严格执法责任，加强执法监督，做到严格规范公正文明执法。

（四）深入推进审批服务便民化改革

严格贯彻落实中央和省委要求，以深化“不见面审批服务”改革为抓手，聚焦与人民群众生产生活关系最紧密和人民群众反映最强烈、最渴望解决、最难办的领域和事项，深入推进简政放权、放管结合、优化服务改革，推进审批服务便民化，最大限度减少政府对市场资源的直接配置，最大限度减少政府对市场活力的直接干预，提高资源配置效率和公平性，激发各类市场主体活力，打造良好营商环境。

大力推进简政放权，进一步清理和规范各类行政许可、资质资格、中介服务等管理事项，大幅精简各类证照，压缩办理时间，清理取消经营服务性收费和行业协会商会收费，切实降低制度性交易成本。

强化事中事后监管，全面推行“双随机、一公开”监管和“互联网＋监管”，加快实现政府监管信息共享，强化信用监管，发挥行业和社会监督作用，让守法者畅通无阻，让违法者处处受限。

全面推行以“网上办、集中批、联合审、区域评、代办制、不见面”为主要内容的“不见面审批服务”改革。深入推进相对集中行政许可权改革，努力实现审批（服务）事项向一个部门集中，部门内审批（服务）事项向一个科室集中。加快推进“不见面审批服务”标准化、规范化建设。全面实现“3550”改革目标。

打破“信息孤岛”，统一明确各部门信息共享的种类、标准、范围、流程，加快推进部门政务信息联通共用，各部门审批服务系统尽快向各级政务服务机构和街镇便民服务机构开放端口、权限和共享数据。

（五）加强基层政权建设

深入推进基层政权建设。全面加强基层党建，强化街道党工委领导核心作用，加强党工委对街道各项工作的全面领导。基层政权机构设置和人力资源调配必须面向人民群众、符合基层事务特点。进一步下放经济社会管理事项，推动治理重心下移，尽可能把资源、服务、管理放到基层。街道相关改革要与区机构改革统筹谋划、同步推进，使各类机构、组织在服务保障群众需求上有更大作为。应由县级承担的职责任务不得层层下放、转嫁基层。

借鉴经济发达镇行政管理体制改革做法，推广徐霞客镇“1+4”改革经验，按照中央部署，构建简约便民、阳光高效的基层管理体制。推进街道改革，整合基层审批、服务、执法等方面的力量和职能，统筹机构编制资源，综合设置街道机构，实行扁平化和网格化管理，构建“集中高效审批、强化监管服务、综合行政执法”的治理结构。统筹设置综合性全要素网格，实现基层治理“多网合一”。建立一体化的综合指挥平台，建立健全发现问题、流转交办、协调联动、研判预警、督查考核等综合指挥工作机制。完善基层综合便民服务平台功能，实现线上线下多功能服务，将办件量大、与群众密切相关的服务下放到街道、延伸到城乡社区，普遍建立网上服务站点，加快完善乡村便民服务体系。推进供水、供电、供气等同人民群众经常打交道的公共事业部门的便民化改革。

（六）强化机构编制管理刚性约束

强化区党工委（区委）对机构编制工作的统一领导，推进各类编制资源统筹使用，加大部门间、行政区间编制统筹调配力度，严格执行机构编制管理法律法规和党内法规制度，严格机构编制管理权限和程序，严禁越权审批。

加强和规范机构编制管理。坚持总量控制和限额管理，严格执行中央和省委规定的机构限额，区职能机构不超过30个，不突破党政机构编制总量。严格限定区级机关最小规模，原则上不设10名行政编制以下机构。按照严控总量、盘活存量、优化结构、增减平衡的要求，实行“瘦身”与“强身”相结合，统筹使用编制资源。清理不规范设置的机构和配备的职数，全面清理限额外设置的行政机构，规范管理合署办公机构，精简整合规范开发区管委会、驻外办事机构等各类派出机关（机构），杜绝挂牌机构实体化、根除“事业局”。清理规范议事协调机构，职能相近的予以整合，临时性、阶段性的任务完成后及时撤销，严控新设议事协调机构。议事协调机构一般不单设办事机构，具体工作由有关部门承担，部门承担联席会议日常工作的内设机构不加挂牌子、不刻制印章。

认真做好部门“三定”工作。重新制定或修订区党工委管委会（区委区政府）职能机构“三定”规定，坚持优化协同高效，科学配置机构职能编制，强化部门内部职责和业务整合，推动组织架构重建和流程再造，切实把加强党的全面领导和职能转变要求落实到位，规范履职行为，确保权责一致。统一规范内设机构规格和名称，加大内设机构综合设置力度，综合性内设机构不超过内设机构总数的三分之一。整合归并的党政机构，综合性内设机构合并为一套，业务机构要根据工作的内在联系进行重新设计和整合，该精简的精简，该加强的加强。原则上不设3人以下内设机构。

坚决查处各类机构编制违纪违法行为。严禁超编进人、超限额设置机构、超职数配备领导干部。严格管理编外聘用人员。及时公开机构编制有关信息，接受各方监督。坚决整治上级部门通过项目资金分配、考核督查、评比表彰等方式干预下级机构设置、职能配置和编制配备的行为。完善机构编制部门同纪检监察机关和组织人事、巡察、审计等部门的协作联动机制，形成监督检查合力。

四、组织实施

（一）加强组织领导。各级各部门要充分认识做好地方机构改革的极端重要性，提升政治站位，增强“四个意识”，坚决维护习近平总书记的核心地位，坚决维护党中央权威和集中统一领导，切实将思想和行动统一到党中央关于地方机构改革的决策部署上来。在区党工委（区委）统一领导下，区机构改革领导小组负责统筹做好全区机构改革的组织实施工作，区机构改革领导小组办公室承担机构改革具体工作。

（二）细化工作进度。各级各部门要按照区党工委（区委）统一部署，结合实际，科学制定机构改革方案，严格按照中央和省规定的时间进度完成改革任务。区机构改革在2019年2月底前基本完成。

（三）稳妥有序推进。各级各部门要全面贯彻先立后破、不立不破原则，有序做好人员转隶、新机构挂牌、集中办公等工作。特别是涉及安全生产、应急救援、维护社会稳定等工作的新老机构要确保工作有序衔接。要紧紧抓住职能转变这个关键，在改职责上出实招硬招，在职能整合、业务融合上真正发生化学反应，做到脱胎换骨。要高度重视思想政治工作，教育引导广大党员干部特别是领导干部坚持党性原则和全局观念，自觉服从改革大局，确保思想不乱、工作不断、队伍不散、干劲不减。要加强改革正面宣传，做好舆论引导和政策解读工作，为改革顺利开展营造良好氛围和环境。

（四）严明纪律规矩。各级各部门要坚决维护党中央改革决策的权威性和严肃性，对上级明确的改革任务要坚决落实到位，不讲条件、不打折扣、不搞变通、不开口子。要加强对机构改革落实情况的督导检查，严格执行机构改革政治纪律、组织纪律、机构编制纪律、干部人事纪律、财经纪律、保密纪律。要将机构改革实施情况纳入区党工委管委会（区委区政府）重要决策部署督查任务和巡察范围，强化监督和执纪问责，确保高质量完成改革任务。各级各部门推进机构改革情况和遇到的重要问题要及时向区党工委（区委）报告请示。

附件：1. 中共无锡国家高新技术产业开发区工作委员会（中共无锡市新吴区委员会）机构设置表

2. 无锡国家高新技术产业开发区管理委员会（无锡市新吴区人民政府）机构设置表

附件 1

中共无锡国家高新技术产业开发区工作委员会（中共无锡市新吴区委员会）机构设置表

- 纪律检查委员会监察委员会机关
- 党政办公室
- 组织部
- 宣传部
- 统一战线工作部
- 政法委员会
- 全面深化改革委员会办公室（设在党政办公室）
- 全面依法治区委员会办公室（设在区司法局）
- 网络安全和信息化委员会办公室（设在宣传部）
- 机构编制委员会办公室
- 审计委员会办公室（设在区审计局）
- 农村工作领导小组办公室（设在区农业农村局）
- 巡察工作办公室

说明：

中共无锡国家高新技术产业开发区工作委员委（中共无锡市新吴区委员会）设置纪检监察机关1个，计入机构限额的职能机构7个〔副处级建制，设在相关部门的区党工委（区委）议事协调机构的办事机构不计入机构限额〕。其中，纪律检查委员会（纪律检查工作委员会）与监察委员会合署办公，实行一套工作机构、两个机关名称；党政办公室挂区级机关工作委员会、研究室、机要局、区国家保密局、区国家密码管理局、区外事办公室、区档案局牌子；组织部挂非公有制企业和社会组织工作委员会、党建工作领导小组办公室、老干部局、离退休干部工作委员会、区公务员局牌子；宣传部挂区精神文明建设指导委员会办公室、区政府新闻办公室、区新闻出版局（区版权局）、区互联网信息办公室、区文化体育和旅游局牌子；统一战线工作部挂台湾工作办公室、区政府台湾事务办公室、区民族宗教事务局、区政府侨务办公室牌子；政法委员会挂区信访局牌子；机构编制委员会办公室挂区事业单位登记管理局牌子。教育工作委员会与区教育局合署办公，不计入机构限额。

附件 2

无锡国家高新技术产业开发区管理委员会（无锡市新吴区人民政府）机构设置表

发展和改革委员会
教育局
科学技术局
工业和信息化局
民政和卫生健康局
司法局
财政局
人力资源和社会保障局
住房和城乡建设局
城市管理局
农业农村局
商务局
退役军人事务局
应急管理局
审计局
行政审批局
市场监督管理局
统计局

说明：

无锡国家高新技术产业开发区管理委员会（无锡市新吴区人民政府）设置职能机构 18 个（副处级建制）。其中，发展和改革委员会挂粮食和物资储备局、地方金融监督管理局牌子；工业和信息化局挂大数据管理局牌子；财政局挂区政府国有资产监督管理办公室牌子；住房和城乡建设局挂交通运输局、水利局、人民防空办公室、地震局牌子；城市管理局挂综合行政执法局牌子；农业农村局挂区政府扶贫工作办公室牌子；行政审批局挂政务服务管理办公室牌子；市场监督管理局挂区知识产权局牌子。

中共无锡市委办公室　　2019 年 1 月 29 日印发

锡委编办发〔2019〕28 号文

中共无锡市委机构编制办公室文件

锡委编办发〔2019〕28 号

中共无锡市委机构编制委员会办公室
关于无锡高新区（新吴区）承担行政职能
事业单位改革实施方案的批复

高新区工委（新吴区委）机构编制委员会：

你委《关于上报〈无锡高新区（新吴区）承担行政职能事业单位改革实施方案〉的请示》（锡新委编 [2019]6 号）收悉。经研究，原则同意你区改革实施方案，现予印发，请认真组织实施，与党政机构改革统筹推进，确保完成改革任务。

附件：无锡高新区（新吴区）承担行政职能事业单位改革实施方案

中共无锡市委机构编制委员会办公室
2019 年 3 月 30 日

附件

无锡高新区（新吴区）承担行政职能
事业单位改革实施方案

根据中共江苏省委《关于市县机构改革的总体意见》（苏发〔2018〕32 号）和市委办公室、市政府办公室《关于印发无锡国家高新技术产业开发区（无锡市新吴区）机构改革方案的通知》（锡委办发〔2019〕4 号）要求，结合高新区（新吴区）实际，现就统筹推进全区承担行政职能事业单位改革工作制定如下实施方案。

一、目标要求

全面贯彻党的十九大和十九届三中全会精神，紧紧围绕使市场在资源配置中起决定性作用和更好发挥政府作用，按照政事分开原则，以创新体制机制为核心，以严格控制机构编制为前提，着力推进承担行政职能事业单位改革，进一步理顺政府与事业单位关系，明晰事业单位功能定位，确保基本实现行政职能由行政机构承担、执法职能由综合行政执法机构承担、公益服务职能由事业单位承担，为实现高质量产业发展、高效益科技创新、高层次对外开放、高水平产城融合走在前列，建设“强富美高”新吴区提供坚强有力的体制机制保障。

二、改革范围

依据国家有关法律法规、中央有关政策规定、地方性法规、政府规章和机构编制部门文件，将完全、主要和部分承担行政职能的事业单位纳入改革范围，均为部门所属事业单位，共6家，分别是：新吴区航道管理处、新吴区公路管理处、新吴区运输管理处、新吴区建设工程安全质量监督站、新吴区农业服务中心、新吴区物价检查所。

三、主要任务

承担行政职能事业单位改革纳入党政机构改革统筹推进、同步实施，进一步理顺权责关系，清理行政职能，优化机构设置，完善体制机制。

（一）全面清理职能

按照简政放权和建立权力清单制度的有关要求，在现有公布的政府权力清单基础上，对承担行政职能事业单位的职能进一步进行清理。确属承担行政职能的逐项列明授权和委托的具体依据；主管部门交办的其他行政职能一律回归行政机关，事业单位只承担支持辅助或技术性、事务性的职能；对凡是能取消、能转移和能下放的行政职能，在进行合理性、必要性评估后，做到应放尽放、应减尽减。今后，不新设承担行政职能事业单位，不再将新的行政职能赋予事业单位。

（二）调整机构设置

坚持能转职能的不转机构，确需转机构的综合设置，合理选择改革路径。一是只转职能不转机构。清理后，确需回归行政机关的行政职能总量不大、且主管部门已有内设机构承担相近行政职能的，将行政职能划转至相关内设机构。二是调整优化事业单位。对于剥离行政职能后仍承担其他公益职能的事业单位，任务较重的转型为从事公益服务事业单位，严格规范机构名称。具体为：

1. 将新吴区航道管理处、新吴区公路管理处、新吴区运输管理处承担的行政许可等职能划入区住房和城乡建设局，整合组建新吴区交通运输综合行政执法大队，承担行政执法职能，相当于正科级建制；优化交通工程建设管理和服务职能，组建新吴区公路事业发展中心、新吴区港航事业发展中心，为区住房和城乡建设局所属公益类事业单位，均相当于正科级建制。撤销新吴区航道管理处、新吴区公路管理处、新吴区运输管理处。

2. 将新吴区建设工程安全质量监督站承担的行政许可等职能划归区住房和城乡建设局；整合新吴区建设工程安全质量监督站承担的行政处罚职能与区住房和城乡建设局其他事业单位承担的行政执法职能，纳入综合行政执法体制改革统筹推进；保留区建设工程安全质量监督站，继续履行公益职能。

3. 将新吴区农业服务中心承担的行政许可职能划入区农业农村局，从严控制、综合设置内设机构；将其承担的行政执法职能划入新吴区农业执法大队；保留新吴区农业服务中心，继续履行公益职能。

4. 将新吴区物价检查所承担的行政处罚等职能划入区市场监管局，新吴区物价检查所更名为新吴区经济信息中心，挂新吴区价格监测与认证中心牌子，调整为区发展和改革委员会所属全额拨款事业单位，继续履行公益职能。

（三）规范机构职责

为确保改革达到预期效果，相关主管部门在机构改革制定本部门“三定”规定时，将涉及行政职能的归属以规范性文件的形式确定下来。保留或调整优化的事业单位，重新明确职责任务、单位类别、核定事业编制和领导职数。改革调整期间，仍按现有的职责分工开展工作，防止工作出现脱节。

（四）妥善安置人员

承担行政职能事业单位改革涉及的人员由主管部门参照省市有关人员分流安置文件妥善安置。

四、组织实施

承担行政职能事业单位改革涉及面广、政策性强、情况复杂。区委、区政府切实履行改革主体责任，周密部署，统筹安排。区委编办具体承担改革组织实施工作，各相关职能部门要从大局出发，各司其职，加强组织协调、密切配合，形成工作合力。各主管部门要切实加强领导，健全工作机制，狠抓工作落实。严格执行改革纪律，过细做好人员队伍思想工作，确保改革平稳有序推进。

中共无锡市委机构编制委员会办公室综合处　　2019年3月30日印发

2019 年为民办实事重点项目完成情况

根据《2019 年为民办实事重点项目计划》，全区 16 个单位围绕就业创业保障、社会帮扶救助、城乡安居改造、生态环境治理、道桥建设改造、医疗卫生改善、教育资源配置、农贸市场提升、公共交通优化、文体惠民特色 10 大类 28 项具体项目，全面推进落实为民办实事项目。

一、就业创业推动。全年新增就业 1.59 万人，支持成功自主创业 3089 人，实现创业带动就业 9061 人，城镇失业人员再就业 15637 人，就业困难人员实现再就业 3562 人。新增居民养老保险参保 800 人。

二、弱势群体关怀。全年为社会弱势群体解答法律咨询，办理法律援助案件 614 件，援助弱势群体 910 人，提供法律咨询服务 2690 人次。全区共设 9 家区域性助餐中心，助餐服务老人 1600 人。完成特殊困难家庭的生活设施改造 75 户。完成贫困残疾人家庭宜居改造 30 户。建成 10 个志愿服务标准化站，100 个志愿服务标准化点。

三、居住条件改善。全年完成 30 个居民住宅小区二次供水改造项目。新开工安居房 100 万平方米、8663 套（其中棚户区改造 50 万平方米、4712 套），竣工 25 万平方米、2372 套。

四、生态环境治理。完成周泾河沟通工程。建成新安森林公园。

五、道桥建设改造。新通路（锡协路—欣鸿路）、和风路（净慧西道—华谊大道）、秀云路（具区路—秀景路）、泰伯大道（锡东大道—锡张高速）全部通车。启动长江路改造工程（太湖大道—泰山路），完成其中伯渎港桥梁及相关管线改造。

六、医疗卫生完善。新瑞医院启用并运行。开展紧密型医联体建设，建成人民医院新安分院。全年免费惠民服务量达到 3268 人次。完成旺庄街道社区卫生服务中心新址搬迁。梅村社区卫生服务中心、鸿山街道后宅社区卫生服务中心、硕放社区卫生服务中心、江溪街道第二中心开工建设。建成 1 个主题公园、2 个健康步道，深化提升 2 个健康教育基地，创建 6 个健康社区、8 个健康单位，推荐产生 60 户示范健康家庭。为 10638 名孕产妇提供免费优生优育检查，为 8885 名新生儿提供免费健康筛查，为 12138 名适龄儿童和青少年提供免费视力筛查。

七、教育设施保障。完成春阳小学、梅里中学二期、新吴实验小学、南丰小学改扩建、旺庄中学一期项目；丽景佳苑配套小学、梅里实验小学开工建设；南星小学完成主体建设；春星小学投入使用。新吴区特殊教育学校开办使用。

八、农贸市场改造。新安感知农贸市场、鸿声农贸市场完成提升改造；春勤农贸市场移地新建，全年完成地上二层结构建设。放心消费示范街区创建一街一区工程，全年开展 6 个示范街区创建工作。开展农贸市场快检全覆盖工作，全年完成快速检测 76533 批次。

九、公共交通优化。新开 783（梅村微循环一号线）、785（梅村微循环二号线）2 条镇区微循环线路，以及中关村专线 1 条园区定制线路，优化 751 路、756 路、761 路、762 路、780 路、788、776 路 7 条公交线路。受地铁三号线施工路段拆除围挡恢复通行时间延后和市公交公司对长江路沿线候车厅款式要求的影响，公交候车亭及电子站牌项目启动备选方案。

十、文体生活丰富。举办吴文化惠民月暨白玉兰文化惠民月系列活动，完成白玉兰奖文艺创作汇演，原创文艺作品 24 件。完成评弹、越剧演出进社区 12 场。6 个街道文化站和所有社区综合性文化服务中心 100% 全年无休免费开放。建成 2 个“吴韵书香”24 小时图书驿站。

（李　阳）

2019 年无锡新吴区国民经济和社会发展计划执行情况

2019 年，在党工委（区委）、管委会（区政府）、新吴区委区政府的领导下，面对错综复杂的宏观经济形势，全区上下以习近平新时代中国特色社会主义思想和中共十九大精神为指引，围绕“当好高质量发展领跑者”目标定位，打好“三大攻坚战”，实施“四个走在前列”三年行动计划，统筹推进各项改革发展稳定工作，较好完成了区一届人大四次会议确定的目标任务。

一、综合

全区经济发展稳步推进，实现地区生产总值1845.49亿元，按可比价计算，比上年增长6.3%。按常住人口计算人均生产总值32.38万元。

全区第一产业实现增加值0.83亿元，比上年下降38%；第二产业实现增加值1119.59亿元，比上年增长4.4%；第三产业实现增加值725.07亿元，比上年增长9.4%；三次产业比例调整为0.04:60.67:39.29。

全年城镇新增就业1.74万人，城镇失业人员实现再就业1.83万人，援助就业困难人员再就业0.48万人。全区城镇登记失业率为1.75%。

年末全区登记在册的企业法人累计37893户。其中，内资企业法人36639户，外资企业法人1254户。当年新办企业法人5928户，包括新办内资企业法人5860户，新办外资企业法人68户。

二、农业

全年农林牧渔业总产值1.32亿元；粮食总产量5928吨。不计农业休耕轮作面积，农作物播种面积0.95千公顷。

三、工业和建筑业

全年规模以上工业总产值达4217.6亿元，比上年增长2.2%；规模以上工业实现增加值1010.59亿元，比上年增长3.1%。规模以上工业完成营业收入4304.95亿元，比上年增长2.4%；规模以上工业利润总额343.48亿元，比上年下降1.6%。规模以上工业用电量87.49亿千瓦时，比上年增长5.4%。

建筑业实现增加值13.7亿元，比上年增长6.3%；完成建筑业总产值99.55亿元，比上年增长5.6%。房屋施工面积194.51万平方米。

四、固定资产投资

全年固定资产投资完成622.8亿元，比上年增长6.4%。其中，工业投资完成430.69亿元，比上年增长12.2%；第三产业投资完成192.11亿元，比上年下降4.5%。

全年房地产开发投资完成125.77亿元，比上年下降2.5%。商品房施工面积663.8万平方米，比上年增长1.6%；竣工面积76.89万平方米，比上年增长63.3%。全年商品房销售面积131.45万平方米，比上年增长1.4%；商品房销售额198.82亿元，比上年增长21.9%。

全年新批总投资超亿元以上重大项目95个，完成总投资462.8亿元。其中，超10亿元以上项目11个，超50亿元特大产业项目2个。100个区级重点项目进展顺利，完成投资489亿元。其中，17个省市重点项目，完成投资267亿元。

五、国内贸易

全年实现社会消费品零售总额368.93亿元，比上年增长9%。全区批发业销售额2132.34亿元，比上年增长9.7%；零售业销售额366.31亿元，比上年增长7.7%；住宿业营业额7.60亿元，比上年增长5.9%；餐饮业营业总额80.18亿元，比上年增长14.8%。

在限额以上批发和零售业零售额中，汽车类增长2.8%，书报杂志类增长22.3%，服装类增长12.4%。

六、开放型经济

按美元计，全年实现对外贸易进出口总额505.71亿美元，比上年下降0.4%。其中，进口总额246.45亿美元，比上年增长6.2%；出口总额259.26亿美元，比上年下降5.9%。一般贸易企业实现出口额68.92亿美元，占出口总额的比重为26.6%。按人民币计，全年实现对外贸易进出口总额3482.5亿元，比上年增长3.9%。其中，进口总额1696.35亿元，比上年增长10.6%；出口总额1786.16亿元，比上年下降1.7%。

全年实际使用外资13.15亿美元，比上年增长1.2%，战略性新兴产业实际使用外资比重85.8%。全年新设备案外资项目84个，比上年增长2.2%。其中，超3000万美元以上项目13个。

全年服务外包执行金额27.12亿美元，比上年增长25.9%。其中，离岸外包执行金额12.45亿美元，比上年下降3.3%。

七、服务业

全区规模以上服务业营业收入357亿元，比上年增长10.8%。其中，交通运输业64.8亿元，比上年增长6.7%；信息传输、软件和信息技术服务业133.58亿元，比上年增长9.6%；租赁和商务服务业72.43亿元，比上年下降14.7%。

年末全区农村公路通车里程244.1公里。公共运营车辆353辆，年定运营线路32条，线路总长1491.1公里。全年公交运客总量2588.86万人次，比上年增长

0.2%,平均每日运客量 7.09 万人次。

全年完成港口吞吐量 712.9 万吨,比上年增长 20.8%。苏南硕放国际机场旅客吞吐量 797.49 万人次,比上年增长 10.6%;货邮吞吐量 14.51 万吨,比上年增长 17.2%。

全区拥有旅游 A 级景区 6 家,包括国家 4A 级景区 3 家,3A 级景区 2 家,2A 级景区 1 家。全区拥有旅行社 9 家。

八、财政、金融业

全年一般公共预算支出 133.68 亿元,比上年增长 7.9%。一般公共预算收入 205.06 亿元,比上年增长 3.2%。其中,税收收入 185.51 亿元,比上年增长 0.3%,税收占一般公共预算收入的比重达 90.5%。

税收收入中,增值税 93.1 亿元,比上年增长 1.9%;企业所得税 40.72 亿元,比上年下降 5.2%;个人所得税 10.04 亿元,比上年下降 22.7%;城市维护建设税 13.12 亿元,比上年下降 4.4%;房产税 8.96 亿元,比上年增长 7.4%;印花税 2.32 亿元,比上年下降 2.9%;契税 9.31 亿元,比上年增长 68.1%。上划中央四税收入 172.21 亿元,比上年下降 3.5%。

年末金融机构各项本外币存款余额 1485.11 亿元,比上年增长 2.2%;各项本外币贷款余额 975.87 亿元,比上年增长 22.8%。

全年实现保费收入 3.55 亿元,比上年增长 55.7%。其中,财产险收入 2.96 亿元,比上年增长 104.1%;人寿险收入 0.59 亿元,比上年下降 38.9%。

九、科学技术和教育

全区国家高新技术企业 620 家。全年高新技术产业实现产值 2794.16 亿元,比上年增长 4.6%,占规模以上工业总产值比重达 66.3%。全年市级以上科研项目立项 112 个。全年专利授权 7540 件,比上年增长 5.6%。

全区共有各级各类学校(不含幼儿园)45 所,在校学生 8.42 万人,毕业生 1.46 万人。其中,高等学校 2 所,中等职业技术学校(含技工学校)5 所,国际学校 4 所,普通中学 9 所,一贯制学校 6 所,小学 18 所,特殊教育学校 1 所。全区共有幼儿园 55 所,比上年增加 7 所;在园幼儿 2.24 万人,比上年增加 389 人。

十、文化、体育和卫生

年末全区共有文化馆 1 个,博物馆 1 个,美术馆 1 个,文化站 6 个,影剧院 13 个。区、街两级图书馆共有 1 个总馆、9 个分馆,全区藏书量 154.15 万册。全区共有体育健身设施 1603 个,健身场地面积 179.24 万平方米。

全区拥有卫生医疗机构 188 家。其中,综合医院 12 家,社区卫生服务中心(卫生院)8 家,社区卫生服务站(村卫生室)40 家,护理院 6 家。卫生技术人才 4234 人。其中,医师 1377 人,护士 1393 人,卫生技术人员 1464 人。全区共有医疗床位 3043 张。

十一、人口、人民生活和社会保障

年末全区户籍人口 37.91 万人,比上年增长 2.1%。全年出生人口 3909 人,出生率 10.3‰;死亡人口 2060 人,死亡率 5.4‰;人口自然增长率为 4.9‰。年末全区常住人口 57.07 万人,比上年增长 0.26%。其中,城镇常住人口 47.52 万人,比上年增长 0.87%,常住人口城镇化率 83.26%。

全区城镇居民人均可支配收入 6.03 万元,比上年增长 8.6%。企业职工基本养老保险人数 447335 人,净增缴费人数 19573 人。

全区城乡最低生活保障覆盖面达 100%。全区拥有敬老院 9 家,年末床位数 3242 张,在院人数 1669 人。城乡居民最低生活保障对象 188 户、304 人,全年社会困难户临时救助、特困救助、低保救助、医疗救助、慈善救助 12375 人次。保障性安居工程建设有序推进,全区新开工保障性住房 10638 套,建成 2372 套。

十二、资源、环境和安全生产

全年出让用地 209.84 公顷,比上年下降 12%。其中,工业用地 83.85 公顷,比上年下降 59.6%;商住用地 93.08 公顷,比上年增长 225.6%。

全区空气质量优良天数比重为 71.4%。4 个国、省考断面达标率 100%,连续三年优Ⅲ比例保持在 75%。9 条河道综合整治断面达标率 77.8%,优Ⅲ比例 66.7%。

年末全区绿化面积 4868.83 万平方米,年内新增绿化面积 74 万平方米,人均公园绿地面积 10.56 平方米。全区森林覆盖率达 18.3%。

全年发生各类事故 30 起,死亡 14 人。亿元 GDP 生产安全事故死亡率 0.0076 人/亿元。

全年累计抽检监测各类食品 3427 批次,每千人抽检率达 6.02 批次,食品监测合格率 98.4%

注:1. 本文中的比较指标均是 2019 年与 2018 年比较

本文为初步统计数 （翁希浩）

附表 1

2019 年新吴区地区生产总值

指标	单位	2019 年
地区生产总值	亿元	1845.49
第一产业	亿元	0.83
第二产业	亿元	1119.59
第三产业	亿元	725.07
人均地区生产总值	元	323799

附表 2

2019 年新吴区人口情况

指标	单位	全区	旺庄街道	硕放街道	新安街道	江溪街道	梅村街道	鸿山街道
年末总户数	户	134585	23652	17635	12522	46893	15922	17961
年末总人口（户籍人口）	万人	37.92	6.87	4.98	3.42	11.91	4.67	6.07
年末总人口（常住人口）	万人	57.07	–	–	–	–	–	–
出生人口	人	3913	544	353	302	1830	491	393
死亡人口	人	2060	413	320	220	480	205	422

附表 3

规模以上工业、能源、建筑业主要指标

指标	单位	2019 年
规模以上工业总产值	亿元	4260.58
规模以上工业营业收入	亿元	4327.82
规模以上工业利润总额	亿元	345.64
原煤消费量	吨	326115
汽油消费量	吨	2974.09
燃料油消费量	吨	96.61
规模以上工业用电量	万千瓦时	874915.2
建筑业产值	万元	995498

附表 4

服务业主要指标

指标	单位	2019 年
规模以上服务业营业收入	亿元	402.39
规模以上服务业营业成本	亿元	303.51
规模以上服务业利润总额	亿元	28.95
固定资产原价	亿元	239.47
本年折旧	亿元	11.21
规模以上服务业资产总计	亿元	1356.6
规模以上服务业负债总计	亿元	761.9
平均用工人数	亿元	7.73

附表 5 贸易、住宿餐饮业主要统计指标

指标	单位	2019 年
批发和零售业增加值	亿元	225.11
住宿和餐饮业增加值	亿元	15.8
社会消费品零售总额	亿元	380.34
比上年增长	%	9
批发零售贸易业销售总额	亿元	2783.63
限额以上批发零售贸易业销售总额	亿元	2417.99
住宿和餐饮业营业总额	亿元	32.12

2019 年新吴区经济社会发展的主要特点

一、重大项目扎实推进

项目招引持续发力。2019 年，新吴区新批总投资超亿元以上产业项目 95 个（总投资约 465.82 亿元），其中超 10 亿元以上项目 11 个，超 50 亿元以上项目 2 个。

项目建设推进有序。全年共组织召开重大项目领导小组会议 5 次，办公会议 1 次，解决 46 个重大项目的 64 个问题。全年区百个重点项目完成投资 489 亿元，完成率 121%，17 个省市重点项目完成投资 260 亿元，完成率 138%。

二、产业转型升级提速

新兴产业发展迅速。物联网产业产值突破 1800 亿元，同比增长 16.1%；集成电路产业全年产值 870 亿元，同比增长 8.1%；软件产业全年收入 780 亿元，同比增长 15.2%；大数据（云计算）产业全年收入 124.92 亿元，同比增长 25.1%；生物医药规模以上产业工业产值 257.2 亿元，同比增长 47.6%，占全市的 54%。

智能制造加速推进。先导智能中标工信部智能制造系统解决方案供应商（数字化车间集成 - 动力电池）项目，实现区智能制造国家项目的零突破。普洛菲斯电子荣获“全国智能制造标杆企业”称号，是全市唯一家获此殊荣的企业。全年新增省级智能工厂 1 家，工业互联网标杆工厂 2 家，市级智能车间 22 家。累计建成省级智能车间 43 家，市级智能车间 47 家，智能车间（工厂）数量全市第一。先导智能和威孚高科企业上榜“首批省级工业互联网发展示范企业”。实施工业互联网“千企通”工程，全区拥有 51 家星级上云企业，数量居全市第一。

工业园区提档升级。出台《关于深入推进低效产业用地再开发工作的意见》等政策文件，加快工业集中区提档升级，提升地块开发强度。年内各街道（园区）累计关停低效企业 557 家，腾退低效工业用地 2177 亩，清理低效厂房 21.8 万平方米，划定总面积 3470 亩的 5 个先行示范区。

三、科技创新成效明显

科技指标领跑全市。全区完成高新技术产业产值 2790.7 亿元，高新技术产业产值占规模以上工业总产值比重 66.2%。全区研发经费支出占 GDP 比重为 3.76%。新增入选“太湖人才计划”领军人才团队 8 个、创业创新领军人才项目 25 个。新增院士工作站 4 个。上述科技指标均列全市第一。

高新技术企业加速集聚。2019 年新增高新技术企业 183 家；获评省“专精特新”企业 8 家，申报市“专精特新”企业和科技小巨人企业 30 家；新增省高新技术企业培育入库企业 369 家、科技型中小入库企业 837 家；市雏鹰培育入库企业 83 家、瞪羚培育入库企业 86 家、准独角兽企业入库企业 13 家。祥生医疗科创板成功上市，华润微电子科创板成功过会。朗新科技企业获评“中国上市公司科技创新百强企业小巨人”，瀚云科技、中兴智能、纽豹智能、华润微电子等4家企业入选2019世界物联网排行榜500强榜单，曲速教育估值达到独角兽企业标准。

自主创新能力不断提升。年内高新区增材制造研究院、大数据国家实验室融合创新中心等7家新型研发机构签约落户。全省信息技术应用创新生态基地成功落户。新增省级企业技术中心3家、市级企业技术中心20家。区内企业研发机构覆盖面继续扩大，新增获批22家省级企业工程技术研究中心，4家市级众创空间。无锡中关村软件园获批国家级科技企业孵化器。全区新增发明专利授权1113件，新增PCT专利148件，累计有效发明专利达到7964件，万人发明专利拥有量达到139.92件，各项专利产出均居全市首位。

持续优化科技创新环境。出台《高企引育工作方案》《科技招商项目准入评估办法》等系列政策文件，兑现科技创新资金超4.5亿元，覆盖科技企业近500家。完善科技创新服务体系，“苏南国家自主创新示范区无锡高新区（新吴区）“一站式”服务中心”正式投用，无锡国家“芯火”双创基地在线综合服务平台上线运营。推进孵投联合体系建设，成立第一支纯国有的天使投资基金“金程高新”，科技企业2019年引进创业投资资本30亿元。

四、开放型经济稳健发展

利用外资高位领跑。全年实际利用外资13.15亿美元，实现全省县市区、开发区“四连冠”。到位外资中战略性新兴产业占比达到85%以上，外资结构进一步优化。全年新增外资研发中心15家，新认定省级跨国公司地区总部2家。

对外贸易克难求进。实现进出口总额505.7亿美元，增幅-0.4%（按人民币计增长3.9%），总量占全市54.7%，占比继续提高0.3个百分点，其中一般贸易进出口总额146亿美元，占比达到28.9%，较2018年提高3.8个百分点，外贸结构进一步优化。检测维修、保税研发、跨境电子商务等外贸新兴业态方兴未艾。捷普全球维修中心在全市率先取得全球检测维修业务突破性进展，区内开展保税维修业务企业已达3家，全年维修检测金额突破1亿美元。跨境电商增长迅速，全年实现出口3.2亿美元。

对外投资趋于活跃。深化对外经贸合作交流，积极融入“一带一路”建设。全年新批境外投资中方协议投资额超2.9亿美元，投资领域涵盖设备制造业、商务服务业、研发、批发零售业等多个领域。

总部经济亮点纷呈。SK海力士等企业持续布局科技园、学校、医院等项目，实现基地化发展。三井物产协鑫新能源商用车运营总部、利纳马亚太区总部、施耐德营运总部、第七大道上市等一批新签约总部项目接连落地。利纳马、博尔豪夫2家企业获省级跨国总部认定。赛仕、普利司通等40家企业通过设立区域总部、研发中心、销售中心等实现工厂总部化。截至2019年底，全区148家企业实现“工厂总部化”，经省认定的总部企业达到16家，占全市的44%，全市领先，全省靠前。

五、重点改革不断深化

深化供给侧结构性改革。严格落实“三个一律”，大力推进降减免政策措施，年内全区电力接入等级10千伏以上的工商业企业用电平均电价下降10%以上。出台《减税降费工作实施方案》《服务宣传方案》和《执纪问责方案》，梳理制定了9批减税降费工作任务清单共计356项任务。集中开展小微企业普惠性税收减免政策的宣传，累计辅导9.8万户次，培训人员1.8万人次。年内全区完成减税降费54亿元，其中减税48亿元，降费6亿元。

实施金融支持实体经济。出台《科技型中小企业贷款风险补偿实施办法》，集中解决中小企业融资难问题。推进物联网金融业务，全年累计为816家企业提供贷款104.96亿元。积极开展政府增信试点，支持212家科技企业获得了“锡科贷”等信用贷款近10亿元；强化综合金融服务平台建设，注册企业1245家，解决了353笔共计31.42亿元的金融需求。

推进“放管服”改革。进一步放大“区政合一”的体制优势，国家级开发区全链审批赋权综合承接率达75%。全面攻坚“3550”提档升级，持续推进“三集中三到位”“互联网+政务服务”“不见面审批”标准化建设、“证照分离”和“证照联办”“互联网+监管”“一件事”等改革，建立和完善三级政务体系标准化建设。新开办企业名称核准和注册登记由12个工作日压缩到1个工作日，办理建设项目审批全流程所需材料精简60%，全流程审批时长压缩至20个工作日，项目备案及核发施工许可证环节实现“不见面”办理。

六、产城融合有序开展

统筹城乡空间资源配置。完成区土地利用总体规划中心城区建设用地规模边界调整，启动新一轮土地利用总体规划修编，优化中心城区土地利用布局。全年盘活存量土地3592.4亩，消化历年批而未供土地1564.6亩，完成低效用地再开发1726.2亩。全区成功获评“省级高标准厂房与使用先进地区”和“省级国土资源节约集约利用资金奖励地区”。

加强土地经营收储。全年累计出让经营性用地18幅，合计1396亩，土地出让总额133亿元，新增财力92.3亿元。依托配套实施的完善和优质教育医疗资源的引进，全区土地拍卖多次创下高溢价率。全年收购储备土地9幅，总面积501.32亩。

加快基础设施建设。推进长江路改造项目，提升高新区门户形象；推进飞凤南路快捷化改造、锡贤路、华友中路等重要交通干道建设，完善区域交通网络；推动华谊路、菱湖大桥、飞凤路北延等对外通道建设。完成拆迁135万平方米、增长23.8%，其中安置房腾地拆迁27.7万平方米。新建安置房10638套，在建棚改安置房12853套，竣工2372套。

持续改善宜居环境。推进区域环境综合整治，拆除违法建设891处，53.8万平方米。开展市容常态化整治，查处各类显见市容问题4000余起，拆除违法广告设施和店招标牌1105处，面积2万平方米。完成花好街等包装出新道路12条，完成南丰路等背街小巷整治12条。新增绿地63万平方米，改造绿地61万平方米。完成鸿山50万立方米装修垃圾消纳场二期项目建设。全区51座公厕新（改）建任务按期完成。生活垃圾分类推广稳步展开，住宅小区生活垃圾分类设施覆盖率达到100%。

七、生态环境持续优化

统筹生态文明建设。推进污染防治综合监管平台运维，受理各类问题线索2724件，办结率92.44%。摸清“散乱污”企业底数，完成整治603家，其中关停取缔434家。关停“四个一批”化工企业11家。严格规范环保审批，把好审批和质量关，确保落户企业“保质保量”。累计审批建设项目环评报告表（书）项目527个，固体废物污染防治设施验收275个，预审核与辐射项目117个。制定“环境处罚学习积分补过”制度，深受区内企业欢迎。

开展污染防治攻坚。坚决打好蓝天、碧水、净土保卫战。市下达的VOCs治理、餐饮业油烟治理、油气回收在线监测、工地扬尘在线监测、锅炉低氮改造等152个项目全部完成；整治区内涉气企业9家。狠抓污水处理设施提标建设，新城水处理二厂投入试生产，出厂水质达到准Ⅲ类地表水；开展长江保护修复攻坚，完成15个入河排污口复核；全区13个民营加油站点完成地下油罐防渗改造。强化土壤污染源头控制，完成电镀企业整治效果现场核查评估；完成134家重点行业用地第一阶段调查；强化污染地块风险管控和治理修复工程监管，初步建立风险管控及修复目录。

创新环保监管手段。助推生态环保社会共治新模式，搭建企业间EHS交流平台，持续推进“大手拉小手”环保共建项目，累计牵手成功“大手”“小手”企业105家，现场服务200余次。建成“四位一体”小流域综合整治及劣Ⅴ类河道整治数据平台，有力推动污染防治攻坚调度，提升验收督办效能。

八、民生建设稳步加强

扎实保障创业就业。深入实施就业促进计划和全民创业行动计划，积极开展“就业援助月”“春风行动”等专项活动，累计举办161场主题公益招聘会，服务企业近4000家次，提供就业岗位7.1万个。鼓励大学生、本市户籍失业人员、退伍军人自主创业，累计发放创业补贴164.6万元，创业担保贷款815万元。扎实开展SYB和GYB等培训项目，共计培训1150人。

积极实施惠民工程。社会帮扶救助、医疗卫生、教育资源配置、农贸市场提升等10大类28项为民办实事重点项目稳步推进。突出政府投资项目的公益属性并实施动态跟踪管理。新安街道居家养老中心、梅荆花园五期二次供水等一批民生项目建成并投入运营。

推进教育优质发展。加快教育领域改革，出台《关于全面深化新时代教师队伍建设改革的实施意见》等改革配套文件10个，充分释放教育发展活力；加速义务教育优质均衡，全年投资约15亿元，推进中小学建设项目16个，建成竣工项目8个，学前教育质量稳步提升，省市优质幼儿园创建比例达96%；加强教师队伍建设，全年招聘各层级教师320人，高层次人才引进在全市占比40%，在全市率先开展学校中层干部“区管校聘”竞岗工作，进一步优化师资队伍结构；加深优质教育发展共同体跨区域、跨类别合作，培育优质品牌学校，推动由“学有所教”向“学有优教”转变。

完善医疗卫生服务体系。加大医疗卫生设施供给，SK海力士医院签约落地，新瑞医院、市人民医院新安分院、新吴区中医医院、新吴区康复医院建成运营。全面推进社区卫生服务机构提档升级，打造区级特色专科医院，5个街道社区卫生服务中心异地迁建工程顺利开展。全面完成区内急救站网络布点任务，鸿山急救站改造工程竣工，江溪急救站投入运行。优质社会力量办医成效好，新吴华卫医院、无锡耘林康复医院投入使用，新增床位1100余张，其中护理型床位583张，凯宜医院年内建成并正式对外营业。

加强综合救助管理。推进临时救助、医疗救助、慈善救助等综合救助无缝精准对接，累计发放低保金274.9万元，发放残疾人补贴1025.2万元。全面启动区级综合救助一门受理平台开发项目。积极援引社会慈善力量，全年接收慈善捐款97笔共85.27万元，举办各类慈善公益活动共17场，救助1716人次。

提高养老服务水平。有序推进旺庄、梅村、鸿山的养老服务基础设施建设。新安街道老年人日间照料中心启动运营，实现了全区街道级日间照料中心全覆盖。累计建成区域性助餐中心9家、助餐点48个，助餐失能、失智、失独、高龄困难老人数达1600余人，实现区域性助餐中心街道全覆盖。加快医养融合发展，新增护理型床位562张，护理型床位占比突破70%。

推动文体旅融合发展。出台《推动文化建设高质量发展三年行动计划》，成功举办"赏五月花海看锦绣高新"万人徒步活动、2019"小天鹅杯"海峡两岸城市棒球交流赛、"高新区之夜"太湖音乐节、高新区第七届全民运动会等系列大型文体活动，全年开展各类群众性文化惠民活动90余场、全民阅读系列活动110余场，丰富市民群众文体生活。理顺文化体制机制，筹建无锡高新文体发展有限公司，成立书法家协会、音乐舞蹈家协会和民间文艺家协会。加大公共文化体育载体建设，启动区文体中心的前期设计工作。推进鸿山旅游度假区建设，科学编制《鸿山旅游度假区总体规划》，鸿山遗址本体保护及相关工程顺利开工。

统筹农业农村工作。制定新吴区乡村振兴战略实施五年规划和两年实施计划。在全市率先推进智慧农业，探索打造"智慧农业云"平台，建成全市首个5G智慧农业示范项目。鸿山葡萄专业合作社获评"国家农民合作社示范社"，7个农产品被农业农村部认证为绿色食品，实现新吴区绿色食品零突破。农村集体产权制度改革基本完成，村级股份经济合作社全面建成。农村人居环境整治掀起热潮，七房桥村荣膺"全国乡村治理示范村"，大坊桥村获评"全省农村人居环境整治示范村"。

夯实食药安全基础。积极创建"省级食品安全示范区"并通过现场考核。建立完善基层食品安全网络，全年建成"互联网+明厨亮灶"餐饮单位1266家。抓好食品安全抽检监测，全年抽检监测3300批次，合格率98%以上。完成区内18家农贸市场智慧化改造，实现区内农贸市场快速检测全覆盖。积极实施药品监管。开展全区268家药品零售企业执业药师"挂证"专项整治行动。围绕疫苗、麻精药品使用和中药饮片三个重点领域，进行集中督查检查。

增强社会治理能力。深入开展扫黑除恶专项斗争，打掉黑势力犯罪集团1个，查扣黑恶涉案资产3378.7万元，破获九类涉恶案件68起，抓获涉恶犯罪嫌疑人259人；查处黑恶势力"保护伞"案件2件。全力打击"套路贷"等非法金融活动，打好防范化解重大金融风险攻坚战。创新网格化社会治理机制，拓展延伸基层社会治理"最后一百米"。

提升退役军人服务。完成区退役军人服务中心和街道、社区退役军人服务站建设，服务保障体系实现全覆盖，部分退役士兵社保接续等重点工作扎实推进，有效化解"进藏兵"等历史遗留问题，退役军人安置就业率达100%。

九、强力抓好安全生产

开展集中排查整治。部署并开展全区安全生产工作大排查大整治，集中检查单位13476家次，发现一般隐患14641条，已整改11274条，整改率77.1%；重大隐患109条，已整改93条，整改率为85.3%，行政处罚96家，罚款266.33万元，停产54处，查封扣押1件，打击了一批违法行为、消除了一批安全隐患。

探索安全网格化管理。开展安全网格化管理试点。8个网格配备1名专职安全网格员。全年累计排查摸底415家企业，收集企业反馈信息20余条，摸排小园区企业89家，其中生产性企业70家。推动46家企业开展"标准化"和"双控"建设，立案处罚17家。

强化企业安全认证。完善全区标准化创建和双重预防机制，全年通过标准化评审企业638家，其中二级初审5家，二级复审4家，三级初审90家，三级复审130家(危化21家)，小微初审368家，小微复审41家。安全标准化审计9家，完成双控验收952家，并对各街道小微企业发证情况进行了专项检查。

总的看，全区经济发展"稳的基础"不断巩固，"进的态势"更加明显，"好的因素"持续累积。但区域经济进入逆周期趋势明显，地区生产总值、规模以上工业增加值、一般公共预算收入、进出口等主要经济指标完成情况低于年初预期。对照新发展理念，存在外企和民企、制造业和服务业、经济发展和民生改善、产业建设和城市建设之间发展不平衡、不匹配的问题。新旧动能转换还不够快，科技政策还不够精准。对照群众期待，城市环境面貌和建设品质仍有待提升，农村环境整治还须加强。民生改善和社会治理上，教育、医疗卫生、健康养老等公共产品供给仍有缺口，环境保护、安全生产工作须向纵深着力。

（张亮亮　周　力）

1月

1月4日

●中国共产党无锡市新吴区第一届委员会第七次全体会议举行。

1月8日

●中国人民政治协商会议江苏省无锡市新吴区第一届委员会第四次会议举行。

1月13日

●农历十二月初八,无锡市凝禧寺山门牌楼揭牌仪式举行。

1月15日

●无锡新吴区青年联合会第一届委员会第一次全体会议召开。

1月17日

●喜开理(中国)有限公司二期厂房竣工仪式举行。

1月30日

●市政府副市长、高新区党工委书记、新吴区委书记王进健会见日本希森美康集团代表取缔役社长家次恒一行,并出席无锡高新区(新吴区)与日本希森美康集团战略合作协议签约仪式。

2月

2月12日

●无锡高新区(新吴区)机构改革动员部署会议召开。

2月13日

●“江南源·吴歌里·春在梅里”2019泰伯庙会暨新吴文旅活动周启动仪式在梅村街道中华德城广场举行。

2月15日

●市委副书记、市长黄钦率队赴高新区(新吴区)开展调研并召开座谈会。

2月19日

●2019年无锡市首批重大项目集中开工暨无锡LG化学汽车动力电池正极材料项目开工仪式举行。

2月20日

●市政府副市长、高新区党工委书记、新吴区委书记王进健会见北控智慧城市总经理、北控曙光大数据董事长张颖芝一行,北控集团子公司北京北控智科能源互联网有限公司(简称“北控智科”)总投资30亿元“大数据科技园区”项目签约落户空港经济开发区。

2月28日

●无锡高新区(新吴区)2019年重点基础设施建设项目集中开工仪式在新韵北路与拟开工锡贤路口举行。

●无锡智能医疗产业园签约仪式在高新区举行。

3月

3月1日

●无锡高新区(新吴区)召开党政机构组建成立大会,宣布新调整任命的部门领导班子,为改革后的区级党政机构集中授牌。

3月5日

●市委副书记、市长黄钦会见捷普集团首席运营官 Alessandro Parimbelli 一行,并参加了捷普电子北亚区云计算与射频技术研发中心揭牌仪式。

3月6日

●无锡佛吉亚机电产品基地及中国研发测试中心落成剪彩仪式在梅村工业集中区举行。

3月7日

●无锡市启动农村人居环境整治集中行动,新吴区在鸿山街道七房桥村双水沟设立分会场。

3 月 12 日

●新吴区召开生态环境保护大会，落实中央和省、市生态环境保护会议的精神，安排和部署 2019 年生态环境保护工作。

3 月 12 日

●无锡海关驻新吴办事处正式挂牌成立。

3 月 14 日

●新吴区人武部揭牌仪式暨全区人民武装工作会议在人武部新办公场所举行。

3 月 20 日

●无锡高新区与韩国 SK 海力士签署合作协议，合力打造 SK 海力士学校。

3 月 26 日

●新吴区首家三级综合医院——新瑞医院正式开业，并启动大型专家义诊活动。

3 月 27 日

●“产业强市创新高地·开放合作共赢未来”2019 无锡开放合作恳谈会在博鳌亚洲论坛国际会议中心举行。

4 月

4 月 2 日

●无锡高新区“慧海湾生态公园”开园揭牌活动举行。

4 月 3 日

●无锡新吴区召开生态环境局组建挂牌大会并举行揭牌仪式。

4 月 10 日

●无锡新吴区召开全区教育大会，落实全国教育大会、全省关于教育工作的部署以及全市教育大会精神。

4 月 15 日

●大数据国家实验室融合创新中心、美林数据南方总部基地正式签约落户无锡高新区（新吴区）。

4 月 16 日

●市政府副市长、高新区党工委书记、新吴区委书记王进健会见法国苏伊士集团亚洲首席执行官郭仕达（Steve Clark）一行，并出席苏伊士水务技术与方案无锡基地项目签约仪式。

4 月 18 日

●市委市政府举行一季度重大项目观摩活动。省委常委、市委书记李小敏率队到新吴区现场观摩无锡村田电子有限公司第二工厂、SK 海力士半导体（中国）有限公司二工厂等重大项目建设情况。

●韩国 SK 海力士二工厂提前竣工投产。

4 月 19 日

●市长黄钦会见 TDK 集团执行董事、TDK-Lambda 株式会社社长矢代博行及 TDK 集团中国总部总裁浅沼俊英一行，并参加 TDK-Lambda 中国总部项目战略合作协议签约仪式。

4 月 24 日

●鸿山旅游度假区、鸿山街道领导干部会议在鸿山街道召开，会上宣读《省政府关于设立江苏省无锡鸿山旅游度假区和江苏省连云港大伊山旅游度假区的批复》《关于设立江苏省无锡鸿山旅游度假区管理办公室的批复》和《关于成立无锡鸿山旅游度假区工作领导小组和相关专业工作组的通知》。

4 月 29 日

●由中国卫生信息与健康医疗大数据学会、无锡市人民政府主办，无锡市卫健委、无锡高新区（新吴区）管委会承办的中国健康物联网大会暨健康物联网战略合作签约仪式在君来湖滨饭店举行。

5 月

5 月 6 日

● 2019 无锡才交会“人才引领高质量发展”创新创业成果（无锡）展洽会开幕。

5 月 7 日

●“2019 高层次人才创新创业无锡交流大会健康医疗产业人才高峰论坛”举行。

●“2019 高层次人才创新创业无锡交流大会物联网产业 + 人才高峰论坛”举办。

5 月 8 日

●市首家区级融媒体中心——高新区融媒体中心启用仪式在国家软件园区凤凰座二楼举行。

5 月 9 日

● 2019 年无锡高新区（新吴区）——海东市互助土族自治县对口支援第一次联席会议召开。

5 月 14 日

●新吴区与江苏省无锡师范学校附属小学合作办学举行签约仪式。

5 月 20 日

●施耐德电气全球供应链电子能力中心项目签约仪式举行。

5 月 22 日

● ASML 半导体供应链服务中心揭牌仪式在综合保税区举行。

6月

6月6日

●无锡史上单体投资规模最大项目——华虹无锡集成电路研发和制造基地项目迎来12英寸生产线建设项目首批光刻机搬入。

6月10日，

●市政府副市长、高新区党工委书记、新吴区委书记王进健会见世界500强美国江森自控全球制造运营亚太区总裁林坚一行，并出席江森自控亚太研发生产基地项目签约仪式。

6月20日

●苏南国家自主创新示范区无锡高新区“一站式”服务中心正式投用。

●无锡市委副书记、市长黄钦会见药明生物首席执行官陈智胜一行，并出席药明生物偶联药物研发生产技术中心项目签约仪式。

6月21日

●无锡市委副书记、市长黄钦会见江苏省产业技术研究院书记胡义东及智能集成电路设计技术研究所博士樊晓华团队一行，并出席江苏省产业技术研究院智能集成电路设计技术研究所签约仪式，与胡义东书记共同为研究所揭牌。

6月28日

●德国柏丽集团工业4.0亚太总部项目签约仪式举行。

●延安市宜川县文化旅游宣传暨招商引资项目推介会召开。

7月

7月1日

●无锡新吴区召开庆祝中国共产党成立98周年大会。

7月9日

●无锡高新区与长城战略咨询战略合作签约仪式暨项目启动大会举行。

7月9日—11日

●高新区（新吴区）党政代表团赴青海省海东市互助土族自治县推进对口帮扶工作。

7月18日

●台湾宏仁企业集团旗下无锡高分子材料科技有限公司举行上市合作协议签约仪式暨开业揭牌仪式。

7月19日

●无锡即联即用创业服务有限公司开业暨Plug and Play无锡全球创新加速器启动仪式在无锡高新区创业广场举行。

7月20日

●“萄醉鸿山 甜蜜一夏——农旅融合助推乡村振兴”2019鸿山葡萄文化旅游惠民月开幕。

8月

8月8日

●“工业互联·智造新吴”高峰论坛在新湖铂尔曼酒店举行。

8月15日

●2019无锡高新区（新吴区）城市发展合作恳谈会举行。

●泓慧飞轮储能华东区总部基地项目暨无锡集成电路与储能研究所签约仪式举行。

8月16日

●市政府副市长、高新区党工委书记、新吴区委书记王进健会见韩国SEP Engineering株式会社社长李始澈、北京斯特科技有限公司董事长李明震一行，并出席资源再生利用项目签约仪式。

●无锡高新区（新吴区）在海泰一支路与兴泰路口西北地块举行2019年第二批重点建设项目集中开工暨伯渎河重点片区建设启动仪式。

8月28日

●2019年延安市宜川县—无锡市高新区（新吴区）产业项目集中签约仪式举行。

●中国电信无锡分公司新吴区5G网络建设及试点应用发布会在新吴区举行。

9月

9月1日

●“渔礼金九 共画新吴”新吴区首届渔文化节暨丰收献礼新中国成立70周年开捕集市在新安街道开幕。

9月5日

●中国（无锡）跨境电商网购保税模式启动仪式在无锡高新区（新吴区）跨境电商网购保税监管中心举行。

9月6日

●2019世界物联网博览会——中欧物联网无锡

峰会在无锡举行。

●2019世界物联网博览会——慧海湾物联网产业生态高峰论坛在无锡举办。

9月7日

●作为2019世界物联网博览会系列活动之一，由无锡市卫健委、无锡高新区（新吴区）管委会、阿斯利康中国共同承办的“智慧健康发展峰会”在无锡高新区（新吴区）举行。

●无锡国际生命科学创新园在高新区开园投运，迎来首批入驻企业，无锡市政府与江苏省药监局战略合作签约仪式举行。

●由工业和信息化部、江苏省人民政府联合主办，江苏省工业和信息化厅、无锡市人民政府联合承办的“2019世界物联网无锡峰会”在无锡太湖博览中心举行。

●2019海尔物联生态峰会举行。

9月8日

●2019世界物联网博览会系列活动之一的“数字电力峰会暨电力行业信息化年会”在无锡高新区（新吴区）举办。

●作为世界物联网博览会系列活动之一的“2019物联网密码应用专题峰会”在君来洲际酒店举行。

9月10日

●中国服装物联生态高峰论坛举行。

9月17日

●华虹无锡集成电路研发和制造基地（一期）12英寸生产线建成投片大会举行。

9月18日

●2019“小天鹅杯”海峡两岸城市棒球交流赛开幕式在江苏省棒球运动训练基地举行。

9月24日

●市政府副市长、高新区党工委书记、新吴区委书记王进健会见芯河半导体董事长王晓明、临芯资本副总裁刘光军一行，并出席投资签约暨项目落地揭牌仪式。

9月30日

●无锡高新区（新吴区）在科技商务中心广场举行“迎国庆、升国旗”活动。

●无锡高新区（新吴区）烈士纪念日公祭活动在锡东革命烈士陵园举行。

10月

10月21日

●2019年无锡高新区（新吴区）—延安市宜川县对口帮扶工作第二次联席会议召开。

10月27日

●无锡高新区（新吴区）第七届运动会开幕式在无锡科技职业学院田径场举办。

10月31日

●利纳马无锡新工厂开业典礼暨跨国公司地区总部授牌仪式举行。

11月

11月4日

●作为第七届江苏产学研合作大会的3场产业专题论坛之一，由江苏省人民政府主办、无锡高新区（新吴区）管委会承办的江苏省半导体产业专场对接会在南京举行。

●2019中俄青年新媒体交流营启动仪式举行。

11月7日

●中国电动重卡绿色联盟高峰论坛召开，江苏开鑫车联新能源商用车运营总部项目签约仪式举行。

11月8日

●2019无锡高新区金秋经贸节系列活动——综保区重大项目集中签约仪式举行。

11月12日

●第七大道上市总部项目落户签约仪式举行，市政府副市长、高新区党工委书记、新吴区委书记王进健会见了世纪华通董事、七酷网络创始人邵恒一行，并出席项目签约仪式。

11月15-16日

●“新时代·新起点——第三届中俄网络媒体论坛暨中俄建交70周年新媒体交流活动”。

11月18日

●由科技部国际合作司（港澳台办）、科技部火炬中心与团结香港基金共同组织的香港创业青年内地行活动在无锡高新区（新吴区）举办。

11月26日

●2019年无锡高新区（新吴区）金秋经贸节集中签约活动举行。

11月27日

●市政府副市长、高新区党工委书记、新吴区委书记王进健会见韩国SK海力士株式会社本部长洪相后，市产业集团董事局主席蒋国雄一行，并出席海太半导体与韩国SK海力士三期合作意向书签约仪式。

11月28日

●市委书记李小敏会见济民可信集团董事长李义海一行，并出席济民可信生物医药创新技术产业化项目及新药项目签约仪式。

●中电二公司总投资10亿元总部基地二期项目签约仪式暨省级企业院士工作站、省级洁净室工程技术中心、省级水处理工程技术中心（“一站二中心”）揭牌仪式举行。

11月29日

●中国船舶海洋探测技术产业园启用仪式暨海鹰集团入驻仪式举行。

12月

12月3日

●无锡祥生医疗科技股份有限公司在上海证券交易所科创板挂牌上市。

12月10日

●市政府副市长、高新区党工委书记、新吴区委书记王进健会见韩国SKC Solmics安炳洙常务一行，并出席SKC Solmics半导体设备再生制造项目签约仪式。

12月12日

●无锡新吴区中医医院揭牌暨全国、省名老中医药专家传承工作室（站）授牌仪式在江溪街道南站医院举行。

12月13日

●江苏集萃智能集成电路设计技术研究所（以下简称“研究所”）揭牌仪式在无锡国家软件园举行。

12月18日

●市政府副市长、高新区党工委书记、新吴区委书记王进健会见华西村党委副书记、华西集团副总经理杨红玉，中信建投资本副总经理张志斌，世纪华通董事、七酷网络董事长邵恒等一行，并出席合作签约仪式。

12月20日

●无锡高新区（新吴区）与上海技术物理研究所签署合作协议，共同建设德芯光电感知技术研究院。

12月28日

●首届鸿山年俗文化节暨江南年俗文化论坛在无锡鸿山旅游度假区中华赏石园开幕。

12月30日

●市政府副市长、高新区党工委书记、新吴区委书记王进健会见阿斯利康全球执行副总裁、国际业务及中国总裁王磊一行，并出席阿斯利康国际市场总部签约仪式。

自然地理

【地理】 新吴区,隶属于江苏省无锡市,地处无锡东南部、长三角几何中心,北临锡山区,西接梁溪区、滨湖区,南依太湖,全区面积220平方公里。区内机场、高铁、高速、港口等交通基础设施一应俱全。介于北纬31° 7′ ~32° 2′ 、东经119° 33′ ~120° 38′ 。新吴区境内以平原为主,星散分布着低山、残丘,南部为水网平原,北部低地辟成的水网圩田,河道纵横,地势平坦广阔。 (胡道文)

【气候】 新吴区,属北亚热带湿润区,受季风环流影响,形成的气候特点是:四季分明,气候温和,雨水充沛,日照充足,无霜期长。1月平均气温在2.8℃左右; 7月平均气温在28℃左右。全年无霜期220天左右。年平均降水量在1048毫米。雨季较长,主要集中在夏季。全年降水量大于蒸发量,属湿润地区。 (胡道文)

【水系】 新吴区南临太湖贡湖湾,其河网水系格局以区域、无锡市水网为基础,依托外围河网水系发展,区内形成了“两纵两横”的骨干水系框架。“两纵”即走马塘与望虞河,“两横”即京杭运河与伯渎港,内部水网以此为框架,主要包括夹蠡河、西仓浜、旺庄港、周泾浜、香泾浜、梅花浜、马桥港、大溪港、新开港、三河港等主要河道。新吴区水系受流域性河道影响较大,主要受运东大包围、太湖新城大包围分割,京杭运河穿境而过、望虞河引江清水通道及望虞河西控工程影响。境内现有大小河道湖泊308处,水域面积(不含太湖)8平方公里,水面率4%;其中区级51条;镇级64条;村级193条。太湖岸线6.935公里,京杭运河15公里,望虞河18公里,走马塘河道13.1公里,伯渎港22公里。区级防汛泵站49座,全区农村固定泵站80余座,总装机1805千瓦。农田灌溉渠道总长154.8公里,小型灌溉排水泵站19座。 (胡道文)

【交通区位】 新吴区对外交通便捷,可进入性好,具有旅游发展潜力。新吴区是全国唯一一个区内建有国际机场的开发区,年旅客吞吐量突破600万余人次。无锡新区站可便捷联通长三角多个城市,无锡南站和无锡东站距新吴区仅半小时车程。公路通车里程已达214.45公里,在建地铁3号和4号线将经过新吴区。在新吴区内,苏南硕放国际机场已开通香港、澳门、台北、东京、大阪、新加坡、韩国、泰国及全国40余条直达航线;无锡新区站是沪宁城际铁路上的一个车站,可到达上海、南京、杭州、汉口、常州等地,新区站到硕放机场仅有3公里;有G2京沪高速(北京－上海)、G42沪蓉高速(上海－成都)和312国道等公路与外界连接。整体而言,新吴的对外交通网络较为完善,旅游资源大部分集中在东南地区。 (张君华)

区划人口

【历史沿革】 新吴区辖无锡国家高新技术产业开发区、无锡空港经济开发区、星洲工业园、综合保税区、无锡太湖国际科技园、鸿山旅游度假区和旺庄、硕放、江溪、梅村、鸿山、新安6个街道,有81个社区、9个行政村、35个村居合一社居委。区人民政府驻新安街道和风路28号。 (徐小涛)

【人口】 截至2019年年末,新吴区总户数13.45 万户,户籍人口37.91万人;全年出生3909人,死亡2060人,人口自然增长率4.93‰。2019年年末,新吴区(高新区)常住人口57.07万人。 (徐小涛)

文化遗存

【概况】 新吴是吴文化发源地之一,历史文化资源丰富,以泰伯陵、泰伯庙、伯渎河、鸿山遗址博物馆等组成的泰伯及吴文化景点为代表。新吴区共有各级文物保护点35处(含大运河),其中全国重点文物保护单位4处,分别是鸿山墓群、泰伯庙和墓、昭祠堂、大运河(新吴段),省级文物保护单位1处彭祖墩、市级文物保护单位11处、市控单位9处及三普文物点10处。2018年,新发现尤家弄—顾更上土墩群和梅里商周遗址。全区大部分文物资源集中在鸿山旅游度假区（鸿山街道）和梅村街道区域内，鸿山旅游度假区（鸿山街道）有各级文物保护单位及文物点26处，梅村街道有泰伯庙、梅里商周遗址、新四军江抗东进纪念馆等文物资源。

新吴区有1个国家级非物质文化遗产项目泰伯庙会，3个省级非物质文化遗产项目二胡艺术、清水油面筋、撂石锁（无锡花样石锁）；9个市级非物质文化遗产项目蔡阿水羊肉、小阿姨甜酒酿、钱氏古法酿酒、梁孟传说、三馅团子、净慧寺庙会、张中丞庙会、唐调、宣卷等。新吴区有1个省级非物质文化遗产传承人陆林生（二胡），6个市级非物质文化遗产传承人：万其兴（二胡）、强金波（二胡）、周敏妹（宣卷）、徐忠宪（唐调）、蔡阿水（蔡阿水羊肉）、吴祖福（清水油面筋）。（刘保宏）

【鸿山墓群】 鸿山墓群是在全国吴越文化遗存中有较大影响力、较为稀缺的墓群遗址，被评为“2004年全国十大考古新发现”，是第六批全国重点文物保护单位、全国重点保护大遗址、首批国家考古遗址公园，也是江苏省唯一的国家考古遗址公园。鸿山墓群保护范围7.5平方公里，现存土墩100余座，土墩时代上溯马家浜、崧泽、良渚文化时期，经西周、春秋、战国，延续至宋元明清和民国时期，延绵6000余年，真实地反映了太湖流域北部的历史文化演变轨迹。丘承墩出土的低温琉璃釉陶器是中国首次发现，出土的玉飞凤是国内最早发现的微雕玉器，展示了当时炉火纯青的微雕工艺，成为无锡市市徽。（刘保宏）

【泰伯庙和墓】 泰伯庙和墓是国家级文物保护单位，国家AA级景区。现存的泰伯庙为无锡地区规模最大、保存最为完好的一组明清建筑群，由金水桥（香花桥）、“至德名邦”石牌坊、棂星门、戟门、至德殿、东庑、西庑、宝珠堂、云山深处、慈俭堂、圣堂、三让堂、尊德堂、玉皇殿、关帝殿、德洽堂、采芝堂、隔凡楼、仓厅两间、后庑房三间、古井一口等单体构成。泰伯墓由月牙池、石牌坊、庑间、享堂、四棱碑、泰伯墓冢等单体构成。（刘保宏）

【昭祠堂】 昭祠堂是现存一座较为完整的明代楠木厅，对于研究明代建筑有很好的历史价值。系明嘉靖七年（1528）进士曹察所建，乾隆十三年（1748）曹察裔孙将宅改为家祠。前后三进，其中门屋三间、中堂五间、昭嗣堂大厅及大厅外天井围墙，两侧的左右厢房各三间和左右长廊。大厅面阔五间，进深十一架，硬山顶，全部采用名贵粗壮楠木建成。椽上置楠木望板，厅内金柱上首之雀替，月梁两端及脊檩等均施彩绘，有旋子莲花、双钱、包袱垂角等纹样，贴金隐约可见；金柱下置覆盖形青石柱础，檐柱下为青石榁，山柱下为木榁和柱础。厅前有院墙，墙体下置青石须弥座，中为砖墙，上首有精雕砖刻。（刘保宏）

【近代遗迹】 怀海义庄、钱穆钱伟长故居（钱氏素书堂）、泰伯图书馆旧址、邹氏延寿堂等近代重要史迹和代表性建筑记录着钱氏一门六院士的传奇，培育滋养着吴地人民始终如一的良好家风、淳朴民风和文明乡风，对研究近代民族工商文化、历史名人有重要意义。“怀海义庄”占地面积2700平方米，建筑面积1800平方米，为五开间三进。前排正中厅堂设有钱氏先祖武肃王像。西侧两间其中一间为下账房，另一间为米仓。东侧双间原为粮仓（发放救济米用），后改为钱声一先生创办的又新小学教室。东侧厢为家谱修编室，原由七房桥钱氏五世同堂二十九世钱绍霖主持修编。西侧厢为厨房。第二进正厅为怀海堂，堂正中刻有钱氏家训。两侧刻有武肃王八训。西间为上帐房，东间为钱氏私立七房桥又新小学办公室。第三进为“院士阁”，以彰显鸿山七院士为振兴中华而拼搏奉献、开拓创新的大家风范。2016年，被公布为无锡市第五批文物保护单位。（刘保宏）

【桥文化】 集义桥、积福桥、大通桥等11座古石桥建筑是江南文化的典型代表，体现着江南文化典雅灵动的特质。（刘保宏）

非物质文化遗产

【泰伯庙会】 以纪念江南世祖泰伯为主要内容，时间是每年农历正月初九（泰伯生日）。2014年11月，被列入国家级非物质文化遗产。自东汉起，一千八百多年来，“岁时致祭奉祀，历代不废”。锡、苏、常地区数十万百姓到无锡梅村泰伯庙祭典先祖泰伯；世界至德宗亲十二姓氏（吴、周、蔡、江、汪、柯、辛、翁、曹、洪、方、龚）之后裔也以江南民俗特色朝拜，用献袍、供品、香烛、鲜花、点食、帛塔、牲、茶、酒、饭、化纸元宝等形式归宗祭祖，缅怀泰伯开发江南的丰功伟绩。庙会保留了江南民间道、佛、儒信仰为特点的传统民间文化，是研究江南地区民众生活的重要根据，在民俗学研究中具有不可替代的作用。（刘保宏）

【净慧寺庙会】 2014年8月，净慧寺庙会被无锡市列入非物质文化遗产。每年农历二月十九日，净慧寺周边数十里范围内的群众都会到烧香朝拜，祝贺观世音圣诞，寺内从农历二月初八至二月十四这7天内举行观音佛七法会，逐日诵经礼忏，为国家及人民祈福。从农历二月十五至二月十九这5天内则接受信众礼佛烧香。此外，净慧寺还举办祝圣法会，万民祈福太平法会，万人献香献花，万人祈福以及挂观音许愿卡，烧万福香塔，吃观音长寿面等一些活动。而地方上，则会举行由许多村子自发组织的拜香会，俗称报娘恩。按年各村轮流当值，组成数十个拜香会，二月十八开始进香，高举旗帜，敲锣引道，到了寺前挨次从米道街拜向观音殿。（刘保宏）

【张中丞庙会】 2014年8月，张中丞庙会被无锡市列入非物质文化遗产。每逢农历七月二十四，张巡大老爷生日，要举行张巡出会的庙会，由民间自发组织一支近千人的队伍，组成7个方队拥簇着张巡大老爷出庙浩浩荡荡，在附近街道社区游巡消灾布福，沿街人家、商店都点烛上香迎接祈求四季平安、人口太平、生意兴隆、财源茂盛、风调雨顺、国泰民安。大老爷出会的巡游队伍，按7个方阵称七道，由刀斧手开道，野黑帽手拖竹片清道，扫除路障，然后是头阳牌、铜锣旗伞、扛锣、八宝箱、文房四宝徐徐前进，后面是文体节目。要马叉、走高跷、拜香队、挑茶酒担、戏文队、龙灯队等等。庙会从七月二十三至七月二十五结束，共3天，每天晚上庙场上都有文娱节目演出。（刘保宏）

【清水油面筋】 在清乾隆年间，由无锡崇安寺小吃店老板"锡大"在烹制菜肴过程中创始，后有"锡大"传授的东门吴姓作坊制作（是无锡第一家制作清水油面筋的店铺），咸丰十年（1860）由无锡北门马成茂店第一次挂"清水油面筋"招牌。由于无锡水陆交通发达，庙会繁荣，外地游客云集，久而久之成名，成为"无锡油面筋、惠山泥人、酱排骨"三大地方特产之一。1956年以前都以夫妻作坊形式，至1956年公司合营后进行统一组织生产，生产从手工操作变为机械操作，生产规模、数量增加，质量不断提高，不断得到发展。（刘保宏）

清水油面筋

甜酒酿

【小阿姨甜酒酿】 新吴区梅村荆心村的"小阿姨"甜酒酿，以其甜、糯、香、醇的特色，以及"酒香不怕巷子深，肩挑酒担走万家"的精神劲儿，为无锡地区百姓所熟识。2013年1月，被无锡市列入非物质文化遗产。"小阿姨"甜酒酿最初由梅村荆心村安乐桥、曹更上等自然村的几个中年村妇带头酿造，她们有的搭乘公共汽车，有的骑自行车，穿梭于无锡的大街小巷。到了20世纪90年代初期，开始在梅村菜场以及市区扬名、塘南等地菜场开设专卖。从20世纪70年代起，一声声甜酒酿的叫卖声，开始在无锡市区的大街小巷偷偷传开，一帮中年农村妇女，肩挑酒酿担，开始了她们最初的下海生涯，民间小吃甜酒酿，成为20世纪改革开放初期，无锡地区农民勤劳致富的一个代表。（刘保宏）

【钱氏古法酿酒】 钱氏古法酿酒工艺经过多次改良，如今已经形成了三大系列、五个品种。钱氏古法酿酒的白酒酿造主要是以酱香型白酒制作为主，经过浸泡糯米、蒸熟糯米、前期发酵、主发酵、后期发酵、压榨、蒸馏、二次蒸馏得到58度的钱氏酱香白酒。钱氏黄酒酿造所用的主要原料是经过精白处理的糯米。经过选料、浸米、蒸饭、发酵、后发酵、压榨、澄清、消毒等工序完成黄酒的制作。钱氏黄酒酿造所用的主要原料是经过精白处理的糯米。经过浸渍蒸糯米、冷水浇淋蒸熟糯米、搅拌蒸熟糯米、发酵、掺水浸酒、榨酒等工序完成米酒、甜酒的制作。（刘保宏）

【蔡阿水羊肉】 明代医学家李时珍在《本草纲目》中记载，羊肉能"暖中补虚，补中益气，开胃健身，益肾气，养胆明目，治虚劳寒冷，五劳七伤"，是冬令进补、御寒健体的滋补佳品。位于吴文化的发祥地，被誉为"泰伯故里，至德名邦"的江苏省无锡市新吴区梅村街道，就有一家老字号的羊肉店——"蔡阿水羊肉店"，加工出售的羊肉肉质细腻，味美可口，远近闻名，蔡阿水羊肉从小作坊到小肉铺，从小饭馆到大酒店，羊肉烹饪工艺历经上百年的传承，菜肴依然保持了独特的口味。"蔡阿水羊肉"已经成为无锡地区餐饮行业的著名品牌，特别是到了冬季，排队吃羊肉已经成为蔡阿水羊肉店门口的一道风景线。（刘保宏）

【唐调】 唐调是国学大师唐文治（1865—1954）传下的中华古诗文吟诵调，又称"唐氏读文法"。唐调吟诵因声求气、字重气翔、设调古雅、音乐性强，有"阴阳刚柔、古文四象"读文理论指导，是清代士大夫和国子监诸生的读书雅调。唐调注重诵读儒家经典，故被称为"儒家诵经调"。唐文治先生于1934年、1947年两次在上海灌制唐调吟诵唱片，并配有英文介绍，向海内外人士发行。1947年版唐调胶木唱片记录了唐文治先生吟诵古诗文20篇的原声，共吟诵时间56分钟，吟诵古文10篇计39分钟，吟诵古诗词10篇计17分钟。中华吟诵学会认定，唐调吟诵是中华全国现存最早的古诗文吟诵原声，弥足珍贵。（刘保宏）

【撂石锁（无锡花样石锁）】 相传石锁最早出现于唐宋时期，盛于清道光年间。历史上无锡民间也一直有掷石锁的锻炼习惯，而且形成了以"飘逸灵活、技巧见长"为特色的无锡花样石锁。清代及民国时期，无锡花样石锁得到空前发展，群众基础深厚，涌现了三国阚泽后裔阚氏家族等一大批石锁高手，经阚怀金、阚年炳、阚国祥等代代相传，发扬光大延续发展至今。2013年1月，被无锡市列入非物质文化遗产。无锡花样石锁的举法主要有抓举和摆举，有正掷、反掷、跨掷、背掷等掷法和手接、指接、肘接、肩接、头接等接法组成各种各样的花色动作。有名的花色动作有石锁上拳、石锁上肘、腰穿上拳、骗腿上拳、张飞跨马、穿档等。每个动作花样分为左右两式，同时每个动作又可以通过多次反复构成新的花样。两人组合演练分为单锁传接和双锁传接。无锡花样石锁现在还有统一的套路可以进行集体演练。（刘保宏）

【宣卷（无锡宣卷）】 宣卷自明代传入无锡，已有数百年历史，经长期的发展优化，已日臻完善。无锡宣卷，承袭了较为严格的仪规，但又不墨守陈规，而是博采众长，虚心向其他艺术门类学习，形成了自己鲜明的风格和地域特色，主要表现为：一是无锡腔，用最通俗的口头语来娱众。二是文本内容。在仪式中插入无锡的风土人情，或将无锡本地发生的故事编成说、唱、诵念文辞格式的偈文或卷本。三是曲调。与锡剧、滩黄等声腔互通。四是一唱多词。五是一唱众和。六是单句重复。七是由一人宣唱，众人唱和，人员可多可少，不受人数限制。2011 年，被列入第四批省级非物质文化遗产项目名录。（刘保宏）

【梁孟传说】 梁鸿孟光“举案齐眉”的故事千古传颂，最早见于《后汉书·梁鸿传》。据《后汉书·梁鸿传》载，梁鸿年轻时家里很穷，但他很有学问，在当时很有名气，可是他不愿意做官，一直隐居乡里，自食其力。梁鸿娶了同县孟家女儿孟光后，一起隐于山中，过着男耕女织的田园生活。每当梁鸿回家时，“妻为具食，不敢于鸿前仰视，举案齐眉。”这就是“举案齐眉”的来历。梁鸿夫妇隐居在无锡一带，常徜徉于山水之间，赞山川之秀丽，抒心中之不平，忧百姓之疾苦。据说梁鸿闭户著书千余篇之多可惜至今多散失，他还帮助无锡人民兴修水利，疏浚了惠山古溪，这便是无锡亦称“梁溪”的由来。人们为了感谢和怀念他们夫妻俩，将铁山改为“鸿山”，把他俩在鸿山铁槛寺的故居称为“鸿隐堂”，至今犹存。（刘保宏）

【三馅团子】 3200 多年前，陕西周原周部落周太王古公父长子泰伯三让天下，南奔荆蛮，入乡随俗，断发纹身。老百姓每年清明节祭祀泰伯时，都用三馅青白团子作供品。“三馅”（吴语‘馅’‘让’音相同），寓意泰伯“三让天下”的高尚品德。“青白”两种颜色，寓意泰伯生前青青白白，洁白无暇。用三馅青白团子祭祀泰伯，实质上是吴地百姓对泰伯的一种朴素的追思，也是对泰伯一生的肯定，更是对泰伯开发江南巍巍功绩的纪念。（刘保宏）

三馅青白团子

中国共产党无锡市新吴区委员会

综述

【概况】 2019年，中共无锡市新吴区委员会（以下简称“新吴区委”）总揽全局、协调各方，团结和带领全区上下，坚持以习近平新时代中国特色社会主义思想为指导，深入学习贯彻中国共产党十九大和十九届二中、三中、四中全会精神，全面落实习近平重要指示批示和中央、省市委决策部署，围绕高水平全面建成小康社会、建设“强富美高”新吴区总目标，以高质量发展为导向，坚持稳中求进工作总基调，认真践行新发展理念，统筹推进经济建设、政治建设、文化建设、社会建设、生态文明建设总体布局，经济社会发展和党的建设取得新成效。

新吴区委全面加强党的建设，按照新时代党的建设总要求，制定实施党的建设三年行动计划，统筹推进党的政治、思想、组织、作风、纪律和制度建设，不断提高党的建设质量。加强和改进党对人大工作的领导，支持政府依法行政，推进政协协商民主广泛、多层、制度化发展。实施领导干部与党外人士结对交友、党政机关部门与民主党派组织对口联系等制度，港澳台及海外统一战线联谊服务能力得到有效提升。深入开展主题教育，加强组织队伍建设，开展提升两新组织“两个覆盖”质量“百日攻坚”集中行动，落实“基层减负年”工作要求，深入推动“三项工程”，全区组织建设得到有力深化。坚决落实意识形态责任，组织开展区委巡察意识形态专项检查，加大重点领域的监管力度。率先建成全市首个区级融媒体中心，构建起“雁阵+矩阵+联盟”工作格局，建成5个新时代文明实践所，50个新时代文明实践站。压紧压实“两个责任”，推动各级党组织书记当好第一责任人、班子成员履行好“一岗双责”。坚定不移反腐肃贪，坚决查处违纪违法案件，深入整治群众身边的腐败和作风问题。开展政治生态监测评估，用好容错纠错机制，形成知敬畏、存戒惧、守底线、敢担当、勇作为的良好氛围。 （浦成杰）

【经济发展】 2019年，新吴区委坚定实施创新驱动核心战略和产业强市主导战略，持之以恒地抓产业发展、抓实体经济、抓科技创新，全区经济社会发展呈现出总体平稳、稳中有进、进中提质的良好态势。全年地区GDP完成1845.49亿元、增长6.3%，人均GDP突破32万元；一般公共预算收入205亿元、增长3.2%；固定资产投资增长6.4%，规上工业增加值突破1000亿元，增长3.1%；进出口总额3476.8亿元，增长3.8%；社会消费品零售总额368.9亿元，增长9%。着力布局现代产业体系，全年新批亿元以上重大产业项目84个，华虹项目（一期）、SK海力士二工厂等一批标杆项目竣工投产，新增“工厂总部化”项目40个，累计认定的跨国总部和功能机构数占全市的53%。持续推进以科技创新为核心的全面创新工作，出台“争先进位”实施方案、高企引育工作方案、“一事一议”管理办法等政策文件，高新技术产业产值占比达到66.5%；全社会研发经费支出占GDP比重3.8%，万人发明专利拥有量为全市平均标准的3倍。加速集聚创新要素，新增科技企业850家，增长33%，净增高新技术企业180家。入选苏南自创区潜在独角兽、瞪羚企业数分别达到13家、86家，均为全市第一。科创板过会企业2家，祥生医疗成为全市首家科创板上市企业。无锡中关村科技创新园获批国家级科技企业孵化器，微纳园荣获全省首个“亚洲最佳孵化器”奖，与上交所合作成立资本市场服务苏南基地，设立“新科贷”。 （浦成杰）

【改革开放】 2019年，新吴区委统筹推进经济体制、农业农村、社会民生、民主法制等9个领域改革，为高质量发展提供有力的体制机制保障。放大“区政合一”体制优势，做好国家级开发区全链审批赋权承接，市赋权清单综合承接率达75%。综合推进相对集中行政许可权改革、“不见面审批”改革和街道为民服务中心建设等，审批效率、服务质量走在全市前列。全面落实减税降费各项政策，积极帮助企业降本减负，减免企业税费54亿元，一般工业用电价格下降10%。推进国有企业股权多元化、运营平台实体化改革，国企助推转型、服务发展的成效进一步体现。统筹内外资源，积极应对中美贸易摩擦，到位注册外资13亿美元，其中战略性新兴产业占比80%以上。综保区“五个中心”建设稳步推进，进出口总额全省排名第2。开通网购保税“1210”模式，跨境电商试点启动。（浦成杰）

【产城融合】 2019年，新吴区委紧扣产城融合高地建设目标任务，推动产城互动、城乡统筹。完成分区战略规划和重点片区建设规划，投资19.5亿元建设70个基础设施项目，以“长江路——大运河、泰伯大道——伯渎港、新华路——香泾浜”三条城市功能主轴和四大重点发展片区为支撑的城市形态初步呈现。召开全区城市管理工作会议，扎实开展“百日攻坚”“奋战50天”等专项行动，城市精细化管理水平居全市前列。持续推进背街小巷环境整治、交通停车秩序、违法建设管控等，群众对城市管理问题的处置满意率达98%。倡导垃圾分类“新时尚”，住宅小区生活垃圾分类设施覆盖率100%。出台乡村振兴五年规划和两年计划，在全市率先打造“智慧农业云”平台，完成农村集体产权制度改革，96个村级经济组织全面建成股份经济合作社。深入开展农村人居环境集中整治，全区农村人居环境明显提升。（浦成杰）

【安全稳定】 2019年，新吴区委牢固树立总体安全观，坚决守住安全稳定底线。深入开展扫黑除恶专项斗争，全区扫黑除恶知晓率和满意度分别达到96%和97%。以智慧技术为支撑，创新“党建+网格+警格”的综合治理机制，扎实推进立体化、信息化社会治安防控体系建设，平安建设水平明显提高，全区公众安全感达到98%，历年最高。加强党对基层治理的领导，党组织对网格的覆盖率达到100%。在全区建立15处“有事好商量”协商议事室，形成了区、街道、社区三级联动协商议事平台体系。完善社会综合治理网格化联动机制，信访案件化解率97.1%。全面完善安全生产工作体系，扣紧压实安全生产责任，大力推动安全监管能力建设，深入开展城市安全集中整治，全年生产安全事故下降62%，交通运营事故下降83%，总体安全形势平稳向好。（浦成杰）

【生态环境】 2019年，新吴区委牢固树立绿水青山就是金山银山的发展理念，制定实施《全面加强生态环境保护坚决打好污染防治攻坚战的实施意见》，持续打好“蓝天、碧水、净土”保卫战，深入实施城乡污染治理、水生态保护等4大类10个重点工程项目，全面完成市下达的大气治理重点任务目标，完成VOCs治理等工程152个，空气质量优良天数比率69.2%。全面深化“河长制”“断面长制”，小流域综合治理工程全面完成，建成区黑臭水体得到全面整治，劣五类河道全面消除，地表水国省考断面水质优Ⅲ比例、9条考核河道断面达标率分别为75%、77.8%，太湖连续12年实现安全度夏。慧海湾生态公园建成开放，新建改建公园游园18个，新建改建绿地124万平方米。（浦成杰）

【人民生活】 2019年，新吴区委全面落实以人民为中心的发展思想，按照“坚守底线、突出重点、完善制度、引导预期”的总体要求，扎实推动建设10大类28项民生实事项目。全年新增就业1.59万人，实现城镇失业人员再就业1.56万人，城镇登记失业率控制在1.5%的较低水平。落实义务教育“以区为主”管理体制，新建续建中小学幼儿园25家，招引各层次教师320人，增长33.3%。SK海力士医院签约落地、新瑞医院建成运营，区中医医院、康复医院投入使用，5个社区卫生服务中心异地新建稳步推进。出台《推动文化建设高质量发展三年行动计划》，实施“文化产业升级”专项行动，群众文化生活不断丰富。（浦成杰）

【文旅融合】 2019年，成立区文化建设高质量发展协调推进领导小组，出台新吴区文化产业专项扶持政策，设立文化产业发展专项基金。正式运作无锡高新区文体发展有限公司，继续成立文联各单项协会。策划开展花海徒步、创新举办高新区50强企业专场音乐会、高新区企业棒球交流赛、皮划艇赛、全国智慧体育创新与设计大赛等赛事活动。结合东西结对帮扶工作，策划开展“高新区之夜”音乐节—宜川陕北风情专场演出。区级文化中心（文化馆、图书馆、美术馆）正式开工建设；区级全民健身中心和伯渎健身中心启动规划选址和方案设计；新建2个“吴韵书香”24小时图书驿站，更新升级现有体育公园室外健身器材，完善街道和社区文体设施建设。推动全域旅游发展，以鸿山旅游度假区、梅里文化小镇、鸿山墓群本体保护展示工程及鸿山国家考古遗址公园、梅里遗址展示馆为抓手，推动文旅深度融合。结合高新区特色，着力打造“科创研学游”品牌，利用区内科创资源优势，打造阿斯利康健康教育游、安利自然植物教育游，微纳园科技创新教育游等，形成特色研学旅游线路。（浦成杰　尤辛佳）

重要会议

【中共无锡市新吴区委一届七次全会】 2019年1月4日，中国共产党无锡市新吴区第一届委员会第七次全体会议召开。

会议深入贯彻习近平新时代中国特色社会主义思想和中共十九大精神，按照中央经济工作会议和省委十三届五次全会、市委十三届七次全会部署，总结2018年经济社会发展和党的建设工作，部署2019年高质量发展和全面从严治党任务，动员全区上下继续聚焦“在高质量产业发展、高效益科技创新、高层次对外开放、高水平产城融合上走在全市前列”的定位，推动全区高质量发展迈上新台阶。市政府副市长、高新区党工委书记、新吴区委书记王进健代表区委常委会作工作报告。高新区党工委副书记、管委会主任、新吴区委副书记、区长封晓春对2018年经济社会发展情况进行总结，并对2019年经济社会发展主要任务作具体安排。

会议认为，2018年，区委深入贯彻习近平新时代中国特色社会主义思想和中共十九大精神，以“四个走在前列”为引领，以解放思想为动力，全面推进经济社会发展和党的建设各项工作，高质量发展的领跑态势不断增强，对全市发展的贡献度不断增大，产业转型升级的步伐不断增快，全区进一步呈现出发展方向路径明晰、发展动能全面增强、瓶颈制约加快化解、改革开放持续深化、城乡融合深入推进、民生事业固优补短、政治生态持续优化的良好局面。

会议指出，2019年是新中国成立70周年，是决胜高水平全面建成小康社会的关键之年，也是全区实施四个“三年行动计划”的承上启下之年。在国际形势、宏观政策、市场情况不确定的情况下，全区上下更要以中央和省、市会议精神为指导，坚定信心、增强定力，坚持走在前列的工作定位，坚定实施产业强市战略，着力“六个并重”，努力实现全面协调可持续发展。

会议强调，2019年，全区上下要坚持稳中求进工作总基调，统筹推进稳增长、促改革、调结构、惠民生、防风险各项工作，保持经济持续健康发展和社会大局稳定。一是更加突出产业建设，打造产业新体系。聚焦“6+1”产业布局，加强产业项目招引，加快“工厂总部化”进程，大力发展民营经济，狠抓工业集中区提质改造，积极发展现代服务业。二是更加突出创新驱动，培育转型新动能。围绕产业链配置创新链，完善资金链，注重人才集聚、企业引育、平台建设和专业园区建设。三是更加突出对外开放，创造营商新优势。保持外贸外资稳定，优化对外开放环境，提升对外开放层次，构建全方位对外开放“新版图”。四是更加突出产城融合，展现城乡新形象。加快城市更新，促进乡村振兴，加快重点片区建设，抓好土地经营，全面推动产业与城市功能融合，城市与乡村空间整合，促进经济社会可持续发展。五是更加突出生态文明，营造发展新空间。坚决打赢污染防治攻坚战，持续推动低效土地盘活利用，全面深化城市精细管理。六是更加突出深化改革，构建发展新机制。加快营商环境改革，建立“亲”“清”政商机制，深化国资国企改革，探索金融工作机制改革，完成党政机构改革，激发市场活力和社会创造力。七是更加突出民生改善，有效回应新期待。坚持以人民为中心，积极满足教育需求，大力提升医疗服务，深入优化社会治理，决战决胜脱贫攻坚，托稳就业基础，持续解决民生问题，满足民生需求。

会议强调，把握新机遇，迈上新台阶，核心在党的领导，关键在党员干部。要以更高标准加强政治建设，牢固树立“四个意识”，始终坚定“四个自信”，坚决做到“两个维护”。要以更严要求强化思想引领，抓好理想信念教育，抓实思想解放讨论，抓牢意识形态工作。要以更实举措建强基层组织，聚焦重点抓推进，聚焦发展抓创新，聚焦管理抓激励。要以更优导向打造过硬队伍，坚持好干部标准，突出事业为上，选准育优用好忠诚干净担当的干部。要以更强力度推进肃纪反腐，全面改进作风，强化执纪问责，完善监督体系，永不懈怠地加强党风廉政建设和反腐败斗争。

会议号召，全区各级党组织和广大党员干部要更加紧密团结在以习近平为核心的中共中央周围，在省、市委的坚强领导下，发扬“功成不必在我、建功必须有我”的担当精神，弘扬“定了干、马上办、办到底”的实干作风，开拓创新、砥砺前行，以决胜高水平全面建成小康社会、推动高质量发展迈上新台阶的丰硕成果，向新中国成立70周年献礼。（浦成杰）

1月4日，中共无锡市新吴区委一届七次全会召开

【中共无锡市新吴区委一届八次全会】 2019年7月31日，中国共产党无锡市新吴区第一届委员会第八次全体会议召开。区委常委会主持会议。市政府副市长、区委书记王进健代表区委常委会向大会作了工

作报告，区委副书记、区长封晓春对经济社会工作进行总结部署。大会号召全区各级党组织和广大党员干部要更加紧密团结在以习近平同志为核心的中共中央周围，以习近平新时代中国特色社会主义思想为指引，在中央和省市委的坚强领导下，解放思想、锐意进取，上下同心、苦干实干，以高质量发展的新业绩和高水平全面小康社会建设的新成果向新中国成立 70 周年献礼。

会议指出，2019 年以来，全区上下坚持以学习贯彻习近平新时代中国特色社会主义思想为指导，紧紧围绕当好高质量发展领跑者的目标定位，深入实施四个“三年行动计划”，统筹抓好改革发展稳定和党的建设各项工作，在经济增速总体回落、2018 年增长高基数、减税降费加大力度、大宗消费乏力的背景下，着力克服宏观经济下行、中美贸易摩擦和产业周期调整的叠加影响，全区经济呈现出总体平稳、稳中有进、进中提质的良好态势，重大项目建设成效显著，产业结构深度调整，创新要素有效集聚，改革开放纵深推进，城乡面貌日益改善，民生质量持续提高，党的建设全面加强。

会议强调，在肯定成绩的同时，也要清醒看到经济下行压力加大、动能转换力度不大、城乡建设推进不快、生态环境质量改善不够明显、社会安全隐患较多、党的建设仍存在薄弱环节等问题和不足，需要全区上下高度重视，并在下半年工作中努力予以改进。会议指出，新吴区作为新一代信息技术的创新高地、对外开放的前沿阵地，率先进入了产业布局调整压力加大、风险矛盾隐患增多的阵痛期，率先进入了经济结构优化、动能加快转换的过渡期，率先进入了城乡统筹发展、资源全域整合的磨合期。要看到我国发展仍处于重要战略机遇期，经济向好的态势没有改变；要看到国家建设“一带一路”和长江经济带、打造长三角世界级城市群、建设苏南国家自主创新示范区等战略部署，为无锡和新吴区带来历史性的机遇叠加；要看到新吴区多年积累了经济基础稳、创新生态优、综合实力强、营商环境好、发展活力和韧性足的先发优势，尤其是要看到近年来我们全力实施产业强市战略，推动落地了一批体量大、质量好、带动性强的优质项目、龙头项目、旗舰项目，为新吴区发展积蓄了强劲的增长后劲。

会议指出，新中国成立 70 周年重大庆祝活动展开在即，高水平全面建成小康社会决战在即，做好下半年工作责任重大、意义重大。要深入学习贯彻习近平新时代中国特色社会主义思想和中共十九大精神，认真贯彻省委十三届六次全会和市委十三届八次全会精神，牢牢把握“稳中求进”工作总基调，深入实施产业强市主导战略、创新驱动核心战略，稳妥推进改革发展稳定各项工作，加快融入长三角区域一体化发展，精心谋划开展“不忘初心、牢记使命”主题教育，夺取高水平全面建成小康社会决定性胜利，为全市高质量发展大局做出更大贡献。

会议强调，做好下半年及今后一个时期的工作，关键是要把握五个方面的重点。一是围绕经济社会发展高质量，全力以赴完成目标。全区上下要对照高质量发展指标和考核体系，强化责任感紧迫感，加紧攻坚、确保完成。二是围绕高水平全面建成小康社会，对标找差固优补短。按照“高标准、全面性、可持续、走在前列”的要求，全力跑好高水平全面小康建设“最后一公里”。三是围绕融入长三角区域一体化，主动对接抢抓机遇。对照市委提出的建设“长三角先进制造核心区、技术创新先导区、绿色生态标杆区、综合交通枢纽区”的定位，积极响应、认真研究、率先行动。四是围绕产业强市战略，加快转型提质增效。聚焦主导产业“强链”，加速街道园区“提质”，推动重点企业“增智”。五是围绕走在前列目标，攀高比强争先进位。坚持科技创新发展战略，大力引育科技企业、招引领军人才，深化园区建设运营，全面优化创新生态，加快改革科技体制。

会议指出，从 2019 年以来全区经济社会运行来看，从具体工作进展、质量和效果来看，下半年要切实抓紧抓好六项工作。一是千方百计稳定经济增长，突出项目促投入，优化服务促生产，深挖潜力促发展，保持经济运行稳定向好。二是坚持不懈优化调整结构，在优化市场主体结构、产业结构、对外贸易结构、价值链结构等方面下更大功夫。三是深入持续推进改革开放，深化“放管服”改革，推进国有企业改革，更高层次扩大对外开放，进一步增强发展动力和活力。四是加快速度优化城乡环境，加快推进重点项目建设，扎实做好拆迁安置、城市管理、污染防治等工作，建设美丽宜居新家园。五是全心全意增进民生福祉，推进富民惠民、办好民生实事、推动乡村振兴，全面提升群众的幸福感获得感。六是履职尽责维护社会稳定，抓好矛盾化解、风险压降和监督管理，全力筑牢安全稳定底线。

会议指出，开展“不忘初心、牢记使命”主题教育，是以习近平为核心的中共中央统揽伟大斗争、伟大工程、伟大事业、伟大梦想作出的重要部署。新吴区的主题教育要严格按照省委和市委的部署要求，在学习上走心走实走深，在标准上从高从严从细，在组织上有力有序有效。

会议强调，推进各项事业向前发展，核心在党的领导，关键在党员干部。全区各级党组织和广大党员干部要以主题教育为契机，从严从实抓好党的建设，以更强的领导能力和组织能力担负时代责任，再创发展佳绩。要旗帜鲜明讲政治，筑牢“两个维护”的思想根基；要锐意进取敢担当，锻造堪当重任的干部队伍；要强基固本快提升，打造坚强有力的战斗堡垒；要正风肃纪强约束，营造风清气正的政治生态。

区委委员、区委候补委员、区纪委委员、有关方面负责同志、部分区第一次党代会代表、部分社区党委书记列席会议，各民主党派、工商联负责人，无党派知识分子代表受邀列席会议。（浦成杰）

组织工作

【概况】 2019年，新吴区共计基层党组织数1480个、全区党员数30137名、当年发展党员数262名。新吴区委组织部坚持以习近平新时代中国特色社会主义思想为指导，积极贯彻全国、全省、全市组织工作会议精神，准确把握新时代党的组织路线对组织工作的新要求，注重问题导向、强化系统思维，凝心聚力抓主业，服务大局有担当，各项工作取得新进步、新突破、新成效。（陈　云）

【“不忘初心、牢记使命”主题教育】 2019年，新吴区委组织部切实提高政治站位，牵头抓好全区“不忘初心、牢记使命”主题教育工作。精心举办7场“红色故事会”，邀请革命后代传播红色故事，传承红色家风，累计受众2500余人。组织参与无锡先锋和“无锡高新区在线”微信竞答活动6050人次，以赛促学，确保主题教育入脑入心。全区279名党员领导干部普遍采取“四不两直”方式进行了点题式、走访式、体验式、蹲点式、结对式“五式”调研，形成高质量调研报告317篇，在调研过程中推动解决问题470个。开展“我是党员、向我看齐”活动，组织党员通过佩戴党员徽章、回忆入党初心、亮出工作职责、践行服务承诺四种形式亮身份，在理论学习、政治建设、干事创业、为民服务、清正廉洁五个方面争当标兵。（陈　云）

10月14日，市委党校常务副校长金政率队到区委党校开展“不忘初心、牢记使命”专题调研（王　珏　摄）

【基层党组织建设】 2019年，新吴区委组织部强化系统思维，突出问题导向，积极探索创新，强力推动基层党建高质量发展。承办全市基层党建“三项工程”现场推进会，升格12个社区党委，出台《全区村、社区党组织书记企业年金制度的意见（试行）》，完成企业年金一次性补缴工作。全面推广《党员组织生活备忘手册》。组织开展庆祝中国共产党成立98周年系列活动。举办3期青年党员培训班和2期入党积极分子培训班。开展提升“两新”组织“两个覆盖”质量“百日攻坚”行动，新建法人单位党组织30家。建立组织工作助推民企发展“十坚持十强化”工作机制，重点联系走访了36家民企党组织。立项直属党（工）委书记项目13个、党建创优实践项目41个。出台《关于加强党建联盟建设的实施意见（试行）》，新建了教育系统、民营企业、物联网行业等一批新领域党建联盟。（陈　云）

【干部队伍建设】 2019年，新吴区委组织部坚持以政治标准统领干部的“选育管用”，机构改革中，超前征询534名区管干部任职意愿，全年共调整干部326人次。其中，提拔和进一步使用正科级干部43人、副科级干部64人，交流干部72人次。注重年轻干部“选种育苗”，面向35岁以下年轻干部开展专项课题调研和展示交流，举办中青班、优秀年轻干部培训班等培训班，选派年轻干部到上级部门、基层一线挂职锻炼。继续推进落实　“三项机制”，发挥典型案例引领示范作用。运用巡察、考核、审计、领导干部个人有关事项报告查核等方法加强对干部日常监督。实行干部档案“凡提必审”，开展干部人事档案专项审核工作督查。出台《无锡高新区（新吴区）2019年度综合考核实施办法》和配套实施方案，开展全区1——7月综合考核预评估和三季度监测，针对弱项短板改进突破，促进重点目标任务全面落实。稳慎推进职务与职级并行制度实施。（陈　云）

【人才工作】 2019年，新吴区委组织部坚持以产引才、以才促产、产才融合，打造人才引领发展新高地。注重统筹谋划和考核引导，制定年度人才工作要点和专项考核办法。聚焦市级以上重点人才计划，各项计划的申报量、入围和入选数均居全市第一。新增培育入选国家级人才4人，引进2人。新增培育入选省“双创计划”人才11人、博士6人、科技副总8人，以及市“太湖人才计划”50项。实施区“飞凤人才计划”，拨付奖补资金3350万元。承办市物联网和健康医疗产业+人才高峰论坛、“百企千才高校行”济南站活动，举办“才聚高新·智汇新吴”海外高层次人才峰会。获得2019年度市人才工作绩效评估综合第一的成绩，上级给予600万元跟奖跟补奖励。（陈　云）

【离退休老干部工作】 2019年，新吴区组织部扎实开展“不忘初心、牢记使命”主题教育，组织开展集中学习研讨和中共十九届四中全会精神宣讲，发放《主题教育简明学习手册》，用好“实境课堂”资源，组织老员工赴沙家浜等地参观学习。进一步加强离退休干部党支部标准化、规范化建设的工作指导，逐步形成“一支部一特色、一支部一品牌”。全面推行在职党员担任联络员制度，选派优秀在职党务干部担任支部联络员。积极推进社区离退休干部党建试点工作。紧扣老干部需求，精准提供亲情式、特色化服务。进一步深化离退休干部信息管理机制，更新完善老干部信息库。截至2019年年末，全区共有离退休干部834人，其中离休干部19人。通过节日慰问、高温慰问、春节拜访、组织健康体检以及离退休干部生病住院、家庭出现重大变故时及时关心看望等方式，加强对老干部政治、思想和生活关怀。做好区级机构改革中离退休干部归属交接工作。继续开展家庭医生签约服务离休干部工作，落实服务规范化标准。结合离退休老同志兴趣爱好及实际情况，开展“六千六助”系列主题志愿活动。不断提升离退休干部专兼职工作者队伍素质，深化“增强本领、倾情服务”实践活动。定期召开区机关部门离退休干部兼职工作者会议，传达上级精神，开展业务指导。组织参加全市老干部工作培训班，通过业务培训、课题调研、专项研究、业务交流、实践锻炼等方式，引导和帮助老干部工作者开阔眼界、拓宽思路，弥补短板、提升能力。（张渊源）

宣传工作

【概况】 2019年新吴区宣传思想工作总体上贯穿“一条主线”、建设“两个中心”，抓好“三项工作”。贯穿“一条主线”，即围绕庆祝新中国成立70周年这条主线，组织举办系列重大活动；建设“两个中心”，即推动高新区融媒体中心建设和新时代文明实践中心建设，打造具有鲜明高新区特色的新闻宣传枢纽和文明实践阵地；抓好“三项工作”，即做实理论武装、意识形态和文体旅游三项重点工作。（尤辛佳）

【意识形态工作】 2019年，新吴区全面落实意识形态工作责任，落实意识形态安全专项行动月报制度、意识形态责任制“五个全覆盖”，顺利通过省委意识形态专项巡视工作。2019年，组织全区宣传文化系统赴河南红旗渠红色教育基地、宜兴市全国新时代文明实践中心试点开展意识形态工作专题培训班。（尤辛佳）

【政治理论学习】 2019年，新吴区委中心组集中学习30次，切实发挥了区委中心组学习示范带动作用，成为2019年全省县以上党委（党组）理论学习中心组示范点无锡唯一推荐单位。制定印发《2020年区直属基层党（工）委（党组）中心组专题学习计划》，学深悟透中共十九届四中全会精神。成立区委中共十九届四中全会宣讲团，深入全区社区（村）、企业、学校、机关部门开展宣讲活动，推动全区上下切实把思想和行动统一到全会精神上来。运用“新吴区基层理论宣讲队伍建设的调查与研究”研究成果，举办好“微党课大赛”，充实区级宣讲队伍并开展培训，建立宣讲课程库，形成规范的宣讲稿和课件，进行“菜单式”宣讲，加强理论宣讲系统化、规范化建设。“学习强国”学习平台学员覆盖率达95%以上，学习平台录用稿件69篇。成功举办全区宣传思想文化系统青年干部知识竞赛、“奋进新时代·激扬爱国情”微党课大赛。（尤辛佳）

5月28日，无锡高新区（新吴区）宣传思想文化系统青年干部知识竞赛决赛（区委宣传部　供稿）

【网络安全管理】 2019年，新吴区完成“强富美高”新江苏五周年网上主题宣传的新吴篇章、“发现新吴”粉丝线下活动、“江南盛地·锦绣高新”短视频大赛等活动。组织和协调相关地区、部门针对群体性突发事件危机应对、网络虚假信息应对、线上线下同步疏导等课题进行演练。完善《舆情快报》反馈机制。充分发挥统筹协调作用，完善网络安全事件通报专报机制。牵头健全完善网络安全应急保障机制，调动产业园区、安全企业等各方力量。以“网络安全为人民、网络安全靠人民”为主题，精心策划组织开展系列宣传活动，推动网络安全宣传教育常态化、持续化、全覆盖。（尤辛佳）

【融媒体中心建设】 2019年5月8日，新吴区举办融媒体中心启用仪式，《中国日报》、中江网、《无锡日报》、无锡广电等专业记者入驻办公，逐步形成“雁阵+矩阵+联盟”的工作格局。全年新闻发稿量达1230篇。人民网总网首屏要闻推出区委书记王进健的“初心故事”，人民网总网首页特别推荐刊发《这个地方如何成为江苏的外高地？》。新华社刊发《无锡高新区：逆市布局总部经济，外企增资信心不减》，《逐梦“感知世界中心”，写在无锡国家传感网创新示范区10周年之际》浏览量超150万人次。央视“朝闻天下”栏目专题报道“全国自强模范”盲人推拿师严三媛典型事迹，央视新闻频道《新闻直播间》栏目报道新安街道居家养老服务中心特色服务。《中国新闻周刊》刊发《无锡高新区：用物联网“唤醒”产业》。《新华日报》头版《无锡高新区打造千亿级集成电路产业》《无锡高新区：产城融合焕新颜》聚焦新吴区物联网产业、集成电路产业、产城融合新成果等作了重点宣传推介。区政务微博、微信平台发布推送1400条，17条阅读量超万，微信公众号粉丝增长近2万。开通抖音官方号“万象高新”，吸引4000余粉丝，获赞1.6万。

5月8日，高新区融媒体中心启用仪式

（区委宣传部　供稿）

2019年度，在全国高新区微信公众号影响力评估中获“综合影响力领先奖”。多语种网站获“中国外文版政府网站领先奖”。在全市各板块中领先开设官方抖音、Facebook专页。（尤辛佳）

精神文明建设

【概况】 2019年，新吴区委以弘扬社会主义核心价值观为根本，把为民利民、靠民惠民要求贯穿精神文明建设工作全过程，充分调动包括园区企业在内的广大干部群众自觉自愿参与的主动性和创造性，使精神文明建设拥有广泛的群众基础，始终保持旺盛的生机活力。新中国成立70周年之际，在持续推进文明城市创建工作、抓实新时代文明实践内涵提升、加强未成年人思想道德建设、深化群众性精神文明创建活动等方面深入开展工作。（尤辛佳）

【新中国成立70周年庆祝活动】 2019年5月，举办“万科观湖礼著杯”“赏五月花海·看锦绣高新”万人徒步、“岁月留声”音乐会和“年代show”秀场等系列主题活动；8月，举办全区“奋进新时代，激扬爱国情”微党课大赛（决赛）；9月，举办“小天鹅杯”海峡两岸城市棒球交流赛活动；10月，举办高新区（新吴区）第七届运动会开幕式活动，“高新区之夜”太湖音乐节活动，鸿山秋收节暨徒步活动；11月，举办第三届中俄网络媒体论坛暨中俄建交70周年新媒体交流活动等。系列活动注重吸引驻区企业等社会力量共同参与，以扩大高新区（新吴区）的影响力。（尤辛佳）

【群众性精神文明创建活动】 2019年，新吴区依托城管委大数据资源，实现文明城市创建精细化。深入开展文明村镇、文明单位（文明社区）、文明校园、文明家庭的创建工作，推动创建工作向“两新组织”延伸。依托新时代文明实践中心、所、站、点，开展“一月一主题”“一街一特色”“一企一品牌”建设。发挥外企志愿服务工作优势，打造一批具有鲜明高新区特色的外企志愿服务队。充分利用20支特色志愿服务队、6个专业文化协会、新吴志愿网站等公益资源，打造公益服务平台，实现供需精准对接。宣传身边好人、最美人物，组织“我身边的好人好事评议”“文明城市创建你我同行”“道德讲堂”巡讲等道德实践活动，深入社区、企业，宣传宣讲先进典型。做好心理服务公益活动，开展“心绿家苑”“新吴晴川”“花季护航”等心理公益服务。将新吴区未成年成长指导中心与青少年活动中心深度融合，打造未成年人思想道德建设的新吴特色。以“八礼四仪”为抓手，落细落小落实社会主义核心价值观。（尤辛佳）

【新吴大讲堂】 2019年，新吴区持续发挥新吴大讲堂品牌影响力，为进一步优化领导干部知识结构、提升履职能力，以发展新理念谋划好各项工作。举办中共上海市委党校教授赵刚印《使命、担当、睿智——上海改革开放的精神品质》、国务院发展研究中心产业经济研究部副部长杨建龙《技术进步驱动高质量发展——中国经济正在跨入新时代》等4场专家讲座。（尤辛佳）

【新时代文明实践中心建设】 2019年，建成旺庄新时代文明实践所，净湖、尚泽、七房桥、村田电子、新投集团新时代文明实践站等一批特色实践阵地。在已建成的110个学雷锋志愿服务站点的基础上，建成5个新时代文明实践所，50个新时代文明实践站。上线新吴区新时代文明实践志愿服务网站和文明新吴微信公众号，入驻各类志愿团队328支，注册志愿者5266人，开展志愿服务活动835次，为区第七届运动会开幕式、第三届中俄网络媒体论坛等重大活动服务。引导基层开展文明实践“以服务百姓群众为宗旨”，征求村（社区）的群众意愿，结合“一月一主题”志愿服务，确定接地气、有温度、易参与的实践项目，搜集提报微心愿，解决群众困难等，提升文明实践的核心影响力，实现了新时代文明实践志愿服务项目网上点单。（尤辛佳）

统战工作

【概况】 2019年，新吴区统战系统坚持以习近平加强和改进统战工作的重要论述为指引，围绕全区中心工作，以优机制、强队伍、搭平台为重点，强化政治引领、优化服务保障、打造特色品牌，推进统战各领域工作取得新成效。开展统战系统“不忘初心、牢记使命”主题教育，全区统一战线主题教育系列活动和“弘扬爱国奋斗精神、建功立业新时代”等十项行动，深化“大统战”工作格局，推动多党合作政治实践，提升非公经济营商环境，服务海归人才创新创业，巩固民宗领域和谐稳定，汇聚多方力量回馈社会。（王　聪）

【“大统战”工作】 扎实举办全区统一战线“不忘合作初心，继续携手前进”主题教育报告会和党外代表人士座谈会，向区各民主党派基层委员会、无党派知联会、佛教协会、民族团结促进会、新阶层联谊会等赠送《习近平新时代中国特色社会主义思想学习纲要》等学习用书。推广应用“学习强国”等网络平台，号召全区各民主党派基层组织开展线上线下自学活动。深入开展以“守法诚信、坚定信心”为重点的非公有制经济人士理想信念教育实践活动，举办第二期“无锡高新区（新吴区）企业家高级研修班”，开展“不忘初心、赶超比拼，高质量发展行”等活动。举办高新区（新吴区）统一战线庆祝新中国成立70周年文艺演出，开展“我和祖国共成长——庆祝新中国成立70周年主题征文”、庆祝新中国成立70周年“丹青流芳、光影盛世”书画摄影等活动。开展“送侨法下基层”活动，走访慰问归侨侨眷、华人华侨、重点侨务对象，宣传党的大政方针。组织“扫黑除恶专项斗争”知识培训，编印下发各类涉侨法律法规、为侨服务手册等宣传资料1000余份。组织少数民族同胞、各民宗团体、宗教界人士，通过专题讲座、网络知识竞答等方式，参与中共十九大精神和民族政策、法律法规知识的学习宣传。（王　聪）

【多党合作实践】 以“产城融合，展现城乡新形象”为主题，组织民主党派、工商联、无党派知联会等基层组织开展课题调研并召开民主协商会，明确区委区政府中心工作、重大决策部署贯彻落实情况、党风廉政建设情况等内容作为全年民主监督重点内容。梳理全区统一战线优秀代表，完成新吴区党外代表人士信息库一期建设。做好党外干部推荐使用和党外优秀代表政治安排，组织开展党外代表人士参政议政能力提升班和党外干部培训班，全年推荐提拔任用党外干部7名，区管副科以上党外干部44名，政府部门、法检党外干部逐步配备到位。增补党外代表人士任政协委员或常委15名。（王　聪）

【民族宗教工作】 举办“浓浓粽情话端午民族百艺情意融”主题广场活动，开展“民族团结进步创建进校园”文化宣传活动。维护民族宗教领域平安和谐稳定，在开斋节等重大宗教节日节点前后，联合各街道和有关部门开展了清真食品安全专项检查活动，抓好重要节点较大宗教活动的监管，多部门联动做好安全保障工作。组织全区宗教界80多名教职人员进行公益体检活动，依托宗教慈善和社会力量，做好困难群众和弱势群体帮扶工作，中秋节、国庆等重要节点和“宗教慈善周”期间，多种形式开展慈善公益活动。多次联合开展全区宗教活动场所安全工作大检查和问题整改“回头看”，深入摸排在建建筑安全、燃气电器安全、消防安全、大型活动安全和食品安全等方面存在的安全隐患10余处并全面、及时整改。（王　聪）

【社会力量对口帮扶】 成立统一战线“同心”志愿服务团，分设民主党派志愿服务队、新的社会阶层志愿服务队、民族宗教志愿服务队、华侨侨眷志愿服务队、非公经济志愿服务队，在不同社会领域广泛开展社会公益事业服务。联合海力士“同心博爱”社会服务项目，逐步形成“统战部牵头、外资企业出资、民主党派参与、专业社工组织介入、街道社区联动”的民主党派社会服务新模式，各党派基层组织为结对社区开展教育、法律、医疗等系列公益品牌活动，2019年已开展活动58场次，直接受益对象超过5000人，辐射受益对象超过万人。民进“清风”帮残帮困活动、民建“美好生活邻里相伴”公益市集活动、九三学社“法律在你身边”大型公益服务活动等取得较大社会影响。组织非公企业赴陕西延安、青海海东开展助学活动和对口帮扶，积极参与对口地区民生工程建设，精准实施产业扶贫项目，改善两地群众生活。（王　聪）

【无党派知识分子联谊会新吴区分会】 2019年，新吴区无党派知识分子联谊会新吴区分会成立“专题议政”调研课题组，紧密围绕全区经济社会发展重大问题和涉及人民群众切身利益实际问题，确定“生命科学产业高质量发展”一个年度调研课题和“现代服务业”“产城融合”两个专项调研课题，抽调精干人员扎实开展调研。2019年,共提交《关于加强新吴区生命科学产业高质量发展的对策研究》《协同融合 质效并重 推动新吴区现代服务业高质量发展》《以人为本 产城协同 推动新吴区产城融合高水平发展》3篇高质量调研报告。依托分会“知联碧水”社会公益品牌良好的社会影响力及经验储备,结合荣誉理事单位--无锡康明斯涡轮增压技术有限公司开展的环保、节能等系列公益活动,积极组织会员参与芦村环保宣传、新安蓝藻打捞、锡梅小学校园节水以及H5环保答题赛等活动,进一步发挥知联会在新吴区面向基层、面向实际的社会公益组织实践基地的影响力和凝聚力。 (王 聪)

【海峡两岸文化交流】 将“吴文化”资源优势与高新区经济发展特色相结合,持续推动创新品牌建设。突出爱国性、时代性、包容性、互动性,深化锡台两地特色体育文化交流品牌。无锡市新吴区台办获得2019年中央台办宣传局“两刊”对台宣传工作先进单位。2019年3月9日,新吴区接待“与君同源来 两岸一家亲”——锡台女性交流系列参访交流团新北市妇女会30余人来访。参访团一行先后参观了永明女书文化研究中心、新安花苑三社区和江溪街道睦邻中心太湖之音艺术团活动阵地,并与相关社会团体互动。7月6日,“笛声飞扬 乐融两岸”锡台音乐会在锡举行,由新吴区邀请的台湾师筑笛缘爱乐竖笛团、无锡陶音飞扬陶笛乐团和无锡市少年宫合唱团同台合作,为观众演奏10余首经典曲目。7月15日,江苏省台办与台湾相关团体共同组织的“青春作伴好还乡”苏台大学生结对交流体验营约60人在新吴区参观学习,先后参观高新区展示中心和无锡夏普电子有限公司,在省级众创空间创星咖啡与部分创业代表进行交流。 (王 聪)

【海峡两岸体育赛事交流】 做好国家级赛事“海峡两岸城市棒球交流赛”、市台办“太湖风两岸情”青少年棒球交流赛、获得国台办、国家体育局充分肯定。8月14--19日,由无锡市台办主办的第九届“太湖风两岸情”锡台青少年棒球交流嘉年华活动在新吴区举行,来自新北市正义小学、新和小学、大卫社区代表队共70人与无锡市梅村实验小学、刘潭实验学校、华庄小学、锡山区弘毅俱乐部开展交流比赛,来自台湾地区新北市的3支棒球队和无锡市的4支队伍共143名球员互相切磋球技。 (王 聪)

机构编制

【概况】 2019年,新吴区编办按照中央、省统一部署要求,全面梳理全区经济、政治、文化等领域涉及改革和体制机构调整的任务,从推动各领域改革和推动高质量发展方面找准结合点,认真谋划,稳妥推进区级党政机构改革,促进服务保障发展,规范机构编制管理,做好事业单位登记管理。 (陈 云)

【服务保障发展】 完成检察院“三定”印发和领导职数备案;为区人大机关、政协机关、群团机关等编制紧缺的部门,调剂补充部分编制;为保障安全生产监管等工作,增核应急管理局部分行政编制和落实安委办实体化机构;根据区级党政机构改革情况,对相应的44家事业单位进行转隶调整,其中更名和调整建制规格的事业单位7家,调整隶属关系的事业单位33家,调整编制的8家;进一步在全区层面优化机构编制资源配置,为全区各项事业的发展提供坚实保障;全面推开综合行政执法改革,组建区交通运输综合行政执法大队、农业综合执法队伍,实现“一个部门一支队伍”;推进全区教育事业发展,缓解教育资源供需矛盾,新设立3所学校和4所幼儿园,对上争取教师编制;设立区少年宫,为丰富青少年校外活动提供了机构保障;推动全区卫生事业高质量发展,明确新瑞医院事业单位法人建制,新设立3家专科医院,与相关社区卫生服务中心实行两块牌子,一套班子管理。 (陈 云)

【机构编制管理】 根据省市委编办要求,对全区171家事业单位进行分类,其中8家执法类事业单位暂划入公益一类、131家事业单位划入公益一类、32家事业单位划入公益二类;动态维护实名制系统,严格实名管理,按照机构编制人员管理规定,严格办理用编、出编、入编手续。 (陈 云)

【事业单位登记管理】 根据区机构改革总体部署要求,完成涉改的26个党政机构统一社会信用代码证书申领和更换工作;根据《事业单位登记管理暂行条例》,完成新设立的15家事业单位发证、70家事业单位变更换证和2家事业单位的注销登记工作;按照省委编办、省科技厅工作部署,推动符合条件的“科技小巨人+院士”企业利用国资举办省级科研事业单位,牵头协调江苏中科大气生态环境技术研究院设立登记工作,并形成了为新吴区优质科技企业申报举办省级科研事业单位的工作机制。 (陈 云)

保密工作

【概况】 2019年,新吴区周密安排,精心组织,开展了保密责任书、保密告知书及保密承诺书签订工作。结合工作实际,对各街道、机关单位、社会团体、直属单位、驻区条线机构的签订范围进行了政策说明,提出了具体要求,告知事项和内容、保密要求和责任,使干部员工时刻牢记保密责任,有效防范失泄密风险。为确保保密工作更为深入地开展,组织形式多样

的宣传教育活动，以使保密意识入脑入心。（龚宝国）

【保密宣传教育】 2019年，新吴区围绕开展保密宣传月活动，通过多种形式、多种渠道宣传学习保密知识。年内成功组织三场街道基层保密业务培训，邀请市保密局专家开展两场全区机关保密形势教育和保密业务实操培训。集中购买保密宣传教育资料，并向有关领导干部、工作人员进行配发。通过内网网站推送保密工作方针政策、法律法规、知识技能、典型案例，开展宣传教育；大厅设立保密宣传展板，利用展板宣传保密法律法规和保密工作基本知识。利用LED屏播放保密宣传短语，营造"时时有保密提示、处处有保密要求"氛围，提高宣传教育的效果。（龚宝国）

【保密监督检查】 2019年，新吴区层层落实保密责任，签订保密责任书和保密承诺书，签订率达100%。通过保密责任书和保密承诺书的签订，使干部员工得到了一次较好的保密教育，进一步增强了领导干部和工作人员的保密意识和责任意识，提高了做好保密工作的自觉性、积极性。根据上级文件要求，各街道、机关单位结合工作实际，对表对标，围绕计算机网络、涉密文件管理、对外信息公开等关键环节、关键部位，认真开展保密工作自查自评工作，严禁非法、涉密、个人隐私等敏感信息上网，对查找出的问题，认真整改落实。通过全覆盖检查，对部分重点部门、重点单位的保密工作进行抽查，进一步提升保密工作规范化管理水平。（龚宝国）

党校工作

【概况】 中共新吴区委党校坐落于近湖路1号，拥有各类教室4个，有图书室、阅览室、会议室、档案室、文印室等基本办公教学场所，建筑面积1500多平方米。学校前身为2002年11月创办的中共无锡市新区工作委员会党校。2016年6月区划调整后，学校更名为"中国共产党无锡市新吴区委员会党校"，挂牌"无锡市新吴区行政学校"。学校参照公务员管理事业单位核定编制10人，现有人员8人，内设综合科和教育科。（王　珏）

【教育培训】 2019年，新吴区委党校深入学习贯彻《中国共产党党校（行政学院）工作条例》，对照年度党员干部教育培训计划，坚持"党校姓党"原则，弘扬学习之风、朴素之风、清朗之风，落实"从严治校、从严治教、从严治学"要求，因地制宜、因材施教，竭力做好党员干部教育培训工作。一年来，举办中青年干部、选调生、大学生村官培训班等主体班次6期，承办全区统战业务培训班、城管大讲堂、财政业务培训等业务条线培训3期，完成"送教下基层"活动15场，承办江苏省精品课程教学2次。在"不忘初心牢记使命"主题教育期间，向全区近1000名支部书记宣讲《习近平新时代中国特色社会主义思想学习纲要》。组织全区党校系统赴遵义开展红色教育培训。打造了省级精品课《弘扬新时代"四千四万"精神建设世界物联网发展高地》。利用桑梅书记工作室、新四军江抗东进纪念馆、怀海义庄、村田企业党校等红色资源助力教育培训。

11月1日，区委党校组织党员走访红旗社区，开展基层党建"六指导"工作 （王　珏　摄）

12月18日，区委党校系统红色教育培训班学员于遵义会址前合影 （杨伟新　摄）

启动开发无锡国际生命科学创新园、SK海力士、江苏省物联网研发中心、高新区外企党员政治生活馆、慧海湾小镇启动区中电海康展厅等新一批教学案例和现场教学点。通过科学安排、精心设计，扎实推进，圆满完成了2019年度教育培训工作任务。（王　珏）

【科研工作】 2019年，新吴区委党校坚持质量立校、人才强校、科研兴校，努力推动教学、科研一体化建设。通过课题立项、集体研究、实地调研、组织撰写、交流评估、审核把关等一系列环节，相继完成《基层党员教育工作现实困境与发展路径》《以党建高质量引领发展高质量的路径探索与实践研究》《新时代社会组织党建工作的现状分析与思考》和《加快无锡产业未来布局的思考——以新吴区为例》4项课题。与上海新时代社会工作服务中心合作，完成了《无锡高新区（新吴区）党的建设三年行动计划（2019--2021年）》《加强园区社区融合共治工作方案》和《党建项目与科创项目“双向融合”工作方案》3份研究成果。坚持开展“用学术讲政治”，组织开展“不忘初心、牢记使命”主题教育学术沙龙活动，撰写论文8篇。党校教师参加省、市党校系统《中国共产党党校（行政学院）工作条例》学习会和学术年会。新吴区委党校荣获2019年度全市党校系统第七届科研工作组织奖，2篇论文被评为年度科研工作优秀论文。（王　珏）

【新校区建设】 2019年，为切实改善办学条件，新吴区委区政府启动党校新校区建设。新校址位于新加坡工业园288号地块，总用地面积1.96万平方米，建筑面积2.03万平方米，设教学楼、报告厅、餐厅、学员公寓、专家楼等设施。新校建设的定位是现代化、标准化和智慧化，计划于2021年建党100周年时正式投入使用，建成后将为全区党员干部教育培训提供良好的硬件支撑。（王　珏）

档案史志工作

【概况】 2019年，新吴区档案史志馆始终围绕“资源更丰富、管理更规范、服务更优质”的目标，扎实推进档资源体系、利用服务体系、安全保密体系和行政管理体系建设，切实履行“为党管档、为国守史、为民服务”的神圣职责，较好发挥了档案史志工作在服务区域经济社会发展方面的独特作用。至2019年年底，新吴区档案馆馆藏档案共有66个全宗，馆藏档案165542卷，339591件，照片档案14319张，录像/磁带/光盘709盘，实物档案487件，底图3976张。（尤维娜）

【档案收集整理】 新吴区档案史志馆继续做好2018年度全区重要文件归档工作，完成文书档案归档2843件。新增区民政卫健局婚姻档案12695件，出生医学证明档案17021件。数字化扫描档案15642件55184页，完成2016——2018年区委区政府照片档案2600张，库房日常整理档案16517件，接收征集省级以上实物档案21件。（尤维娜）

【档案业务指导】 新吴区档案史志馆以基础业务为工作主线，继续夯实档案资源、档案利用、档案安全三大体系。主动融入机构改革，对机构变动部门和单位档案的合理归属和流向进行了针对性的业务指导。分别制发了《关于做好机构改革涉改部门（单位）档案工作的通知》《关于做好涉改前后档案处置工作的通知》以及关于加强全区机构改革档案管理工作的通知。重点加强对涉改单位特别是新建单位的档案业务指导。确保各单位档案工作常态化、标准化、规范化。（尤维娜）

【档案规范管理】 新吴区档案史志馆以服务民生为重点，全力推进档案规范化管理。结合档案安全检查、行政执法以及档案年度评估工作，对所有进馆单位档案工作完成情况以列表方式在区内网进行通报。重新调整制定全区各单位全宗号。开展主题性业务学习研讨活动。对区、街道、社区以及机关各部门全宗卷和台账作了进一步规范统一，由区统一制印下发到各基层单位。有效整合，做到内容不交叉、不重复，全面展现基层所做工作，减负同时提高基层的可操作性。同时，对基层的档案室软硬件建设作了明确规定。（尤维娜）

【档案利用服务】 新吴区档案史志馆为了适应全区经济、社会发展要求，积极调整馆藏结构，不断丰富档案资源，努力提高查档工作效率和档案服务利用水平。全年共接待查阅档案3745人次，调阅案卷18461卷，复印有效材料15306页。为新吴区经济社会建设、编史、修志、政策落实、工龄核实、工作调动、户口迁移、学术研究等方面提供了大量详实的第一手资料，在服务民生、化解各类社会矛盾、突破重难点工作等方面发挥了不可替代的作用。（尤维娜）

【档案数字化管理】 新吴区档案史志馆大力推进信息化建设，扎实推进档案实体、档案信息和档案保管环境的安全体系建设，形成完备、有效的档案安全工作责任制。将档案信息化建设纳入全区“智慧新吴”建设项目，依托“智慧新吴”公司实行服务外包对原档案管理系统进行升级改造。举办全区“智慧档案”信息系统培训，全区各进馆单位50余人参加了培训。11月全面启动了新系统运行。并将“智慧新吴”档案信息化建设纳入区级机关单位服务高质量发展考核目标体系。（尤维娜）

【档案法制宣传】 新吴区档案史志馆印发档案法律法规工作手册，内容全面涵盖了机关企事业单位、村级、社区等各级档案管理办法），作为档案人员的业务指导书。制作了民生档案宣传手册，印发并组织档案法律法规有奖答卷活动。积极参与市馆组织的“国际档案日”南禅寺广场宣传活动。制作“新中国的记忆”主题展板，展示新吴区70年来的辉煌成就。开展“你的梦想，我来见证”青春梦想档案寄存工作。上报“新中国的记忆”征文17篇。（尤维娜）

【史志工作】 将年鉴工作纳入2019年度区级机关单位服务高质量发展考核目标体系中，严把政治关、涉密关、史实关、体例关、文字关，通过抓规范，提升年鉴编撰的总体水平，有效并快速保证了年鉴的质量，完成了80万字的《新吴年鉴》。并通过专家评审，正式公开出版。利用红色教育基地，加强相关资料的征集工作。原国家卫健委正局级干部汝小美将其父汝晓钟先生（1920年4月出生于苏州吴江，1939年6月，加入江南抗日义勇军二路政治部（新四军老六团））珍藏的汝晓钟1939年6月在梅村参加江抗的手稿原件等珍贵史料无偿捐赠给无锡新四军江抗东进纪念馆。举办“传承梅里红色记忆 献礼祖国七十华诞”专题教育暨“江抗东进八十周年纪念活动”。江抗总指挥部参谋长乔信明之子乔泰阳将军代表江抗东进八十周年纪念活动组委会向“新四军江抗东进纪念馆”赠送了书法作品、新四军历史书籍等物品。另外，积极配合做好地方党史资料的征集、整理、研讨交流，以及相关党史的编写。完成《江苏年鉴》《无锡年鉴》等省、市属刊物新吴区部分的供稿工作。（尤维娜）

机关党的建设

【概况】 2019年，新吴区机关党建工作坚持以习近平新时代中国特色社会主义思想和中共十九大精神为指导，树牢“四个意识”、坚定“四个自信”、做到“两个维护”，深入学习贯彻区委一届七次全会精神，认真落实新时代党的建设总要求，以深化党支部标准化规范化建设为抓手，全面推进机关党的政治建设、思想建设、组织建设、作风建设和纪律建设，不断提升机关党的建设质量和水平，推动机关党建工作走在前列，为决胜全面小康、实现“四个走在前列”提供坚强保证，以优异成绩庆祝中华人民共和国成立70周年。（蒋雪琴）

【政治建设和思想建设】 截至2019年年底，机关工委共有直属党组织41个，其中党委2个、党总支8个、直属党支部31个，机关党员总人数达1695人。2019年，区级机关各基层党组织贯彻“守初心、担使命，找差距、抓落实”的总要求，落实省委“五深入五确保”部署和市委区委要求，坚持真学真改、真抓实干，坚持标准更高、要求更严，坚持走在前、作表率，高标准、高质量实现“理论学习有收获、思想政治受洗礼、干事创业敢担当、为民服务解难题、清正廉洁作表率”的目标，以彻底的自我革命精神解决违背初心使命的各种问题，以为民谋利、为民尽职的精气神努力打造让党放心、让人民群众满意的模范机关，推动“不忘初心，牢记使命”主题教育走在全区前列。（蒋雪琴）

【组织建设】 2019年，新吴区委继续推进党支部标准化规范化建设。以机构改革为契机，对原有基层党组织进行调整，设立了中国共产党无锡市新吴区发展和改革委员会支部委员会等14个党组织，撤销中国共产党无锡市新吴区经济发展局支部委员会等9个党组织，指导新设立的党组织做好第一届党（总）支部委员会成立工作。做好“智慧党建”上线推广工作。“智慧党建”作为有效推进基层党支部标准化规范化建设、切实为基层减负，着力提升基层党建工作质量和效率的重要有效载体，积极做好党员注册绑定工作，绑定率达到100%。（蒋雪琴）

【作风和党风廉政建设】 2019年，新吴区委深化“党员领导干部基层党建工作联系点”建设。为加强机关基层党组织体系建设，推动机关部门和基层党建工作“两促进、两提升”，机关党工委下发《关于继续完善机关党员领导干部基层党建工作联系点制度的通知》，每个区机关（部门）、人民团体、直属事业单位结对联系至少1个村（社区）等基层党组织，对基层党组织在制定党建工作计划、开展主题教育、落实“三会一课”等组织生活制度、党员发展、党费收缴、开展党建创优实践项目等方面开展“六指导”。组织开展区级机关单位综合考核满意度评价。推进群众反映意见整改，委托专业机构对年度测评中征集到的意见建议进行梳理，向46家区级机关部门逐一反馈，助力各部门提高服务质量，不断提升公众满意度。组织做好“阳光扶贫”结对帮扶工作。全区400余名科级以上领导干部与建档立卡贫困户结对，全年开展4次阳光扶贫结对走访，共走访困难群众1626人次（其中区级机关走访1067人次），发放慰问金51.4万元。（蒋雪琴）

【基层党建述职评议考核暨中共十九届四中全会精神宣讲会】 2019年1月23日，新吴区机关工委组织召开2018年度区级机关基层党建述职评议考核暨党员冬训工作动员会。区级机关工委班子全体成员、机关各直属党组织书记（副书记）40余人参加会议。会上，区人大机关党支部等八家单位围绕巡视巡察反馈问题和整改落实情况、推进党支部规范化标准化建设、抓党建促脱贫攻坚、促乡村振兴、学习贯彻《中国共产党支部工作条例（试行）》、2018党建创优实践项目等重点工作作了述职发言，其他单位进行书面述职。与会人员作出进行评价，机关工委对各单位党组织书记抓党建作出总体评价。会上，高新区党工委委员、新吴区委常委、区级机关工委书记匡辉给全体区级机关直属党组织书记开展中共十九届四中全会精神宣讲。（蒋雪琴）

【机关直属党组织书记培训班】 2019年8月13日至8月17日，为进一步拓宽区级机关党务干部视野，提高政治理论素养和业务能力，推进机关党的建设工作科学化水平，贯彻 “不忘初心、牢记使命”主题教育先学先行要求，机关工委委托湖南大学举办了为期

5 天的区直属党组织书记培训班，近 50 名支部书记、副书记、党务工作者参加培训。（蒋雪琴）

【区级机关党支部书记培训班】 2019 年 10 月 14 日至 15 日，根据中央和省市区委关于“不忘初心、牢记使命”主题教育工作安排，举办区级机关党支部书记培训班，区级机关 118 名支部书记、副书记、党务工作者参加培训。通过培训，把加强学习与提高能力结合起来，激发干部学习的积极性和主动性，帮助基层党支部“带头人”厘清思路、消除困惑，为主题教育在机关各基层党支部落细落实、见行见效奠定扎实的基础，为建设“强富美高”新吴区提供有力保障。（蒋雪琴）

【优秀微党课基层巡讲】 2019 年，为庆祝中华人民共和国成立 70 周年，推进“不忘初心、牢记使命”主题教育走向深入，弘扬“开放、创新、务实、争先”的高新区精神，举办高新区（新吴区）“奋进新时代激扬爱国情”优秀微党课基层巡讲活动，区级机关 300 余名党员代表参加。来自全区各基层党工委选送的 11 组获奖选手依次亮相，围绕喜迎新中国成立 70 周年、“不忘初心、牢记使命”主题教育、身边的榜样力量等内容，用身边人讲述身边事，畅谈工作中的所思所得，传播新吴好声音，弘扬时代正能量。（蒋雪琴）

【庆祝建国 70 周年活动】 2019 年国庆节来临之际，新吴区举办“迎国庆、升国旗”活动，区委、区人大、区政府、区政协全体领导，区机关各部门、直属事业单位、人民团体主要负责人，区机关部门党员干部代表共 200 余人参加活动。活动现场，高新区党工委副书记、管委会主任、新吴区委副书记、区长封晓春主持仪式，市政府副市长、高新区党工委书记、新吴区委书记王进健作讲话。（蒋雪琴）

【新党员集中宣誓仪式】 2019 年 12 月 26 日下午，新吴区委区级机关工委 2019 年度新发展预备党员集中宣誓仪式在科技商务中心 18 楼党员活动室举行。机关工委相关负责人分别与预备党员们进行了谈话，听取了每位预备党员关于入党动机、对党的认识、加入组织后的表态发言。在工委负责人带领下，14 名预备党员面向党旗庄严宣誓。（蒋雪琴）

广南立交

综述

【概况】 2019年，新吴区人大常委会按照习近平总书记关于地方人大及其常委会工作的重要指示精神，立足“两个机关”职能定位，聚焦“四个走在前列”，以推动高质量发展为主线，依法履行职责，深化服务保障。一年中，共召开常委会会议10次，主任会议12次，开展执法检查2项、视察调研15项。听取和审议“一府两院”专项工作报告27项，作出审议意见14项，对2项专项工作开展工作评议，对19名区人大常委会任命人员进行述职评议，依法任免国家机关工作人员和人民陪审员125人次，代表提出的建议全部办结并作出答复。 （朱新胜）

【人大工作宣传】 以坚定的制度自信加强人大宣传工作，通过多种媒体，宣传人大常委会、街道人大工委履职为民、创新工作的亮点和人大代表履职活动的闪光点。对接市人大开展“聚焦人大代表”全媒体采访活动，组织2名市人大代表、2名区人大代表接受无锡广电“人大之声”电视专题节目、《无锡日报》人大专版、《代表与人民》等相关媒体记者采访及宣传报道，充分展示了新吴区各级人大代表履职为民的业绩和风采，在全区产生了较大的反响。 （朱新胜）

重要会议与活动

【新吴区第一届人民代表大会第四次会议】 会议于1月9日至1月11日举行，出席会议代表205名，参加区政协一届四次会议的政协委员和其他有关人员列席会议。大会听取和审议区长封晓春作的政府工作报告、区人大常委会主任张明烈作的人大常委会工作报告、区人民法院院长叶志浩作的人民法院工作报告和区人民检察院检察长荀小军作的人民检察院工作报告，书面听取区政府经济和社会发展、预算执行情况、关于办理区一届人大三次会议代表建议情况的报告。闭幕会上，与会区人大代表以投票选举的方式，选举产生新吴区4名人大常委会委员。 （朱新胜）

表1 2019年新吴区人大常委会会议一览表

时间	会议名称	会议内容
1月7日	区第一届人大常委会第二十一次会议	会议审议并表决通过了审议和通过关于补选的新吴区第一届人大代表的代表资格审查报告
2月28日	区第一届人大常委会第二十二次会议	会议听取和审议了区人大常委会2019年工作要点（草案）；听取和审议了区人大常委会关于调整代表资格审查委员会组成人员的说明；听取和审议了区政府年度重大事项工作清单的报告；听取了区政府工作部门变更情况的报告；听取和审议了区政府有关人事任免议案报告；听取和审议了叶志浩所作的人民陪审员任命议案的报告；听取了区政府工作部门孙磊等14名人员的任前承诺发言。会议表决通过了区人大常委会2019年工作要点（草案）；表决通过了区政府年度重大事项工作清单的报告；表决通过了区人大常委会关于调整代表资格审查委员会组成人员的决定；表决通过了相关人员免职议案的报告；决定了区政府14名人员的任命；决定了58名人民陪审员的任命。张明烈为区政府新任命的人员颁发了任命书

续表 1

时间	会议名称	会议内容
4 月 29 日	区第一届人大常委会第二十三次会议	会议听取和审议了区政府有关人事任命议案报告；听取和审议了祝君乔作区政府关于 2018 年度环境状况和生态环境目标任务完成情况的报告；听取和审议了区政府关于突出环境问题清单编制情况的报告；听取了审议了《区人大常委会对审计查出突出问题整改情况报告进行满意度测评的办法》的修改意见。会议表决通过了区政府关于 2018 年度环境状况和生态环境目标任务完成情况的报告；表决通过了区政府关于突出环境问题清单编制情况的报告；表决通过了《区人大常委会对审计查出突出问题整改情况报告进行满意度测评的办法》（修改稿）；决定了区政府副区长丁洪军的任命。张明烈为丁洪军颁发任命书
5 月 21 日	区第一届人大常委会第二十四次会议	会议听取和审议了区政府有关人事免职议案的报告（书面）；听取和审议了区监委有关人事任免议案的报告；听取和审议了区政府关于江溪南站松坟头片区等 4 幅地块旧城区改建项目增补纳入区国民经济和社会发展计划的报告。会议表决通过了区政府关于江溪南站松坟头片区等 4 幅地块旧城区改建项目增补纳入区国民经济和社会发展计划的报告；决定了相关人员的任免。张明烈给新任命人员颁发了任命书
6 月 28 日	区第一届人大常委会第二十五次会议	会议听取和审议了区政府关于“七五”普法工作情况的报告；听取和审议了区法院关于基层人民法庭工作情况的报告。会议表决通过了区政府关于“七五”普法工作情况的报告；表决通过了区法院关于基层人民法庭工作情况的报告
9 月 3 日	区第一届人大常委会第二十六次会议	会议接受了部分人员辞去新吴区第一届人民代表大会代表职务的申请；听取和审议了区政府有关人事任免的议案的报告，听取和审议了区检察院有关人员免职的议案的报告，听取和审议了区政府关于为民办实事项目推进情况专题报告，听取和审议了区政府关于鸿山旅游度假区成立情况的报告，听取和审议了区政府关于 2019 年度上半年国民经济和社会发展计划执行情况的报告，听取和审议了区政府关于 2018 年财政决算和 2019 年上半年预算执行情况的报告，听取和审议了区政府关于 2018 年预算执行情况和其他财政收支情况的审计报告；听取和审议了区政府关于 2019 年政府投资重点项目计划安排和项目进展情况的报告，听取和审议了区人大常委会关于专项工作评议及述职评议的相关报告，通过了关于接受部分人员辞去新吴区第一届人民代表大会代表职务请求的决定。会议提出了《区人大常委会关于区政府 2019 年为民办实事项目推进情况的审议意见》《区人大常委会关于 2019 年上半年国民经济和社会发展计划执行情况的审议意见》《区人大常委会关于新吴区 2018 年财政决算和 2019 年上半年财政预算执行情况的报告的审议意见》《区人大常委会关于新吴区 2018 年财政决算和财政同级审计情况的审议意见》《区人大常委会关于无锡市新吴区 2019 年政府投资重点项目安排及实施情况报告的审议意见》，表决通过了区政府关于为民办实事项目推进情况专题报告，表决通过了区政府关于鸿山旅游度假区成立情况的报告，表决通过了区政府关于新吴区 2019 年上半年国民经济和社会发展计划执行情况的报告，表决通过了区政府关于新吴区 2018 年财政决算和 2019 年上半年财政预算执行情况的报告，表决通过了区政府关于新吴区 2018 年区本级预算执行和其他财政收支的审计工作报告，表决通过了区人大常委会关于批准新吴区 2018 年财政决算的决议（草案），表决通过了区政府关于 2019 年政府投资重点项目计划安排和项目进展情况的报告，决定了相关人事任免，对校园安全工作、行政执法体系建设工作两项专项工作评议，以及对经区人大常委会任命的张英、冼薇、黄海清等 19 名人员的述职评议进行了投票表决
10 月 31 日	区第一届人大常委会第二十七次会议	会议听取和审议了区政府有关人事免职议案的报告；听取和审议了区政府关于国有资产监管工作的报告；听取和审议了 10 名无锡市第十六届人大代表的履职报告。会议提出了《区人大常委会关于区政府国有资产监管工作的审议意见》，表决通过了区政府关于国有资产监管工作的报告；表决通过了区政府有关人事免职议案的报告；对丁玉芳、黄静等 10 名无锡市第十六届人大代表的履职情况进行了测评

续表 1

时间	会议名称	会议内容
11 月 28 日	区第一届人大常委会第二十八次会议	会议接受并通过了部分人员辞去新吴区第一届人民代表大会常务委员会委员职务的申请，接受并通过了部分人员辞去新吴区第一届人民代表大会代表职务的申请，听取和审议了关于补选代表决定（草案）的报告，听取和审议了区法院有关人员任免的议案的报告。会议表决通过了补选代表决定（草案），决定了区法院相关人事任免。张明烈为新任命的人员颁发了任命书
12 月 20 日	区第一届人大常委会第二十九次会议	会议听取和审议了关于区 2019 年国民经济和社会发展综合计划部分指标调整情况的报告；听取和审议了关于区一届人大四次会议代表建议、批评和意见办理情况的报告；审议和决定了区人民法院有关人事任命的议案；审议和决定了区人民检察院有关人事任免的议案；听取和审议了区政府关于 2019 年度财政预算调整方案的报告；听取和审议了审计局、财政局、硕放街道、梅村街道关于审计整改情况的专题报告；听取和审议了区人大常委会工作报告(书面)；听取和审议了区一届人大五次会议日程安排(草案)。会议提出了《关于调整新吴区 2019 年国民经济和社会发展综合计划部分指标情况报告的审议意见》《关于审计查出问题整改情况的审查意见》《关于 2018 年无锡市新吴区本级预算调整方案（草案）的审查意见》。会议表决通过了关于调整新吴区 2019 年国民经济和社会发展综合计划部分指标情况报告，表决通过了区政府关于 2018 年财政预算调整方案的报告，表决通过了区政府关于一届人大四次会议代表建议办理情况的报告，表决通过了区人大常委会工作报告，表决通过了区第一届人民代表大会第五次会议《会议日程》（草案），表决通过了区人民检察院检察长苟小军的辞职请求，表决通过关于丁宏伟代理无锡市新吴区（高新区）人民检察院检察长职务的决定；会议决定了丁宏伟等同志有关人事任免。张明烈给丁宏伟等人颁发了任命书。会议对审计局、财政局、硕放街道、梅村街道等 4 个单位的审计整改报告进行了测评。会议决定，相关报告将提交一届五次人代会审议
12 月 31 日	区第一届人大常委会第三十次会议	会议补选了无锡市第十六届人民代表大会代表 1 名；听取和审议了区政府关于 2019 年为民办实事项目完成情况的报告；听取和审议了区政府关于投资重点项目计划完成情况的报告；听取和审议了区政府关于法治政府建设工作情况的报告；听取和表决了区人大常委会有关人事任命议案的报告；听取和表决了区法院有关人事任免议案的报告；听取和表决了区一届五次人代会议案审查委员会组成人员名单；审议和通过了关于补选的新吴区第一届人大代表的代表资格审查报告；听取和审议了关于个别代表的代表资格的报告；听取和表决了区人大常委会内务司法工委有关机构调整的决定。会议提出了《关于对区政府 2019 年为民办实事项目完成情况报告的审议意见》《关于区政府投资重点项目计划完成情况报告的审议意见》《关于法治政府建设工作情况报告的审议意见》。会议表决通过了区政府关于 2019 年为民办实事项目完成情况的报告；表决通过了区政府关于投资重点项目计划完成情况的报告；表决通过了区政府关于法治政府建设工作情况的报告；表决通过了区一届五次人代会议案审查委员会组成人员名单；表决通过了关于补选的新吴区第一届人大代表的代表资格审查报告；表决通过了关于个别代表的代表资格的报告；表决通过了区人大常委会内务司法工委有关机构调整的决定；决定了区人大常委会有关人事任命的议案；决定了区法院有关人事任免的议案。张明烈给新任命人员颁发了任命书

（朱新胜）

监督检查

【经济工作监督】 2019 年，新吴区人大常委会及时听取和审议区政府关于经济和社会发展计划执行情况、预算执行情况、审计整改情况的报告，组织了审计整改情况满意度测评。按照中央深化改革决策部署，积极推进预算审查监督改革，审查 2020 年预算编制方案时自觉把监督着力点放在支出预算和政策实施上。开展科技载体（孵化器）运营体制机制、工业集中区提档升级、“智慧新吴”建设、鸿山旅游度假区设立等视察活动。组织高新区争先进位与突破发展、国资国企改革发展、民营经济发展工作等专题调研，积极借鉴先进地区的经验,广泛收集社会各界对改革发展的意见和建议,督促区政府强化争先意识、创新意识,不断提升工作水平,加大力度落实高质量发展要求。（朱新胜）

【民生工作监督】 2019年,新吴区人大常委会在督促政府不断充实为民办实事项目内容,抓好基层医疗卫生服务体系建设等重点项目落实的同时,开展校园安全视察活动,督促区政府针对各学校面临的校园安全个性问题,及时列出安全隐患清单,拿出"一校一策"进行整改。开展强化城市精细化管理专题调研,及时提出具体建议,帮助基层破解城市精细化管理难题。组织自区人大组建以来第三次食品安全调研视察活动,要求区政府充分认识到抓好食品安全工作的极端重要性,全面压实法律责任,守住不发生食品安全事故底线。及时听取政府应急管理工作报告,对全面提高安全管理能力提出明确要求。（朱新胜）

【环保工作监督】 2019年,新吴区人大常委会听取和审议区政府2018年环境工作专题报告,及时作出审议意见。针对新吴区生态环境工作现状,研究制定生态环境督查计划方案,并通过组织集中调查、明察暗访等方式,开展列表式督查。组织水污染防治法执法检查,对区域内水污染问题进行跟踪督查,对省、市人大检查出的问题进行跟踪督查整改。高度关注安居房小区改造升级问题,通过组织安居房小区整治改造工作视察,加强与区政府和各街道的沟通对接,促进了不断改善居民生活环境,努力提高居民生活品质共识的形成。（朱新胜）

【法治工作监督】 2019年,新吴区人大常委会听取和审议了区政府关于法治政府建设、"七五"普法实施情况的报告,开展综合行政执法体制改革专题调研,对照中央和省市关于法治政府建设规划纲要找差距,进一步明确新吴区推进法治政府建设的要求。组织区法院、检察院、公安分局工作专题调研,重点了解基层基础建设、知识产权保护法律服务、扫黑除恶专项斗争的开展情况,要求公、检、法等司法机关适应新形势,实践新理念,充分发挥职能作用,全力维护司法公正和司法权威。按照扫黑除恶专项斗争的统一部署,认真行使法定职责,加强对街道人大工作的指导,为新吴区开展扫黑除恶专项斗争提供有力支撑。开展校园安全和综合行政执法体系建设两项工作的专项评议,组织区人大常委会任命的3名政府部门工作人员、8名法院工作人员和8名检察院工作人员述职评议,不断推动政府及其组成部门依法全面履行职责,强化服务功能。同时,认真做好群众信访的接待工作,加强办理工作的跟踪监督,维护好群众合法利益。（朱新胜）

代表工作

【人大代表议案建议办理】 2019年,新吴区一届人大四次会议期间,代表提出交办的建议共65件。区人大常委会及时召开代表建议交办会,准确地交有关部门办理,确定《关于加快推动基层医疗卫生事业发展的建议》等9件为重点建议,作为2019年常委会重点督办事项。完善常委会主任、副主任督办代表建议工作制度,全年跟踪督办代表建议工作,探索和完善代表建议办理考核机制,改进代表建议评价反馈机制,着力解决建议办理"被满意"问题,更加真实地反映办理成效。代表满意的建议为64件,基本满意建议1件,满意率达98.46%;已解决或采纳的建议43件,占承办件总数的66.15%。（朱新胜）

【人大代表履职保障】 以"履职为民、连心富民"主题实践活动为主阵地,聚焦推动高质量发展、补齐民生事业短板为主题,常委会组成人员带头走下去、融进去,走进社区、走访选民,倾听民声、收集民意,着力打通联系群众的"最后一公里";广大基层人大代表根植群众、热心为民、履职尽责,用心用情为百姓办实事、解难事、做好事,赢得群众信赖。组织市人大代表新吴区两个小组的代表开展闭会期间活动,先后组织4次视察调研活动,形成3篇高质量调研报告。继续对街道"人大代表之家"进行标准化升级,年内建成15个人大代表工作站,搭建起人大代表闭会期间规范化履职平台,建立完善常态化接待群众工作制度。举办2期人大代表履职培训班,帮助人大代表进一步提高政治素养和履职能力。（朱新胜）

【人大代表补选】 2019年,对区人大成立以来的出缺代表及时组织开展补选工作。严格选举程序,严把代表素质,在2019年12月30日前成功补选产生了5名区一届人大代表,依法补选1名市十六届人大代表。（朱新胜）

1月11日,新吴区第一届人民代表大会第四次会议胜利闭幕（崔 炜 摄）

表 2　　2019 年新吴区人大常委会任免一览表

时间	会议名称	会议内容
2 月 28 日	区第一届人大常委会第二十二次会议	免去洪延炜的无锡市新吴区人民政府副区长职务； 免去胡逸的无锡市新吴区人民政府副区长职务； 任命孙磊为无锡市新吴区发展和改革委员会主任； 任命张英为无锡市新吴区教育局局长，免去其无锡市新吴区教育文体局局长职务； 任命吴建华为无锡市新吴区科学技术局局长； 任命王新华为无锡市新吴区工业和信息化局局长，免去其无锡市新吴区商务旅游局局长职务； 任命卢军英为无锡市新吴区民政和卫生健康局局长； 任命杜斌为无锡市新吴区司法局局长，免去其无锡市新吴区民政和卫生计划生育局局长职务； 任命黄海清为无锡市新吴区住房和城乡建设局局长，免去其无锡市新吴区住房和建设交通局局长职务； 任命洪斌为无锡市新吴区城市管理局局长，免去其无锡市新吴区综合行政执法局局长职务； 任命吴治军为无锡市新吴区农业农村局局长； 任命华艳红为无锡市新吴区商务局局长，免去其无锡市新吴区招商服务局局长职务； 任命封雷为无锡市新吴区退役军人事务局局长； 任命王立新为无锡市新吴区应急管理局局长，免去其无锡市新吴区安全生产监督管理和环境保护局局长职务； 任命张继鸿为无锡市新吴区行政审批局局长； 任命桂涛为无锡市新吴区统计局局长，免去其无锡市新吴区科学技术和信息化局局长职务； 免去李建平的无锡市新吴区司法局局长职务； 任命王海梅、张曙晖、周君昊、鲍毓敏、张萍、杨志杰、张吉、俞美芬、尤培海、陈浩、钮丽英、张炎、廉洁、杨玲、杨晓君、朱叙良、许云良、周宇锋、顾秋芬、王晓燕、张志良、赵峰、龚萍、吴伟忠、王治生、唐旻、刘毅、许斌、唐明伟、冯春华、章阶、闫艳波、邹红丹、蔡永进、府伟民、周建秀、周国芹、张荣芳、陆雪珠、查筱虹、邹坚伟、邹君兰、曹阳、黄惠娟、胡秋音、方浩、张军、陈仁军、王妤、杨东英、丁满一、王益华、华学东、张巍岚、华宏、周红伟、华波、周丽 58 人为无锡市新吴区（高新区）人民法院人民陪审员
4 月 29 日	区第一届人大常委会第二十三次会议	任命丁洪军为无锡市新吴区人民政府副区长
5 月 21 日	区第一届人大常委会第二十四次会议	任命沈健为无锡市新吴区监察委员会副主任； 免去欧华无锡市新吴区监察委员会副主任职务
9 月 3 日	区第一届人大常委会第二十六次会议	任命禹罡为无锡市新吴区人民政府副区长； 任命韩建中为无锡市新吴区工业和信息化局局长。 免去王新华的无锡市新吴区工业和信息化局局长职务； 免去戴树风的新吴区（高新区）人民检察院检察委员会委员职务

续表 2

时间	会议名称	会议内容
10 月 31 日	区第一届人大常委会第二十七次会议	免去桂涛无锡市新吴区统计局局长职务
11 月 28 日	区第一届人大常委会第二十八次会议	任命王正和为无锡市新吴区（高新区）人民法院审判委员会委员； 任命赵玥珑为无锡市新吴区（高新区）人民法院审判委员会委员； 免去高荣良无锡市新吴区（高新区）人民法院审判委员会委员职务； 免去刘艳文无锡市新吴区（高新区）人民法院审判委员会委员职务； 免去张露莛无锡市新吴区（高新区）人民法院审判员职务； 免去杨帆无锡市新吴区（高新区）人民法院审判员职务； 免去黄思佳无锡市新吴区（高新区）人民法院审判员职务
12 月 20 日	区第一届人大常委会第二十九次会议	任命丁宏伟为无锡市新吴区（高新区）人民检察院副检察长、检察委员会委员、检察员，决定为代理无锡市新吴区（高新区）人民检察院检察长职务。 任命孙东飞为无锡市新吴区（高新区）人民法院硕放人民法庭副庭长； 任命周倩倩为无锡市新吴区（高新区）人民法院刑事审判庭副庭长； 任命郭莹华为无锡市新吴区（高新区）人民法院旺庄人民法庭副庭长； 任命戴雷为无锡市新吴区（高新区）人民法院江溪人民法庭副庭长

（朱新胜）

综述

【概况】 2019 年，新吴区人民政府坚定争当高质量发展标杆、示范和领跑者的目标定位，坚持稳中求进工作总基调，积极践行新发展理念，统筹推进经济社会发展各项工作，较好完成了区一届人大四次会议确定的目标任务，在高质量发展道路上迈出更加坚实的一步，开创了"强富美高"新吴区建设的崭新局面，以优异成绩热烈庆祝新中国成立 70 周年。

2019 年，新吴区人民政府坚持全面从严治党，坚持依法行政，切实转变工作作风，政府自身建设取得新进展新成效。始终坚持把政治建设摆在首位，扎实开展"不忘初心、牢记使命"主题教育，全区政府系统想干事、能干事、干成事的氛围更加浓厚。严格落实意识形态工作责任制，着力做好教育、侨务、民族宗教等重点领域意识形态监管。自觉接受区人大、政协及各民主党派的监督，按时办复区人大代表建议 65 件、区政协委员提案 90 件，代表和委员满意率分别达到 98.5%、96.7%。强化法治政府建设，规范行政权力运行，全面推进"三项制度"落实，严格规范行政执法，全面开展规范性文件备案审查，扎实推进"七五"普法，全区公共法律服务中心规范化建设达标率 100%。持之以恒纠正"四风"，力戒形式主义、官僚主义，着力为基层减负，全区文件印发量、会议召开数分别下降 41.5%、42%，社区（村）"牌子乱象"基本得到清理整治。强化党风廉政建设，持续抓好巡视巡察反馈问题整改，积极压缩一般性支出，区级"三公"经费支出下降 4%，审计核减政府投资 6.1 亿元。 （文　明）

【经济发展】 2019 年，新吴区新批超亿元项目 95 个、总投资 462.8 亿元。100 个区级重点项目、17 个省市重点项目投资完成率分别为 121%、138%，连续 3 年全市第一；SK 海力士二工厂等 28 个项目竣工投产，夏普液晶显示模块、村田二工厂等 38 个项目开工建设，新建、续建重大服务业项目 12 个。建立 5 个先行示范区，亩均税收增长 12.3%。5 个企业斩获国字号荣誉项目，在全市实现零的突破。新增省工业互联网标杆工厂 2 家、星级上云企业 27 家、市级以上智能车间 39 家，新增省级示范智能车间数量占全市 58%，连续三年蝉联全市第一。完成智能化改造项目 50 个，获评省首批"互联网 + 先进制造业"基地。4 家企业产品入围省首台（套）重大装备。新增省级跨国公司地区总部 2 家，完成工厂总部化项目 40 个，英飞凌、威孚高科、华光股份包揽全市"市长质量奖"。民营经济贡献全区 25% 的规模以上工业产值、40% 的税收、60% 的就业。招引第七大道、美林数据等科技企业 850 家、同比增长 32.2%；净增高新技术企业 183 家，全市第一；入选苏南自创区潜在独角兽企业 6 家、瞪羚企业 31 家，认定省级"专精特新"小巨人企业 8 家，入选市雏鹰、瞪羚、准独角兽榜单企业 182 家。 （文　明）

【城市建设】 2019 年，新吴区落实"一心三轴五板块"产城融合发展总体布局，完成旺庄第一岗、新华路站前等片区规划研究，全面启动鸿山新市镇、泰伯广场等区域城市设计，推进长江路片区改造和太科园、伯渎河片区建设。综合交通体系规划建设取得阶段成果，飞凤路快捷化改造、长江路改造等项目加速推进，华友中路、锡义路等 38 个道桥项目启动建设，和风路、修齐路等 23 条断头路、卡脖子路建成通车。周泾河沟通工程、人防疏散基地等 50 个重点基础设施项目顺利完工，增加机动车泊位 9188 个，新建改建公厕 51 座。新开优化公交线路 10 条。完成拆迁 135 万平方米，新建安置房 10638 套，在建棚改安置房 12853 套，竣工 2372 套。出让经营性用地 18 幅 1396 亩。164 个 A 类优美环境合格区合格率 100%、优良率 73.2%，荣获全市城市精细化管理第 1 名。慧海湾生态公园建成开放，完成道路景观提升 5 条，新建改建公园游园18个，新建改建绿地面积124万平方米。小流域综合治理工程全面完成，建成区黑臭水体得到全面整治，劣五类河道基本消除，地表水国省考断面水质优Ⅲ比例达75%，9条考核河道断面优Ⅲ率达77.8%，完成VOCs治理、工地扬尘、餐饮油烟治理等工程152个，空气质量优良天数比率71.4%。抓好交通运输、危化品、建筑施工、群租房、工贸企业等重点行业领域20个专项整治，出动检查6.1万人次，整改一般安全隐患42441项、重大隐患45项，停产停业企业991家，关闭取缔1953家，风险分级管控与隐患排查治理双重预防机制建设扎实推进，全区安全生产形势总体稳定。（文　明）

【改革开放】 2019年，新吴区深化供给侧结构性改革，落实减税降费政策，全年减免各类税费54亿元。新增基金总规模超过40亿元，帮助企业科技贷款、物联网金融贷款114.9亿元，区金融公共服务平台为企业解决31.4亿元资金需求。建成村田、华虹等重点配套电力工程4个，10千伏以上工商业企业用电价格下降10%，核减能源消费35万吨。整治散乱污企业603家，关停化工企业11家，盘活存量土地3592.4亩，消化批而未供土地1564.6亩，完成低效用地再开发1726.2亩。新登记市场主体15002户，其中企业6307户，新增“四上企业”375家。2019年完成区级机构改革任务，设立鸿山旅游度假区管理办公室和太科园管理办公室，全区行政管理体制进一步优化。承接国家级开发区全链审批赋权182项。稳步推进农业、交通等领域综合执法改革。全面推进“互联网+政务服务”，建立区、街道、村（社区）三级政务服务体系，行政审批（服务）事项实现60%就近办、70%立即办、80%网上办、90%一次办、100%进政务大厅。深化科技创新体制改革，全面整合完善专业园区管理体制，持续完善高企引育、科技企业分层培育、科技项目准入评估、新型研发机构引育等工作机制。教育改革全面发力，义务教育全面实现“六个统一”，“区管校聘”深入推进，社会办学体制优化提升。医疗卫生体制改革稳步推进，“市人民医院—新吴区”紧密型医联体建设内涵不断深化，分级诊疗体系进一步健全。国有企业“一企一策”市场化改革有序推进，国有资本配置效率稳步提升。外资外贸结构战略性新兴产业到位注册外资占比达到86%，第二届进博会采购金额超过4.5亿美元。境外协议投资超过1亿美元，与“一带一路”沿线国家和地区贸易进出口突破100亿美元。综保区进出口总额排名升至全国第五、江苏第二。跨境电商网购保税模式监管中心建成投用，跨境电商实现全模式通关。新加坡工业园获评省级国际合作园区，国际邮政互换局获国家批准，冰鲜水产品进口口岸通过国家验收。（文　明）

【民生改善】 2019年，新吴区新增就业1.74万人，城镇失业人员再就业1.56万人，就业困难人员再就业3562人，支持自主创业3089人。新增企业职工基本养老保险缴费1.70万人。发放低保金274.9万元，发放残疾人两项补贴1025万元，区重度残疾人托养中心正式启用。退役军人工作　“一中心、两站”建设完成，服务保障体系实现全覆盖。2019年全区投资15亿元推进16个中小学项目建设，投资总额同比增长108%，春城实小等8个项目顺利完工、增加学位1万余个，丽景小学等8个项目加快推进，海力士学校正式落地，区特殊教育学校正式开办。省市优质幼儿园创建比例达96%。新招聘教师320人，同比增长33.3%，引进高层次教育人才占全市40%。创建市级“智慧校园”20所。新瑞医院开业运营，219名上海专家签约注册，全面融入长三角医疗一体化发展。中医医院成功挂牌，人民医院新安分院获评省级社区医院。老年人日间照料中心、区域性助餐中心实现区域全覆盖，旺庄“医养一体化”养老院等4个养老项目开工建设。举办中俄网络媒体论坛、海峡两岸棒球交流赛、太湖音乐节等大型文体活动，开建鸿山遗址本体保护展示工程，建成55个新时代文明实践所站。扫黑除恶专项斗争有力开展，破获9类涉黑涉恶案件84起。严格开展食品药品执法检查，获评省级食品安全示范区。探索构建“网格+警格”治理新模式，妥善处置各类涉稳矛盾纠纷327件，全区信访案件化解稳定率达98.2%。着力实施社区议事实践项目，社区民主协商富有成效，获评省“民主法治示范村（社区）”6个。积极发展智慧农业，2个项目获评国家数字农业农村三新优秀项目。5000亩优质水稻种植基地获评省第一批绿色优质农产品基地，鸿山葡萄专业合作社获评国家级示范社。96个村级经济组织全面建成股份经济合作社，启动撤销空壳村（居）工作。深入开展农村人居环境集中整治，七房桥村入选全国乡村治理示范村、全国“千村万寨展新颜”展示名单，大坊桥村荣获省级农村人居环境整治示范村。（文　明）

重要会议与活动

【生态环境保护大会】 2019年3月12日，新吴区召开生态环境保护大会。会议落实中央和省、市生态环境保护会议的精神，安排和部署2019年生态环境保护工作，动员全区上下打好污染防治攻坚战，开创新吴生态文明建设的新局面。市政府副市长、高新区党工委书记、新吴区委书记王进健到会讲话。高新区党工委副书记、管委会主任、新吴区委副书记、区长封晓春作具体工作部署。

王进健强调要解决好四个方面的问题：一是要解决认识问题，把握方向，充分理解运用习近平生态文明思想和最新论述来指导新吴区生态环境保护具体工作；把握形势，切实增强做好生态环境保护工作的紧迫感责任感和使命感；把握现在，更自觉更主动地推进生态环境保护工作。二是要解决目标问题，紧紧扣住2020年总体目标，并分解转化成各地各部门的具体工作目标全力推进。三是要解决重点问题，要切实转变经济生产发展方式，推动工业企业资源利用的绩效评价，持续推进工业集中区提档升级，扩大智能制造智能改造，开展“散乱污”企业整治。从水、气、土和监管等多方面入手，加快推进城乡建设管理和美丽乡村和农村人居环境建设，加快推进生态环境重点工程项目建设。要积极倡导绿色生活方式，深入开展生态文明宣教，推进全社会形成健康绿色的生活方式和生产方式。四是要解决落实问题，完善责任体系，细化工作举措，强化资金保障，强化考核问责，强化队伍建设，保障各项工作的落实。王进健强调，要树立五个方面的意识：一要树立攻坚意识， 集中精力攻坚克难，千方百计破解难题；二要树立担当意识，对长期积累的环境问题不回避，主动担当，全力推动问题的解决；三要树立科学意识，用科学的方法、合理的手段来推进，取得最佳的治理效果；四要树立示范意识，将环境保护与改善民生、高质量发展有效结合，让人民群众拥有更多的获得感；五要树立服务意识，给企业提供更多帮助，使他们切实提升环保管理水平，适应生态环境保护新形势新要求，更多的支持生态环境保护工作。

封晓春回顾了2018年全区污染防治攻坚、生态环境保护工作，充分肯定了环境质量、治理力度、治污减排、生态建设和监管能力等方面取得的成效。对2019年新任务作具体部署，要求紧扣大气指标，深化标本兼治，坚决打赢蓝天保卫战；强化源头治理，力保断面达标，坚决打好碧水保卫战；加强固废处置，治理土壤污染，坚决打好净土保卫战；同时，要抓好整改销号工作、强化经济政策支撑、广泛发动社会力量，强化领导，众志成城，全面夯实打好污染防治攻坚战的坚强根基。 （文 明）

3月12日，新吴区召开生态环境保护大会

（新吴生态环境局 供稿）

【新吴区教育大会】 2019年4月10日，新吴区召开全区教育大会，深入学习贯彻全国教育大会、全省关于教育工作的部署以及全市教育大会精神，紧紧围绕办好人民满意的高质量教育目标追求，全面部署当前和今后一个时期教育工作，动员全区上下解放思想、开拓创新、真抓实干、担当作为，推动教育改革发展各项工作迈上新台阶。市政府副市长、高新区党工委书记、新吴区委书记王进健出席会议并讲话，高新区党工委副书记、管委会主任、新吴区委副书记、区长封晓春主持会议。

王进健指出，教育是城市的核心竞争力。党的十八大以来，尤其是新吴区建区以来，认真贯彻落实中央和省市部署要求，坚持把教育作为一项基础性、先导性、全局性工作，紧紧围绕教育现代化建设目标，落实立德树人根本任务，着力抓党建强根基、抓投入补短板、抓公平促普惠、抓内涵提质量、抓改革激活力，教育工作呈现出党建引领切实加强，铸魂育人工程巩固夯实；资源供给不断提速，教育资源布局优化升级；改革活力有效激发，优质资源集聚态势凸显等特点。但与习近平对教育工作提出的新要求相比，与当好高质量发展领跑者的新要求相比，与人民群众日益增长的关心期盼相比，新吴区教育事业发展还存在不少问题和矛盾，突出表现在教育资源供给仍需提速、教育发展质量仍需提高和教育发展活力仍需提升三个方面。这些不平衡不充分问题的存在，有经济社会发展的客观基础，也有主观因素，需要坚持问题导向，科学谋划，全力攻坚，啃下“硬骨头”，释放更多教育改革“红利”，答好新时代的教育答卷。

王进健强调，要着眼办好人民满意的教育，认清形势，谋划未来。中共十八大以来，以习近平为核心的中共中央统揽全局、把握大势，始终把教育工作摆在突出位置，提出一系列新理念新思想新观点，形成了系统完整的新时代中国特色社会主义教育理论体系，为做好新时代教育工作提供了根本遵循和行动指南。要充分认识教育对于提升区域综合竞争力的核心作用，充分认识教育对于高端人才和要素集聚、推进科技创新、产业转型升级、对外开放纵深发展、产城融合高水平发展的深远意义，切实把教育作为推动全区各项事业发展的重要先手棋。当前和今后一个时期，全区教育工作的总目标是：促公平、抓建设、提质量、树品牌，努力办好与高新区发展地位相匹配、与人民群众要求相契合、与高质量发展要求相适应的一流教育，打造教育高地。要坚持“三优”原则，坚持教育优先发展，提升保障力；坚持教育优质发展，提升影响力；坚持教育优化发展，提升引领力。全区教育工作要重点抓好五个方面：一是加快推进学校规划建设。加快落实教育规划，加快推进学校建设步伐，确保学校布局优质均衡。二是有效提升教育内涵质量。加快培育优质品牌学校，切实完善教育评价体系，持续提高教学质量。三是全面加强教师队伍建设。做好教师招聘工作，建设好校长、班主任、骨干教师、教科研和教师干部等队伍，完善教师交流制度，加强教师培训，提升教师薪酬待遇。四是持续深化教育体制改革。深化管理体制改革、人事制度改革、“放管服”改革、办学体制改革，开展教育便民系列改革。五是统筹抓好各类教育协调发展。推动学前教育优质普惠发展、义务教育优质均衡发展、特殊教育健全发展，推进社区教育丰富发展，支持职业教育、高等教育发展，努力办好人民满意的高质量教育，为全区“四个走在前列”提供强有力支撑。

王进健指出，要充分发挥党建引领作用，强基固本，铸魂定向。党的领导是引领中国特色社会主义教育事业不断前进的最大政治优势和根本政治保证。全区教育系统各级党组织要把党的建设工作放在首位，加快推进教育强区工作步伐。一是始终突出政治建设。教育工作具有鲜明的政治属性，办教育必须旗帜鲜明讲政治，不断提高政治站位。二是大力加强思政教育。将社会主义核心价值观教育渗透到学校教育教学各个环节，帮助青少年扣好人生成长的第一粒纽扣。抓好师德师风建设，突出全方位全过程师德养成。三是全面夯实基层党建。强化党员队伍建设，落实“双培养”机制，提升组织力。加强基层组织规范化标准化建设，加快推进党的组织和工作覆盖。四是坚持全面从严治党。落实管党治党主体责任和监督责任，深入推进党风廉政和教育行风建设，健全学校内控机制，营造更加风清气正的政治生态和育人环境。

封晓春在小结讲话中对贯彻落实会议精神提出了三点要求。一要把落实会议精神体现在思想认识的提高上。切实树立起坚持教育优先发展的大局意识，教育发展人人有责的参与意识和推动教育高质量发展的争先意识，高标定位、争创一流，努力使新吴教育与全区经济社会发展水平相匹配，与人民美好生活需要相适应，在更高水平推进教育现代化的新征程中走在全市、全省前列。二要把落实会议精神体现在重点工作的推进上。全力推动教育资源供给，优化资源布局；着力加强师资队伍建设，提升素质能力；健全完善教育体系，统筹发展各级各类教育。三要把落实会议精神体现在组织领导的强化上。在区委教育工作领导小组的领导下，加强系统谋划，深化推进落实，形成部门合力，强化保障力度，充分调动全社会力量，凝聚起尊师重教、支持教育事业发展的强大合力，全面完成教育改革发展各项任务，奋力书写人民满意的高质量教育新篇章。

会上，王进健、封晓春共同为江苏省无锡师范学校附属小学联盟（新吴）校（无锡市新吴实验小学）、无锡市新吴区春阳实验小学、无锡市新吴区特殊教育学校、无锡市新吴区少年宫（无锡市新吴区青少年活动中心）4个新开办教育项目揭牌。区教育局、江溪街道、梅里中学、新发集团在会上作了交流发言。（文　明）

【庆祝第35个教师节】 2019年9月10日，高新区（新吴区）“庆祝新中国七十华诞，弘扬新时代尊师风尚”教师节大会在新吴区青少年活动中心召开。高新区党工委副书记、新吴区委常委、组织部部长吴胜荣，新吴区人大常委会副主任刘骁，高新区管委会副主任、新吴区副区长李伟敏，新吴区政协副主席沈雪芳，区各部委办局主要负责人，各街道主要负责人，区部分人大代表、政协委员，区纪委派驻四组代表，区优质教育发展共同体成员以及驻区学校负责人，受表彰的优秀教师，专职督学、一线教师代表，离退休教师代表、新入职教师代表近500人参加了大会。高新区管委会副主任、新吴区副区长李伟敏代表高新区管委会、新吴区政府致辞，向全区广大教师和教育工作者致以节日的问候。对广大教师提出了殷切期望和要求。区委教育工委书记、区教育局党委书记、局长张英宣读了通报表扬决定，对“立德树人·教师系列”——“区优秀教育工作者”“区优秀班主任”“青蓝工程”好师徒；“团结奋进·集体系列”——优秀教研（学科）组、优秀年级组、“争先进位年度优胜单位”；“感动新吴·教育系列”——“尊师重教先进单位”“教书育人模范人物”“区域教育协同发展贡献人物”进行了表扬和颁奖。（文　明）

9月10日，无锡高新区（新吴区）举行庆祝第35个教师节大会

外事工作

【概况】 2019年,全区共完成公务接待外宾接待48批377人次。 (卢 怡)

【外事管理】 2019年,按照八项规定以及最新出台的因公出国(境)管理各项规定,严格审批因公出国(境)团组。全年累计审批因公出国(境)团组26批73人次,其中自组团18批65人次,参加省内双跨团组8批8人次,出访国家及地区主要包括日本、韩国、德国、英国、奥地利、荷兰、芬兰等地,有力促进了一批重点项目取得关键性突破。 (卢 怡)

【民间外事活动】 2019年,新吴区对外友好协会在无锡市外办的指导下组织了丰富的民间外事活动,加强国际文化交流,增进国际友谊。年初,区友协联合区文化馆、村田电子举办了元宵闹春灯谜喜乐会;4月,区外办和区友协参与完成了无锡举办的国际樱花节,共组织外国友人80余人参加,四家单位签订友好合作意向书;6月,在端午佳节来临之际,成功举办了中外联谊话端午等活动,通过展示非遗文化活动,让国际友人更加了解了中国传统文化的魅力,同时扩大了高新区(新吴区)的影响力;9月,区外办和区友协参与承办了"二泉月·二胡韵·无锡情－无锡对外友好中秋文艺晚会",来自25个国家共165名来到无锡工作的外国友人欢聚一堂,赏二泉月,聆二胡韵,共叙在与无锡这座城市交往融合中接下的深厚情谊。 (卢 怡)

侨务和港澳台事务

【概况】 2019年,新吴区积极探索"基层侨联＋高校侨联＋校友会"模式和"基层侨联＋海外华侨华人社团＋侨联企业家工作站"模式,与江大侨联共同打造"海创江南"双创基地联盟平台,将"吴文化"资源优势与高新区经济发展特色相结合,持续推动创新品牌建设。通过特色模式和平台的建设,联系广大海外华人华侨社团和侨胞,做好引智引资工作,以文体活动品牌为纽带,突出爱国性、时代性、包容性、互动性,深化锡港澳台间的各界交流。 (王 聪)

【侨资企业服务】 2019年,新吴区组织园区侨企赴江南大学、苏州工业园区、西交利物浦大学调研座谈,针对科技创新型企业人才招引难的痛点进行深入探讨,就如何在人才招聘、人才智库、共享平台、成果转化等方面深入合作达成初步意向。与江大侨联共同打造"海创江南"双创基地联盟平台,吸引包括软件园、大学科技园、微纳园在内的10余家无锡市内科创园区以及包括上海交通大学、东南大学在内的多家"985""211"工程高等院校,共同致力于开拓人才招引渠道,推动高校与园区的产学研合作,积极服务归国留学人员的科技创新创业。积极探索"基层侨联＋海外华侨华人社团＋侨联企业家工作站"模式,广泛联系海外华侨华人社团和海外侨胞,建立完善侨务引智引资平台机制。多次与市侨联领导、海外华人社团赴街道侨联分会调研,听取企业家真实需求。促成上海万木春生物医药有限公司在新吴区签约落户,德国江苏总会与新吴区软件园签署战略合作协议并设立联络工作站。 (王 聪)

【新吴区港台青年文化交流品牌建设】 将"吴文化"资源优势与高新区经济发展特色相结合,持续推动创新品牌建设。新吴区连续3年承接"同创未来——香港大学生无锡暑期实习计划",承接"走进新时代、感受新江苏"香港青年交流团参观学习,做好科技部门"香港创业青年内地行"服务保障,不断深化锡港青年交流品牌建设。积极做好国家级赛事"海峡两岸城市棒球交流赛"、"太湖风两岸情"青少年棒球交流赛、"笛声飞扬乐融两岸"锡台音乐会等10余项涉台交流活动服务保障,获得国台办、国家体育总局肯定。定期组织区内台商台干开展游园、羽毛球、篮球等联谊活动,深化锡台两地特色体育文化交流品牌。区台办获得2019年中央台办宣传局"两刊"对台宣传工作先进单位称号。 (王 聪)

信访工作

【概况】 2019年,新吴区贯彻落实习近平关于加强和改进人民信访工作的重要思想和重要批示,树立以人民为中心的思想,围绕"控增量、减存量、提质量、防风险"的目标,抓好各项工作落实,提升信访工作绩效,全区信访工作形势持续平稳向好。2019年,新吴区被省信访工作联席会议评为"信访工作先进单位",区信访局被无锡市委、市政府表彰为"新中国成立70周年大庆全市安保工作先进集体"。 (王 杰)

【信访渠道保障】 新吴区人民来信来访接待中心共接待来访群众688批2802人次,其中党政领导接访135批498人次。"网上信访"系统网上信访1208批1272人次,领导信箱510批564人次,来信225批322人次,其他36批36人次,人民网留言53条。新吴区形成定点接访、约谈走访、每日领导接访与网上信访、微信信访、网格信访协同发展的格局,将信访与网格"无缝接轨",努力实现让人民群众快速便捷多渠道表达信访诉求,架好党和政府密切联系群众的"连心桥"。 (王 杰)

新吴区“三官一律”进社区 （区信访中心 供稿）

督查工作

【概况】 2019年，新吴区督查室充分发挥督查“利剑”作用，确保查实情、说实话、办实事，准确反馈督查结果。深入基层有效开展各项督查工作，就污染防治专项整治、城市综合管理、经济社会发展等重点难点工作进行专项督查，既督工作落实情况，又查工作痛点堵点，确保督在点子上，查在关键处，有力推动上级和区委、区政府各项决策部署贯彻落实。同时，根据中央和省、市、区委关于基层减负工作的相关部署要求，坚持目标导向、强化源头治理，大力推进各项减负工作落地见效。高度重视人大建议、政协提案办理工作，严格执行法定程序，落实工作责任、强化跟踪督办，全力提升办理实效。（胡方习）

【督查成效】 2019年，新吴区督查室全年按时完成区主要领导就城市管理、环境卫生、教育医疗、就业保障等方面的批示督办件共46件，办理市委、市政府主要领导批示督办件共18件，其中，通过无锡市党委督查系统反馈12件，件件做到反馈及时、报送清楚准确，按时办结率100%。紧紧围绕全区生态环境保护、砂石码头整治、城市精细化管理等重点难点工作，开展专项督查并编发各类通专报9期。制定下发《无锡高新区（新吴区）2019年重点工作目标任务细化实施方案》，加强对重点工作推进情况的督查问效，推进相关工作实现年度目标任务，切实抓好全区重点工作的推进落实、见底见效。贯彻落实中央和省、市、区委关于基层减负工作的相关部署要求，专题召开基层减负工作部署会议，明确统计口径，定目标任务要求，定减负实施方案，推动文件精简、文风改进、提升会议实效等工作落实，实现全区全年印发文件数同比减幅49.26%、召开会议量同比减幅44.32%的精简目标。全年承担办理建议提案共178件，其中市级23件、区级155件，人大建议78件、政协提案100件，均实现面复率、办结率百分百的工作目标，并取得市建议提案满意率100%，区人大建议满意率98.46%、区政协提案满意率96.7%的圆满结果。 （胡方习）

政策研究

【概况】 2019年，新吴区党政办紧紧围绕全区经济社会高质量发展大局，充分发挥党委参谋助手作用，积极主动为党工委、管委会重大决策和重要工作部署提供思路与建议，圆满完成区党工委、管委会交办的各项任务。全年撰写全区会议材料、领导讲话、调研报告、工作汇报等重要文稿270余篇，其中包括区委一届八次、九次全会工作报告等一系列重要文稿。（董大鹏）

【信息辅政】 2019年，新吴区党政办紧贴中心工作、聚焦重点领域，充分发挥党政信息的渠道作用，在展示工作特色、服务领导决策、反映社情民意等方面取得明显成效。全年被无锡市采用信息887条，完成约稿215篇，在无锡市5个信息直报点中位列第二；全年被江苏省采用信息108条，其中9篇信息被省委、省政府《信息专报》采用，《建议我省抢抓机遇推进科创板“江苏板块”建设》《无锡高新区总部外企期盼优化支持总部经济发展政策》2篇信息获得省委主要领导批示，《当前居家和社区养老面临的困难问题及建议》等3篇信息被中办国办采用。2019年，新吴区政府发展研究中心围绕全区发展大局，以“强化调研，服务中心，提高素质”为目标，主动作为，勇于创新，调研成果实现新突破，服务水平得到新提高，圆满完成区党工委、管委会以及党政办全年交办的各项工作任务。2019年，起草各类文稿120余篇，其中领导讲话稿、发言稿、汇报材料等重要文稿80余篇，调研报告、政策文件等重要文件30余篇，完成《决策参考》12期，起草区政府常务会议、区长办公会议等会议纪要19篇、会议记录28篇、党政信息19篇，完成政府常务会议政务公开工作。办理锡新办通报20期，接待外地调研代表团10余批次，举办全区文稿写作培训，较好地发挥参谋助手作用，为推动全区经济社会发展做出重要的贡献。（文　明）

【发挥参谋助手作用】 2019年，新吴区发展研究中心立足新吴区经济社会发展大局，紧贴长三角一体化、国家传感网创新示范区、苏南国家自主创新示范区等国家战略，以做好前瞻性、战略性与对策性研究为宗旨，主动为党工委、管委会重大战略决策和重要工作部署提供决策思路与建议。圆满完成2019年区委一届七次、八次会议、区“两会”等主要领导讲话文稿工作。服务全区中心工作，站在全局的高度和领导的角度，完成40余篇区政府主要领导在主题教育、安全生产等全区条线工作大会上的讲话，以及在全区重大项目竣工、签约等重要活动讲话文稿起草。圆满完成区政府主要领导的文稿保障工作。（文　明）

智库建设

【概况】 2019年，新吴区通过无锡国家高新区发展研究院、江南大学硕士工作站（原江南大学无锡高新区硕士工作站）和无锡吴越文化研究中心（江苏省吴越文化研究院）等研究院所，对新吴区及无锡的宏观经济发展、智慧城市建设、人大工作开拓、孔子思想、民办教育等课题进行系统深入的研究，产生了一批研究成果。（汤卫卫）

【无锡国家高新区发展研究院】 2003年成立的无锡国家高新区发展研究院（以下简称“研究院”），时为全国第一家国家高新区决策咨询智库。2019年年初，研究院参与调研并完成了无锡市委、市政府委托的“无锡万亿GDP与经济高质量发展”重大研究课题。该课题从无锡实现万亿GDP的历史性跨越及其理性思考、无锡经济与上海等地的比较与融合、高质量发展视野下的无锡产业发展创新路径研究、无锡现代产业发展的对策思路和无锡高质量发展与人力资源开发研究5个方面进行了全面而深入的研究。该课题报告得到市委市政府领导的高度重视，市长黄钦还专门将这批报告批示给市有关部门借鉴和采用。2019年9月，研究院参与承担了市政府下达的《智慧城市框架下大数据融合机制的研究》课题，并取得了中期研究成果。研究院还参与组织无锡和无锡高新区纪念改革开放40年大型研讨征文活动，收到应征研究论文、调研报告和各种体裁的文章300篇，后精心编出70余篇，以《无锡“小上海”经济崛起的轨迹——纪念无锡经济改革开放40年兼论无锡万亿GDP与经济高质量发展》为书名，由新华出版社公开出版（2019年7月）。（汤卫卫　江南平）

【江南大学硕士工作站】 江南大学硕士工作站原为江南大学无锡高新区硕士工作站，后升格为江苏省研究生工作站（以下简称“硕士工作站”）。2019年，硕士工作站共接受了江南大学马克思主义学院、人文学院、商学院3批硕士研究生和大学生20余人。这几批研究生和大学生进站后，在江南大学有关校院领导和无锡高新区及高新区发展研究院有关领导专家的指导下，参与完成了无锡高新区（新吴区）有关经济高质量发展的重点课题研究和《新吴年鉴(2019)》的编撰工作；协助编辑出版由无锡市经济学会和无锡国家高新区发展研究院主办的《决策咨询要报》和由全国开发区人大研究会主办的《开发区人大要报》；参与长三角区域性、综合性刊物《江南风》杂志的采编工作。部分研究生和大学生参与了孔子教育思想与民办教育家汤有祥办学实践的学术活动，并撰写了《我国民办教育发展的一面旗帜——访浙江省安吉上墅教育集团董事长汤有祥》等文章，在有关报刊上公开发表。（严九媛　陈丹丹　汤卫卫）

【无锡吴越文化研究中心（江苏省吴越文化研究院）】 2019年，由无锡高新区与江南大学共建的无锡吴越文化研究中心（江苏省吴越文化研究院）（以下简称研究中心（院）），组织南京、苏州、常州、杭州、湖州、无锡等城市的专家学者专题研讨孔子教育思想与民办教育家汤有祥教育实践活动。研究中心（院）参与组织了纪念新四军江抗东进80周年系列活动，包括系列活动的前期策划和筹备等事项。（汤卫卫　江南平）

人才与人事管理

【概况】 2019年，新吴区出台《2019年高新区科技领军人才创业项目评审及管理工作方案》，认定区领军人才创业项目32个，全区科技创业领军人才企业实现销售收入超150亿元、缴纳税款超4.5亿元。国家、省级人才项目培育良好。3人入围国家重大人才工程B类专家，占全市的50%；1人入选科技部创新创业人才，占全市1/3；7名人才入围科技部创新人才推进计划答辩，占全市的87.5%；6人顺利入选“双创计划”博士，入围数全市第一。持续推进“太湖人才计划”，全区认定市创新创业领军人才团队19个，位居全市第一。新吴区选手在第四届无锡技能精英大赛中斩获“1金、1银、8铜”的佳绩。（曹　棒　安　乐　宋伟红）

【人才服务】 围绕人才战略主线，深入实施无锡市“太湖人才计划”升级版2.0和高新区“飞凤人才计划”，全区新增人才总量达12735人，主要人才发展指标增量位居全市前列。新增设立澳洲人才工作站，进一步规范海外工作站管理，出台《无锡高新区（新吴区）海外人才工作站管理考核办法》。指导企业扩大博士后招收规模，全年兑现市、区两级博站奖励补贴70万元。成功举办第五届“世界500强专家辅导计划”品牌培训活动，累计培训3200余人次，服务企业1800家次。积极开展春、秋季校招，奔赴全国14个城市的40余所高校开展招才引智活动，提供岗位3900余个。全面提升中高级人力资源配置服务水平，举办SK海力士集团专场等6场中高级人才交流会，提供各类中高级专业技术和管理岗位1100个。新增高技能人才4114人，其中技师和高级技师207人。成功举办第三届新吴区职工职业技能大赛，选拔6名优秀选手参加第四届无锡市技能精英大赛。以“才聚高新，智汇新吴”为题亮相2019年高层次人才创新创业无锡交流大会--创新创业成果展洽会，全方位展现高新区发展成果。出台《新吴区人力资源工作服务高质量发展行动方案》《新吴区人力资源服务机构综合评价指标》，建立“人力资源主动服务高质量发展”和“人力资源服务机构评优评级”两项机制。（王学用　储　霞　宋伟红）

【人事管理】 区人社局积极做好机构改革人员转隶调整工作，共调整17个部门、21个行政科室、14家事业单位行政事业（含编外）人员108人。稳步推进事业单位公开招聘工作，共招聘事业单位人员69人。指导配合教育局、民政卫健局和科技职业学院做好医疗和教育人员的招聘。全面做好事业单位岗位设置和聘用工作，全年区级事业单位设置变更26家，设置岗位949个。做好工资补贴审批工作。做好新招聘人员试用期工资和转正工资审核，审批转正工资298人。做好国标工资调整工作，完成全区机关事业单位工作人员的基本工资调整。（华　健）

政务信息公开

【概况】 2019年，新吴区政府认真贯彻《条例》要求，坚持以公开为常态、不公开为例外，遵循公正、公平、合法、便民的原则，建设法治政府，高质量推进政府信息公开工作，保障了公民、法人和其他组织依法获取政府信息。加强信息资源管理，严格保密审查，除涉及国家秘密和依法受到保护的商业秘密、个人隐私等信息外，其他信息均如实及时公开，建立健全信息发布保密审查机制。发挥了政府信息对人民群众生产、生活和经济社会活动的服务作用。（周学武）

【新《条例》教育培训】 在科技商务中心和行政服务中心大厅门口设置标语，宣传新《条例》。组织人员参加全省党委政府新闻发言人培训班、全省政府信息公开专题培训讲座、无锡市党委政府新闻发言人培训班、无锡市政府信息公开工作培训班，切实掌握新《条例》精神。（周学武）

【信息公开】 无锡高新区管委会、新吴区人民政府网站共转载、整理、编辑、发布各类信息3173条，其中信息公开目录信息1825条，政务动态信息1313条，概况类信息35条。发布解读信息59条，回应公众关注热点或重大舆情12次。“无锡新吴在线（微博）”发布信息1170条，“无锡高新区在线（微信）”发布信息610条。“无锡市新吴区行政许可和行政处罚等信用信息公示专栏”公开行政许可信息72460条，公开行政处罚信息3823条。（周学武）

【依申请公开办理】 新吴区政府及各部门受理政府信息公开申请共187件。其中区政府18件、区发改委7件、区人社局1件、区住建局32件、区城管局3件、区农业农村局1件、区商务局1件、区应急管理局2件、区行政审批局2件、区市场监管局13件、区自然资源规划分局63件、区生态环境局3件，空港经开区1件、旺庄街道24件、江溪街道13件、梅村街道2件、新安街道1件。共引发16件政府信息公开行政复议、10件政府信息公开行政诉讼。（周学武）

【信息公开平台建设】 在无锡高新区管委会、新吴区人民政府网站设置“政府信息公开专栏”，同时下设“信息公开指南”“信息公开制度”“信息公开目录”“信息公开年报”“依申请公开”等二级栏目，加强群众办事和企业办事栏目规范化、标准化建设水平，为企业群众办事提供便捷的服务途径。优化网站服务栏目，拓展门户网站内容，链接江苏政务服务网、智慧教育云平台、高新区（新吴区）图书馆等专题，转载《无锡日报》、无锡高新区在线、科创新吴等文字及视频信息，不断拓宽宣传和公开渠道。规范全区政府系统政务新媒体建设和管理，全区共保留41个政务新媒体，运维工作总体规范有序。（周学武）

【信息公开监督保障】 将政府信息公开工作纳入全区高质量发展考核，确保各部门、各街道切实履行政务公开主体责任。明确“因部门（单位）原因造成区政府在信息公开类行政复议、行政诉讼中败诉的，每例扣0.1分。部门不履行政务公开法定义务，被投诉、举报核实的，每例扣0.1分。区政府网站、政务新媒体在国务院办公厅、省政府办公厅和市政府办公室季度巡查中，被判定为不合格的，栏目保障单位、政务新媒体主办单位每例扣0.1分”。（周学武）

机关事务管理

【概况】 2019年，在机关事务管理方面牢固树立法治意识和法治思维，深入贯彻落实《机关事务管理条例》《江苏省机关事务管理办法》《无锡市机关事务管理办法》,坚持依法保障、依法管理、依法指导,做好公务用车管理、办公用房管理、公共机构节能、机关后勤保障等各项任务。（汤　燕）

【公务用车管理】 深入学习《党政机关公务用车管理办法》,梳理区公务用车管理制度。制定出台《新吴区区级机关公务用车派驻管理办法(暂行)》,严格落实主体责任,规范新吴区派驻车辆管理工作。逐步完善车辆编制管理、更新配备、报废处置等相关配套机制。巩固党政机关公务用车制度改革成果,全面实现规范化、平台化、信息化和标识化管理,完善公务用车管理平台功能,将党政机关、事业单位公务用车统一纳入平台管理,根据公务用车集中管理跨部门调度使用的要求,进一步加强对各部门使用平台调派车辆的监督管理。全年公务用车保障任务4000余次,安全行车无事故。（汤　燕）

【办公用房管理】 深入学习党政机关办公用房管理领域的法律法规和规范性文件,提高政策理论水平,建立健全办公用房资产台账,开展党政机关办公用房督查整治,下发整改通知书,切实督促整改,抓好办公用房管理制度和规定的落实。建立健全办公用房管理监督体系,完善管理档案,将办公用房资产信息、使用变更、闲置处置等全部纳入办公用房智能图形管理平台,实现办公用房的信息化管理。根据办公用房集中统一管理原则,确定相关执法部门统一进驻交大联云大楼,税务部门置换办公用房进驻新发汇融广场,且严格按标准核定办公用房面积的基础上,同相关部门积极对接沟通,研究确定入驻的布局方案。完成无锡市公安局新吴分局交警大队搬迁及执法办案中心建设项目设计平面布置图审核工作。（汤　燕）

【公共机构节能】 健全节能组织管理体系,认真开展"公共机构节能宣传周"系列活动,着力宣传绿色发展理念,着力宣传党政机关在生态文明建设中的表率作用,着力宣传公共机构节能成就和节能示范单位的典型事例,着力宣传垃圾分类公共机构率先行动的做法和经验,以实际行动引领全区人民关心生态环境,参与节能降耗和环境保护。做好党政机关垃圾分类工作。深入学习贯彻习近平关于推行垃圾分类的重要批示精神,认真落实《垃圾分类——公共机构率先行动方案》(锡委办发〔2017〕52号),通过张贴宣传海报、编印垃圾分类手册、开展垃圾分类大讨论等形式营造良好的垃圾分类社会氛围。严格按照《方案》七大行动要求,推行绿色办公,全区各级公共机构于2019年6月底完成了"四分三化"要求的垃圾分类工作。做好2019年公共机构节能示范单位创建工作,做好资料收集归档工作。对创建示范单位工作中形成的材料、资料、声像图片等,及时进行收集、整理,形成创建示范单位资料集归档做好申报工作。（汤　燕）

【机关后勤服务保障】 围绕做好服务保障这条工作主线,把机关运转高效、干部职工满意,摆在想问题、做决策、办事情的首要位置。增强服务工作的主动性和针对性,丰富服务内容,提升服务效能。加强安全管理,在用电、用水、用气等设备使用中采取了定岗、定人、定记录,落实到位,联合燃气公司、消防大队、总公司以及物业对机关食堂各类设施设备进行不定期抽查并即时整改。加强食品安全监督,制定透明定价制度,供应商定期报价并由财务备案。对价格连续上涨的原材料,要求供应商以三天成交单做凭证并写情况说明作为涨价依据留档,做到有据可查。充分利用信息化手段,对食堂一卡通系统进行升级改造,实现对部门用卡的规范化管理。切实做好机关安全保障工作,积极参与完成了两会""科技人才交流大会""中国高新区国际马拉松赛""世界物联网博览会"等大项会议活动的安保工作。开展大小各类维修工程3000余次,加大对会议室硬件设施的改造,淘汰落后、老化硬件,完成电视电话会议室投影、音响系统改造升级、机关大楼顶层防水改造、电梯整体维保、空调泵房维修等工程,顺利完成科技商务中心省级物业示范项目考核验收工作。（汤　燕）

综述

2019 年是人民政协成立 70 周年。政协新吴区委员会把坚持和发展中国特色社会主义作为巩固共同思想政治基础的主轴，把服务奋力推动全区高质量发展迈上新台阶作为工作主线，把加强思想政治引领、广泛凝聚共识作为中心环节，围绕区委中心工作任务，充分发挥人民政协专门协商机构作用，为建设“强富美高”新吴区贡献力量。

全年共召开常委会议 4 次、主席会议 12 次。开展区政协系统“不忘初心、牢记使命”党建系列活动，用专家宣讲、委员培训、结对帮扶等多种形式以及 13 项具体活动巩固提升政协系统党建成果。推进政协制度化建设，制定《关于加强新时代区政协系统党建工作实施意见》，厘清区政协党组、政协机关党支部、街道委员联系小组履职党支部工作职责。落实党组工作条例，制定《区政协党组议事规则》。着眼增强委员归属感，出台《区政协中共党员联系党外委员办法》。基层政协系统党建理论研究取得新突破，撰写《凝聚新时代政协系统党建工作新合力》党建论文，入编省政协纪念人民政协成立 70 周年论文集。全年共组织召开重点专题协商会 2 次，听取通报、对口协商 4 次，开展各类调研视察 22 次，推动各类民主监督活动 12 次。（万　杰）

重要会议

【政协新吴区第一届委员会第四次会议】 1 月 16——18 日，政协新吴区第一届委员会四次会议举行。出席大会的区政协委员应到 196 名，实到 189 名。中共新吴区委、区人大常委会、区政府全体领导，区人民法院院长、区人民检察院检察长，区机关各部门、直属单位主要负责人，区委各直属党组织书记，在区的全国、省、市政协委员列席大会开幕式。会议首次以大组讨论丰富建言资政方式。会议期间，委员们听取并讨论新吴区委书记王进健代表中共新吴区委所作的重要讲话，听取并审议区政协常委会工作报告和提案工作情况报告；列席区一届人大四次会议，听取并讨论区政府工作报告和其他报告；听取提案初步审查情况报告，审议通过区政协一届四次会议决议。会议期间，收到委员提案 114 件，立案 96 件。会议增补选举王磊、刘淑湘、池京星、余焱、唐鹏、阙尧尧、潘涛为常务委员。（万　杰）

政协新吴区第一届委员会第四次会议现场

（宗晓东　摄）

【区一届政协常委会】 3 月 28 日，区一届政协举行第十一次常委会议，集中学习贯彻全国“两会”精神，协商通过区政协 2019 年工作要点、工作计划和协商计划，协商通过《2019 年“同心共筑新吴梦、助力发展我建功”主题活动实施意见》。会议指出，要争做崇尚学习、崇尚创新、崇尚团结的模范和榜样，鲜明树立质量导向，团结广大政协委员尽心履职，在政治引领上体现高质量，在资政建言上体现高质量，在倾听民声、反映民意上体现高质量，多建务实之言，多谋发展之策，共同为新吴区争当高质量发展领跑者做出新贡献，以优异成绩庆祝新中国和人民政协成立70周年。

8月7日，区一届政协举行第十二次常委会议，听取区政府通报2019年上半年经济社会发展情况，传达学习省、市、区委全会精神。会议指出，全区各级政协组织和广大政协委员要以习近平新时代中国特色社会主义思想为指导，持续深入学习贯彻习近平关于加强和改进人民政协工作的重要思想，从人民政协70年走过的光辉历程中汲取智慧和力量，真正严起来、紧起来、动起来，以更严标准做好政协系统党建工作，以更高质量提升履职实效，以更高境界改进工作作风，为推动人民政协制度更加成熟更加定型、发挥好专门协商机构作用作出地方政协应有的贡献，为服务新吴区经济社会高质量发展提供更大的助力。

10月16日，区一届政协举行第十三次常委会议，是区政协首次专题议政性常委会，主题为“加快服务业发展”。听取区发改委关于全区服务业发展情况的通报、区政协经济科技和农业农村委关于专题调研情况的汇报。各民主党派、无党派知识分子联谊会、工商联等代表就生活服务业、技术服务业、金融服务业、体育服务业等多个方面进行建言资政。会议指出，要深刻认识新形势下“三生融合”的内在逻辑，积极营造氛围共同关注服务业发展。建议政府更多借鉴先进地区经验做法，寻找发展新路径，在体制机制的完善和创新上下功夫，扬长避短，进一步推动新吴区服务业高质量发展。

12月20日，区一届政协举行第十四次常委会议，听取区政府关于2019年政协提案办理情况的通报，协商通过有关人事事项。协商通过区政协一届五次会议议程(草案)、区政协一届五次会议日程安排(草案)、区政协一届五次会议秘书处及各组成员建议名单、区政协常务委员会工作报告、区政协常务委员会提案工作报告。协商通过关于召开政协新吴区第一届委员会第五次会议的决定。

(万　杰)

参政议政

【纾困民营经济专题协商会】 2019年8月9日，新吴区政协举行“纾困民营经济，释放内生动力”主席会议专题协商会议。会议听取了区工信局、区法院、区税务局、新投集团、招商银行梅村支行关于支持民营经济发展方面的工作和举措情况通报。与会代表就化解法律风险助推民企发展、吸引科技创新型人才、破解民营中小企业发展瓶颈、加快新吴民营经济发展、建设创新资源共享平台等方面进行建言资政。会议指出，区各级各部门要统筹考虑委员意见建议，进一步集中抓好工业集中区提档升级，区街联动进行老旧厂房改造，提升工业集中区的营商环境；要全力纾解民企融资难问题；要通过完善“一站式”服务中心等措施加快实施科技与人才政策；要主动融入数字经济、物联网、智能制造等新兴产业大潮，以民营企业的高质量发展带动全区的高质量发展。 (万　杰)

【提案协商会议】 11月18日，区政协召开首次区委主要领导领衔督办提案协商会议，围绕“大运河文化带新吴段建设”专题，听取区政协一届四次会议第33号提案办理情况。市政府副市长、高新区党工委书记、新吴区委书记王进健出席并讲话。会议指出，提案是人民政协和政协委员参政议政、履行职能的一种重要形式，政府职能部门办理政协委员提案是主动接受政协民主监督的有效形式，职能部门要增强主动接受监督的意识，增强责任感、使命感，要把委员提案办理工作作为完善思路、改进工作、提高政府行政效率的重要途径和手段，要通过提案办理来推动重点片区、重大项目的建设和重点民生问题的改善。 (万　杰)

【提案工作】 2019年，新吴区政协共收到提案114件，其中委员个人提案90件、联名提案8件、集体提案16件。经审查立案96件，立案率为84.2%，交请政府办理提案90件，由20个承办单位办理，内容涵盖了全区经济科技发展、城建城管环境保护、文化教育卫生体育、人民生活及其他方面。办复率为100%，已经解决或采纳的提案共48件，占办理提案总数的53.3%；正在解决、列入计划逐步解决或拟采纳的提案共35件，占办理提案总数的38.9%；短期内难以解决和采纳、留作参考的提案共7件，占办理提案总数的7.8%。 (万　杰)

民主监督

【社情民意】 2019年，新吴区政协结合政协委员“双联三进”大走访活动、发挥“有事好商量”协商议事室平台作用，广泛收集反映社情民意。全年组织召开社情民意座谈会18次，报送社情民意信息87条。其中，《建议我省从四个方面推进集成电路产业向高端化发展》被省委办公厅信息处录用。上报市政协15条社情民意，被录用并转呈市政府相关部门阅处6条，其中《关于在我市高速服务区推广应用物联网智能售药系统的建议》，推动了《无锡市自动售药机销售非处方药管理规定(试行)》的出台。 (万　杰)

【“有事好商量”协商议事室】 2019年，新吴区政协在区、街、园区、社区建成15个“有事好商量”协商议事室，制定《新吴区“有事好商量”协商议事室民主议事指导规则(试行)》，形成区、街道、社区三级联动协商议事平

区级“有事好商量”协商议事室揭牌（万　杰　摄）

台体系。“有事好商量”协商议事室实行委员轮值机制，结合“双联三进”大走访活动，广泛收集社情民意，经过筛选整合产生协商议题，开展多层次的协商议政。区各职能部门参与协商议事室协商，听取委员和居民意见，共同推动了鸿山街道交通系统优化、梅村微公交服务提档、鸿泰苑五区充电桩安装等一批民生实事的解决，协商议事室成为推动政协协商与基层协商有效衔接的重要平台。　（万　杰）

委员工作

【调研视察】 2019年，新吴区政协完成重点调研课题6个，一般性调研课题22个，评选优秀调研报告16篇。其中，“大运河文化带建设”调研成果转化为委员提案，助推新吴“小外滩”的建设。“街道工业集中区提档升级”调研成果呼应区委、区政府召开的专题会议精神。优化科创生态环境、推动养老服务高质量发展、提升社区治理能力现代化水平等一批高质量调研成果，通过专题协商、委员提案、大会发言等形式得到转化。　（万　杰）

新吴区夜景

综述

【概况】 2019年，新吴区纪检监察机关深入学习贯彻习近平新时代中国特色社会主义思想，扎实开展“不忘初心、牢记使命”主题教育，忠实履行党章和宪法赋予的职责。全年立案查处各类违纪违法案件135件；查处发生在基层和群众身边不正之风和腐败问题50个，查处54人；查处违反中央八项规定精神问题19个，查处21人，通报曝光15起。全年开展3轮巡察，发现问题812个，移交问题线索30条。省委巡视反馈问题整改，通过省纪委监委十一室专项督查。（纪委监委）

【新吴区监委第一届特约监察员上岗】 2019年10月12日，新吴区监察委员会第一届特约监察员聘任会议召开，9名特约监察员接受聘请正式上岗。高新区党工委委员、纪工委书记、新吴区委常委、纪委书记、监委主任焦夕莲出席会议并为特约监察员颁发聘书。会上宣布《新吴区监察委员会关于聘请万志强等同志为区监委特约监察员的通知》，受聘的9位特约监察员分别从科技、法律、文化、教育等领域中优选产生，既有人大代表、政协委员、民主党派人士，也有来自一线的传媒工作者、教育工作者以及法律专业人士。（纪委监委）

【纪检监察体制改革】 2019年，围绕打好“三大攻坚战”实施纪律保障行动，牵头开展扶贫及农村集体“三资”管理领域腐败和作风问题专项治理，查处违纪问题9起，给予党纪政务处分4人，通报曝光3次3人。加强对污染防治平台推广运用的监督，处置预警33个，约谈3人；落实长江经济带生态环境问题整治要求，对部分管网建设和雨污分流改造工程推进情况开展专项检查。（纪委监委）

【政治监督服务保障】 2019年，新吴区围绕防范化解重大金融风险，推动完善升级新吴区地方政府隐性债务综合监管系统，为省纪委监委打造地方政府隐性债务综合监管系统提供“新吴样板”。部署开展人防系统专项治理、减税降费落实情况专项督查，全面开展城市安全集中整治监督，对责任落实不力行为进行问责。协助区委制发从严治党“五张清单”，推动主体责任和监督责任落实。（纪委监委）

重要会议

【区纪委一届四次全会】 2月20日，中共无锡市新吴区第一届纪律检查委员会举行第四次全体会议，认真学习领会习近平在十九届中央纪委三次全会上的重要讲话精神，结合贯彻落实中央纪委三次全会、省纪委四次全会、市纪委四次全会要求，总结工作，分析形势，部署2019年全区党风廉政建设和反腐败任务。市政府副市长、高新区党工委书记、新吴区委书记王进健到会讲话，并与各园区街道党工委主要负责同志签订了党风廉政建设责任书。高新区党工委委员、纪工委书记、新吴区委常委、纪委书记、监委主任焦夕莲主持会议并作工作报告。（纪委监委）

区纪委一届四次全会会议现场 （纪委监委 供稿）

【全区领导干部警示教育大会】 6月13日，新吴区召开全区领导干部警示教育大会。市政府副市长、高新区党工委书记、新吴区委书记王进健出席会议并授廉政党课，王进健在廉政党课中强调，全区广大党员干部特别是领导干部要以案为戒。进一步增强拒腐防变的自觉性、坚定性，永葆共产党人清正廉洁的政治本色。高新区党工委副书记、管委会主任、新吴区委副书记、区长封晓春主持会议。300余人与会者观看由区纪委监委制作的警示教育片《褪色的人生》。该片深度剖析了新吴区2018年查处的3起违纪违法典型案例，通过揭示违纪违法者理想信念滑坡、宗旨意识淡薄、廉洁防线失守的心路历程，教育广大党员领导干部自觉调整人生和事业的坐标，干干净净做人、清清白白做事。 （纪委监委）

【廉政文化宣传教育主题月活动】 新吴区连续第六年开展"新风清语"廉政文化宣传教育主题月活动，制作廉政文创产品2050份。组织钱氏故居申报省级廉政文化基地，VR廉政文化馆申报省级廉政文化示范点，泰伯尚德倡廉教育基地接受复查。组织开展提任（调任）区管干部廉政知识测试7次，130位新提任（调任）区管干部参加。5月8日，第六届"新风清语"廉政文化宣传教育主题月启动活动暨江溪街道"传清风承正气"主题文化活动开幕仪式在新吴区青少年活动中心金色大厅举行。 （纪委监委）

"新风清语"主题活动现场 （纪委监委 供稿）

巡察工作

【概况】 2019年，新吴区委开展国企巡察专场、村（社区）巡察专场、常规巡察等3轮巡察。巡察区级机关部门1个、群团组织3个、区直属事业单位2个、国有企业7家及52个村（社区）。对全区中小学（幼儿园）开展专项巡察、对江溪街道开展提级巡察。通过巡察推动立案32人，党纪政纪处分31人，采取留置措施1人。 （纪委监委）

【监察体制改革】 2019年，深化基层监察体制改革，探索派出监察员办公室与村（居）务监督委员会协同监督、与村级巡察联动监督工作机制，共开展监督检查138次，立案26个、处分9人。稳妥推进国有企业纪检监察体制改革，出台《关于推进区属国有企业纪检监察体制改革的实施方案》，调整完善区属国有企业纪检监察机构设置。 （纪委监委）

【巡查整改】 推进巡察整改质效评估，对8家符合要求的已巡察单位进行整改情况评估督查，指出问题48个，下发立行立改通知3份。 （纪委监委）

监督执纪

【"四风"查纠】 2019年，新吴区委开展作风建设专项检查51次，提出整改建议14条。查处违反中央八项规定精神问题19个，查处21人，通报曝光15起。盯牢重点领域、关键环节，坚持日常监督和专项治理相结合，开展公务油卡专项治理，进一步规范领导干部办理婚丧喜庆事宜，严查领导干部利用名贵特产、特殊资源谋取私利问题。集中整治形式主义、官僚主义，查处问题8个，查处8人。 （纪委监委）

【群众身边腐败和作风问题整治】 2019年，新吴区委查处群众身边不正之风和腐败问题50个，查处54人，通报曝光8起。督促推动各项惠民政策落地见效，持续深化扶贫领域腐败和作风问题等专项治理，利用"阳光扶贫+"监管平台，对系统建档立卡户存疑信息开展核查。开展"尊老金"违规超发问题专项核查。深挖彻查涉黑涉恶腐败和"保护伞"，把扫黑除恶同基层"拍蝇"结合起来。 （纪委监委）

【执纪审查】 2019年，全年立案各类违纪违法案件135件，立案增幅35%。全年累计采取留置措施8人，给予142人党纪政务处分，其中乡科级干部9人、一般干部45人，给予开除党籍26人，行政开除8人，移送司法机关8人。科学运用监督执纪"四种形态"，第一种形态占比65%。党委主要负责人谈话206人次，谈话函询转初核100件。精准有力实施问责，党内问责干部17人，问责党组织14个。对近五年来全区党政纪处分决定执行情况进行"拉网式"专项检查。强化信访监督，推进检举举报平台建设，受理信访举报236件次。 （纪委监委）

中国国民党革命委员会新吴区基层委员会

【概况】 2019年,民革新吴区基层委员会下设3个支部,有党员56人,其中具有中高级以上职称35人,硕士以上学历5人,市人大代表1人,市政协委员1人,区政协委员10人。（王 聪）

【参政议政】 民革党员张安红完成《打通政策落地的最后一公里信息报告》的调研报告,党员孙道英完成《关于企业安全意识的建议》的提案,党员戴瑞兵完成了《关于增加中小学男性教师比例的建议》的提案,党员刘星完成《关于提高古建筑消防安全水平的建议》的提案。二支部主委俞知明撰写的《建议完善我国"一带一路"口岸发展》信息被中共江苏省委采用。（王 聪）

【组织建设】 2019年,民革新吴区基层委员会新发展2名党员,进一步加强基层组织建设,持续开展争先创优,推进示范支部创建。年内基层组织开展了10余次主题鲜明、内容丰富、形式多样的活动,基层二支部与沈阳浑南区总支部结为友好支部,加强了与兄弟地方基层组织的互动交流。（王 聪）

【社会服务】 2019年,新吴民革开展"无锡特教中心的志愿者服务""为一线环卫工人送夏日清凉""泰伯花苑第三社区亲子互动"等社会服务活动10余次。各支部响应民革中央,省委会和市委会的扶贫号召,积极参与扶贫帮困工作,党员孙波到乐咪营村实地考察帮扶。（王 聪）

中国民主同盟新吴区基层委员会

【概况】 民盟新吴区基层委员会,下设4个支部,有盟员101人,盟员一半以上拥有高级职称。其中,市人大代表2人,区政协委员14人。（王 聪）

【参政议政】 2019年,民盟新吴区委领导班子围绕现代服务业开展主题调研,就加快新吴区技术型服务业发展的建议参加区政协"民主协商会";梁鸿支部围绕"农业一二三产业融合"主题,完成调研报告《促进农村一二三产业融合,积极发展"农业+"新业态》;太科园支部围绕"科技、创新"主题,调研视察智慧体育产业、清盛电力电子科技园、NTT DATA(中国)信息技术有限公司,完成《大数据模式下无锡社会治理问题的研究》《关于加快新吴区技术型服务业发展的建议》2篇调研报告。（王 聪）

【组织建设】 2019年,民盟新吴区委新发展6名盟员。6月底,完成了新吴区民盟之家建设,民盟之家成为新吴区第一个区级民主党派之家,为加强盟员之间的组织凝聚力,促进盟员思想建设、盟员参政履职、展示盟务工作成果、提升盟务工作水平搭建了平台。（王 聪）

【社会服务】 2019年,民盟新吴区委积极推进"同心"实践基地活动和"盟动"系列品牌活动,凝心聚力,鼓励盟员积极参与和奉献爱心。累计举办"迎新春制春联送吉祥""亲子名著阅读""炎炎夏日,画画团扇"等活动9次,"盟动心灵"关爱心智障碍儿童活动已连续开展2年,"盟动成长,爱系全椒"助学行动延续至今已四年,累计资助贫困学生34人次,累计资助金额38200元。（王 聪）

中国民主建国会新吴区基层委员会

【概况】 民建新吴区基层委员会,下设4个支部,有会员74人,在职会员平均年龄44岁,本科以上学历75%,省政协委员1名,市人大代表3名,市政协委员3名,区政协委员8名。（王 聪）

【参政议政】 2019年,民建新吴区委共有27篇社情民意被录用,其中超半数被民建中央、民建省委、中共江苏省委统战部等录用。会员冼薇就《内外兼修双翼发力,从中美贸易摩擦中寻找无锡高质量发展新动能》在市政协十四届三次会议大组专题讨论会上发言，把发展一线的声音带到了两会现场。会员王志刚参加首次由新吴区委主要领导领衔督办提案协商会议，提出《打造新吴“小外滩”》的建议。会员吴美燕的《习近平发表新年贺词，基层干部反响强烈》被国家级简报录用，《谨防脱贫又返贫，打赢稳定脱贫攻坚战》被省级简报录用，《建议重视物流企业出现“经营新模式”》被中共江苏省委、省政协的刊物录用。（王　聪）

【组织建设】 2019年，民建新吴区委新发展5名会员。基层委员会进一步健全议事规则和决策程序，将优秀会员纳入基层委员会主任扩大会议，推进议事决策的科学化、程序化、规范化和制度化。推荐骨干会员参加各类区级、市级的培训进修班，强化在经济形势、产业发展、参政议政能力等方面的培训，提高理论水平和业务能力。（王　聪）

【社会服务】 2019年，民建新吴区委会员段涛为无锡市爱心车队开发的应急定位软件已连续提供技术支持3年，为车队成员温暖传递提供技术保障。开发的民建e家系统受到了民建中央、民建省委的高度肯定，并在多个地区进行推广。开展产业工人技能提升服务进社区系列活动，为产业工人开展工业机器人培训，帮助他们进一步提升专业技能和知识储备，实现更高质量和更充分就业。三支部、四支部的会员们组成志愿者队伍，多次到结对共建的中关村软件园提供志愿者服务。（王　聪）

中国民主促进会新吴区基层委员会

【概况】 民进新吴区基层委员会，下设4个支部，有会员68人，其中，市政协常委1名，区人大代表3名，区政协委员8名。（王　聪）

【参政议政】 2019年，民进新吴区委会员撰写报送的社情民意共49条，其中1条被中央录用，29条被中共江苏省委录用，3条被省委简报录用。活动宣传报道方面，1篇被团结报头版发表，1篇团结网发表。《机构改革背景下的政府食品安全监管能力建设》《打造区域教育高地，助推新吴产城融合发展》《加强园区生态环境体系建设，优化产城融合基础功能》3个调研课题完成调研报告逐步实现成果转化。（王　聪）

【组织建设】 2019年，民进新吴区委新发展了4位中青年人才入会，为组织增强了中坚力量。会务组织工作井然有序。基委定期召开例会研究工作，通报情况，解决问题。组织活动做到有计划、有方案、有宣传。（王　聪）

【社会服务】 2019年，民进新吴区委与新吴区教育局紧密合作，联合无锡民进锡师附小支部在无锡市新安实验小学开展第六次“新素养、新课堂、新样态”区内助教送教活动，继续开展旺庄敬老院“送亲情、送温暖、送欢乐三送活动”，新增“携手新时代共话夕阳情”助老服务志愿者活动，把“三送”活动开展得更深入。与旺庄街道春潮园第三社区合作，开展第七期4场暑期“清风”志愿服务品牌服务活动，为社区的孩子们带去知识和欢乐。（王　聪）

中国农工民主党新吴区基层委员会

【概况】 农工党新吴区基层委员会，下设3个支部，现有党员64人。其中，区政协委员8人，区人大代表1人，市政协委员2人，市人大代表1人。（王　聪）

【参政议政】 2019年，农工党新吴区委认真履行参政议政、民主监督的职能，报送的多篇社情民意被市、省、国家级相关部门采纳。其中杨骏宇的《建议警惕结合疫苗中载体蛋白超免安全性问题》被江苏省政协采纳，庞正方的《环境保护“强监管”时代也应重视环保设施安全问题》成为市特供信息并被农工省委采纳。（王　聪）

【组织建设】 2019年，农工党新吴区委新发展5名党员。继2018年建成一支部农工之家后，2019年又建成了二支部农工之家。抓好线上线下两个“家”的建设，以微信群为党员互动沟通渠道，建立了微信群值班制度，加强组织建设，提升团队凝聚力。（王　聪）

【社会服务】 2019年，农工党新吴区委依托界别优势，积极开展面向社会的服务，多次到学校、社区对教师和社区居民进行心肺复苏等基本急救知识培训。打造“阳光助学”品牌资助贫困学子项目，关爱帮助一批家庭困难品学兼优的新吴区学子，让他们能更好地完成学业。联合硕放街道香楠佳苑社区开展糖尿病防治误区健康讲座、“共聚共建共享”端午节联谊、广场公益理疗等多项服务活动。（王　聪）

中国致公党新吴区基层委员会

【概况】 致公党新吴区基层委员会，下设5个支部，现有党员101人，92%以上党员具有本科及以上学历。其中，省人大代表1人，区政协委员9人，区人大代表3人。（王　聪）

【参政议政】 2019年，致公党新吴区委坚持在建言献策和凝聚共识上双向发力，主委余焱《关于做强新瑞医院品牌的建议》的提案被评为区政协优秀提案。积极组织党派内的政协委员走访调研社区活动，组织基层委员会骨干参加党员座谈会、参观党员新型产业，持续为党派建言献策储备力量。（王　聪）

【组织建设】 2019年，致公党新吴区委新发展6名党员。积极组织二支部四支部主委参加省委学习班，进行基层支部主委轮训活动，要求基层委员会干部及各支部主委等加强学习，切实提高基层委员会组织建设水平。（王　聪）

【社会服务】 2019年，致公党新吴区委与结对社区联合开展“牙科医疗服务送社区送下乡”“建功新时代，续写新篇章”庆祝新中国成立70周年活动。举办“奉献爱心，侨海报国，庆祝新中国70周年——关心关爱自闭症儿童”等活动。（王　聪）

九三学社新吴区基层委员会

【概况】 九三学社新吴区基层委员会成立于2013年12月，有社员59人，高级职称11名，硕士学位15人。其中，区政协委员9人，市人大代表1人。（王　聪）

【参政议政】 2019年，九三学社新吴区委完成《关于拆迁安置房升级改造的意见和建议》《关于新吴区优化发展智能制造调研报告》《关于建设新吴区太科园新中心》3篇调研报告。完成《关于积极发展新吴区民营经济》《关于加快新吴区跨境电商产业发展的建议》的专题发言以及《无锡高新区太科园片区产城融合调研报告》专题协商调研报告，王学用主委向第12届江苏“九三论坛”提交《关于以高层次人才引领江苏省新兴产业发展》的论文，入选报告集并代表新吴委员会参加论坛。（王　聪）

【组织建设】 2019年，九三学社新吴区委新发展5名社员。2019年，荣获“宣传工作先进集体”，“社省委第七届委员会组织建设优秀基层组织”，丁婧社员荣获2019年度社省委参政议政先进个人。（王　聪）

【社会服务】 2019年，九三学社新吴区委开展3次法律咨询公益服务，1次“法律在我身边”法律宣讲进企业活动。以新安花苑第三社区同心基地共建为平台，借力外资企业公益基金和专业社会组织，开展社区服务，全年开展社会服务活动6次，举办1次“国际科学和平周”主题活动。在新安街道困难社区群众慈善帮扶公益活动中结对帮扶2个困难家庭。（王　聪）

新吴区工商业联合会

【无锡新吴区工商联（总商会）一届四次执委会】 3月1日，无锡新吴区工商联（总商会）一届四次执委会议暨2019年新春恳谈会召开。大会审议通过了新吴区工商联（总商会）2018年工作报告及2019年工作要点及计划、新吴区总商会2018年财务报告及《新吴区总商会会费收缴办法》修改意见、新吴区工商联执委增补及变更名单。（肖　品）

【企业服务】 3月20日，新吴区法院联合新吴区工商联（总商会）共同组织“旁听零距离”。工商联企业家走进新吴法院”主题活动。新吴区工商联（总商会）近30家企业家负责人零距离旁听庭审。4月24日，在第19个世界知识产权日到来之际，“新吴区工商联锡商法律服务之家”协同来自工商联（总商会）、行政机关的人大代表、政协委员和企业家代表走进新吴法院，共同体会知识产权保护对企业经营的重要意义。5月10日，“关爱职工共建和谐‘五一’论坛”举办。辖区近300家企业报名听课。活动表彰了“新吴区关爱职工优秀企业家”、“新吴区关爱职工优秀工会主席”。活动围绕“关爱职工共建和谐”主题，邀请无锡市中级人民法院劳动争议庭、市总工会基层工作部、新吴区法院审判监督庭、新吴区劳动监察大队、新吴区劳动人事争议仲裁院等专家与与会人员共同探讨。（肖　品）

【基层商会建设】 2019年，为促进“四好”商会建设作用更好发挥，区工商联多次走访基层商协会，并组织开展多类型的商协会活动，加强对商会指导力度，力争在全区培育和发展一批特色鲜明、建设规范、充满活力的商会组织，实现统战工作向商会组织的有效覆盖。无锡市新吴区梅村街道商会被评为2018年度江苏省“四好”商会。3月22日，新吴区工商联举办“四好”商会建设推进会暨党建活动。区工商联班子全体及党组成员、各街道基层商会负责人及联络人、异地商会负责人，部分友好协会成员一同赴宜兴白塔村参观学习。10月30——31日，新吴区工商联（总商会）在江苏溧阳组织举办“不忘初心牢记使命”高质量建设基层四好商会推进活动。区工商联所属街道商会、异地商会、行业协会，无锡市级友好协会负责人共30余人参加活动。区工商联一行与江苏中关村科技产业园商会开展学习交流，并参观了江苏省奥谷生物科技有限公司。（肖　品）

【企业家培训】 8月23日，新吴区工商联（总商会）联合新吴区工业和信息化局共同举办“无锡新吴区企业家核心领导力高层次研修班（第二期）”。高新区来自先进制造业、现代服务业等重点产业的40多位重点企业家高管参加。高新区税务局相关科室负责人应邀参加。此次研修班旨在推动企业发展理念、生产模式、业态创新上以变应变，辅导高层管理者不断更新现代企业管理理念和工作思路，为新吴区重点企业高质量发展提供智力支持。研修班包括《卓越领导力与执行力》《企业战略管理》《哲学与人生》《强国之路：产业升级与制造业高质量发展》《中美贸易摩擦实盘解读与前景推演》《大数据时代的思维变革与创新》等课程，邀请了厦门大学宏观经济研究中心主任卢盛荣，央视百家讲坛傅小凡，厦门大学企业管理系主任白云涛，中国企业管理研究会常务理事唐炎钊，厦门大学经济学院中国能源经济研究中心孙传旺，厦门大学经济学院方匡南授课。 （肖 品）

“无锡高新区（新吴区）企业家核心领导力高层次研修班（第二期）”现场 （肖 品 摄）

【第四届全球锡商大会】 5月21日，第二届江苏发展大会无锡行暨第四届全球锡商大会在无锡太湖饭店举行。大会以“聚焦高质量发展、聚力新无锡建设”为主题。来自20个国家和地区的近200名海内外乡贤、锡商及400余名本地锡商代表参会。大会发布“2019年无锡市百强民营企业”，新吴区无锡小天鹅股份有限公司等13家企业榜上有名；先导智能董事长王燕清等13名企业家荣获“第二届无锡市百名杰出锡商人物”；银邦金属复合材料股份有限公司工艺部经理曹琦获“第七届唐翔千卓越工程师奖，无锡市新吴区古月琴坊卜广军获“第七届唐鹤千卓越青年创意人才奖”。百年通现代工业散货物料智能产业集群与超声医学影像设备研发及产业化两个重大项目上台签约。 （肖 品）

吴文化广场

新吴区总工会

【概况】 2019年,新吴区总工会依法扩大基层工会组织覆盖面,着力推进百人以上企业、民办学校建会,积极吸纳物流、家政等“八大行业”群体入会,全年新增单独组建工会46个,指导工会换届、调整1140个。11月,成立新吴区物流行业工会联合会,首批涵盖高新物流、顺风速运等23家物流企业,吸纳货车司机381人、快递员1748人入会。截至12月底,全区共有基层工会1030个,其中独立工会962个、联合工会68个,涵盖单位4489个。工会会员364243人,其中女性会员108958人、农民工会员121487人。 (刘 叶)

【产业工人队伍建设】 2019年,新吴区高度重视产业工人队伍建设,正式印发《新时代无锡新吴区产业工人队伍建设改革联席会议制度》,把产业工人队伍建设改革工作纳入全区全面深化改革总体布局、党建工作整体布局、人才工作总体布局和创新体系,构建起党委统一领导、党政共同负责、工会牵头推进、各方积极配合的改革工作格局。研究成立新时代新吴产业工人队伍建设改革联席会议制度,研究制定《新时代无锡新吴区产业工人队伍建设改革实施方案》(简称“方案”),编印了《新时代无锡新吴区产业工人队伍建设改革工作巡礼》(简称《工作巡礼》),梳理总结前期改革工作,形成可复制推广的经验。9月19日,召开全省非公企业产业工人队伍建设改革试点工作现场推进会,《工作巡礼》在会上分享,得到与会人员的肯定。(刘 叶)

【劳动法律监督】 6至8月,新吴区总工会开展工会劳动法律监督暨普法宣传走基层服务活动,对140家企业的规章制度制定、劳动合同履行、工资报酬支付、社会保险费缴纳等情况进行监督,抄送工会劳动法律监督意见书22份,组织填写职工劳动法律监督问卷50份,帮助企业开展“法律体检”、查找隐患,从源头上维护好职工的合法权益。 (刘 叶)

【劳动争议纠纷化解】 2019年,新吴区总工会做好劳动关系监测点信息收集工作,加强对本区域劳动关系特点的研判,及时发现和积极解决劳动关系领域的苗头性、倾向性问题,有效化解劳动关系矛盾。对辖区内企业开展劳动隐患排查工作,通过日常排查,重点跟踪,排查工会领域“风险点”10个,并及时研究上报防范化解的对策措施。 (刘 叶)

【职工援助维权】 2019年,新吴区总工会职工法律援助站在区人社局(劳动监察大队)挂牌。落实每月苏工阳光信息平台报送工作,处理市总工会法工部交办信访问题3个,收集整理工会法律援助案例4个。推送维护职工贴心人、法治宣传服务项目、法律援助案例“三项评选”法律服务工程3个。 (刘 叶)

【普法宣传】 2019年,新吴区总工会开展“遵纪守法,携手筑梦”服务农民工公益法律服务活动,编发《服务农民工公益法律服务手册》,开展劳动法律广场宣传、送法进企业等志愿服务活动20场,发放劳动法律宣传资料和书籍1500份,现场法律咨询380人次,引导职工与企业建立合法合理劳动关系,学会用法律武器维护自身的合法权益。 (刘 叶)

【工资集体协商】 2019年,新吴区总工会开展工资集体协商“春季要约行动”。3月至4月下旬,各街道、园区工会组织企业工会代表职工向用人单位发出书面要约。2019年,工资集体协商建制率98%以上,15家企业工资集体协商工作被评定为三星级,1家企业签订职工技术创新专项集体合同。 (刘 叶)

【优秀职工代表提案征集】 7月中旬至11月,新吴区总工会开展优秀职工代表提案征集评选活动,收到涉及企业经营管理、员工权益保障、技术创新等内容的职工代表提案50余件,经过企业申报、街道、园区工会推荐、专家评审,无锡济民可信山禾药业股份有限公司徐岳的“突破常规,提升传统中药材处理效率”等11件提案入选新吴区“优秀职工代表提案”。(刘 叶)

【职工帮扶】 2019年，新吴区总工会精准帮扶困难职工和弱势群体，全年累计发放资助帮扶金100余万元。“冬送温暖”慰问区级困难职工102人、“金秋助学”86名困难职工子女、“春送岗位”2场免费招聘会，慰问特定困难职工98人。春节前，高新区党工委副书记、新吴区委常委、组织部部长、工会主席吴胜荣和新吴区总工会党组书记、副主席夏同军分别带队走访慰问困难职工家庭，并送上慰问品及慰问金。6月，组织30名苦脏累工种、重点项目一线职工参加江苏省总工会组织的疗休养活动。6——8月，组织60名困难职工和一线职工进行了茶艺师中级培训，获取茶艺师中级证书，提升困难群体就业能力。8月，开展“关爱圆梦”工作，招募到通用电气医疗系统等5家爱心企业，为困难职工子女提供89个勤工俭学岗位。（刘　叶）

访问困难户，发放慰问金现场　（刘　叶　摄）

【企业职工安全教育】 2019年，新吴区总工会开展“安康杯”竞赛，38家企业25710名职工参加。结合安全生产月活动，组织150名工会安全生产干部举办工会劳动保护干部培训班。开展线上安全知识竞赛，2000余名职工参与；开展安全隐患随手拍活动，组织动员职工用镜头排查隐患促安全，收到作品200份。（刘　叶）

【劳动竞赛】 2019年，新吴区总工会深化开展劳动和技能竞赛，激发职工创新能力。无锡村田有限公司第二工场项目入选无锡市十大重点工程（项目）示范性劳动竞赛项目，博世汽车等8家企业申报市重点企业劳动竞赛项目。11月，举办区工会审计技能大赛，提升工会审计人员的业务技能水平。（刘　叶）

【职工科技创新】 2019年，新吴区总工会开展区职工科技创新成果、先进操作法、发明专利和金点子推荐评选活动，在第十届无锡市职工十大创新成果、十大先进操作法、十大发明专利和十佳金点子评比中，小天鹅的顾超林、隆基硅的高成义、巨力重工的华志坚以及英飞凌的陈松分别斩获四项评比奖项。（刘　叶）

【首个女职工创新工作室挂牌】 3月，新吴区首个女职工创新工作室——无锡市济民可信山禾药业有限公司朱音创新工作室正式挂牌，成为无锡市第二批挂牌的“女职工创新工作室”之一。（刘　叶）

共青团新吴区委员会

【概况】 2019年，共青团新吴区委员会高举习近平新时代中国特色社会主义思想伟大旗帜，以“打造青年身边的共青团”为主要目的，按照团的十八大、十八届三中全会精神和新吴区委相关工作要求，以围绕党政中心、服务全区经济发展大局为工作主线，大抓基层组织建设，不断深化共青团改革，精准定位、靶向服务，各项工作取得较好成绩。（查　晓）

【新吴区青年联合会】 2019年 1月15日，无锡市新吴区青年联合会第一届委员会第一次全体会议召开。无锡高新区党工委副书记、新吴区委常委、组织部部长、新吴区总工会主席吴胜荣，共青团无锡市委书记、市青联主席俞政业，共青团无锡市委统战部主任科员、市青联副秘书长顾子乙，原新区第三届青联委员代表出席开幕会。全区各族各界、各行各业的160余名青联委员参加。

12月4日上午，新吴区青年工作联席会议第一次全体会议顺利召开。高新区党工委副书记、新吴区

无锡市新吴区青年联合会第一届委员会第一次全体会议现场　（查　晓　摄）

委常委、组织部部长、联席会议召集人吴胜荣出席会议并讲话，高新区管委会副主任、新吴区副区长、联席会议召集人李伟敏主持会议，区青年联席会议制度成员单位分管负责人、各街道分管负责人、街道团(工)委负责人列席。（查　晓）

【暖冬行动】 2019年春节，新吴团区委开展全区困境青少年暖冬行动，对全区各个街道的困难青少年和事实孤儿进行走访慰问。此次“暖冬行动”共走访慰问贫困青年家庭36户、事实孤儿5户，发放慰问金及慰问品总计25000多元。（查　晓）

【“七彩社区志愿行，助力发展高质量”活动】 3月12日，新吴区委宣传部、共青团新吴区委在新安街道新安文化广场举办“七彩社区志愿行，助力发展高质量”暨“益行新安”彩虹志愿服务文明实践联盟成立仪式。团市委副书记朱晓峰出席活动并致辞，新吴区委文明办主任刘宏伟为志愿服务项目负责人下发任务卡，团区委副书记李晓峰为志愿者代表授旗。全区各有关直属单位团组织代表、各街道团(工)委书记、无锡科技职业学院团委及全区青年志愿者代表参加了此次活动。（查　晓）

“青春心向党·建功新时代”特别主题团日活动
（查　晓　摄）

“青春建功新时代，砥砺奋进新青年”纪念“五四”运动100周年主题活动（查　晓　摄）

【团建联盟】 2019年，新吴团区委依托新吴区产业优势，成立“百亿重大项目团建联盟”“物联网企业团建联盟”；与无锡科技职业学院协同成立区域化团建联盟，促成街道与二级学院团委深化合作。积极运用智慧团建系统，认真调查摸底，对全区服务的青年数量和年龄结构作了详细的数据统计。在录入团建系统的同时，依托各街道青年人才名录，成立新吴青年人才库，实行动态管理。（查　晓）

【青年讲师团和青年学习社成立】 2019年，新吴团区委在全区建立10个面向不同团员青年的“青年学习社”，并依托成功举办的区首届“青年五四奖章”评选活动，选拔出一批素质过硬的团课宣讲员。（查　晓）

【团干部培训】 7月18日，新吴团区委举办2019年全区团干部培训班。团区委全体班子成员和各直属单位团组织负责人、各街道团工委负责人、各村居社区团组织负责人、各中职中学团组织负责人、部分非公企业团组织负责人约150人参加培训。培训邀请新吴区青年讲师团成员无锡科技职业学院当代马克思主义学院郁蓉蓉讲师和新吴区关工委刘兆祥副主任、共青团无锡市委组织部朱克坚副部长作主题讲课。（查　晓）

【“共青团与人大代表政协委员面对面”活动】 11月22日，团区委举办以“乡村振兴战略背景下青年参与农村社会治理研究”为主题的“共青团与人大代表政协委员面对面”活动。区青年人大代表、政协委员、区相关职能部门、民盟以及农村社会治理领域青年代表等约30人左右参加活动。（查　晓）

新吴区妇女联合会

【概况】 2019年，新吴区妇女联合会全年开展“十百千”巾帼大宣讲活动(线上线下)共187场次，参与人员8893人次。开展“倾情礼赞新中国、巾帼建功新时代”群众性宣传教育活动，组织动员全区妇女唱响祖国颂歌、讲好中国故事、写出家国情怀、献礼祖国华诞。拍摄制作新媒体视频类、H5类产品30个，其中4个作品入选江苏省妇联融媒体创意大赛初赛，作品《我们，在新安走过四季》入围总决赛。（吴　瑛）

【志愿服务】 2019年，新吴区妇联以“1+5”模式推进妇联组织全方位融入建设新时代文明实践工作。发动全区妇女群众创新性开展各项志愿服务，共组建巾帼志愿服务组织77个，招募巾帼志愿者1656人，开展巾帼志愿服务433场次。春阳“苔花”巾帼志愿服务团故事入选江苏新时代“巾帼志愿者优秀暖心故事”；益起来共成长，巾帼文明实践在行动被评为江苏新时代巾帼文明实践优秀案例。会上，区妇联主席袁秋明为各街道巾帼志愿服务分队授旗，部署妇联深度参与新时代文明实践活动相关工作并作开班动员。无锡市妇联家庭和儿童部部长邓丽洁、江苏师范大学民政部社会工作人才培训基地主任董明伟分别以《捧好金饭碗—基层妇联组织资源开发与管理》和《如何有效开展妇女议事会》为题作专题讲课。会上展播了巾帼志愿者宣传短片《新时代巾帼心》《激扬巾帼志　奋进新时代》。梅村街道、新安街道妇联主席分别就如何开展巾帼志愿服务进行工作交流，江溪街道太湖花园二社区和春阳社区分享了开展妇女议事会的工作经验。　(吴　瑛)

11月23日，普法维权周启动仪式在新安街道法治广场举行　(吴　瑛　摄)

【婚姻家庭教育指导】 2019年，新吴区妇联承担无锡市婚姻家庭教育试点项目，全面构建婚姻家庭教育指导服务体系，研发婚姻家庭公益课程4节，建立区级婚姻家庭指导服务中心1个、街道级项目服务点6个。共开展公益课程400多场次，惠及3万多人次，个案辅导200多例。该项目被"学习强国"、《中国妇女报》等各类媒体宣传报道，收到良好社会反响。　(吴　瑛)

【家庭文明建设】 2019年，新吴区妇联常态化开展寻访"最美家庭"活动，增设符合新时代精神风貌的"最美家庭"新类型，评选区级最美家庭50户。以"6·5"国际环境日为契机，开展新吴区"最美庭院"征集活动，大力弘扬绿色发展理念和生态文明主流价值观，引导广大家庭树立勤俭节约、绿色低碳、文明健康的行为习惯和生活方式。持续开展好家庭好家风好家教宣传展示活动，围绕"弘扬家国情，礼赞新中国"主题，开展"我家最美一瞬间""给妈妈一封信"专题活动，进一步推动社会主义核心价值观在全区广大家庭落地生根。　(吴　瑛)

【基层组织和队伍建设】 2019年，新吴区妇联出台《关于开展新时代党建带妇建"三聚焦三培育·十百千工程"三年行动方案》《无锡市新吴区妇女代表大会代表和妇联执委常委履职规则(试行)》和《无锡市新吴区妇联常务委员会决策制度》，建立新吴区高层次女性人才库，推荐19名不同行业领域的有影响力、有突出成就的女性人才。加强女性社会组织的培育，关注和指导社会组织积极服务妇女儿童家庭，培育AAAA级社会组织2家。　(吴　瑛)

【妇女微家项目建设】 2019年，新吴区妇联实施"在你身边"妇女微家项目建设，设立一批妇联执委履职阵地，共建成妇女微家72个，在全区妇女儿童之家开展活动772场(次)，在妇女微家开展活动204场(次)。　(吴　瑛)

【创新创业巾帼行动】 2019年，新吴区妇联申报市级巾帼现代农业科技示范基地1家、巾帼示范专业合作组织1家、巾帼电商服务示范基地2家、巾帼创业创新孵化基地1家。挖掘培育宣传巾帼建功先进典型，新吴区人民检察院未成年人检察工作科荣获"全国巾帼文明岗"称号，江溪街道景渎社区居民委员会荣获"江苏省巾帼文明岗"称号。在全区范围内选优推荐4家家政服务企业加盟江苏省"好苏嫂"无锡市家庭服务信用平台，推荐江苏省"好苏嫂"家政服务联盟优质服务示范店1家，进一步推动全区家庭服务业健康发展。(吴　瑛)

【乡村振兴巾帼行动】 2019年，新吴区妇联在鸿山街道正式启动乡村振兴巾帼行动，搭建各类组织和群体参与精准扶贫的平台，团结和动员七房桥村妇联与怀海义庄、生态园、葡萄协会、女能手协会、学校、企业、银行等社会组织的广大优秀妇联组织和妇女代表，组建"七房桥妇联服务联盟"。以"田园妇女议事小院"为载体，深入开展"知妇情、帮妇需、排妇忧、解妇难"活动，在乡村振兴中发挥妇联组织作用。　(吴　瑛)

【两性平等参与机制完善】 2019年，新吴区妇联与区人大内务司法工委、区司法局联合发文《关于建立无锡市新吴区地方政策法规性别平等评估机制的意见》，建立新吴区政策法规性别平等咨询评估机制，对区规范性文件的制定和实施中涉及的性别平等及妇女权益保障进行评估和监督。组建无锡市新吴区政策法规性别平等咨询评估委员会，参与新吴区规范性文件的制定和评估，从政策法规的层面保障妇女权利，推动男女两性平等和谐发展。　(吴　瑛)

【平安家庭创建】 2019年，新吴区妇联在三八维权周期间，联合司法局、总工会开展"法润新吴2018年春风行动"活动。在"11·25"国际消除家庭暴力日、"12·1"世界艾滋病日及"12·4"国家宪法日，联合法院、检察院、司法局、民政卫健局、公安分局开展"与法同行护航幸福"、"平安家庭"建设普法维权周活动。开设公益女律师社区普法课堂。与新吴区法院合作以原创漫画形式推出"大玫法官说家事"。开展婚姻家庭纠纷排查化解专项行动，全年共接到婚姻

家庭纠纷案件16起，其中涉及婚姻关系发生变动的4起，家暴案例9起。（吴　瑛）

【妇女议事会】 2019年，新吴区妇联按省妇联要求，所有社区均成立妇女议事会。江溪街道春阳社区通过妇女议事会，形成《春阳社区居民公约》。太湖花园第二社区通过《特色楼道建设意见》。新安花苑第三社区创立“协商式社区治理”模式的特色妇女议事方式，构建“搭建自治微载体、挖掘自治微能人、壮大自治微社群”的“三角模式”。（吴　瑛）

【纪念国际劳动妇女节109周年大会】 3月6日，新吴区召开“家风致远吴韵悠长”纪念国际劳动妇女节109周年大会暨“十佳最美家庭”揭晓典礼，市妇联副主席陈锡云，区人大常委会主任张明烈，区政协主席刘蓓红，高新区党工委副书记，新吴区委常委，组织部部长吴胜荣，新吴区委常委、纪委书记、区监委主任焦夕莲，高新区管委会副主任、新吴区副区长李伟敏、基层妇联主席、驻区部队女军人代表、各界妇女代表等共400余人出席会议。会上集中展示了新吴区幸福家庭建设相关工作，通报了“幸福家庭建设优秀案例”、“十佳最美家庭”“好家风好家训”等获奖名单，并对优秀女性和优秀家庭代表进行表彰颁奖。（吴　瑛）

“十佳最美家庭”揭晓典礼现场（杨庆工作室　摄）

【志愿服务支队成立大会暨基层妇联主席培训班工作会议】 7月25日，新吴区妇联举办“吴韵巾帼”志愿服务支队成立大会暨基层妇联主席培训班工作会议。各街道、村（社区）及机关事业单位妇联主席120人参加该次培训。（吴　瑛）

【新吴区检察院未成年人检察工作团队获评全国“巾帼文明岗”】 3月1日，在全国妇女联合会对全国城乡妇女岗位建功先进集体、先进个人表彰活动中，新吴区未成年人检察工作团队被授予全国“巾帼文明岗”荣誉称号。无锡市新吴区检察院未成年人检察工作团队已成功争创全国“青少年维权岗”，并荣获全省“巾帼文明岗”、2015——2016年度无锡市优秀青年志愿组织、2017年度无锡市最佳志愿服务项目、2017年度市（县）区法治惠民实事工程一等奖、2018年度全省优秀法治实事项目提名奖、无锡市最佳志愿服务项目。该团队立足专业化办案打造“小敏姐姐工作室”维权平台。选派“全省未成年人检察业务标兵”、无锡市“三八红旗手”领衔的5名业务全面、富有爱心、熟悉未成年人特点的女干警组建专业团队，实行“捕诉监防维”一体化办案，全面承担未成年人案件办理、教育挽救、跟踪帮教等工作。（吴　瑛）

新吴区科学技术协会

【概况】 2019年是新吴区科协系统组织建设之年，实现了街道科协全覆盖，一批主导产业方向、快速发展的重点企业陆续组建科协，已有的科协机构不断吸引扩充会员、丰富活动内容，癌症康复方面的社会组织也新纳入科协管理。2019年，区科协同海外科技团体建立了经常、密切、畅通和便捷的联系，组织广大海外科技工作者为促进科学技术创新，推动地区经济社会高质量发展贡献智慧和力量。（潘佳忆）

【院士专家科普基层行】 6月4——5日，由江苏省科协主办，江苏省科普服务中心、江苏省科协人才服务中心与新吴区科协等单位协同承办的院士专家科普基层行系列科普活动走进新吴区太湖花园第二社区、景渎社区、梅里社区、新安社区、东风家园社区和春暖社区。活动邀请了江苏省营养学会秘书长、中国营养学会理事袁宝君作了《合理营养、预防疾病》主题讲座。东南大学公共卫生学院营养与食品卫生孙桂菊教授作了《合理膳食、健康生活》的主题科普讲座。讲座共分6场次、近400人积极参加，受到社区居民的热烈欢迎。（潘佳忆）

【科普宣传周】 2019年，新吴区科协主办的科普宣传周围绕“弘扬科学精神、引领创新发展”主题，大力宣传节能减排、环保优先及居民生活中的日常问题，科普周活动丰富多彩。区科协组织科普一日游活动，参观华莱坞、超算中心、鸿山物联网小镇等科普教育基地，开展广场科普宣传咨询服务、社区居民科学素质知识培训、科普画廊展示，以及科普知识进企业、进校园、进社区等群众参与性强的主题活动。全区发放科普图书和宣传资料3000余份，受到社区居民、学校师生、企事业单位员工的普遍欢迎。（潘佳忆）

【科技支教帮扶】 为响应区委、区政府关于加强科教帮扶工作的相关会议精神，新吴区科学技术协会携区老科协及教师分会、锡梅实验小学等单位，联合组成支教小组，于8月29日，专程前往延安市宜川县开展帮扶互助交流活动。该次活动是贯彻国家东西部扶贫协作战略，落实教育精准扶贫的一次生动实践，深受宜川县教育系统和第三小学师生的欢迎，同时也为新吴区科技和教育系统打开了支教援助的友谊之桥。（潘佳忆）

8月29日，新吴区科协、区老科协及教师分会、锡梅实验小学等单位联合组成支教小组前往延安市宜川县开展帮扶互助交流活动　　（区科协　供稿）

【组织建设】 11月19日至12月20日，江溪街道、鸿山街道、新安街道、梅村街道、旺庄街道、硕放街道先后召开科学技术协会第一次代表大会。街道科协在健全科普网络、加强科普宣传、提高人民群众的科学素养和推动科技创新方面取得了较好成绩。4月29日，新吴区老科技工作者协会退休教师分会正式成立，退休教师、区老科协会员代表等60余人踊跃参加。2019年，通过前期的走访座谈，区科协对新吴区的癌症康复工作现状有了较为全面的了解，也积极响应他们的诉求。本着让全区癌症患者都能健康地生活、更好地康复的目的，按照有关章程规定，努力支持条件成熟的街道组建独立的康复协会。梅村与鸿山街道已设立癌康协会。（潘佳忆）

【基层科技服务调研】 2019年，为了推动新吴区申报国家及省级科普教育基地，建立高校科协等工作，区科协携有关机构一道进行专题调研，经过走访研讨，了解到相关企事业单位对科技服务工作的需求。

物联网小镇希望和科协共同努力，建设成为一个服务科技企业、科技工作者和社会大众的良好的国家级的基地；新吴区芯型社会工作研究中心希望与科协一道，着重在科普推广、科技工作者论坛、科技交流等活动中体现科协“群众性”“网络性”要求，更好地为全民科学素质提升工作出谋划策；区青少年活动中心建议区科协和青少年活动中心充分利用各自在活动内容与活动载体的优势，加强合作，形成合力，积极做好全区青少年科技知识普及，并共同启动市级、省级科普教育基地的建设工作；区科协在无锡科技职业学院从技术交流、科研成果转化落地、推动产业发展等方面强调了高校科协的重要性，希望学院尽快组建科协。在无锡市智能工业产业协会，区科协建议协会在自身业务领域内，充分发挥贴近一线、了解科技工作者的优势，积极策划符合主导产业方向、反映细分行业热点、响应园区企业需求的行业活动，着重在学术交流、为科技工作者服务等方面不断作为，为新吴区科技创新事业出谋划策。（潘佳忆）

【重点企业服务】 2019年5月20——21日，新吴区科学技术协会走访旺庄街道园区无锡奥特维科技股份有限公司、无锡隆玛科技股份有限公司、无锡格瑞斯精密机械有限公司、无锡锡洲电磁线有限公司、无锡创达新材料股份有限公司等优秀企业；2019年6月5——12日，区科协携无锡市物联网产业协会、无锡市工业（科技）旅游促进中心到空港经开区无锡深南电路股份有限公司、无锡航亚科技有限公司、无锡隆基硅材料有限公司、江苏东海半导体科技有限公司参观座谈。区科协集中分批考察各特色园区的重点规模性企业，本着“建科协”“问需求”“做服务”的主题，全面掌握企业的一些共性需求和具体问题，切实推动科协服务的能效。区科协通过指导帮助企业成立企业科协，以企业为主体策划举办行业性活动，发挥科协的人才、技术、项目资源与国际合作的优势，为企业提供更多更好的专业性服务，并努力促成企业之间协同创新与互利共赢。（潘佳忆）

区科协邀请外地科协同仁及海外高级专家共同访问新吴区高新科技企业　　（潘佳忆　摄）

【科技信息服务】 2019年1月15日，新吴区科学技术协会联动市科技咨询服务中心一行赴新吴区调研无锡安诺信通信技术有限公司、无锡汉和航空技术有限公司科技信息应用工作。交流过程中，企业负责人介绍了各自技术研发团队和2019年实用新型申请、软件著作权登记的情况，并交谈了具体的工作难点，希望通过开展企业科技信息推广应用服务，方便企业实时了解自身所处领域的水平和技术发展的趋势，提高企业技术创新的效

率，也帮助企业培养科技信息应用人才。（潘佳忆）

【校企人才合作】2019年10月31日，为了解无锡厦泰生物科技有限公司的人才需求，区科协主席郭中华联系安排公司高层与无锡科技职业学院副校长韩宁、电子技术学院、中德机电学院等二级学院领导及相关负责人的接洽。厦泰生物有着独特的产业特色和具体的技术需求，为相关专业的学生提供了很好的成长发展的就业平台，校企双方交流坦诚而深入。新吴区科协组织搭建平台，大力配合校企应用专业产学结合模式的探索实践，不断提高合作的层次、扩大合作的范围、挖掘合作的潜力，为校企深度长期合作给予积极支持。（潘佳忆）

新吴区红十字会

【概况】2019年，新吴区红十字会逐步完善救护救援体系，积极开展“红十字博爱送万家”走访慰问活动，利用“博爱家园”平台载体，通过整合资源、建立专业化服务队伍和完善标准化服务体系，扎实开展养老照护工作和学校红十字会工作。以“华氏三姐弟大年初七到红十字会捐献新年红包”、“90后新郎赴泰州捐献造血干细胞”等身边故事为素材，在《中国红十字报》《无锡日报》等新闻媒体上广泛宣传。同时，结合“5·8世界红十字日”“6·14世界献血者日”、“世界急救日”等主题活动日，区、街两级联动开展广场宣传、救护培训和安全演练等活动，全区红十字工作氛围和社会影响力进一步提升。（吴　君）

【应急救护救援】2019年，按照省红十字会应急救护培训基地建设要求，新吴区启动区级应急救护培训项目建设，获得省红十字会13万元彩票公益金的支持，10月，区红十字会应急救护培训基地揭牌启用。继续实施“应急救护百万培训”项目，完成初级救护员培训550人、普及性培训5705人。重点向机关、学校、大型企业延伸，普及救护知识和技能。联合机关工会开设4期“机关救护课堂”，将应急救护理念向机关延伸。在重点外企英飞凌公司连续举办两期应急救护培训，受到企业好评。会同区安监局开办全区安监系统应急救护培训班，完成2期近90名初级救护员的培训工作。逐步完善救护救援体系，将队伍建设放在首位，通过招募志愿者，选拔送学等方式，不断壮大师资和养老照护服务队伍。以太二社区为阵地，成立以社区社工、物业党员和居民代表为主要成员的全省首支社区红十字赈济救援队，在省红十字会赈济救援无锡队的指导下，开展帐篷搭建、需求评估、灾情上报、物资发放等相关培训和演练。结合启用的应急救护培训基地需求，组建区应急救护培训师资队伍。（吴　君）

【人道救助活动】春节前夕，在全区范围内开展2019年“红十字博爱送万家”走访慰问活动，为249户贫困家庭发放一次性慰问补助金57.9万元。其中，博爱送万家救助款共救助169户困难家庭，合计33.8万元；白血病专项救助款共救助80名白血病患者，合计24.1万元。开展“红十字爱心桥”“红十字心理援助”等人道救助项目，做好本辖区内符合条件“小天使”基金救助的初审和申报工作，审核上报“红十字爱心桥”2人，“小天使”3人。持续开展“红十字帮你回家”易走失人员定位手环公益项目，梳理核对2017——2019年各社区走失报案人员名单，申领定位手环74人，举行定位手环发放仪式，指导社区分管负责人和易走失人员家属使用手环。推进募捐筹资途径多元化。组织开展腾讯“99公益日·爱心手环”网络筹资活动；与村田电子等企业开展定向捐赠项目合作；对接海东互助县红十字会，发动区内爱心科技企业，开展“帮你圆梦·爱心助学”主题救助活动。（吴　君）

【生命关爱行动】2019年，协助卫生部门做好无偿献血的宣传发动，利用世界红十字日等重大活动开展遗体器官捐献工作宣传发动，重点做好造血干细胞志愿者的招募、知识的宣传以及后期捐献服务工作。全年完成造血干细胞血样采集入库61份，再动员10名，高分辨1名，体检1名，实现捐献1名。（吴　君）

【博爱家园建设】2019年，利用“博爱家园”平台载体，整合资源，建立专业化服务队伍，完善标准化服务体系。尚泽社区致力打造“尚泽家园”关怀救助体系，将瑜伽教学、健康讲座、推拿理疗和专家义诊等活动制度化。泰伯一社区利用小区宣传栏、LED显示屏、“泰一之家”公众号等宣传媒体宣传红十字知识，发动热心居民参与红十字“三救三献”工作。太二社区以关爱空巢独居老人为重点，以一对一结对服务模式，形成志愿者与老人常态化服务机制。（吴　君）

【养老照护】2019年，按照江苏省红会《关于开展红十字会养老照护志愿服务的通知》要求，扎实开展养老照护工作。选拔3名社区及社区卫生服务中心的骨干参加省红十字会举办的养老照护师资培训。红十字养老照护志愿服务队开展生活照料、康复保健、文体娱乐、精神慰藉等养老照护志愿服务。全年普及养老照护知识581人，入户志愿服务372户，服务人数382人。（吴　君）

【学校红十字工作】2019年，以全国红十字青少年自救互救知识竞赛为契机，在全区中小学组织开展“学习红十字知识，传播红十字精神”主题活动，累计发放竞赛试卷6000余份。举行红十字会新会员入会仪式，开展初一新生救护知识全覆盖培训活动，全区共培训初一新生2000余人，完成新安小学省示范校的创建工作，进一步夯实红十字在学校和青少年中的基础。（吴　君）

政法委及综治

【概况】 2019年,新吴区全区共打掉黑社会性质组织1个、恶势力犯罪集团1个,破获黑社会性质组织犯罪案件1起,九类涉恶案件95起,抓获涉恶犯罪嫌疑人268人,提起公诉5件10人,判决6件19人。(王 谦)

【专项行动】 2019年,在全区开展黄赌毒专项整治、重点地区和场所排查整治和非法金融活动专项整治,先后组织“扫黄禁赌”“清流”“净风”等专项行动。年底,共破获黄赌毒刑事案件66起,查处黄赌毒行政案件277起;查处违法违规娱乐场所145家,责任限期整改38家,停业整顿40家,取缔2家;收集非法金融活动线索442条,共1000家左右企业列入经营异常名录向社会公示。 (王 谦)

【黑恶势力打击查处】 2019年,新吴区率先建立扫黑除恶举报箱制度,设置举报箱330余个,实现社区和重点场所的宣传举报全覆盖。通过信、访、网、电等途径发动群众举报黑恶线索,区公安分局破获涉恶案件7起,兑现举报奖励2万元。截至2019年年底,共收到涉黑涉恶腐败、黑恶势力“保护伞”问题线索40件,已查结38件。经核查,查实问题线索20件,谈话提醒11人,党纪严重警告、政务记过处分2人,党内警告1人,开除党籍1人,责令辞退1人,党纪立案4人。查处黑恶势力“保护伞”2件,对2人采取留置措施,均已移送司法机关审查起诉。区公检法联合会签《关于进一步健全黑恶势力犯罪案件赃款赃物联合查处的工作意见》,建立财产调查处置指引机制;区法院制定《关于刑事裁判涉财产部分执行的规定(试行)》,确保涉黑涉恶案件优先立案、优先保全、优先执行。截至2019年底,全区查扣黑恶涉案资产6830.62万元。

新吴法院严惩涉黑涉恶犯罪,审结黑恶势力犯罪案件6件19人。依法判决的王为松恶势力犯罪集团扰乱机场客运秩序寻衅滋事案,被列为全省涉黑涉恶七大典型案件。强化“打财断血”,坚决铲除黑恶势力经济基础,追加查封房产1套,查扣车辆11台,执行到位70余万元。强化“打伞破网”,严惩黑恶势力“保护伞”“关系网”,移送涉黑涉恶线索58条。强化重点整治,严查“套路贷”违法犯罪,对2016年以来审结的5750件民间借贷等重点案件开展“回头看”,对440件疑似“套路贷”虚假诉讼依法启动再审,裁定撤销原判并移送侦查397件。依托“非法金融活动信息监测平台”,实行立案、执行前置查询检索,形成“套路贷”虚假诉讼源头治理和甄别长效机制。强化综合治理,分析监管漏洞,发送司法建议4份,有效补齐治理短板。新吴法院与区扫黑办、区司法局联合制作的动漫短片《擦亮眼睛,教你识破黑恶势力》被央视评为全国十佳优秀普法短视频,为江苏省政法系统唯一获奖作品。

新吴区检察院在无锡市率先制定《涉黑涉恶案件办理流程指引》《关于办理黑恶势力犯罪案件涉案财产处置审查要点指引》等文件,严格落实“两个必问”“一案三查”,受理公安机关提请批准逮捕九类涉恶罪名案件50件106人,受理移送审查起诉40件93人,批准逮捕黑恶犯罪案件13件29人,提起公诉7件18人,受理移送审查起诉“保护伞”案件1件1人,追捕2人,追诉1人,全力办好中央督导组和上级交办案件、线索6件,办结率100%。新吴区检察院荣获全区扫黑除恶专项斗争先进集体。

(王 谦 李庆玲 杨 烁)

【制度建设】 区纪委监委、区委组织部、区委政法委、区民政卫健局共同出台《关于建立健全村(社区)“两委”人员区级备案和联审排查工作机制的通知》,共对61名新入“两委”人员开展区级备案联审,严把村(社区)“两委”人员入口关和政治关。出台《关于加强党建联盟建设的实施意见(试行)》,实施新一轮村(社区)党组织“雁阵计划”,遴选推荐出一批AAAAA级党组

织,指导提升基层党组织建设质量。（王 谦）

【综合治理】 建立纪检监察机关、行业主管部门与政法机关线索双向移送反馈等协作机制和侦诉审衔接机制。区监委发出监察建议1份,区法院、检察院共发出司法建议和检察建议10份,相关单位均按建议要求整改落实到位。截至2019年底,在食品安全等领域开展15项专项整治工作,形成罚没款161万余元;在城市管理领域,查处拆除违法建设891处,面积53.8万平方米,整治占道经营4500余起,查处违停处罚10775起、车辆违规运输、偷倒垃圾等违法行为225起,罚款295.5万元;在规划领域,清理"大棚房问题"项目33个,清理违建别墅项目1个。（王 谦）

【督导整改】 中央扫黑除恶第17督导组分别于2019年6月和11月到无锡市进行督导和开展"回头看",新吴区认真迎接督导检查,区委区政府召开专题会议推进督导迎检工作,成立配合督导领导小组,制订详尽周密的配合督导方案,区扫黑办召开迎接督导和"回头看"推进会,全力贯彻区委区政府具体部署要求。研究出台《新吴区关于中央扫黑除恶第17督导组督导反馈意见整改工作方案》,针对线索排查等19项具体整改要求,明确整改时限,制定整改措施。截至2019年年底,19项整改要求已经全部完成,并持续推进相关工作。（王 谦）

公安

【概况】 2019年,新吴公安分局全力做好防风险、保安全、护稳定、促发展各项工作,分局整体绩效连续11年保持优胜,在2019年无锡市公安工作群众评价第三方调查中,新吴区社会治安满意度和公安队伍满意度均位居全市第一。年内,12个集体、74名民警受到市局以上表彰奖励,1名民警获评"无锡公安青春榜样",1名民警获评"无锡最美警察",2名民警获评"全市公安机关优秀党员",1名民警获评"全市公安机关优秀党务工作者",1名民警获评无锡公安"最美复转军人"。（何春园 杨瑾丰）

【刑事案件侦破】 2019年,新吴区共接报各类警情20.96万起、居无锡市第二,其中违法犯罪警情2.26万起、居无锡市第三,共立刑事案件7166起、同比下降5.1%,降幅无锡市第五。新吴公安分局以开展扫黑除恶、打击涉枪涉爆犯罪、打击电信网络诈骗犯罪、雷霆行动、云剑行动、秋季攻势等重点工作和专项行动为抓手,保持主动进攻、严打严治,有力维护了全区社会治安大局平稳。2019年,共破刑事案件1313起,破案率18.3%;公诉总数完成1156人,侵财犯罪公诉人员总数481人。全区八大类案件立案81起,同比下降19.8%,破案73起、破案率90.1%;破获"十二类"涉黑涉恶案件115起,抓获黑恶犯罪嫌疑人281名,打掉黑恶犯罪团伙17个、成员186人。（何春园 杨瑾丰）

【治安整治】 2019年,在全区梳理治安重点地区12个,先后开展涉娼重点地区整治、赌博机治理、"禁毒2018两打两控"等专项行动和集中整治行动。2019年,共抓获黄赌娼违法犯罪嫌疑人员142人(违法犯罪人员503人)、捣毁涉赌团伙11个、涉娼团伙5个;破获食药环案件16起,抓获嫌疑人94人。2019年,推进升级版技防城建设,新建高清监控1700路、智能前端 120路,汇聚视频监控10347路。鸿声物联网派出所、3个物联网社区初步建成。在312国道市际卡口建成全省首家具有"车辆快速安全检测系统"的智慧检查站。设置重点核心部位、人员密集场所、一般区域3个处置控制圈,分级分类落实巡防和应急处置力量,提升快速反应水平。（何春园 杨瑾丰）

【警务服务】 2019年,新吴公安分局创建大数据指挥服务中心、旺庄综合指挥室、长江路境外人员服务站、梅村"剀利公社"智慧警务室等一批创新服务点。分局警务服务中心将户政、出入境、治安、禁毒、交管等警种公安行政审批业务全部进驻,变分散审批为集中受理,实现"一窗式"受理、"一站式"办理。（何春园 杨瑾丰）

【人口管理】 2019年,新吴公安分局以服务管理实有人口为基础,以信息化手段为依托,全力打造质态更优、水平更高、人民群众更满意的人口管理服务品牌。根据无锡市公安机关深化"放管服"16项改革举措的要求,开通持有效居住证的非本市户籍人员居民身份证补领、换领业务无锡市通办业务,在全区增设无有效居住证的非本市户籍人员补领、换领居民身份证业务受理点11个。2019年,全年共受理省内异地办证30661张、跨省异地办证12582张、港澳台居民居住证96张。（何春园 杨瑾丰）

【出入境管理】 2019年,新吴区实际居住境外人员4832人,常住境外人员5343人(包含工作单位在新吴区),境外人员宾馆临住登记118726人次,派出所社会面临住登记10183人。公安分局出入境窗口共受理39795张证件申请,其中境外人员各类签证(注)证件1096张,中国公民出境护照19688张。年内,共查处出入境违法案件239起231人。（何春园 杨瑾丰）

【交通管理】 2019年,新吴区交警大队2019年"小飞龙"专项整治完成率位列市区第一,辖区主干道"小飞龙"基本杜绝。对全区62条道路实施违停严管,逐步安装230套自动抓拍装置。2019年,查处违停16.2万余起,同比增加84%,违停现象明显减少。

文明城市创建实现交通秩序“零失分”，被评为文明城市创建工作中有功集体。2019年，新吴区公安分局共受理交通事故38973次，致亡49人、伤140人，直接财产损失49.3万元，分别比上年上升15.06%、下降5.77%、下降16.67%、上升44.92%，全区发生重大交通事故死亡人数实现“三年连降”。全年查处各类交通违法行为47.2万余起，其中查处酒后驾驶591起，违法停车16.2万余起。大队强化源头监管工作，深入重点车辆单位开展安全检查512次，累计排查出一般隐患65起，下发隐患整改通知书56份；排查整改路面隐患，完成区级挂牌督办隐患1起，新增修补交通标牌600余块，新划路面标线7万余平方米，排查整改各类路面交通隐患158起，优化信号灯配时25处，解决旺庄路机场路口、长江路雪梅路口等堵点、乱点突出问题8个，增设二次过街设施17处，整改路面安全隐患153处。（何春园　杨瑾丰）

【火灾防范】 2019年，新吴区共发生火灾事故379起，死亡2人，无人员受伤，直接财产损失142.1万元。火灾起数同比下降16.52%，直接财产损失数同比下降48.04%，亡人数下降33.3%，伤人数净减。2019年，新吴区消防部门以人员密集场所、化工生产企业、工业园区、群租房、“三合一”为重点整治面，持续深化高层建筑、社会福利机构、劳动密集型企业、儿童活动场所、教育培训机构等各类专项治理。年内检查单位2861家，督改隐患1531余处，临时查封单位17家，责令“三停”单位26家，罚款244.86万元，对一起假冒消防产品案件立案调查。联合街道召开群租房消防安全隐患整治部署会，企业宿舍楼简易设施现场交流会，对接社区微型消防站实体化运行相关工作，对打工居住密集区域进行重点检查，清理电动车违规充电、违规停放等问题。年内推广安装电气火灾监控系统129套、电动车智能充电系统150套、简易喷淋178套、独立烟感1800只。开展消防安全宣传培训近300次，印制各类消防安全宣传资料10万余份，开放消防站20次。（何春园　杨瑾丰）

检察

【概况】 2019年，新吴区检察院认真履行审查逮捕、公诉职责，受理公安机关提请批准逮捕案件370件537人，批准逮捕323件460人；受理移送审查起诉881件1246人，提起公诉832件1161人。其中对影响群众安全感的严重暴力犯罪、“两抢一盗”、毒品犯罪、涉枪涉爆的刑事犯罪批准逮捕253人，提起公诉482人。对全省首例运管领域涉恶犯罪集团、无锡市首个垄断行业犯罪集团王某某等9人寻衅滋事案、省公安厅、省检察院、省高级法院联合挂牌督办的张某等人敲诈勒索案件等一批重大涉黑恶性质案件，依法从快批准逮捕，提起公诉，有力维护了治安稳定。（杨　烁）

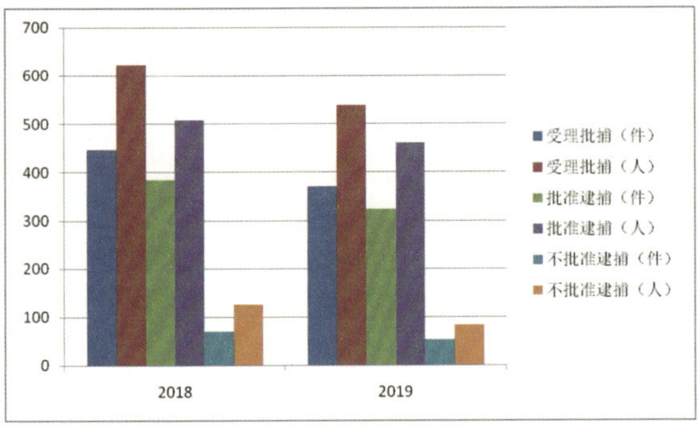

图1　无锡市新吴区人民检察院审查逮捕工作情况

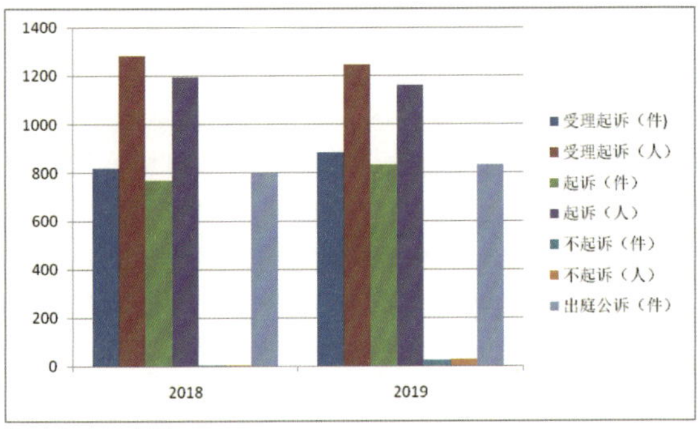

图2 无锡市新吴区人民检察院开展审查起诉工作情况

【综合治理】 2019年，开展“套路贷”等非法金融活动专项治理和对“黄赌毒”、黑恶势力充当“保护伞”问题专项整治，排查举报申诉线索391　件，筛查案件176件，对302件涉“黄赌毒”案件开展“回头看”。深入剖析黑恶势力犯罪滋生根源，撰写《“套路贷”案件类案分析报告》等风险研判、类案分析16份，区委、区政府主要领导作出批示4次。针对办案中发现的监管漏洞和风险隐患，向有关部门发出检察建议5份。（杨　烁）

【市场经济秩序维护】 2019年，严惩涉众型经济犯罪，依法批捕非法吸收公众存款、集资诈骗、网络传销等严重危害金融安全犯罪83人，提起公诉76人，依法对涉案被害人达100余人的“收藏品”诈骗案季某某等3名犯罪嫌疑人批准逮捕。（杨　烁）

【民营企业检察保护】 2019年，依法妥善办理涉企刑事案件21件，对2名涉罪民营企业经营者作出不捕决定，对1人及时变更强制措施，部署开展涉民营企业案件立案监督和羁押必要性审查专项活动。针对快递行业经营管理中存在的法律风险及时向涉案公司发出检察建议,督促对全区178个营业网点3729名收派员开展守法培训,帮助堵漏建制。

2019年,区检察院在全区企业、协会设立检察法律服务点30个,提供法律服务27次,帮助建立法律风险防范化解机制2项。组织开展“减税降费”等专题调研,上门走访民营企业70家,召开专题座谈会、研讨会7场,梳理出8大类企业涉法问题、6大类司法保障诉求,形成《服务民营企业护航高质量发展专题调研报告》。 (杨 烁)

【知识产权检察保护】 2019年,在江苏省率先建立涉知识产权刑事案件“立案同步审查”、被害人诉讼权利义务告知制度,致力解决企业知识产权被侵害后举证难、周期长、维权难等问题。依法批准逮捕涉知识产权犯罪案件4件4人,提起公诉13件32人,依法对横跨18个省市、涉案金额700余万元的销售假冒“星巴克”注册商标商品罪6名犯罪嫌疑人提起公诉,同时启动民事公益诉讼监督程序。2起案件入选无锡知识产权发展与保护状况白皮书。 (杨 烁)

【“向阳花”青少年维权工作品牌】 2019年,落实涉未成年人案件专门办案要求,办理侵害未成年人案件31件38人,对8名犯罪情节轻微且有悔罪表现的未成年人,依法适用相对不起诉、附条件不起诉。上线运行“向阳花”青少年维权平台,实现法治课“在线点学”;启动“检爱连心”关爱困境未成年人项目,开展走访帮教、法律援助和特困救助。 (杨 烁)

【“一号检察建议”落地】 2019年,区检察院联合11部门在无锡市率先建立防范性侵害未成年人犯罪入职查询工作协作机制,启动查询159人次,被评为无锡市检察机关十大优秀事例。通过办理校外辅导机构培训老师猥亵儿童案,发出教育培训领域无锡市首份“从业禁止令”,并向主管部门发出检察建议,推动全区校外培训机构专项治理,人民网、江苏省委新闻网、《中国青年报》等10余家主流媒体专题报道,得到最高检调研组的充分肯定。 (杨 烁)

【职务犯罪检察】 2019年内,加大职务犯罪检察环节办案力度,依法办理区纪委监委移送进入刑事诉讼程序职务犯罪案件8件8人,决定逮捕2人,提起公诉8人,依法对程某某涉嫌滥用职权造成社保基金利息损失1000余万元案、蒋某某涉嫌挪用公款3000余万元案提起公诉。抽调2名检察官参与中纪委、国家监委办理专案。优化协作机制,建立健全审查逮捕、公诉与监察调查的高效衔接机制,组建办案团队专门对接,提前介入5件5人。加强与监察、审判机关的联动协作,完善信息共享机制,协调统一案件移送的标准、程序,强化依法惩治腐败工作合力。依法履行司法工作人员职务犯罪检察工作,对轻微违法的举报线索,与区纪委监委联合开展函询、谈话、初步核实3次。 (杨 烁)

【认罪认罚从宽工作试点】 2019年,全区适用认罪认罚案件740件990人,分别占起诉总数的88.9%、85.3%,适用率无锡市第一。注重效率效果,推动案件繁简分流,构建普通程序、简易程序相互衔接的多层次诉讼体系,适用速裁程序案件占总审结案件数的40.9%,适用率无锡市第一。适用认罪认罚案件量刑建议采纳率为99.8%,采纳率无锡市第一。致力示范引领,在无锡市率先制定相对不起诉《办案指引》,在江苏省率先制定《拟不起诉社会评价考核机制实施细则》,试点工作做法被省检察院工作简报转发推广。 (杨 烁)

【检察监督】 2019年,坚持重大案件提前介入勘查、重点案件主罪主证复查、录音录像严审细查、非法证据逐一排查,监督立案4件8人,监督撤案12件18人,纠正漏捕、漏诉19人,发出纠正违法通知书15份,监督公安机关成功抓获并报捕一名逃匿5年的诈骗惯犯,省、市检察院检察长作出批示肯定。坚持以审判为核心的证据标准,严格排除非法证据,对123件案件退回补充侦查。坚持谦抑原则,对犯罪情节显著轻微、危害不大和事实不清、证据不足的案件,决定不批捕80人,不起诉26人。

2019年,加强对裁判文书的审查,共审查各类裁判文书800余份,对认为确有错误的刑事裁判依法提出或提请抗诉4件,发出再审检察建议4份、书面纠正意见9件次。落实检察长列席审委会制度,对4件案件发表检察监督意见。对25名犯罪嫌疑人进行羁押必要性审查,建议对17人变更强制措施。依法对212名社区矫正对象、16名指定居所监视居住对象开展检察监督,发出纠正违法通知书5份、检察建议书4份,均得到及时整改。监督强制医疗案件4件4人。

2019年,加强对民事、行政诉讼、执行活动的法律监督,办理案件42件,审结37件,提请市院抗诉1件,发出再审检察建议1件,发出改进工作检察建议22件。积极开展非诉执行检察监督,发出检察建议1件,均收到整改回函。注重维护司法权威,对审判机关正确的民事行政裁判,做好释法说理、服判息诉工作,共息诉7件。行政执法检察监督研究荣获省法学会、中国法治现代化研究院优秀论文。 (杨 烁)

【公益诉讼】 2019年,在生态环境和资源保护、食品药品安全、国有财产保护、国有土地使用权出让等重点领域,摸排公益诉讼线索32件,立案24件,发出诉前检察建议24件,起诉刑事附带民事公益诉讼案件2件。建立“专业化法律监督+恢复性司法实践+社会化综合治理”生态检察模式,办理德米圣公司环境污染刑事附带民事公益诉讼一案,责令其缴纳赔偿费用130多万元用于生态环境修复。依法对陈旭销售有毒、有害食品案提起刑事附带民事公益诉讼，要求被告人在国家级媒体上向社会公众赔礼道歉，达到“办理一案、警示一片”的效果。中国人大网、新华网、《法制日报》等主流媒体关注报道。（杨　烁）

【检察规范化建设】 2019年，树立惩治犯罪和保障人权并重、实体公正和程序公正并重的理念，加强司法办案内部监管，出台《案件质量管理意见》，动态监管案件1251件，开展质量评查210件，以制度强规范。加强与人大代表的日常联系，走访代表95人次，邀请人大代表视察工作、评议案件、开展座谈39人次，开展“检察开放日”等活动4次。深化检务公开，通过两微一端、门户网站及时发布案件程序性信息1229条，发布重要案件信息65条，公开法律文书783份，主动接受社会各界监督。（杨　烁）

法院

【概况】 2019年，新吴法院更高层次推进矛盾多元化解，牢固树立“答卷意识”，积极融入党委领导的社会治理体系，着力构建“非诉在前、诉讼断后”的二元解纷格局。依托专业调处平台，诉前高效集中调处各类民事纠纷1870件，全年民事一审收案下降2.6%，有效减少了成讼量和信访量。主动融入区委政法委“三官一律”活动，启动“审务进基层、法官进网格”，让法官走进网格，矛盾纠纷化解在网格，执行工作嵌入网格，努力实现审判资源向基层一线倾斜。新吴法院全年受理各类案件17127件，审执结15090件，同比分别上升8.9%和10.4%，解决争议标的144.6亿元。（李庆玲）

【刑事审判】 2019年，新吴法院受理一审刑事案件883件，审结880件，判处罪犯1178人。严厉打击危害群众安全感的犯罪，判处故意伤害、抢劫、非法买卖枪支及其他严重暴力犯罪案件64件75人。切实净化社会风气，判处“黄赌毒”犯罪案件77件151人。集中整治侵财犯罪，判处盗窃、诈骗等犯罪案件335件566人。判处危害食品药品安全犯罪案件6件13人，让食品药品安全成为不可触碰的“高压线”。维护出行安全，判处危险驾驶、交通肇事犯罪案件201件201人。判处贪污贿赂、渎职犯罪案件10件11人。加强人权司法保障，坚持以审判为中心，尊重和保障律师依法履职，推动刑事普通程序律师辩护全覆盖，为94名被告人指定辩护人。（李庆玲）

【商事审判】 2019年，新吴法院受理买卖合同、股权转让、融资租赁、票据保险等一审商事案件3418件，审结3006件，解决争议标的53.8亿元。依法保护重大项目、高新企业合法权益，审理的涉港珠澳大桥定作合同纠纷案、3D打印公司买卖合同纠纷案入选无锡市司法保障高质量发展十大典型案例。平等保护中外当事人合法权益，审结涉外、涉港澳台纠纷案件67件，推动高水平对外开放。支持企业加强管理，依法判决支持小天鹅公司对某员工严重违反竞业限制规定、拒不披露相关信息所作的处理决定，相关案例入选全省劳动争议案件十大典型案例。（李庆玲）

【企业发展保障】 2019年，新吴法院为先导智能、华光锅炉、双象集团等辖区民营企业挽回经济损失2.3亿元。创新服务企业举措，巡回开展“法官说裁判”活动，定向发布涉企法律讲解微视频，帮助企业有效防范经营风险，排除安全生产隐患。2019年，新吴法院依法判决支持祥生医疗公司提起的确认原股东不具有股东资格的消极事实之诉，为祥生公司成为无锡市首家科创版上市企业扫清法律障碍。全年受理破产案件13件，结案11件。华府庄园、现代信运城破产案通过破产协调程序解决了业主产权办证障碍，业主购房权益得到有力保障。威克亨盛、嘉盛公司破产案终结破产程序，嘉熙公司、中益集团系列破产案进入资产处置阶段。历时五年、矛盾错综复杂、衍生诉讼120余起的明园公司破产案，在区政府支持下完成楼盘竣工验收工作，业主和债权人争议基本得到解决，破产财产分配完毕，破产程序已告终结。区法院与国资部门密切配合，促成交大联云破产财产得到清算，实现价值最大化，并通过与全部债权人协商达成受偿协议，股东权益得到兑现，国有出资得以收回，群体纠纷顺势化解。雷迪森酒店破产案涉及400余户小业主切身利益，在出现强行收房易引发安全隐患的情况下，区法院在区委、区政府支持下果断采取措施停止酒店经营，并说服绝大多数业主签署售房委托手续，为酒店资产的整体处置奠定了基础。（李庆玲）

【民事审判】 2019年，新吴法院受理婚姻家庭、房屋买卖、建设工程、劳动争议、侵权赔偿等一审民事案件5196件，审结4430件。新吴法院坚持以化解矛盾为导向，民事案件调解结案率达50.7%。注重房地产纠纷化解，审理房屋买卖租赁、拆迁补偿等案件838件，协同属地政府和有关部门妥善处置嘉煌、嘉盛置业百余户业主维权纠纷案，维护了购房者权益，化解了群体矛盾。正确处理小区业主自治权和物业管理职权的矛盾，依法裁判小区业主诉业主大会撤销权案、业主委员会诉物业公司返还业主共有资金案等新类型案件，有效维护了住宅小区各方的合法权益，营造了和谐稳定的生活环境。加强劳动者权益保护，畅通劳动仲裁与诉讼衔接渠道，推动调、裁、审一体化，审结劳动、人事争议案件1088件。保障依法取酬，利

表 3 2019 年 12 月新吴区法院收结案数一览表（数据截至 2019 年 12 月 31 日）

部门	旧存	收案			结案			未结			结案率			结收比
		2019 年	2018 年	同比 (%)	2019 年	2018 年	同比 (%)	2019 年	2018 年	同比 (%)	2019 年	2018 年	同比 (%)	
刑事庭	31	883	777	13.64	880	797	10.41	34	34	9.68	96.28	96.26	0.02	99.66
民事庭	389	1488	1902	−21.77	1479	2232	−33.74	398	398	2.31	78.80	85.16	−6.36	99.40
商事庭	265	788	1096	−28.10	840	1138	−26.19	213	265	−19.62	79.77	81.11	−1.34	106.60
知产庭	40	462	332	39.16	462	313	47.60	40	40	0	92.03	88.67	3.36	100
执行庭	619	5536	4686	18.14	5585	4804	16.26	570	619	−7.92	90.74	88.59	2.15	100.89
行政局	1	17	14	21.43	18	13	38.46	0	1	−100	100.00	92.86	7.14	105.88
审监庭	2	130	29	348.28	128	31	312.90	4	2	100	96.97	93.94	3.03	98.46
立案庭	83	1025	1393	−26.42	1003	1539	−34.83	105	83	26.51	90.52	94.88	−4.36	97.85
硕放法庭	276	1420	1757	−19.18	1499	1754	−14.54	197	276	−28.62	88.38	86.40	1.98	105.56
旺庄法庭	184	1347	476	182.98	1293	292	342.81	238	184	29.35	84.45	61.34	23.11	95.99
江溪法庭	199	1942	1001	94.01	1903	802	137.28	238	199	19.60	88.88	80.12	8.76	97.99
全院	2089	15038	13463	11.70	15090	13715	10.03	2037	2089	−2.49	88.11	86.78	1.33	100.35
含诉前调	2162(73)	17008(1970)	14647(1184)	16.12	16960(1870)	14897(1182)	13.85	2210(173)	2163(73)	2.22	88.47	87.33	1.14	99.72

说明：以上数据采集于统计分析—收结存情况—收结案时动态统计。商事庭案件数量包含破产案件数量
立案庭辖字号案件：无。2018 年 2 件访监字案件不计入当年案件数中，2019 年 7 件访监字案件不计入当年案件数中

用节假日等关键节点开展集中执行，为劳动者追回劳动报酬 2000 余万元。加强司法救助，为确有困难的当事人缓减免诉讼费 4 万余元，发放执行救助款 50 余万元。（李庆玲）

【执行工作】 2019 年，新吴法院按照“固成果、补短板、保决胜、谋长远”的工作思路，持续加大执行工作力度，受理各类执行案件 6155 件，执结 5584 件，执行标的额 45 亿元。执行工作质效位列无锡市第一、全省前列，新吴法院被评为全省法院执行工作先进集体，并被确定为无锡地区唯一的“解决执行难长效机制建设示范法院”。强化执行攻坚，常态化开展集中执行，“执行 110” 全天候待命，快速反应出警，全年搜查被执行人住所 237 次，司法拘留 106 人次，罚款 15 人次，追究拒执罪 2 起。强化执行联动，依托区网格化社会治理平台，实时掌握被执行人动态，与区域网格员密切配合，推动查人找物的高效精准化。强化智慧执行，开通司法拍卖 VR 看样和网络直播，实现网上直接查、冻、扣被执行人在全国范围内的存款、股票和理财产品。强化失信惩戒，在行业准入、生活消费、融资信贷等方面对失信被执行人实行信用监督、警示和惩戒，全年公布失信被执行人信息 1814 条。落实执行指挥中心“854”模式，优化执行团队配备，健全分段执行机制，在无锡市法院率先打破“一人包案到底”、“团队包案到底”的传统模式。创制执行工作“235”规范，加强案件节点和期限管理，相关经验被《人民法院报》推广。（李庆玲）

【知识产权保护】 2019 年，新吴法院着力保障企业自主创新。强化创新、权利、惩罚、效率、诚信五个导向，不断打造激励创新、促进繁荣的知产审判精品案件。审结各类知识产权民事案件 317 件，判处侵权赔偿总额 700 余万元。依法判决感知集团诉四川感知鼎坤公司不正当竞争维权案，作为无锡物联网产业保护第一案，入选年度区十大法治事件、无锡市十大典型案例。从快从严

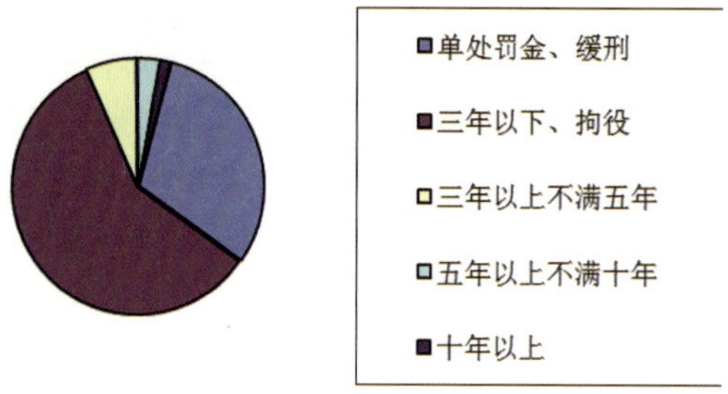

图 3 2019 年新吴区刑事案件类型分布情况

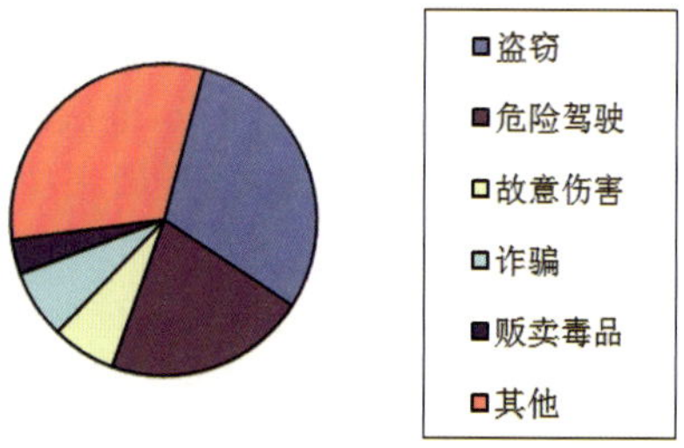

图 4 2019 年新吴法院罪犯处罚刑罚情况统计

打击侵犯知识产权犯罪,审结假冒"奔驰""宝马""英利"、"星巴克"等国内外知名品牌刑事案件 21 件,判处罪犯 59 人、犯罪单位 7 家,判处罚金总额超 3500 万元。加强新兴产业知识产权保护,启动物联网司法助力工程,在重点板块、重点企业设立联系点,为创新发展提供前瞻性法律支持。(李庆玲)

【矛盾纠纷化解"三张网"建设】 2019 年,新吴法院江溪法庭创新发展"枫桥经验",精心打造"三张网":建立涉诉苗头信息快速反馈和矛盾风险分级处理机制,打造"前哨型"基层矛盾就地吸附网;建立与司法所、派出所、房管所的信息共享、行动联合机制,打造"联动式"诉讼纠纷化解网,确保各类矛盾纠纷及时化解;建立村干部与法官互相派驻以及对村干部长效培训机制,打造"沉浸式"村干部法官互驻网,让村干部与法官在角色互换中相互深度学习。新吴法院人民调解工作室被评为全省优秀人民调解工作室,"三网"建设项目获评年度新吴法治惠民实事工程项目一等奖。(李庆玲)

【家事审判特色品牌】 新吴法院旺庄法庭作为无锡市唯一的家事审判法庭,着力打造"法助弱势妇童,共筑避风港湾"特色品牌。创新家事审判工作方法,诉前注重预防保护,协助区妇联制作"嫁校"测试,积极参与婚姻家庭公共服务体系建设;诉中注重合力解纷,创新财产申报形式,破解财产调查难题,创设家事调解员制度,修复受损家庭关系,及时制发人身保护令,保护受害者免遭家暴侵害;诉后注重搭桥帮扶,发送"法官寄语",及时释明子女探视、房产分割归并、共同债务清偿等问题,及时联系妇联、社区对家事纠纷中遭遇困境的老弱妇幼给予帮扶,延伸司法人文关怀。旺庄法庭家事审判特色项目获评年度新吴区"法治惠民实事工程项目二等奖"。着力打造"大攻法官说家事"原创普法专栏,将预防家暴、财产继承、赡养抚养等家事法律问题融入通俗易懂的漫画中,人民网、央视今日说法等官微多次转发,阅读量累计超百万次,主创顾玫入选区十大法治人物。(李庆玲)

【未成年人健康成长】 2019 年,新吴法院继续严惩侵害未成年人权益犯罪,对某培训机构教师官某猥亵儿童案依法从重判处。推行轻罪记录封存、回访帮教等制度,有效帮助未成年犯改过自新、回归社会。新吴法院刑事审判庭被评为江苏省"法院刑事审判工作先进集体"。(李庆玲)

【"阳光司法"】 2019 年,新吴法院继续深入推进"阳光司法",全年通过互联网平台直播庭审 4789 次,公布裁判文书 8146 篇,构建更加开放、动态、透明、便民的阳光司法机制。构建以服务大厅、诉讼服务网、12368 服务热线、巡回办理为主要内容的"厅网线巡"一站式诉讼服务体系,全年为群众提供诉讼服务 1.88 万件次。(李庆玲)

【审判权运行机制改革】 2019 年,新吴法院不断优化以"员额法官"为中心的审判团队,案件由法官自主审理、评议、裁判和签发。制定分案实施标准,落实院庭长办案常态化,院庭长全年办理案件 8842 件,占结案总数的 58.6%。召开审判委员会、专业法官会议 140 余次,开展案例分析研讨、审判经验交流,统一裁判尺度。强化院庭长审判监督管理职责,突出对群体性案件、重大疑难复杂案件、长期未结案件进行监督,切实做到放权不放任、监督不缺位。实施案件质量评查,分析研判审判态势,定期发布办案指引,实时通报办案进度,着力实现有序结案、质效双升。新吴法院连续三年结收案比超百分百,全年结案率达 88.1%,位居无锡市第一。(李庆玲)

司法行政

【概况】 2019 年,新吴区成立"中共无锡高新区工委(新吴区委)全面依法治区委员会",筹备召开区委全面依法治区委员会第一次会议;调整新吴区全面推进依法行政工作领导小组,编印《区委全面依法治区委员会 2019 年工作要点》和《新吴区 2019 年法治政府建设工作要点》;共清理行政规范性文件 7 份,审核以管委会(区政府)名义作出的行政文件65份、签订的招商合同12份,对省、市地方性法规、政府规章和规范性文件征询并反馈意见25份;牵头对城管、住建、市场监管、生态环境等21个行政执法部门逐一开展行政执法检查。印发《行政复议应诉与人民调解对接工作实施办法》,通过复议调解工作协同机制撤回行政复议案件2件。2019年,新吴区司法局全年共开展行政执法业务骨干法制培训12场,覆盖650多人次,全区新领证执法人员145人;全区共办理行政应诉案件78件,行政机关负责人出庭应诉率达97.83%;共收到行政复议案件31件,在办4件,审结27件。对全区630余家区重点民营企业进行了专题"一对一"法治体检服务。开展各类政策法规宣传16场次、覆盖企业461家,成功化解劳资纠纷70余件。2019年新吴区司法行政系统干部完成新中国成立70周年维稳保障工作;制作"扫黑除恶"专题动漫4部,开展"扫黑除恶"专项斗争集中宣传20余场次,对辖区律师代理涉黑涉恶案件全程跟踪监督,每月2次对三类特殊人群进行"扫黑除恶"专项斗争集中警示教育,杜绝三类特殊人群涉黑涉恶。发扬"枫桥经验",实施"堡垒调解室"工程,在全区范围内树立16个特色品牌调解室,共化解各类矛盾纠纷10826件,复杂疑难纠纷125件,其中10人以上群体性纠纷8件涉及750人,死亡纠纷31件,信访案件22件。扎实开展特殊人群管控工作,全年未出现脱漏管现象,刑满释放人员衔接率和"必接必送"率达100%,全新打造的"新起航就业援助"平台累计推荐就业136人次。 (宋俊杰)

【法治宣传】 2019年,新吴区司法局积极参与打好"三大攻坚战",开展"法企同行·千所帮企"专项活动,累计服务雏鹰、瞪羚、准独角兽企业34家,排查企业存在的法律风险482个,帮助解决法律问题150余个,出具法律意见书、风险提示函182份,提供建议598条;在各园区专门制作法治宣传文化墙8面,增添24小时法宣滚动电子屏5块,增设园区法治宣传栏21处,提高园区"法治颜值"吸引企业安家落户;开展"四个防范"法律法规宣传讲座、"德法涵养文明·共建绿色生活"等主题活动40余场次,定制"活动普讲+上门宣讲+培训精讲"套餐,引导企业依法经营、员工依法维权。 (宋俊杰)

【普法惠民工程】 2019年,落实"谁执法谁普法",制定《2019年区级机关部门月度普法项目清单》,将普法工作纳入全区高质量发展考核;区委常委会学法3次,区政府常务会议学法2次,领导干部任前法律知识考试7次共134人。扎实落实服务民生工作,推出服务保障民营企业发展、建设宪法法治文化阵地等16个法治惠民实事工程项目;开展宪法广场宣传、"宪法在我心中"主题班会等活动60余场次;开展暑期法治夏令营、专题法治讲座、法律知识竞赛、主题班会等活动50余场次;举办法治文化进社区文艺巡演6场,受众2万余人;升级打造"法润新吴"微信公众号,累计推送普法文章380余篇,关注人数达3万多人。《电子商务法—保护消费者合法权益》在司法部、国家互联网信息办、全国普法办共同主办的第十五届全国法治动漫微电影作品征集展播活动中获得"微视频类"一等奖;《擦亮眼睛教你识别黑恶势力》扫黑除恶宣传微动漫被央视"今日说法"栏目官方微博采用发布;《套路中的"套路贷"》被无锡市委政法委选送至省委政法委,参加第四届平安江苏微电影微视频微动漫比赛。 (宋俊杰)

【公共法律服务体系建设】 2019年,新吴区推动公共法律服务贯标落实,区、街两级公共法律服务中心规范化建设达标率100%;围绕打造"数字法治·智慧司法"总目标,加大"无人律所"等智能公共法律服务终端的推广应用,升级打造"新吴区企业法律共享服务平台"服务号,构建"线上+线下"相融合的公共法律服务体系;推进律师走进街道、社区"坐堂会诊",帮助解答群众来访咨询800余人次,为基层调委会化解纠纷提供法律帮助210余次;推出"全生命周期"公共法律服务产品6个,其中"退役军人法律援助""放心消费在行动""法律援助宅急送"被无锡市司法局评为公民全生命周期推广运用产品;全区共受理法律援助案件615件,其中刑事案件161件,民事案件454件,涉案人数392人,涉及金额769.2万元;指派律师参与法院、检察院值班240天,提供法律咨询2000余人次,为认罪认罚案件提供法律帮助510件。其中,由律师张森办理的法律援助刑事辩护全覆盖案件"张某某销售假药案",被评为全省十大优秀法律援助案件。 (宋俊杰)

军事

人民武装

【思想政治建设】 2019年，新吴区人武部坚持以党的新时代强军目标为统领，深入学习贯彻中央军委主席习近平强军思想，坚决贯彻落实军委国防动员部和省军区、军分区党委决策指示。扎实开展主官党课教育、“每周手机微型党课”、撰写心得体会等活动，常态抓好理论武装。突出抓好“不忘初心、牢记使命”和“传承红色基因、担当强军重任”2个主题教育活动，培塑忠诚信仰，坚定政治定力。组织到新四军六师师部旧址、锡北革命烈士陵园等地开展主题教育。做好一人一事思想工作，全部人员思想稳定、安心岗位。（何毅明）

【战备训练】 2019年，新吴区人武部完善战备设施，加快实现智能化远程实时指挥。加强战备值班，值班员24小时全时在位，区民兵应急分队在汛期和重要敏感时期保持待命状态，能够随时遂行任务。4月，对基干民兵进行整组点验；5月，接受无锡军分区新质力量点验；6月，组织专武干部、民兵营长集训，并分街道组织民兵紧急出动演练和应急处突训练；8月1日，出动民兵应急分队完成某集团军演练保障任务；11月组织民兵专业分队集中轮训备勤；11月底完成无锡市国防动员演练；12月，组织民兵进行轮训备勤集训并与空军硕放场站进行对接训练，按照遂行任务“一个过程”组织重要军事目标协防行动综合演练。（何毅明）

【国防动员】 2019年，新吴区人武部围绕有效遂行支援保障打仗、参与反恐维稳、参加抢险救灾等职能，主动适应经济发展新常态，以履行“双应”职能为牵引，落实民兵调整改革任务，抓好保稳接续，重塑应急、专业、特殊3类基干民兵力量，优化编组基干民兵，编精、编实基干民兵力量。5月，全体民兵新质力量和部分应急力量接受军分区点验，高标准完成了上级整组点验和检查任务，相关做法被《中国民兵》报道。12月24日组织召开全区人民武装工作例会，宣布各街道人武部长命令，明确基层武装工作规范细则，部署新年度“一年两征”工作，强化各街道专武干部责任担当。（何毅明）

人民防空

【基层人防】 2019年，新吴区人防办加强社区民防工作站的平时管理，全面推动基层人防建设。组织6个街道260余名基层社区人防工作人员、人防志愿者、楼道长进行集训，增强应急应灾能力，提高人防业务知识水平。为新吴区所有初二以及小学四年级学生配发民防知识读本。组织“5·12”防震减灾宣传周和“9·18”防空警报试鸣日相关演练活动，在群星社区、新安净湖社区、新安一社区组织区街两级防空袭疏散及重点目标防护演练活动，参演人员和居民群众共2000余人。（何　平）

【指挥通信】 2019年，新吴区人防办完成辖区内人防中继台组网覆盖。新采购并安装8台固定警报器，顺利完成“9·18”国家公祭日暨全省防空警报试鸣工作，警报覆盖率100%，鸣响率100%。加强指挥系统建设，积极推进小型机动指挥所机动拉练演练工作，参加省民防局组织的跨区机动通信和保障活动，检验机动指挥车机动能力、通信保障能力和组织指挥能力。改造提升固定人防指挥所通信设备，为全面提升实战化能力奠定坚实基础。（何　平）

【人防专业队伍】 2019年，新吴区人防办按照人防专业队整组要求，继续汇总全区抢险抢修、医疗、防化防疫、交通运输、通信、治安、消防及心理防护8支专业队伍和民防志愿者队伍情况，做好相关人员及装备器材登记整理，提升基层骨干队伍，有序推进人防队伍建设和业务训练，提高专业队伍的应急

处突能力。 （何 平）

【工程建设管理】 2019年，新吴区人防办完成全区新立项及在建项目的梳理审批，完成专项普查及信息汇总登记。2019年，共新立项58个项目，新开工21个项目、新竣工15个，均超额完成市区两级既定目标。全年收取人防易地建设费6895万元。（何 平）

【维护管理】 2019年，落实全区人防车位违规使用专项整治工作精神，对全区人防工程中的违规人防车位使用问题进行梳理整治，督促责任单位对人防工程使用维护按照省物业管理条例执行。 （何 平）

无锡国家传感信息中心

综述

【概况】 2019年,新吴区工信局紧紧围绕全区高质量发展工作主线,以"智慧产业规模化、城市运行高效化、城市管理智能化、市民生活便捷化"为目标,以国家传感网创新示范区核心区和智慧无锡建设试验田为定位,全面强化以物联网为龙头的新一代信息技术在"智慧新吴"各领域的深度融合和创新应用,通过健全体制机制、优化实施方案、扎实推进项目建设,全面建成了"1中心+6平台+N应用"的"智慧新吴"运行架构("1中心"——政务云数据中心,"6平台"——飞凤平台、动态管理平台、"慧眼360"视频监控汇聚平台、企业服务空间平台、智慧城管平台、政务服务平台,"N应用"——智慧教育、智慧环保、智慧燃气等N项应用)。2019年,会同区财政局完成了年度"智慧新吴"项目绩效评价工作,总体评价"优秀"。曼荼罗、中科西北星成功入围全国第三批智慧健康养老示范企业,数量位列全国市(县)区第一。 (严卫中)

【《"智慧新吴"项目建设管理办法》实施】 2019年,新吴区工信局全面深化实施《"智慧新吴"项目建设管理办法》,在全市首创信息化项目招标前第三方造价审核和结(决)算审计机制,全年累计审核节约财政资金近2.4亿元。 (严卫中)

技术创新

【"雪亮工程"示范项目】 2019年,新吴区工信局率先建成"雪亮工程"示范项目——"慧眼360"视频监控平台,汇聚各类视频监控10400路,在共建共享的基础上开展智能研判,对于提升全区社会治安防控和打击违法犯罪精准水平贡献率超过70%。该项目获得2019年无锡市科技强警三等奖;推进"网格+警格"融合,推行"多网合一",全年排查各类安全稳定隐患1800余起、化解矛盾纠纷1.8万余件。 (严卫中)

【智慧治水实时监控系统】 2019年,新吴区智慧治水实时监控平台以排水设施的空间数据为基础、智能监测终端设备为媒介、实时监控云平台为核心、智慧远程控制为手段,整合城市降水、雨水、入河口水质、污水管网液位、排水户雨水污水分流情况等实时数据,对各系统的水流、水量、水质等关键数据进行多角度全方位的实时采集,将雨水、污水、河水不同系统的数据融合在同一平台上覆盖全区300户排水户出水口、65条劣质水体河道的580个入河口、800余公里的污水主干管网及三大污水处理厂,实现了河道水质变化的靶向溯源、污水系统运行的实时监测,通过数学模型实时分析系统运行情况,并形成管理对策,指挥调度污水系统、雨水系统的运行,全面提升全区水环境的智能化管控水平,用全新的视角定义碧水蓝天的实现路径,这在全国尚属首例。 (聂 霞)

【智慧校园建设】 2019年,新吴区智慧教育大数据项目实现对全区25家中小学极课大数据应用资源的全覆盖。无锡科技职业学院启动智慧校园项目一期建设,主要由校园网络基础设施、私有云数据中心扩容、信息安全组成,2019年底,项目投入试运行。通过基于GPON技术的全光网基础建设,结合扁平化的网络架构,建设成高可用的有线无线一体化网络,实现区域精细化认证接入。无锡科技职业学院建成为苏南高校中首个"全光网校园"。 (黄唯一)

智慧平台建设

【智慧燃气平台】 2019年,新吴区"智慧燃气"平台针对全区使用瓶装液化气的小餐饮企业用气场所,实现可燃气体泄漏实时监测及多级报警。2019年,"智慧燃气"年安装量突破2000台,处理泄漏报警信息2000余条,防范重大安全隐患7起,为小餐饮用户瓶

装液化气的安全使用提供了有效安全保障。(余希佼)

【智慧物业平台】 2019年,新吴区智慧物业平台为全省率先建设的涵盖政府监管与审批、物业公司管理与提升、业主委员会监督与服务、业主查询与履职四大功能的公众平台。该平台通过统一软件应用、统一数据管理运用、统一公共服务平台,全面整合行政和市场资源,实现互联网与政府公共服务体系的深度融合,推动公共数据资源开放,促进公共服务创新供给和服务资源整合,业主无论身处何地,都可以随手投票,该平台的运行将从根本上改变业委会成立难、业主投票难的局面。 (陆晓芳)

【区域"一站式"企业服务平台】 2019年,新吴区率先建成区域"一站式"企业服务平台——"高新区企业服务空间",累计服务企业4000余家次、兑现资金16.1亿元。 (严卫中)

【审批服务管理平台】 2019年,新吴区在政务服务领域,地方政府综合债务监管系统获省纪委监委肯定,在全省13个地级市指定推广应用;全市首个街道级审批服务管理平台在新吴区上线运行,新吴区政务服务平台不见面办件量和办件率全市第一。(严卫中)

微纳园

综述

【概况】 全区现有省级现代农业产业园、市级现代农业园各1家，耕地统计面积5.19万亩(其中永久基本农田0.63万亩)，全区实际可耕种农田面积约1.3万亩，其中茶果种植面积0.29万亩，蔬菜0.11万亩。全区9家农业龙头企业资产总额25.5393亿元，实现销售收入19.4亿元；农业电商产业营销额1.33亿元。（王桂春）

【绿色兴农】 2019年，新吴区农业农村局坚持质量兴农，绿色兴农，以高效生态高质为导向，全面实施农业提质增效行动。引导工商资本投农，建设瑞可颐现代农业高新科技创新示范园。鸿山葡萄专业合作社蝉联国家农民合作社示范社，鸿山葡萄、梁鸿大米等7个农产品被农业农村部认证为绿色食品，实现新吴区绿色食品“零突破”。新增鸿山5000亩绿色优质水稻种植基地，全区绿色优质农产品种植比例超过70%。（王桂春）

【现代农业转型升级】 2019年，新吴区持续优化现代农业发展基础，聚焦农业供给改革和高质量发展需要，瞄准薄弱关键，狠抓发展基石构筑，推进完成耕地土壤环境质量类别划分工作。全面完成2050亩粮食功能区划定工作。农业经营主体培育力度不断加大，鸿山葡萄专业合作社被授予国家农民合作社示范社称号。新型职业农民培育不断加强，完成职业农民认定10名。农业生态发展成效凸显，畜禽规模养殖场(小区)治理率达100%、畜禽规模养殖场(小区)治污设施配套率达100%、规模养殖场畜禽粪便综合利用率达98%，农作物秸秆综合利用率达到95%、废旧农膜回收利用率达到80%以上，实现化肥减量52.15吨，比2015年下降8.41%，实现化肥农药减排减量“零增长”。（王桂春）

【农业龙头企业】 2019年，新吴区以农业产业振兴为关键，推进发展农业龙头企业、互联网+农业、生物农业、生态旅游农业等优势农业产业发展。正大生物、太阳绿宝、元祖食品等加快转型升级步伐，正大生物面对兽用抗生素部分品种逐步被禁用的不利现状，中兽药异军突出，中兽药全年实现迅速增长，元祖食品线上销售占比逐步加大。新增一家省级龙头企业无锡市前程包装工程有限公司，一家市级农业龙头企业无锡养乐多乳品有限公司。（王桂春）

【都市旅游农业】 都市旅游农业加快发展。培育发展“吴韵梅里”“鸿山清明踏青”“欢乐葡萄采摘季”主题线路休闲观光旅游，举办泰伯庙会、清明踏青和葡萄节等农事节活动，集中精力开展精品村、示范村、主题创意农园和现代农业示范点建设，努力实现现代农业与“旅游+”融合。全年接待游客和群众47.5万人次，实现综合收入0.335亿元；推进农业产业联合体建设，易健农业成功争创市级产业化联合体。（王桂春）

智慧农业

【智慧“农业云”平台建设】 2019年，新吴区坚持高端高质高效，突出绿色化、优质化、品牌化，因地制宜走智慧农业发展之路。在全市率先探索打造“智慧农业云”平台，在鸿山街道新建1800亩高标准农田并重点打造全省首个全面植入农业物联网、休闲观光农业的高标准农田3.0版，在鸿山千亩葡萄示范区内建成全市首个5G智慧农业示范项目并获得2019世界物联网博览会智慧农业专项奖。（王莉乾）

【科技型农业主体建设】 “互联网+农业”稳步发展，农业电商全年产业产值增长超过25%。培育科技型农业主体，辖区内农业企业富华科技“家畜养殖数字化关键技术与智能饲喂装备创制及应用项目”荣获2019年国家科技进步二等奖，汉和航空 “植保无人飞机减施增效关键技术集成与产业化推广应用”项目荣获全国农牧渔业丰收奖农业技术推广成果奖一等奖。选送的两项成果获农业农村部 “2019 数字农业农村新技术新产品新模式优秀项目”。（王莉乾）

农业安全

【农业安全防控】 2019 年，新吴区认真贯彻落实各级政府关于安全生产工作部署，不断强化农业安全生产责任，按照“管行业必须管安全、管业务必须管安全、管生产必须管安全”要求，扎实抓好农业各领域安全生产。抓好农业领域扫黑除恶专项斗争，围绕农资、农机、耕地保护、农业项目、农业园区管理、农产品质量安全、农业龙头企业监管等方面开展座谈 10 多次，走访农业企业 100 余家次，农业种植户 50 余户，向农民群众、农业企业等发放调查问卷 100 多份，排摸上报并处置相关线索 2 条。适时开展农业安全生产大排查大整治专项行动，2019 年对农业八大领域涉及的 5 个农机专业合作社、135 台农机、104 艘渔船、1800 亩各类大棚种植地块、13 个农药经营企业、饲料生产企业 7 个，14 个动物诊疗机构、2 家兽药企业、14 个农贸市场、5 个农业检测机构等全面梳理排查，共开展各类隐患排查 151 次，出动检查人员 392 人次，全面完成隐患排查与整改。扎实推进非洲猪瘟等重大动物疫病防控。开展全面消毒和灭鼠灭蚊专项行动、夏季、秋冬季重大动物疫病集中免补和消毒灭原行动，确保无重大动物疫情发生。加大非洲猪瘟防控力度，严防生猪零星复养，加强猪肉来源监管。（王桂春）

【农业执法监督】 2019 年，新吴区农业农村局积极开展农业执法宣传和培训工作。组织开展和参加各类农业、渔业执法宣传培训 7 次，共发放宣传资料 800 余册。适时开展 2019 年度渔业船舶年审年检工作，及时做好辖区内渔船捕捞许可证的签发及渔船更新工作。依法严厉打击违法违规行为。集中开展“夏季百日行动”农业安全执法检查行动及农资打假执法检查，出动执法人员 150 人次。协助市级立案查处农资案件 4 起，移交安全隐患线索 3 起；持续推进渔业非法违捕专项整治行动。将太湖、望虞河、伯渎港、张塘河、走马塘等河道纳入重点执法监督巡查检查范围，全力打击违法电鱼等行为。执法检查 150 余次，共出动执法人员 460 余人次，取缔地笼网约 167 条，丝网 2500 万米，拆除河湖内毛竹 2131 余根；参加市区联合执法 12 次，查处违法违规涉鱼事件 5 起、涉案人员 13 人次、涉案捕捞船只 12 艘。（郭洪强）

农业经营管理体系

【农村“三资”信息化监管体系】 2019 年，新吴区按照《2019 年新吴区农村集体“三资”监管体系建设工作方案》要求，以现代网络信息技术为依托，全面建设“1+4”监管平台，即建设一个“三资”监管信息中心和三资数据平台、户户通信息公开平台、e 银通支付平台、产权交易平台四个平台。发挥“三资”监管体系的信息枢纽作用，监管信息中心实时展现各平台运行状态，实现各平台数据信息呈现和监管，实现与市级信息中心数据互联互通、音视频实时连接。“三资”管理平台，列入农经统计的 92 个村所有资产、资源、财务数据录入其中，实现对三资的全程动态监管，实现与无锡市三资监管平台互联。户户通信息公开平台，通过江苏有线高清机顶盒，将村务、党务、财务通过有线电视输送到老百姓家里，创新公开方式。E 银通支付平台，由无锡农商行、江苏银行联合新中大软件公司开发的资金网上支付审批平台，实现资金使用全程监管和留痕管理。产权交易平台，按“应进必进”“应进尽进”原则，农村集体经营性资产交易全面纳入平台，实施阳光交易，全程监管集体资产资源处置。2019 年全年上线交易 893 笔，交易金额 1.71 亿元。出台新吴区《关于进一步完善农村集体“三资”管理的意见》，联合区纪委监委、财政局、审计局开展专项监督检查，加强制度落实和执行力度。（武清华）

【农村股份经济合作社组建】 2019 年，新吴区组建 96 家集体经济股份经济合作社，实现集体股份经济合作社全覆盖。出台《关于进一步推进和深化农村集体产权制度改革的意见》《新吴区农村集体资产清产核资实施意见》《新吴区农村集体经济组织成员身份确认工作指导意见》等，使改革有章可循。抓实清产核资这一基础，按照“过程透明、结果公开”的原则，全面清查经营性、非经营性和资源性资产，基本摸清、理清、算清资产、土地和社保“三本帐”。抓准成员界定这一关键，按照“尊重历史、兼顾现实、程序规范、群众认可”的原则，确认集体经济组织成员 25 万余人。抓牢股权量化这一核心，坚持因村施策，集体成员民主协调决定基本人口股和劳动贡献股的设置办法，量化经营性资产 30 亿元，量化总股份 47 万股。在股权管理上，实行“量化到人、固化到户”，以户为单位发放股份证书，作为成员享受集体收益分配的有效凭证。改革后成立新型农村集体经济组织，完善制定《股份合作社章程》，挂牌成立村（社区）股份经济合作社。（武清华）

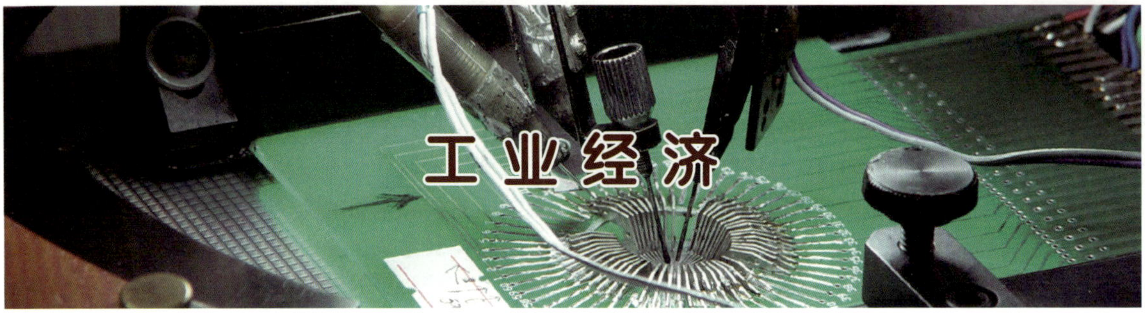

工业经济

综述

【概况】 新吴区是无锡工业经济发展高地，技术水平、经济效益、规模总量均处于全市前列。2019年全区规上工业总产值占全市四分之一，规上工业企业利润占全市三分之一。作为国家传感网创新示范区核心，2019年物联网产值占全市份额超过61%，协同周边地区共同推动物联网为行业创新赋能。（贺齐东）

【工业经济发展】 2019年，新吴区克服宏观经济下行、中美贸易争端、行业周期深度调整等诸多不利因素影响，实现工业经济稳定增长。2019年全区实现地区生产总值1845.5亿元，人均GDP突破32万元，位居全省城区第一。规模以上工业总产值4217.6亿元，增加值达到1010.59亿元，占全市比重的26.9%。工业增加值率24.92%，较2018年提高4.01个百分点。新增规上工业企业80家。全年工业投资同比增长12.2%，占全社会固定资产比重达到75%，位列全市第一。工业技改投入同比增长11.9%，持续保持全市第一。2019年，新吴区有26家企业入围全市纳税百强，其中4家企业入围前十强，阿斯利康、海力士分别位居第一和第三，入围企业税收占百强企业的29.8%。全区单位建设用地亩均税收收入达15.6万元，居全市第一。高技术制造业投资占工业投资比重达到83.6%，全市第一，全省前三。20个市重点智能化改造项目投资52.5亿元。（贺齐东）

【工业企业绩效评价】 2019年，新吴区优化工业企业绩效评价指标体系，简化评价流程，强化结果运用，牢树“亩产论英雄”导向，倒逼企业转型升级，走低能耗、低用地、高科技、高产出的集约发展道路。2019年，梳理核查工业企业7490家，占工业用地面积80893.25亩，总销售4507.87亿元，总税收290.04亿元，亩均销售557.26亿元，亩均税收35.85万元。（贺齐东）

【重点制造业项目新增】 2019年，新吴区新批总投资超亿元以上产业项目95个，总投资约465.82亿元；其中总投资超10亿元以上项目11个，总投资超50亿元以上项目2个。华虹半导体芯片项目和SK海力士二工厂项目落地新区，使得无锡新吴区集成电路产业集群正式形成，全国的集成电路产业基地就集中在无锡新吴区。（贺齐东）

【民营经济提升】 2019年，新吴区制订促进民营经济高质量发展政策文件，建立健全民营经济服务促进机制，搭建民营企业服务“绿色通道”。培育省级“专精特新”小巨人企业8家，市级10家。4家企业产品入围江苏省首台（套）重大装备。无锡市不锈钢电子交易中心有限公司入选2019中国民营企业500强榜单。（贺齐东）

【工业用电】 2019年，新吴区售电量为121.13亿千瓦时，相较2018年度电量增加约9.71%，占无锡地区（含江阴和宜兴）售电量的17.62%。其中第一产业电量为0.0236亿千瓦时（占比为0.02%）、第二产业电量为96.17亿千瓦时（占比为79.39%）、第三产业电量为17.37亿千瓦时（占比为14.34%）、城镇居民用电为7.57亿千瓦时（占比为6.25%）。（贺齐东）

产业转型升级

【创新资源集聚】 2019年，新吴区全社会研发费用占GDP比重达3.76%，列全市第一。万人发明专利拥有量超过138件，是全市平均的3倍。新增重大产业创新平台3家、新型研发机构7家、院士工作站3家、省级以上企业工程技术研究中心22家、市级以上众创空间5家。新招引各类人才1万余人，其中院士6人、高层次人才1147人。引育国家级人才6人、省级人才25人，入选市级人才计划50项，均位居全市第一。引进市级人才项目50个，领军人才创业企业总产值达110亿元。新增获批市级众创空间4家、省级众创空间1家，在国家、省、市科技企业孵化器绩效评价中获评优秀的分别为3家、3家、7家，分别占全市获评优秀数的50%、38%和32%。无锡中关村软件园获批国家级科技企业孵化器，为无锡市唯一获批的国家级孵化器。（刘家祺）

【创新载体提升】 2019年，新吴区增材制造研究院、大数据国家实验室融合创新中心、省产研院深度感知技术研究所、智能集成电路设计技术研究所、泓慧集成电路与储能研究所、慧界物联网技术研究院、中科院上海技物所光电材料与器件研究院7家新型研发机构签约落户，聚集项目领衔院士达到5名。引进国家安全可靠产品测评认证分中心和联合攻关研发基地。引进美国医学与生物工程院的君诺贝数字式免疫诊断平台项目，与省产业技术研究院共建智能车辆驾驶无人平台项目。阿斯利康、中船、先导、朗新等外资、国资、民资龙头企业实现园区化发展。无锡（国家）软件园连续第三年名列优秀（A类）榜单，成功实现“三连A”。微纳园荣获 “亚洲最佳孵化器奖”，成为中国大陆第五家、江苏省首家获该奖项单位。（刘家祺）

【转型稳健有力】 2019年，新吴区以“智能化、绿色化、服务化、高端化”为引领，深入推进“产业唤醒计划”“两化”融合、智能制造、“工厂总部化”。全年新增省工业互联网标杆工厂2家、星级上云企业27家、市级以上智能车间39家，新增省级示范智能车间数量占全市的58%，连续3年蝉联全市第一。完成智能化改造项目50个，获评省首批“互联网+先进制造业”基地，4家企业产品入围省首台（套）重大装备。新增省级跨国公司地区总部2家，完成工厂总部化项目40个。推进街道工业集中区提档升级，建立空港智能制造产业园、江溪智慧产业创新园等5个先行示范区，亩均税收增长12.3%。（刘家祺）

优势传统产业

【物联网】 新吴区作为无锡物联网产业发展的核心区以及国家唯一物联网产业集群区域品牌试点地区，是无锡打造物联网地标性产业的主阵地。2019年，全区拥有各类物联网企业1338家，物联网产业营业收入达到1862亿元。其中规模以上企业171家，营业收入1209亿元，占全市规上企业比重达到64%。全区基本形成感知类、传输类、应用服务类和智能硬件等较为完整的产业链。经过近几年的培育发展，逐渐培育一批龙头企业，无锡高新区物联网企业数量、营业收入及增长率都位居全市第一，品牌影响力不断扩大。2019年，营业收入超过1亿元以上的企业有44家，10亿元以上的企业有9家。上市企业5家，其中和晶科技、朗新科技、先导智能在创业板上市，智能自控在中小板上市，祥生医疗则是无锡第一家在科创板上市。（过雪东）

【集成电路】 新吴区是无锡集成电路产业发展的核心支撑区，是无锡打造集成电路地标性产业的排头兵。2019年，全区共有集成电路企业140家，其中列入市级集成电路列统库74家。2019年，全区集成电路产业营业收入880 亿元，占无锡市比重达70%，占全国的比重接近12%。其中，全区集成电路产业规上企业营业收入799亿元，占无锡市比重达70%。2019年全区有集成电路设计规模以上企业30家，营业收入72亿元。集成电路晶圆制造规模以上企业6家，营业收入225亿元。集成电路封装测试规模以上企业21家，营业收入203亿元。集成电路支撑配套规模以上企业22家，营业收入299亿元。设计、制造、封测和支撑配套占全区集成电路列统库全产业比例分别为9%、28.2%、25.4%和37.4%。2019年华润微电子成为自科创板设立以来第一家过会的红筹企业，华润上华MEMS器件项目获2019年国家科技进步奖二等奖，芯朋微电子、中感微电子两款芯片入围第十四届“中国芯”优秀产品名单，智驰华芯的MEMS传感器应用在天琴一号卫星上。（丁　强）

【高端装备】 2019年，新吴区高端装备产业规上企业主营业务收入268亿元，其中智能专用装备产业规上企业主营业务收入248亿元，通用装备制造规上企业主营业务收入17.1亿元，“两机”产业规上企业主营业务收入2.9亿元。2018年，全区高端装备产业规上企业共有99家，以智能专用装备产业为主。其中智能专用装备制造企业88家，通用装备制造企业10家，“两机”产业企业1家。全区高端装备产业现已初步形成了涵盖智能专用装备、高端装备零部件、整机及系统总集成在内的较完整的产业链。其中，无锡先导智能装备股份有限公司的动力锂电池卷绕机、无锡奥特维智能装备有限公司的多功能划焊一体机和贴膜机均具有较高的市场份额，无锡华光工业锅炉有限公司是中国锅炉行业前五强企业、中国工业行业排头兵企业、中国机械500强企业和全国首批500家管理创新示范单位。（钱　进）

【电子元器件】 新吴区是无锡电子元器件产业发展高地，产业规模和技术水平处于全市乃至全省前列，2019年，全区电子元器件产业主营业务收入442亿元，共有电子元器件产业规上企业41家，其中电子元件企业37家、电子器件企业4家。产业集群涵盖了功率器件、微机电系统、光电产品、半导体芯片等在内的较为完整的产业链，是支撑新吴区集成电路等相关产业发展的基础性环节。涌现了菲尼萨光电通讯科技(无锡)、村田电子、无锡阿尔卑斯电子、三星(无锡)电子材料、西门子中压开关技术(无锡)、无锡飞翎电子、无锡市儒兴科技、爱普生精密光电(无锡)、航空电子(无锡)等行业龙头企业。（丁　强）

【汽车及零部件(含新能源汽车)】 2019年,全区汽车及零部件(含新能源汽车)产业规上企业主营业务收入463亿元,共有汽车及零部件(含新能源汽车)产业规上企业51家,其中底盘、车身、车架及附属件企业21家,发动机、离合器、变速箱等核心零部件企业17家,电机、电控等核心零部件企业3家,汽车电子企业5家,汽车内外饰件企业5家。其中,无锡康明斯涡轮增压技术有限公司增压器已成为世界著名的涡轮增压器品牌;无锡威孚高科技股份有限公司拥有国家级企业技术中心,获得了"中国汽车零部件百强企业";普利司通(无锡)轮胎有限公司设立独立法人研发中心,为江苏省世界500强企业中的第一家;村田电子在陶瓷的无源电子元件与解决方案、通信模块和电源模块之设计、先进电子材料开发处于行业领先地位。（钱　进）

【工业企业技术中心建设】 2019年11月5日,省工信厅会同发改委、科技厅、财政厅、税务、海关等部门,联合公布2019年省级工业企业技术中心认定名单。会通轻质材料、航亚科技、正大生物3家企业成功入选,标志着新吴区以企业为主体、市场为导向、产学研相结合的技术创新体系建设工作再上新台阶。技术中心在新产品、新工艺、新装备、新材料的研究开发之外,还肩负着人才培养、合作创新、技术孵化、决策辅助、技术资本运作以及创新信息搜集与分析等职能,是企业技术创新体系的核心和支撑企业长期健康发展的战略制高点,也是推动工业经济高质量发展的重要引擎。区工信局持续加强技术创新体系建设和企业创新主体培育,鼓励企业通过技术中心的建设运营来催生新技术、发展新产品、聚集新动能、开创新模式,形成了较为完善的国家、省、市三级企业技术中心梯次培育模式。2019年,新吴区成功创建国家级企业技术中心4家,省级工业企业技术中心38家,省级软件企业技术中心12家,省级物流企业技术中心5家,市级企业技术中心96家,技术中心总量、质量均在全市名列前茅。（钱　进）

【省级中小企业公共服务平台建设】 2019年,新吴区广电计量检测、中关村科技创新园、极客信息技术等5家单位入选2019年度江苏省中小企业公共服务平台(一、二星级),其中二星级平台3家,一星级2家,二星级平台获认数量居全市第一。截至2019年,新吴区获认各类省级中小企业服务平台25家。其中,省级公共技术平台4家,三星级以上公共服务平台4家,二星级平台7家,一星级平台10家。服务功能涵盖检验检测、技术服务、管理咨询、企业孵化、智能制造、人才培训、会计税务、供应物流等方面,为优化提升区域产业发展软环境,促进民营中小微企业做强做大,起到良好的支撑作用。（贺齐东　严卫中）

【江苏省首台(套)重大装备认定入围】 2019年,新吴区三联生物工程公司全自动微阵列化学发光(生物芯片)检测系统、钛灵特公司气体循环增压机、腾旋科技公司盾构机用超大型回转接头、中科光电公司大气颗粒物监测激光雷达4个装备产品获评省工信厅2019年江苏省首台(套)重大装备,数量居全市前列。省首台(套)重大装备认定,旨在引导促进装备制造企业提升自主创新能力,推动高端装备制造业加快发展。此次入围的4家企业紧扣市场需求,与用户深度合作协同创新,首台套装备研制取得显著成效,企业发展后劲进一步增强,经济效益进一步凸显。2019年,四家企业销售增速均超过20%,其中钛灵特压和三联生物公司销售收入增速超过40%,利润增速超过100%。（钱　进）

重点企业选介

【先导智能中标"2019智能制造系统解决方案供应商"项目】 2019年10月16日,工业和信息化部装备工业司发布"2019智能制造系统解决方案供应商"招标结果。经过企业投标、专家评审,确定无锡先导智能装备股份有限公司(以下简称"先导智能")以评分第一的绝对优势,中标"数字化车间集成——动力电池"项目,实现无锡新吴区智能制造国家项目的零突破。数字化车间集成——动力电池项目为动力电池制造商提供数字化车间集成服务,根据客户需求提供数字化车间系统设计方案,提供软硬件配套实施、部署、调试等软硬件集成实施服务,为用户提供维护、培训和升级等运维服务,为动力电池制造商打造动力电池生产数字化车间和智能工厂,实现生产制造过程的数字化和集成化。作为全球领先的新能源装备提供商,先导智能业务涵盖锂电池智能装备、光伏智能装备、3C智能装备、智能物流系统、汽车智能产线、燃料电池智能装备以及激光精密加工七大领域。先导智能在既有制造资源、自动化设备和信息化系统的基础上,围绕企业信息化平台孤岛等问题建设锂电池智能制造装备研发和生产的智能工厂,突破高性能可靠嵌入式控制系统、视觉传感器及智能测量仪表、数字化非接触精密测量等智能制造核心装备和短板装备关键技术。先导智能逐步探索和实践有效的经验和模式，促进智能装备国产化，打造"高品质、高效率、低成本、低能耗"的新能源动力锂电池行业智能制造标杆企业，并在行业内推广带动相关产业发展，提升行业整体技术水平及国际竞争力。（刘家祺）

【先导智能股份有限公司获"国字号"制造业单项冠军】 2019年10月25日，工业和信息化部发布《拟公布的第四批及拟通过复核的第一批制造业单项冠军名单》公示，新吴区上榜单项冠军示范企业名单，成为新吴区首家获此殊荣的企业，也是2019年全市唯一一家入选单项冠军示范的企业。制造业单项冠军企业是指长期专注于制造业某些特定细分产品市场，生产技术或工艺国际领先，单项产品市场占有率位居全球前列的企业。工信部2016年出台《制造业单项冠军企业培育提升专项行动实施方案》，旨在总结推广一批企业创新发展的成功经验和发展模式，引领和带动更多的企业走"专特优精"的单项冠军发展道路。形成雏鹰、瞪羚、准独角兽、上市企业、专精特新小巨人企业和单项冠军企业梯次发展的良好格局，至2019年末，新吴区有市专精特新小巨人企业46家，省专精特新小巨人企业23家，2019年新申报市专精特新小巨人企业认定30家，省专精特新小巨人认定42家，创历史新高，居全市第一。（刘家祺）

【深南电路获评省重大技术改造项目】 2019年11月12日，省工信厅对2019年度省级工业和信息产业转型升级专项资金（第一批）拟安排项目进行公示。根据《省工业和信息化厅　省财政厅关于组织2019年度省级工业和信息产业转型升级专项资金项目申报的通知》（苏工信综合〔2019〕426号），经自愿申报、地方推荐、专家评审等程序，省工信厅拟对无锡深南电路有限公司的半导体高端高密IC载板产品制造项目给予事前支持。无锡深南电路有限公司（以下简称"深南电路"）半导体高端高密IC载板产品制造项目总投资为101533万元。其中固定资产投资94891万元、铺底流动资金6642万元。该项目的实施，能够填补我国封测产业链中自主可控高端IC载板的空白，为我国半导体产业链和电子信息产业链提供"一站式"技术支持和产品服务，有效打破国外技术和市场垄断。项目达产后，年产半导体高端高密IC载板60万平方米，新增销售收入90000万元，利润总额8500万元，税收5000万元。（刘家祺）

【无锡小天鹅股份有限公司工业设计研究获评国家级工业设计中心】 2019年10月12日，工信部发布了第四批国家级工业设计中心认定榜单，无锡小天鹅股份有限公司工业设计研究院凭借敏锐的全球设计战略视野和独特的设计趋势研判能力跻身其中，成为无锡市首个获认定企业，实现了零的突破。工业设计作为高知识、高技术、高文化性的"智慧产业"，是制造业价值链中最具增值潜力的重要环节。无锡小天鹅拥有完善的技术研发体系，拥有国家级企业技术中心和两个国家认定实验室，工业设计团队具备强大的ID设计、UX设计及评价、UI设计、CMF设计、模型制作等能力，历年来，多次斩获有设计界奥斯卡之称的德国红点奖及德国IF奖、美国IDEA奖、中国红星奖、韩国GD奖等众多全球重量级奖项，不断实现自我突破和快速成长，获得业界广泛好评与消费者的赞誉。（刘家祺）

【普洛菲斯电子被授予"智能制造标杆企业"称号】 2019年，无锡普洛菲斯电子有限公司（以下简称"普洛菲斯电子"）获评工信部电子技术标准化研究院"智能制造标杆企业（第二批）"，是无锡唯一一家入选企业。自2019年10月开展评选工作以来，全国共有19个不同行业的19家企业获评"智能制造标杆企业"。智能制造标杆企业评选是工信部为落实《智能制造发展规划(2016——2020)》及2019年部工作要点，深入推进智能制造的一项重要工作。评选工作围绕人员、技术、资源、制造四个能力要素，全面评估企业的智能制造能力水平，选择实施成效突出、示范带动作用强、智能制造能力成熟度较高企业，树立为标杆企业。无锡普洛菲斯电子有限公司，是世界500强企业法国施耐德电气旗下核心工厂之一。普洛菲斯电子通过智能制造的系统规划和设计，结合精益数字化理念规划，持续开展IT技术、自动化机器人、自主非标自动化和检测技术创新，从价值链的角度挖掘持续改善潜力。公司应用数字化精益生产系统，实现工业控制和配电产品的全流程管控，并利用数据采集、传输与过程质量的监控，实现端到端的质量与交付预测和管理，最终实现工厂小批量多品种的柔性高效生产，生产效率提升33%，能源损耗减低15%，定制化生产交付时间缩短50%。（刘家祺）

5月29日，普洛菲斯电子有限公司开工奠基仪式

（刘家祺　摄）

【观为监测入选2019年工业互联网试点示范项目】 2019年,观为监测技术无锡股份有限公司项目入选工信部核定2019年工业互联网试点示范项目。该次国家2019年工业互联网试点示范围绕网络方向、平台方向、安全方向三大类方向遴选一批项目,通过试点先行、示范引领,总结推广可复制的经验、做法,推进工业互联网发展。其中平台类项目全国共有35个,江苏省共有4家企业入选,观为监测是唯一一家入选平台试点示范项目的无锡企业。观为监测成为继极熵物联之后,第二家建成国家级工业互联网平台的新吴区企业(全市仅有3家)。观为监测自主研发的XSOM设备健康管理工业互联网平台是以设备健康监测为核心的全生命周期设备运维管理的垂直工业互联网平台。平台突破了长期以来以时间(T)为函数的强流程和高度"线性"化的运维逻辑,将工业运维推向以设备健康度(H)为函数的"星型"运维逻辑。平台融合全球最为先进的视觉增强影像技术、在线振动、油液分析与故障预测技术等工业监测技术和先进的人工智能和大数据技术为每台设备建立健康指数雷达图和全生命周期健康管理。基于XSOM工业互联网平台的设备健康管理及服务产业化解决方案,已经在风力发电、石油化工、水泥建材、智慧城市等行业获得龙头企业的广泛认可。平台2019年已经集聚大型生产制造型企业790余家,包括中石油、中国神华、华润电力、中船重工、中车等知名央企集团以及Cheveron(雪弗龙)、Abbott(雅培)等世界500强外资企业60余家。覆盖包括风力发电机组、压缩机组、鼓引风机、传送设备、提升设备、泵组、搅拌设备、磨机、水轮机、冷却设备、化工合成装置等10余大类,65个子类别设备。平台累计接入105000余测量点,累计出具诊断报告90000余份,管理用户资产价值超过500亿。 (刘家祺)

江苏物联网研究发展中心

综述

【产业规模】 2019年，新吴区集成电路产业产值870亿元，同比增长8.2%，占无锡市比重上升1.2个百分点。物联网产业产值突破1800亿元，同比增长16%。软件产业营收780亿元，同比增长16%。大数据产业实现营收123亿元，同比增长20%。（钱 进）

【产业集聚】 无锡高新区成功入选江苏省工业互联网示范工程首批“互联网+先进制造业”基地。鸿山物联网小镇获评工业和信息化部迪赛研究院“最具成长力特色小镇十强”称号。无锡（国家）软件园跻身全国软件产业基地十强。（钱 进）

物联网产业

【概况】 新吴区作为无锡物联网产业发展的核心区以及国家唯一物联网产业集群区域品牌试点地区，是无锡打造物联网地标性产业的主阵地。2019年，全区拥有各类物联网企业1338家，物联网产业营业收入达到1862亿元，占无锡市的2/3，全省的1/3。形成覆盖传感器设备设计和制造、数据采集和传输、智能应用和服务等各个环节和领域的完整产业链，营业收入连续多年保持两位数的高速增长。2019年，新引进物联网企业186家，总注册资本超40亿元，其中注册资本超亿元企业4家，注册资本超过5000万元企业16家，注册资本超1000万元企业92家。2019年，规模以上企业171家，营业收入1209亿元，占无锡市规模以上企业比重达到64%，营业收入超过1亿元以上的企业有44家，10亿元以上的企业有9家。上市企业5家，其中，和晶科技、朗新科技、先导智能在创业板上市，智能自控在中小板上市，祥生医疗则是无锡第一家在科创板上市企业。瀚云科技、中兴智能交通、纽豹智能识别、华润微电子4家物联网企业入选世界物联网排行榜500强，联掌门户入选2019年度苏南自创区潜在独角兽企业，中科光电、纽豹智能、圣敏传感等8家物联网企业入选瞪羚企业。

（钱 进）

【物联网小镇建设】 2019年，慧海湾小镇启动区核心地块建设取得重大进展，完成地块拍卖。亿利无锡研发中心、美林数据南方总部基地、大数据国家实验室融合创新中心、智能集成电路设计技术研究所等一批重点项目成功签约。鸿山物联网小镇围绕省级旅游度假区建设目标，整合区域内的文化、旅游资源，以综合集成应用推动鸿山物联网小镇建设，实施开展智慧农业、智慧旅游、智慧医疗等行业领域的智慧应用。无锡首个5G智慧农业示范项目在鸿山物联网小镇正式建成落地。（钱 进）

鸿山物联网小镇 （钱 进 摄）

【高新区物联网金融战略合作签约】 3月15日，无锡物联网金融研究院、中移物联网公司无锡分公司、中国移动无锡分公司举行物联网金融战略合作签约仪式。这次战略合作将推动三方发挥各自优势，围绕物联网和物联网金融发展需求，移动负责基础通信服务，以及以云、管、端构建的OneNET平台体系的服务和针对物联网金融技术体系的二次适应性开发；无锡物联网金融研究院负责物联网金融技术体系服务和针对OneNET平台的适应性开发。感知集团是全球物联网金融概念的首创者，是物联网金融实践的引领者，在高新区发布全球首篇物联网金融文章、首份物联网金融白皮书、首次提出客观信用体系，到创立国际物联网金融标准研究工作组，启动物联网金融技术研发，构建共性架构+应用子集的物联网金融服务体系，开启物联网金融模式创新，推出"物联网动产融资"线上化项目。中移物联网有限公司无锡分公司2018年8月落户高新区。按照中国移动整体战略布局，围绕"物联网业务服务的支撑者、专用模组和芯片的提供者、物联网专用产品的推动者"的战略定位，专业化运营物联网专用网络，开发运营物联网连接管理平台OneLink和物联网开放平台OneNET，推广物联网解决方案，OneNET平台连接规模已经突破200万。企业开发者用户已经超千个，有力推动无锡产业转型升级。 （钱 进）

【首部物联网与区块链融合地方标准编制】 4月17日，由中国电子技术标准化研究院牵头编制的《区块链与物联网融合应用指南》《区块链与物联网融合技术指南》启动会在新吴区召开。中国电子技术标准化研究院，市、区工信部门相关领导，南京大学、江南大学等省内知名高校科研院所，以及20余家知名物联网、区块链企业专家代表出席会议。《区块链与物联网融合应用指南》《区块链与物联网融合技术指南》是国内首部物联网与区块链融合应用的地方标准。 （钱 进）

【中国健康物联网大会暨健康物联网合作签约】 4月29日，由中国卫生信息与健康医疗大数据学会、无锡市人民政府主办，无锡市卫健委、无锡高新区管委会承办的中国健康物联网大会暨健康物联网战略合作签约仪式在君来湖滨饭店举行。中国卫生信息与健康医疗大数据学会黄安鹏、无锡市卫健委谢寿坤和无锡高新区管委会李伟敏签署三方战略合作协议，共同推动健康医疗大数据、物联网的标准制定，推进政医产学研用合作，促进我国健康医疗物联网产业的创新和发展，推进健康医疗物联网和大数据应用落地，形成一批试点示范项目。江苏曼荼罗、东软集团、神州医疗、华为公司、杭州疆域创新医疗和中科西北星等企业在会上进行健康物联网和大数据的实践和应用分享。 （钱 进）

【11个项目入围无锡传感网创新示范区建设十周年优秀成果】 2019年，"无锡国家传感网创新示范区建设十周年优秀成果"全球首发，新吴区11个项目入围，全市占比33%。朗新科技股份有限公司、感知集团有限公司2家企业入围十佳创新企业，阿斯利康中国商业创新中心的"胸痛中心无锡市模式"，江苏中科西北星信息科技有限公司的"基于物联网及数据融合的智慧养老服务综合管理平台"，国家环境保护物联网技术研究应用（无锡）工程技术中心的"'感知环境、智慧环保'无锡环境监控物联网应用示范工程"，江苏极熵物联科技有限公司的"极熵动力设备服务云平台（DbPE-CPS）"等4个项目入选十佳应用案例；江苏物联网研究发展中心的"交通流信息的采集、建模与分析、仿真系统构建技术"，无锡中科光电技术有限公司的"基于扫描激光雷达的大气污染精准溯源技术"，无锡中感微电子股份有限公司的"支持物联网语音入口的人工智能SOC芯片的研发及应用"，无锡科尔华电子有限公司的"抗干扰微功耗无线传感网络节点"，轻客智能科技（江苏）有限公司的"小觅智能双目结构光相机技术"等5个项目入围十佳创新技术成果。 （钱 进）

【慧海湾物联网产业生态高峰论坛】 9月6日，2019年世界物联网博览会—慧海湾物联网产业生态高峰论坛在江苏无锡举办。本次论坛由无锡市人民政府和中电海康集团有限公司主办，无锡国家高新技术产业开发区管理委员会和中电海康无锡科技有限公司共同承办。物联网业界精英、专家学者及社会各界相关人士共计近300余人参与。论坛举行了无锡国家传感网创新示范区建设十周年高新区物联网"潜力"企业和优秀"首创"项目颁奖仪式。中科光电、英臻科技等9家慧海湾小镇企业获颁高新区物联网"潜力"企业奖；曲速教育、凯乐士科技等9家慧海湾小镇企业代表高新区优秀"首创"项目上台领奖。慧海湾小镇集聚的一批合作项目进行了落地签约。签约项目涉及无锡市公安局与海康威视智慧公安战略合作；海康与浪潮、海尔等企业战略合作；海康与海康睿合、瀚云科技三方合作等，这些项目的落地将有助于物联网产业生态的构建。论坛特别邀请了物联网业界精英和知名专家做主题演讲，涉及物联网与人工智能的融合共生、物联网行业先锋企业的实战经验、物联网时代的创新生态构建等话题。 （钱 进）

集成电路产业

【概况】 2019年，新吴区集成电路产业销售总收入超860亿元，同比增长8.1%。全区有集成电路设计规模以上企业30家，营业收入72亿元。集成电路晶圆制造规模以上企业6家，营业收入225亿元。集成电路封装测试规模以上企业21家，营业收入203亿元。集成电路支撑配套规模以上企业22家，营业收入299亿元。设计、制造、封测和支撑配套占全区集成电路列统库全产业比例分别为9%、28.2%、25.4%和37.4%。（钱 进）

【产业结构】 2019年，新吴区集成电路设计业销售收入52.3亿元，占高新区全产业比例6.08%，占无锡市比例43.23%；全国集成电路设计业销售收入达到3063.5亿元，占全产业比例40.51%；设计业方面，高新区销售收入仅占全国比例1.71%。集成电路制造业销售收入231.7亿元，占高新区全产业比例26.94%，占无锡市比例98.46%；全国集成电路制造业销售收入2149.1亿元，占全产业比例28.42%；制造业方面，高新区销售收入占全国比例10.78%。集成电路封测业销售收入229.66亿元，占高新区全产业比例26.7%，占无锡市比例56.96%；全国集成电路封测业销售收入2349.1亿元，占全产业比例31.07%；封测业方面，无锡高新区销售收入占全国比例9.77%。集成电路支撑配套业销售收入346.43亿元，占高新区全产业比例40.28%，占无锡市比例82.67%。（钱 进）

【项目招引】 2019年，新吴区共引进77家集成电路产业相关企业，主要分布在微纳园、软件园等新兴科技园区。包括无锡锡产微芯、江苏省产研院智能集成电路设计技术研究所、芯河半导体科技（无锡）有限公司、无锡韦尔半导体有限公司等一批重点集成电路产业项目。

无锡锡产微芯半导体有限公司是由中国科学院微电子研究所与无锡产业发展集团有限公司，及其旗下控股的两家上市公司共同发起设立的功率半导体IDM企业，注册资本21.1亿元。江苏省产研院智能集成电路设计技术研究所是由江苏省产业技术研究院、无锡高新区和一批国内外顶尖集成电路设计专家教授一起成立的新型研发机构。芯河半导体科技（无锡）有限公司是由原国内领先的通信芯片设计公司总经理博士王晓明带领核心团队创立，主营通信芯片及解决方案的研发、设计和销售的集成电路设计企业，致力于成为全球领先的标准通信芯片及解决方案提供商，提供灵活的芯片及系统定制业务，将核心的通信芯片技术服务于产业和行业需求中。（钱 进）

【海力士二工厂、华虹无锡等重大项目竣工投产】 4月18日，SK海力士二工厂项目竣工，形成月产18万片12英寸晶圆的产能，约占中国 DRAM 市场份额的45%，将成为全球单体投资规模最大、月产能最大、技术最先进的10纳米DRAM产品生产基地。9月17日，华虹半导体（无锡）集成电路研发和制造基地（一期）12英寸生产线建设项目正式投产，是全国最先进的特色工艺生产线、全国第一条12英寸功率器件代工生产线，也是江苏省第一条自主可控12英寸生产线。（钱 进）

【华润上华科技获2019年国家科技进步二等奖】 无锡华润上华科技有限公司参与的“高性能MEMS器件设计与制造关键技术及应用”项目获国家科学技术进步奖二等奖。该成果形成了高精度硅各向异性腐蚀模拟、厚胶光刻工艺模拟、工艺流程模拟等11个软件模块，关键技术已形成批量生产能力，并为国内外40余个用户代工超过10万片，远销美国、日本等。（钱 进）

【华润微电子科创板上市】 10月25日，无锡华润微电子有限公司（简称“华润微电子”）发行上市申请经上交所科创板上市委会议审议通过。华润微电子成为自科创板设立以来第一家过会的红筹企业。华润微电子是国内技术领先、规模最大且唯一拥有完整半导体产业链的功率半导体公司，是国内唯一纯国资中拥有包括芯片设计、掩模制造、晶圆加工、封装测试及分立器件业务的全产业链，产品设计自主、制造过程可控的微电子企业。公司拟募集资金30亿元，主要用于8 英寸高端传感器和功率半导体建设项目、前瞻性技术和产品升级研发项目、产业并购及整合项目等方面。（钱 进）

【高新区6家企业入围“2018年度中国十大（强）半导体企业”】 5月17日——19日，2019 世界半导体大会在南京国际博览中心举行。其间，中国半导体行业协会发布了“2018年度中国十大（强）半导体企业”，囊括中国IC设计、半导体制造、半导体封测、半导体功率器件、半导体MEMS、半导体材料六大领域的TOP 10排行榜，和中国半导体设备五强企业。新吴区SK海力士半导体（中国）有限公司、华润微电子有限公司分列2018年中国半导体制造企业的第4和第6名；全讯射频科技（无锡）有限公司和海太半导体（无锡）有限公司分列2018年中国半导体封装测试企业的第7和第9名；无锡华润华晶微电子有限公司位列2018年中国半导体功率器件企业的第3名；美新半导体（无锡）有限公司位列2018年中国半导体MEMS企业第5名。（钱 进）

生物医药产业

【概况】 2019年，新吴区生物医药规模以上工业企业产值实现257.2亿元，同比增长47.6%，超出无锡市增幅13.3个百分点，占全市的54%，继续领跑无锡市。（陈 枫 张友伟）

【生物医药产业园】 2019年，新吴区积极打造生物医药产业专业园区，与苏州独墅联盟签约携手打造无锡智能医疗产业园，与阿斯利康签约共建无锡国际生命科学创新园，构建智能医疗产业培育链。根据科技部中国生物技术发展中心首次公布的《2019 中国生物医药产业园区竞争力评价及分析报告》,无锡高新区入围综合竞争力前 20 强、园区龙头竞争力前 10 强。

（陈 枫 张友伟）

新能源及新能源汽车产业

【概况】 2019 年,新吴区新能源产业规模以上企业主营业务收入 160 亿元,主要以光伏太阳能产业和电线电缆产业为主。共有新能源产业规模以上企业 20 家。其中,光伏太阳能设备企业 2 家、光伏太阳能配件企业 7 家、电线电缆企业 9 家、电池及电池组件企业 1 家、硅棒硅片企业 1 家。全区汽车及零部件(含新能源汽车)产业规模以上企业主营业务收入 463 亿元,共有汽车及零部件(含新能源汽车)产业规模以上企业 51 家。其中,底盘、车身、车架及附属件企业 21 家,发动机、离合器、变速箱等核心零部件企业 17 家,电机、电控等核心零部件企业 3 家,汽车电子企业 5 家,汽车内外饰件企业 5 家。（钱 进）

【市场影响】 新吴区作为中国光伏太阳能产业发展最早地区,已经形成了以晶体硅太阳电池、组件和生产设备为核心,包括硅片分切、晶硅电池制造、关键组件制造、太阳能光伏装备制造、太阳能光伏产品质量检验检测、分布式光伏和光伏应用系统等关键环节在内的较完整的产业链。无锡隆基智通过引进先进生产设备、建设恒温高纯净厂房做大企业规模,成为全球具有技术领先势的单晶硅光伏产品制造商。尚德太阳能等作为行业有影响力企业,根据全球新能源市场最具公信力的研究机构彭博新能源财经发布的《2019 年组件与逆变器融资价值报告》显示,尚德太阳能位列“全球最具融资价值组件品牌”的第七位。施朗德电力科技有限责任公司的光伏组件智能生产车间评为 2018 年第一批江苏省示范智能车间。无锡先导智能装备股份有限公司专注于研发提高光伏电池转换效率的关键装备,在 ALD 背钝化设备和多栅串焊机等领域达到了全球领先水平。无锡奥特维智能装备有限公司在光伏电池片自动化配套设备有很强的行业影响力。无锡市斯威克科技有限公司在超软涂锡铜带生产方面市场影响力较大。无锡隆玛科技股份有限公司在汇流箱制造和光伏电站建设方面有一定的行业影响力。无锡经信能源科技有限公司专注新能源技术及产品的研发、销售及维护,开展能源技术咨询与技术服务,进行充电设施的建设及运营管理。无锡康明斯涡轮增压技术有限公司增压器已成为世界著名的涡轮增压器品牌。博世汽车柴油系统股份有限公司主要从事柴油燃油喷射系统、尾气后处理系统、燃气双燃料系统、燃料电池及其组件的研究开发和专业制造。普利司通(无锡)轮胎有限公司开发生产汽车用子午线轮胎及其零部件,被众多汽车制造厂商选为配套轮胎。佛吉亚(无锡)座椅部件有限公司是法国标致雪铁龙集团旗下佛吉亚集团的汽车零部件制造企业,主要致力于汽车座椅的滑轨、调角器、电动装置等零部件制造和研发。江苏亚太轻合金科技股份有限公司已成为国内为汽车热交换系统配套铝管和各种接头型材的最重要的原材料供应商。无锡格尔顿传动轴有限公司专注制造各类传动轴、转向管柱、自动间隙调整臂、角转向器及冷却总成,是国内知名的传动轴、转向管柱生产厂家和出口企业。（钱 进）

【创新能力】 尚德太阳能掌握背面钝化(PERC)、N 型双面等一批先进的高效晶硅电池工艺技术,高效单晶硅太阳能电池和高效多晶硅太阳能电池转化率达 20% 以上。国家太阳能光伏产品质量监督检验中心是全国首个国家级光伏产品质检中心,是国际电工委员会认可的 CB 实验室,是国际光伏标准化组织的重要成员单位和国家光伏标准化组织的主要牵头单位,设有国家级博士后科研工作站。尚德“国家级高效太阳能硅电池工程研究中心”等创新服务平台,为新吴区太阳能光伏产业的关键技术研发、集成系统设计和企业技术服务提供重要支撑。无锡隆基专注于单晶硅片分切,采用最先进的金刚线切割技术,硅片厚度稳定控制在 100 微米之内。单晶 PERC 电池正面转化效率两年内六破世界纪录达到 24.06%,60 型高效 PERC 组件转化效率一年内三破世界纪录,达到 20.83%。格林美(无锡)能源材料有限公司建有集研发中心、工程试验中心、公共检测中心三级转化体系于一体的新能源材料研究院,依托无锡市锂离子电池材料工程技术研究中心,构建“电池回收—原料再造—材料再造—电池包再造—新能源汽车服务”的全价值链,获“中国动力锂电池正极材料类十大品牌”第五名。乐友新能源材料(无锡)有限公司公司作为新型的材料行业公司,致力于将公司发展成为新能源材料行业技术的领跑者,打造集研发、生产、检测为一体的汽车动力电池的华东基地。2019 年,无锡隆基硅材料有限公司的无氮封情况下纯水电阻率的保持与稳定供给方法获无锡市“十大先进操作法”。三星 SDI 无锡工厂致力于偏光片和太阳能光伏浆料生产,以适应大型 TV 用偏光片生产需求,打破我国太阳能电池导电银浆市场被美国、德国等企业垄断格局。无锡市儒兴科技开发有限公司专注于晶体硅太阳能电池背场铝浆和正背面银浆研发和生产,其产品填补了我国导电浆料的空白,是全球光伏电池浆料行业的龙头企业。无锡威孚高科技股份有限公司拥有国家级企业技术中心，获得了“中国汽车零部件百强企业”。卡特彼勒中国研发中心拥有我国工程机械行业首个虚拟仿真实验室。博世汽车柴油系统股份有限公司研发技术中心拥有发动机动态测量系统、底盘动态测量系统、排放测量及尖端产品开发和测量工具等，是博世柴油系统在中国的技术实力最雄厚研发基地，也是博世作为世界柴油喷射技术领军者的重要支撑机构。江苏华特亚太轻合金技术有限公司重要股东华特时代创立了中国第一条碳纤维汽车零部件批量生产线、中国第一条全铝合金框架式车身生产线和国内速度最快的电池箱系统高自动化生产线，该公司建设的轻量化新材料的车身成型和组装等项目，具有国际领先技术和生产水平。无锡摩比斯汽车零部件有限公司主要研发生产汽车驱动桥总成、制动器总成、柴油机燃油泵、等速万向节、减震器、柴油车机外排放控制装置、测试仪器、电动助力转向系统、转向机、电子控制制动防抱死系统等产品。普利司通（无锡）轮胎有限公司主要从事子午线轮胎的开发生产，是江苏省第一家世界500强企业设立的独立法人研发中心。村田电子在陶瓷的无源电子元件与解决方案、通信模块和电源模块之设计、先进电子材料开发处于行业领先地位。（钱　进）

高端装备产业

【概况】 高端装备产业作为新吴区的主导产业，是新吴区正在培育的2个超千亿产值的产业之一。2019年，全区高端装备产业规模以上企业250家，主营业务收入750亿元，数量占全部规模以上企业总数的30%，营收占全部规模以上企业的18%。其中通用设备制造业规模以上企业145家，营收500亿元；专用设备制造业规模以上企业75家，产值近200亿元。营收5亿元以上的有40家、10亿元以上的25家、20亿以上的12家。其中最大的装备企业博世汽柴营收超过150亿元。高端装备产业已初步形成了涵盖智能专用装备、高端装备零部件、整机及系统总集成在内的较完整的产业链。（钱　进）

【外资高端装备企业】 新吴区装备制造业主要以外资企业为主，主要企业有博世汽柴、华光锅炉、卡特彼勒、威孚高科、阿特拉斯科普柯、约克冷冻、先导智能、无锡压缩机、江森自控、康明斯、铁姆肯、珀金斯动力、利纳马汽车系统、洋马农机、电装、德纳、石播增压器、久保田建机等，年营业收入都在10亿元以上。（钱　进）

【民营高端装备企业】 近年来，随着新吴区外资、国资、民资、社会资本四轮驱动战略的持续推进，一部分民营高端装备企业在与外资企业的融合发展过程中也脱颖而出，形成良好的发展态势，并产生了中小板、创业板3家上市公司。主要企业有先导智能、祥生医疗、奥特维科技、腾旋科技股份、格林斯通自动化、江松科技、沃格自动化、先驱自动化、菲沃泰科技、琨圣科技、大金谊科技、庆源激光、日联科技、微导纳米、三联生物、海鹰医疗、尚沃医疗、中科光电、钛灵特压缩机等。其中无锡先导智能装备股份有限公司实现中小板上市，企业在动力锂电池卷绕机市场份额全球第一，为动力锂电池制造商提供浆料、搅拌、涂布辊压、分切、卷绕、组装、化成、分容测试和物流系统等整线装备，获评工信部单项冠军企业；祥生医疗在科创板上市，为无锡市科创第一股，企业拥有完全自主知识产权，生产的移动彩超产品在国内细分市场占有率名列前茅；科创板上市企业无锡奥特维智能装备有限公司生产的光伏串焊机，可显著提高光伏企业生产效率，降低产品成本，在国内细分市场占有率第一；腾旋科技股份实现了高端旋转接头国产替代，产品在国内细分市场占有率第一，其他企业分别在电子制造自动化装备、新能源装备、高端医疗装备等领域取得快速发展，高新区高端装备产业集群效应进一步凸显。（钱　进）

无锡国家高新技术产业开发区

【概况】 2019年，无锡高新区实现地区生产总值1845.5亿元，增长6.3%；一般公共预算首次突破200亿元，税收占比90.5%；实际利用外资及港澳台资13.15亿美元；进出口总额完成505.71亿美元，一般贸易进出口额完成146亿美元；高新技术产业产值2790.7亿元，占规模以上工业总产值的66.2%。服务业增加值占比提升至38%，比2019年提升3个百分点；高新技术产业产值占比66.2%，比2019年提升1.7个百分点；新招引外资中先进制造业占比86%，比上年提升26个百分点；研发经费支出占比3.76%，同比提升0.24个百分点；一般贸易进出口占比28.5%，比上年提升1.6个百分点。把就业作为最大民生，全年新增就业1.2万人，城镇登记失业率1.5%，保持无锡市最低。居民人均可支配收入6.05万元，同比增长8.9%。防范化解金融风险，全年化解政府性隐性债务约30亿元，完成预定任务的230.8%。华虹项目一期顺利投产，中电海康第二总部项目正式开工，上海瑞金医院无锡分院正式运营，与上海张江高科开展战略合作。全力参与"一带一路"建设，与122个"一带一路"沿线国家和地区贸易总额突破250亿美元，增长7%。落实长江经济带大保护要求，完成"四位一体"小流域整治1461条，国省考断面水质优Ⅲ比率全面达标，区域水质高于长江主体水质。落实乡村振兴战略，确定全区乡村振兴"八大项目""八大行动"，划定2050亩粮食功能区，新增市级农业龙头企业2家，成立57家股份经济合作社，形成集体资产集体所有、合作经营、民主管理的良性管理模式。（王 鹏）

【科技创新】 出台高企培育方案和科技招商项目准入评估办法等系列政策文件，全年兑现科技创新资金超过4亿元，覆盖科技企业近400家；完善科技创新服务体系，苏南国家自主创新示范区无锡高新区"一站式"服务中心正式投用；成立第一支纯国有天使投资基金，帮助科技企业引进创业投资资本30亿元。全年新增科技企业850家，省高企培育360家，同比增长200%，特别是净增高企180家，接近2018年的2.5倍，有效高企达到617家，创下历史新高。入选2019年苏南自创区潜在独角兽、瞪羚企业榜单分别为6家、31家，分列全省第2名、第3名，科创板过会企业家数位列无锡市第一，祥生医疗成为无锡市首家科创板上市企业。大力实施"太湖人才计划"和"飞凤人才计划"，3人入围第四批"万人计划"科技创业领军人才，占无锡市入围数的一半，领军人才创业企业总产出规模达到约110亿元，无锡市新入库2019年市雏鹰企业、瞪羚企业和准独角兽企业分别为83家、86家和13家，其中雏鹰企业和瞪羚企业数量均位居无锡市第一。（王 鹏）

【创新平台建设】 2019年，高新区增材制造研究院、大数据国家实验室融合创新中心等7家新型研发机构签约落户，新增市级众创空间4家、省级众创空间1家，新增36家市级以上工程技术中心，无锡中关村软件园成为无锡市唯一获批的国家级孵化器。成立无锡浙大成果转化中心，与阿斯利康合作共建无锡国际生命科学创新园，与欧洲微电子中心合作培养集成电路高端人才，新增3家省级院士工作站。（王 鹏）

【产业升级】 2019年，高新区高技术制造业投资占工业投资比重、工业增加值率、制造业增加值占GDP比重等均在无锡市名列前茅。围绕"6+1"产业体系，引进新一代信息技术、高端装备制造、新能源及新能源汽车、生物医药、人工智能等重大产业项目，全年新批亿元以上重大产业项目84个，完成投资420.45亿元，省市区工业重大项目分别完成计划投资的156.7%、125.2%、121%，在无锡市领先。华虹半导体、海力士二工厂等一批旗舰型项目建成投产。持续提升产业质量。全年新增省市智能车间24家，连续两年蝉联无锡市第一，工厂总部化项目40个，引进和推动企业广泛运用工业互联网平台，共有星级上云企业51家，保持无锡市第一。（王　鹏）

【改革创新】 2019年，全年减税降费达到48亿元，制定10个批次404条事项的职责清单，逐一细化抓好落实。做好国家级开发区全链审批赋权承接，进一步放大“区政合一”的体制优势，市赋权清单综合承接率达75%。全区7个职能部门的69项事项划转至区行政审批局集中审批，由原来的10个部门14枚印章简化为1个部门1枚印章。加大开放力度，全年实际利用外资及港澳台资13.15亿美元，蝉联全省县市区、开发区“四连冠”，到位外资中战略性新兴产业占比在83%，超出目标23个百分点。制定综保区产业转型升级发展规划及三年行动计划，围绕“五个中心”打造信息产业集聚区、跨境电商示范区、贸易政策试验区，持续深化一般纳税人资格试点，大力发展检测维修、保税研发、跨境电商等外贸新业态，有效培育竞争新优势。（王　鹏）

【产城融合】 2019年，完成分区战略规划终期成果，开展重点片区产城融合发展规划研究。紧紧围绕先期确定的三条城市功能发展轴，重点推进长江路改造项目，大力推进飞凤南路快捷化改造、锡贤路、华友中路等重要交通干道建设，加快推进鑫明路、坊育南路等支路建设，全力推动华谊路、菱湖大桥、飞凤路北延等重要对外通道建设，重大道路项目投资创历年新高。加快项目建设。投资19.5亿元兴建道桥、水利等70个区本级基础设施项目，全年确定新开工项目43个，开工率100%；竣工50个，竣工率71%；开、竣、工率均创历年新高。精细城市管理，优美环境合格区管理单元综合考评合格率100%，优良率85.98%，城市精细化管理总成绩处于无锡市前列。共查处各类影响市容市貌行为4.5万余起，拆除违法建设891处50.2万平方米，新建、改建绿地约124万平方米，新增机动车泊位8000个，有效缓解停车需求，生活垃圾分类推广稳步展开，住宅小区生活垃圾分类设施覆盖率100%。强化生态环境整治，持续打好“蓝天碧水净土保卫战”，全面完成市下达的152个大气治理重点目标任务，小流域整治完成率95%，望虞河达到二类水质。（王　鹏）

花海万人徒步系列活动　（王　鹏　摄）

无锡高新区综合保税区

【概况】 2019年，无锡高新区综合保税区全年完成进出口总额1641.8亿元，同比增长2.8%。其中，出口874.7亿元，进口767.1亿元。完成工业总产值682.2亿元，与2018年持平，其中规模以上工业产值499.5亿元，同比增长2.2%。完成固定资产投资277.1亿元，同比增长89%。完成财政总收入34.2亿元，同比增长98.6%，其中一般预算收入17.9亿元，同比增长123.4%。2019年，无锡高新区综合保税区进出口总额在全国已封关运作的73个综合保税区中排名第五，比2018年上升1个名次。在全省海关特殊监管区域进出口总值排名第二，超过苏州工业园和苏州高新区。区内重点企业海太半导体、SK海力士、希捷国际、中外运、捷普电子进出口总量持续位居无锡市进出口企业排名前列。（佘珺怡）

【产业投资】 区内集聚了一批总投资超亿美元的重大项目、国际知名品牌项目和世界500强投资项目。注册企业53家，其中生产型企业26家。规模以上生产企业17家。从业人员3.9万人。形成三大支柱产业，分别是以SK海力士半导体、英飞凌科技、海太半导体等为代表企业的集成电路产业，以希捷国际、捷普电子、村田电子、威峰科技等为代表企业的电子信息产业，以菲尼萨光电、理波光电等代表企业的光电通信产业。（佘珺怡）

海力士2厂竣工投产　（崔　炜　摄）

【招商引资】 2019年3月5日，捷普电子保税研发中心设立。持续提升自主研发能力的同时，构建集研发、制造、售后维修于一体的完整产业链，巩固捷普电子在5G通信设备制造行业的领先地位。

4月18日，韩国SK海力士二工厂竣工投产。新增投资86亿美元。项目建成达产后，无锡公司将形成月产18万片12英寸晶圆的产能，年销售额也将达到33亿美元，进一步优化SK海力士全球布局、提升无锡电子信息产业发展水平、增强江苏制造业竞争力。

5月22日，ASML半导体供应链服务中心设立。在综保区设立ASML半导体供应链服务中心，运营面积达到2500平方米，成为ASML公司在中国最大的备件服务基地，年均备件进口额将达到1亿美元左右，进出口单量4000余批次，为高新区半导体产业链布局注入了新的活力和动能。

9月4日，捷普电子"5G+"智能制造创新应用中心设立。建设一个以5G通信产品标杆制造为基础，集5G设计研发、维修检测、工业应用于一体的创新基地。11月8日，无锡高新区金秋经贸节系列活动-2019年综保区重大项目集中签约仪式举行。项目总投资约20亿元，全部建成投产后，年新增工业产值35亿元、年新增税收1.7亿元。12月6日，捷普电子智慧新厂房开工。应用5G技术，建设具备智能化研发办公、生产制造、供应链管理等多种功能的融合性智慧新厂房，新厂房占地面积约10000平方米，分3期建成，一期预计2020年3季度前竣工。（佘珺怡）

捷普电子"5G+"智能创新应用中心设立

（崔　炜　摄）

【项目投资】 2019年，总投资6亿美元的村田电子二工厂完成主体厂房建成。威峰科技、亨沃二期新厂房相继竣工并逐步投入使用。法国液化空气公司投资6000万美元新建制氮装置主厂房及室外设施，打造全球领先的高效、创新、低耗的工业气体产品生产示范基地。（佘珺怡）

【改革创新】 2019年，推进一般纳税人资格试点，新增捷普电子、小天鹅通用、科尔泰、横河自动化等4家企业启动试点，累计试点企业达到8家。全球维修检测试点实现零的突破，捷普电子成功获得商务部批准在综保区开展无线通信基站和云计算与存储设备全球维修业务，成为爱立信公司唯一具有4G生产和售后维修能力的供应商，带动新增订单业务进出口货值1.6亿美元。建设跨境电商综合试验区，与新吴区商务局共同建设高新区跨境电商"综试区"，积极推进跨境电商"1210"通关模式首票运作，高标准建设跨境电商查检中心，同时引进优贝可捷、佳达天景等跨境电商项目，为后续跨境电商产业发展奠定基础，培育进出口外贸新的增长点。提升口岸通关贸易便利化，贯彻落实国务院关于综合保税区高水平开放高质量发展"21项任务举措"，共有10项任务举措得到实质性落地实施，试点业务量在省内排名前列。推进多式联运业务开展，积极推进韩国仁川——连云港——无锡"海陆"多式联运体系建立，进一步降低企业物流成本，优化营商环境。（佘珺怡）

中国工业博览园

【概况】 2019年，新吴区工业博览园全力推进转型发展，努力开创园区高质量发展新局面。全年完成服务业总收入399.45亿元，同比增长13.3%，实现税收4.76亿元。其中，科技商务板块，总部经济园完成服务业收入20.78亿元，税收13903万元；深港科技园完成服务业收入2.45亿元，税收2235万元，税收总额占园区比重达到33.7%。汽贸服务板块，东方汽车城完成服务业总收入35.26亿元，税收15650万元；益群动力完成服务业总收入8.95亿元，税收1705万元，税收总额同比增长61.4%。专业市场板块，南方不锈钢完成服务业总收入296.76亿元，税收9900万元；新世界国际完成服务业总收入8.01亿元，税收1026亿元；五洲国际完成服务业总收入25.26亿元，税收2273亿元，税收总额同比增长59%。（左　杰）

【科技创新】 2019年，充分利用总部园区和研祥深港科技园两大省级孵化器，发挥联掌网络、COCOSPACE等创新型、领军型企业优势，在引才、引智、引资上下功夫，着力招引"雏鹰""瞪羚""准独角兽"、"科技小巨人"四类企业。新引进科技企业43家，申报高新企业4家、科技企业认定6家、省级工程技术研究中心项目评审1家、领军人才项目5家、准"独角兽"企业1家、"瞪羚企业"2家、"雏鹰企业"2家，为10家企业申请科技创新基金440万元，为8家企业申请专利补贴3.9万元。举办各类政策宣讲、融资培训、创新创业讲座和路演等活动21场。（左　杰）

【资产盘活】 2019年，累计盘活各类商业、办公载体63000余平方米，载体利用率提升4个百分点。总部经济园新增企业13家，入园企业总数达到64家，载体招商率已达到73%，其中COCOSPACE新增企业8家，入驻企业总数达到26家。南方不锈钢新增商企、商户196家，总数突破1000家，市场展交区招商开业率达到96%，SOHO销售率超过90%。新世界国际新增商企、商户151家，盘活空置载体40000余平方米。新世界北侧400亩土地经过多轮谈判，以13.9亿元的价格完成回购。 （左　杰）

【优美环境合格园区建设】 2019年，实施纺城大道、坊和路、新世界内部道路改造及总部经济园雨污水管改造提升工程，完成总部经济园组团五地下环氧地坪维修、原工博园办公大楼楼顶防水翻修、仓储物流中心破损路面翻修及一号库电表入户改造等工作，五洲国际停车管理系统建成投用。对沿街商铺和企事业单位详细建立电子信息档案，并逐一签订《市容环境卫生责任书》，联合开展绿化带垃圾专项整治，提升园区环境宜居度。加强日常巡查，定期召开工作例会，对合格区建设中存在的问题，明确责任措施，及时落实解决。主巡查发现问题1600起，接受交办问题1230起，并全部按期办结，办结率达到100%。在优美环境合格区建设工作上，连续8个月位列街道考评前10名。 （左　杰）

无锡新加坡工业园（星洲工业园）

【概况】 无锡新加坡工业园（无锡星洲工业园）是由无锡市新发集团有限公司（原无锡市新区发展集团有限公司）和以新加坡胜科集团为首的新加坡财团共同投资的成片园区开发项目。双方于1993年12月18日签约，并于1994年初正式启动建设。

2019年年底，园区已开发面积约3.5平方公里，共引进生产性外商投资企业115家，合同利用外资39亿美元，到位外资及港澳台资31亿美元，累计吸引投资总额近60亿美元。园区客户企业实现规模以上工业总产值达到623亿元，园区单位平方公里工业产值近180亿元。 （邓　鹏）

【产城融合】 2019年，园区形成以半导体电子零部件产业、精密机械产业和光伏新能源产业为支柱的战略性新兴产业基地，成为无锡发展开放型经济的窗口。2019年，半导体电子零部件产业实现工业总产值410.8亿元，占园区工业总产值的65.9%。园区电气机械制造产业实现工业总产值86.9亿元，占园区规模以上工业总产值的13.9%。园区光伏新能源产业实现工业总产值82.6亿元，占园区工业总产值的13.3%。园区内形成了高浪路沿线两侧的服务业聚集中心，成为新吴区现代服务业副中心。2019年，引进了国际五星级希尔顿逸林酒店、新加坡辉盛集团旗下的名致公寓式酒店、基督教国际礼拜堂以及KFC汽车穿梭餐厅、棒约翰（比萨）餐厅、星巴克咖啡店、番茄主义新概念餐厅等大量中西餐厅、酒吧和其他服务设施。周边新洲人家、新洲花园、星尚国际等社区和谐宜居。园区将生产、商务、生活、休闲娱乐融为一体，尽量满足园区内企业的多方位需求，实现产城融合发展。 （邓　鹏）

无锡智慧体育产业园

【概况】 无锡智慧体育产业园（以下简称“智体园”）是全国首个智慧体育产业园。截至2019年底，智体园及“智未来”智慧体育众创空间引进企业65家，入驻企业注册资金达5亿元。睿健时代、汇跑赛事、原力棒球、芬兰瑞帕拉体育、澳大利亚佳伯马术、Ehome电子竞技俱乐部等行业知名企业均陆续将总部从北京、上海迁至无锡。智体园还荣获长三角健康服务产业集聚区、江苏省特色体育产业基地称号。

2019年，智体园全年营收近1.8亿元，比2018年增长20%，新增企业12家。其中发展较好的企业有汇跑赛事、乐运体育公园等。汇跑赛事旗下的无锡马拉松赛获得国际田联银牌赛事认证；乐运体育于2019年获得“NBA中国官方唯一授权的NBA篮球公园及赛事运营商”资质，并在锡建成智慧体育综合体。 （朱　墨）

【“飞凤杯”智慧体育体验展】 1月19日，“飞凤杯”智慧体育体验展在无锡市科技职业学院新吴区体育馆举行。“飞凤杯”智慧体育体验展由无锡市新吴区科学技术和信息化局、新吴区教育文体局主办，无锡智慧体育产业园承办。飞凤智慧体育体验展以促进物联网技术加快落地为宗旨，以全民体验智慧体育成果为目的，利用智能体育设备促进社区全民健身、推动智慧体育进社区，切实推动物联网技术在体育领域的落地运用，让人民群众在运动娱乐之中感受物联网的便利性、科学性。 （朱　墨）

【第七届无锡新吴区运动会智慧体育嘉年华】 8月3日，第七届无锡新吴区运动会智慧体育嘉年华在宝龙城市广场中庭成功举办。本次活动由无锡市新吴区人民政府主办，无锡高新区党工委（新吴区委）宣传部、无锡高新区（新吴区）文化体育和旅游局承办，无锡智慧体育产业园、“智未来”智慧体育众创空间协办。本次比赛共包含智慧F1模拟赛车、智慧篮球、智慧足球、智慧射击、智慧骑行5大智慧体育项目。参赛队伍各展身手，每支队伍都取得了不错的成绩，最终海太半导体队获得冠军，村田电子A队获得亚军，国体智体队获得季军。（朱　墨）

8月3日，无锡市高新区（新吴区）运动会智慧体育嘉年华（朱　墨　摄）

【全国智慧体育创新与设计大赛】 8月23日，全国智慧体育创新与设计大赛在“智未来”智慧体育众创空间举行了开幕式。12月6日，该项赛事总决赛在融媒体中心举行。大赛由无锡市委宣传部、无锡市体育局、江南大学物联网学院主办，新吴区委宣传部、新吴区文化体育和旅游局、无锡智慧体育产业园承办，智未来智慧体育众创空间协办，并得到了国家体育总局体育器材装备中心的大力支持。北京大海道文化传播有限公司体育探险旅行项目获得金奖，无锡跑吧智能科技有限公司智慧体育大数据平台项目获得银奖，南怀智能科技（上海）有限公司交互式运动魔盒获得铜奖。全国智慧体育创新与设计大赛的举办搭建了一个发掘并培育创新项目和企业家的平台，在为智慧体育产业发展输送优质项目的同时，也为传统制造业转型、新兴科技市场应用现有消费模式升级等带来了突破性创新。（朱　墨）

全国智慧体育创新与设计大赛（朱　墨　摄）

【国体智体检测认证（江苏）中心】 7月10日，航天中认软件测评科技（北京）有限公司（以下简称“航天中认”）技术总监蔡建平教授与国体智体检测认证（江苏）有限公司（以下简称“国体智体”）董事长华明在北京签订了《共建“航天国体软件检测认证中心”合作框架协议》，国家体育总局国体世纪质量认证中心总经理张春强、航天中认总经理赵国亮、无锡市体育局副局长汪克强、无锡智慧体育产业园相关负责人共同鉴签，双方将共建一个集标准创新、质量检验、科技研发、技术培训、国际互认的五大服务功能于一体的专业化软件检测认证技术平台——航天国体软件检测认证中心（简称“航天国体”）。

航天中认将发挥在软件检测领域的标准化技术优势和人才优势，国体智体将发挥在智慧体育领域检测市场开拓的主导作用，双方强强合作，在智能体育器材装备和智慧体育项目检测检验及认证，为用户提供基础测试资源、体育专用测试工具、各类测评应用服务、测试培训、资质认证、质量安全咨询等服务。

国家体育总局旗下的国体认证中心、江苏贝尔实验室共同在智体园打造国内唯一的智慧体育检测认证平台——国体智体检测认证（江苏）中心。2019年已完成智慧体育产业和智慧体育产品检测需求总体发展方向论证、资质申请、团队组建，与北京航天中认共建软硬件测评实验室，正在进行装修、设备进场工作。（朱　墨）

【体医融合】 2019年，无锡高新区科技局委托无锡智慧体育产业园、无锡智慧体育健康协会深入调研并服务新吴区的大健康产业，在无锡新吴区范围内先行推进体医结合，整合体育与生物医药行业，推进试点工程。该次三方协作，旨在加强体医融合和非医疗健康干预的研究与实践，将主要围绕“健康中国”主题，开展体育与医学融合相关政策、理论和技术的创新性研究，加强成果转化，进行模式示范，推动体育产业与健康产业对接。（朱　墨）

【智慧体育产业公共服务平台】 智慧体育公共服务平台是智体园通过政府引导，自主开发为入驻及联盟企业提供体育产业全方位针对性服务的平台体系。平台凭借无锡物联网技术高地的优势，以园区运营为依托，以智慧体育产业联盟为基础，以资源互通为核心，吸引全省乃至全国的物联网+体育产业上下游企业，通过金融服务、产学研用、资源交易、宣传推广、政策对接等方式，构筑智慧体育相关产业的衔接桥梁。（朱　墨）

无锡国家集成电路设计产业园

【概况】 无锡国家集成电路设计产业园于2018年5月揭牌成立，位于高新区核心区域，旨在打造一个吸引上市公司、科研院所、海内外领军人才集聚的高水平集成电路设计产业园区。园区依托2001年6月由科技部认定的全国八大"国家集成电路设计产业化基地"之一的国家集成电路设计(无锡)产业化基地运营管理,以平台建设、资金扶持、政策优惠、人才培养、技术支持等专业服务体系为支撑,形成了集IC设计、IC制造、封测及支撑配套业的完整产业链。基地2019年拥有近10万平方米科技载体配套,入驻企业有Applied Materials(应用材料)、Lam Research(泛林)、Tokyo Electron(东京电子)、SCREEN(迪恩士)、Daifuku(大福)等全球知名半导体设备商。

基地先后获得中国南方微电子基地、国家908工程、国家微电子高技术产业基地、中国产业集群品牌50强、CSIP十年"中国芯"最佳产业园区、集微半导体峰会明星产业园等10余项荣誉称号。2018年12月,基地成功获批建设国家"芯火"双创基地(平台),成为全国首家获批的地级市,将面向国产自主芯片、整机厂商合作以及创新创业领域,力求以技术服务、产业创新、创业服务的平台建设营造集成电路创新创业发展新生态,打造"太湖芯城"的区域产业品牌。 (周虹霞)

【招商引资】 截至2019年11月,园区新招引项目48个,其中新注册科技企业44家,总注册资金1.8亿元,招引集成电路类企业16家。完成一事一议项目两个:灵犀微光无锡产业化项目,总投资额5000万元人民币;摩尔精英无锡基地合作项目,注册资金3000万人民币。共签订租赁合同54个,总出租面积1.5万平方米。2019年,基地公司招商团队先后赴上海、北京、深圳、杭州、南京、成都、重庆、厦门、苏州开展招商活动57批,拜访重点企业80余家。先后参与30多场行业专题活动。在与资本的合作上,一方面积极建立渠道与华登资本、武岳峰资本、文治资本、云晖资本、临芯资本等业内一流专业投资机构保持紧密联系,有效获取第一手信息源。另一方面依托区高新风投、高新创投、云和资本、志芯基金,并密切联系市国联、金投、产业集团,组织专场招商活动。通过政策支持和融资服务双管齐下,吸引项目落地。 (周虹霞)

【企业全周期服务】 园区对标"2019年高效益科技创新目标任务",做好指标分解承接工作,深化企业全周期服务,做好各类申报统计工作,对目标任务进行细化,明确责任人和落实人。截至2019年11月底,预报国家高企8家,复核1家,已成功获批1家;新增省高企入库15家;新增市雏鹰企业入库5家、瞪羚企业入库4家;新增苏南国家自主创新示范区瞪羚3家;通过火炬中心科技局科技型中小企业评价入库企业21家;已通过区科技企业认定14家;区领军人才项目1家。士康、硅动力等17家企业成功获批企业研究开发费用省级财政奖励资金357万元。硅动力、力芯、友达、中微爱芯等21家企业申报无锡市第一批次流片补贴,共计补贴金额超500万元;芯朋、中感微荣获第十四届"中国芯"优秀产品称号;矽科、中微腾、力芯等11家企业13个项目获得市科技发展资金;中微晶圆获批市工程技术研究中心;华润上华、中微晶园、中微腾芯获批省级工程技术研究中心;芯朋、中微高科获省科技技术奖等。 (周虹霞)

【产业活动交流】 2019年,园区定期开展产业交流、技术研讨、政策宣讲、银企对接等活动20余场,在全区范围内共同促进产业发展,形成政府、资本、市场三级联动创新企业服务内容。先后举办协办了"深圳国际半导体统一展览会"无锡推介会、江苏省集成电路企业所得税优惠备案申报业务培训、无锡市软件和集成电路企业高新技术企业政策宣贯及申报培训、创新型企业高企政策宣讲培训会等一系列活动。组织企业参加高新区知识产权泰吴讲坛、"关爱职工共建和谐'五一'论坛"、高新区(新吴区)2019无锡才交会、物博会、"助力科技创新,共建银企服务"银企对接、第三届全国大学生集成电路创新创业大赛等活动。

通过整合行业资源,深度参与国家省市半导体行业协会、各类产业创新技术联盟和服务联盟。3月,参加台积电晶圆制造服务联盟第二次工作会议、"IC企业家茶会",与集成电路企业交流科创版政策;4月,参加中半协IC设计分会理事会,探讨IC设计业的热点领域和发展方向,搭建IC产业界上下游和人工智能相关领域交流互动平台;7月,参加台积电晶圆制造服务联盟2019年度第二次工作会议,共同商议联盟展厅搭建计划,为中小企业提供对外宣传展示窗口;10月,参加2019中国集成电路产业发展研讨会暨第22届中国集成电路制造年会;11月,参加中半协集成电路设计分会第七届理事会及ICCAD,加强与国内外集成电路专业性管理人才和技术人才的交流活动,带动和提升IC园的品牌建设。 (周虹霞)

【"芯火"平台专项工作】 2019年,园区积极推动"芯火"EDA子平台建设, EDA平台服务企业数超20余家,签订租赁合同6家。积极开展EDA工具使用情况调查,避免企业因知识产权问题产生纠纷,使各企业能够真正享受公共设计平台服务,使基地的公共资源得到最有效的利用;积极探索与华大九天合作,为IC设计企业创新研发活动提供国内先进EDA设计工具的支撑服务。开展与江苏集萃智能集成电路设计技术研究所有限公司全方位合作,借助专业力量和平台力量全力推进"芯火"平台建设。同时,与摩尔、市半协、华进、大中心等深入探讨,做到资源平台共享,提升服务能力。走访调研区内外20多家平台服务企业和设计企业，积极对接企业需求，聚焦平台服务、人才服务、综合服务等功能，打造“一站式”在线服务系统。以工信局牵头领导，梳理工作机制，落实责任分工。“芯火”系列活动之人才培训、整机对接、启动仪式、项目路演等多方面活动有序筹备中。（周虹霞）

【安全生产】 2019年，园区开展了“安全隐患大排查大整治”和“城市安全集中整治”等专项工作。对信息园B、D、F 3栋楼的18家企业进行了“地毯式”的检查，发现5家企业存在安全隐患，并下发“安全整改通知单”，5家企业均在规定时间内完成整改。IC设计大厦在消防维保的隐患排查中，充装570个灭火器，补充76条水带，2个微型消防站；督促23家企业自查自纠、园区组织排查企业13家；组织入园企业进行年度消防演练；督促IC园消防、电梯专业维保单位按相应规范要求做好月度、季度维保工作。资产部做好各类安全检查台账，并每周配合区相关部门做好安全检查周报上报工作。（周虹霞）

【资产管理】 无锡信息产业科技园B/D/F栋载体总面积6730平方米，入驻企业18家，2019年新入住企业8家，退租企业3家。园区已出租面积为4144.53平方米，其中新增面积为1161.53。出租率为61%。为提升园区环境，提高企业满意率，全年对部分公共区域进行了维修与翻新，包括B栋楼顶翻新与漏水维修，以及F栋4层空房源整修等，客户满意率达99%。

IC设计大厦载体总面积为110243平方米，入驻企业145家，出租率39.63%，从业人员3000人左右。年初，启动改建室外停车场、智能停车系统、改建A栋低层7个房间的供配电，以及改造B栋给水系统等工程。（周虹霞）

太科园公司

【概况】 2019年，无锡太湖国际科技园投资开发有限公司（以下简称“太科园公司”）按照区委区政府打造“六个一”专业园区运营体制机制的要求，将工作重心由融资平台和基础设施建设转移到科技园区的专业化运营，明确公司定位为新吴区核心科技园区综合运营商，核心战略为“立足科技创新，融合招商服务”，并根据各园区特点确定了六大产业及核心科技，为新吴区经济社会全面发展注入科技创新的强大驱动力，为实现新吴区“四个走在前列”的目标提供坚实基础。

2019年，完成营业收入7.69亿元，完成年度预算的107%。其中代建收入4.05亿元，完成年度预算的100%；租金收入2.31亿元，完成年度预算的100%。公司财务状况得到较大改善，资产负债结构不断优化，资产负债率进一步降低，比2018年下降1.58个百分点，其中本部下降2.94个百分点。全年共压降债务规模1.46亿元，期末融资余额87.01亿元，其中本部余额60.53亿元。（赵　坛）

【对外投资】 2019年，为集聚全球智能集成电路设计、深度感知技术领域创新资源，加快江苏省集成电路、深度感知设计技术的应用与产业化，推动新吴区创新发展，培育公司转型发展新动力，太科园公司分别与江苏省产业技术研究院及其团队出资设立江苏集萃智能集成电路设计技术研究所和江苏集萃深度感知技术研究所。投资分红方面，收分红1383.93万元，占历年实际收到分红的49%，创历年分红最高。本着优化投资结构，聚焦主业的原则，实现首家投资企业退出，科创公司将投资无锡市股权登记托管中心150万元股权转让给国联，累计投资收益272.1万元，年均收益率约15.77%，实现国有资产增值。（赵　坛）

【招商引资】 2019年，太科园公司全年完成招商项目235个，新增租赁面积10.9万平方米。其中软件园新增企业104家，新增租赁面积5.7万平方米，完成江苏税软天鹅座A座载体转让事宜，转让面积6200平方米，完成交易金额3700余万元，为软件园开园以来，继文思海辉载体转让后的第二次载体转让。大学科技园新增企业73家，新增租赁面积3.8万平方米。IC园新增企业58家，新增租赁面积1.4万平方米。3个园区全年完成“一事一议”类项目引进数共19家。

不断拓展招商引资渠道、创新招商方式和丰富项目储备，先后赴上海、北京、重庆、深圳、南京等地开展招商活动。积极邀请客户到园区进行考察，洽谈。软件园与中国软件园区联盟、省发改委联合会等7家相关协会建立渠道联系，进行全方位品牌宣传。（赵　坛）

【企业培育】 2019年，软件园、大学科技园、IC园科技企业培育及产出均全面完成年度目标。

软件园科技企业培育方面，净增国家高企认定19家，新增省高企入库数38家，新增市雏鹰企业培育入库数6家，新增市瞪羚企业培育入库数10家，新增市准独角兽企业培育入库数2家，当年火炬中心科技型中小企业入库数81家，完成区科技企业认定36家，其中新增科技企业认定36家，新增区领军人才创业项目数3家。科技园区产出方面，全年完成收入242亿元，完成税收收入9.1亿元。

大学科技园科技企业培育方面，净增国家高企认定23家；新增省高企入库数31家；新增市雏鹰企业培育入库数8家，新增市瞪羚企业培育入库数8家，新增市准独角兽企业培育入库数2家；当年火炬中心科技型中小企业入库数84家；完成区科技企业认定95家，其中新增科技企业认定28家；新增区领军人才创业项目数1家，第二批申报2家。科技园区产出方面，全年完成收入63亿元，完成税收收入2.8亿元。

IC园科技企业培育方面，净增国家高企认定6家，新增省高企入库数15家，新增市雏鹰企业培育入库数5家，新增市瞪羚企业培育入库数4家；当年火炬中心科技型中小企业入库数21家；完成区科技企业认定18家，其中新增科技企业认定13家，新增区领军人才创业项目数1家。科技园区产出方面，全年园区产出10.19亿元，全年完成税收收入0.4亿元。（赵　坛）

【安全生产】 2019年，太科园公司始终把安全生产工作作为重中之重，结合公司实际对公司安全生产管理领导小组成员进行调整，由党委书记、董事长任组长，各分管领导任副组长，相关部门主要负责人任组员，全面负责公司安全生产工作。与各相关部门签订年度安全生产工作责任书明确工作目标及责任。4月，开始开展"安全隐患大排查大整治"，10月，开始开展"城市安全集中整治"专项行动，制定城市安全集中整治工作方案，确保安全工作落到实处。开展"地毯式"排查整治，重点排查和整治建筑施工、城镇燃气、特种设备、危化品、消防等领域的安全隐患，确保不留盲区。（赵　坛）

鸿山旅游度假区

【概况】 无锡鸿山旅游度假区位于无锡市东南部，管辖区域58.6平方公里，度假区核心区规划面积24.21平方公里，与苏州隔河相望。无锡鸿山旅游度假区区位独特，距无锡市区20公里，距苏州市区23公里，是连接苏锡两市的纽带；交通便利，距苏南国际机场、京沪高铁、沪宁城际铁路无锡站均在10公里以内，距沪宁高速公路、环太湖高速出口均在7公里以内。无锡鸿山旅游度假区旅游资源丰富，已建成鸿山遗址博物馆（中国吴文化博物馆）、泰伯景区、中华赏石园、梁鸿国家湿地公园、鸿山都市农业生态园、怀海义庄（钱穆、钱伟长故居）、无锡梁鸿湿地丽笙度假酒店、上海瑞金医院无锡分院等文化旅游及配套项目。拥有3个国家AAAA级景区、1个国家湿地公园、1个国家考古遗址公园、2个全国重点文物保护单位、1个国际五星级度假酒店以及江苏省文化产业示范基地、江苏省生态旅游示范区等品牌。（王　胜）

【智慧旅游指挥中心建成投运】 9月，度假区智慧旅游指挥中心建设投运。项目借助"旅游+大数据"，对所有景区景点客流数据进行实时采集、分类处理，并以统计图表、可视化的方式呈现，为健全景区安全预警机制、加强游客引流疏导、精准广告投放区域及人群、制定个性化旅游线路、规划景区周边配套等提供决策依据。（王　胜）

【无锡首个5G智慧农业示范项目落地】 9月，无锡首个5G智慧农业示范项目在鸿山旅游度假区建成落地。项目位于鸿山千亩葡萄示范区，面积约9亩，由瀚云科技与中国移动联手打造，以5G+VR技术为亮点，集合农业大数据采集和分析技术，并与中国农科院等科研机构合作，为葡萄种植提供更科学合理的依据。同时，项目融合了翰云科技成熟的智慧灌溉技术，实现了水肥一体化。5G智慧农业示范项目是无锡首个将5G通讯运用到农业领域的项目，通过预先在葡萄园内安装高清视频监控设备和传感器等基础设备，利用中国移动5G高速率、低延时的特点，结合VR全景技术，可远程、实时、720度全方位查看葡萄园内的实际情况。农户不用自己走进园子，就能通过手机或电脑观测葡萄的实时生长动态、外观等信息，并同步记录阳光、温差、种源、虫害等关键数据，生成一目了然的图像+数据形式。在2019世界物联网博览会上，该项目在物联网新技术新产品新应用评选中获得智慧农业专项奖。（王　胜）

5G智慧农业示范项目运用于葡萄园（胡　灿　摄）

【民生文旅项目开工】 9月29日，"文化引领、农旅融合，助推乡村振兴"2019年鸿山旅游度假区民生文旅项目集中开工。此次集中开工仪式共涉及总投资超25亿元的19个重点民生文旅项目，包括鸿山遗址本体保护、鸿山森林公园、七房桥农房建设试点项目及农村人居环境整治工程等重大项目。（王　胜）

【2019国际时尚旅游小姐大赛江苏赛区比赛】 2019年9月15日，由无锡鸿山旅游度假区管理办公室主办的2019国际时尚旅游小姐江苏赛区总决赛在无锡

音乐厅举行。2019国际时尚旅游小姐大赛江苏赛区赛事，于2019年6月16日正式启动，历时3个月时间，通过此次赛事，展示了鸿山旅游度假区的旅游资源和品牌形象，让国内外游客朋友更好地了解鸿山、感受鸿山、亲近鸿山，让世界看到无锡鸿山的美丽。决赛中，通过才艺展示、礼服走秀、我为鸿山代言等环节的激烈比拼，18位候选佳丽现场角逐出6个单项奖和冠亚季军，冠、亚、季军。（王 胜）

9月15日，无锡广播电视台无锡音乐厅，无锡鸿山旅游度假区举办国际时尚旅游小姐大赛，此图为获奖佳丽合影（周 洁 摄）

【游客中心建成投运】 12月，度假区游客中心建成投运。项目占地面积870平方米，配齐度假区咨询投诉、导游服务、宣传展示、医疗救护、特殊人员服务等必备功能设施，致力打造度假区游客集散中心。（王 胜）

【度假区总体规划通过专家论证】 2019年12月11日至12日，《江苏省无锡鸿山旅游度假区总体规划（2019——2035）》专家论证会在中华赏石园举行。来自省内外的专家组一行现场踏勘鸿山旅游度假区并召开会议进行了论证。在听取省城市规划设计研究院所作的《江苏省无锡鸿山旅游度假区总体规划（2019——2035）》详细汇报后，与会专家进行了充分、深入的讨论，形成专家论证意见。鸿山旅游度假区总体规划经专家组论证通过，将为新鸿山优化区域空间布局、增强集聚辐射功能、激发经济发展活力、加快产城融合发展，实现更高起点布局、更高水平建设、更高质量发展打下坚实基础。（王 胜）

【首届鸿山年俗文化节暨江南年俗文化论坛】 12月28日——29日，"首届鸿山年俗文化节暨江南年俗文化论坛"在无锡鸿山旅游度假区中华赏石园举行。商务局历时两个月评选出的"新吴六宝、吴地八件"现场揭晓并授牌。年俗节活动持续两天，包括年俗宣传、年俗表演、年俗比赛、创意征集、年货展销等内容及年味美食、年货市集、非遗展示、趣味运动会、百姓大舞台等特色项目。论坛上，无锡市政府文化顾问、江南文化研究中心主任庄若江教授作了主旨演讲，省内多名吴越文化专家、民俗文化专家、旅游行业学者展开对话。鸿山旅游度假区管理办公室与有关学者、专家进行了深入广泛的讨论和对话，就保护吴越文化遗产、传承吴越民俗、发展文旅产业等重要话题达成一系列共识，发布了《保护、传承、发展吴越民俗文化鸿山宣言》。本次鸿山年俗文化节活动由区委宣传部（文体旅游局）、区商务局、区农业农村局、鸿山旅游度假区管理办公室主办，无锡广播电视集团（台）、无锡市民间文艺家协会协助支持，以"开门鸿"作为文化招牌，以"玉飞凤"作为视觉品牌，致力打造鸿山旅游度假区"有文化、接地气、受关注、重体验"的年俗节品牌，助力鸿山旅游度假区打造成华东地区最具特色的文化休闲旅游目的地。年俗节活动期间，《新华日报》《扬子晚报》《现代快报》《无锡日报》《江南晚报》、中新社、新浪、网易、中国江苏网、广电融媒体、等多家主流媒体做了报道。（王 胜）

微纳园

【概况】 中国物联网国际创新园（微纳园）是以"物联网技术"为主题的国家级专业孵化器，占地面积230亩，建筑面积30万平方米。园区设有研发办公区、中试生产区、总部办公区、中介服务区、生活配套区5大功能区，为处于不同发展阶段的科技企业提供定制化的解决方案。无锡微纳产业发展有限公司（微纳公司）是无锡高新区和无锡国联集团共同出资成立的全资国有公司，注册资本4亿元，承担微纳园的建设、运营和管理等职能。微纳园专注于以传感器和智能硬件系统为核心的物联网产业链，设有江苏省众创空间、物联网大学生创业园、江苏省科技孵化器与加速器，并联合中科院（微电子所）物联网研究发展中心共同培育物联网全产业链，打造国家级物联网创新中心。

2019年，微纳园在园企业245家（累计注册企业1100家），营业收入约85亿元，其中超1亿元的企业22家、超5000万元的企业42家；纳税企业660余家，税收约5亿元。园区亩均产出2800万元，是工业用地平均亩均产出的2.8倍；亩均税收160万元，是工业用地平均亩均税收的3倍；企业平均税负率6%，纳税企业平均产值1200万元。园区高新技术企业估值超10亿元企业4家，超5亿元的企业7家。

2019年，微纳公司资产总额84172.41万元，负债总额27349.90万元，长短期贷款余额21245.71万元，资产负债率32.49%；公司营业总收入17552.21万元，利润总额 8718.80 万元，净利润 6510.31 万元；年末应收账款余额（不含起诉企业）692.30 万元。2010 年至 2019 年，微纳公司融资总额 14.50 亿元，利率基本维持基准，较市场利率价格（基准上浮 10%–20%）共计节约财务成本 7223 万元。（陆　魏）

【招商引资】 2019 年，微纳园新引进科技企业 143 家，签署"一事一议"项目 11 个，新增科技载体出租面积 3.7 万平方米，连续 3 年新增营业收入 1000 万元。拿地项目取得重大突破，天云数据总部项目、烟台睿创高端芯片项目、华进先进封装与系统集成项目在太科园拿地 100 余亩；特大跨境并购项目锡产微芯成功落户园区，该项目注册 21.1 亿元，计划整合设立 1 家 8 英寸晶圆制造厂、1 家模块封装厂、2 家设计公司，未来新增销售额 30 亿元；高端 MEMS 芯片龙微科技上市总部项目在园区新增场地 7000 平方米，建设国际一流 MEMS 芯片封装线和晶圆代工线。

2019 年，微纳公司重点加大招商渠道建设力度。公司先后参加慕尼黑电子展、中国电子信息博览会、深圳国际电子展、FD–SOI 等高端论坛。招商团队首次赴欧洲开展"科技创新、开放合作"的交流活动，推动园区与欧洲知名物联网企业、院校、机构在多领域深度合作，并受邀参加欧洲微电子研究中心（IMEC）年度峰会。微纳公司在做好大企业、大平台、行业协会和产业基金等资源外拓的基础上，挖掘在园重点企业需求，促成二次招商。在场地需求上，优先保障园区重点企业扩租需求，2019 年完成广电计量、中科光电、品冠物联、厦泰生物、开云信息等企业的扩租。在政策扶持上，发挥高新区管委会与园区企业间的桥梁纽带作用。（陆　魏）

2019 年 5 月，微纳园招商团队赴欧洲开展招商推介活动　（陆　魏　摄）

【科技企业培育】 2019 年，微纳园净增国家高企认定数 21 家（园区高企累计数达 71 家），新增高新技术企业入库 54 家；新增市雏鹰企业培育入库数 11 个，市瞪羚企业培育入库数 14 个，市准独角兽企业培育入库数 3 个；火炬中心科技部科技型中小企业评价入库数 112 个；填报区科技企业认定数 48 个；新增高新区领军人才项目数 5 个，苏南自创区瞪羚企业高成长 50 强企业 3 家。园区企业专利申请总数约 800 件，其中发明专利申请 400 件、授权 500 件（发明授权 200 件）；园区万人发明专利拥有量 1250 件，是无锡市平均水平的 30 倍。园区集聚各类人才 6600 余人。其中，省双创人才 28 名、省双创团队 3 个、省科技企业家 4 名、市科技企业家 8 名、市领军人才 34 名、区科技创业领军人才 30 个。2019 年，新增省双创人才项目 8 个（双创人才 2 个、双创博士 1 个、科技副总 3 个）、市太湖人才项目 5 个、高新区领军人才项目数 5 个（其中 2 个为成长型）。2019 年，园区开展主题活动 30 余场，覆盖高企政策宣讲、银企对接会、知识产权培训等领域。微纳公司专设高企专员岗，专职负责园区高企的辅导与申报工作；创新企服新模式，特设总经理午餐会，按产业生态分批邀请在园企业负责人参加，面对面交流，帮助企业解决发展问题。（陆　魏）

【2019 中欧物联网无锡峰会】 2019 年 9 月 6 日，由无锡市人民政府、欧洲微电子研究中心（IMEC）共同主办，无锡高新区管理委员会承办，无锡微纳产业发展有限公司、无锡市半导体行业协会、无锡市智能工业产业协会、欧洲物联网理事会联合协办的 2019

2019 年 9 月，微纳公司承办世界物联网博览会分论坛——中欧物联网无锡峰会　（陆　魏　摄）

中欧物联网无锡峰会在湖滨饭店举行。500多名来自全球物联网领域的顶级专家学者和业界人士围绕“物联世界，芯动未来，共筑中欧物联网产业生态圈”，深入探讨物联网前沿技术及产业生态，促进物联网产业的交流合作，推动中欧物联网产业生态发展壮大。IMEC、欧盟物联网事业部、欧洲物联网理事会、AIOTI（欧洲物联网创新联盟）、KIT（德国卡尔斯鲁厄理工学院）、昂帕瑞莱物联网生态创新中心、德国博世、英飞凌、ASML、中国科学院微电子研究所、无锡物联网创新促进中心、江苏省半导体协会、华虹、华润、阿里巴巴集团、腾讯等中欧顶尖科研机构、国际协会、知名企业共同参与了此次峰会。网易、新浪等多家知名媒体全程直播，累计观看人次超过130万。在该次活动中，无锡高新区与IMEC签属《集成电路高端人才培养备忘录》，促成产业合作多元化，加速微纳园国际化，推进高新区与IMEC的人才培训合作，为成立IMEC中国区技术转移中心及IMEC中国孵化器做好铺垫。（陆　魏）

【生态圈建设】 2019年，微纳园传感器等智能硬件生态、大数据与软件生态、系统集成生态及基金生态初具规模。传感器等智能硬件生态圈规模约40亿元，大数据与软件生态圈规模约20亿元，系统集成生态圈规模10亿元。现有国经、红杉等近10家基金落户微纳园，包括中科物联投资平台在内的基金数量已突破50家，总规模突破300亿元。2019年，30多家基金及上市公司密集调研园区企业。其中，宽腾达通讯（无锡）有限公司被上市公司并购；20余家在园企业获得著名基金入资，如无锡芯享信息科技有限公司获800万元基金入资，无锡盛景电子科技有限公司融资4000万元。截至2019年12月，物联网中心累计引进培育孵化物联网企业118家，累计物联网企业集聚产值达106.84亿元。微纳园与物联网中心、创新中心已形成大战略合作，共同建立“MEMS技术创新基地”。以MEMS设计、仿真、制造、封装、测试和应用等环节为重点突破领域，重点开发MEMS圆片级真空封装技术、器件结构仿真、工艺整合流程设计、晶圆级基本电学特性测试、红外、压力、惯性器件产品级测试和可靠性测试等相关技术。2019年，微纳公司新申请加入亚洲企业孵化器协会，进一步推动了园区国际化发展的进程。2019年，园区与中国传感器与物联网产业联盟、上海微技术工业研究院、中国物联网产业联盟等20余个物联网相关联盟、协会建立了长期联络机制。（陆　魏）

【创新平台建设】 微纳园现有中科院微电子所MEMS平台、无锡市物联网创新中心平台、华进半导体封装平台、综合检测认证平台、国家级众创空间平台、国联综合金融平台、产业协会联盟、人力资源服务等八大平台。2019年，重大科技创新平台江苏物联网研究发展中心科技合作企业数150家。华进半导体封装服务企业150家，产生服务收入6000万元。广州广电计量检测的物联网检测认证平台服务企业5000余家，服务收入约1.5亿元。无锡市计量院筹建“国家物联网感知装备产业计量中心公共服务平台”，微纳园创星咖啡正申报国家级众创空间。

2019年，创新中心牵头和参与制定标准14项，提交专利申请33件，发表论文6篇。中心已组建先进感知、工业互联网和车联网三大事业部开展核心关键技术领域攻关。创新中心与信通院签约成立了5G与工业互联网研发中心，围绕物联网终端测试，于12月落地了泰尔无锡联创中心；创新中心还与中电海康、华为科技、江苏物联网研究发展中心、华进半导体、中船七〇二所、公安部交通管理科学研究所、国家超算中心、朗新科技、紫光集团、红豆工业互联网等10家龙头企业共建5大技术创新基地，开展共性技术研发。（陆　魏）

【股东合作提升质量】 2019年4月18日，无锡高新区与国联集团签订了《关于中国传感网国际创新园深化合作协议》（简称“协议”），对微纳公司未来的发展指明了方向。高新区与国联集团一致同意微纳公司优化股权结构，股权比例调整为高新区51%、国联集团49%。高新区同意注册在“菱湖大道200号”的所有企业对高新区地方财力实际贡献的100%组建“微纳园年度产业基金”；同意优先保障微纳公司项目用地，并给予优惠；同意注册在“菱湖大道200号”的企业同等享受高新区出台的各项政策。国联集团同意利用行业优势和产业资源，继续为微纳公司招商引资提供支持等。4月28日，微纳公司向高新区党工委、管委会提请落实协议内容的具体措施与推进节点的请示。在与高新区国资办、股东双方沟通股权调整事宜后，由微纳公司代表股东双方进行园区资产评估。（陆　魏）

【四期载体建设】 2019年，微纳园在腾挪3.6万平方米载体的基础上，出租率达90.23%。现有载体空间已无法满足微纳园高速发展，为此，四期载体建设提上日程。四期加速器位于微纳园以北，运河西路以西，景贤路北侧，建设规划用地40.8亩，总建筑面积约7.3万平方米，容积率为2.13，总投资3.6亿元。四期规划7栋载体，建设内容包括企业研发、中试、产业化载体及公共配套用房等。2019年，微纳园四期地块现已通过挂牌取得土地，办理了不动产证，并组建成立了四期加速器专家咨询委员会。公开招标确定了监理单位，计划2020年开工建设。（陆　魏）

【安全生产】 2019年，微纳园完成安全标准化、体系化“双化”建设，园区职业健康安全管理体系顺利通过认证。全年累计完成在园企业主题宣传教育培训3场，与园区企业联合举办“119”消防月防火疏散实景演练；组织危险化学品及实验室企业安全专项检查4次，节假日前安全检查8次，月度安全隐患排查12次，协助上级部门安全执法检查10次；消除重大安全隐患1处（氢气站），公共区域一般隐患211项，督促完成隐患整改302项。在落实《安全生产管理制度》的前提下，园区内部建成高效的沟通机制。通过安全月报汇报制度和专项检查制度，将安全重点工作、存在问题和建议形成报告，上报给监管部门和股东单位。与物业公司、维保单位、在园企业签订安全生产协议，将危化品、特种设备、堵塞消防通道、违建四大安全隐患问题作为日常监督重点。（陆 魏）

生命科技产业园

【概况】 2019年，园区年度完成主营业收入6191.09万元（其中科创公司4776.97万元、留创公司1289.85万元、创弘公司124.3万元），同比增长9.8%。累计开票7833万元，实际收入6808万元，综合收缴率为87%；起诉不良企9家，腾出有效租赁空间4686平方米，收缴历史欠费467.56万元。（吴 飞）

无锡生命科技园 （吴 飞 摄）

【科技企业引进】 2019年，年度新增企业73家，完成年度目标任务的162%。完成“一事一议”类项目引进数4家，完成年度目标任务的200%；科技企业培育方面，净增国家高企认定23家，完成年度目标任务的115%；新增省高企入库数31家，完成年度目标任务的206%；新增市雏鹰企业培育入库数8家，完成年度目标任务的45%，新增市瞪羚企业培育入库数8家，完成年度目标任务的200%，新增市准独角兽企业培育入库数2家，完成年度目标任务数的200%；当年火炬中心科技型中小企业入库数84家，完成年度目标任务的105%；完成区科技企业认定95家，其中新增科技企业认定27家，全年目标任务45家；新增区领军人才创业项目数2家。载体建设方面，新增出租面积3.8万平方米，完成年度目标任务的108%，综合出租率81.4%，已超额完成年度目标任务。科技园区产出方面，园区产出54亿元，全年完成收入63亿元，完成税收收入2.2亿元，全年完成税收收入2.8亿元，产出和税收收入分别完成年度目标任务的105%和103%。新增培育超亿元企业4家，完成年度目标任务200%。（吴 飞）

【招商引资】 2019年，园区不断拓展招商引资渠道、创新招商方式和丰富项目储备，先后赴上海、北京、重庆、南京、武汉、济南、大连、苏州等地开展招商活动，并积极邀请客户到园区进行考察、洽谈。园区新增企业73家，新增注册资本90937万元，其中注册资本1000——5000万的24家，5000万元以上的8家。从所属产业看物联网及新一代信息技术企业31家，生物医药类企业11家，金融投资类企业15家，普通科技类企业16家。“一事一议”项目完成4家（互联家、尚沃、大鹏、云和）；全年新增出租面积3.5万平方米，出租面积共28.77万平方米，综合出租率达81.5%，同比增长11.8%。（吴 飞）

【产业服务】 园区集聚各类企业510家，其中2019年新增企业70家，全年实现营业收入63亿元，同比增长14%，实现税收收入2.8，同比增长12%。培育超十亿元企业1家，超5亿元企业1家，新增培育超亿元企业4家（三联生物、尚沃生物、海斯凯尔、数联互动网络），园区超亿元企业达到9家。全年申报高新技术企业42家，净增申报高新技术企业32家，截至11月底，已通过高企认定数18家，全年净增高新技术企业25家，完成年度目标任务125%；新增培育省高企入库数31家，完成年度目标任务的206%；完成市雏鹰企业培育入库8家，完成年度目标任务的45%。完成市瞪羚企业培育入库8家，完成年度目标任务的200%；完成市准独角兽企业培育入库2家，完成年度目标任务的200%。火炬中心科技型中小企业评价入库数81家，已完成年度目标任务的101%。完成科技企业认定95家，其中新增科技企业认定27家。（吴 飞）

【项目成果申报】 组织企业申报省、市级项目21项；组织5家企业参与江苏省科技创新创业大赛；组织5家企业申报区领军人才项目，其中尚宁光电入选；组织三联生物申报万人计划；组织太尔时代和映型三维2家企业申报市领军创业项目；组织三联生物和海斯凯尔申报了省工程技术中心项目;组织易视腾、矽微、艾尔康等申报了六大人才高峰,易视腾入选;组织同步电子和易视腾4人申报2019年企高管项目,唐鹏、曹彬和徐兆吉3人入选;同时,江苏艾尔康科技有限公司获批无锡市领军型团队,江苏艾尔康科技有限公司方攀峰入选无锡市产业升级创新领军人才;无锡海斯凯尔医学技术有限公司的"云端肝脏健康管理解决方案入围江苏省2019年大数据优秀产品;江苏三联生物工程有限公司获得2019年江苏省发改委战略性新兴产业发展项目,获批专项资金1750万元;尚沃医疗和三联生物入选江苏省2019年度科技企业上市培育计划入库企业;海斯凯尔、尚沃和同步电子科技三家入选苏南自主创新示范区瞪羚企业。无锡海鹰医疗科技股份有限公司获评2019年省级小巨人企业(创新类)。无锡海斯凯尔医学技术有限公司的基于影像引导的无创肝纤维化诊断系统研发和产业化项目获得江苏省科学技术奖生物技术与医药组二等奖。(吴　飞)

【品牌维护】 做好园区品牌维护工作,包括现有品牌的日常维护工作和新的品牌的争取工作,做好江苏省科技企业孵化器发展30周年综合孵化器百强和十强申报评选工作,参与留创园、创业中心等联盟活动和会议,做好江苏省留学回国人员创新创业示范基地和江苏省中央引导地方科技发展专项资金项目的推进和验收总结工作、无锡市科技发展资金申报工作,无锡高新科技创业发展有限公司在国家级科技企业孵化器2018年度考核评价中获评A类优秀,无锡留学人员创业园获评B类良好,科创、留创和传感网大学科技园在省级评价中获评B类良好,市级孵化器获评为A类优秀,园区品牌维护工作总体持续向好。(吴　飞)

【安全生产】 2019年,以服务企业为根本宗旨,督促物业加强巡查力度,做好园区存量载体的日常修缮工作,对安全生产大检查、日常巡查工作中发现的及园区企业反映的问题,主动出击,盯住不放,落实整改。收到企业诉求224件,处理回复215件,解决率95%。按照《2019年度园区物业专项修缮工程计划方案》,园区规范实行63个维修工程项目;组织各类安全大检查80余次,落实整改安全隐患90多处。严格执行园区二次装修管理制度,并制定出台各类突发事件应急处理预案,建立园企联动机制,确保及时应对突发状况并进行妥善处理。对管辖园区范围内进行全方位的隐患排查治理,并向企业发放安全检查自查表,要求其进行自查自纠。期间累计进行各类安全大检查24次,检查中发现涉及安全隐患的危化品企业11家、实验室5家、配套餐饮隐患12家(使用瓶装液化气4家)、企业消防隐患21家,共发现安全隐患111处,所有存在安全隐患问题的企业都已发放安全隐患整改通知。(吴　飞)

吴文化博览园

【概况】 2019年,鸿山物联网小镇进一步提升物联网示范应用的展示水平,重点围绕智慧旅游、智慧农业、智慧生活、智慧医疗等六大板块展示本土物联网企业的科技展品以及鸿山物联网应用示范场景的数据,改造了鸿山物联网小镇的城市客厅,提升改造梁鸿农场智慧大棚,植入传感、控制等相关设备,实现现代农业自动化管理,智慧大棚的数据与小镇展示中心实现传输和共享;建设鸿山第一批农业云(5G)试点项目。重大商业配套项目吴越水街一期完成投资1.83亿元(不含土地费用),预计2020年完工。同时,鸿山街道、吴博园公司建立了联合招商机制,共同招引具有商业综合体运营经验的知名商业团队开展合作;丽笙酒店二期完成投资1.28亿元(不含土地费用),预计2020年9月完工,年底前开业。鸿山新城镇板块的商业配套吴文化风情街积极引优质商户入驻,满足周边群众的生活需要,针对该项目运营多年后基础设施破损的现状,实施了消防、雨污水、照明、弱电等管网改造,工程现已经完工,改造后的风情街进一步提升板块的人居环境。(侯志清)

2020年5月,吴越水街一期,项目施工现场图

(侯志清　摄)

【市政建设】 2019年,启动实施了11个市政基础工程,其中泰伯大道(锡东大道——锡张高速)、彭祖路、至宾路、鸿庆路(三让路——至宾路)、三让路(中庆路——美伯路)等6条道路已经完工通车,三让路(中庆路——鸿庆路)、鸿庆路(至宾路——泰伯大道)、锡义路预计2020年12月前全部竣工通车。(侯志清)

【配套设施建设】 2019年,以全域旅游示范区建设为主线,结合鸿山省级旅游度假区和鸿山物联网小镇

建设，制作了鸿山全域旅游智慧导览电子地图，全方位推送鸿山旅游的全要素；进一步完善景区的基础配套设施，引入物联网示范应用项目，实现了大数据的实时传输。2019 年，梁鸿国家湿地公园重建水文化长廊；新建智能监控、环境监测系统，且相关数据与小镇物联网展示中心实现了实时对接；深入推进“厕所革命”，按照 AA 厕所标准对办公区的厕所进行改造提升，按 AAA 标准新建了烧烤区的公共厕所。对照 AAAA 级景区评分细则，2019 年中华赏石园顺利通过 AAAA 级景区复检。（侯志清）

【生态环境建设和景观提升】 启动马渎浜河、至礼河等河道工程的建设，改善和优化鸿山新城镇板块的水系连通和水生态环境，项目均已开工；启动荡东片水生态修复工程，通过新建闸站，实施水环境处理、河道疏浚通、绿化等，进一步维护和改善鸿山区域的生态环境和水体水质，工程预计 2020 年 6 月竣工。为改善城市形象，提升区域土地价值，重点实施飞凤路西侧与锡梅路北侧地块、新瑞医院南侧地块、至宾路南侧与彭祖路北侧地块、彭祖墩地块的草花种植工程，对这些地块内的地形进行整理，修建园路、种植草花等。完成鸿山遗址本体保护展示工程试验区的 2 个土墩及部分木栈道的施工作业，利用东上浜区域的农田种植了大场景的油菜花、格桑花、向日葵等作物，在荷花塘种植了近百亩的荷花。（侯志清）

2019 年 8 月，东上浜荷花塘，荷花盛开期实景图 （侯志清 摄）

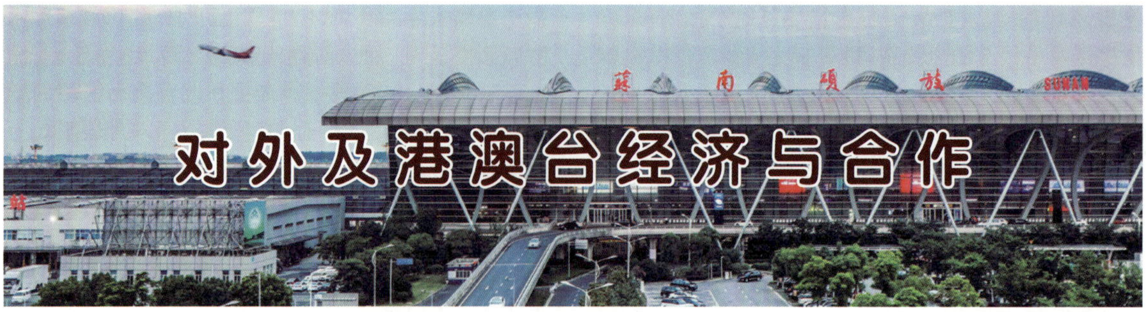

对外及港澳台经济与合作

综述

【概况】 全年新批协议注册外资12亿美元,新批3000万美元以上重大项目13个,新引进世界500强项目1家。外资提质增效取得积极进展。新增外资研发中心15家,新增跨国公司地区总部2家,全区获省认定的总部企业达19家,占全市53%。外贸全年以人民币计同比增长3.8%。一般贸易进出口1-11月实现9.2%的增长,居全市第1位,全年保持全市前列。2019年,新吴区全年实际利用外资13.15亿美元,连续4年保持全省开发区、县、市、区第一。外资结构进一步优化。到位外资中战略性新兴产业占比约83%,超出目标23个百分点;服务业外资占比约11%,比2018年同期提高近9个百分点。项目质量不断提升。全年新批3000万美元以上重大项目13个,新引进世界500强项目2家,新增外资研发中心15家。全区获省认定的总部企业16家,占无锡市的44%。全年完成进出口505.71亿美元,增幅-0.4%(按人民币计增长3.8%),总量占无锡市54.7%,比重比2018年提高0.3个百分点。一般贸易进出口实现9.2%的增长,居无锡市第一位。实际境外投资额1.04亿美元,同比增长136%。境外投资企业扩容至70余家,广泛布局于日韩德等发达国家。全区服务外包合同金额39.1亿美元、执行金额27.1亿美元,离岸外包合同金额20.7亿美元,三项均居无锡市第一,离岸外包执行金额12.5亿美元,位居无锡市第二。（王　鹏）

【跨境电商】 新吴区是无锡市“国家跨境电子商务综合试验区”1210网购保税模式的核心区,2019年,完成跨境电商监管场站建设,实现网购保税模式无锡市首个批量通关,与全球最大跨境电商企业亚马逊展开深度合作,打造亚马逊一带一路产业园,签约国内第二大跨境电商平台企业——总投资30亿元的电商龙头京东集团系列项目,打造两个线下集聚区,招引跨境体验店,推动44家企业拓展互联网销售渠道,实现的跨境电商出口额3.2亿美元。（王　鹏）

【新兴业态率先突破】 2019年,新吴区外贸方面,大力发展检测维修、保税研发、跨境电子商务等新兴业态。在全省率先取得全球检测维修业务突破,捷普电子获批江苏首例、全国率先全球维修试点,开展业务的企业扩至4家。外资方面,推动瑞科股权设立备案,成为市第一家外商独资股权投资企业,为新吴区利用外资增加了全新的业态。签约台湾上海商银设立无锡分行,实现无锡市台资银行零突破。（王　鹏）

【对外贸易】 在外贸形势整体下行的压力下,新吴区始终以占全市约55%的比重实现了正增长,始终高于全市平均,发挥了主力军作用。加强数据管理和工作联动“稳基础”,建立外贸表单数据库,全面盘活重点企业存量,深入挖掘新项目、潜在项目增量。建立日常工作推进机制,多方联动加强责任落实。开拓新兴市场和承接展会溢出效益“增活力”,2019年1-11月,对东盟、欧盟等国家和地区进出口分别增长3.9%、10.5%,高于全区平均2.7个百分点和9.3个百分点,与“一带一路”沿线国家和地区贸易进出比重提高0.12个百分点。组织区内企业参加“江苏-欧盟双向投资论坛”等经贸促进活动以及广交会、华交会、高交会等各类外贸展会,第二届进博会期间,全区共组织采购商397家,专业观众1520人,比首届进博会分别增长48%、107%,采购成交达4.5亿美元,位居全市第一,全面超额完成目标任务。发挥政府服务和小微企业破零“强外援”,复制推广自贸试验区改革试点经验,落实出口退税、扶持资金、贸易便利化等政策,协调各方力量稳生产、降成本、促融资。累计为区内300多家企业拨付各级外贸资金2800多万元,帮助近400家企业对上争取各类外贸资金9900多万元。此外,激发中小微企业开拓国际市场积极性,先后组织2次政策宣讲培训会,覆盖300家重点中小微外贸企业,加快中小企业统保平台扩面扩容,将125家中小微企业纳入省级平台,为外贸“破零”奠定了后备基础。（王 鹏 张 帆 吴 敏）

【外资利用】 2019年,新吴区新设立外资企业80家,金妥新材料、海辰半导体、瑞科股权等3个注册超亿美元外资项目新批入库,注册资金1亿美元的养乐多二工厂完成注册。全区新签约了德国柏丽集团工业4.0亚太区总部项目、药明生物偶联药物研发生产技术中心项目、联合汽车电子三期项目等一批高质量外资项目,精心组织开展多轮次境外招商洽谈。建立动态项目库,精准把握全区重点外资项目推进进度,做好项目跟踪服务和街道板块督导。华虹一期、SK海力士二工厂等一批标杆性重大项目超序时进度竣工投产,LG化学正极材料项目、施耐德电气、绿点科技综保区产业园一期等一批重大项目如期开工建设,推动法液空、合全药业等一批注册外资迟滞项目“早到位”。优化商务备案管理流程,指导协助海力士、海辰半导体等公司申请鼓励类项目,积极为华虹半导体等项目向商务部争取并购审批、为合全药业协议外资向上争取调整、为路劲地产向市外管局争取解决外汇结汇问题,“窗口化”的指导服务增强了企业投资信心。全区办结外商投资企业设立备案77件,变更备案396件。加强新政策研究学习和宣讲培训,在区政府第29次常务会议上专题对《外商投资法》向区领导及部门领导进行了宣讲解读,并组织区内重点外资企业及各板块招商人员,参加全市《外商投资法》及最新外资政策培训会,在新政策、新机遇前抢得先机。人民网首页特别推荐无锡新吴区“稳外资”经验。（王 鹏 张 帆 吴 敏）

【境外投资】 2019年,新吴区境外投资企业扩容至70余家,一批竞争力较强的企业积极在海外布局,锡产微芯已备案对外投资2.19亿美元,是新吴区近两年来对外投资的最大单体项目;华光集团签约总价2.45亿元的西港热电工程,为建区以来最大标的海外承包工程,全年新批境外投资中方协议投资额超过2.9亿美元,实际境外投资额超1亿美元。（王 鹏 张 帆 吴 敏）

【新业态发展】 2019年,新吴区积极探索新业态,抢占新领域制高点。外贸方面,大力发展检测维修、保税研发、跨境电子商务等新兴业态。在全省率先取得全球检测维修业务突破,捷普电子获批江苏首例、全国率先全球维修试点,2019年开展业务的企业已扩展至4家。跨境电商成为外贸新增长点,全年可带动跨境电商企业30家,实现3.2亿美元的出口额。外资方面,推动瑞科股权设立备案,成为我市第一家外商独资股权投资企业,为新吴区利用外资增加了全新的业态。签约台湾上海商银设立无锡分行,实现了全市台资银行零突破,也成为5年以来落户无锡的第一家外资银行。商贸方面,在持续推动“新零售”的同时,积极探索发展“夜经济”。服务外包方面,总结推广恩梯梯人脸识别、文思海辉AI嵌入式系统开发等技术创新,鼓励引导传统外包龙头企业向智能化转型,全年完成执行金额22亿美元,离岸执行金额13亿美元,总量列全市前三。（王 鹏 张 帆 吴 敏）

招商引资

【概况】 2019年,新吴区坚持项目引领,厚植产业优势,区街联动,组织推进“红五月”“金秋经贸节”等一系列重大产业项目签约、开竣工活动,组织赴欧洲、日韩等境外经贸考察洽谈活动,全区累计新引进超亿元产业项目95个,总投资465亿元。（王 鹏）

【项目招引】 2019年,围绕高新区“6+1”主导产业,实施精准招商、产业链招商和产业集中度招商。在重大项目招引上实现新的突破。引进投资3亿美元的养乐多乳酸菌饮品二工厂项目,引进无锡市首家外商投资股权投资公司,投资2.5亿美元的瑞科新能股权投资项目,新签约韩国SKC半导体设备制造、统一实业功能性饮料、光洋汽车TRB高端轴承、群曜医疗科技、施耐德总部项目,普利司通智能分拨中心项目等一批超亿元项目。（王 鹏）

【总部经济】 2019年,海力士学校、医院,阿斯利康生命科技园等项目接连落地,实现基地化发展。三井物产协鑫新能源商用车运营总部、施耐德电气电子集群营运总部、第七大道上市总部等一批总部化项目接连签约。利纳马、博尔豪夫2家企业获省商务厅跨国公司地区总部认定。推动40家企业实现“工厂总部化”。全区累计有16家企业获省级总部认定,148家企业实现“工厂总部化”,通过壮大总部经济,累计新增销售570亿元,新增税收26亿元,新增研发人员超2200人,形成显著的引领效应、聚集效应,新华社客户端、《无锡日报》等主流媒体以及多家自媒体纷纷对总部经济成果进行报道。（王 鹏）

【服务与招商深度融合】 提升企业服务的“增加值”与“含金量”,通过将项目招商与企业服务更深度的融合,建立企业全生命周期服务管理体制,坚持问题导向,把服务端进一步向前移,全年协调解决企业发展中遇到的资源性、政策性、机制性问题两百余件。通过“二次招商、以商招商,以存促增”的方式,成功推动闻泰科技研发中心、施耐德全球供应链电子能力中心、统一实业功能性饮料、光洋汽车TRB高端轴承、群曜医疗科技、普利司通智能分拨中心项目等一批区内企业基地化发展项

目和总部化、功能化项目的启动实施。（王 鹏）

【海归人才创新创业】 探索“基层侨联＋高校侨联＋校友会”模式，做好留学归国人员科技创新创业服务。与江大侨联共同打造“海创江南”双创基地联盟平台，全市10余家省级以上科创园区和上海交通大学等多所“985”“211”高院开展产学研合作，促成上海万木春生物医药有限公司在新吴区签约落户，推动德国江苏总会与软件园达成战略合作并设立联络工作站。定期邀请市级涉侨团体走访侨企，为企业解决发展问题。（王 聪）

对外及对港澳台贸易

【概况】 2019年，新吴区进出口总额505.71亿美元，其中，出口完成259.26亿美元，同比减少5.9%，进口246.45亿美元，同比增长6.2%，总量和占比保持无锡市第一，增幅高于无锡市平均0.7个百分点，进出口总量占无锡市54.4%，比2018年同期增长0.3个百分点，为无锡市外贸的稳定继续做贡献。对港澳台进出口总额57.58亿美元，同比减少25.2%，其中，出口46.08亿美元，同比减少27.5%。（张 帆）

【新兴市场拓展】 2019年，新吴区鼓励企业积极开拓新兴市场，1–12月对新兴市场进出口92.37亿美元，同比减少0.7%，其中出口59.96亿美元，同比增长0.8%，进口32.42亿美元，同比减少3.4%。另外，在商务和外经贸发展专项资金上，对开拓新兴市场国家的项目给予更高比例的补贴。（张 帆）

【出口信用保险】 2019年，新吴区有239家企业加入出口信用保险平台，支持出口贸易19.92亿美元，一般贸易渗透率29.15%。其中，享受省市两级小微平台政策企业173家，享受市级统保平台政策企业64家。（张 帆）

利用外资及港澳台资

【概况】 2019年，深入实施创新驱动发展战略，克服中美贸易摩擦、产业周期调整的叠加影响，统筹内外资源，完成到位注册外资13.15亿美元。（吴 敏）

【重点项目建设】 2019年，新吴区建立动态项目库，精准推进全区重点外资项目实施，做好项目跟踪服务和街道板块督导。华虹一期、SK海力士二工厂等一批标杆性重大项目竣工投产，LG化学正极材料项目、施耐德电气、绿点科技综保区产业园一期等一批重大项目如期开工建设，推动法液空、合全药业等一批注册外资迟滞项目“早到位”。（吴 敏）

【政策环境】 2019年，新吴区优化商务备案管理流程，指导协助海力士、海辰半导体等公司申请鼓励类项目，积极为华虹半导体等项目向商务部争取并购审批、为合全药业协议外资向上争取调整、为路劲地产向市外管局争取解决外汇结汇问题。全区办结外商投资企业设立备案77件，变更备案396件。加强新政策研究学习和宣讲培训，在区政府第29次常务会议上专题对《中华人民共和国外商投资法》向区领导及部门领导进行宣讲解读，组织区内重点外资企业及各板块招商人员，参加无锡市《中华人民共和国外商投资法》及最新外资政策培训会。人民网首页特别推荐无锡高新区“稳外资”经验。（吴 敏）

对外及对港澳台投资

【概况】 2019年，新吴区新批境外企业（机构）19个，新吴方协议投资额2.68亿美元，实际完成额10447.36万美元，同比增长48.7%。（张 帆）

【投资领域】 2019年，新吴区投资领域主要在商务服务业，批发业，计算机、通信和其他电子设备制造业，医疗、养老及大健康产业，农、林、牧、渔专业等，主要投资国家和地区：中国香港地区以及日本、欧美等。还有新加坡、越南、柬埔寨等“一带一路”国家。无锡锡产微芯半导体有限公司对外协议投资2.19亿美元，是新吴区区近两年来对外投资的最大单体项目。（张 帆）

综述

【主要经济指标】 2019 年，新吴区优化区以下财政管理体制，落实基本公共服务等领域财政事权和支出责任划分改革，完善财政收入分配体制，增强园街财政自我造血、自我平衡能力。加快建成预算绩效管理体系。推进依法理财，强化基础管理，加强财政内部控制建设。新吴区一般公共预算收入完成 205.1 亿元，同比增长 3.2%，首次突破两百亿元大关；单位建设用地税收收入 15.6 万元 / 亩，位列全市第一；一般公共预算收入占 GDP 的比重 11.1%，位居全市第一；税收收入占一般公共预算收入的比重 90.5%，位居全市第二；一般公共预算收入占全市比重提升 0.2%，位居全市第二；债务管理风险等级首次降至橙色区域，债务管理综合考核全市第一。从全省 120 个县区看，2019 年，新吴区一般公共预算收入规模超过常熟市，位居第七，较 2018 年前移一位；从与苏南 6 个主要开发区对比情况看，新吴区一般公共预算收入规模位列第三，增幅位列第五，税收收入增幅位列第五，税收占比位列第二。2019 年，新吴区新增上市企业 2 家，科创板受理过会企业 3 家；全区新增贷款 181 亿元，同比增长 22.81%。新增上市企业数、科创板受理过会企业数、新增贷款增幅 3 项主要指标均位列全市各板块第一。新吴区被评为江苏省创业投资集聚发展示范区，无锡市金融工作先进单位，上交所资本市场服务苏南基地授牌落户新吴区。2019 年新吴区税务全年完成各项收入 482.37 亿元，同比增长 0.3%，税收收入 357.72 亿元，同比下降 1.6%。新吴区税务局被授予全国税务系统先进集体、江苏省文明单位、江苏省巾帼文明岗、江苏省五四红旗团支部等荣誉。

【国有企业管理】 2019 年，新吴区共完成财务审计项目 16 个，查出不规范金额 2.26 亿元，发现非金额计量问题 75 个，上缴财政资金 0.93 亿元，移送案件线索 4 件。政府投资审计累计核减投资额 6.19 亿元。新吴区研究制定国有企业改革发展中长期规划，出台区属国有企业一企一策市场化改革方案，围绕市场化业务发展及管理体制改革，坚持授权与监管相结合、放活与管好相统一，梳理权力清单和责任清单，提高国企经营活力和管理水平，提高国企市场化发展绩效。新吴区属直管国有企业简单合计口径年末总资产 716.86 亿元，净资产 304.73 亿元，净利润 3.96 亿元。区本级国有企业合并报表口径 2019 年末总资产 669.82 亿元，净资产 264.46 亿元，净利润 4.89 亿元。

（徐 彬 顾 晓 濮志晔 童晓文 张 蕊 张 贝）

【民营企业服务】 落实中央民营企业座谈会精神，引导民企参与军民融合、“一带一路” 等国家发展战略。加强基层商会指导，指导成立新吴大丰商会，梅村商会获评省 “四好” 商会。深化 “家 +” 服务平台建设，工商联 “锡商法律服务之家” 多次组织企业家在新吴法院旁听庭审和走进法院，举办 “加强知识产权保护争当高质量发展领跑者 ‘4·26’ 泰吴讲坛”、“关爱职工共建和谐 ‘五一’ 论坛” 等活动，有力提升企业家法律意识和知识产权保护能力。配合江苏发展大会暨第四届锡商大会 “百强民营企业” “百名杰出锡商” 等各类奖项申报和项目签约，打造高新区板块。（王 聪）

财政

【财政收入】 在 2019 年减税降费和中美贸易战大背景下，全力推进财政收入组织，挖掘收入征管潜力，保持财政收入平稳增长，最大限度降低减税降费对财政收入的影响。全区 2019 年一般公共预算收入完成 205.1 亿元，同比增长 3.2%，首次突破两百亿大关。其中一般公共预算收入占 GDP 比重居全市第一，亩均税收全市第一，一般公共预算收入占全市比重位列全市第二，税收占比全市排名第二。（徐 彬）

【协护税工作】 利用协护税平台抓好协护税工作。一般纳税人试点2019年形成增量税源约19亿元。反避税工作有序开展，阿斯利康反避税案件初步结案，自行纳税调整入库税款及利息3.1亿元。培育流动性税源，避免税源流失。美尚生态限售股减持已入库税收4180万元，银邦科技限售股减持已纳税6000万元，飞而康股权转让已纳税逾3600万元，江苏税软限售股减持入库税收1061万元，宝通科技限售股减持已入库550万元，摩拜智造境外股东股权转让调整原税收分配方案，使得新吴区最终入库税款1.05亿元，与原计税方案相比，多入库企业所得税近5000万元，七酷网络补缴个税入库近1亿元。建筑业项目税收预缴率和预缴面等考核指标均位居全市前列。 （徐 彬）

【重大民生支出保障】 2019年，新吴区财政部门，不断加大财政支持保障改善民生力度，优化政府专项资金支持，强化对养老、医疗保险、城乡低保、促进创业就业、公共卫生、公共安全、教育文体事业、公共交通等重大民生支出的财政保障力度，加大民生领域财政投入。2019年，全区教育、科学技术、文化体育、社会保障和就业、医疗卫生与计生、节能环保、城乡社区事务、交通运输、住房保障等各类城乡公共服务支出97.82亿元，占一般公共预算支出比重达73.2%，民生投入继续保持提升。强化民生保障力度，区本级财政统筹安排近3.62亿元用于城镇居民医疗保险、养老保险、城乡低保、尊老金支出和促进就业创业专项支出；投入约2900万元用于两馆免费开放、街道文化站全年无休开放、图书馆、文化馆运营、博物馆委托运营和开展群众文化体育活动；安排近1500万元用于残疾人教育就业及康复扶持支出。此外，区财政还投入超3200万元用于地方粮食储备、生态补偿和租地绿化补助支出，投入近1900万元用于保障消防基本业务支出和消防装备购置更新，投入近1500万元用于防洪排涝水利支出等。推进义务教育均衡发展，2019年起，全区所有义务教育学校全部收归区管，区财政安排学前教育、义务教育及高等教育支出约8.12亿元，并按照省义务教育现代化标准投入约3.32亿元专项资金用于春阳路小学、新洲小学二期、新吴实验小学等学校新建和改扩建。 （许 龙）

【项目招商服务】 2019年，新吴区财政局做好项目招商服务工作，推进阿斯利康生命科技园、先导集成电路装备与材料产业园、江苏省产业研究院智能集成电路设计技术研究院等项目落地。结合行业数据与全区经济产出数据，进行横向、纵向对比分析，研判招引项目产出数据的合理性和财政扶持投入的效益性，将财政投入与项目绩效产出挂钩，为最终决策提供依据。全年完成德国柏丽、联合汽车、普洛菲斯、利纳马总部项目等53个产业项目，完成美林数据、橙色云、特康控股、龙威中国、中科曙光等92个科技项目的投入产出测算；配合完成27个用地项目的预评估，其中工业用地项目14个、科研用地项目7个、生产研发用地项目6个，涉及土地面积1709.7亩。（徐 彬）

【科技企业“三期”认定】 2019年，新吴区财政局从科技企业的成长规律出发，建立涵盖人才、技术创新、科创扶持、市场准入、投融资等精准的扶持体系；严格把关“三期”认定质量，围绕业务流程、审核要点、检查程序、关注事项等方面指导、管理、复议和监督，源头把控“三期”认定标准；依据认定结果精准施策，充分发挥“三期”认定效应。以开展认定工作为抓手，摸查企业经营进展，挖掘发展潜力大、增速快、市场前景好的企业，坚定实施创新驱动核心战略。2019年，新认定企业380家，认定面积达31万平方米，根据企业所属阶段精准配置扶持资金4.66亿元。 （徐 彬）

【企业政策资金争取】 2019年，新吴区财政局强化为企业服务意识，向省、市、区联动，配合区发改委、工信局、科技局等主管部门争取政策资金，促进全区经济发展和科技创新，引导企业提质增效。全年共协助申报专项资金11批次，827家企业申报的项目涉及高新技术企业认定、首台套认定、物联网、软件和云计算产业扶持等多项内容；累计对上争取金额达8.8亿元，其中省部级资金3亿、市级资金5.8亿元。

（殷 红）

【减税降费政策落实】 2019年4月起，全国实施更大规模、更大力度减税降费政策（主要涉及深化增值税改革、小微企业普惠性减税降费、个人所得税改革等），新吴区积极贯彻、严格落实各项优惠政策。全年全区减税降费规模约54亿元，其中减税48亿元、降费6亿元。 （徐 彬）

【经费预算执行管理】 2019年，新吴区进一步压减一般性支出，严控非刚性、非重点支出增幅，树立零基预算理念，有保有压，全年一般性支出压减超过10%。经费执行方面，进一步完善有关制度规定，转发执行《关于规范差旅伙食费和市内交通费收交管理有关事项的通知》《无锡市市级党政机关会议实行定点饭店管理》《关于停止执行培训年度计划备案、预算审批及执行情况报告规定的通知》等有关制度文件，确保各项财经制度严格执行到位，严控行政事业单位运转性经费支出特别是“三公”支出，年内全区“三公”经费支出连续六年保持同比下降，确保中央、省、市和新吴区厉行节约各项制度规定贯彻落实到位。

（许 龙 顾 晓）

【重点基础设施投入】 2019年，加快推进全区重点建设项目，加强重点基础设施建设财政投入力度，区财政用于固定资产投资方面的资金20.04亿元、轨道交通方面的资金4.89亿元、补贴公交运营方面的资金0.96亿元、生态环保和城市维护方面的资金7.57亿元，全年实施项目129个，其中社会民生类项目26个。（朱文婷）

【债务风险管控】 2019年，新吴区财政局完成政府性债务风险防控各项目标任务，高质量发展债务管理考核，连续两年在全市综合考评第一。强化全区"一盘棋"管理模式，对债务进行统一洽谈、统筹监管，对债务置换的期限、成本要求公开透明的竞价，由区级平台承担园街板块债务的担保、增信，协助街道做好延期、降本、置换，"下管一级"的债务管理办法得到市政府肯定并对新吴区经验进行推广。全区三年期以上贷款占比超80%，平均债务期限6年，平均成本5.2%，2019年平均成本下降40个几点，节约年利息2亿元，平台公司资金结余与债务余额占比约7%。年内，新吴区"地方政府隐性债务综合监管系统"完成开发，先行先试经过验证后在全省范围推广运用，实现基层业务监管公开、透明、规范。2019年8月，新吴区完成省纪委对"三个监管平台"建设运行情况专项督查工作。2019年11月，国家监委、省市纪委、财政等单位专题就政府性债务管理及系统运用到新吴区开展调研。（费　铭）

【国库集中支付电子化管理】 2019年1月1日起，新吴区区级预算单位全面实施国库集中支付电子化管理，统一规范业务流程和技术标准。新吴区从2017年5月开始，启动财政国库业务电子化管理工作，历时两年多时间完成该项工作。集中支付电子化改革筑牢财政资金安全防线，提高财政资金运行效率，提升国库管理水平，有助于廉政风险防控、提升政府部门行政效能和深化新吴区国库管理制度改革。（徐　彬）

【财政专户间隙资金定期存放】 根据《新吴区区本级财政资金存放调度实施(试行)办法》规定，2019年4月，区财政局开展区本级财政专户间隙资金定期存放项目招投标工作。该次财政资金招标为存量财政专户间隙资金招标，资金规模19.2亿元，存款期限为1年和6个月。为体现"公平、公正、公开、择优"原则，该次财政资金招投标工作严格按照省市财政部门相关文件执行，区纪委监委派驻二组参与指导。根据综合评分法，以利率指标为主，结合经济社会发展贡献指标和服务水平指标计算，最后确定农行新区支行等10家银行中标，实现财政资金增效1000余万元。（郑慧英）

金融

【概况】 2019年，各驻区银行立足新吴区深耕细作，全区各类金融机构151家，其中：银行类金融机构达29家(其中2家科技支行)。全区银行本外币贷款余额为1485.11亿元，同比增加32.58亿元，增幅2.24%；本外币贷款余额为975.87亿元，同比增加181.18亿元、增幅22.80%，增幅全市第一；全区银行不良贷款余额5.33亿元，同比减少0.21亿元，不良贷款率为0.55%，不良贷款率全市最低。（丁　晔）

【企业上市挂牌】 2019年，新吴区全年新增各类资本市场上市挂牌企业25家，其中新增上市企业数2家，新增上市企业数位列全市各板块第一。12月3日，祥生医疗股票在上交所公开发行，成为科创板上市企业无锡第一家。华润微电子成功过会，为全国科创板红筹第一股，科创板受理企业一家(奥特维科技)，科创板过会企业家数位列全市各板块第一，新增证监局辅导企业3家(尚沃、芯朋微、航亚科技)，新增股改企业10家。全区新三板挂牌企业77家，位列全市各板块第一。全年直接融资规模创历史新高，新增直接融资59.21亿元，其中祥生科技首发融资10.11亿元、朗新科技定向增发37.53亿元、智能自控可转债2.30亿元、美尚生态定向增发9.3亿元；全区共有新三板挂牌企业77家，腾旋科技、沃格自动化两家新三板企业实现定增0.29亿元。无锡新吴区被评为江苏省创业投资创业集聚发展示范区，上交所资本市场服务苏南基地授牌落户新吴区。（丁　晔）

【金融机构支持实体经济】 金融服务实体信贷投放重点支持实体企业，海力士二工厂项目17.5亿美元银团贷款、海辰半导体14亿银团贷款等成功组建，联合功能园区、街道组织召开不同主题的政银企业对接活动14场，重点围绕企业融资需求、资本市场热点等展开，对接企业超过400家。金融创新重点支持科技企业，出台《无锡新吴区关于推行科技型中小企业贷款风险补偿的实施办法》，"新科贷"产品成功落地，首批支持2家企业获得贷款1000万元；开展政府增信的信用贷产品，支持197家科技企业获得"锡科贷"等信用贷款11.32亿元；推进物联网金融业务，累计服务动产融资中小微民营企业816家，提供贷款104.96亿元；加强无锡综合金融服务平台建设，注册企业1245家，解决353笔需求，金额31.42亿元。（丁　晔）

【金融风险防范】 2019年，针对企业出现的股权质押、转贷等风险问题，共召开相关协调会议14场；按照省、市金融监管部门要求，推进南方不锈钢市场整改工作；将扫黑除恶与"处非"工作相结合，召开非法集资线索集中排查整治专题会议，组织各街道、社区开展形式多样的防范非法集资宣传活动6次，累计发放宣传资料5000余份。充分利用12345投诉热线等渠道，全面梳理排查年内200多项投诉事项，联合辖区街道、园区、市场监管局等相关部门进行现场检查及约谈，对投诉内容情况属实且问题可控的，要求公司按现场检查要求限期整改。对发现的微禧网络、阿特朗、江苏知识产权服务有限公司等风险企业及时移送扫黑办，防止非法金融行为蔓延。联合梅村街道、公安部门依法取缔非法典当行 1 家。协助政法委、公安部门对涉嫌传销诈骗的阿特朗公司、力美投资公司的实控人进行约谈，督促其弥补亏空及主动投案自首，降低政府维稳压力。严格执行会商机制，严把市场准入关，会商企业 227 家，其中设立 27 家、变更 88 家，注销 112 家。（丁 晔）

税务

【组织收入】 2019 年，完成一般公共预算收入 185.51 亿元，同比增长 0.3%；税收占一般公共预算收入的比重为 90.4%，全市排名第二；一般公共预算收入占 GDP 比重保持 11% 的较高水平，全市第一；单位建设用地税收收入 23.36 亿元 / 公顷，全市第一；审核审批出口退（免）税 137.94 亿元，占比全市第一。社会保险基金收入 114.6 亿元，同比增长 7.2%；非税收入 10.02 亿元，基本保持稳定。开展房地产业全税种、全流程、全周期管理，实现房地产业税收 22.87 亿元。通过股权转让个人所得税管理，实现股权转让个人所得税 1.05 亿元。完成 109 户存量房转让土地增值税的清算，入库税款 1.55 亿。强化跨境税源监管，实现非居民企业所得税 11.69 亿元，同比增长 23.61%，国际税收管理成效 4.49 亿元。加强欠税管理，欠税总额减少 600 多万元，建筑项目清理率达到 96.51%，漏征漏管项目基本纳入征管范围。（濮志晔 童晓文）

【减税降费】 2019 年，新吴区税务局成立减税降费工作领导小组和办公室，下设 9 个工作组，分 10 批整理区局减税降费工作任务职责清单 370 项。完善“1+5”减税降费政策解读会商机制，开展线上线下相结合的个性化宣传辅导，累计举办实体培训 59 场次，参培人数超 9000 人次，累计为纳税人提供咨询辅导 10.8 万户次。全年，减税降费规模达 54 亿元，包括税收减免 42.03 亿元。其中，增值税改革减税 20.3 亿元，研发费加计扣除减税 11.5 亿元，小微企业普惠性减税 2.64 亿元，个人所得税专项扣除减税 1.52 亿元，“六税两费”减免 3162 万元，增值税留抵退税 5132 万元，2019 年，新政策影响达到 24.47 亿元。（濮志晔 童晓文）

【营商环境】 2019 年，新吴区持续推进办税缴费便利化改革，新办企业涉税事项办理控制在 0.5 个工作日内；简化企业注销审批程序，95% 以上企业可享受“即办”“免办”和“承诺制”容缺办理服务；落实“最多跑一次”要求，110 项业务实现“全程网上办”，不见面业务量提升至 95%，发票线上领用、代开，便利纳税人外出经营指标均接近 100%；探索税邮合作网点建设，O2O 发票免费邮寄比例达到 70%；强化税银互动，累计授信 1020 余户次。推进办税服务厅标准化管理，提升纳税人满意度。（濮志晔 童晓文）

【税收法治】 2019 年，新吴区税务局加强对税收风险应对工作的质量管理和效果评价，探索大数据自主分析，风险管理进一步增强，全年应对成效 5.3 亿元，通过第三方信息、互联网数据利用实现税款 2263 万元。开展扫黑除恶专项斗争，通过打防结合，未发现源头虚开企业。开展“增值税发票管理风险内控机制建设”，制发增值税发票风险防控指南，实现接收异常凭证数量和金额“双下降”。落实“五个一”出口退税风险预警管理，无重大骗税案件发生。（濮志晔 童晓文）

【税收共治】 2019 年，新吴区区政府印发（锡新政发[2019]50 号）《关于加强协税护税促进税收征管工作的意见》，推动全区协税护税工作。新吴区财政局加强税收征管服务与地方政府政务服务、社会诚信体系建设、公共服务管理系统相融合，配合地方政府完成全国经济普查。协同综保区管理局、海关、法院、财政等相关部门，推进落实综保区一般纳税人试点改革工作，新增 4 户一般纳税人资格，累计备案 8 户，办理出口退（免）税总额 27.03 亿元。建立社保费征缴网格化管理，将服务触角延伸进 6 个街道 100 余个社区服务中心。拓宽多方涉税信息交换途径，完成主题数据交换 50 余项，通过 13 个政府部门交换涉税信息 2100 余条。（濮志晔 童晓文）

统计

【机构改革】 2019 年 3 月，新吴区统计局正式组建，以新一轮机构改革为契机，严格按照统计局职能配置、内设机构和人员编制“三定”方案，界定岗位职能、理顺岗位职责关系，完成统计局挂牌、职责划转、人员转隶、预算调整等工作。完成局下属事业单位新吴区综合抽样调查队的 3 名股级岗位聘用。制定《新吴区统计局党组议事规则》《新吴区统计局内部管理制度》等多项规章制度，机构改革平稳进行。结合新吴区实际情况，向区委、区政府提出了完善全区统计管理体制机制改革的方案，逐步健全“区—街道（园区）—企业”三级统计管理体系。探索微观数据开发应用工作，建立全区统计数据共享机制。（徐伟恩）

【统计产品与服务】 2019 年，新吴区统计局引导统计产品推陈出新。探索建立数据共享机制，加强横向部门的数据交流，为经济、科技、民生、涉农等指标争先进位提供数据支撑。开展高质量经济指标对比分析、高质量产业发展两个研究课题，启动“四经普”数据开发课题招标，完成工业、建筑业等分析报告5篇，《无锡新吴区制造业发展探析》获首届江苏省基层统计科研优秀成果课题类唯一一个一等奖。关注主要经济指标时序进度，第一时间报送月度指标数据快报，完成月度、季度经济运行分析以及固定资产投资等专项分析报告，及时提供统计数据动态。丰富统计产品，完善改版月度统计数据和重点工作推进动态两本手册，印发区领导和相关部门板块，每月更新维护“数据新吴”手机APP数据。编撰分发《高质量新篇章》“两会”材料，宣传展现全区经济和社会发展情况，发布2018年统计公报，编纂、出版《统计年鉴（2018）》。延伸统计业务，指导审核鸿山物联网小镇年报工作，并审核上报企业明细、投资明细、小镇设计报告等资料，为顺利通过省级验收提供数据支撑。在工业方面，做好事前预测、事中监测和事后分析，对重点产业、重点100强单位进行跟踪监测。在服务业和批零贸易方面，联合发改委和商务局，建立重点服务业25强和重点批零业25强预测预警机制。在科技研发方面，针对研发投入、专利数等进行重点排查，减少漏填漏报情况。在投资方面，建立重点项目预测预警机制，完成每月投资“平滑度”工作，加强省市重大项目核查比对，对满足入库要求的项目，及时提醒项目责任单位做好入库工作。在文化产业增加值、涉农指标等方面，加强与宣传部、农经水利局等部门之间协调配合，指导街道上报粮食产量、播种面积等农业统计报表，开展农村基本公共服务功能配套情况统计，提升农业统计工作质量。（徐伟恩）

【高质量考核工作】 2019年，新吴区统计局全面推进高质量考核。跟踪分析省市高质量考核实施办法，出台《无锡新吴区2019年度综合考核实施办法》，重点开展对高质量发展指标的监测分析，研究分析2018年度市县区考核结果、2019年季度省市高质量发展监测考核指标反馈情况，做好预测预警工作。结合企业增减变动工作，重点关注文化产业增加值占比、高新技术产业产值、规上工业企业中有研发活动企业数占比等考核指标，强化与宣传、科技、工信等部门沟通协调，确保在单位年度新增时，对文化、科技行业代码编制、认定不遗漏。争取重点民生指标，对接市统计局，调整优化学前教育资源配置率、绿色农产品比重等指标关联数据，确保得到市级部门的支持认可。做好考核迎检工作，加大省市统计部门的对接力度，第一时间掌握反馈监测考核指标争先进位情况。参与对区级机关部门、街道（园区）高质量考核，把好统计数据关，重点做好72个进档升位指标监测分析，确保考核结果公开、公平、公正。做好年度综合考核满意度评价工作，在区考核办的统一领导下，会同区级机关工委，通过委托第三方调研机构，组织实施好区级机关单位的年度满意度测评、汇总、分析等工作，确保按照时间节点实施到位，同时及时掌握省、市对新吴区的满意度评价得分情况。（徐伟恩）

【统计管理】 2019年，在统计数据质量方面，新吴区统计局落实联网直报制度，加强数据查询审核。开展街道、社区、企业统计基层基础工作规范化检查和“双随机”执法检查，指导其建立健全统计原始记录，完善统计台账，强化各项制度的落实。海辰半导体M8、新发集团锡贤路2个项目通过投资项目国家查询检查。通过市统计局对鸿山街道、硕放街道6个项目季度现场核查、报表数据核对工作，投资统计数据质量全市领先。加强依法统计宣传，借省、市各级力量大力宣传统计法，对全区所有“四上”单位分批次进行业务培训，尤其是新增“四上”单位。2019年，全区新增“四上”单位340多家，全区“四上”单位超1600家。全年组织统计法律法规知识及各类业务培训8次，涉及企业和街道社区近2000人次。稳步提高统计对象和基层统计机构及人员的业务能力，加强统计协管员队伍建设，出台新吴区《关于加强统计协管员队伍建设的通知》，明确统计协管辅导员和协管员基本工作职责，加强对统计协管员队伍的管理考核。（徐伟恩）

【第四次全国经济普查】 2019年，新吴区统计局严格按照第四次全国经济普查工作的总体安排部署，结合新吴区实际创新工作思路，狠抓重点环节，完成进度和数据质量均按照GDP100%的衔接度，全面做好各项登记查询工作。经过全区上下6个街道普查机构，800多名普查工作者近9个月的辛勤工作，完成经济普查一系列工作。（徐伟恩）

审计

【政策执行审计】 2019年，新吴区审计局先后实施政府债务管理政策贯彻落实情况跟踪审计、重大项目推进情况跟踪审计、区属国有企业对外投资情况审计调查，开展乡村振兴相关政策和资金审计。结合污染防治，对区委区政府重大政策、决策部署执行情况进行跟踪审计，组织实施“263”环境保护审计调查，聚焦项目推进的效率和项目实施的效果，审计发现问题9个，提出意见建议3条。（肖　霞）

【预算执行审计】 2019年，新吴区审计局开展财政同级审计，重点关注预算编制、预算执行和决算草案、转移支付、部门预算执行、“三公经费”使用情况，建立全面规范透明、标准科学、约束有力的预算制度，保障公共资金安全。对区住房和建设交通局、区市场监督管理局2017——2018年财政收支情况进行审计，重点关注预算执行和管理、专项经费使用、政府采购等方面的情况。审计发现问题8个，提出意见建议5条，查出不规范问题金额0.98亿元，发送审计决定1份。相关部门已上缴财政资金0.93亿元。（肖　霞）

【经济责任审计】 2019年，新吴区审计局重点关注领导干部重大经济方针政策、重大决策部署执行情况，对共青团、农经局、梅村街道、新安街道、江溪街道、吴博园公司6个单位的10名党政主要领导开展任期经济责任审计。出具5个单位审计报告，审计发现问题38个，提出意见建议11条，查出不规范问题金额0.89亿元。在2018试点基础上，2019年在梅村街道党政主要领导干部任期经济责任审计的同时，同步推进领导干部自然资源资产审计，涉及被审计领导1人，重点关注领导干部履行自然资源资产管理和环境保护责任情况，审计发现问题6个，提出意见建议2条。（肖　霞）

【农村“三资”审计】 2019年，新吴区审计局重点关注硕放街道、梅村街道村级“三资”管理情况，实施民生资金和项目审计，完成30个村(社区)的审计调查，实现村级审计全覆盖。审计发现问题24个，提出意见建议7条，不规范问题金额0.39亿元，移送案件线索4件。（肖　霞）

【政府投资审计】 2019年，新吴区审计局开展政府投资审计653项，累计核减各类不合理款项6.19亿元。其中，单项工程结算审计项目468项，送审金额36.53亿元，审定金额30.33亿元，核减金额6.19亿元，平均核减率为16.95%；项目竣工决算审计23项，项目金额3.38亿元；完成非住宅拆迁评估复核45项，涉及拆迁评估金额4.56亿元，评估核减0.14亿元；同时还对117个新开工重点建设项目实施了跟踪审计，项目总投资达138亿元。（肖　霞）

【审计发现问题整改】 2019年，新吴区审计局严格按照《关于新吴区审计发现问题整改销号的实施意见》，推进审计发现问题整改销号工作。对列入财政同级审的14个单位的104个问题进行分类梳理，实行“问题清单”管理，明确责任单位和整改时限、目标和结果。采取每月向被审计单位发放《审计发现问题整改持续跟踪督查函》、实地检查或审阅相关书面资料等方式，核实被审计单位的整改情况。全年整改问题92个，整改率88.46%，上缴区财政结余资金9275.69万元、拨付各类专项资金2496万元、清理拖欠中小企业账款0.18亿元、收回各类款项804.11万元、安排结余资金179.74万元、核销往来款3.17万元、起诉往来款项263.27万元、判决往来款项9.61万元，累计整改金额1.41亿元，出台和完善相关制度12项。（肖　霞）

国有资产管理

【产城融合】 2019年，围绕城市规划加快项目建设实施，全年完成基础道桥建设38.66公里；新发集团“新吴智慧停车管理平台”投入运营，以互联网思维统筹城市停车资源，利用业务大数据有步骤接入新吴区各类停车场，解决城市停车难、停车乱问题，促进新吴区城市精细化管理水平提升；实践绿色发展和创新发展理念，鸿山物联网小镇顺利通过省发改委考核验收，获评工信部赛迪研究院“2019最具成长力特色小镇十强”称号。（张　蕊）

【产业支撑】 2019年，新吴区盘活整合资产持续拓展产业空间，新建厂房及科技载体，新发集团博世2.5万平方米定制厂房提前竣工交付，太科园公司物联网小镇科技载体完工验收，服务新吴区重大项目招引和高新产业孵化培育；高新物流跨境电商业务系统开发完成，助力打造锡城跨境电商完整产业链和生态链；新新人力公司针对高校毕业生、职业经理人开展职业指导，整合“政府、公司、社团、机构”四位一体平台资源，为新吴区产业发展提供才智保障。（张　蕊）

【民生保障】 2019年，新吴区保障公共服务供给，全年绿化景观工程总面积60万平方米，高新水务藻水分离中心运行稳定；新发集团承建的春阳路小学竣工验收；太科园公司3.39万平方米农居房交付；吴博园牵头的梁鸿湿地国家公园总体规划通过专家评审并取得批复；鸿山遗址本体保护展示工程通过省、市实施方案评审；公交公司新开优化线路10条，中关村园区定制专线正式运营。新吴区传统线路、大站快线、微循环、特色专线“四大板块”一体化运营格局基本形成。（张　蕊）

【金融服务】 2019年，新吴区发挥区域性综合投融资平台影响力和资本招商、基金招商作用，推动实体产业转型发展，支持本土企业转型发展和做大做强。新投集团成功获得AA主体评级，获评省级创业投资示范企业和长三角区域最佳投资机构，所投项目联掌门户和曼荼罗项目分别入选2019年苏南国家自主创新示范区潜在独角兽企业和无锡市准独角兽企业；新动能基金获评“2019年度私募基金年度品牌”及“2019年度金融创新品牌”两项大奖；2019年，新增投资8.53亿元，助推中电海康无锡产业园、特康控股无锡产业园等重大项目落户；市场化基金总规模9.2亿元，市、区、街道共同发起的天使基金获得众多科技型企业关注；高新风投与创友担保“债股权结合、投贷保联动”，为企业提供综合化金融服务和全生命周期金融支持，拉动银行组保贷款11.8亿元。（张　蕊）

【科技创新】 2019年，智慧新吴开发的地方政府隐性债务综合监管系统正式上线运行并在全省推开，实现"全域性、动态性、真实性"监管要求；国有企业联合西门子无锡创新中心、大数据协会、智能工作协会等多家单位成立区域工业互联网矩阵项目，组合形成有竞争力的工业互联网产品与服务；吴博园梁鸿农场智慧大棚进行提升改造，建设完成鸿山第一批农业云（5G）试点项目；梁鸿国家湿地公园智慧旅游示范应用项目实现智能监控、环境监测系统数据与物联网小镇展示中心实时对接。（张 蕊）

土地资源管理

【城乡建设】 新吴区土地总面积22000公顷，其中农用地面积5612公顷（耕地3460公顷）、建设用地面积15272公顷、未利用地1116公顷。（此数据依据2018年土地利用现状调查数据）。2019年，新吴区加强空间布局顶层设计，启动国土空间总体规划编制工作，完成分区战略（产城融合）发展规划终期成果，打造"产城人文绿"融合的空间布局；围绕大运河、伯渎港、新华路三条功能发展轴开展专题研究，完成旺庄第一岗、魅力水街、站前、太科园等片区产城融合发展规划研究；对接区委区政府及各街道板块发展诉求，完成11个控规管理单元动态更新工作。贯彻落实乡村振兴战略，完成全区镇村布局规划修编，规划形成"三片六组团"的镇村布局结构，完成七房桥村、大坊桥村、东塘街村、后中村村庄规划编制工作；统筹镇村布局规划、村庄规划、鸿山旅游度假区规划，形成"多规合一"的一张蓝图管理机制，指导编制鸿山旅游度假区总体规划暨全域旅游规划。优化提升交通综合水平，对接长三角一体化发展等国家战略，以全域思维编制《新吴区综合交通体系规划》；开展全区管线普查，搭建管线信息化管理系统，完成6863公里普查量。（王诗涵 徐小涛）

【地方发展服务保障】 2019年，新吴区批准建设用地总面积8331亩，累计供地112宗、面积5646.9亩，100个重点项目全部完成供地，SK海力士M8、中电海康、力特半导体二期、约克空调新厂等重点项目落地。全区收缴土地出让金137.6亿元，同比增长212%。依法梳理建设项目全流程中原国土和规划所有审批节点，加快推动业务整合优化；产业项目建设用地规划许可和工程规划许可分别压缩到2个和3个工作日，提速33%和40%。2019年共受理规划审批业务1097件，100%按时办结，高效服务华虹半导体、深南电路、博世汽车等一批省、市、区重点产业项目。建立5支党员先锋队，设立3个示范岗，深入新吴经济社会发展一线，对接乡村振兴、项目保障、群众需求，开展上门服务20余次，解决实际问题15个，"五队三岗"创新举措被《中国自然资源报》报道。 2019年，新吴区被省自然资源厅评为 "2019年度江苏省土地执法先进县（市、区）"。新吴自然资源规划分局实现市、省两级文明单位联创，被授予"2016——2018年度江苏省文明单位"荣誉称号。（王诗涵 徐小涛）

【集约用地】 制订《无锡新吴区2019年盘活存量土地工作计划》和《关于深入推进低效产业用地再开发工作的意见（试行）》，开展工业集中区"提质增效"三年行动，推进高标准厂房建设，强化"存量土地数据库"建设，推进节约集约水平提升。全区盘活存量建设用地5115.98亩，完成低效用地再开发2205.56亩，分别完成年度目标任务的131%和147%；2016、2017、2018年新增用地供地率分别为80.14%，95.54%，72.26%，消化利用2008——2015年批次批而未供土地1437亩。（王诗涵 徐小涛）

【民生服务】 2019年，新吴区在全省首推不动产登记智能机器人服务，提升不动产登记智慧化服务水平，先后被扬子晚报网、无锡电视台《今晚60分》采访报道。完成不动产登记新吴分中心搬迁，新服务大厅面积1300平方米，较原先扩大两倍，服务窗口由18个增加到29个，设置8块高清电子显示屏及多项便民设施，实行"零填表"、延时加班值班、全天候预约、继承公证、快递证书、复印扫描、上门送证等服务。完成1.2万套安置房棚改项目及一批民生项目规划审批服务工作，编制《新吴区建设项目机动车停车配建指标优化研究》，完成5095宗农村不动产权籍调查，形成全区权籍调查数据库。探索集体土地审批模式，推进农村土地制度改革，颁发新吴区第一张乡村建设规划许可证。（王诗涵 徐小涛）

无锡电视台《今晚60分》报道机器人服务创新举措

（徐小涛 摄）

市场监督管理

【改革发展】 2019年，新吴区市场监督管理局深入推进“放管服”改革，优化营商环境，强化事中事后监管，维护公平竞争市场秩序，全力服务新吴区经济发展大局，为全区经济社会高质量发展做出贡献。2019年3月31日，区价格监督管理、知识产权监督管理、反垄断职能划入新吴区市场监督管理局。（黄敢伟）

【扫黑除恶专项斗争线索摸排】 2019年，新吴区市场监督管理局成立扫黑除恶专项斗争领导小组，采取直接采集、定点收集、监督排查三项措施，抓好线索排摸。结合打击传销、净网雷霆等专项整治行动，对涉嫌强制消费、不正当竞争、“套路贷”等行为加强监督排查。共核查各类投融资服务企业3548家，收集上报涉黑涉恶线索24条，接收下发涉黑涉恶线索76条。（黄敢伟）

【食品药品安全工作】 2019年，新吴区市场监督管理局将创建“省级食品安全示范区”作为年度重点工作，牵头成立五个创建工作小组，制定《关于落实食品安全党政同责的实施意见》等规范性文件，食品安全工作纳入区高质量发展考核体系。建成覆盖76个社区的食品安全工作站，聘任食品安全督导员29名，社区食品安全协管员132名，信息员131名。设置“食品安全科普宣传站”，录制公益宣传片，组建大学生食品安全宣讲团深入社区、学校，围绕食品安全主题开展19场次创建宣传，组织开展食品安全知识图片展示、食品安全知识竞赛、“相约健康社区行”、食品安全“五进”等各类主题活动。实施“明厨亮灶”工程，推广“阳光餐饮”App，建成明厨亮灶餐饮单位1376家。2019年，新吴区市场监督管理局完成食品抽检监测3427批次，合格率98.40%，大型商超完成食品快速检测17862批，合格率99.99%。新吴区食品检测和风险监测已覆盖从农田到餐桌的所有食品业态。开展春季校园及重点餐饮单位风险隐患排查，建立风险隐患清单，共发现隐患问题88个，开具责令整改通知书29份。2019年，新吴区学校食堂量化分级优秀率达95.6%。开展粉丝粉条、“五毛食品”、网络餐饮服务单位专项检查，以及非洲猪瘟防控专项整治等各类风险隐患排查，共发现问题59个，开具责令整改通知书30份。2019年，全区18家农贸市场实施快速检测80142批次，检出不合格农产品100批次，监测合格率达99.87%。药品及医疗器械企业自查自纠203家，检查中成药药品生产经营企业及医疗机构18家，提出整改意见25条，完成药品抽验52批次，发现劣质药品1批。开展药品零售企业执业药师挂证自查自纠268家，开展小样本的执业药师在职在岗飞行检查41家，发出警告7起，责令歇业1家，注销许可证1家，查处执业药师挂证1人。检查疫苗生产企业1家、药品生产企业1家、药品批发企业2家、疫苗接种点9个、医疗机构15家、零售药店72家，共完成药品抽验75批次，委托检验4批，发现非法添加药物成分1批，定性为假药1批。（黄敢伟）

【企业年报】 2019年，新吴区市场监督管理局组织开展全区2018年度市场主体年报公示工作，采取短信推送、电话催报等多种方式督促企业履行年报公示义务，累计推送短信4万多条，电话提醒5000多次，催报企业21000多户、个体工商户25000多户。2019年，新吴区应年报企业34731家，完成年报31884家，年报率91.8%。（黄敢伟）

【企业经营异常名录管理】 按照《企业经营异常名录管理暂行办法》的规定，做好辖区企业的异常名录管理工作。2019年，将7214户企业列入经营异常名录并对外公示，移出经营异常名录1178户。在企业信用信息公示平台中，因未年报或住所失联等原因列入经营异常名录数据共有60692条(次)，其中企业14146条(次)、个体户46546条(次)。（黄敢伟）

【商业广告及网络市场监管】 2019年，新吴区市场监督管理局加强对教育培训、非法集资、金融理财等广告重点领域的监测监管。重点抓好网络市场监管，部署开展2019网络亮剑行动，打击网络非法经营主体、网上销售违法行为，累计巡查网络经济主体7725家，其中企业网站6137家、网店1217家、微信公众号371家，共发现违规网页2239个，责令整改违法违规主体400家。查办各类广告案件21件，罚款15万余元。（黄敢伟）

【特种设备安全保障】 2019年，新吴区市场监督管理局现场检查特种设备使用及生产单位251家。贯彻落实习近平、李克强对响水“3·21”特别重大爆炸事故的重要指示批示精神，从4月1日起，在全区集中开展特种设备安全隐患大排查大整治专项行动。主要以涉危化品企业，快开门压力容器等易发生重大事故的单位及大数据平台显示隐患的特种设备使用单位以及近两年发生特种设备事故单位为重点，全面开展安全隐患排查整治。10月，根据市、区安全生产工作会议精神，再次部署开展特种设备安全隐患集中整治。累计检查806家单位，发现隐患299条，整改隐患125条，及时处置1家企业的特种设备重大隐患；推进“智慧电梯”项目建设。推进物联网技术在电梯上的应用，实施“智慧电梯”项目建设。项目建设方案获得区政府批准立项实施。（黄敢伟）

【质量强区工作】 2019年，新吴区市场监督管理局协同企业启动新吴区"全国质量月"活动,编辑制作新吴区大质量工作专题宣传片在无锡经济频道播放,展示新吴区质量强区工作成效。开展"消费品质质量安全进社区、进校园、进乡村"质量月教育宣传活动,发放宣传资料,开展问卷调查。在首届区长质量奖的带动影响下,2019 年,共有 9 家企业申报无锡市市长质量奖,其中 4 家企业入围 10 强,并包揽专题演讲环节前 4 名。共有 9 家企业申报新吴区区长质量奖 ,另有 4 家企业申报 AAA 级、8 家企业申报 AA 级省级质量信用等级评价。在组织申报 2018 年度质量强省认证奖励资金工作中,能源管理体系认证企业 1 家,节能认证企业 12 家。（黄敢伟）

【标准化工作】 2019 年,新吴区市场监督管理局组织各类标准化培训 4 场次,参训人员达 500 多人次;集中服务企业标准有效性确认 807 家,帮助企业查询新标准 8035 条,为企业免费发放标准查询卡计 13 余万元;在物流行业开展"标准化领跑者"活动,推荐 3 项物流标准化项目申报省级标准化试点;完成标准化项目奖励省级 8 项、区级 31 项;参与国家标准 11 个,行业标准 15 个,参与国际标准化组织 1 个,国内标准化组织 6 个。（黄敢伟）

【消费维权】 2019 年,新吴区市场监督管理局在国际消费者权益日举办"信用让消费更放心""3·15"大型广场纪念活动。开展网上千人有奖问答及消费问卷调查,共征集问卷 1800 份,引导广大消费者树立科学消费观念。2019 年,共受理投诉举报 7254 件,答复各类咨询 1490 件,已办结 8038 件,办结率 91.93%,为消费者挽回直接经济损失超过 500 万元。（黄敢伟）

【计量检查】 2019 年,新吴区市场监督管理局加强计量基础工作,开展计量监督检查。先后开展夏令用品类定量包装商品计量监督检查、农贸市场计量器具免费检测及物流、快递行业计量专项监督检查,共检查物流企业 436 家、农贸市场 15 家,检定电子秤 2383 台,没收作弊秤 48 台,合格率 95.4%。（黄敢伟）

【动产抵押登记】 2019 年,新吴区市场监督管理局开展动产抵押登记,提高动产抵押登记效率,确保在申请人材料齐全后实现当场登记;完善信用管理制度,及时录入登记信息,保证企业动产抵押登记信息在信用信息公示平台公示的及时性和准确性。2019 年,共办理动产抵押登记 146 件,抵押登记金额达 1240.6 亿元。（黄敢伟）

物价管理

【概况】 2019 年,新吴区撤销无锡市新吴区物价局牌子,将无锡市新吴区物价检查所(无锡市新吴区价格认证中心)更名为无锡市新吴区经济信息中心,挂无锡市新吴区价格监测与认证中心牌子,隶属关系调整为无锡新吴区发展和改革委员会所属。工作职能聚焦价格总水平稳定的总目标,围绕落实价格调控目标责任制,着力构建更高层次、更有效率、更可持续的价格工作体系。（李 赟）

【收费管理】 2019 年,根据市辖区人民政府定价管理权限,无锡市新吴区价格监测与认证中心对全区 8 家非营利性幼儿园的保育教育费、1 家区属民办九年一贯制学校及新吴区少年宫公共文化服务收费标准进行定价。促使泰伯庙和鸿山遗址博物馆向社会免费开放,梁鸿湿地公园实行淡旺季价格,季节性下调门票价格 50%。借助第三方成本监审机构的力量梳理账册,使成本透明化。在定价前期做好摸底工作,并召开调价座谈会,使广大有需求的家庭知情并参与。为确保新吴区农民拆迁安置房小区物业费标准核定工作有序开展,根据各街道的反馈建议并依据相关法规,对旺庄街道春潮三区东片区开展前期物业服务收费先行试点工作,以期为在新吴区全面铺开农民安置房小区物业收费工作奠定基础。（李 赟）

【降本减负】 2019 年,无锡市新吴区价格监测与认证中心梳理公布"三个目录",即《涉企行政事业性收费目录》《政府定价的涉企经营服务性收费目录》《涉企行政审批事项前置服务项目收费目录》;落实"三个一律",即行政事业性收费不搞任何"地方夹带"一律执行省定项目,涉企经营服务性收费项目总数一律只减不增,涉企收费标准有浮动幅度的一律执行下限标准,有效降低制度性交易成本。推行降减免政策措施,降低一般工商业用电价格 10%,落实年初《政府工作报告》要求,并协调符合改造为直供电模式的转供电主体申报改造计划。（李 赟）

【价格调控监管】 2019 年,无锡市新吴区价格监测与认证中心 7 次启动价格补贴联动机制,按照 80 元 / 人 / 月的标准向全区各类低收入群体发放价格临时补贴。加强蔬菜市场调控、保障蔬菜供应,发挥平价商店惠民利民作用,减轻群众"菜篮子"负担。2019 年,区内平价商店日均销售平价品种 21 个,蔬菜价格平均低于市场平均价 33.87%,粮油肉蛋价格平均低于市场价 18.48%,共销售平价蔬菜 235.71 万公斤,销售金额达 898.91 万元,共销售平价粮油肉蛋 114.25 万千克,销售金额 3478.09 万元;受益人次 701 万人,节约市民开支达 823 万元,健全市场价格监测机制,采集价格数据 2 万多条,编印《无锡市新吴区价格简报》12 期,编辑生产资料要素价格《新吴区价格简报增刊》为招商部门服务。（李

赟）

行政审批管理

【概况】 2019年新吴区推进政务服务“马上办、网上办、就近办、一次办”，发挥区政合一体制优势，发挥先行先试效应，深化相对集中行政许可权改革，完成第三批14个事项划转，集中力量突破开发区全链审批赋权，攻坚“3550”提档升级，完善三级政务服务体系建设、推进“互联网+政务服务”“不见面审批”“证照分离”和“证照联办”“互联网+监管”等改革，着力解决难点、痛点和堵点取得了成效，荣获江苏省文明单位和无锡市“五一”劳动奖状。全年政务服务大厅共受理各类行政审批和服务事项395038余件，同比增长25.8%，按时办结率99.8%，服务对象综合满意率保持在99%以上。街道便民服务中心共受理办件290791件，按时办结率99.9%。（张　贝）

【开发区赋权突破】 2019年，新吴区行政审批局全力做好国家级开发区全链审批赋权承接，放大“区政合一”体制优势，会同各部门积极主动对上沟通争取，认真对照赋权清单，推动赋权事项承接。市赋权清单综合承接率达75%，与2019年6月底职能转隶前相比，综合承接率提升19%，新增市级管理权38项，领先于无锡市其他国家级开发区。（张　贝）

【集中行政许可权改革】 2019年，新吴区行政审批局结合机构改革，完成第三批14个事项划转，各项转隶工作平稳有序、按期完成。7个职能部门的69项事项划转至区行政审批局集中审批，由原来的10个部门14枚印章简化为一个部门一枚印章。（张　贝）

政务服务大厅市场准入综合窗口工作人员给企业提供服务　（张　贝　摄）

【“不见面审批”】 2019年，新吴区行政审批局先后完成不见面审批扩面、AI审批试运行、零距离审批试点等创新型审批功能开发。新增住建、文化、体育等11个复杂审批事项实现全程“不见面”，区不见面审批（服务）事项占比99.6%。市政类、城管类网上“不见面审批”模式在全市推广应用，排水类AI审批新模式上线运行，制订《新吴区加快推进一体化在线政务服务平台建设的实施方案》，区一体化在线政务服务平台建设项目入选“无锡市新型智慧城市建设百优案例”。（张　贝）

【政务服务体系建设】 2019年，新吴区行政审批局按照《关于推进全市政务服务体系一体运行提升建设水平的方案的通知》要求，制定《关于加强新吴区政务服务体系建设的方案》，在全市率先投入2000万元启动全区街道为民服务中心升级改造工作，编制首批进驻为民服务中心事项清单，打造“15分钟政务便民服务圈”。以企业和群众眼中的“一件事”为标准，选择关注度高、办理量大的高频事项，对涉及的部门、办理的层级和审批的环节进行梳理，对跨部门跨行业事项，通过“一窗受理、并联审批、信息共享”等手段进行突破，重构办事流程和业务流程，公布第一批30项“一件事”清单。落实“好差评”“九公开”、首问负责制、一次性告知制、限时办结制等制度，落实全区“互联网+监管”工作，推动监管事项实时认领和监管信息动态管理，加强审管联动，提升事中事后监管精细化、智能化水平。（张　贝）

在江苏政务服务网公布首批30项“一件事”清单
（区行政审批局　供稿）

【开办企业一门办结】 2019年，新吴区行政审批局完善市场准入综合窗，协调税务、银行入驻区中心，推广使用企业开办全链通平台，落实“证照分离”和“证照联办”，开展减证便民专项行动，梳理完成第二批6个证照联办事项。2019年新开办企业注册登记由12个工作日压缩到1个工作日，全年新注册企业6505家。（张　贝）

【工程建设审批】 2019年，新吴区行政审批局通过并联审批、容缺预审、专业代办等创新举措，使建设项目审批全流程所需材料精简60%，全流程审批时限压缩至20个工作日，仅为法定时限的8%。全年“直通车”

已服务重大项目41个，总投资233.9亿元，建设项目审批全流程所需材料精简60%，全流程审批时长压缩至20个工作日，仅为法定时限的8%。 （张 贝）

【“12345”热线服务】 新设内资企业6406户，注册资本总额302.30亿元，同比数量增长3.61%，新设外资企业99户，新增投资总额11.39亿美元。完成固定资产投资项目审批、核准和备案共1116项，核发施工许可证206张，同比增加9.0%。12345服务热线累计受理工单24471件，同比增加31.9%，当期办结率100%。5月，无锡市首个《作风面对面》社区工作站在新吴区新安街道净湖社区正式挂牌，7月，新吴区6个街道全部建立《作风面对面》社区工作站。完成区《作风面对面》3次电台直播和1次电视直播工作。发挥12345热线“服务员、侦查员、参谋员”作用，建立预警预处机制，协调区政法委、区应急办、各职能部门建立联动机制，及时关注、稳妥处置、消除隐患。创办《热线周报》，围绕安全生产、民生诉求等热点问题，及时整理上报。 （张 贝）

【公共资源交易】 2019年，新吴区行政审批局在无锡市率先使用“三合一”综合评估法、全流程电子化EPC招标、网上招投标7.0系统，交易类型涵盖建设工程招投标、微型工程招投标、政府采购、水利工程等领域。自主研发保证金收退平台，保证金收退流程由原来的60天压缩到10天。全年中心共完成公共资源交易项目1294宗，交易金额155.2亿元。其中，建设工程公开招标项目交易365宗，交易金额121.11亿元，交易量、交易额稳居全市各板块首位，占全市建设工程交易总量的49%（江阴、宜兴除外）。 （张 贝）

安全生产管理

【基层工作强化】 2019年3月，新吴区安全生产监督管理局调整为应急管理局，新增事业单位应急指挥中心，公开招聘3名专业技术人员。2019年，开展企业巡讲65场，受众人数3000余人；举办企业负责人培训班18期，3131名企业负责人参训；安全员培训班16期，3578名安全员参训，较2018年增长14.29%；组织2批45位危化企业安全总监和分管负责人的培训；举办网格员培训班和应急管理系统全员业务培训班，全面规范安全生产执法行为。积极营造浓厚的宣传氛围。应急管理局策划部署全区集中开展“九大活动”和“四项专题行”活动，印制安全知识挂图6000份，参与全国应急管理普法知识竞赛961992人次，在全市排名第三。在江溪街道新之城广场举办“安全生产月”宣传咨询日活动，发放安全宣传资料3000多份，展示展板50余块、消防器材10余种。安全生产主题专场文艺晚会进社区6次，承办全市2019年防灾减灾宣传周启动仪式，发放各类宣传材料1万余份。先后在中国安全生产网、《中国应急管理报》《江苏安全杂志》及市级媒体刊登应急管理局执法检查、安全生产监管经验做法120余篇。做好标准化创建和双重预防机制建设工作。638家企业通过标准化评审，其中二级初审5家、二级复审4家、三级初审90家、三级复审130家（危化21家）、小微初审368家、小微复审41家。安全标准化审计9家，完成双控验收952家，对各街道小微企业发证情况进行专项检查。探索安全网格化管理。8个网格总计排查摸底415家企业，收集企业反馈信息20余条，摸排小园区企业89家，其中生产性企业70家。突出重点企业监管。应急管理局列出229家重点监管企业名单，明确重点企业的安全监管措施、监督检查内容，督促企业履行主体责任，开展危险源辨识，加强安全教育培训和隐患排查治理，一对一上门服务走访，确保不发生较大以上和有重大社会影响的事故。 （孙卫卫）

【重点行业专项整治】 2019年，新吴区应急管理局开展危险及外包作业专项整治。组织召开企业危险及外包作业专项整治工作动员会，开发区企业及各街道代表企业安全负责人近300人参加会议，全区已累计宣传动员3966家企业，自查自纠3250家企业，危险及外包作业备案1221家企业，抽查184家（次）企业。开展冶金工贸大排查大整治，新吴区共梳理出214家重点企业，按属地管理原则全部明确到位，确保职责清楚，目标明确。全区涉爆粉尘企业中无涉及自建LNG设施情况，全区纳入2019年度涉爆粉尘专项整治的20家企业，19家通过专家验收、1家主动进行工艺调整，取消喷粉工艺，从源头上减少，从而达到治理的工作目标。开展危化品企业大排查大整治，下发《新吴区危化品行业领域开展安全隐患

新吴区在海太半导体举行安全生产综合应急救援演练 （孙卫卫 摄）

大排查大整治实施方案》，发现隐患513条，整改511条。开展电力生产企业及“四个一批”化工企业“回头看”大排查，排查隐患484条，责令整改企业26家，完成整改448条。开展危化品企业深度执法检查，发现隐患155条，已整改137条。开展烟花爆竹经营单位执法检查专项行动，全区共出动执法人员98人次，检查零售单位40家，发现隐患25项，整改隐患25项。安全隐患大排查大整治专项行动。共检查单位13476家次，发现一般隐患14641条，整改11274条，整改率77.1%；重大隐患109条，整改93条，整改率为85.3%，行政处罚96家，罚款266.33万元，停产54处，查封扣押1件。（孙卫卫）

【安全执法监督】 2019年，新吴区应急管理局从安全管理制度和责任制的制定和落实、作业现场等多维度开展执法检查，开展监察执法生产经营单位547家，制作现场检查记录547份，现场处理措施决定书104份，责令限期整改指令书404份，查处各类安全隐患1127项。按照“有法必依、执法必严、违法必究”的执法原则，事前处罚立案77起，做出处罚决定69起，处罚金额311.05万元；其中处罚金额5万元以上的重大案件共29起，占事前处罚案件数34%。开展执法前告知和百企走访活动。向200家年度计划检查企业发放新吴区2019年度安全生产执法检查告知书，提醒企业履行安全生产主体责任，安排局中层以上干部积极走访服务企业。提前向企业发放新吴区企业主要负责人安全生产履职交流告知书，强化企业主体责任意识。（孙卫卫）

【应急联动机制完善】 2019年，新吴区全年着力加强应急值守工作。认真落实《24小时值班、领导在岗带班制度》，制定《应急管理局应急值守制度（试行）》，带班领导、值班长、值班员3个层次排班规则，统筹兼顾、严肃性与灵活性相统一，值班秩序良好，每月提前编制应急值守人员名单，严格履行应急值守制度。着力加强应急信息报送。接报各类投诉、举报、事故等应急信息97条，上报市局36条。受理各类投诉举报70起（其中上级批转38起、本级受理32月起），已核查并回复65起，经查属实或部分属实的有35起，举报属实率53.8%。加强“四点联动”机制处置（“四点联动”指在突发事件处置过程中，在突发事件现场、无锡新区应急办、无锡市应急办、无锡新区宣传部（政务微博）四点间高效联动，确保应急信息快速传递即时共享，妥善应对突发事件）。依托“四点联动”机制，迅速反应、科学应对，最大限度减少突发事件的影响和损失，没有发生次生衍生事故。（孙卫卫）

【城市安全集中整治】 2019年，新吴区应急管理局全区组织15个专委会严格标准、细化措施，制订相关行业领域专项方案，形成交通运输、城镇燃气、建筑施工、消防等20大方面专项体系，各街道（园区）结合实际制定本地区集中整治工作方案，做到安全问题“零容忍”。压实工作责任，根据“管行业必须管安全、管业务必须管安全、管生产经营必须管安全”的原则，组织签订“一岗双责”责任书，把党政领导责任、属地管理责任、部门监管责任和企业主体责任层层传导到位，做到安全责任“零缺位”。集中整治从严，区相关领导率部门负责人和安全领域专家，采取“四不两直（不发通知、不打招呼、不听汇报、不用陪同接待、直奔基层、直插现场）”、明查暗访、联合检查、专项检查等方式进行检查，共出动检查人员10664人次，检查生产经营单位（场所、设施）11107家，排查隐患7979项，整改隐患4529项，排查重大隐患32项，整改重大隐患7项，事前处罚42家，处罚金额59.855万元，停产停业57家，关闭取缔8家，坚决以铁的手段做到隐患整治“零漏洞”。（孙卫卫）

【综合监管】 2019年，新吴区应急管理局为扩大对工地在建设领域合规、合法方面的宣传力度以及曝光披露，开启运营微信公众号，发布“安全隐患大排查大整治，我们在行动”“建设施工安全集中整治”和“空扬尘，净蓝天”系列专题报道，开展专项整改。为进一步加强机场区域出租汽车安全管控，区住建局运用科技手段强化管理，首创实行机场巡游出租汽车“黑名单”制度。切实提升苏南硕放国际机场出租汽车服务质量，规范营运秩序。2019年，计入黑名单共14批142辆违法的出租车，1个月内禁止其进入机场区域营运，此项“黑名单”制度的举措是全国唯一正式实施的机场。依托辖区内无锡超限检测站，以“固定检查为主、流动检查相结合”的方式，开展交通专委会联合治超，尤其加强对“百吨王”车辆的查处力度。固定治超和流动治超，总计查处车辆数581辆，驳载货物3157.6吨。（余希佼）

综述

【概况】 2019年，新吴区坚持“改革创新、科学发展、精细管理、提质增效”工作理念，全面提升城市精细化管理水平。新吴区在2019年度城市精细化管理工作考核中位列全市第一，被评为2019年度精细化管理考评优胜区。新吴区城市管理局在2019年区级城市管理工作绩效考评中名列全市第一，被评为2019年度城市管理工作绩效考评优胜单位。新吴区住建局坚定实施高水平产城融合三年行动计划，承担的总投资35.8亿元、70个基础设施建设项目，当年开工率100%，完工49个项目，完工率70%；全年完成135万平方米共计47个征收拆迁项目，超额完成年度目标任务；美丽宜居乡村建设成效显著，农房建设市级试点村六房上57户农房结构基本封顶，进度居全市首位；劣五类河道基本消除，9条国省市考核河道断面达标率同比提升11.1个百分点，创历史新高。

（朱冯佳 李 晶 王莉乾 王敏鑫 武清华 王 骏 吴 敏 潘文斌）

【乡村振兴】 2019年是实施乡村振兴战略的重要之年，新吴区贯彻落实中央和省、市关于实施乡村振兴战略的具体部署，因地制宜实施新吴区乡村振兴“八大项目”“八大行动”，走富有新吴特质的产业特色鲜明、生态宜居突出、文化底蕴深厚、富民利民突显的乡村振兴之路。开展村庄环境改善提升行动，通过资金保障、广泛开展宣传，完善管理机制等举措继续大力实施村庄环境综合整治，强化村庄环境长效管理。推进鸿山街道农房试点建设，完善健全农房建设机制，理顺农房建设审批建设流程。2019年，新吴区抓好清产核资、成员界定、股份量化等关键环节，96个村级集体经济组织全部挂牌成立股份经济合作社，其中旺庄街道22个、江溪街道20个、硕放街道18个、梅村街道15个、鸿山街道13个、新安街道8个。截至年末村级集体经济资产总额49.53亿元，经营性资产46.15亿元，净资产41.43亿元，实现村级集体总收入3.2亿元。（朱冯佳 李 晶 王莉乾 王敏鑫 武清华 王 骏 吴 敏 潘文斌）

城镇规划及建设

【基础设施建设】 区住建局坚定实施高水平产城融合三年行动计划，2019年，推动70个区本级政府性基础设施建设项目和由市级统一建设的华谊路、菱湖大桥、飞凤路北延等重要对外通道建设，推进36个入库项目的研究和前期工作，项目数量及总投资均创历史新高。其中，泰伯大道、长江北路一号桥改造等项目完工，和风路、坊育南路、锡贤路等一批断头路全面打通，思贤路、惠景路等支路得以完善，重大产业项目基础设施配套工程顺利完工。（邵檬丹）

【城乡规划布局】 2019年，新吴区加强空间布局顶层设计，启动国土空间总体规划编制工作，完成分区战略（产城融合）发展规划终期成果，打造“产城人文绿”融合的空间布局；围绕大运河、伯渎港、新华路三条功能发展轴开展专题研究，完成旺庄第一岗、魅力水街、站前、太科园等片区产城融合发展规划研究；对接区委区政府及各街道板块发展诉求，完成11个控规管理单元动态更新工作。完成全区镇村布局规划修编，明确城乡空间分区引导，提出村庄布点分类及各类村庄发展引导；规划形成“三片六组团”的镇村布局结构，完成七房桥村、大坊桥村、东塘街村、后中村村庄规划编制工作；统筹镇村布局规划、村庄规划、鸿山旅游度假区规划，形成 “多规合一”的一张蓝图管理机制，指导编制鸿山旅游度假区总体规划暨全域旅游规划。（徐小涛）

【房屋征收拆迁】 2019年，全区累计完成房屋征收拆迁总量135.2万平方米，约完成年度目标任务100

万平方米的135.2%，相比2018年同期增长23.2%。全区累计完成房屋征收拆迁项目47个，约完成年度目标任务40个的117.5%，相比2018年同期增长20.5%；按完成项目类别分，完成安置建设地块项目8个、基础设施项目9个、民生实事项目10个、重点产业项目11个、经营性用地项目9个，保障各类项目的后续建设。（盛　帅）

【建筑工程交易项目】 2019年全区累计完成建设工程交易项目1070宗，交易金额126.62亿元。其中，建设工程项目交易365宗，交易金额121.12亿元，节约资金14.75亿元，交易金额占全市建设工程交易总额的50%（江阴、宜兴除外），达到历史最高水平，仅在2019年前三季度就突破百亿并超过2018年全年交易总额。微型工程项目交易705宗，交易额5.51亿元，节约资金1.22亿元。（陶燕芳）

城市管理

【精细化管理】 2019年，新吴区紧扣"精管善治"的发展目标，下达《2019年新吴区城市精细化管理目标任务书》，明确7个大类工程项目和15个大类集中专项整治项目清单，将"优美环境合格区建设"纳入全区年度综合考核，对不同街道（园区）针对性设置个性考核指标，将市考单元由90个增加到164个，基本实现全覆盖。在"1+11+1+1"制度体系基础上，进一步完善各项制度，印发《单元内市场化作业绩效考核办法》《城管委成员单位评誉办法》等配套文件，逐步实现城市管理领域标准规范全覆盖。联动纪检监察部门开展后进单元督查督办和责任追究5次，强化市场化作业单位和精细化管理单元的责任意识。出台《城管委成员单位评誉办法》，完善区级职能部门问题处置机制，充分调动各区级职能部门参与城市精细化管理工作积极性，引入第三方效能监督队伍，对全区175个管理单元实施效能评估，完善B类单元考核，帮助单元发现问题、解决问题。（陆　垚）

【专项整治】 2019年，新吴区通过高强度、广覆盖的整治行动，为优美环境合格区建设奠定基础。制定《关于深入开展新吴区违法建设专项整治及落实长效管理的方案》，开展四个一批化工企业、别墅区、河道沿线等三大项共14类违法建设整治工作。按照违法建设"721"工作法操作要求，依托单元网格力量，加强自查自纠，实行既见既拆，按照清单化整治要求，排查列出整治清单和时间计划，整治一处、销号一处，源头消除安全隐患和环境隐患。累计拆除违法建设891处，面积53.8万平方米。整治"散乱污"企业211家，完成73家化工企业内安全隐患类违法建设排查。建筑垃圾整治有章法。深入践行建设工地"721"工作法，以"263"曝光问题、省环保督查、大气污染防治为工作抓手，采取"日常巡查＋集中整治、白天检查＋夜间设卡"等方式，严查渣土车各类抛洒滴漏、带泥行驶、无证运输、偷倒垃圾等违法行为，对查实的案件一律从严从重处罚，同时一并追查案件源头。累计查处车辆违规运输、偷倒建筑垃圾等违法行为225起，处罚295.5万元。市容秩序专项整治有实效。结合省市高质量发展目标任务，先后开展夏季夜间市容环境"百日"整治行动、城市综合环境整治"百日攻坚"和城市精细化管理"奋战50天"专项行动，共查办案件1955起，罚款378.8万元，取缔查处无证摊贩、占道经营550起，违停贴单13090起，拖车262辆，累计拆除25米以上户外广告62处，面积9851平方米，查处"三乱"142起，报停164起。联合公安部门对"三乱"探索实施源头治理，实施行政拘留1人，为全市首例。（陆　垚）

【城市综合环境项目建设】 2019年，新吴区完成慧海湾生态公园、环太湖高速三道贯通及干城路彩化、菱湖大道和净慧东西道彩化提升、运河西路西侧道路景观工程、码头整治覆绿、干城路（国信支路——华谊大道）南侧湖滨景观带等一批重点绿化工程建设；新建改建春潮花园一期游园、吴韵遗风游园等18个公园游园。全年累计完成新建绿地约63万平方米，改建绿地约61万平方米，补植乔灌木400余株，补种地被5000余平方米，布置花坛花境约1.5万平方米，慧海湾生态公园新增多片"网红花海"，美丽宜居城市风貌进一步彰显。打造品质生活空间。完成51座公厕新（改）建任务。鸿山50万立方米装修垃圾消纳场二期建设完成，全区6个街道72辆装修垃圾清运专用车统一入库。实现垃圾分类集中处理率超过80%，建成区住宅小区生活垃圾分类设施覆盖率达到100%。新增8000个机动车泊位、113个非机动车泊位、62条交通严管路，有效满

干城路彩化提升　　（陆　垚　摄）

足停车需求。功能照明亮灯率保持99%以上,设施完好率96%以上;亮化亮灯率保持97%以上,设施完好率达到92%以上,各项指标始终处于全市领先。完成花好街、泰山路、锡义西路等道路包装出新12条,南丰路、锡春路、鸿安路背街小巷整治12条。（陆 垚）

【智慧城管】 2019年,新吴区积极拓展“智慧城管”功能,探索建立“智慧城管+社会治理+动态考核”新模式,努力实现民情掌握实时化、事件处理便捷化、作业管理可视化、日常考核智能化。应用推广“视频小能”、低洼水位感应设备、异味监控设备等行业管理软件,为城市管理注入智慧因子。打通GIS系统、业务系统与自办件“处置通”系统的数据对接,以数据为驱动,实现了对市政、环卫、绿化、照明等机械化养护工作的智能化动态考核。发挥区数字城管监督指挥中心实体作用,处理市、区两级第三方采集问题18万余个,解决各类投诉、举报逾1.8万件。（陆 垚）

【燃气管理】 2019年,新吴区根据无锡市城市安全集中整治工作的要求,组织开展城镇燃气安全集中整治行动,深入排查问题隐患。区燃气办综合运用市场化、社会化手段促进安全管理工作,结合新吴区实际,聘请第三方对全区燃气供应站的餐饮场所客户开展安全复查工作。推进“智慧燃气”,扩大平台覆盖范围,防范重大安全隐患7起。推进“瓶改管”工作,改善区域用气状况,全区共实施改管工程229家,发放补贴94户累计奖补资金80余万元。加强燃气安全宣传教育力度,开展无锡市燃气安全“三进”活动,增强全社会安全意识。（余希佼）

农村建设

【三农队伍建设】 2019年,新吴区加强农业农村干部队伍建设,乡村振兴考核2018年度、2019年度两年度市级考核均为满分。以队伍建设为抓手。坚持事业为上选配干部, 2019年提拔副科级干部1名,股级干部2名,培养预备党员1名。加强干部梯队建设,注重年轻工作锻炼培养,加强业务培训,开展“三资”管理、职业农民培训、渔业安全等7次专题培训,加快补足知识短板并自觉运用到工作实践。赴先进地区调研学习农村人居环境整治、产权制度改革等课题。选派12名支农人员赴陕、青两地开展支农工作,开展对口帮扶地区农业专业技术人才培训班。加强制度建设,立足机构改革实际,完善全局14项内部管理制度,以制度完善促工作落实。结合农业农村领域扫黑除恶专项斗争,排查“三资”管理、渔业执法等重点领域和关键环节的风险隐患。（王莉乾）

【农村管理体系】 2019年,新吴区以“乡村振兴走在前列”为目标推进乡村振兴各项重点工作。出台《新吴区乡村振兴战略实施规划(2018——2022)》和《新吴区乡村振兴战略实施两年实施计划(2019——2020)》,确定新吴区乡村振兴“八大项目”和“八项行动”,启动“十四五”农业农村专项规划重点课题研究工作。在明确实施乡村振兴战略为“一把手”工程的基础上,根据《中国共产党农村工作条例》精神,调整区委农村工作领导小组,由区委主要负责人任组长,区委、区政府分管负责人为副组长,相关单位主要负责人任成员,进一步加强党对农村工作的领导。区委、区政府建立乡村振兴领导推进体系,下设八个行动指导组,具体负责新吴区乡村振兴“八大项目”和“八项行动”的重点项目推进。区委常委会、区政府常务会议传达学习《中国共产党农村工作条例》等文件精神,定期专题研究乡村振兴重点工作任务推进情况。强化制度建设,围绕乡村振兴先后出台10余份意见文件。强化监督考核,将实施乡村振兴战略列为对相关街道和部门的高质量发展重点考核指标,并纳入述职内容。区委、区政府主要领导定期深入农村开展人居环境整治等乡村振兴重点工作调研,多次专题会议听取农村集体产权制度改革等工作汇报。全年乡村振兴各项重点工作推进步伐加快,上升态势明显,乡村振兴2019年度高质量考核获得满分。（王莉乾）

【美丽乡村建设】 2019年,新吴区践行高质量发展理念推进生态宜居建设工程,进一步提升美丽乡村建设成效。瞄准“新江南”人家美丽乡村建设目标,因地制宜、统筹规划,综合考量产业基础、自然风貌、文化特色、生态环境、区位条件等资源秉赋,精心筛选美丽乡村示范村建设名单。进一步巩固七房桥村美丽乡村示范村创建成果,投资980万元推进大坊桥村金家里美丽乡村示范村建设;在全市范围内率先开展“美丽乡村结对共建”,不断提升美丽乡村“颜值”;完

新吴区美丽乡村街景（李亮亮 摄）

成金家里、寒儒桥2个美丽宜居乡村建设；农房翻建试点村七房桥村六房上全面开工建设，2019年住宅楼、公寓配套楼、活动中心正按照时序要求实施主体结构施工；七房桥村上榜全国乡村治理示范村公示名单，列入全国“千村万寨展新颜”展示名单，新吴区鸿山街道美丽乡村风貌逐步展现。（李亮亮）

【村、街道建设】 2019年，新吴区农房建设推进工作领导小组办公室从产城融合、城乡协调发展角度谋划工作，从旅游度假区建设角度考量融合发展，推进农房试点建设。3月，鸿山街道镇村布局规划修编完成，七房桥行政村村庄规划方案完成；村庄规划方案4月中旬报市自然资源与规划局，5月下旬通过规划方案评审；6月——7月，关于示范村的总体布局方案及户型方案多次向村民征求意见，编制完成农房建筑施工图设计和招标文件；8月下旬鸿山街道完成了农房建设项目施工和监理单位招标工作；9月中旬全面开工建设，年底项目正开展主体结构施工。（王　骏）

【村庄环境长效管理】 2019年年初，新吴区向相关街道下发2019年目标任务书，明确相关属地街道加强对各自辖区的村庄环境长效管理工作的督促、检查、指导和考核责任，推动村庄环境长效管理工作向规范化、制度化、长效化发展。2019年年末，全区各村生活污水已实现全部接管，全年疏浚农村河道32条，清淤量16万立方米。经抽查考核，各村庄基本实现有制度、有标准、有督查的管护长效机制。部分村庄试行专业化、市场化建设和运行管护并取得一定成效。年内确定136个长效管理村庄，其中市级环境长效管理示范村5个。（王　骏）

【农村人居环境整治】 2019年，新吴区积极贯彻落实市委、市政府“一推三治五化”农村人居环境整治提升工作要求，集中利用100天时间，重点围绕“清脏、治乱、增绿”总体目标，对全区列入整治范围的自然村庄开展“五清五补”为重点的“夏季百日攻坚战”专项行动，确保所有村庄及周边环境达到干净、整洁、有序、和美的治理目标。强化整治工作合力，坚持聚焦整治重点难点问题，科学有效解决问题；区级部门引导群众共建共治共享，聘请第三方开展农村人居环境整治暗访测评诊断2次；启动“百日攻坚”行动，宣传发动村庄清洁279场次、清理农村生活垃圾48274立方米，拆除违建面积15.5万平方，清理河道132处、安装路灯115只；开展“美丽乡村结对共建”，5个区级部门、5个国控公司与规划保留村中10个自然村一对一结对共建，全力推进美丽乡村建设。运用新思维、新模式、新方法解决历史欠账问题，调动工作积极性，推动人居环境整治全面提升。年底，全市农村人居环境整治排名位居第一，全年综合排名位居第三。（李亮亮）

建筑业管理

【建筑企业】 2019年，新吴区累计监管建设项目232个，面积约1033万平方米。监督区属建筑业企业172家，其中获得总承包资质企业72家，获得专业承包资质122家，获得劳务企业24家。2019年首次申报建筑业资质的企业24家，其中总承包资质首次申请的4家，专业承包资质首次申请的企业18家，劳务资质首次申请的企业2家；申报建筑业资质增项的企业17家，其中总承包资质增项的5家，专业承包资质增项的11家，劳务资质增项的1家；申报建筑业资质升级的企业1家，通过重组合并获得资质的企业56家。共计57家企业进行了资质变更申请并通过审核。建筑业企业新申报获得安全生产许可证企业49家。建筑业企业获得申报建筑业资质升级的企业共计1家。（吴　敏）

【安全质量监督】 2019年，新吴区新开工项目222个，新开工面积约667万平方米，全区共开具整改单1196份，要求整改安全隐患5980余条；全年区内共备案136个超过一定规模的危险性较大的分部分项工程，均已通过专家论证。（吴　敏）

【建设工程检查】 2019年，新吴区住房和城乡建设局制定《2019年无锡新吴区建设工程建筑安全和文明施工专项整治工作方案》，前三季度安全隐患大排查大整治专项行动实施以来，共检查项目197个，检查施工单位152家、监理单位58家；排查重大安全隐患1条，一般安全隐患4776条，已整改4777条安全隐患，整改率达100%；共发出局部停工单15张，全面停工单21张，限期整改单734张；行政处罚立案56起，其中大型机械设备类立案4起、危大工程类立案35起、文明施工类立案17起。四季度开展全区建筑施工安全集中整治，共出动人员712人次，检查项目204个，检查施工单位138家、监理单位57家；排查重大安全隐患9条，一般安全隐患1573条，2019年已整改1582条安全隐患，整改率达100%；共发出局部停工单22张，全面停工单26张，限期整改单340张；行政处罚立案87起，其中大型机械设备类立案7起、危大工程类立案45起、文明施工类立案35起。（吴　敏）

【起重机械设备抽检】 2019年，为进一步规范大型起重机械设备安装、检测、使用及拆卸各项行为，严厉打击违法违规行为，新吴区引入第三方服务，邀请有资质的专家每周定期监督抽查大型机械设备的实体安全，同步检测安装单位、维保单位、检测单位的工作质量。2019年，通过54次第三方抽检方式，对区内安装单位进行了15次行政处罚。确保新吴区起

重机械设备的安全使用。（吴 敏）

【在建工程实体质量抽检】 2019年，新吴区住房和城乡建设局申请经费与第三方工程质量检测机构合作，对在建工程的砼强度、钢筋保护层、楼板厚度等进行现场抽测工作。通过现场随机选择抽测的形式督促参建各方对质量意识的提高，同时也有效提升工程砼质量。年内新吴区建设领域结合市质量监督站共抽测137批次砼强度、楼板厚度、钢筋保护层，其中15个批次不合格，已按照相关措施整改完毕。（吴 敏）

【建筑原材料构配件质量监督】 建筑原材料和构配件是建设工程质量的保证，2019年，新吴区住房和城乡建设局对区内建筑业领域继续深入开展抽检工作。根据日常质量监督的需要和各检测中心的检测能力，材料抽检工作包括钢筋、墙体材料、预制管桩、保温材料、防水材料等。本年度新吴区在建项目共抽检材料222批次，其中7组材料不合格全部处理完成。（吴 敏）

【质量投诉及行政处罚】 2019年，新吴区建筑业领域共受理各种形式质量投诉368起，其中涉及房屋质量处理、质量问题咨询、要求经济赔偿等多种诉求。新吴区住房和城乡建设局工作人员均与投诉人联系，协调参建各方人员共同踏勘现场，根据现场和相关法律法规协调处理，联系建设单位邀请相关市级专家进行分析论证处理，确保房屋质量问题及时整改。行政处罚方面，2019年，对196家企业立案查处，处罚金额231.8万元。（吴 敏）

【建筑产业现代化】 2019年，新吴区在土地出让意见书中由住建局明确规定“采用现代工业化生产方式建造的装配式建筑比例不低于地上计容建筑面积的50%（单体建筑预制率不低于20%，预制装配率不低于50%）。年内，共在23个项目的土地出让意见书中明确提出装配式要求，装配式建筑面积98.96万平方米，新开工装配式(含三板)建筑面积105.05万平方米，竣工成品房面积32.43万平方米。（吴 敏）

【绿色建筑与建筑节能】 2019年新吴区完成新建节能建筑竣工面积161.13万平方米，其中居住建筑134.51万平方米，公共建筑26.62万平方米。可再生能源建筑应用中，居住建筑太阳能光热134.51万平方米，公共建筑太阳能光热26.62万平方米，浅层地能1万平方米；建筑节能改造总面积89.92万平方米，其中居住面积3万平方米，公建面积86.92万平方米；城镇绿色建筑占新建建筑比例100%，获取设计标识的项目18个；建筑能效测评标识项目3个(北邮国昊物联生态园二期、第三高级中学新建宿舍楼、瑞金医院无锡分院)。新瑞医院作为全市唯一项目获2019年度江苏省绿色建筑创新项目奖。（吴 敏）

房地产业

【物业示范项目创建】 2019年新吴区商品房新开工面积240万平方米，同比下降2.41%；商品房销售面积138.42万平方米，同比下降41%，其中商品住宅销售面积121.44万平方米，同比下降41.77%；商品房销售金额209.77亿元，同比下降10.07%；商品住宅销售均价15531.17元/平方米，同比增长56.49%。2019年，新吴区强化物业示范项目引领作用，指导优秀物业项目进行示范创建工作。创建完成“吴月雅境” 1个省级宜居示范居住区，“龙湖滟澜艺墅”和“科技商务中心”2个省级示范物业管理项目创建，“天悦华府”“耘林苑”“滟澜艺墅500#-599#”“梅里花苑”“无锡工博园交通枢纽”“和风家园”“丽景佳苑三期”“朗诗绿色家园”“新光嘉园三期”“无锡市社会福利中心”10个市级示范物业管理项目，其中梅里花苑、和风家园、丽景佳苑三期、新光嘉园三期为安置房小区。完成8个区级安置房创优达标现场考核和旧住宅创优达标考核。（张鑫洁）

【二次供水改造】 2019年，新吴区住房和城乡建设局持续推进二次供水改造工作，打通居民用水安全“最后一公里”，完成31个小区的二次供水改造工作。（张鑫洁）

交通运输业管理

【港口管理】 2019年，新吴区住房和城乡建设局推进“江河碧空”蓝天保卫四号行动及港口安全生产管理工作。全年完成港口货物吞吐量712.9万吨，二类口岸集装箱7.38万TEU，共接受港口危险货物装卸作业申报728船次。累计出动180余人次对全区2家危险货物港口企业和31家普货港口企业进行检查指导，全年未发生港口安全生产责任事故。（王 璟）

【危险货物运输管理】 2019年，通过日常检查、许可证年审、双随机抽查、第三方辅助检查、重大活动督查等方式全面监管危货运输行业，逐步加强对企业动态监控工作的监督检查力度，共发起536次查岗并定期抽查电子运单填报情况，全区道路危货运输车辆安全智能防控系统终端安装率达到100%，完成道路危险货物运输行业主要负责人、安全管理员安全生产知识和管理能力考核通过率100%。（殷克勤）

【维修企业维修信誉等级考核】 2019年，开展“维修企业维修信誉等级”考核工作。规范机动车维修市场秩序，引导机动车维修经营者遵章守纪、诚信经营。采取年度考核、日常抽查相结合，累计出动人员300多人次，对全区一、二类维修企业进行考核评定。无锡心动时速汽车服务有限公司等9家机动车维修企业的维修信誉等级被评为AA级，无锡笛欧奔宝汽车销售服务有限公司等5家机动车维修企业2019年的维修信誉等级为AAA级。（邹春燕　高可庆）

【驾培行业管理】 2019年，新吴区住房和城乡建设局推进驾校规范化管理，严格落实质量信誉考核制度，从建立健全管理制度入手深入各驾校现场，指导驾校制定和完善诚信服务承诺、文明办学、统一了管理档案、基础台账。根据江苏省交通运输厅、江苏省公安厅组织开展了“五个一工程”进驾校活动。设立一个文明交通宣传阵地（基地），播放一部交通安全宣传课，举行一场文明守法驾驶宣传仪式，讲好一堂文明交通法治课，组织一次文明交通志愿服务。在全省评比中，无锡报业驾校荣获全省文明交通先进驾校，报业驾校成为全省共30家中市区唯一获奖单位。（陈　洁　朱　强）

【道路运输企业管理】 2019年，新吴区住房和城乡建设局为全区960家道路运输企业办理年度审验，根据简政放权政策要求，减少两证年审材料提交数量，力争实现“进一次门、办一次事、一次完结”。全面推进“双随机、一公开”以及第三方辅助检查工作，对692家企业开展安全检查。（薛玉涵）

【新洲路延伸段（锡鸿路—群兴路）建成通车】 新洲路（锡鸿路——群兴路））位于无锡新吴区，起点位于锡鸿路，向北与现状锡泰路、锡达路相交后，跨越规划周泾河，继续向北，终于群兴路。路线全线1公里，采用城市次干道标准进行建设，路基宽34.5米，双向四车道，设计速度为40公里/小时。工程总投资5067万元。项目于2019年4月1日开工建设，2019年12月31日建成通车。项目建成后进一步补充完善路网，引导、带动周边地块的开发建设，有效沟通新吴区与锡山区，提升路网承接功能，优化城市结构。（邵檬丹）

【堰头巷路（金城东路—区界）建成通车】 堰头巷路（金城东路~区界）为无锡国家高新技术产业开发区一条南北向道路，南起金城东路（锡太路），其间与规划锡泰路、规划道路一、规划群兴路相交，北至新区与锡山区交界处（规划道路二），路线全长约1.533公里。本项目采用城市次干道标准进行建设，路基红线宽24米，双向四车道，设计速度为40公里/小时。工程总投资4339万元。项目于2019年3月1日开工建设，2019年12月31日建成通车。项目建成后，加快了周边地块的开发，同时满足工业生产和居民日常出行所产生的交通需求，完善了沿线相交路网以及沿线两侧地块的开发。（邵檬丹）

【坊育南路（泰伯大道—泰山路）建成通车】 坊育南路位于IC园区北侧，道路总体呈南北走向，规划为城市支路。本次设计起点为泰伯大道，终点为泰山路，全长约720米，道路红线宽24米，设计时速为30公里/小时。坊育南路沿途跨越伯渎港，拟新建3–20米桥梁1座。工程总投资2882万元。项目于2019年3月1日开工建设，2019年12月31日建成通车。道路的建成有效联系基地与外围地区，同时加强周边地块间联系，整体形成方便快捷、富于活力的交通体系，带动基地内通信、供水、供电、供气、环保等基础设施建设。（邵檬丹）

【长江北路一号桥改造工程建成通车】 工程改造内容是对长江路一号桥上部结构、立柱、桥台进行改造，并将台后钢渣进行挖除。同时降低桥面标高，南北两侧现状道路进行挖除新建，改造道路总长300米。工程总投资2000万元。项目于2019年4月20日开工建设，2019年12月31日建成通车。对长江路一号桥进行改造，消除桥梁安全隐患。（邵檬丹）

【锡贤路（新韵北路—锡东大道）建成通车】 锡贤路位于无锡市新吴区，路线基本呈东西走向，起点为新韵北路，终点为锡东大道，全长约1.84公里，规划为城市次干路，设计速度40公里/小时，规划红线宽度为40米。工程总投资10916万元。项目于2019年3月1日开工建设，2019年12月31日建成通车。（邵檬丹）

【泰伯大道（锡东大道—锡张高速）建成通车】 2019年8月31日泰伯大道（锡东大道——锡张高速）道路工程建成通车。该工程位于鸿山街道鸿山新城镇区域内，西起锡东大道，东至锡张高速，道路全长约2007米，红线宽46.8米，用地面积约93927.6平方米，设计等级为城市干道，工程总投资约39000万元。项目于2017.7开工建设，是在老锡甘路基础上对路基、路面、桥梁进行改造，同步新建部分污水管、雨水管、绿化、照明、给水管、燃气管、综合信息管廊等。由于老锡甘路为主干道且道路两侧厂区较多，为了保证车辆通行，采取半幅封闭方式施工，工程于2019年8月31日建成通车。（邵檬丹）

【三让路（中庆路—美伯路）建成通车】 2020年4月30日，三让路（中庆路——美伯路）道路工程建成通车。本项目为鸿山新城镇区域内一条城市支路，工程总投资约4998万元。工程西起规划中庆路，东至规划美伯路，道路全长约803米，红线宽24米，用地面积约22239平方米，桥梁一座。项目于2019年5开工建设，同步实施绿化、照明、雨水管、污水管、电力管、综合信息管廊等。（邵檬丹）

【彭祖路（锡东大道—美伯路）建成通车】 2019年7月彭祖路（锡东大道——美伯路）道路工程建成通车。

该工程位于鸿山街道鸿山新城镇区域内，西起锡东大道，东至规划美伯路，全长约1856米，红线宽32米，用地面积约67400平方米，设计等级为城市次干路，工程总投资约16405万元。项目于2018.10开工建设，同步建设桥梁、绿化、照明、雨水管、污水管、电力管、燃气管、热力管、综合信息管廊等。（邵檬丹）

【至宾路（锡东大道—美伯路）建成通车】 2019年7月至宾路（锡东大道——美伯路）道路工程建成通车。该项目位于鸿山新城镇内，为区域内一条东西走向的城市支路。道路西起现状锡东大道，东至规划美伯路，全长约1885米，红线宽24米，用地面积约57053平方米，工程总投资约13469万元。项目于2018.10开工建设，同步实施桥梁、雨污水管、电力管、信息、照明及绿化等。（邵檬丹）

【和风路（净慧西道—华谊大道）建成通车】 2019年9月5日，和风路（净慧西道～华谊大道）道桥工程建成通车。和风路位于太科园片区，东起净慧西道，西至华谊大道，道路全长659米，红线宽度34米，设计标准是城市支路。工程总投资额约3500万。和风路于2019年1月30日开工建设，同步实施了雨水管、污水管、电力管、中压燃气管、上水管和综合信息管廊。（邵檬丹）

【惠景路（清源路——弘毅路）建成通车】 2020年4月惠景路（清源路－弘毅路）道路工程建成通车。惠景路位于无锡新吴实验小学东侧，北起清源路，南至弘毅路，道路全长231米，红线宽度17米，设计标准为城市支路，工程总投资约1197万元。惠景路于2019年11月开工建设，同步建设雨水管、污水管、路灯、综合信息管线等。为了确保无锡市新吴实验小学开学正常使用，工程于2020年4月建成通车。新吴区实现地下车库接送学生的试点学校之一。（邵檬丹）

【思贤路（清源路—具区路）建成通车】 2019年11月13日，思贤路（清源路——具区路）道路工程建成通车。思贤路位于太科园片区，南起清源路，与弘毅路相交后，向北延伸至具区路，道路全长515米，红线宽度16米，设计标准是城市支路。工程总投资额约1990万。思贤路于2018年10月25日开工建设，同步实施雨水管、污水管、电力管、上水管和综合信息管廊。（邵檬丹）

【重大产业项目基础设施配套（给排水管网）竣工】 重大产业项目基础设施配套一期（海力士、华虹）配套管线工程为海力士配套市政管线，工程建设规模：废水管DN1200球墨铸铁管2923米，DN1000球墨铸铁管2385米， DN600球墨铸铁管1455米；再生水回用管DN800球墨铸铁管216米，DN700球墨铸铁管300米，DN500球墨铸铁管2748米，DN300球墨铸铁管75米。工程总投资10000万元。项目于2018年10月18日开工建设，2019年1月31日竣工。本次工程建成投运后，每年可为企业供应生产用水2450万吨，转输企业生产废水2900万吨。重大产业项目基础设施配套二期（M8污水、中水）配套管线工程建设内容：污水管d1000钢筋混凝土管160米，d1200钢筋混凝土管1090.5米；再生水回用管DN400PE管160米，DN400球墨铸铁管1925.5米；道路回填方量29900立方米，道路修复面积46900立方米。工程总投资6748万元。项目于2019年3月1日开工建设，2019年10月31日竣工。本次工程建成投运后，每年可为企业供应再生水219万吨，转输企业生产废水1460万吨。一、二期工程竣工为新吴区的经济发展、环境保护和节能减排作出贡献。

（邵檬丹）

城乡公交

【公交线路新开优化】 2019年无锡新开优化公交线路10条，购置更新新能源公交车140辆，新建公交候车亭50个、电子站牌50个，公交服务全区的能力显著提升，全年完成运营总里程2489万公里，日发班次1293次，日均客流量超过7.08万人次。

2019年，新区公交结合地铁建设、各功能园区和街道社区发展情况，结合大走访活动及人大建议、政协提案情况，以镇区微循环、定制公交为重点，全年新开优化公交线路10条。其中：为解决新华路沿线尚德电力、创新创意产业园公交不便问题，1月起优化762路线路走向，线路优化后单公里客流较上年同期上升11.1%；为解决新安花苑三期、五期和积水、耘林等社区居民出行需求，结合新安公交停车场搬迁，3月起对756、788线路进行延伸，线路优化后单公里客流较上年同期分别上升2.2%和1.94%；针龙湖周边社区和企业出行班次少、出行不便的问题，于3月起优化合并780路和770路，实现龙湖社区和周边530等企业直达地铁一号线的需求，并将班次间隔由原1小时缩短至20–30分钟，线路优化后单公里客流较上年同期上升38.9%；针对梅村区域小飞龙取缔后的市民公共出行需求，分别于6月和8月试运营783梅村微循环一号线和785梅村微循环二号线2条镇区微循环线路，客流量稳居市区微循环线路前列；针对长江路－新梅路路口地铁路面施工完毕并恢复交通，于7月优化751路、761路，解决生命科技园周边园区企业公交出行；针对中关村科技创新园周边企事业单位员工的通勤需求，于9月开设区内首条园区定制线路中关村专线；针对梅村片区梅荆花苑七区周边公交出行需求，于 11 月优化 776 线路，优化梅村片区线网。公司传统线路、大站快线、微循环、特色专线“四大板块”一体化运营格局基本形成，公交服务全区高质量发展的能力显著提升。2019 年，在无锡市公交线路乘客满意度测评中，乘客满意度达 88.24，位列全市第一。（新区公交公司）

【区内首条微循环线路开通】 为配合区内道路交通文明整治行动开展，巩固小飞龙整治成果，满足各企业园区、镇街百姓的公交短途出行需求，新区公交自 2019 年 6 月起先后试运营 783 梅村微循环一号线和 785 梅村微循环二号线 2 条镇区微循环线路，并于 11 月 13 日正式开通。线路覆盖梅西路、梅苑路、梅里路、新锦路、新友路盲区，并与现有骨架线路在泰伯大道东西侧接驳，实现梅村商业、住宅和教育核心区域的贯通循环，梅村街道内东西向和南北向公交环线基本成行。（新区公交公司）

11 月 13 日，梅村微循环正式开通　（王少平　摄）

【区内首条园区定制线路开通】 2019 年，新区公交主动与科创中心及中关村软件园对接，在充分征求园区代表意见建议的前提下，结合园内功能区分布及周边道路实际情况，于 9 月 25 日起开通区内首条园区定制线路中关村定制专线，满足现企业员工上下班及周边居民出行需求。（新区公交公司）

【新能源车占比全市同行领先】 2019 年，新区公交共更新新能源公交车 140 辆（包括纯电公交车 114 辆，油电混合动力公交车 26 辆），实现新能源公交车总数 230 辆，占比 65.3%，在全市同类企业中保持领先。新购置公交车性能稳定、运行平稳、噪音小、乘坐舒适，同时配置车厢喷淋灭火系统，当车辆发生明火时，可以在 10 秒内完成灭火，公交车科技含量显著提升。（新区公交公司）

【公交技防设施安装】 根据全市关于深入开展公交车安全防范集中攻坚行动要求，新区公交加快推进公交车物防技防设施建设，提升公交车安全防范水平。2019 年 11 月，实现公交车驾驶区域隔离设施安装率 100%，提前 7 个月完成全市目标任务，在全市同类企业内率先实现 100%。（新区公交公司）

表 4　2019 年 1–12 月新区公交主要经营指标完成情况表

指标名称	本期	上年同期	与上年同期比		经营目标	完成经营目标比率 %
			增长额	增长率 %		
1、营业收入	3430.00	3259.51	170.49	5.23	3057.77	112.17
其中：广告收入（车身、站台）	302.95	282.3	−10.38	−3.31	300.00	100.98
千公车公里票价收入	1017.86	1021.50	−3.64	−0.36	972.13	104.70
2、利润总额	−1069.68	−349.32	−720.36	206.22	100.00	−1069.68
3、净利润	−1065.09	−350.82	−714.27	203.60	100.00	−1065.09
4、净资产收益率（%）	−3.77	−1.26	−2.52	200.46	0.28	−1347.81
5、经营性资产出租率 %	66.80	51.60	15.20	29.45	55.00	121.45
6、成本控制，其中	本期	去年全年	下降额	下降率 %	经营目标（千公里成本）	
1）千车公里运营成本元（扣燃料、折旧）	3680.54	3725.85	45.31	1.22	3725.85	
2）柴油车千公里燃耗（升）	277.54	286.77	9.23	3.22	286.77	
3）天燃气车千公里燃耗（立方）	337.68	347.74	10.06	2.89	347.74	

防震减灾

【概况】 2019年,新吴区应急管理局执行《江苏省防震减灾条例》等防震减灾法律法规及各项方针政策,防震减灾工作围绕2019年度确定的各项发展目标和重点工作,适应经济发展新常态,推动防震减灾工作有序开展。强化应急设施设备和物资科学管理,严格按照地震避难场所维护管理要求加强组织管理,加强科学考核管理,确保设备设施的正常运行。与全区各有关部门通力协作,保障防震减灾事业健康发展。调整完善新吴区防震减灾工作领导机构,向全区下发《关于调整新吴区防震减灾领导小组成员的通知》和《关于调整新吴区防震减灾协理员的通知》,组织由各街道协理员和区防震减灾联席会议成员单位相关人员共同参加的全区防震减灾协理员会议。《无锡新吴区地震应急预案》出台,检验应急预案的实用性和有效性。组织新吴区街道社区开展专项演练2次,指导基层单位开展应急演练,探索社区减灾演练新模式;强化应急队伍建设,开展地震应急知识培训讲座,积极参加各级各类应急知识培训,不断增强专业技能,不断提升应急处置能力。

(何　平)

【项目实施】 2019年,按照以人为本、保障安全,平灾结合、共建共享,分期建设、建管并重的原则进行地震避难场所建设。根据《无锡市应急避难场所近期建设规划》(2015——2020),新吴区提前一年完成七处固定级地震避难场所建设任务,有效疏散面积为37.08万平方米,可容纳避难人口约18.54万人。完善2018年建成的新吴区新城中学、新城中央公园、梅村实验小学和江溪小学4个固定级防灾避难场所功能。新建成泰伯广场、吴文化广场和新洲生态园3个固定级地震避难场所,并通过专家竣工验收。　(何　平)

【防震减灾宣传】 2019年,新吴区充分利用街道、社区应急防震减灾科普馆、示范学校,紧扣纪念汶川地震10周年、安全生产月、纪念唐山地震42周年、"9・18"全省警报试鸣日、全国科普日等节点,通过宣传单、挂图、横幅、电子屏、网络等宣传媒介普及防震减灾知识;利用"科普教育基地"组织学生寒假、暑假专场,前往学习体验防震减灾知识技能。开展"5・12"全国防灾减灾日暨防灾减灾宣传周活动,共组织各类宣传活动15场次,制作宣传展板30块,发布信息10篇(含报刊、政府内网),发放各类宣传品2000余份。加强基础教育,与无锡市民防救援大队合作送技能到社区,通过安排专业人员到社区开展防震减灾业务技能培训,提升社区居民防灾意识和防灾水平。(何　平)

商贸服务业

综述

【概况】 2019年,新吴区把握稳中求进总基调,研判商务运行态势,狠抓重点指标和重点工作推进落实。首届进博会组织工作被表彰为省级先进集体,获市委、市政府"全市重大项目引进突出贡献奖"。2019年,新吴区全年社会消费品零售总额同比增长9%,总量在5个市辖区中仅次于梁溪。限上批发零售业销售额超2000亿元,保持两位数增长,增速居全市前列。标准化农贸市场达标率全年可达100%,比2018年大幅提高20个百分点。对照高质量发展考核指标,省对城区监测的两项指标排名将有较大提升,市对区考核的7项共性指标和5项个性指标整体完成较好,到位外资、进出口等2个重要指标综合考评列全市前一;有明确年度目标的9个指标全部完成任务。(王 鹏 张 帆 吴 敏)

【总部经济高端引领】 2019年,海力士学校、医院,阿斯利康生命科技园等项目在新吴区接连落地,实现基地化发展。三井物产协鑫新能源商用车运营总部、施耐德电气电子集群营运总部、第七大道上市总部等一批总部化项目接连签约。利纳马、博尔豪夫等2家企业获省商务厅跨国公司地区总部认定。推动40家企业实现"工厂总部化"。2019年全区已累计有19家企业获省级总部认定,148家企业实现"工厂总部化",通过壮大总部经济,累计新增销售570亿元,新增税收26亿元,新增研发人员超2200人,形成了显著的引领效应、聚集效应,新华社客户端、《无锡日报》等主流媒体以及多家自媒体纷纷对新吴区总部经济成果进行报道,新吴区推动总部经济的成功做法获省委快报刊用,并获省委主要领导批示。(王 鹏 张 帆 吴 敏)

市场商圈

【消费促进】 开展消费促进系列活动,组织区内重点商贸企业参加消费促进季、车展、美食展、名特优商品展等消费促进活动,打好"体验牌"。开展了"梅里味道·泰伯家宴"美食展、梅村庙会"品质梅里"名特优商品展。组织策划金秋购物节系列活动,联合举办了"寻味中华·舌尖梅里"金秋美食节、鸿山丰收节、等近10场活动,时间持续达2个多月,营造了浓厚的商贸发展氛围。积极培育老字号,天天食品公司的"松鹤"牌清水油面筋成功入选"江苏老字号",对鸿山张阿培肉庄、梅村蔡阿水羊肉授牌第二批"无锡老字号",硕放杨和尚列入培育企业。创新推出"新吴六宝""吴地八件"名特优伴手礼产品征集评选活动,扩大新吴餐饮品牌影响力。(王 鹏 张 帆 吴 敏)

【市场管理】 推动商贸流通健康发展,2019年新建改造提升春勤、鸿声等5家农贸市场,投资139万余元为7家农贸市场安装肉菜流通追溯系统,确保菜篮子安全。以发展资金鼓励龙头企业发展"新零售",百联奥特莱斯、贝贝帕克等企业效益积极向好,欧尚超市等积极探索新零售发展模式初见成效。加强成品油流通管理,定期检查加油站油品质量,依法取缔流动加油车,全年开展联合执法检查4次,检查加油站39家。推动电子商务快速发展,贝贝帕克、阿里二手车、信用行获评省级示范企业;旺庄科创、顺丰产业园获评省级示范园区。及时回应12345平台消费者诉求,全年共受理工单389件,稳妥解决了部分消费者购车维权纠纷等事件,指导行业规范市场行为。

(王 鹏 张 帆 吴 敏)

【扫黑除恶和商务领域安全工作】 在"扫黑除恶"专项行动中,开展了对大型商场、超市、农贸市场为重点的宣传活动,共投放横幅标语33条、电子屏26块、发放宣传册600册、安装举报信箱18个,营造商务领域"扫黑除恶"专项斗争的浓厚氛围。扛起管行业管安全的责任,牵头全区商贸安全专业委员会成员单位,制定了《新吴区商业领域安全集中整治方案》,先后3次召开全区层面的商业领域安全集中整治推进会议，全面落实安全生产目标责任制，强化安全生产“一岗双责”，以雷霆手段开展铁腕整治，对城市综合体、商场和超市，餐饮企业、农贸市场、加油站再生资源回收企业、汽车4S店等商贸行业开展全面隐患排查和专项整治，全区共出动486人次，检查隐患288处，排查重大隐患4处，坚决遏制安全生产事故。

（王　鹏　张　帆　吴　敏）

供销合作

【供销合作社发展】 2019年，新吴区供销合作社以服务农业产业、促进乡村振兴为工作重点，不断丰富为农服务方式和提高为农服务水平，全年供销社工作呈现稳步发展态势。全年完成35亿元网上销售，与25家开放办社企业签订《供销合作社社务指导关系协议》，汉和航空“水星一号”植保无人机荣获农业农村部“2019年数字农业农村新技术新产品新模式优秀项目”，社会化服务体系建设和农业高质量发展年度目标任务全面完成。（郭运才）

【农贸市场改造升级】 启动农贸市场体系化、信息化、标准化、公益化建设，出台《新吴区2020——2022年农贸市场改造提升实施计划》，建立肉菜追溯体系，新建改造提升春勤、鸿声、新安感知、春潮、南丰5家农贸市场，着力打造集公益、文明、安全、洁美、智慧为一体的新型农贸市场，提升市民购物体验。投资139万余元为7家农贸市场安装肉菜流通追溯系统，确保菜篮子安全。加强长效管理和行业安全管理，制定《新吴区农贸市场长效管理综合考评办法》，组织市场监管、消防、应急管理等相关职能部门对全区农贸市场进行考评检查，促进市场建设和管理工作。

（武清华）

批发零售

【批发零售业增长】 2019年，新吴区以发展资金鼓励撬动商贸龙头企业全面开展“互联网＋商贸”“新零售”，百联奥特莱斯、贝贝帕克等企业效益积极向好，欧尚超市等积极探索新零售发展模式初见成效。组织172家批零住餐企业入库列统，加强后续支撑，全年社会消费品零售总额完成368.9亿元，增长9%，达到预定目标，限额以上批发零售业销售额2030.9亿元，增长14.8%，保持两位数增长。推动电子商务快速发展，贝贝帕克、阿里二手车、信用行获评省级示范企业；旺庄科创、顺丰产业园获评省级示范园区。

（王　鹏）

【“新零售”发展】 2019年，新吴区加大对商贸流通行业的政策支持，重点推动“新零售”发展，促进实物消费不断提挡升级，推进服务消费持续提质扩容，激发“夜经济”等消费新动能。大力开展促消费主题活动，联合餐饮协会、街道板块、大型商超等举办好消费促进季、金秋购物节等系列活动，做好市场运行监测和企业服务，夯实社零统计属地化管理促进工作机制，促进重点企业的销售增长。进一步扩大肉菜追溯系统覆盖面，完善商务诚信体系建设，做好12345消费者权益维护，营造安全有序的消费环境。（王　鹏）

邮政·电信

邮政快递

【快递业务】 2019年,新吴区全区快递企业共有23家,分拨中心12家,网点281家。从业人员共7422人,快递运输和揽投汽车1203辆、电动三轮车2846辆,全自动分拣设备16套,安检设备26台。全年全区快递量20887.95万件,比2018年增长49.98%。快递业务收入35.57亿元,比2018年增长43.52%,占全市43.68%。区内分拨中心的中转量日均超过800万件,"双十一"高峰期间超过900万件。

(张　奇　邹莉莉　曹　洋)

【"两会"寄递安保检查】 为确保全国"两会"期间邮政业安全平稳运行,2019年3月7日晚,新吴邮管局会同市邮管局市场监管处、公安分局治安支队等相关部门组成联合检查组,采取不打招呼、直奔现场的方式,分赴EMS、顺丰等快递企业分拨中心,开展联合执法,突击检查企业"两会"寄递安保工作落实情况。检查组详细了解企业发往北京方向快件安全保障工作的落实情况,实地检查企业生产作业和分拨操作场所的安全设备、消防设施,查看处理中心的安全生产管理台帐和监控录像;对发往北京的邮(快)件进行随机抽查,重点检查是否实名收寄,是否严格执行收寄验视制度,是否过机安检等3项制度落实情况,以及员工安全生产教育培训、突发事件应急等方面工作。

(曹　洋)

【邮政口岸建设】 无锡全力推进申报国际邮件互换局工作,历经5年之久,在省市各级的关心帮助下,2019年10月14日获海关总署批复,10月28日获国家邮政局批复。国际邮件互换局的选址建设花落新吴区,对促进全区跨境电商发展,推动全方位高水平对外开放,服务"一带一路"交会点建设有着标志性意义。(曹　洋)

【华东航空快件集散中心建设】 2019年9月顺丰航空开通"无锡——哈恩"747——400洲际货运航班,每周可为无锡至欧洲流向的国际业务提供600吨的跨境能力。无锡硕放国际机场每天全货机运营量9架次以上,其中顺丰全货机有7架次,航空快件量占机场全年货邮吞吐量80%,突破10万吨。(曹　洋)

电信

【概况】 2019年,新吴电信区局完成收入近5亿元,实现倍增长。各类业务发展良好,其中:天翼4G用户已超30万户,5G用户数超1万户,百兆家庭宽带已超15万户,天翼高清电视用户超10万户。全局工作业务范围得到扩展:商机和项目覆盖智慧教育、智慧车间、机房代维、智慧水利、安全生产等领域,发挥云计算、大数据和物联网等技术的优势;客户对象得到扩展:从原先项目主要集中在驻地网、政府项目,扩展到国企、外企、学校、酒店;服务部门的扩展:原有政府服务主要专注于公安、教育、建设等,年内,将服务延伸至安监、城市管理等。(张　奇　邹莉莉　曹　洋)

【提速降费携号转网】 2019年,新吴电信区局持续为区域内中小企业提供老用户免费提速活动;优化公众家庭套餐体系,升级套餐内语音、流量、带宽,提供多样化选择,家庭宽带步入千兆时代。2019年11月起,无锡电信开始提供携号转网服务,为广大手机用户提供了运营商选择方案。2019年,新吴电信区局开展"企业家庭套餐服务"活动,累计开展500余场,服务企业员工数十万户。(张　奇)

【服务门店全覆盖】 2019年,新吴电信区局在新吴区新建门店31家,截至2019年年底,新吴电信区局公众渠道覆盖门店约120家。(过　海)

【"智慧新吴"建设】 2019年,持续推进"智慧新吴"项目建设情况。主要集中在智慧燃气、智慧水利、明厨亮灶、智慧教育、智慧城管等项目。其中,中标的智慧燃气项目,至2019年年底已完成设备安装2000余套,覆盖相应数量的中小餐饮店。截至年底，通过该项目已监测轻微及小型燃气泄露事故774次，排除重大燃气泄露事故7次，有效阻止事故的发生。（夏　孟）

【5G建设与拓展】 2019年5月，无锡电信率先在无锡机场航站楼完成全市首个5G信号覆盖建设，正式宣告5G时代的到来。截至2019年年底，在新吴区新建5G基站100余个。2019年8月28日，新吴电信区局在新吴铂尔曼酒店举办全市首个与区政府的5G战略协议签约，在无锡机场设置旅客5G体验区，与机场共同宣传5G技术及应用。与威孚集团、日联科技、小天鹅、绿点公司、梅村高速服务区等重点标杆企业达成5G应用场景合作明确意向，并在小天鹅、江森自控两个企业完成5G+MEC的全程测试，为后续商务签约打下基础。（夏　孟）

【翼企上云】 2019年，新吴电信区局加强对外合作，融入新吴政府工业矩阵，和智慧新吴签订新吴区企业上云推进合作协议。与海宝、朗新、珍岛等新吴区本地工业互联网及大数据服务建立合作联盟，共同拓展“企业上云”工作。其中，无锡苏南硕放国际机场成为全市首个“千核”上云项目业务标杆。（夏　孟）

苏南硕放机场

综述

【概况】 新吴区原为无锡新区成功获批国家传感网创新示范区、国家创新型园区、国家生态工业示范园区、国家知识产权试点园区等。新吴区行政辖区,包括鸿山街道、梅村街道、新安街道、江溪街道、旺庄街道和硕放街道共6个街道,总面积220平方公里(包括水域面积14.83平方公里)。地处长三角"大交通"汇集处,是吴文化发源地之一,以泰伯陵、泰伯庙、伯渎河、鸿山遗址博物馆为代表,吴文化资源禀赋优越。鸿山旅游度假区成功获批省级旅游度假区,定期举办的吴文化节、"泰伯文化节"、吴文化国际研讨会等节事活动,展现了新吴深厚的历史文化底蕴。

（张君华）

【旅游资源】 新吴区旅游资源多样,地域范围内包含丰富的湿地、山脉和太湖等自然景观,众多的历史人文景观,以及独特的美丽村庄和特色古镇。在空间分布方面,主要分布在新吴东部地区,其中鸿山街道内集中了80%以上的旅游景区景点,包括文化、自然、休闲度假等资源。2019年,全区拥有1个省级度假区,古镇1个,AAAA级景区3个,AAA级景区2个,AA级景区1个,AAAA级乡村旅游点1个,国家级湿地公园1个,大溪港(沿湖)湿地公园1个,国家级文保单位4个,国家级非遗项目1个,资源品质优越。（张君华）

表5　　新吴旅游资源一览表

旅游资源	名称	数量
省级度假区	鸿山旅游度假区	1
古镇	梅里古镇	1
AAAA级景区	鸿山遗址博物馆	3
	泰伯墓景区	
	中华赏石园	
AAA级景区	钱伟长故居	2
	新洲生态园	
AA级景区	泰伯庙景区	1
AAAA级乡村旅游点	鸿山农业生态园	1
国家级湿地公园	鸿山湿地公园	1
大溪港(沿湖)湿地公园	大溪港湿地公园	1

续表 5

旅游资源	名称	数量
国家级文保单位	泰伯庙	4
	泰伯墓	
	鸿山墓群	
	昭嗣堂	
国家级非遗项目	泰伯庙会	1

【旅游人数及收入】 2019 年，新吴区旅游人数 163.12 万人，旅游收入 382.27 万元。（张君华）

旅游开发

【旅游资源发展规划】 2019 年，新吴区以吴越文化为核心，科技与生态为重点，多元化发展潜力资源。以“1+2+4”的资源开发体系奠定新吴区旅游开发方向，推动旅游事业发展。打造一大品牌——吴越文化，成为强大的旅游核心吸引，积极开发文化体验、休闲度假旅游；发展两大重点资源——科技与生态，开创科技休闲旅游新模式，丰富生态观光旅游新内涵；强化四个支撑——农业资源、特色小镇、工业资源、会展资源，构建新吴全域旅游的支点，完善拓展休闲农业、特色古镇、特色工业、会展商务等旅游新形态。2019 年，新吴区不断加大对旅游产业发展的支持力度，把旅游业作为战略性支柱产业来培育，坚持用全域理念谋划和推进各项工作，展开全域旅游相关工作，初步形成“旅游一业突破，引领多业融合”的全域旅游发展新模式和新格局。（张君华）

【鸿山旅游度假区建设规划】 鸿山街道内集中新吴区 80% 以上的旅游景区景点，包括文化、自然、休闲度假等资源。2019 年，新吴区全力推进鸿山旅游度假区建设，编制《鸿山旅游度假区总体规划》，以鸿山旅游度假区为中心，辐射鸿山遗址博物馆、鸿山农业生态园、鸿山湿地公园等旅游度假资源，充分挖掘文化内涵，讲好文化故事，打造高品质吴文化和乡村旅游文化体验区。（张君华）

【旅游项目建设】 2019 年，新吴区多项旅游项目顺利推进。吴越水街一期和丽笙酒店二期工程进度顺利，截至 12 月，分别完成投资 6500 万元和 3000 万元；梅里文化小镇完成投资 4.1 亿元，部分区域主体结构封顶，2020 年春节正式开街。（张君华）

旅游营销与服务

【全域旅游活动】 2019 年，新吴区策划举行全域旅游重大活动多场。举行 2019 泰伯庙会，发布新吴区首个文旅类品牌产品“泰伯游礼”；策划“萄醉鸿山　甜蜜一夏——农旅融合助推乡村振兴”2019 鸿山葡萄文化旅游惠民月，有力彰显吴韵鸿山之美；举办“渔礼金九　共画新吴”新吴区首届渔文化节暨丰收献礼新中国成立 70 周年开捕集市，实现“渔业、生态、旅游”融合发展，助推全域旅游创建；策划“寻味中华·舌尖梅里”金秋美食节，为广大游客、食客献上一场视觉、听觉、味觉上的饕餮盛宴；举办“开门见山　鸿山说年”首届鸿山年俗文化节暨江南年俗文化论坛，推进文化事业和文旅产业的融合发展；组织代表性企业参加市文广旅游局在北京、天津、广州、深圳开展的“太湖明珠、江南盛地”专场旅游产品推介会，全面打响新吴品牌。（张君华）

【文旅赛事推广】 以大型文旅赛事活动为抓手，持续打造高品质活动品牌：策划举行“万科观湖礼著”杯“赏五月花海·看锦绣高新”万人徒步、2019“小天鹅杯”海峡两岸城市棒球交流赛、“何处觅乡愁　鸿山看秋收”——2019 鸿山秋收节暨徒步活动、高新区（新吴区）第七届运动会等系列大型文体活动，吸引园区广大创业者、管理者、工作者积极参与，提供优质公共服务，构筑园区高层次人才美好文化生活港湾，激发新吴区人文气息、文旅活力。（张君华）

景区景点选介

【鸿山遗址博物馆（中国吴文化博物馆）】 鸿山遗址博物馆（中国吴文化博物馆）是以全国重点文物保护单位鸿山墓群为依托，在特大墓葬丘承墩原址上规划建设的专题博物馆，重点开展鸿山遗址出土文物的展示和研究，吴文化展示和研究，以及丘承墩的原址保护和展示。2011年12月鸿山遗址博物馆被评为国家AAAA级景区。中国吴文化博物馆是国内首个全面系统开展吴文化研究和展示的专题博物馆，同时为鸿山遗址博物馆提供全方位的历史人文背景展示。鸿山遗址博物馆（中国吴文化博物馆）于2008年4月10日落成，9月正式开放，总建筑面积10000平方米。博物馆建筑风格古朴、简约、自然。从宛如弓箭的平面造型、仿先秦时期古城墙的建筑墙体、环绕四周的水道到屋面上的特制青铜瓦，喻示青铜时代吴越争霸的历史风云。博物馆的中轴线建筑屋面采用两面坡顶，入口部位和中央大厅之间的庭院地面则用青砖铺设，体现了江南地区特有的建筑风格。建筑墙体表面采用与江南农田土壤机理相同的色彩，与周围的环境完美融合、浑然一体。整个建筑风格处处折射出强烈的时代特色、地域特色和人文特色。

鸿山遗址博物馆馆藏文物具有极高的科学价值、历史价值和艺术价值，特别是玉器、青瓷器、硬陶器、琉璃釉陶器、琉璃器等，形成了一个完整体系，对春秋战国时期吴越历史、玉器工艺史、音乐史、青瓷起源等研究课题具有极其重要的价值。自开放以来，鸿山遗址博物馆、中国吴文化博物馆已接待游客10万余人次，成为展示国家历史文化名城——无锡的优秀历史文化和深厚人文底蕴的重要窗口。

鸿山遗址博物馆馆藏玉器琢刻精致、质地细腻，按功用可分为葬玉、佩玉。其中葬玉包括玉覆面、玉带钩等，佩玉除常见的玉璜、玉璧之外，还有各种动物造型的玉佩，如玉飞凤、玉兔、玉神兽管，其雕刻工艺娴熟，纹饰精美，有龙纹、凤纹、蛇纹、云纹等，其中玉飞凤的造型和纹饰尤其令人叫绝，堪称春秋战国时期玉器微雕工艺的颠峰之作。青瓷器和硬陶器是商周时期吴越地区最富特色的器物。馆藏青瓷器和硬陶器数量庞大，胎、釉俱佳，纹饰独特，其中数量众多、系列完整、成组成套、造型各异的仿青铜的青瓷或硬陶质地的乐器、礼器极为罕见。乐器有甬钟、镈钟、编磬，勾鑃、錞于、丁宁、振铎、鼓座、缶、悬铃10类之多，均为打击乐器，其中鼓座、缶、悬铃均是首次发现或首次确认的乐器。青瓷礼器也极为丰富，除了常见的鼎、豆、壶、盆、盘以外，还有较为少见的青瓷盉、鉴、罍和首次考古发现的青瓷温酒器、冰酒器、吊釜沥水器等。琉璃釉盘蛇玲珑球造型奇特、玲珑剔透、色彩斑斓，该种造型的器物为我国迄今为止首次考古发现，弥足珍贵。馆藏琉璃器包括琉璃管、珠。琉璃是中国早期的玻璃，它证明了中国早在周代就已发明了玻璃。

中国吴文化博物馆包括先吴文化和吴文化两大板块。先吴文化板块展示了从马家浜、崧泽、良渚到马桥文化时期无锡地区已发现的遗址和出土遗物，其中就有鸿山遗址出土的良渚黑陶鼎、黑陶贯耳壶等珍贵文物。吴文化板块则主要通过雕塑、油画、电子沙盘模型等场景复原的手段结合出土文物的展示，讲述了自商末太伯奔吴、创建句吴国至公元前473年越灭吴期间的吴国历史风云，再现了吴国在青铜冶铸、造船、渔业农桑、城市建筑、发明青瓷等方面创造的灿烂物质文明以及在文字、音乐、舞蹈、民俗等非物质文化遗产方面的辉煌成就。

博物馆倚特大型战国贵族墓邱承墩原址而建，并对其进行了高水平的复原展示。整个墓坑长56.7米，宽6.3米，呈"中"字形结构，显示出墓主身份高贵。墓葬按照下葬时的原貌进行了复原，全面展示春秋战国时期高等级贵族的墓葬形制和陪葬规格体系。邱承墩两侧则辅以发掘前原貌、墓葬结构及出土文物的大型图片，再现考古发掘的过程，普及文物考古知识，增强观众文物保护意识。（张君华）

【中华赏石园】 中赏赏石园为国家AAAA级景区，位于无锡市新区锡梅路东延伸段与飞凤路交叉口。中国赏石文化源远流长，而烟雨江南、水墨吴地则是赏石文化发轫之所。南京雨花石是史证较早的观赏石，传统四大名石吴地出产太湖石、昆石与灵璧石。而赏石文化也是组成吴文化的重要元素，自古以来，吴地的达官贵人便以佩戴珠玉为荣，园林雅舍便以点缀奇石为美。因此吴文化博览园建设中华赏石园，正是发扬赏石传统、丰富吴地文化的一大盛举。

中华赏石园采用"世博会"的运作模式，搭建高端交流交易平台，吸引各主要省市观赏石协会、各原产地及大收藏家。在中国观赏石协会的支持下，已确立了江苏厅、新疆厅、青海厅、广西厅、云南厅、河南厅、上海厅等省级独立展厅，以及刘光华国际矿晶化石馆、静思园厅两个收藏名家的展厅，合作展品数量达800件，涵盖上百个赏石种类。各合作省市观赏石协会在中华赏石园交易区设立销售商铺，作为赏石产地面向华东地区的销售窗口。同时中华赏石园市场也面向赏石界富有影响力的个人招商，共引进了十几位中国观赏石协会副会长，得以群贤毕至，共襄盛举。

中华赏石园位于主体功能区北入口，北依泰伯渎，向东毗邻梁鸿湿地公园，向南与鸿山遗址公园接壤，规划面积250亩，由中国吴文化博览园与中国观赏石协会合作共建，受到国家科技部火炬中心、无锡市委市政府高度重视，是中国观赏石协会对外打造的第一个赏石园，占地面积14.5万平方米，集科普、鉴赏、旅游、展销、交流、培训于一体，融园林文化、赏石文化、吴文化于一炉，演绎好两个发展史——地球发展史、石文化发展史，建设“四区一道”：交流区、展销区、科普区、休闲区、中华赏石大道，致力打造成为中国观赏石第一园林。（张君华）

【泰伯墓景区】 泰伯景区为国家 AAAA 级景区，位于江苏省无锡市无锡新区鸿山镇西干路鸿山路。泰伯墓，又名“吴王墩”、“皇陵”，位于江苏省无锡市鸿山街道风景秀丽的鸿山南麓。

孔子曾评论泰伯，有 " 志让两家天下，功辟万古江南 " 的至德圣人尊称。泰伯先让贤，后开辟江南作出了不可磨灭的历史贡献，他融合全国东、西文化，奠定了江南古文明的基础，他不仅仅是吴国的创始人，更重要的，泰伯是一位杰出古代思想家、政治家和群众领袖，他不坐享其成，而是历尽艰辛，去创建、去开发、去为百姓服务；他不因循守旧继承父业王位，而是去拓新，造就新天地。当弟季历为殷朝第二十九代商王太丁杀害后（公元前 1193 年），泰伯再次让位于侄昌（周文王），时已年迈，不久病故。无锡人民为永远怀念这位开国国君，厚葬于鸿山（皇山）。泰伯生于约殷朝商王祖甲 5 年（约公元前 1253 年左右），病故于殷朝第三十代国君帝乙 4 年（约公元前 1187 年左右），享年 96 岁，无子，死后传位于大弟仲雍。泰伯墓作为千年古迹供后人瞻仰。

东晋明帝太宁元年（323）正式策封泰伯为“三让王”。御制至德碑，并在罗城茔门月台下三十步，建造了让王祠殿，殿中供穿帝王冕服的泰伯塑像。唐太宗贞观十三年（639），诏礼部尚书韩太冲，再次扩建泰伯墓、门、殿等，御赐金香炉、花瓶、香盒器皿，永远供作祀用。

泰伯景区分为泰伯陵景区和吴文化广场景区两个部分。泰伯陵景区融自然景观和人文景观为一体，墓旁有青松翠柏。泰伯墓区的建筑古朴典雅，重重殿宇，层层楼阁，花草树木交相辉映。墓区内有吴文化广场、石牌楼、仰止阁、御碑亭，还有明代建造的月牙池和四棱碑等。1999 年，相关部门对泰伯墓进行扩建。墓区面积从原来的 3 亩地扩建至近 50 亩。墓区以吴文化为内涵，融自然景观和人文景观于一体，以丰富的资料、塑像、碑刻、实物为形象手段，展现了 3000 多年吴地生产、人文、民俗的情况。（张君华）

【钱穆钱伟长故居】 钱穆钱伟长故居为国家 AAAA 级景区，坐落于无锡市新吴区鸿山街道七房桥村，泰伯渎支流啸傲泾北岸，年平均接待量超 30000 人次，一次性容纳可达 400 人。

钱穆钱伟长故居在原钱氏家族旧址上按钱氏鼎盛时期建筑规模重建而成，与怀海义庄连通，四进分别为道光皇帝所赐“七叶衍祥”匾额的“五世同堂”“鸿议堂”“素书堂”和“钱穆钱伟长纪念馆”。

故居东侧怀海义庄是当地钱氏家族创办的传统民间慈善机构，始建于元末明初，曾毁于太平天国战火，后又重建，至今已有数百年历史。当时义庄为钱氏族人救灾恤贫，资助族内贫困子弟上学。自 2007 年 12 月起，在市、区的高度重视和大力支持下，鸿山街道在原址上修复怀海义庄，并增设“院士阁”。怀海义庄现为五开间三进，设有“怀海堂”、“院士阁”、“钱氏私立又新小学校”、“ 守愚亭”等景点。（张君华）

【新洲生态园】 新洲生态园为国家 AAA 级景区位于无锡市国家高新技术开发区，占地面积 46 公顷，是

新洲生态园　　（区文体旅游局　供稿）

一座城市公园。该园于2002年开始设计，同年进入施工，于2003年7月初步建成开放。新洲生态园充分利用基地原有的河网体系，通过控湖叠山、贯通水系，塑造出公园丘峦起伏、水网纵横、层次丰富的格局，体现了河、湖、沙洲星罗棋布的江南水乡特色。公园的设计力图通过对地形及水体的改造、梳理，在生态景观上形成水生植物群落、湿地植物群落、疏林草地、人工山林的自然过渡，使生物资源形成良好的自给循环，维持动态的生态平衡。公园的施工以及管理维护也极为出色。（张君华）

【泰伯庙景区】 国家AA级景区无锡梅村泰伯庙坐落在无锡市东南部15公里的无锡县梅村乡镇伯渎河边，又名泰伯祠，至德祠，让王庙。梅村古名梅里，乃商末周太王长子泰伯因让王位从陕西岐山奔吴至此建勾吴国时的都城。东汉永兴二年(154)，桓帝下令在该地立祠，历代整修扩建，清初成为一组建筑群体，占地面积80余亩，极其精工华丽。

咸丰十年(1860)，清军在无锡镇压太平军时，烧毁了泰伯庙的爱芝堂、大树堂、德治堂、大夏堂、慈俭堂等建筑。1937年，又遭日本侵略军破坏，仅泰伯庙主殿、两庑、戟门、头山门及庙内古柏数十株留存。

无锡梅村泰伯庙是为纪念周太王的长子泰伯而建，庙宇是一组群体建筑，庄严辉煌，既是祭拜泰伯的佳地，又是欣赏古代建筑的好地方。

泰伯庙内有立照池、香花桥、石牌坊、棂星门、泰伯宅故井、井亭以及至德大殿和厢房数间，殿内供有泰伯、仲雍后裔28尊塑像，保存着重修庙宇的碑记，以及众多的匾额、题刻等。院内还留有古柏、桂树各一株，至今依然茂盛。庙宇旁建有“江南第一古镇”牌楼、秦伯园，构成统一主题的文化景区。（张君华）

慧海湾生态公园

综述

【概况】2019年，无锡新吴区科学技术局实施创新驱动核心战略，推进科技治理能力现代化，构建以企业为主体、市场为导向、产学研深度融合发展为支撑的产业科技创新体系，全力打造具有国际影响力的科技创新高地。全区高新技术产业产值2792.4亿元，占全市比重达到35.1%，位居全市第一；占规模以上工业总产值的比重提高到66.25%，位居全市第一；全区社会研发投入占地区生产总值比重超过4.0%，位居全市第一；万人发明专利拥有量达到139.92件，是全市平均水平的3.2倍；祥生医疗成为全市首家科创板上市企业，华润微电子成为全国首家成功过会红筹企业，奥特维成无锡市首家获得科创板过会的原新三板企业。（李俊俊　杨　凯）

【科技成果】2019年，新吴区科学技术局、新吴区相关企业和高校科研院所牵头或参与完成的3项科技成果荣获2019年度国家科技进步奖二等奖，获奖数占全市21.43%；10项科技成果获2019年度省科学技术奖，其中一等奖2项，二等奖和三等奖各4项，获奖数占全市32.26%。（钱庆庆　张宏生）

【科技创新活动】2019年，新吴区科学技术局完成2019物博会慧海湾高峰论坛，承办科技部火炬中心主办的科技成果直通车无锡物联网专场活动、2019无锡市才交会健康医疗产业人才高峰论坛、第七届省产学研大会半导体产业专场对接会、无锡新吴区·济南高校产学研合作对接会等产业、人才和创新重大活动共14场。多次组织赴北京、上海等地开展创新资源对接系列活动，加快吸引各类优质项目落地。组织企业参加国家、省、市科技创新创业大赛，6家企业获第八届中国创新创业大赛优秀企业。（张友伟　杨　凯）

【科技服务】2019年，新吴区科学技术局相继出台高企引育工作方案、科技招商项目准入评估办法、科技重大项目“一事一议”管理办法及招商激励办法等系列政策文件。全年兑现科技创新资金4.37亿元，覆盖科技企业近400家。苏南自创区无锡新吴区“一站式”服务中心正式投用，进一步整合全区科技服务资源，搭建起“服务、交流、交易、共享”为一体的科技服务平台，联合科技服务专业机构延伸服务链。完成技术合同登记额39.46亿元，服务企业2500余次。（缪利刚　张友伟）

【科技金融】2019年，新吴区科学技术局制定出台《无锡新吴区关于推行科技型中小企业贷款风险补偿的实施办法（试行）》（简称“新科贷”），创新和完善新吴区科技型中小微企业融资服务体系。开展省、市、区风险补偿贷款工作，全区318个科技项目获得风险补偿贷款9.9亿元（其中302个“锡科贷”项目9.45亿元，16个“苏科贷”项目4500万元），“新科贷”首批授信2家企业各500万元额度。成立第一支纯国有的天使投资基金“金程高新”，注册资本1.2亿元，引导聚集各类创投机构86家，基金规模超过352亿元，其中2019年新增基金规模超过40亿元，帮助创新创业者解决31.4亿元资金需求。培育科创板上市企业3家，5家企业入选2019年度省“最具成长性高科技企业”。（张宏生　龚一峰）

【资金争取】2019年，无锡新吴区科学技术局开展对上争取资金工作，全区共获国家、省、市级科技计划专项资金29558万元，其中35个项目获省级以上立项支持，到位省级以上资金13453万元，列全市第一。获得苏南自创区建设专项资金新吴区奖补资金2450万元，同比增长11%，列全市第一、全省第三。（李振东　张友伟）

【科技招商】2019年，无锡新吴区科学技术局指导软件园、大学科技园、IC园等专业园区加强科技招商和产业服务团队建设，优化人员结构，招商和产业服务人员数量和占比显著提升。组织全区科技系统开展科技招商工作，全区新增科技企业850家，新增注册资本超过100亿元，同比增长37%。新增“一事一议”类科技重大项目超70个，引进包括总投资超21亿元的锡产微芯等投资超亿元的项目12个。

（张友伟 杨 凯）

【高新技术企业】 2019年，无锡新吴区科学技术局把高新技术企业培育作为重中之重，构建形成全区科技系统上下联动、全员参与的攻坚机制，推动全区高企培育取得较大突破。2019年，列入省高新技术企业培育库企业369家，同比增长2倍；高新技术企业认定公示286家，净增183家，同比增长2.5倍，有效期内高新技术企业达到620家，创历史最高水平。

（詹文圆 龚一峰）

【创新型企业集群培育】 2019年，无锡新吴区科学技术局根据《无锡市创新型企业集群培育资金管理实施细则（试行）》，组织全区开展两批次雏鹰、瞪羚以及准独角兽企业入库培育工作，新增入库企业分别达83家、86家和13家，累计在库企业分别达162家、124家和14家，分别占全市总量的20.1%、22.0%和35.9%，在库总数均位居全市第一；入选市首批评价遴选雏鹰企业8家、瞪羚企业15家、准独角兽企业6家，分别占全市的26.7%、30.0%和60.0%，均居全市第一；入选2019年苏南自创区潜在独角兽、瞪羚企业榜单分别为6家、31家，分列全省第2名、第3名。

（钱庆庆 徐宏浩）

【科技型中小企业评价】 2019年，无锡新吴区科学技术局扎实推进国家科技型中小企业评价工作，全年通过评价入库企业达837家，同比增长68%，位居全市第一。（周玮婷 张友伟）

科技载体

【企业研发平台】 2019年，新吴区科学技术局加快企业技术创新步伐，累计建有市级以上企业工程技术研究中心224家，已覆盖新一代信息技术、装备制造、新材料、生物医药等重点产业领域；新增省级企业工程技术研究中心22家，新增市级企业工程技术研究中心15家，均位居无锡市第一。（金 兰 张友伟）

【新型研发机构】 2019年，新吴区新签约引进无锡新吴区增材制造研究院、融合大数据创新中心、集萃深度感知技术研究所、集萃智能集成电路设计技术研究所、集成电路与储能研究所、慧界物联网技术研究院、中科德芯光电感知技术研究院7家新型研发机构。华进半导体入围国家级制造业创新中心评审。

（张宏生 张友伟）

【孵化载体】 2019年，新吴区科学技术局引导多元化主体投资建设科技孵化载体，全区累计建成15家众创空间，其中省级以上8家、市级5家，建设主体为民营企业的达13家，中关村科技创新园入选国家级科技企业孵化器；累计建成省级以上科技企业孵化器14家、加速器3家、“苗圃—孵化器—加速器”链条2个，位居全市第一。科技孵化平台绩效评价连获佳绩，获得国家级、省级、市级评价优秀分别为3家、3家、7家，分别占全市获评优秀总数的50%、38%和32%，其中无锡国家软件园、微纳园在国家、省、市三级绩效评价中均获优秀。微纳园斩获2019年度“亚洲最佳孵化器奖”，成为中国内地第五家、江苏省首家获该奖项的单位。（徐宏浩 张友伟）

【院士工作站】 2019年，新吴区科学技术局大力发展院士经济，新增省级院士工作站4家，累计建成市级以上院士工作站34家，其中省级以上12家、市级22家，院士工作站总规模位居全市第一。

（张宏生 张友伟）

【外国专家工作室】 2019年，新吴区全区新增获批5家省级外国专家工作室，占全市的42%，列全市第一，推荐申报市级外国专家工作室9家；累计获批15家省级外国专家工作室，14家市级外国专家工作室。

（陆 青 张友伟）

知识产权

【专利】 2019年，新吴区新增专利申请13373件，其中发明专利申请3684件；新增授权专利7540件，其中发明专利授权1113件；新增PCT专利申请148件；累计有效发明专利达到7964件，万人发明专利拥有量达到139.92件，各项专利产出均居全市首位。（黄敢伟）

【知识产权示范园区建设】 2019年，新吴区科学技术局将知识产权示范园区建设列为重点项目，深入推进专利导航物联网产业发展工程，及时完成国家知识产权示范园区年度数据统计、典型案例及工作安排。完成省知识产权示范园区总结自评，初步整理好省知识产权示范园区复核相关材料，推进国家知识产权示范园区复核准备工作。（黄敢伟）

【知识产权保护和专利培育】 2019年，新吴区科学技术局组织申报江苏省2019年度知识产权专项引导资金项目，共审核上报知识产权战略推进计划项目6项，高价值专利培育项目1项，知识产权保护能力提升项目4项。组织申报江苏省国内发明专利资助和PCT专利资助，共审核江苏省专利年费维持和发明专利授权资助3600余件，企业PCT专利申请资助申报10余家，上报小天鹅股份、飞翎电子、海斯凯尔等单位申报2019年度国家专利奖4项，获批优秀奖2项；审核上报江苏省专利奖11项，获批优秀奖3项；完成4家企业2018年度市级专利奖现场审核，其中2家进入金奖答辩，推进专利技术产业化和转化实施。（黄敢伟）

【企业知识产权宣传培训】2019年，新吴区科学技术局组织开展新吴区“4·26”知识产权宣传周系列活动，实施知识产权护航产业高质量发展工程；组织高新技术专利申请专题培训、知识产权贯标专题培训等宣传培训活动近10次，参训人数600余人，提升全区企业知识产权运用管理水平。（黄敢伟）

软件

【产业规模】新吴区是无锡高端软件发展重地，已基本覆盖基础软件、嵌入式系统软件、信息技术服务、信息安全等主要领域。2019年，全区软件产业收入达到964亿元，其中软件产品收入101亿元、信息技术服务收入399亿元，嵌入式系统软件收入462.5亿元，信息安全收入1.5亿元。全区存量软件企业558家，其中列统库企业353家、列统库企业中有高新技术企业175家，江苏省级技术先进型企业9家。（丁　强）

【市场影响】经过多年培育和发展，高端软件在全省和全市的行业地位得得稳固和提升，拥有多盟睿达科技、易视腾科技、朗新科技、文思海辉、恩梯梯数据、邦道科技、无锡睿勤科技、江苏金风软件、江苏税软、中电智恒信息、江苏云工场等一批年营业收入超2亿元的行业龙头企业。2019年，新吴区纯软件企业营业收入超过亿元的有17家，其中多盟睿达科技（中国）有限公司、易视腾科技有限公司、朗新科技股份有限公司主营收入超过10亿元。依托海力士、索尼数字产品、深南电路、夏普电子、希捷科技为代表的嵌入式软件企业，使新吴区嵌入式系统软件仍然具有明显优势，产业集聚效应不断显现，涌现出一批特色鲜明、市场占有率高的产品。永中软件的云办公服务在国内市场占比超过20%，易视腾已与29个省市运营商开展互联网电视业务合作、占据中国移动互联网电视市场份额第一位。2018年，新吴区有央视国际网络有限公司、无锡艾德无线广告有限公司和无锡市不锈钢电子交易中心有限公司入选中国互联网企业百强榜单。2019年，极课大数据人工智能教育实践入选科技部《智能教育创新应用发展报告》，获“2019　年度无锡市准独角兽企业”奖。江苏曼荼罗软件股份有限公司等6家企业入选江苏省2019年大数据优秀产品和应用解决方案，入选数量全市第一。无锡市云惠软件有限公司等2家企业入选江苏省2019年度“腾云驾数”转型升级计划优秀企业上榜企业数占全市50%。其中，无锡市云惠软件有限公司的智慧运维解决方案——医疗运维上榜“融合创新发展案例”名单。江苏金风软件技术有限公司的金风新能源功率控制系统　V5.1等3件软件系统入围第十届无锡市优秀软件产品“飞凤奖”，占全市30%。（丁　强）

【创新能力】新吴区具有良好的软件技术研发基础，在各细分领域拥有一批具备自主知识产权、技术力量雄厚、技术业界领先的企业和研究机构，形成一批在全省、全国拥有较高知名度的本土自主品牌。曼荼罗、北方数据和坦程物联网3家企业在新三板挂牌，芯朋微新三板退市冲刺科创板，朗新科技在创新板上市企业。2019年，朗新科技股份有限公司获“2019年行业信息化领军企业”和“2019年能源互联网行业领军企业”两项大奖，获　2019年中国经济年度企业大奖。文思海辉凭借优质的数字化技术服务能力，获得“2019年中国信息技术年度影响力企业”奖。朗新科技、永中软件、曼荼罗软件、邦道科技通过国家规划布局内重点软件企业备案。多盟睿达科技专注移动智能营销，基于海量数据深度挖掘为客户提供程序化广告、数据营销、代理广告等服务。瀚云科技入选“2019中国新互联网企业·创新互联网企业TOP100”，与抖音、瑞幸咖啡等知名企业同时上榜。江苏新世纪荣获“中国信息技术服务十年成功转型企业”“中国信息技术服务标准（ITSS）十年推广优秀单位”称号。易视腾紧密围绕新电视产业链，专注于新电视平台技术、互联网分发传输技术、智能硬件技术、智能操作系统和应用技术、自然人机交互系统技术、人工智能技术、新媒体大数据等方面研发。新吴区企业主导或参与制订国际、国家和行业相关标准，如江苏新世纪信息科技有限公司参与多项ITSS（信息技术服务标准）标准制订工作，城市云参与云服务级别协议规范和云服务运营通用要求2项标准的制订。无锡（国家）软件园获得国家传感网高技术产业基地、国家广告产业园区等8项国家级品牌以及省互联网产业园等数十项省级荣誉。航天国体软件检测认证中心落户智慧体育产业园。无锡海斯凯尔医学技术有限公司、无锡芯朋微电子股份有限公司、无锡沃格自动化科技股份有限公司、无锡航亚科技股份有限公司、易视腾科技股份有限公司、无锡紫光微电子有限公司和无锡安特源科技股份有限公司入选2018年度江苏省“最具发展潜力科技人才创业企业”。CNTV入选工信部2019年新型信息消费示范项目，系无锡市唯一入选企业。江苏曼荼罗软件股份有限公司、江苏中科西北星信息科技有限公司成功入围全国第三批智慧健康养老示范企业公示名单，数量位列全国市（县）区第一。（丁　强）

【基地建设】江苏省信息技术应用创新生态基地建

设稳步推进，搭建国产基础软硬件产品技术攻关与服务支撑平台，各软硬件厂商陆续入驻，集聚龙芯、申威、深度和中标麒麟等芯片公司和基础软件厂商。无锡（国家）软件园跻身全国软件产业基地十强。艾德思奇荣膺改革开放江苏广告行业突出贡献单位。无锡市不锈钢电子交易中心有限公司、艾德无线、智恒信息入选“江苏省互联网企业50强”。朗新科技被评为“2019中国经济年度企业”。翰云科技跻身2019创新互联网企业TOP100。永中软件荣获“2019行业信息化最具影响力企业”。（丁　强）

大数据（云计算）

【产业发展】 2019年，是新吴区大数据（云计算）产业的“筑基”之年，在产业体制机制基本建成的基础上，首年就成功获批2019年江苏省大数据产业园，成为本次唯一入选的无锡地区产业园，是全省9大省级大数据产业园之一，也系无锡市唯一入选的建制市（县）区。2019年，新吴区大数据产业主营业务收入124.92亿元，同比增长25.12%。存量大数据企业115家，其中24家营收超亿元，3家企业营收超10亿元，分别是多盟睿达、朗新科技和易视腾，5——10亿元企业4家，分别是文思海辉、NTT数据、艾德广告和今日头条。1——5亿元企业17家，规模以上（营收超2000万元）企业63家。全区一家主板上市企业朗新科技，2019年申报销售12.87亿元，增长33.57%。新三板上市企业4家，分别是芯朋微、北方数据、曼荼罗、坦程物联网，总营收为6.21亿元。省独角兽企业2家，分别是曲速教育和易视腾，总营收为13.18亿元。市瞪羚入库企业2家，分别为创新网网络、辰云科技。（严卫中）

【重点企业发展】 2019年新吴区大数据产业链配套齐全，集聚江苏物联网研究发展中心、央视国际、阿里云、朗新科技、希捷国际、盟创网络、当当网、西门子、云脑数据（美国SAS）、中科曙光无锡、和晶科技、NTT数据，以及文思海辉、美林大数据、感知集团、中国电信IDC、中国移动IDC、中国联通IDC等一大批大数据产业重点企业；在数据存储方面，有中国电信无锡国际数据中心、中科曙光无锡城市云计算中心、中国移动（江苏无锡）数据中心、无锡联通云计算中心、恒云太云计算数据中心、XDC+数据中心、天云数据、北方数据等全市90%以上的IDC资源和相关存储企业；在平台支撑方面，有阿里飞凤平台、朗新云和大数据平台、瀚云工业物联网平台、央视舆情分析平台、移动ONENET平台等大数据公共服务平台；在行业数据挖掘分析方面，有美林大数据、朗新科技、曲速极课大数据、美国SAS、江苏税软、曼荼罗、极熵物联、中兴智能交通、中科西北星等，在各自领域均具有很强的创新能力和行业优势的大数据企业。年内，全区24家规模过亿的大数据企业，共实现营收103.86亿元，占115家大数据企业全部营收的84%。其中营收超5亿元企业7家，分别为多盟睿达、朗新科技、易视腾、文思海辉、NTT数据、艾德无线和今日头条，共实现营收68.82亿元，占115家大数据企业全部营收的64.76%，7家企业中，营收最高的为多盟睿达，为17.07亿元。营收增速排名前十的重点企业分别是源石云、泛亚电子、云工场、税软软件、中科光电、邦道科技、多盟睿达、朗新科技、品冠物联、中电智恒。10家企业参与国家（行业）标准制定；1家企业（识凌科技）开发出新技术新产品1项；中科光电和德思普为省级以上专精特新“小巨人”企业；7家企业（朗新、芯朋微、中科光电、曼荼罗、央视国际、中兴智能交通、德思普）为省级以上企业技术中心。（严卫中）

【重点产业项目】 2019年，新吴区大数据类重点产业项目主要包括基于飞凤平台的智慧城市数据采集终端系统：由江苏智慧新吴信息科技有限公司开发，总投资2亿元，采用“神经节网关+各种业务场景下传感器终端+飞凤平台”的方式，全面采集汇总生产生活相关数据，经过分析处理，为政务决策、环保监督、智慧交通等提供数据支撑与决策依据，2019年上半年项目全部完成；“无锡城市互联网”超级App由朗新科技开发，总投资4000万元，面向政务、产业、民生领域，融合城市服务资源，打造“一站式”平台，构建“以人民为中心”新型城市服务体系。2019年完成测试版；美国赛仕生物医药数字化产业基地项目：2019年5月正式签约落地新吴区，将建设SAS在中国内地首个生命科学领域云分析平台，助力中国新药研发。2019年10月，江苏云脑数据正式启动建设该平台，一期规模可容纳50家CRO、药企和研究机构在线使用，3年内将容纳100家药企或CRO公司同步使用，5年内达到容纳200家以上生物医药企业同时使用。建了近10人的生命科学分析平台团队，完成基于PaaS的生命科学分析SaaS平台雏形；易企银企业贷后监管平台：由云脑数据开发，总投资3100万元，致力于消除其中因信息不对称等问题导致的贷款困镜。易企银平台创新性的以物联网、大数据模型算法、人工智能等先进技术为支撑，采集企业的生产用电、用水、生产线开机时间、人流量、环境参数等信息，通过边缘计算模型，得出企业的日常运营景气趋势，以流数据的方式通过物联网传递给分析平台，再汇入企业的月纳税，用工等信息，结合企业的账务金融数据，给金融机构提供了完整的企业画像。项目涉及的核心技术为云脑数据技术团队研发，2019年已形成发明专利3项，软件著作权10项。2019年末，平台上线企业30多家，签订合同金额50多万元，2.0版本2020年3月推出；基于大数据融合的智慧健康养老服务云平台：由中科西北星开发，总投资3000万元，该平台应用云计算、物联网、大数据技术，依托公司自主研发的数据融合平台，使用数据融合技术，使得医疗服务、养老服务、监管服务的数据互联互通，形成统一的业务及数据平台，并通过将养老数据的建模形成养老业务领域的知识图谱，进一步提升养老数据价值。该平台主要针对不同的养老服务机构及养老监管机构、居家养老服务机构、第三方养老评估机构等，提供养老业务的信息化管理、智能化服务及智慧化监管。2019年，平台已经在无锡市、潜江市、寿光市、盘龙区、官渡区等9个城市和地区全面覆盖，在全国43个城市有项目应用，取得了良好的应用效果；极课大数据：为曲速教育旗下品牌，是国内领先的K12阶段大数据精准教学服务平台。其自主研发的EI教育智能系统，基于学习过程的动态化数据采集和智能分析，有效实现个性化教学管理及数据智能驱动的精准教学。2019年，极课大数据人工智能教育实践入选科技部《智能教育创新应用发展报告》；央视国际网络视频数据库平台：央视国际网络基于大数据挖掘应用的网络视频数据库大数据平台项目，获得“2019年数博会领先科技成果奖——新产品奖”，并被列入国家级社会化科学奖励目录。同时，该项目入选工信部2019年新型信息消费示范项目。（严卫中）

【重点平台建设】 2019年新吴区大数据重点平台建设项目主要包括大数据算法与分析技术国家工程实验室无锡融合大数据创新中心：2019年落户新吴区，积极展开大数据人才培训和高端人才引进以及产学研等工作。已举办两次大数据应用人才培训班，230余人参加。在产学研方面，中心围绕大数据算法和人工智能应用，以机器视觉和智能机器人作为落地应用，积极与无锡企事业单位对接，2019年积极推动与航亚科技和华光锅炉的应用合作。2019年，中心已提交专利申请5项，软著5项，大数据算法10个；无锡市工业互联网发展联盟：2018年成立，现有会员单位66家。联盟由理事长单位瀚云科技负责日常运营，办公场地位于国家软件园。2019年，联盟累计投入经费24万余元，围绕调研、活动、宣传、生态运营等4个方向开展工作，累计走访企业106家，编撰形成了无锡工业互联网能力库；组织和参与论坛沙龙活动12次，如新吴区工业互联网高峰论坛、5G与工业互联网论坛等活动均由联盟参与协办；配合新吴区“产业唤醒”计划进行相关政策宣传，推动了无锡前洲工业互联网平台，新吴区智慧农业平台等重要项目的落地。在生态运营方面，联盟持续为会员单位开展宣传及业务对接，尤其在推动产学研方面有所建树，与无锡物联网创新促进中心、韩国湖西大学等科研单位进行了相关合作；XSOM 设备健康管理工业互联网平台：由观为监测自主研发，是以设备健康监测为核心的全生命周期设备运维管理的垂直工业互联网平台。其融合全球最为先进的视觉增强影像技术、在线振动、油液分析与故障预测技术等工业监测技术和先进的人工智能和大数据技术，为每台设备建立健康指数雷达图和全生命周期健康管理。基于XSOM工业互联网平台的设备健康管理及服务产业化解决方案，已经在风力发电、石油化工、水泥建材、智慧城市等行业获得龙头企业的广泛认可。2019年，平台已经集聚大型生产制造型企业790余家，包括世界500强外资企业60余家。平台累计已接入105000余测量点，累计出具诊断报告90000余份，管理用户资产价值超过500亿元；瀚云HanClouds工业互联网平台及SaaS云服务平台：2018年7月开始运营，是朗新科技子公司瀚云科技的核心产品。平台面向制造业数字化、网络化、智能化需求，聚焦泛在连接、云化服务、知识累积和应用创新的工业互联网平台四大能力，构建基于海量工业数据采集、汇聚、分析的产品服务体系，致力于打造价值领先的工业互联网平台。2019年该平台已接入企业3800多家，连接活跃设备1560余万台，分布在不同行业和领域，充当着企业的数字大脑，实时采集每一台连接设备上的数据并进行分析，为后续的节能决策、运行情况跟踪评估、生产工艺与产品质量提升、设备维护与改造升级提供了重要的数据支持。在2019工业互联网峰会上，瀚云工业互联网平台获四星级认定（江苏省四星级认定仅有四家），并且基于该平台的远程运维管理应用，获评2018年工业互联网优秀应用案例；极熵动力设备智能服务（DbPE-CPS）云平台：2017年7月开始运营，2018年入选《国家制造业与互联网融合发展试点示范》。极熵物联是国内工业互联网领域的先行者，国家智能制造、工业互联网标准起草单位。平台聚焦高能耗、通用性强、优化价值潜力高的动力设备，采用即插即用的服务模式，以快速见效为目标，实现从物理设备层接入到通讯装备，到云平台、大数据应用的端到端集成。平台重点围绕空压机、锅炉等通用动力设备，基于平台开展运行监测、能效分析优化等服务。2019年，平台已聚集飞利浦、海尔、长安汽车等一大批知名用户，覆盖全国25个省市。依据平台用能单耗计算，对比平台使用前后客户平均节能率达15.2%，最高节能率达29.4%。（严卫中）

【数据中心建设】 2019年，新吴区的数据中心建设项目主要包括恒云太XDC+国际数据中心：2019年已在华东建成三座超大型高标准数据中心，并通过国际权威数据中心认证机构Uptime认证的T4设计和T4建造认证，为2019年国内最高建造标准。公司依托三座高等级数据中心、优质的网络传输以及专业的运维服务能力，为企业上云、生产智能化、管理信息化等企业IT升级战略规划提供整套基础设施解决方案，主要服务包括服务器托管、互联网带宽、国内国际专线传输、组网方案、私有云建设、混合云建设、云平台搭建、机房建设和改造等互联网基础设施服务。2019年已服务知名互联网公司、金融公司、银行业、AI行业、龙头等标杆企业，代表了国际领先的基础设施建设和服务水平。天云数据中心：2015年成立，经过4年的发展，公司已成为国内首家商品化集装箱式数据中心设施提供商、首家全系列云计算数据中心基础设施提供商，为全球领先的云计算公司建设巨型数据中心，公司主要客户群是美国亚马逊公司、苹果公司、腾讯公司、美团公司、联通公司、深特发公司、中昌公司等世界领先的互联网企业、通讯集团。2017年，公司完成国家高新技术企业认定，2018年完成A轮融资后，估值7亿元。2019年，公司累计销售额约7亿元。珍岛数字生态服务平台：主要承载公司SaaS智能营销云平台（71360.com）项目，落地71360平台企业服务解决方案，现已投资筹建800平方米自有机房，服务器已经到位300多组，整个投入3000万元，后续会继续增加基础设施投入，2019年已经服务无锡公司近3000家，后续会持续在服务无锡企业上云服务上继续深耕，投资开发新的产品及应用来解决客服的更多上云需求，如近期上线的针对无锡企业开拓海外市场的海外版本等。中科曙光无锡城市云计算中心：2011年成立，实到注册资金1亿元，已完成投资4亿元，是无锡市电子政务云服务供应商。自2014年起，为无锡市30多个委办局的100多个业务系统提供了云计算服务。云计算平台大量使用具有自主知识产权的设备和技术，国产设备的使用率超过90%，远高于国内同类云计算中心，有效保障了云计算服务的“自主、安全、可控”。作为全国首批5个云计算试点城市之一，创新性地提出了“城市云”模式，负责“城市云”的建设和运营，政府和企业通过购买服务的方式构建信息化系统，相对于传统自建机房的信息化模式更加快捷、高效，资源利用效率更高。同时，中心也是国家云计算示范工程项目承担单位，也是江苏省重大科技成果转化项目承担单位，2019年入选中共中央网信办发布的“通过云计算服务安全评估的云平台”名单，安全能力级别均被评定为“增强”。 （严卫中）

【2家企业入围全国第三批智慧健康养老示范企业】 2019年12月16日，工业和信息化部、民政部、国家卫生健康委员会公布第三批智慧健康养老示范企业名单，全国共有38家企业入围，其中江苏省共入围3家，江苏曼荼罗软件股份有限公司、江苏中科西北星信息科技有限公司成功入围，成为该次无锡市入围的2家企业，使新吴区与北京市海淀区一起共同成为全国入围数量最多的市（县）区。 （严卫中）

【智慧城市建设案例和解决方案项目入选】 2019中国（国际）新型智慧城市建设发展峰会在无锡成功举办，无锡市新型智慧城市十大优秀解决方案和百优案例发布，无锡连续9年在中国智慧城市发展水平评估中位列第一方阵。其中，新吴区共有无锡一米网络有限公司、江苏中科西北星信息科技有限公司等18家企业（单位）的19个项目入选无锡市新型智慧城市建设百优案例；无锡启明星辰信息安全技术有限公司、无锡淘金智能科技有限公司、朗新科技股份有限公司等5家企业的4个项目入选十大优秀解决方案。 （严卫中）

【“大数据科技园区”项目签约】 2019年9月8日，2019中国大数据创新发展论坛在锡成功举办，无锡五个大数据产业园项目相继签约和启动建设，其中，投资30亿元的北控集团子公司北京北控智科能源互联网有限公司“大数据科技园区”项目位于新吴区硕放街道，成立北控物联网科技（无锡）有限公司和无锡空港大数据产业园发展有限公司，承担后期运营和建设园区。 （严卫中）

2月20日，北京北控“大数据科技园区”项目签约仪式 （北控大数据科技园 供稿）

【知名IT企业在锡设立科技创新中心】 2019年，大数据算法与分析技术国家工程实验室无锡融创中心落户新吴区，华为公司、美林数据等一批IT企业在锡设立大数据、云计算等领域的科技创新中心。无锡大数据融创中心开办两期培训班，围绕大数据算法与人工智能应用，以机器视觉和智能机器人作为落地应用，与无锡市企事业单位对接，截至2019年年底，中心提交专利申请5项，软著5项，大数据算法10个，创新驱动战略取得成果。（严卫中）

【美国赛仕生物医药数字化产业基地项目签约】 2019年5月24日，美国赛仕生物医药数字化产业基地项目签约仪式在市民中心举行。产业基地规划建设一个SaaS生物医药大数据云分析平台，第一期规模容纳50家CRO、药企和研究机构在线使用，3年内容纳100家药企或CRO公司同步使用，5年内达到容纳200家以上生物医药企业同时使用。（严卫中）

【新型信息消费示范项目央视国际入选】 2019年8月，工信部公布2019年新型信息消费示范项目名单，新吴区重点企业央视国际网络无锡有限公司的“网络视频数据库平台”项目入选，为无锡市唯一入选项目。江苏省共有6家企业入围。（严卫中）

无锡物联网产业研究院

教　育

综述

【概况】 2019年，新吴区有独立设置的中小学、幼儿园82所，其中初中7所、小学18所、九年一贯制学校2所、特殊教育学校1所、公(民)办幼儿园54所，还有义务教育民办学校2所，国际学校4所，在校(园)学生7.6万人、教职工6783人。成人教育阶段有区社区学院1所、街道社区教育中心(成教中心)6所，区老年大学1所。驻区学校主要有无锡科技职业学院、东南大学无锡分校、江苏省梅村高级中学、无锡市第三高级中学、无锡机电高等职业技术学校、无锡卫生高等职业学校、无锡行知科技学校、无锡园林技工学校、无锡科园技工学校、无锡市大桥实验中学、无锡市吴风实验学校等，在校学生约3万余人。（程明海）

【教育资源布局】 对照《无锡市新吴区基础教育设施提升三年行动计划(2018——2020年)》，2019年，新吴区全年完成学校建设工程投资15亿元，推进16个中小学建设项目，其中春阳实验小学、春星小学、春城实验小学、坊前实验小学、南丰小学、后宅中学、梅里中学二期、特殊教育学校8个建设项目顺利完工，泰伯实验学校初中部、高浪小学、梅里实验小学、新吴实验中学、丽景实验小学、南星小学、新吴实验小学、旺庄中学8个建设项目加快推进，新建续建幼儿园项目7个，规模全市第一，累计增加学位1万余个；新开办幼儿园2所，全区公办幼儿园和非营利性民办幼儿园实现区域全覆盖；区特殊教育学校、新吴实验小学、春阳实验小学和金桥外国语学校相继开办，锡师附小联盟校合作办学初现成效，海力士学校正式落地，建成18个融合教育资源中心，区域教育更加丰富多元，满足辖区内生源多样化的发展需求。（朱春伟）

【教育经费投入】 2019年，新吴区国家财政性教育经费投入14.37亿元，比2018年增长18.96%，全区财政教育经费投入呈加速增长态势。2019年，全社会教育投入16.54亿元，比2018年增长13.99%，全社会教育投入大幅提高。

表6　2017——2019年新吴区教育经费投入情况一览表　(单位:亿元)

	2017年	2018年	2019年
全社会全教育总投入	10.89	14.51	16.54
1. 国家财政性教育经费	9.11	12.08	14.37
1.1 一般公共预算安排的教育经费	8.48	9.92	11.18
1.2 其他一般公共预算安排的教育经费	0.63	2.16	3.19
2. 民办学校举办者投入	0.01	0.03	0.04
3. 捐赠收入	0	0	
4. 事业收入	1.75	2.33	2.03
4.1 学费收入	1.66	2.03	2.01
5. 其他教育经费	0.02	0.07	0.09

（张志宇）

【教育体制改革】 2019年，新吴区教育局相继出台《关于全面深化新时代教师队伍建设改革的实施意见》《关于印发新吴区优质教育发展共同体“三优工程”实施办法（2019—2022）的通知》《关于印发新吴区中小学生课后服务工作实施方案（试行）的通知》等10个改革配套文件，全面推进教育领域综合改革，充分释放教育发展活力。4月10日，召开全区教育大会，在全市率先落实义务教育“以区为主”管理体制，将全区中小学全部收归区级统一管理，打破条块分割壁垒，实现学校建设标准、经费保障力度、教育装备水平、师资力量配置、校级领导任免、教学业务管理等“六个统一”，解决街道教育投入不均衡的问题。在全市率先开展学校中层干部“区管校聘”区级竞岗工作，推动中层干部交流轮岗和年轻干部培养，重点选拔优秀青年教师走上学校管理岗位，优化全区中小学中层干部年龄结构。深化教育便民改革，在区内全面推开中小学生课后延时服务，共2099名学生和118名教师参与，相关做法被无锡电视台专题报道，得到家长和社会的认可。

（程明海）

【教育教学质量】 2019年，新吴区教育局推进学校内涵建设，实施中小学品格建设工程，打造校园文化、班级文化，做强德育“至德”品牌，梅里中学品格提升工程项目作为全市推荐的七个项目之一参加省级答辩，江溪小学“江南燕”德育品牌，被江苏教育报报道。规范有序推进课题工作，全区共有23个省规划课题、38个市规划课题，以及部分省市陶研会、学会课题，全面达到一校一课题“布点”目标。深化“体艺211项目”和体教融合“市队校办”项目建设，落实“一校一品”，办好“一节一会”。梅村实验小学获得全国青少年棒球锦标赛九连冠，南丰小学参加第二届全国青年运动会跆拳道比赛获得金牌1枚，春城实验小学获得江苏省“省长杯”女足比赛第二名，后宅中心小学被评为全国青少年校园篮球特色学校，高浪小学、江溪小学、硕放实验小学被评为全国青少年校园足球特色学校。全面推进幼儿教育课程游戏化建设，新吴区“构建教研共同体推进区域内涵”课题被无锡市纳入推进课程游戏化建设项目名单，14篇课程游戏化案例获评市级一、二、三等奖；2019年新增省优质幼儿园4所，省、市优质幼儿园创建比例达96%。

（程明海）

【教育人才引育】 2019年，全年共组织开展校园招聘、公开招聘、骨干招聘等共7次，新招聘教师240人，同比增长33.3%，数量居全市前列；实施“3551”人才计划，招聘引进江苏省正高级、特级教师2人，区新秀以上和市级赛课获奖的骨干教师16人，高层次人才引进在全市占比40%。为新入职教师量身定制了14个主题80个学时的“新吴区新教师成长营暨岗前岗位培训”；以特级教师为主，强化典型示范，新增市级培育站2个，市、区名师工作室达到18个；选派17名干部赴上海华东模范中学、教科院实验小学等名校开展研修学习，选派15名干部赴锡师附小、连元街小学交流培养，优选9名中层以上干部到新吴区教育局挂职锻炼；以“新素养新课堂”为主题，开展优质课评比、基本功比赛、教研论坛等教研活动200多场次。全年培育区新秀以上骨干教师425人，教师队伍整体水平稳步提升，全年参加各级各类赛课比赛，获得市级奖项200余人，省级以上奖项20余人，新安中学顾孝华被评为“全国优秀教师”称号。

（程明海）

【民办教育扶持】 2019年，依据《新吴区民办教育贡献奖奖励办法》，设立民办教育专项奖补资金，加大财政扶持力度，累计发放民办教育奖补资金200余万元，促进民办教育健康有序发展。（程明海）

【平安校园建设】 2019年，新吴区重视健全安全管理长效机制，新增校园微型消防站26个，高清视频监控2874个，访客通84套，全年总投入约2055万元；加大安全督查检查力度，全年开展联合检查5次，深入开展各类专项行动，完成扫黑除恶专项斗争、安全隐患大排查大整治、校园安全集中整治等各项任务，启用“省安全风险管控平台”、“阳光食堂智慧监管平台”，提升安全管理效能；加强安全教育培训，全区学校共开展应急演练321次，安全教育平台使用率在全市排名第1，师生自护能力明显提升。2019年，全区新增“市平安校园示范校”10所，区教育系统未发生严重安全稳定责任事故。（鲁剑锋）

【校园食堂专项整治】 2019年，新吴区教育局成立以局主要领导为组长的专项工作领导小组，在全区推行食堂管理校（园）长负责制，进一步明确责任分工、细化工作流程、落实问责机制，推进中小学及幼儿园食堂规范化建设。开展专项检查督查，先后7次召开食堂专项治理工作会议，组建6个督查组，督查率达到100%。科学规范运行管理，结合“无锡市平安校园示范校”“健康促进学校”和学校食堂“五常管理”等创建工作，全面完成“明厨亮灶”改造工程，实行食堂工作透明化；大力推行网络化管理模式，积极配合省、市搞好“阳光食堂信息化监管平台”的运行管理，提高管理监督效能，学校食堂量化等级良好率100%，梅里中学、南星小学食堂被评为江苏省餐饮质量安全示范食堂；推进学校食堂治理改革，实现公办幼儿园和义务教育学校食堂食材集中采购配送，12家原外包食堂全部清理转为自办；强力推行“食责险”,实现了区域全覆盖。持续强化执纪监管,印发《廉政风险防控手册》《巡查学校工作细则》《书记约谈制度》等文件,根据市级要求推行大宗食材集中采购配送;成立新吴区学校食堂后勤服务团,坚持线上线下融合,推动多部门、家长及社会协同监管,确保校园食堂管理工作的规范化、精细化和科学化,不断提升广大师生家长的满意度与参与度。(程明海)

【党建引领】 2019年,新吴区开展教育系统“不忘初心、牢记使命”主题教育,成立6个巡回指导组,推动开展学习教育活动100多场,创新党建阵地载体,推动挂牌成立全市教育系统首家“无锡市基层党建工作指导站”,组织参观学习、党群活动20多次,服务区内外党员群众超过1000人次。建立“月访”“季评”“年考”制度,通过规范开展党支部“三会一课”、统一开展主题党日“火炬行动”、编印《发展党员工作指南》系列手册和开展“杏坛党务”业务培训等形式,全面提升学校党务工作水平,旺庄实验小学等5所学校获评全市标准化规范化建设先进基层党组织。实施“双培养”计划,提高党员发展质量,全年发展新党员14名。大力开展党员教师“亮身份、亮承诺、亮职责,争当教书育人先锋”的“三亮一争”活动,评选表彰优秀党员、优秀党务工作者85人,新区第一实验学校支部书记丁强荣获中组部表彰,“红色引擎”推动教师队伍建设成效日益彰显。 (程明海)

【群团工作】 2019年,新吴区教育局深化共青团、少先队改革,以庆祝“少先队建队70周年”为契机,积极开展区级建队节活动,促进少先队专业化建设,开展少先队月观摩活动、“五专五到位”专项整治活动、第四届辅导员风采展示活动,其中梅村实验小学杜怡老师获得省少先队辅导员技能大赛基本理论测试特等奖、活动案例展示二等奖。 (王维华)

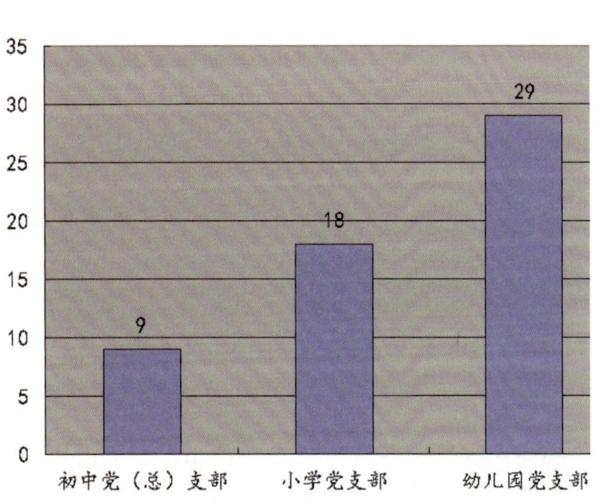

图5 新吴区学校党组织数量图

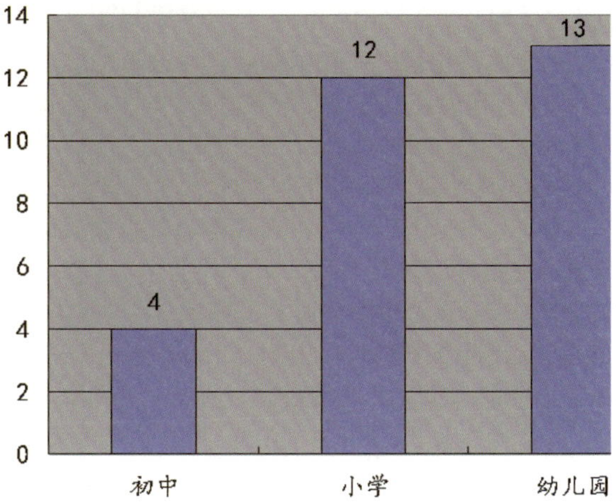

图6 新吴区平安校园示范学校数量图

(万晨洁)

基础教育

【概况】 2019年,新吴区教育事业规模有序扩大。区义务教育学校共30所,其中公办学校28所、民办学校2所;九年一贯制学校4所(含2所民办学校),中学7所,小学18所,特殊教育学校1所。中学在校生12274人,其中非户籍学生数为6575人,占53.57%;小学在校生40990人,其中非户籍学生数为22122人,占53.97%;特殊教育学校34人,义务教育阶段在校生共计53298人。全区在园幼儿数共计21697名,其中公办幼儿园在园幼儿数11956名,民办幼儿园在园幼儿数9741名,在公办和普惠性民办幼儿园就读的幼儿数18763名,占总数的86.5%。中小学按照《江苏省义务教育学校标准化建设》要求,持续推进优质均衡发展。 (杨丽娜 浦晓玲)

【学前教育】 2019年,新吴区教育局坚持优质普惠发展,出台实施《新吴区学前教育管理办法》《关于加快推进学前教育优质普惠发展的实施意见》,建立健全公办幼儿园为主、提供普惠服务的非营利性民办幼儿园为辅、营利性民办幼儿园为补充的学前教育体制,完善公办园机构编制管理、干部教师管理以及新建小区配套幼儿园管理等制度,截至2019年年底,新吴区各类幼儿园共计54所(公办29所,占比53.7%;民办25所,其中普惠性民办园16所,占比29.6%);公办和普惠性民办园数量占幼儿园总数的83.3%。全区省、市优质园分别有31所和17所,2019年下半年创建的4所幼儿园已通过省优质园现场评估。积极研究公办园人员编制备案管理实施办法,完成公办幼儿园独立设置和骨干教师招聘,优化教师队伍,提

高办园水平和科学保教质量，推进全区学前教育普及普惠安全优质发展。（浦晓玲）

【义务教育】 2019年，新吴区教育局深入贯彻落实《新吴区初中教学质量提升工程三年行动指导意见》《新吴区小学教育改革创新内涵发展实施意见》要求，加强对中小学的教学指导和质量监控，新吴区在省教育现代化监测得分为94.096分，位列全市第2。区义务教育学校标准化建设推进步伐加快，监测基本达标比例100%，较2018年增长6.25%，增长幅度居全市第一。有序推进全国义务教育优质均衡发展县（市、区）创建工作，制定《〈县域义务教育优质均衡发展督导评估办法〉实施方案》《新吴区优质均衡发展创建工作方案》，完成全区各项评估指标达成情况的数据上报，接受了省教育厅领导对新吴区义务教育优质均衡发展的专项调研。启动实施义务教育学校标准化班额办学行动计划，以学校为单位，以省定标准班额为标杆，稳步推动《消除大班额、大校额工作方案》落实；2019年年底，全区30所义务教育学校已消除56人以上大班额情况，小学一年级和初一标准化班额达到100%。以"体教结合""一校一品"建设为抓手，全面提高青少年身体素质，培育青少年体育特长，实现"人人有体育项目，班班有体育活动，校校有体育特色"的工作目标。2019年，南丰小学的空手道与市体育运动学校签署"市队校办"合作协议，在江苏省组织的跆拳道、空手道等多项赛事中均获得冠军，新洲小学、后宅中心小学、梅村实验小学在2019年中国（无锡）青少年啦啦操精英赛中获得多项组别团体冠军，旺庄实验小学、硕放实验小学创成江苏省羽毛球特色学校。全面实施素质教育，促进学生德智体美劳综合素质全面提升，在全国中小学生绘画书法作品比赛、第三届"友城绘"江苏省青少年国际绘画展、无锡市小学生现场纸工比赛等活动中获得一等奖50余人次、二等奖100人次；举办区中小学生"百灵鸟"文艺汇演，参加市"三独"比赛获10个一等奖、21个二等

召开义务教育优质均衡发展座谈会 （万晨洁 摄）

11月14日，区教育系统考察团一行15人，赴浙江海盐县学习全国义务教育优质均衡发展创建工作经验

（万晨洁 摄）

奖和17个三等奖；参加无锡市新市民学校（子女）才艺展示活动获得2金、3银，参加省中小学实验教学说课比赛获二等奖，参加无锡市基础教育青年教师教学基本功大赛获一等奖。（刘 芸 宋远凤）

【特殊教育】 2019年，新吴区残疾适龄儿童零失学，享受15年免费教育的比例达到100%。特殊教育保障得到强化，对全区103名残疾学生发放慈善助学金20.4万元，对区外特殊教育学校发放公用经费补助22.5万元，对全区95名残疾学生及残疾人家庭子女发放奖助学金13.05万元。加强随班就读学校专业社工入校指导工作，对重度残疾学生开展送教上门，及时完成学籍录入。2019年4月，区教育局与民政、残联联合出台《关于加强新吴区普通学校融合教育资源中心建设的实施意见》（锡新教〔2019〕38号），全面加强新吴区普通学校融合教育资源中心建设，截至2019年，全区融合教育资源实现各街道、各学段全覆盖，为全面提高区域融合教育质量水平提供基础保证。全年共创建资源教室23个，14所学校成功申报无锡市融合教育资源中心合格校，2所学校成功申报首批融合教育示范校。（浦晓玲）

【教育信息化】 2019年，新吴区教育局制定出台《新吴区智慧教育极课大数据项目实施意见》，推动实施教育信息化2.0战略，构建"互联网+教育"大平台，推进智慧校园建设，20所学校成功创建市"智慧校园"；2019年9月，开始在全区中小学全面推广极课大数据，启动书香校园校校通工程，推动建立完善智能访客系统、智能办公室、智慧"一卡通"等智慧工程，充分利用大数据和人工智能的优势，为学生个性化教学、教师智能化办公和学校精细化管理带来更多便捷和高效，促进全区义务教育优质均衡发展；打造鸿山物联网示范校，鸿山实验小学智慧校园建设经验被《中国教育

报》刊登转发，在省内外享有一定知名度。推进“名师空中课堂”建设，在2019年“一师一优课、一课一名师”活动中，新吴区共获部级“优课”1节、省级“优课”3节、市级“优课”51节，区教师发展中心获得2019年市级优秀组织奖；新吴实验中学王藜洁执教课程点击量全省第一，梅里中学张增光被评为江苏省网络名师。以“智慧校园”建设为手段，通过区创客节、教师技能大赛、学校绩效考核和各学科学生竞赛的方法，不断优化教学方式，提升教育信息化、智能化水平，推动教育内涵发展；区内学生参加无锡市校园创客大赛，获得一等奖3个、二等奖14个、三等奖35个，团体奖8个，10名教师被评为“优秀指导老师”；参加机器人竞赛、物联网传感创意设计大赛获得11类30余个奖项；各学科老师在无锡市教师信息化优质课例比赛中获奖达22人。梅村实验小学被评为江苏省青少年科技教育先进学校；春星小学王伟获评江苏省优秀青少年科技校长奖。（程明海　张志刚）

2018年12月18日，鸿山实验小学智慧课堂课例展示

（唐　雯　摄）

【招生工作】2019年，新吴区在全市率先探索启用区级义务教育网上招生平台，努力做到“让群众少跑腿，让数据多跑路”，建立人社、规划、公安、教育等职能部门入学条件联审机制，形成区、街、校三级联动工作网络，2019年，全区共完成招生12953人，其中初中生8245人、小学生4674人、特殊教育学生34人，招生工作总体平稳有序。（杨丽娜）

职业教育与社会教育

【概况】新吴区域内有无锡机电高等职业技术学校、无锡卫生高等职业学校两所中等职业技术学校，均为驻区学校，在校学生10315人，教职工734人，专职教师630人。全区有社区学院1所，街道社区教育中心6所，各社区均建立社区居民学校，通过项目化推进、品牌化发展、全域性覆盖、课题化研究推进社区教育工作，以创促建、以评促优，社区教育工作再上一个新台阶。新吴区被中国成人教育协会评为“2018年全民终身学习周优秀组织单位”，新吴区社区学院办学成果作为典型案例被写入《2019中国高等职业教育质量年度报告》。（华维洁）

【社区教育】2019年，新吴区共创建6所省级标准化居民学校，全区省级标准化居民学校创建率达100%。鸿山街道“吴文化游学”项目已建成，成为“江苏省游学基地”首批、首家通过论证的游学项目。各街道相继开发、完成街道特色的社区教育视频和读本，其中梅荆花苑三社区“‘聚光灯’新市民家庭社区融入项目”获2019年市级“社区教育品牌项目”；“幸福宜居新安垃圾分类先行”获2019年“江苏省社会教育品牌案例”。深挖社区教育素材，总结社区教育经验，2019年，申报省社指中心立项课题4项，其中重点课题2项，资金资助课题1项；中国成人教育协会社区教育专业委员会立项课题3项，其中重点课题1项；新吴区社区教育开展3项评比活动，其中35篇论文、10个品牌项目、12个特色课程分别获奖。2019年新吴区社区教育管理者培训班在浙江大学继续教育学院举办，邀请社区教育界的各地专家进行讲座，启迪学员们的工作思路、开阔工作视野、提升工作能力。以“推动全民终身学习　服务新吴高质量发展”为主题的全民终身学习活动周，在全区开展系列终身教育宣传展示和学习培训活动200余项。（华维洁）

【民办教育】2019年，新吴区共有84家获得办学许可证的民办教育机构，其中25家民办幼儿园（含普惠性民办幼儿园16家）、2家民办中小学校、57家校外培训机构。对全区民办学校进行年检及规范办学评估，实施等级奖励。成立新吴区整治校外培训机构联席会议制度，设置联席会议办公室在教育局，集中开展全区校外培训机构专项治理，出台《关于对校外培训机构实行分类管理的通知》，完善“全国校外培训机构管理服务平台”和“江苏省中小学生校外培训机构管理服务平台”信息数据，公布校外培训机构白名单，加强分类管理、联合管理，全年取缔无证幼儿园20家，整改取缔培训机构9家，进一步加强民办教育培训市场规范管理。（杨春峰）

高等教育

【概况】新吴区建有两所高校——东南大学无锡分校和无锡科技职业学院。东南大学无锡分校是原国

家教委批准的首批重点大学分校之一，是东南大学和无锡市合作共建的高层次人才培养和科技创新基地。校址位于新吴区国家传感网大学科技园内，占地面积200亩。2009年分校将集成电路国家人才培养基地引入无锡，推进了无锡分校研究生规模化培养，并形成以本科生教育和研究生教育并重，逐步向研究生教育为主发展的格局。东南大学无锡分校坚持“培育和建设相结合”，有步骤、有计划地组织各类科研平台建设。已建成无锡市生物芯片重点实验室，国家专用集成电路系统工程技术研究中心（无锡），东南大学传感网技术研究中心、无锡太湖水环境工程研究中心等，获批“江苏省传感网技术重点实验室”“传感网技术教育部工程研究中心”。无锡科技职业学院是江苏省首家由国家级高新技术开发区举办的公办高职院校、江苏省示范性高职院校。学校设有7个二级院部，共设置33个专业。建有校内实践基地40个、校外实训基地208家。学校占地面积391亩，建筑面积22.87万平方米，图书馆收藏63万册印刷型文献和100万册电子型、数字型文献信息资源。学校现有校内外专兼职教师539人，专任教师中具有硕士及以上学位比例为70.4%，具有高级职称比例为37.64%，“双师”素质比例为86.21%。现有全日制在校生近7200余名。（田　甜　江　璐）

【东南大学无锡分校校区建设】 2019年，东南大学无锡分校按照“高端化、国际化、本土化、特色化”的办学思路，为异地办学开创新局面，取得新突破。2019年1月9日，东南大学与无锡市人民政府共同签署《东南大学无锡国际校区建设和使用协议》，为学校新增近500亩办学用地，3月，无锡国际校区建设正式立项启动。根据市校合作相关协议，无锡地方政府将投资20亿元建设国际校区办学用房及设施、基础教学科研实验室及若干科研载体，并提供日常运行经费、人才培养补贴、人才引进支持经费等。加强人才及教科研载体建设，2019年协助国家示范性微电子学院引进高层次人才9人。重大教学科研载体建设有序推进，启动微纳加工与测试公共服务平台建设，其中设备投资6亿元；完成高端芯片与微信息系统联合创新中心建设方案论证，该中心对标世界最顶尖微电子中心IMEC，设备投入1.89亿元；两个平台将一体化建设，覆盖微电子全产业链，为培养我国集成电路产业领域急需的领军人才，解决“卡脖子”问题提供强有力的支撑。人才培养与产教融合办学成效不断提升，完成具有异地办学特色的2018级本科生“2+2”培养模式方案修订，2019届本科生深造率超60%；年内申请国内发明申请74件，授权14　件；学生累计在各类国家级学科竞赛中获一、二、三等奖共94人次，竞赛参与率和获奖率均位居全校前列。国际合作办学开启新篇章，与世界一流大学鲁汶大学的合作办学项目，东南大学—鲁汶大学国际实验班（无锡）首批48名学生于2019年9月正式入学；12月，市校正式签署《无锡市人民政府东南大学支持建设东南大学—鲁汶大学联合学院协议》。（江　璐）

【无锡科技职业学院区校一体发展】 2019年，无锡科技职业学院成立高新区高职教育研究院和服务新区办公室，出台《服务高新区三年行动计划（2019——2021年）》，在人力资源供给、科技服务、社区服务和文化服务方面系统对接高新区需求。打造人工智能、物联网技术、智能制造、新商科、文化旅游、数字艺术6个专业群，区校一体化办学路径更加明晰。

无锡科技职业学院校园风光

（无锡科技职业学院　供稿）

学院全面落实“以学生为中心”的人才培养观，全额资助首批20名学生赴台湾龙华科技大学研修。设立新生报到日、开学典礼日、校友日、毕业日，发挥重要时间节点的仪式文化育人功能；创新开设新年德育课，成功举办3次校长早餐会，为学生解决实际问题60余个；评选2019届毕业生“校长奖章”获得者10名、提名奖10名，选举“校长助理”，提升学生参与学校民主管理的意识和能力；创新举办开学初升旗仪式、开学典礼、毕业典礼，深入开展学生工作基础月活动，实现资助体系全覆盖，发放各类助学金194.04万元。加强和改进大学生思想政治教育，把思政课作为“核心课程”，探索“思政课程”向“课程思政”的转变，思政工作案例入选“2019高职院校网络思政工作创新示范案例”50强；学校官微在2018——2019年全国微信公众号综合影响力排名中进入前30强，列江苏第一、全国第28位；质量工程成果丰硕，“智能新能源汽车”职业技能等级证书成功入选教育部首批“1+X”证书制度试点，“工业机器人操作与运维”“云计算平台运维与开发”证书相继入选；移动互联应用技术专业通过省级A类品牌专业项目验收；软件技术、云计算技术与应用立项省服务外包类专业嵌入式人才培养项目；会展策划与管理专业承建国家级资源库《会展市场调查》和《企业年会实务》两门课程项目建设；动漫设计专业立项无锡市现代化品牌专业；获评国家级精品在线开放课程1门，立项省在线开放课程10门、市级精品课程立项6门。立项省教改重点课题1项、一般课题4项。立项省重点教材2本、立项无锡市现代学徒制项目2项。“智能制造应用中心”立项省高职院校工程技术研究开发中心。横向经费到账321.23万元；纵向省级以上科研项目57项，其中，教育部人文社会科学研究项目1项、省自然基金项目1项、省软科学研究项目1项；公开发表论文228篇，其中核心论文22篇；授权专利19项，其中发明专利5项，位列江苏省高职院校第27位，专利转化9项，位列江苏省高职院校第8位。产教融合富有成效。学校荣获2019年度中国产学研合作促进奖；“智能汽车产教融合集成平台”申获省产教融合集成平台培育项目；中国（无锡）跨境电子商务综合试验区人才培养基地落户学校，成为无锡第一家跨境电子商务人才培养基地，无锡市大数据人才培养实训基地、民建无锡产学研合作基地在学校顺利揭牌。全年新增校企合作项目60个，实现每个二级学院对接5个新吴区高度紧密型企业，获评市校企合作示范组合。校企共建“无锡智能产业创新中心”，完成6家企业智能车间的诊断与咨询工作。《“嵌入教学，工学结合”企业经验实训课程项目实践》和《校企共建“航信学院”协同共育会计服务外包人才》案例入选《中国高校产学研合作优秀案例集（2014——2016）》。学校牵头的无锡市服务外包职教集团获评市服务外包业绩贡献奖、市骨干职业教育集团第1名。承办新吴区第七届运动会开幕式，取得圆满成功；社区学院依托四级联动运行模式，推进线上线下全方位教育服务，服务地方举措成效作为典型案例写入《2019中国高等职业教育质量年度报告》，完成社区教育特色读本5本，开发微课6门，立项省级以上课题7项，其中3项为重点课题。继续教育学院办学规模稳步提升，全年招生1600人，各类社会培训10273人次，培训到账经费1141.62万元。师资队伍建设卓有成效，成功申报三级教授3名；新增省青蓝工程中青年学术带头人1人、优秀青年骨干教师2人。2019年，共录取3107名新生，招收社会人员164人。2019届毕业生就业率达99.91%，签约率达86%，本市就业率达67.56%，留在高新区就业率达51%。获“创响无锡”大中专院校创新创业能力大赛一等奖2项，“无锡科院电商众创空间”评为“市级众创空间”。深化平安校园建设，严格落实安全稳定工作责任制，全年校园安全稳定无事故。

（田　甜）

教育管理

【概况】 2019年，新吴区加快推进人事制度改革，促进教师队伍整体素质的提升。加强教育系统干部队伍建设，扎实提升干部队伍能力水平。强化区级统筹，在无锡市率先开展学校中层干部“区管校聘”区级竞岗工作，完成小学管理体制调整和幼儿园独立设置工作。2019年，新吴区教育局拟定新吴区优质教育共同体“三优工程”相关文件，策划和主办首届“优质教育共同体·新吴论坛”，各专家、共同体学校校长围绕优质教育共同体建设的资源整合、质量共进，班子共建、理念共享，文化共融、课程互通、教研合作、师资互派等方面展开讨论与交流。以提高义务教育优质均衡为目标，深化教师队伍建设，组织和参与国培、省培、市培等骨干培养工程项目，实施市区两级名师工作室及两级名家培养工程专项培训；10月开展第八批市、区教学新秀评审；4月和11月，先后接待两批专家入校诊断，进行学校三年发展性目标的专家论证会和反馈会。加深国际理解与合作交流，提升国际教育水平。以多元服务为平台，积极参与国际教育服务和人文交流，4月，召开新吴区国际教育工作会议，部署公办学校聘用外籍教师管理工作，进一步规范聘外教学管理，积极拓展与友好学校教育合作与交流；11月，与波士顿外籍人员子女学校开展联合教研，围绕英语课程教学体系展开对话交流；12月，开展“苏教国际杯”新吴区第四届外语节，加强本土学校与国际学校教育交流与合作，提升学生人文素养；开展中外教师第三届“同课异构”暨双语赛课活动，将国际理解教育融入课堂文化中。以能力建设为抓

11月28日，新吴区优质教育发展共同体论坛

（区教育局　供稿）

手，提高新吴区国际化办学质量和能力，提升区域国际化形象。9月，通过江苏省教育科学"十三五"规划课题"基于教育物联网的国际生活社区课程开发研究"开题论证，全面启动国际理解教育研究，以科研带动理解教育的实施，提高新吴区教育发展质量。

（郁天兰　殷明昶　龙　菲）

【师资队伍】 2019年，新吴区中小学、幼儿园共有教职工6486人，其中中小学3653人，幼儿园2833人；全区现有中小学骨干教师1003人，幼儿园骨干教师335人，其中区能手及以上称号490人（初中145人，小学253人，幼儿园92人）。2019年，分批次招聘各类教师共240人，其中新教师182人、成熟型及骨干教师58人（其中幼儿园骨干教师12人）。加快推进教育人才"3551计划"，全年引进省特级教师、正高级教师2人，市级教学能手以上7人，区新秀以上和市级赛课获奖的骨干教师16人，骨干教师引进力度全市领先；区内培养正高级教师2人，市区级学科带头人38人，市区级教学新秀385人。强化教育主管部门统筹管理，完成小学管理体制调整，实现全区中小学统筹教师队伍招聘及分配、统筹教师队伍管理、统筹校级领导选任及调配。以"区管校聘"为制度保障，按照"两个15%"且交流轮岗教师中骨干教师占比不低于20%的要求，2019年，继续深入推进教师校长定期交流轮岗制度，重点引导优秀校长和骨干教师合理流动，充分发挥辐射引领作用，教师交流比例达到29.12%，其中骨干教师交流比例达到45.86%。

（龙　菲）

【队伍能力建设】 2019年，新吴区加强与国家教育行政学院的合作，充分利用学院多种优势，全面统筹规划教育系统队伍能力建设工程，采用全方位（覆盖全员）、分类别（新教师、骨干教师、成熟型教师）、分层次（卓越项目、三提高项目、雏鹰计划、双培带）、多形式（线上、线下）的培训培养模式，提升教师队伍整体素质，加快推进新吴教育优质发展，2019年开展线上线下培训近3000人次。加快青年干部培养力度，组织第二批17名中青年干部赴上海名校开展为期一个月的"双培带"跟岗研修。全年调整校级领导89人，其中新提任26人，进一步加强了年轻干部的选拔力度。继续选调优秀青年干部开展挂职交流工作，赴区外的锡师附小、连元街小学交流培养15人，赴教育局挂职9人，挂职副校长7人。（龙　菲）

【人事制度改革】 2019年，为加快推进新吴区教育改革，促进教师队伍整体素质的提升，在全区教育大会上下发《关于全面深化新时代教师队伍建设改革的实施意见》《关于加快推进学前教育优质普惠发展的实施意见》《关于印发新吴区学前教育管理办法的通知》《关于印发新吴区教师队伍鼓励激励实施办法的通知》《关于印发新吴区教育系统推进领导干部能上能下实施办法的通知》《关于新吴区"区管校聘"工作的实施办法的通知》《关于印发新吴区中小学（幼儿园）校（园）长任期制实施办法的通知》，以及《新吴区优质教育共同体教师队伍能力建设行动计划（2019——2022）》等一系列文件，为未来3年的教师队伍建设明确工作目标、工作路径、工作方法，激发教师工作的积极性。强化区级统筹，全面落实义务教育地方政府"以区为主"管理体制，全区中小学已全面实现人财物区级直属管理，校级领导由区教育主管部门统一考核、统一调配、统一任免，中小学教师由区级主管部门统一招聘、统一分配。全区教师按照"两个15%"和"骨干教师不低于20%"的要求进行交流轮岗，并重点向偏远学校和新建学校、薄弱学校倾斜。"四个统一"（义务教育学校建设标准统一、教师编制标准统一、生均公用经费基准定额统一、基本装备配置标准统一）要求落实到位，校舍维修经费、师资培训经费、教师体检经费等专项经费同步实现区级统筹。加快推进"区管校聘"工作，在无锡市率先开展学校中层干部"区管校聘"区级竞岗工作，暑期28所中小学正式启动中层干部"区管校聘"工作，新学期开学291名中层干部正式上岗，其中提任120名青年教师走上中层岗位。落实《新吴区教育人才"3551计划"实施办法》，做好骨干教师、岗位贡献奖励的考核发放工作，2019年共发放人才专项奖励资金1108万元。（龙　菲）

【法制教育】 落实政务、校务公开制度，推进教育民主化进程，自觉维护法律法规权威。教育局与瑞莱律师事务所签订合同书，明确服务范围、服务方式、服务期限、法律责任等，确保教育系统各项工作有法可依、有法可循。全面开展法治教育活动，在新城中学举办"尊法学法守法用法法律伴我健康成长"首届无锡市青少年法治宣传教育周启动仪式，并聘请新吴区检察院检察长苟小军为"法治副校长"；联合区司法局开展"法护蓓蕾德润童心"青少年系列法治实践活动，开展"法在我心中"主题班会评比、"争当遵纪守法好学生"承诺签名活动、"校园法治教育演讲比赛""宪法在我心中"主题班会视频、课件评比、"宪法公开课"优秀教案、精品微课征集、评选活动等丰富活动。各学校坚持法治文化与学校文化有机融合、体验教育与法制教育有机融合，充分利用晨会课、专题教育课等时间邀请法制副校长走进校园开展预防校园欺凌、消费者权益、未成年人保护等内容丰富的法制知识宣讲，德育部门认真组织开展法制主题班会、模拟法庭、法律知识竞赛等青少年法制教育活

动。2019 年，后宅中学、高浪小学、春星小学和南丰小学被评为无锡市毒品预防教育示范学校。(王维华)

【教师资格认定】 2019 年，新吴区教育局共完成两批次教师资格认定，4 月，完成了 211 名社会人员申请认定教师资格工作，6 月，完成 137 人社会人员申请认定教师资格工作，11 月，完成 286 人的教师资格注册工作。 (龙 菲)

【师德师风建设】 2019 年，新吴区教育局坚持典型引领，选树优秀教师典型加大宣传力度。深入挖掘优秀教师典型，综合运用颁发荣誉、组织事迹报告会、利用媒体宣传、创作文艺作品等手段，面向家长、学生和社会，开展生动活泼、形式多样的师德宣传报道，加强教师正面形象的宣传引导，充分发挥典型引领示范和辐射带动作用。充分利用“两微一端”平台，线上线下同时发力，广泛开展“不忘初心，立德树人”师德建设教育宣传活动，进一步增强广大教师立德树人的责任感和使命感。评选“教书育人模范人物”10 名、“优秀教育工作者”59 名，并在庆祝第 35 个教师节大会上进行表彰，进一步激发教师队伍干事创业活力。贯彻落实《新时代教师职业行为十项准则》，坚持标本兼治、惩防并举，充分用好考核、奖惩、监督“三位一体”师德建设考核机制，推动师德师风建设常态化。 (龙 菲)

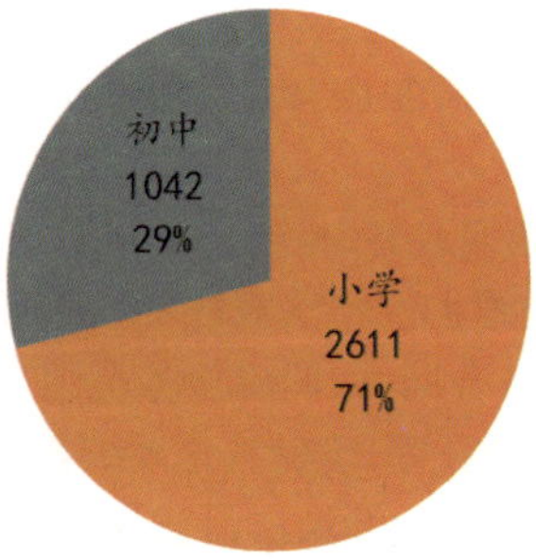

图 7　　新吴区中小学教职工统计图

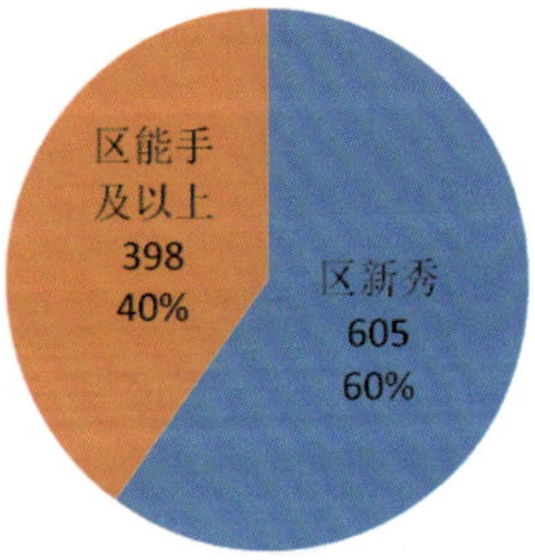

图 8　　新吴区中小学骨干教师统计图

(龙 菲)

【督学督导】 2019 年，新吴区教育局认真自查本区教育发展情况和政府教育工作履职情况，全力做好考评指标中涉及本地职能的工作推进落实，提供相关佐证材料，较好开展省、市实地考评和实地抽查迎评工作，2018 年度新吴区政府履行教育职责情况考评得分为 113.27 分，位列全市第 1。规范有序开展教育综合督导，有效落实责任挂牌督导，做到责任督学挂牌督导区内学校(园)全覆盖，较 2018 年增加 55 所。按时完成幼儿园办园行为专项督导评估，形成区域评估报告上报市教育督导室。不断完善加强督导队伍建设，推行“见习督学”“特邀督学”等制度，初步构建了以专兼职督学为主、见习督学为辅和其他专家协同参与的督导工作网络体系，形成督导工作合力。2019 年，新吴区教育局组织了对 20 所幼儿园、6 所中小学(含一所中学、一所九年一贯制学校)的综合督导。开展了春季开学暨学校安全风险防控、教育领域重点问题、中小学生欺凌综合治理、义务教育学校违规办学问题专项整治等 10 余项专项督导。区挂牌督导工作发展态势持续向好，全年发现一般性问题 50 个，全部整改到位，责任督学解决群众关切问题情况 85 个，与各科室协同配合，形成工作闭环。督学队伍专业化水平不断提升，开展责任督学培训 6 次，无锡教育网“教育督导”专栏录用文稿 17 篇，《无锡日报》“督学看学校”栏目刊发文稿 1 篇。加强教育督导工作统筹管理，着力改进教育督导方式方法，大力强化信息技术手段应用，全面完善区挂牌督导工作平台，充分利用互联网、大数据等开展督导评估监测工作，提升挂牌督导工作信息化管理水平。 (惠虹雅)

【幼小教研训】 2019 年，新吴区教育局幼教研训部进一步完善一个中心、五个片区的教研网络，通过区域主题教研高位引领，片区主题教研提炼亮点，园本主题教研解决问题，逐渐形成骨干引领、集群推动、全面提升的学前教育教研新局面。区级层面通过聚焦幼儿园课程资源开发利用中的实际情况，以及现场展示中的实际问题进行聚焦问题的现场教研；片区层面以各片组长为核心力量，以中心幼儿园为阵地，以点带面、针对片区内园所实际需求以及片区中心园的优势项目制订片区教研计划，开展教研合作共同体片区研讨，实现片区教师的共同成长。加强对园本主题教研的全面关照，通过深入幼儿园教学现场和教研现场，关注幼儿园园本教研的真实过程，共同发现问题、解决问题，指导园所发掘自身优势与特点，逐步形成富有园本特色的课程体系。小学研训部积极开展调研活动，通过现场听课、评课、讲座、学生质量检测等一系列有针对性的问诊式指导，不断优化学科建设，提升教师业务水平，全年开展集体调研学校 7

所，单学科调研100余次，全区教学调研覆盖率达到100%。（陶 颖 刘 芸）

【"两新教研"主题活动】 2019年，新吴区教育局以区优质教育发展共同体"合作教研"为平台，紧紧围绕"新素养 新课堂"主题开展教研活动。小学教研中，语文学科以统编教材使用为契机，开展基于文体特征的课堂教学研讨；数学围绕学科核心素养开展区域性课堂教学研讨；英语依托国际理解理念，开展绘本教学创新实践等。丰富教研形式，各学科以片区为阵地，积极搭建合作教研平台，开展片、区两级学科优质课评比、基本功比赛等；与区外名校、名师开展跨区域学科联合教研活动。组织开展新吴区优质教育发展共同体"新素养 新课堂 新样态"小学教学展评活动，锡师附小和梅村实小、大桥实验学校和旺庄实小、外国语学校与坊前实小分别进行语文、数学、英语的教学展示，促进了共同体校际间教研合作交流，交互引领、双赢共好。小学研训部全年共组织片、区合作两新教研活动70余次，指导区内教师参加市级以上赛课、基本功比赛获一、二等奖40余人。中学研训部积极推动区域课堂教学改革，不断丰富新吴区课堂教学样式，逐步形成新吴区初中助学、合作课堂教学特色，从本质上改变了课堂教学格局。用心谋划、积极推进初中"两新"品质课堂建设，强调课程标准、核心素养双落实，推动中学课堂教与学方式的变革，3月19——20日，举办区初中物理、英语学科"两新"课堂教学研讨会，区教学新秀与省内外教学名师同台展示，共同探讨学科教学新路径，推进"两新"课堂品质建设，放大新吴区初中课堂教学品牌效应。3月，在新城中学举行了区学科课程基地挂牌仪式，全面开启了新吴区学科课程基地建设工作，首批成立了6个学科课程基地。（刘 芸 过同俭）

【课程共研共建】 2019年，新吴区教育局把握教科研训工作重点，建立片区教科研训共同体，深化推进优质教育发展共同体建设。以课题共研助推教学质量协同发展，围绕区域省、市"十三五"课题开展课题进课堂活动。语文围绕省"十三五"课题"中华传统文化情怀中诗教区域性实践研究"，数学围绕"基于核心素养的区域性小学课堂创新实践研究"，英语围绕"国际理解教育背景下小学英语教学的创新实践研究"，音乐围绕"基于审美情趣的小学融合性音乐课堂的探索与实践"开展相关课堂教学研讨、竞赛、评比活动，推动区域教学质量水平协同发展。以课程共建促进办学品质提升，幼教研训部依托"吴韵新声"全面推进课程游戏化，围绕"园本课程的构建与实施"这一主题开展专题学习，通过"吴韵新声课程案例评比"，择优选取案例作为全区推广的课程案例范本供各园借鉴学习。小学研训部开展优质教育发展共同体"课程开放日"活动。2019年上半年，旺庄实小和华锐海归学校以"中外融合"为主题，分别进行了"幸福课程建设"和"中国化IB课程"介绍；下半年，泰山路小学、连元街小学以"合作办学"为主题，介绍了新校嫁接名校的办学理念、校园文化及课程架构做法等；5月，开展区内国际学校"国际课堂日"活动，加强与国际学校课程的共研共建，推动了全区学校办学品质全面提升。（顾春雨）

【教师专业素养提升】 2019年，根据区域教师队伍建设培养目标，依托区域优质教育发展共同体建设，全面推进全区各类教师层级培训，提升教师的专业能力和水平。基于区域内青年教师队伍极速膨胀的现实，进一步规范新教师岗位培训和青年教师业务能力三年达标考核，共完成14个主题80学时项目培训和40学时实践性课程培训，343名2018年新教师考核合格，428名2019年新教师参与新一轮培训，309名青年教师三年达标考核合格。大力加强骨干教师培训，通过参加"卓越项目""三提高""双培带""雏鹰计划"等骨干培养项目，提升教师队伍教学能力，2019年，区域新增市学科带头人16人、区学科带头人22人、区级教学新秀353人，骨干层次大幅提升。以营造终身学习氛围、培养专业发展意识为目标，着力推进全员培训，共开展各类研讨培训400余场，参训18000余人次，共计超10万学时；线上专题项目研修2000余人次，共计约10万学时；幼儿园全员网络培训1000余人次，共计约3万学时；江苏省中小学（幼儿园）教师网络自主选学远程培训403人次，共计1.6万学时，区域优质教育发展共同体"共管共育"校本式培训累计超过15万学时，促进教师层级培训工作有序推进，为推动区域教育事业优质均衡发展奠定基础。（马 兰）

【课题研究】 2019年，新吴区教育局坚持以教学课题研究为统领，推动区域课程改革，促进课堂教学水平提升。2019年共有省级课题23个，其中省规划课题19个，省教研课题4个，2019年新增课题6个；共有市级规划课题38个，2019年新增课题2个；承担省级重点课题4个，分别为江苏省十三五规划课题《基于教育物联网的国际生活社区课程开发研究》（2018年度）、江苏省十三五课题《初中语文体验式阅读教学研究》（2018年度）和《中华传统文化情怀下诗教区域性实践研究》（2018年度）、江苏省十三五教研课题《基于数学核心素养的初中教材"点线面"解读研究》（2019年度）。2019年共有市级培育站2个，市、区名师工作室18个，其中市级教学名师工作室3个，区级教学名师工作室10个，区级德育名师工作室2个，学前教育名师工作室3个。（浦叙德）

【校际合作】 新吴区2019年有国际教育发展共同体单位5个：无锡波士顿外籍人员子女学校、无锡韩国人学校、无锡高新区华锐海归人才子女学校、无锡新吴区国际学校、无锡市金桥外国语学校，与区内其他学校一同围绕"质量共进、理念共享、文化共融、课程互通、教研合作"等方面，进行教育教学研究和研讨。2019年5月，获评省"十三五"重点资助课题"基于教育物联网的国际生活社区课程开发研究"，经过多次培训、指导会，9月正式开题。 （浦毓敏）

【教育交流】 2019年，推广并申报江苏省基础教育对外合作交流重点项目，梅村实验小学通过省级认定，坊前实小获评无锡市第二批国际交流合作示范校，春城实小、新城中学通过第三批国际理解教育特色品牌项目考核并顺利挂牌，梅里中学、鸿山实小成功申报第四批国际理解教育特色品牌项目学校。

2019年，新吴区继续加强境外友好学校互访对话，6月18日，加拿大皮尔教育局国际交流负责人Cathy Patterson一行到锡梅实验小学考察交流；韩国大邱智妙学校到梅村实验小学、韩国蔚山市含月小学到春城实验小学、韩国荣光中学到梅里中学、日本丰川市中学生修学旅行团到新城中学，分别进行home stay、教学研究、艺术教育等多方面、多形式的交流体验；梅里中学、春城实验小学也到对应的友好学校进行了回访活动。梅村实验小学棒球队，以"太湖风·两岸情"锡台青少年棒球交流嘉年华、"小天鹅杯"海峡两岸城市棒球交流赛为契机，与台湾多校的棒球队进行球艺切磋。后宅中心小学、江溪小学、梅村实验小学等学校，利用假期组织学生开展境外研学活动，让孩子置身其中，体验文化的多彩魅力。2019年，新吴区教育局组织全区英语教师代表，到波士顿学校观摩英语语音和阅读教学，开展"走进波士顿，共话新理念"国际教育交流活动，进行面对面的教研讨论；旺庄实验小学、春城实验小学、硕放实验小学、南丰小学、江溪小学、旺庄中学等21所学校，与区内无锡韩国人学校、新吴区国际学校、波士顿外籍人员子女学校定期开展联谊，进行艺术、文化、体育等方面的沟通交流。 （浦毓敏）

【外教课堂质量提升】 新吴区内公办中小学根据需求，每年有相当一部分学校聘请外籍教师，开设外教课堂。2019年，围绕区教育局《新吴区外籍教师教学内容指南（试行）》（锡新教〔2019〕136号），新吴区教育局合理设置外教教学内容，并制订好新学期外籍教师教研半日活动计划，及时了解外籍教师教研活动情况，做好学校、外教和服务管理单位的协调工作。每年定期组织开展中外教师"同课异构"、双语赛课、国际教育征文等活动。11月27日，新吴区"苏教国际杯"第四届外语节汇报演出在少年宫金色大厅隆重举行，全区中小学参加了汇演，区内外教、国际学校、民办学校等代表到场观摩。 （浦毓敏）

关心下一代工作

【概况】 2019年，新吴区委要求各级党组织和关工委要像重视全局工作一样重视关工委制度安排，坚持"党建带关建"，落实"有人干事、有钱办事、有场地开展活动"，贯彻省《省关心下一代工作委员会工作规则》《关于完善和落实"党建带关建"工作机制的意见》和市《关于进一步加强基层关工委组织建设和"五老"队伍建设的意见》精神。区关工委领导班子增补一名副主任，办公室招聘1名青年工作人员，基层"五老"志愿者达1650余名，建立区农业农村局关工委，健全区政法委关工委班子配备，新建民营企业关工委6家和外资企业关工委3家。组织大规模培训7场，接受培训超过800人次，投入费用70余万元，创工作力度历史之最。将区关工委办公场所纳入易地新建区委党校的整体建设规划中。指导落实各街道、直属单位关工委的办公用房以及满足工作条件的活动场所。 （邓政清）

【"传承爱国精神争做'三有'新人"主题教育】 2019年，新吴区关工委抓住新中国成立70周年这条主线，开展"传承爱国精神，争做'三有'新人"主题教育。组织成立"关爱明天"讲师团，由首批潜艇海军老兵、老校长、老专家、老法官等11人组成，推出23个课题的宣讲菜单，暑假期间讲师团走进街道社区展开宣讲报告50多场，2000余名青少年受到教育，社区宣讲覆盖面达61%。与团区委联合举办2019"公益好少年"新吴区第一届公益夏令营。硕放街道关工委通过开展各类爱国主义教育活动，激发青少年爱党爱国爱社会主义的家国情怀。旺庄街道关工委针对青少年特点，整合社会资源，联合各类社会团体开展丰富多彩教育活动。江溪街道关工委依托桑梅书记工作室，开展主题教育活动，提升青少年的综合素质。梅村街道关工委联动各村居社区关工委，举办暑期主题教育系列活动。鸿山街道关工委以党建引领，启迪青少年践行爱党爱国、争做"三有"新人。新安街道关工委利用辖区红色资源开展形式多样的共学、共话、共讲、共赛活动。教育系统关工委发动学校开展绘画、演讲、朗诵、征文比赛等主题教育活动。全区共组织主题教育各类活动650余场，33500多人次参加。在省关工委举办的"我对祖国说句心里话"网络寄语活动中，全区青少年参加人数达2238名，在各市（县）区中名列第一。两份主题教育宣讲稿分别被评为市优秀讲稿二、三等奖。 （邓政清）

【校外教育辅导站及预防青少年犯罪工作】 2019年，按照组织、功能、队伍和制度建设的要求，加强校外教育辅导站建设，全区建校外教育辅导站80多个。发展建立索尼数字安全培训体验室、尚德太阳能低碳生活馆、村田电子环境健康安全体验馆、海力士环境安全保健体验馆、松下能源安全道场、外企党员政治生活馆等6个青少年教育基地。做好预防青少年犯罪工作，与区检察院等部门联合出台《关于建立防范性侵害未成年人犯罪入职查询工作协作机制的暂行办法》，为保护未成年人健康成长提供治理制度。讲师团成员陆淑芳，自编自导20余场“高空抛物”“未成年人自我保护”等内容的情景剧和模拟法庭，受到青少年欢迎。全区组建由290多名“五老”志愿者组成的网吧义务监督员队伍，新安街道钱志衡获得省“五老”网吧义务监督先进个人称号。 （邓政清）

【特色项目创建】 2019年，硕放街道关工委“萌动成长”青少年关爱活动等30个项目列为区关心下一代特色项目，并在全区关工委工作会议上下达《新吴区2019年关心下一代特色项目创建任务书》。（邓政清）

【外资、民营企业关工委建设】 2019年，在宜兴举办外资、民营企业关工委主任培训班。区关工委调查研究形成题为《对推进外商投资企业“关建”工作与营商环境融合发展的探索与思考》的调研报告，11月27日在《无锡日报》上专门介绍全区加强外资企业关工委建设的做法与经验。开展“迎六一送关爱”活动，组织19家外资企业关工委向全区57名贫困学生赠送书卡。联合区民营经济关工委开展“金秋助学”活动，向25名贫困学生捐赠每人1000元助学金。

（邓政清）

【“互联网+关工”新格局】 2019年，坚持创新发展，进行“互联网+关工”新领域的探索。区关工委相继开通微信公众号，创办“关爱明天”网站，建立“关爱明天”微信工作群，逐步形成利用网站发布工作信息和文件、利用公众号推送综合信息和文章、利用微信工作群通知即时信息的功能平台。区关工委与中国联通合作，开发钉钉APP线上移动智能协作平台，11月正式开通。 （邓政清）

新吴区第四届外语节汇报演出 （邓政清 摄）

综述

2019年，全区文化工作以习近平新时代中国特色社会主义思想为指导，紧紧围绕区委、区政府中心工作部署，紧扣社会主要矛盾变化和人们群众对美好生活需求，按照高质量发展要求，大力发展文化事业，加快推进文化产业，加强优秀历史文化资源保护传承，为深入推进“两聚一高”新实践、建设“强富美高”新吴区贡献力量。出台《无锡高新区（新吴区）文化建设高质量发展三年行动计划（2019–2021年）》，通过实施服务提升、产业升级、文化+融合发展、保护利用、人才培育等五大专项行动，积极构筑文化发展新高地，着力打造文化建设高质量发展“新吴样本”。（刘保宏）

《无锡高新区（新吴区）文化建设高质量发展三年行动计划（2019-2021年）》

【概况】 为助力“四个走在前列”，2019年新吴区制定的《无锡高新区（新吴区）文化建设高质量发展三年行动计划（2019–2021年）》提出了实施“服务提升”、“产业升级”、“文化+融合发展”、“保护利用”、“人才培育”五大专项行动。行动计划在文化建设的基础上融入了体育和旅游工作，体现“大文化”发展理念，积极构筑文化发展新高地，着力打造文化建设高质量发展“新吴样本”。（胡光明）

【建设规划及政策导向】 融合发展，着力推进“文化+旅游”、“文化+体育”、“文化+休闲”、“文化+会展”的融合发展，让高新区的文化特质更加凸显、精神品格更加鲜明、人文内涵更加厚实；产业升级，打造“互联网+”文化产业园区基地。大力支持智慧体育产业园建设，是新吴区实施“产业升级”专项行动中的一项；做大做强文化市场主体，鼓励和吸引更多国内外知名文化企业落户。到2021年，文化产业增加值占GDP比重保持全市第一，全区规模以上文化企业达到140家；放大特色文化产业优势，推动大数据、云计算、5G、人工智能、超高清等先进技术在新闻出版、视频广播、电子竞技等领域的深度应用。打造影视传媒原创高地，推动原创动漫、网游的设计开发，打造集国际性网络游戏、影视创意和创造，大型动画、游戏制作和展示，衍生产品研发设计和营销出口。（胡光明）

【软硬件建设提升】 完善公共文体设施网络，优化提升社区综合文体服务中心的硬件配置；进一步优化公共文化资源供给，推进公共文化服务专业化、标准化、均等化；建立多层次、多体制文化供给网络，实现公共服务全覆盖；推动文化类众创空间建设，到2021年，招引建设2至3个品牌文商旅综合体，引进或培育3至5家文化类众创空间；在已成立区书法家协会的基础上成立区文联，组织人员创作一批代表高新区（新吴区）文化形象、地域特色、人文精神，深受人民群众喜爱的优秀作品。（胡光明）

【项目及品牌打造】 打响高新区旅游品牌，深入推进梅里文化小镇建设，推动鸿山旅游度假区建设，引进一个集文化创意、旅游休闲、康体养生于一体的大型文化旅游综合体，进一步推动全域旅游建设；丰富群众性文体活动，持续举办万人徒步等全民健身活动。积极举办海峡两岸城市棒球交流赛、草地音乐节、皮划艇赛、环湖自行车赛、全国智慧体育创新与设计大赛等大型文化体育品牌赛事、行业展会、高端论坛及创业大赛等活动，扩大行业影响力；打造高品质、高品位文化活动品牌，深入挖掘区域内吴文化、二胡文化、曲艺文化、渔文化、葡萄文化等特色文化，深入实施“一街一品”品牌培育工程；举办高层次的论坛和会展。“保护利用”专项行动积极推进鸿山国家考古遗址公园、梅村中国二胡之乡、硕放中国曲艺之乡建设，做强“吴文化”品牌。积极参与大运河文化带建

设，开展伯渎河文化轴的整理和研究。（胡光明）

文化场馆

【文化馆系列文化惠民活动】 2019年新春期间，文化馆在六个街道社区开展“迎新年.送春联”活动8场，送出春联1000余副，同时开展新春送戏惠民演出13场，受到居民的热烈欢迎。元宵节期间，文化馆联合新吴区对外友好协会走进无锡村田电子有限公司，开展2019元宵闹春–灯谜喜乐会主题活动，1万多企业员工参加本次活动，感受中国传统文化的魅力。端午节期间，走进新吴区各敬老院，开展“粽情端午”文化惠民演出10场，为老人们送去温暖。六月，开展新吴区“白玉兰”文化惠民专业艺术进社区活动，主要内容包括越剧、评弹演出各6场，其中每个社区的评弹演出持续15天。6月，在旺庄街道宝龙城市广场、新安街道法治文化广场策划“歌唱祖国”快闪活动，广大群众的热烈响应，积极参与其中，用音乐礼赞新中国。八一建军节，在新安敬老院开展“军民鱼水情”惠民演出。中秋节期间，分别在六个街道社区开展“晴暖中秋”文化惠民演出共6场。重阳节前夕，开展“九九重阳·锡剧票友情”文化惠民演出6场。举办“献礼祖国”庆祝新中国成立70周年文艺晚会。（刘保宏）

【文化馆免费开放及公益培训】 2019年，新吴区文化馆的馆内阅览室、舞蹈房、体育乒乓球室、儿童活动室、美术创作培训室、书法创作培训室、电子阅览室、戏曲排练房等功能室常年开放，每周开放时间达60余小时，为广大市民提供便捷、优质的文化服务。针对未成年人、外来务工人员、老年人、成人分别开设了公益培训课程，如瑜伽、声乐、美术、舞蹈、书法等公益培训项目。暑期在馆内精心策划开展“我小小绘画家”、“我是小小百灵鸟”、“我是小小书法家”、“大手牵小手”等系列亲子活动。为街道文化站提供基层公益培训，采取点单式服务，春季开设基层公益培训10期，秋季开设基层公益培训19期。（刘保宏）

【图书馆服务效能提升】 2019年，新吴区图书馆主馆接待到馆读者287278人次（含少儿馆、两园区分馆），平均每月接待读者超过2万人次，图书流通总量达77501册次。全年总计开展各类阅读推广活动200余场，区级大型活动5场，惠及读者达15万人次，使新吴区全民阅读更加普及。打造“向日葵少儿主题活动”、“红袖书香”、“吴韵讲堂”、“书乡电台”、“读者俱乐部”、“新图在线”、“阅美夕阳红”七大阅读品牌，开展精准化服务，进一步提升活动品质。例如，“向日葵少儿主题活动”融入更多的亲子互动元素，更注重家庭阅读推广。面向女性的“红袖书香”主题活动，

新吴区图书馆 （区委宣传部　供稿）

增加手工编织、插画、茶艺等内容。针对老年人的“阅美夕阳红”活动，从健康保健、科技前沿、名著赏析等方面满足老年人文化需求。围绕庆祝新中国成立70周年的主题举办庆祝新中国成立70周年图文展、红文朗诵比赛、汉字听写大赛等。（刘保宏）

【新吴区图书馆少儿分馆正式运营】 2019年1月，无锡市第一个独立馆设的少儿图书馆——新吴区图书馆少儿分馆正式营运，面积800平方米，设计馆藏3万册。新吴区图书馆少儿分馆倡导全家阅读模式，打造向日葵少儿主题活动、绘本阅读、非遗小传人、鲁班工坊、小小志愿者等品牌活动，举办智慧机器人人机互动、虚拟现实体验等活动，突出文化科技融合，彰显新吴特色。少儿分馆全年累计到馆10万人次，办证2300多张，图书流通量13万多册，开展活动58场。（刘保宏）

【博物馆】 新吴区建有鸿山遗址博物馆和中国吴文化博物馆，两馆实行一体化设计，功能性互补。总建筑面积9139平方米，展厅面积3431平方米。

鸿山遗址博物馆是遗址类专题博物馆，倚鸿山墓群中特大型墓邱承墩而建，主要展示鸿山墓群及其出土文物、邱承墩贵族墓原址。馆藏文物有很高历史、科学、艺术和社会文化价值。现有馆藏文物1173件，其中一级文物162件、二级文物62件、三级文物3件。馆内丰富的藏品器型众多，系列完整，时代性和地域性强烈，全面展示了吴越地区高超卓越的青瓷制造技艺、玉器微雕工艺，反映了当时的墓葬等级制度和礼乐制度，是吴越地区灿烂历史文化的集中体现，对春秋战国时期吴越历史、玉器工艺史、音乐史、青瓷起源等研究课题具有极其重要的价值。2011年，鸿山遗址博物馆基本陈列获第二届江苏省博物馆精品陈列展览评选精品奖。2019年，鸿山遗址博物馆精品陈列展览及文物保护数字化项目获江苏省博物馆协会“新媒体+新技术”优秀案例、特别推荐案例。

中国吴文化博物馆展示内容分为先吴文化和吴

文化两大板块。先吴文化板块展示了从马家浜、崧泽、良渚到马桥文化时期无锡地区已发现的文化遗址和出土遗物。吴文化板块讲述了吴国建立、崛起到称霸的历史，展示数代吴王开创并缔造的绚丽多彩的吴文化。（刘保宏）

群众文化

【庆祝新中国成立70周年系列活动】 2019年5月26日，无锡高新区（新吴区）成功举办“万科观湖礼著”杯“赏五月花海·看锦绣高新”系列活动，系列活动主要包括“五月花海”万人徒步活动、“岁月留声”主题音乐会、“年代show”主题秀场3项子活动。该次活动由无锡高新区管委会、新吴区人民政府主办，新吴区委宣传部（网信办、文体旅游局）和新安街道办事处承办。“五月花海”万人徒步活动，作为2019年“万象高新 E路有你——健康生活E起乐”网络文化活动重要内容，依托“网红花海”的资源优势，将体育运动与高新区创新文化、吴地文化、运河文化相结合，整个赛道充分展示了“花海、太湖、运河”的秀美风光。在徒步活动终点杜鹃座人才公寓的大草坪上，设置了“岁月留声”主题音乐会和“年代show”主题秀场。主题音乐会以10年为一个跨度，在每个10年中挑选当期具有代表性的歌曲进行演唱，以音乐唤起群众年代记忆。主题秀场通过老照片、老物件展览、老味道品尝，还原特定年代生活场景，着力打造“时光之旅”。完成徒步活动的选手和群众通过现场的互动开放体验，回味对各个年代的美好记忆，感受新中国成立70年来的巨大变化。（刘保宏）

【世界图书与版权日系列活动】 2019年4月20日，“阅美新吴·书香传承”2019年新吴区世界图书与版权日系列活动启动式在新安街道文化广场举行。启动式上，相关领导分别为16家2018年度“书香新吴”建设优秀单位颁奖，光明日报社向硕放实验小学、春城实验小学两所学校捐建了“光明图书角”。启动式现场设置了“书香雅集，阅享新吴”文化集市和版权宣传保护两个展示互动区，内容丰富，形式多样，吸引了众多居民群众前来参与。文化集市上，除非遗展示与互动、新书展销等内容外，还开展了“学习强国·现场借阅注册”“学习强国·你点书我买单”活动，现场群众热情参与。在版权保护区域，向居民群众发放宣传资料1000份、宣传手袋1000个。“阅美新吴·书香传承”2019年新吴区世界图书与版权日系列活动计划全年共开展72场，紧扣全民阅读与庆祝新中国成立70周年的主题，覆盖全区6个街道和各类居民群体和企事业单位。活动种类丰富多彩，有知识讲座、读书分享会，演讲比赛、征文等各种类型，在全区掀起“好读书、读好书”的全民阅读热潮。（刘保宏）

【新吴区“白玉兰奖”文艺创作汇演】 2019年6月30日，新吴区委宣传部（文化体育和旅游局）在新吴区科技交流中心一楼剧场成功举办庆祝新中国成立70周年系列活动暨2019年新吴区“白玉兰奖”文艺创作汇演。，来自新吴区文化馆和6个街道文化站的24个优秀作品参加本次汇演。该次文艺创作汇演设音乐、舞蹈、戏剧小品曲艺三个门类，各门类作品紧扣庆祝建国70周年主题，讲述新吴群众身边的故事，展现新吴优秀传统文化和新吴建设发展巨大成就。（刘保宏）

6月30日，庆祝新中国成立70周年系列活动暨2019新吴区“白玉兰奖”文艺创作汇演 （区委宣传部 供稿）

【新中国成立70周年书画摄影优秀作品展】 2019年9月25日，由新吴区委宣传部（文体旅游局）主办，区文化馆、区美术家协会、区书法家协会、区摄影家协会（筹建组）承办的“我和我的祖国”区群文系统庆祝新中国成立70周年书画摄影优秀作品展在新吴区科技商务中心一楼大厅拉开帷幕。区委宣传部（文

9月25日，“我和我的祖国”——无锡高新区（新吴区）群文系统庆祝新中国成立70周年书画摄影比赛获奖作品展 （区委宣传部 供稿）

体旅游局）相关负责人、30多名获奖代表出席展览启动式。本次书画摄影优秀作品展是区庆祝新中国成立70周年系列文化活动的一项重要内容，共征集到美术、书法、摄影作品870件，经评委组严格评审，共评选出优秀作品105件，其中15件优秀作品选送参加全市展览，90件优秀作品参加该次展出。作品主题鲜明、情感真挚、艺术表现力强，多方位、多角度展示新吴区政治、经济、文化、社会、生态文明等方面协调发展的生动景象，集中体现了广大群文工作者和文艺爱好者对祖国和家乡的热爱，对新中国成立70年来伟大成就的歌颂和对幸福生活的赞美。10——12月，这些书画摄影优秀作品在全区各街道、部分学校和企业进行巡展。（刘保宏）

【首届渔文化节】 2019年9月1日上午，“渔礼金九共画新吴”新吴区首届渔文化节暨丰收献礼新中国成立70周年开捕集市在新安街道隆重开幕，市政府副市长、高新区党工委书记、新吴区委书记王进健，区领导吴胜荣、刘霞、钱前，区委宣传部（文体旅游局）、区农业农村局负责人，新安街道党政领导，各社区（筹建组）、机关各科室、各直属单位负责人、新安居民代表和渔民等400余人出席了开幕式。活动现场，渔文化系列歌舞表演，分展现了新安的渔文化特色，醉蟹争霸赛、“渔歌新安”摄影大赛、“太湖湖鲜经营专区”周末集市等活动也逐一开展。（祁　迪）

【太湖文化艺术季“共绘新吴”中国画作品展】 2019年10月19日，由市委宣传部、市文联、新吴区委主办，新吴区委宣传部、无锡东方美术馆承办的“共绘新吴”中国画作品展隆重启幕。市委常委、宣传部部长袁飞，市政府副市长、高新区党工委书记、新吴区委书记王进健，市文联主席卢敏，高新区党工委委员、新吴区委常委、宣传部部长刘霞出席活动。“共绘新吴”中国画作品展以新吴区美协会员为主要创作人员，并邀请多位省、市美协画家，历时3个多月创作和准备，70多幅展览作品题材各异，风格多样，具有较高的艺术水准。画家们用笔墨丹青生动描绘了祖国和家乡的大好河山、幸福生活，热情抒写了对祖国、对家乡的赞美与热爱。该次展览作为2019太湖文化艺术季、上海国际艺术节无锡分会场的重要活动，既弘扬了中国优秀传统文化，又丰富了广大群众的文化生活。（刘保宏）

【新吴区书法家协会成立】 2019年8月27日，新吴区书法家协会成立大会隆重举行，无锡市文联主席卢敏，市文联副调研员、秘书长毛建安，高新区党工委委员、新吴区委常委、宣传部部长刘霞，市书法家协会主席王建源出席会议并讲话。区委宣传部（文体旅游局）、区教育局、区行政审批局、各街道相关负责人以及54名书法家协会会员参加会议，共同见证和庆祝新吴区书法家协会成立。会议宣读了关于成立新吴区书法家协会的批复，表决通过了《新吴区书协章程（草案）》，选举通过了新吴区书法家协会主席、副主席、秘书长、副秘书长、理事、监事名单，市书协，江阴、宜兴、锡山等多家市县（区）书法家协会发来贺信。无锡市文联主席卢敏和新吴区委常委、宣传部部长刘霞共同为新吴区书法家协会揭牌。（刘保宏）

【新吴区音乐舞蹈家协会成立】 2019年9月28日，新吴区音乐舞蹈家协会成立大会在春城实验小学顺利召开，市文联副调研员、秘书长毛建安，市音乐家协会主席吕仁仲，市舞蹈家协会常务副主席陈平，区宣传部分管负责人出席会议并讲话。区宣传部（文体旅游局）、区教育局、区行政审批局、各街道相关负责人以及76名音乐舞蹈家协会会员参加会议。会议宣读了关于成立新吴区音乐舞蹈家协会的批复，表决通过了《新吴区音舞协会章程（草案）》，选举通过了新吴区音乐舞蹈家协会主席、副主席、秘书长、副秘书长、理事、监事名单，市音乐家协会、市舞蹈家协会发来贺信。市文联和区宣传部负责人共同为新吴区音乐舞蹈家协会揭牌。（刘保宏）

【新吴区民间文艺家协会成立】 2019年11月25日，新吴区民间文艺家协会举行成立大会，市文联党组成员、副主席卢俊峰，市民间文艺家协会主席潘基峰，区委宣传部分管负责人，各街道相关负责人以及58名民间文艺家协会会员出席大会。会议宣读了关于成立新吴区民间文艺家协会的批复，表决通过了《新吴区民间文艺家章程（草案）》，选举通过了新吴区首届民间文艺家协会主席、副主席、秘书长、副秘书长、理事、监事名单，市文联卢俊峰副主席和区委宣传部分管负责人共同为新吴区民间文艺家协会揭牌。（刘保宏）

文化产业

【文化市场】 2019年，新吴区新增49个投资额500万及以上的文化产业项目，其中弘道科技有限公司注册资金5000万元、江苏古嘉德艺术品有限公司注册资金5000万元、无锡第七大道科技有限公司注册资金3484.63万元。无锡微视传媒公司的微视界众创空间已入驻微小文化企业达31家。组织申报省、市文化产业资金，上报项目15个。（刘保宏）

【文旅融合】 2019年，新吴区举办2019泰伯庙会暨新吴文旅活动周、“梅里味道·泰伯家宴”美食展评活动、2019鸿山葡萄文化旅游惠民月、2019国际时尚旅游小姐大赛、“渔礼金九共画新吴”新吴区首届渔文化节、“赏五月花海看锦绣高新”系列活动、海峡两岸棒球交流赛等大型系列活动7场,依托丰富的文化资源,举办文化旅游活动,以活动造势、以活动聚客。推进梅里古镇二期、梅里民俗馆、梅里遗址博物馆、吴越水街一期、丽笙酒店二期工程等文化旅游工程建设。

(刘保宏)

文物保护

【文物资源】 新吴区全区共有各级文物保护点35处(含大运河),其中国保单位4处,分别是鸿山墓群、泰伯庙和墓、昭祠堂、大运河(新吴段),省保单位1处彭祖墩、市保单位11处、市控单位9处及三普文物点10处。另有2018年新发现尤家弄—顾更上土墩群和梅里商周遗址。全区大部分文物资源集中在鸿山旅游度假区(鸿山街道)和梅村街道区域内,鸿山旅游度假区(鸿山街道)有各级文物保护单位及文物点26处,梅村街道有泰伯庙、梅里商周遗址、新四军江抗东进纪念馆等文物资源。 (刘保宏)

【不可移动文物保存】 2019年,新吴区开展新一轮文保单位全面修缮保护工程,对文物本体与周边环境、文化生态实行整体保护。推进实施鸿山墓群BH3、BH4、BH5本体保护展示及相关工程、鸿山墓群安防、博物馆安防、泰伯庙修缮、泰伯庙环境整治、大坊桥民居建筑群防洪修缮、大运河滨河生态绿道工程等15项文保工程,大大改善了文物保存状况。完成泰伯庙戟门抢修项目竣工验收。《泰伯庙修缮设计方案》获国家文物局批复,鸿山墓群大遗址安防工程设计获得省文物局批复。加强文保单位的日常管理、保护和排险,先后对净慧寺、昭祠堂内的安全隐患进行排险整治。下拨15万元"四古"保护专项经费对梅村街道开展的泰伯庙文保项目进行补贴。 (刘保宏)

【鸿山遗址本体保护及相关工程开工】 2019年,新吴区实施鸿山墓群BH3、BH4、BH5本体保护展示及相关工程,投资总额6800万元。完成设计方案并获省、市文物主管部门批复之后,2019年8月22日完成施工招标,陕西省文物保护工程有限公司联合陕西久传文物保护有限公司中标。监理工程于9月6日完成招标,河南东方文物建筑监理有限公司中标。9月29日,举行开工仪式,12月底试验区工程完工并通过江苏省文物局专家论证。 (刘保宏)

【鸿山遗址博物馆文物保护加强】 2019年,新吴区完成鸿山遗址精品陈列展览及文物保护数字化项目,于2019年获江苏省博物馆协会"新媒体+新技术优秀案例"、特别推荐案例。完善遗址博物馆硬件设施,完善消控室、监控室管理制度,对文物库房气体灭火器、电气火灾报警系统、安防监控等多处安全隐患进行整改,对水电、暖通、安防、消防、电梯及智能化系统等设备进行维护、维修。 (刘保宏)

【鸿山遗址博物馆文物价值开发利用】 2019年,新吴区鸿山遗址博物馆利用遗址公园、玉飞凤、玲珑球等文物形象开发文创产品,与南京博物院合作共建"江苏省博物馆商店联盟"项目,进行文化创意产品开发销售。开展"5·18国际博物馆日"模拟考古亲子体验、"走进鸿山遗址,传承吴越文化"知识问答活动、博物馆展览进社区学校、文物讲座进学校、暑期夏令营等各类文物保护宣传和文化体验活动。围绕博物馆、大遗址、考古遗址公园等资源的文旅融合、文创产业发展课题,发表了《新形势下博物馆文创产业发展探索》《基于新吴区历史文化元素开展文创产业策划研究》《让文物活起来——浅谈文物数字化保护》等论文。策划设计博物馆系列读本之《你身边的国之瑰宝——编钟篇》。 (刘保宏)

【鸿山旅游度假区参加无锡国际文博会】 2019年12月5日上午,鸿山旅游度假区参加在无锡太湖国际博览中心举办的第九届中国无锡国际文化艺术产业博览会。展位总面积达156平方米,分为文化、生产、生活、生态四个展区,分别展现了鸿山旅游度假区深厚的文化底蕴、良好的产业禀赋、宜商宜居的生活环境和优美的田园生态环境。其中,以全息投影形式呈现的盘蛇玲珑球和玉飞凤完美诠释了科技与文化的深度融合。省文化和旅游厅党组书记、厅长杨志纯,中央美术学院院长、中国美术家协会主席范迪安,省文化和旅游厅副厅长经圣贤,市文化广电和旅游局党委书记、局长蒋蕴洁等领导考察了鸿山旅游度假区展位,区委宣传部、鸿山旅游度假区管理办公室负责人陪同考察。省市领导驻足良久,充分肯定鸿山旅游度假区在此次文博会上的精彩亮相,希望鸿山旅游度假区秉承"融合、创新、高质量"的新发展理念,继续推进鸿山旅游度假区高质量发展。 (刘保宏)

【大运河生态保护修复】 2019年,结合"263"专项行动,新吴区对运河沿线支流进行污染治理,以街区网格的控源截污为抓手,全面推进京杭运河流域环境综合整治,完成 410 个运河流域街区控源截污整改工作。实施面杖港沟通、梁家桥河水系改造、白家浜、香泾浜(南)、宅基浜清淤等工程,使水质得到提升。

(刘保宏)

【梅里遗址考古】 2019年,经过全面勘探、试掘和两次正式发掘,梅里遗址考古工作取得了丰富的成果,共清理和发掘零散分布的灰坑、灰沟、水井、建筑基址等遗迹近200处,获得了大量的印纹硬陶、软陶、夹砂陶和原始瓷等文物。7月20日,梅里遗址考古学术研讨会专家组成员发布了无锡梅里遗址考古学术研讨会专家意见。来自中国社会科学院考古研究所、江苏省考古研究所、上海博物馆、南京大学等单位的文物专家们一致认为，梅里遗址是太湖东岸一处重要的商周时期遗址，从出土遗物判断，时代跨度为商代至春秋时期，遗物特征兼具马桥文化和湖熟文化风格，其中还有部分中原文化元素。这一时期和类型的遗址在梅里古镇区域尚属首次发现，对探讨吴文化的起源及早期面貌特征具有重要意义，与文献记载的“泰伯奔吴”“泰伯居梅里”“伯渎河”等关联性值得进一步研究。（刘保宏）

梅里遗址 （沈生华 摄）

【**无锡梅里遗址考古学术研讨成果新闻发布会**】2019年7月23日上午，无锡梅里遗址考古学术研讨成果新闻发布会在高新区融媒体中心举行，发布会由区委宣传部（文体旅游局）和梅村街道办事处共同举办，30余家中央、省、市级媒体参加了发布会。发布会上，梅里遗址考古工地现场负责人介绍了无锡梅里遗址发掘过程，梅村街道负责人介绍了梅里遗址保护设想。梅里遗址的发布受到媒体和社会各界的广泛关注，新华社客户端、新华网总网及其英语频道、人民网总网、荔枝网、中国新闻网、《科技日报》、《新华日报》、《现代快报》、《扬子晚报》、《无锡日报》、无锡电视台、无锡发布等各级媒体和“学习强国”平台都纷纷刊发了相关报道。截至7月23日中午，新华社客户端阅读量已超过50万次。（刘保宏）

无锡梅里遗址考古学术研讨成果新闻发布会 （沈生华 摄）

非物质文化遗产保护

【**概况**】新吴区全区有1个国家级非物质文化遗产项目泰伯庙会，3个省级非物质文化遗产项目二胡艺术、清水油面筋、撂石锁（无锡花样石锁）；9个市级非物质文化遗产项目蔡阿水羊肉、小阿姨甜酒酿、钱氏古法酿酒、梁孟传说、三馅团子、净慧寺庙会、张中丞庙会、唐调、宣卷等。有1个省级非遗传承人陆林生（二胡），6个市级非遗传承人万其兴（二胡）、强金波（二胡）、周敏妹（宣卷）、徐忠宪（唐调）、蔡阿水（蔡阿水羊肉）、吴祖福（清水油面筋）。（刘保宏）

表7 2019年无锡市新吴区非物质文化遗产一览表

序号	类别	名称	级别
1	民俗	泰伯庙会	国（四）
2		净慧寺庙会	市（一扩）
3		朝阳寺张中丞庙会	市（一扩）
4		三馅团子	市（二）
5	传统技艺	清水油面筋	省（四）
6		小阿姨甜酒酿制技艺	市（一扩）
7		钱氏古法酿酒技艺	市（一扩）
8		江南羊肉烹饪技艺（蔡阿水羊肉）	市（三）

续表 7

序号	类别	名称	级别
9	传统音乐	二胡艺术	省（三）
10		唐调	市（二）
11	曲艺	宣卷	市（一）
12	传统体育、游艺与杂技	无锡花样石锁（摞石锁）	省（四扩）
13	民间文学	梁孟传说	市（二）

【非遗项目传习班】 2019 年，新吴区举办少儿锡剧、少儿泥人、成人锡剧等"非遗"项目传习班。少儿锡剧班授课地点设立在梅村实验小学，传习班学员人数已经逐渐增加至 54 人。小学员们已具备坚实的锡剧知识基础，能够独立进行锡剧表演唱。2019 年春季（3——7 月）、秋季（9——12 月）少儿锡剧班授课 80 学时。少儿泥人班传习基地设立在春城实验小学，进行系统规范地教学，分段分部解读要领，从理论和制作两个方面进行传授。2019 年全年春季（3——7 月）、秋季（9——12 月）授课 64 学时。成人锡剧班设立在鸿山街道文化站，每双周五下午 13 :00–15 :00 上课，学员 42 人。2019 年全年春季（3——6 月）秋季（9——12 月）授课 8 个月，共 32 学时。在旺庄长欣公寓举办成人泥人普及班，学员 15 人，授课 16 课时。在梅村街道文化站举办少儿泥人普及班，学员 12 人，授课 16 课时。（刘保宏）

【非遗展示和体验活动】 2019"文化和自然遗产日"--新吴区文化馆邀您一起看非遗活动在旺庄街道尚泽社区举办，展示紫砂、三让团子、剪纸、锡剧等非遗项目。在新安敬老院、硕放敬老院、文思海辉、静湖社区等单位举办以"匠心独运·太湖船点"为主题的"非遗"体验活动 4 次。在旺庄春雷社区、新安耘林社区、梅村敬老院、梅荆三社区、新安街道居家养老服务中心、新安净湖社区等单位举办"初冬送暖"扎染体验活动 6 次。（刘保宏）

文化市场管理

【安全生产责任履行】 2019 年，新吴区宣传部制定《新吴区文体旅游领域安全隐患排查整治专项工作方案》，编印《新吴区文化体育旅游安全整治督查手册》，制作安全监督工作证，排定责任清单、任务清单、隐患报告制度和隐患排查制度。各相关人员结合行业特点，分片挂钩一个街道板块，针对网吧、公共娱乐场所等安全隐患较突出的文化市场举行现场教学、召开警示会议，与企业负责人现场签订安全生产责任书，坚决筑牢思想防线，按照"排查务必见底、整治必须彻底"要求，压紧压实责任，细化实化措施，坚决履行监管和指导责任，从严从紧抓好文化市场安全稳定。（施敏东）

【扫黄打非行动落实】 2019 年，新吴区深入组织开展"护苗 2019""秋风 2019""清源 2019""净网 2019""固边 2019"等五大专项行动，加大监督管理力度，有效净化了社会环境。通过调查走访、现场检查、查看违规记录将各经营单位守法经营情况分为良好、一般、较差 3 个等级，对于情况良好的一个月进行一次例行检查，一般的一周检查一次，较差的经常检查，做到专项行动有的放矢。加大监管检查力度，将校园周边、城郊接合部、夜市等游商、地摊聚集的地段作为检查重点，发现违法销售、出租侵权盗版及非法政治性出版物的一律予以收缴，从重从快处罚。持续开展中小学校园周边出版物市场集中整治，通过《护苗·网络安全课》和绿书签进校园活动，营造保护未成年人健康成长的文化氛围。加强对邮政书报刊发行的监督检查，严格落实收寄验视制度，封堵非法出版物流入邮政书报刊发行渠道。加强监管，坚决封堵销售传播政治性非法出版物的境外网站，加大政治性有害出版物及相关信息汇总通报等工作力度。（施敏东）

综述

【体育产业融合发展】 2019年，新吴区着手推进“体育+”文化、旅游等融合发展，塑造体育文化精品赛事，利用智慧体育，增强体育活动体验感；大力支持涵盖赛事运营、科技产品开发、智慧AR/VR体验等领域的智慧体育产业园建设，截至2019年，园区已入驻体育企业63家，实现营业收入1.14亿元，同比增长26.9%；汇跑赛事营收超6000万，同比增长12%。完成4家企业2016——2017年省体育产业发展专项资金绩效评价，5家省体育产业发展专项资金项目申报，2016——2018年度省健身俱乐部专项扶持资金过程检查和项目增补入库工作。无锡智慧体育产业园成立调研小组广泛收集国内外体育产业与智慧体育产业发展的创新举措与分析数据，形成调研报告《2019智慧体育产业调研报告》。推进智慧体育(无锡)创新中心建设，国家体育总局旗下的国体认证中心、江苏贝尔实验室共同在智体园打造国内唯一的智慧体育检测认证平台——国体智体检测认证(江苏)中心。2019年已完成智慧体育产业和智慧体育产品检测需求总体发展方向论证、资质申请、团队组建，与北京航天中认共建软硬件测评实验室，正在进行装修、设备进场工作。建设智慧体育产业公共服务平台，凭借无锡物联网技术高地的优势，以园区运营为依托，以智慧体育产业联盟为基础，以资源互通为核心，吸引全省乃至全国的“物联网+体育产业”上下游企业，通过金融服务、产学研用、资源交易、宣传推广、政策对接等方式，构筑智慧体育相关产业的衔接桥梁。 (祁 迪)

【体育行业安全管理】 2019年3月，新吴区组建文化体育和旅游局，作为宣传部挂牌机构，承担全区文化、体育、旅游行业管理职能。新吴区委宣传部(文体旅游局)在原有工作的基础上，依法指导、督促行业领域内相关单位加强安全生产管理，围绕区委、区政府下达的安全生产目标任务，结合文体旅领域行业自身特点，扎实抓好安全生产管理工作。研究制定下发了《新吴区文化体育旅游领域安全隐患大排查大整治专项行动实施方案》，成立整治工作领导小组，编印《新吴区文化体育旅游领域安全整治督查手册》，形成区街合力，规范安全隐患大排查现场检查内容，加大对体育市场经营场所的监管，重点对全区范围内游泳场馆(高危险性体育项目)、健身场馆、室外健身器材等，从安全管理、设施设备、安全训练等各个环节认真排查、整治安全隐患。突出检查游泳场所工作保障机制，特别是游泳池水质、救生、安全、器材、照明等是否符合国家开放标准，人员是否持证上岗。2019年，新吴区监管的体育行业领域生产经营单位未发生安全生产责任事故。 (祁 迪)

【体育基础设施改善】 2019年，新增安装完成1套二代智能健身路径，新建健身路径18套，更新22套；新建25套室外乒乓球桌，10.5套室外篮球架；全区村(社区)基层综合性文化服务中心均设有体育活动室并向社会开放，辖区内18所中小学体育场地向社会开放。新建体育公园1个、健身步道5公里，新增公共体育场地面积9.27万平方米；充分利用辖区内闲置资源，新建2个健身广场，2处室外健身场所，10处室内健身场所，17个其他体育场地。 (祁 迪)

【体育协会与社会组织建设】 2019年，新吴区下发《无锡高新区(新吴区)全民健身设施计划(2016——2020年)的通知》，通过五年计划，大力发展全区各项体育事业。2019年，新吴区文体旅游局着力推进基层体育组织、社区体育健身俱乐部、基层体育协会、社区健身团队等健身组织覆盖到村(社区)。全区现有晨晚练健身点340多处，体育活动人口占58.9%，各级社会体育指导员近2000人。2019年，新增三级社会体育指导员53人，新增7个健身气功站点、近

200人。群众体育特色团队达160多支8000多人,在辖区内广泛开展各类特色体育健身活动。各街道均成立体育分会,建有各类体育单项协会30多个。通过培育体育骨干、体育团队、体育协会等方式,进一步加大体育工作的组织保障和支持。 (祁 迪)

【居民健康素养提升】 2019年,新吴区文体旅游局充分利用各类宣传渠道和载体,推广普及科学健身知识和方法。“无锡高新区在线”官方微信平台上线“健康新吴”专栏,组织开展“健康新吴宣传有奖问答”活动,活动参与人次达4000余人;10月在“高新区在线”开展全区示范健康家庭网络投票,近7万人次参与投票;街道、社区微信公众号结合“全民健身月”、“重阳节”等节日主题,宣传健身知识、惠民政策、区内医疗动态等信息;举办全民健身讲座培训8次,开展科学健身指导讲座26次,培训人数达2000人次以上;全面推进健身俱乐部“互联网+”提升工程,午间、晚间开放式培训,在册会员达到600余人。开展国民体质样本测试工作,贯彻实施《全民健身条例》和《国民体质监测工作规定》。通过建立科学有效的健身数据体系,更好的为全区健身指导工作提供服务,为全民健身计划的实施提供科学依据,推动全民健身活动扎实开展。将国民体质测定16个小项纳入健康体检项目,综合评定受试者的身体形态、机能、素质状况,填写数据登录书,宣扬科普健身理念,号召居民群众采取正确的健身锻炼方法,达到增强体质的目的。新吴区完成2019国民体质测试人数达1万余人,达标率96%,建立体质测试档案,提供测试报告,开具运动处方。 (祁 迪)

【青少年体育教育】 2019年,新吴区各校根据实际,与体育运动学校和团队开展合作共建,创建符合教育规律和学生身心发展规律的学校体育特色项目和品牌,以提高青少年身体素质,培育青少年体育特长,实现“人人有体育项目,班班有体育活动,校校有体育特色”的工作目标。在2018年四所市队校办的基础上,新吴区积极推进市队校办项目落地,2019年南丰小学的空手道市体育运动学校签署了“市队校办”合作协议,推动全区“体教结合”和特色品牌建设工作再上新台阶。2019年新吴区保有青少年体育俱乐部或体育项目传统学校共15家,2019年有15所全国校园足球特色学校,1所全国青少年校园篮球特色学校。2019年新吴区在第二十届省运会周期完成向市队输送并注册人数为109人;开展3次本级裁判员培训;做好省优秀运动员退役安置工作,确保安置率100%的情况下,充分考虑个人能力、素质、特长等方面情况,尽最大程度实现“人岗匹配”,确保安置工作的连续性和稳定性。 (祁 迪)

群众体育

【全民健身活动】 2019年,新吴区各级各类全民健身活动丰富多彩、贴近群众。硕放街道举办参赛人数约200人的羽毛球团体邀请赛和乒乓球比赛两场体育赛事,举办“趣味体育嘉年华”,为社区居民搭建增进友谊、快乐运动的平台,街道老年门球队与周边兄弟街道举办3次友谊赛,以锻炼身体充实退休后业余生活;旺庄街道举办第二届《国家体育锻炼标准》达标测验比赛,连续第八年举办街道元宵节“智力闯关”趣味健身活动,将“益智体育进社区”活动送至辖区内9个社区;江溪街道开展“悦动江溪”广场舞展示活动、乒乓球比赛、羽毛球比赛、扑克牌比赛、趣味运动会、象棋比赛、体育特色团队展示、钓鱼比赛等10余项赛事;梅村街道围绕“乐动·梅里”开展全民健身节趣味运动会共10项比赛,1500人次参与;新安街道依托“心和”全民健身节特色品牌项目,谋划举办一系列赛事活动,开展“乐动新安”全民健身互动体验日活动、五月花海徒步新安方队展示、青年篮球赛、“羽动飞扬”羽毛球赛、百人太极展示、全民健身知识互动课堂等群众性体育健身活动,参与人数达3500人。新吴区文体旅游局策划举行“万科观湖礼著”杯“赏五月花海·看锦绣高新”万人徒步、“何处觅乡愁鸿山看秋收——2019鸿山秋收节暨徒步活动”、太湖渔文化节骑行活动;举办高新区(新吴区)第七届运动会;举办2019“小天鹅杯”海峡两岸城市棒球交流赛、“同唱祖国好幸福舞起来——2019年‘舞动江苏’广场舞大赛”、太极拳(剑)、气排球;在无锡市第一届全民健身运动会《国家体育锻炼标准达标赛》中获得全市第三名的好成绩。 (祁 迪)

【健身气功协会赴韩交流】 2019年4月18日,新吴区健身气功协会代表团应邀参加韩国金海市第43届加耶文化节活动,由新吴区健身气功协会会长亲自带队,分别表演了老功法《五禽戏》和新功法《大舞》两套功法,受到近3000名韩国市民热烈欢迎。健身气功活动在新吴区具有扎实的群众基础,2001年国家体育运动委员会批准成立了新吴区第一家健身气功活动站——群星气功培训活动站点。近年来新吴区积极贯彻落实全民健身国家战略,大力发展推广健身气功,2019年新吴区6个街道已有24个健身气功站点,并通过带培、指导、引导多种方式开展健身气功“五进”公益活动,宣传和推广普及健身气功项目。 (祁 迪)

【“青春心向党·建功新时代”趣味运动会】 为庆祝新中国成立70周年、纪念五四运动100周年,丰富群众文体活动，提高全民健康水平，2019 年 4 月 27 日，2019 "青春心向党·建功新时代" 趣味运动会在锡梅小学室内体育馆举行。来自学校、机关、直属单位、社区的 14 支队伍参加了比赛，参赛的选手们在紧张而又愉悦的气氛中完成了所有项目。（祁　迪）

【"赏五月花海·看锦绣高新" 系列活动】 2019 年 5 月 26 日，高新区成功举办 "万科观湖礼著" 杯 "赏五月花海·看锦绣高新" 系列活动，系列活动主要包括 "五月花海" 万人徒步活动、"岁月留声" 主题音乐会、"年代 show" 主题秀场 3 项子活动。"五月花海" 万人徒步活动，作为 2019 年 "万象高新　E 路有你——健康生活 E 起乐" 网络文化活动重要内容，依托 "网红花海" 的资源优势，将体育运动与高新区创新文化、吴地文化、运河文化相结合，整个赛道充分展示了 "花海、太湖、运河" 的秀美风光。完成徒步活动的选手和群众通过现场的互动开放体验，回味对各个年代的美好记忆，感受新中国成立 70 年来的巨大变化。（祁　迪）

【第七届运动会篮球、足球比赛】 2019 年 7 月 6 日 –7 日，新吴区第七届运动会三人制篮球比赛、五人制足球比赛分别在新之城洛克体育公园和吴正体育中心隆重开赛。来自硕放、旺庄、江溪、梅村、鸿山、新安 6 个街道的 17 支队伍参加了篮球比赛，6 支队伍参加了足球比赛。最终，三人制篮球比赛中，梅村街道、新安街道获得优秀奖，鸿山街道、旺庄街道、硕放街道获得 "体育道德风尚奖"。五人制足球比赛中，江溪街道、硕放街道、旺庄街道获得优秀奖，鸿山街道、梅村街道获得 "体育道德风尚奖"。（祁　迪）

【第七届运动会羽毛球比赛】 2019 年 7 月 13 日 –7 月 14 日，新吴区第七届运动会羽毛球比赛在旺庄街道新光社区枫岚羽毛球运动中心举行，本次羽毛球比赛持续 2 天，来自 6 街道的 70 多名选手参赛。比赛采用小组循环赛和淘汰赛，最终，旺庄街道、江溪街道、梅村街道获得 "优秀奖"，硕放街道、鸿山街道、新安街道获得 "优胜奖"。（祁　迪）

【第七届运动会乒乓球比赛】 2019 年 7 月 27 日，高新区（新吴区）第七届运动会乒乓球街道组比赛在硕放中学体育馆开赛，来自 6 街道 70 多名选手参赛。比赛设置了团体赛和个人赛，采用小组淘汰的方式进行。历经一天的紧张角逐，最终，江溪街道、鸿山街道、梅村街道获得 "优秀奖"，硕放街道、旺庄街道、新安街道获得 "优胜奖"。（祁　迪）

【第七届运动会嘉年华比赛】 2019 年 8 月 17 日，高新区（新吴区）第七届运动会嘉年华比赛在新安中学举行。丰富多彩的竞赛项目吸引了各街道 6 支队伍共计 90 多人参加。最终，旺庄街道、鸿山街道、新安街道获得优秀奖，硕放街道、江溪街道、梅村街道获得 "优胜奖"，江溪街道、梅村街道获得 "体育道德风尚奖"。（祁　迪）

【第七届运动会电子竞技比赛】 2019 年 8 月 17 日，由新吴区人民政府主办，区委宣传部、区文体旅游局承办的高新区（新吴区）第七届运动会电子竞技项目比赛在宝龙广场举行，来自新吴区园区企业的 8 支队伍参赛。预选赛结束后，江森自控队，康明斯涡轮队，宝龙广场队和理昌科技队进入了 4 强。决赛和半决赛有 2 场比赛都打出了 50 分钟的超长战局。广电竞技元工作室的直播间直播的运动会现场收获了将近 24 万人次的观看热度，体现了该次运动会的高人气。最终，宝龙广场队获得了冠军，康明斯涡轮队屈居第二，江森自控队在三、四名的争夺中胜出，获得了季军，理昌科技队获得第四。（祁　迪）

【第七届运动会棋牌比赛】 2019 年 8 月 24 日，由新吴区人民政府主办，区委宣传部、区文体旅游局承办的高新区（新吴区）第七届运动会棋牌比赛在旺庄街道文体服务中心成功举办。来自新吴区各街道和机关园区的 78 名选手参加比赛。本次棋牌大赛采用电子抽签、小组积分制、逐级淘汰方法，分为上、下午共 6 轮比赛。最终，经过一天的激烈角逐，机关园区部扑克比赛中，政法委、组织部、瑞穗银行的参赛选手包揽了前 6 名；街道部扑克比赛中，旺庄街道、鸿山街道、梅村街道获得优秀奖，新安街道、江溪街道、硕放街道获得优胜奖，硕放街道、梅村街道获得 "体育道德风尚奖"。街道部象棋比赛中，江溪街道、鸿山街道、梅村街道获得优秀奖，旺庄街道、新安街道、硕放街道获得优胜奖，旺庄街道、新安街道获得 "体育道德风尚奖"。（祁　迪）

【第七届运动会广场舞比赛】 2019 年 8 月 26 日，由新吴区人民政府主办，区委宣传部、区文体旅游局承办的无锡高新区（新吴区）第七届运动会 "同唱祖国好幸福舞起来" 广场舞比赛在江溪街道新之城购物中心成功举办。该次广场舞大赛分为规定和自选套路两种竞赛方法，来自各街道的 12 支队伍带来 15 个竞演节目。最终旺庄街道、鸿山街道、梅村街道获得优秀奖，新安街道、江溪街道、硕放街道获得优胜奖。团体比赛中江溪街道、鸿山街道、旺庄街道获得优秀奖，新安街道、梅村街道、硕放街道获得优胜奖。体育道德风尚奖由硕放街道和鸿山街道获得。（祁　迪）

【第七届运动会开幕式】 2019 年 10 月 27 日上午，新吴区第七届运动会开幕式在无锡科技职业学院田径场成功举行。区四套班子全体领导，无锡市体育局局长黄浩然出席活动。区机关各部门主要负责人及工作人员代表，2300 多名演出人员以及 34 个代表团方队，共计5000余人参加开幕式。市政府副市长、高新区党工委书记、新吴区委书记王进健宣布运动会开幕，高新区党工委副书记、管委会主任、新吴区委副书记、区长封晓春致开幕辞。开幕式由高新区党工委委员、新吴区委常委、宣传部部长刘霞主持。开幕式入场式上，34个来自区级机关、各街道、国控公司、各行业系统和代表性领军企业组成的代表团方队充分展示了“更快、更高、更强”的奥运精神和“开放、创新、务实、争先”的高新区精神；大型文体表演《江南盛地·锦绣高新》以“开放、创新、务实、争先”的高新区精神为主线，通过《幸福新吴》《活力新吴》《追梦新吴》三个篇章表现新吴人志存高远、追逐梦想、奋力“四个走在前列”、建设“强富美高”新吴区的勇气和决心。运动会开幕式直播实时观看播放量达到59400人次。 （祁 迪）

10月27日，无锡高新区（新吴区）第七届运动会开幕式 （区委宣传部 供稿）

【新吴区第七届运动会】 2019年6月——12月，高新区（新吴区）第七届运动会成功举办。本届运动会由区委、区政府主办，区委宣传部、区总工会、区教育局、各功能园区、各街道等相关部门承办。5月下发《高新区（新吴区）第七届运动会组织方案》（锡新办〔2019〕19号），周密组织、细致谋划，扎实认真做好统筹协调、服务保障等各项工作，确保运动会安全有序、高效进行。分设机关园区部、街道部、中小学部，共设男子足球、男子篮球、羽毛球、乒乓球、扑克掼蛋、中国象棋、电子竞技（英雄联盟）、体育嘉年华、智能体育嘉年华、健身气功、健身广场舞等共17个大项，25个小项，共3000多人参加。其中首次加入的电子竞技项目，使运动会内容更加丰富多样。本届运动会不仅是新吴区全民健身相互交流学习的平台，也展现了全区人民热情奔放、团结奋进的精神风貌，对营造新吴区全民健身的良好体育氛围，增强全民健身意识，提高群众体育水平，有着深远意义。 （祁 迪）

【广场舞大赛获省“最美风采奖”】 2019年9月21日——22日，“同唱祖国好 幸福舞起来——2019年‘舞动江苏’广场舞大赛”在决赛地镇江圆满收官并举行展演活动。 大赛由江苏省委宣传部、省文明办、省文化和旅游厅、省体育局、省文联共同举办。新吴区江溪街道文化站获评“优秀组织奖基层单位”，江溪街道溪之韵舞蹈队脱颖而出，代表无锡市参加该次省级决赛，以自选曲目《点赞新时代》荣获“最美风采奖”。 （祁 迪）

【市全民健身运动会达标赛喜获佳绩】 2019年10月31日，无锡市第一届全民健身运动会《国家体育锻炼标准》达标赛在无锡新体育中心举办，含两市六区以及市机关共9支队伍参加了比赛，新吴区代表队取得第三名的成绩喜获二等奖。 （祁 迪）

【新吴区三级社会体育指导员健身气功培训班】 2019年11月8日，新吴区健身气功三级社会体育指导员培训班在硕放实验小学顺利开班，共吸引全区各街道、各健身气功站点140多名健身气功协会会员参加。该次培训班以健身气功新功法《导引养生功十二法》的教学为主，指导老师从理论到实践给学员进行了详细讲解与示范，培训效果显著。 （祁 迪）

【全国百城千村健身气功交流展示系列活动大赛】 2019年12月7日上午，全国百城千村健身气功交流展示系列活动大赛在春城实验小学成功举办。市体育局副局长李海红，市委政法委副书记卜海良，市委政法委反邪教协调处、市体育总会秘书处、市健身气功协会、区委宣传部（文体旅游局）、区委政法委、区健身气功协会相关负责人参加活动。来自各街道的16支队伍集体展示了国家体育总局推广的健身气功《易筋经》《八段锦》《五禽戏》《马王堆导引术》《大舞》《六字诀》，并就《导引养生功十二法》进行集体赛和个人竞赛比拼。选手们动作流畅，舒展自如，充分展

示了新吴区健身气功会员饱满的精气神以及深厚的基本功。（祁　迪）

竞技体育

【青少年体育竞赛】 2019年，新吴区中小学参加市级比赛17项。区级开展16项赛事，分别是初中组：设田径、篮球、啦啦操、乒乓球、足球共5项。小学组：设田径、乒乓球、轮滑、羽毛球、篮球、足球、排球、武术、游泳、跆拳道、啦啦操共11项。新吴区积极开展青少年校园足球工作，组织新吴区第四届初中生足球联赛，参加此次比赛的单位为全区各中学共有9所学校的18支队伍共272名学生参赛，共进行34场比赛。组织新吴区第四届中小学校园足球联赛，全区17所学校、34支队伍，413人参赛，共进行了80场比赛。足球比赛参与学校远远超过50%。新吴区在全市中小学中率先实现区级校园足球联赛不同年龄、不同学段、不同性别、不同学校的全覆盖。（祁　迪）

【2019“小天鹅杯”海峡两岸城市棒球交流赛】 2019年9月18日，2019“小天鹅杯”海峡两岸城市棒球交流赛开幕式在江苏省棒球运动训练基地隆重举行。国家体育总局手曲棒垒球运动管理中心副主任杨旭宣布比赛开幕，市政府副市长、高新区党工委书记、新吴区委书记王进健致辞，中国棒球协会主席陈旭、中华台北棒球协会秘书长林宗成、市政府副秘书长严健媛、市台办主任相江出席活动，市体育局局长黄浩然主持开幕式，区领导匡辉、刘霞出席活动，江苏省手曲棒垒球运动管理中心、市台办、市教育局、市体育局分管负责人，大陆和台湾领队、教练员、运动员及裁判约400人参加。海峡两岸城市棒球交流赛作为海峡两岸之间的传统赛事，从2011年起采用轮流办赛的方式在大陆和台湾交替举行。经无锡市政府与国家体育总局手曲棒垒球中心沟通，新吴区人民政府成为2017——2023年期间海峡两岸棒球交流赛在大陆的承办方。该次赛事为期5天，共有14支球队参赛，参赛运动员达400余名，分为成人组和少年组（U15组、U12组），经过多轮激烈角逐，最终台北兴富发队、台中台寿保队、台南市队分别获得成人组冠亚季军。台东体中队、无锡市锡山体校队、无锡市东北塘中学队分别获得U15组冠亚季军。无锡市梅村实验小学、金门县中正小学队、无锡市金桥双语实验学校队分别获得U12组冠、亚、季军。为进一步丰富赛事内涵，以球会友、增进友谊，区委宣传部在2019年的活动安排中充分融入两岸文化交流元素，精心策划“你好！无锡”欢迎晚会、“民谣之夜”颁奖晚会、参观新吴区代表性高新技术企业及文化旅游景区等特色活动，同时充分利用新媒体手段扩大赛事影响力，将该赛事办成海峡两岸体育文化交流的品牌项目。9月22日晚，颁奖典礼暨“民谣之夜”音乐晚会在新吴区科技商务中心水广场成功举办。（祁　迪）

9月22日，2019年“小天鹅杯”海峡两岸城市棒球交流赛颁奖典礼（区委宣传部　供稿）

医疗卫生

综述

【医疗机构】 2019 年，新吴区医疗卫生机构 188 个，卫生技术人才 4234 人，医院床位 3043 张，每千常住人口拥有医疗机构床位数 5.34 张、执业（助理）医师数 2.41 人、护士数 2.44 人。新瑞医院正式开业并获批医保定点机构，新安医院、中医医院、康复医院 3 家区级二级医院成功建成挂牌，首家中外合资二级综合医院 -- 无锡凯宜医院获批登记并对外运营。各街道社区卫生服务中心的异地新建和提档升级有序推进，区级公卫机构组织框架、人才队伍、运行管理机制进一步完善，医疗卫生服务能力进一步提升，累计建成市级基层特色科室 7 个，省级 3 个，确认省级基层妇幼健康规范化门诊建设单位 1 家，100% 建成标准化儿童预防接种门诊。成功创建了国家慢性病综合防控示范区、江苏省卫生应急示范区。（吴锡东）

【卫生人才】 2019 年，为进一步加强基层卫生人才队伍建设，发掘优秀管理人才和业务骨干，新吴区民政卫健局制定了《新吴区基层卫生后备干部推荐工作方案》（锡新民卫委〔2019〕5 号），推荐首批 26 名卫生后备干部人才，组织后备干部和基层骨干人才共 54 人参加集中培训，为区级及基层单位人才梯队建设建立完整工作机制。全年共启动编内编外人员招聘 3 次，共招录各类人员 49 人。继续开展农村订单定向医学生免费培养招录工作，共招录 14 名应届高中毕业生。继续落实 2019 年度卫生人才专项基金奖励政策，奖励金额共计 200 余万元。落实全科医师与住院医师规范化培训制度，新增全科医学示范社区实践基地 1 家，选送 15 名医生参加进修、全科转岗或住院医师规范化培训。科研能力进一步增强，新增市级课题 6 项，全年发表论文 42 篇，其中 SCI3 篇，国家核心期刊 7 篇。（王绞呈）

【健康城市建设和爱国卫生】 2019 年，新吴区推进健康新吴建设，完善定期会商、信息报送、分类考核等工作制度，召开领导小组、健康办、联络员等各级会议，组织党员干部专题培训 1 次，开展健康新吴在线有奖问答大型宣传活动。深化“健康细胞”工程，2019 年，共建成省级健康社区 5 个、省级健康单位 6 个、省级健康教育基地 2 个、市级无烟单位 6 个，评选示范健康家庭 60 户、健康家庭 6683 户，新建健康主题公园 1 个、健康步道 2 条、健康小屋 1 个、健康一条街 1 条，升级改造糖尿病主题健康小屋 1 个。巩固发展创卫成果，顺利通过国家、省、市农村无害化卫生户厕督查，鸿山街道建新村、南塘村通过省卫生村复审；开展毒鼠点规范化建设“回头看”工作，新增 6 个社区、5 个单位开展 PCO 专业消杀。（吴锡东）

【人口计生】 2019 年，新吴区全年共受理一孩生育登记服务 3788 例，二孩生育登记服务 3201 例，再生育审批 83 例，出生人数 7793 人，出生政策符合率达到 100%。出生人口性别比控制在 106.6。全年共计发放计划生育农村奖扶资金 979.088 万余元，受益人数 10762 人，发放特别扶助资金 590.86 万余元，受益人数 791 人；硕放街道积极申报市级“连心家园”示范点并顺利通过验收。继续以梅村街道争创“新家庭计划 – 家庭发展能力建设”项目省级试点为引领带动，形成"一街一品"的争创格局。针对性购买公益服务，在新安和鸿山街道分别启动“隔代养育”“食育”等项目，获得社区家庭和服务群众的一致好评。江溪街道的“妇幼健康工程生命 1000 天”项目和旺庄街道的“新巢优贝计划”活动社区全覆盖，在科学育儿、家庭保健、家庭文化方面发挥长足优势。（王绞呈）

【卫生应急】 新吴区全面提升卫生应急综合应对能力，顺利通过江苏省卫生应急工作规范化建设验收。2019 年，区民政卫健局对卫生应急指挥中心进行升级改造，实现了区域互通、决策调度、视频会商、应急管理等功能；开发建设了新吴区卫生应急指挥决策系统，提升卫生应急信息上报的实效性和规范性，提高多部门响应联动的工作效率。加强疾病预防控制工作，认真做好霍乱、手足口病、感染性腹泻等肠道传染病和流感等呼吸道传染病的疫情监测工作，全面落实各项卫生防控措施，对201起预警疫情进行了及时有效处置，处置突发公共卫生事件16起。（王绞呈）

医疗体系建设

【基层卫生】 2019年，新吴区注重提升社区卫生服务能力，建成省级基层医疗卫生机构特色科室3个，市级基层医疗卫生机构特色科室7个。开展家庭医生签约服务，成立家庭医生签约服务团队193个，累计签约36394人。完成门急诊量285.41万人次，出院6469人次。人均基本公共卫生服务经费90.8元。进一步强化医疗机构采购行为监管，巩固基本药物制度，实行药品购销“两票制”，社区卫生服务机构共采购基本药物19434.99万元，药品网采率99.54%。（吴锡东）

【紧密型医联体建设】 全力推进紧密型医联体建设，“市人民医院——新吴区医联体”在2018年签约基础上，以联合病房为抓手，进一步推进“八合一”一体化管理。人民医院派驻业务及管理骨干到新安分院，担任分院副院长和护理部主任，将对口支援力量集中到新安分院，制定了分院的发展计划和专科建设规划。截至2019年底，联合病房开放床位约30张，全面衔接药品目录，全面落实转诊号源优先获取，健康档案、转诊病案无缝衔接，远程学科会诊等系列保障，新安社区卫生服务中心顺利通过江苏省社区医院试点验收。8月20日，副市长王进健主持召开紧密型医联体第二届联席会议，会议围绕“深入府院合作，扎实推进紧密型医联体（新安分院）建设省级试点，构建与新吴区高质量发展要求相适应的卫生健康服务体系”主题，就紧密型医联体签约以来的推进情况进行了阶段性总结，并研究商议下一阶段工作。12月12日，副市长王进健主持召开无锡市中医医院—新吴区医联体合作会谈，双方达成构建紧密型医联体的一致意向。（吴锡东）

【社区卫生服务提档升级】 2019年3月26日，新吴区新瑞医院正式开业对外运营，并依次获得异地就医定点资质，大型医用设备配置证、放射诊疗许可证、临床用血、消毒供应资质。对照社区卫生服务体系短板，按照“中心＋特色”的总体设计，全面推进社区卫生服务机构提档升级工作，按照规划对各街道社区卫生服务中心发展定位进行挂牌筹建。年内成功挂牌成立新吴区新安医院、康复医院、中医医院等三所区级二级医院。后宅社区卫生服务中心异地新建结合儿童医院标准，拟更名鸿山街道社区卫生服务中心，于11月底施工，同时通过参与全市儿科联盟强化专科能力建设；硕放社区卫生服务中心确定新址位置，并对照区妇幼保健院标准，进行图纸论证，完善设计方案；梅村社区卫生服务中心异地新建结合老年病专科医院标准，于9月底启动新建。全面完成新吴区急救分站网络布点任务，江溪急救站于9月通过市急救中心验收并正式投入运行。鸿山急救站的设计方案于10月得到市120的认可并开展改造工程。（吴锡东）

【中医药服务】 2019年，新吴区民政卫健局出台《关于进一步加快推进新吴区中医药事业发展的意见》，进一步完善中医药服务体系，按照二级中医医院标准成功申办区级中医医院，并挂牌邹燕勤、李玉堂名中医工作室基层工作站及王钢省名老中医药专家传承工作室。江溪、梅村街道社区卫生服务中心省级“中医馆”建设项目完成验收工作。推进“中医中药中国行”系列活动，举办大型中医义诊、中医冬病夏治、中医膏方节等惠民活动，2019年组织中医药文化进社区、进学校等系列活动48场，共服务居民（学生）3584人次，发放中医药宣传材料5000份。全区基层医疗机构开展中医药技术培训40场，培训948人次。（吴锡东）

【上海交通大学附属瑞金医院无锡分院开业】 2019年3月26日，无锡市新吴区新瑞医院（上海交通大学附属瑞金医院无锡分院）正式开业，位于新吴区至贤路197号。新瑞医院核定床位501张，设置临床科室29个，并获批临床用血资质。新瑞医院招录医护人员510余名，临床科室学科带头人、执行主任均由上海瑞金医院的医疗专家及业务骨干担任。2019年，新瑞医院门诊52831人次，出院351人次，手术139人次，总收入1833万元。参加健康长三角研究院揭牌成立及上海市、江苏省、浙江省和安徽省签署卫生

3月26日，新瑞医院开业仪式（吴锡东 摄）

健康合作备忘录仪式，区长封晓春代表新吴区政府与上海交通大学附属瑞金医院共同签署了首批重点合作项目，正式确立新瑞医院作为长三角区域一体化项目——江苏医疗中心的目标地位。6月12日，上海市政府副市长宗明、江苏省政府副省长陈星莺共同率队调研无锡市新吴区新瑞医院（上海交通大学附属瑞金医院无锡分院），专题推进长三角医疗一体化合作项目。12月17日，副市长王进健主持召开新瑞医院二届二次理事会议，审议了《关于新瑞医院若干问题的决策意见》、新瑞医院财务预决算情况和对新瑞医院班子的年度考核方案，明确了新吴区委派人员。（吴锡东）

【无锡凯宜医院获批执业】 2019年12月31日，无锡凯宜获批医疗机构执业许可证，位于无锡市新吴区香山路3号。无锡凯宜医院占地面积23895平方米，建筑面积44380平方米，核定床位102张，设置诊疗科目21个。作为全区首家中外合资二级综合医院，无锡凯宜医院引入国际标准管理经验和流程，由ColumbiaHospitalInvestment（HK）Limited（哥伦比亚医院投资（香港）有限公司）与上海凯刚投资管理有限公司合作建成，投资总额1.2亿美元，主要为在锡外籍人士提供外语门诊、病房等医疗服务。（吴锡东）

公共卫生

【疾病预防控制】 2019年，新吴区居民人均期望寿命83.15岁。全区甲、乙类传染病发病率为94.68/10万，控制良好。积极开展预防接种门诊标准化建设，建成标准化儿童预防接种门诊8家，建成率100%。全区1岁以内适龄儿童基础免疫接种率均在97%以上。加强疟疾监测，全年完成疟疾镜检1087例。完善艾滋病检测网络，强化抗病毒治疗，符合治疗条件的感染者和病人接受抗病毒治疗比例达90.2%。干预各类艾滋病高危人群4334人次，娱乐场所高危行为人群干预社区覆盖率100%。艾滋病初筛实验室3个、快速检测点8个，检测各类人群52318人次。立项创建2019年“国家慢性病综合防控示范区”，并顺利通过国家调研组的现场验收。加强重点慢性病监测与管理，累计管理高血压患者50610例，管理糖尿病患者14061例，完成恶性肿瘤随访4565例。提升严重精神障碍患者管理质量，管理患者1873人，各街道“心灵家园”精神康复稳步运行。全区建立了统一的食源性疾病监测体系，共有8家监测哨点医院，覆盖所有街道。新吴区民政卫健局代表队获全市结核病防治实验室检测操作技能竞赛团体一等奖。（吴锡东）

【卫生监督】 2019年，新吴区民政卫健局依法开展行政许可工作，进一步规范审批流程，加强对社会办医的审批指导和服务。继续深化二级及以下医疗机构设置审批及执业登记两证合一制度，2019年新登记医疗机构30家。推进证照分离试点，全面推进公共场所卫生许可告知承诺制，发放公共场所卫生许可证148张，其中承诺制办证的139张。全面落实“三项”制度，优化执法流程，规范执法行为。强化综合监管，加强事中事后监管，开展打击非法行医、消毒产品生产企业、医疗机构消毒质量、医疗废弃物、预防接种、二次供水单位、游泳场馆、集中空调使用单位等27个专项检查。开展大型法制宣传5次，接受咨询650余人次，发放宣传材料4800余份。（吴锡东）

【妇幼保健】 2019年，新吴区活产数为7811人，辖区内助产机构分娩量2915例，可避免孕产妇死亡率0，婴幼儿死亡率2.44‰。全年补服叶酸5110人，乳腺癌筛查25807人，宫颈癌筛查25298人，孕产妇保健和儿童保健管理率均达标。计划生育技术服务总数6931例，无严重并发症发生。加强出生缺陷综合防治，年度孕前优生健康检查1854人次，孕前风险评估3708人次，产科医院完成先天性遗传代谢性疾病筛查2896人，先天性心脏病筛查2494人。全区所有产科医院和社区卫生服务中心全面完成哺乳室创建任务。硕放街道社区卫生服务中心获批新吴区妇幼保健院（筹），新安街道社区卫生服务中心被确认为省级基层医疗卫生机构妇幼健康规范化门诊建设单位。（吴锡东）

【职业健康】 2019年，新吴区民政卫健局承接职业健康职能，起草新吴区加强职业病防治工作意见及相关制度，组织职能部门召开座谈会，落实卫生行政部门、卫生监督机构、疾病预防控制机构职业病防治工作专兼职人员。摸排企业本底，将新吴区内2928家企业纳入职业危害因素本底；启动尘毒专项整治、重点职业病监测、尘肺病随访调查及工作场所现场监测等工作，2019年，完成4家企业现场检查，16家企业职业危害因素抽查。处理职业卫生举报投诉30起，信访1起，针对2家企业涉嫌违反《中华人民共和国职业病防治法》进行立案调查。（吴锡东）

【疾病预防检测】 2019年，人均期望寿命83.15岁。区民政卫健局代表队荣获市结核病防治实验室检测操作技能竞赛团体一等奖。全区甲、乙类传染病发病率为94.68/10万。开展预防接种门诊标准化建设，建成标准化儿童预防接种门诊8家，建成率100%。全区1岁以内适龄儿童基础免疫接种率均在97%以上。建立统一的食源性疾病监测体系，共有8家监测哨点医院，覆盖所有街道。加强疟疾监测，全年完成疟疾镜检 1087 例。完善艾滋病检测网络，强化抗病毒治疗，符合治疗条件的感染者和病人接受抗病毒治疗比例达 90.2%。干预各类艾滋病高危人群 4334 人次，娱乐场所高危行为人群干预社区覆盖率 100%。艾滋病初筛实验室 3 个、快速检测点 8 个，检测各类人群 52318 人次。（吴锡东）

【慢性病防控】 2019 年，立项创建“国家慢性病综合防控示范区”，通过国家调研组的现场验收。加强重点慢性病监测与管理，累计管理高血压患者 50610 例，管理糖尿病患者 14061 例，完成恶性肿瘤随访 4565 例。提升严重精神障碍患者管理质量，管理患者 1873 人，各街道“心灵家园”精神康复稳步运行。（吴锡东）

生命在于舞动

社会生活

综述

2019年，新吴区10大类28项民生实事项目全面完成，城镇居民人均可支配收入6.03万元、增长8.6%。新增企业职工基本养老保险缴费1.70万人。全面开展特困家庭深度救助，发放低保金274.9万元，办理住房救助162户，开展医疗救助194人，发放残疾人两项补贴1025万元，完成特殊困难家庭设施无障碍改造75户，区重度残疾人托养中心正式启用。政府、企业、社会组织共同实施了“爱在新吴”等一批助学、助老、助困、助残项目。退役军人工作“一中心、两站”建设完成，服务保障体系实现全覆盖。

（周　婷　李茂华）

就业创业

【劳动就业】 2019年，新吴区贯彻落实中央和省关于“就业是最大的民生”决策部署，深入实施就业优先战略，全力以赴稳就业、千方百计扶创业，切实促进富民增收。2019年，城镇新增就业1.74万人，位居市第三。企业就业总量44.57万人，位居市第二。城镇登记失业率1.75%，连续5年在低位运行。开展对口帮扶工作，推动宜川、互助两地建档立卡贫困劳动力转移就业61人。（宋伟红　吴薇燕）

【创业扶持】 2019年，新吴区支持自主创业3311人、实现带动就业12201人，均翻两番完成目标。发放创业担保贷款815万元，完成年度任务。

（宋伟红　吴薇燕）

【“人社红五服务月”活动】 2019年，新吴区集中开展第二届人社“红五服务月”活动，规模从18年的18项内容拓展成30项，涵盖“人才服务嘉年华”“招聘就业全覆盖”“专业服务走基层”“政策法规公开课”“执法检查在行动”5大专题，覆盖整个5月。活动共服务企业810余家，服务群众5000余人次，得到省人社厅、市人社局及社会各界广泛关注，先后被中新网、《现代快报》《无锡日报》、无锡博报高新区在线等媒体报道。（李茂华）

【清华大学研究生社会实践基地升级】 2019年，新吴区完成清华大学研究生社会实践活动，组织19名清华大学博士研究生分赴中国电子系统工程第二建设有限公司、无锡凯乐士科技有限公司等6家企业开展9项技术攻关，共上报申请3项发明专利和2项实用新型专利。清华大学无锡研究生社会实践基地荣升“四星级基地”。（储　霞）

社会保障

【人社系统窗口业务练兵】 2019年，新吴区人力资源和社会保障局高度重视市人社系统窗口业务技能练兵比武活动，抽调新吴区人社系统骨干开展集中培训、积极备赛，获市人社系统窗口业务技能练兵比武决赛“优秀组织奖”。区劳动人事争议仲裁院周敏在市级比赛中跻身全市个人前十，随后又代表无锡在省级技能比武大赛中取得个人综合成绩全省第一的佳绩，最终作为省代表参加人力资源和社会保障部举办的人社系统练兵比武全国赛，笔试成绩位列第一，获“最佳风采”奖和全国“人社知识通”奖。（李茂华）

【养老保险】 2019年，新吴区机关养老保险参保人数1165人，事业单位养老保险参保人数4919人，企业参保人数14.57万人。城乡居民基本养老保险保障水平为13%，位居全市第一。企业职工基本养老保险净增缴费人数19573人，位居全市第三。

（宋伟红　卢锦芬　华　健）

【困境儿童保障】 2019年，新吴区按照自然增长机制提高补贴标准。引入专业机构为19名中高危困境未成年人持续开展个案帮扶项目，大力宣传“双保

险”制度，为全区208名困境儿童落实各项保障政策。（殷 婷）

劳动监督与仲裁

【治欠保支】 2019年，新吴区充分发挥协调三方委员会的牵头协调作用，督促各成员单位严格按照治欠保支三年行动计划狠抓落实，确保四项制度按时序推进。在2018年解决拖欠农民工工资考核中被市联席办评为A级，代表市接受国务院治欠保支检查组对省的考核，并赢得考核组肯定。优化企业劳动用工指导服务，精心培育和谐示范项目，培育报送的SK海力士半导体（无锡）有限公司，在全国构建和谐劳动关系先进表彰会上受到表彰。

（沈颖妮 黄 斌 石 磊）

【劳动关系】 2019年，新吴区全年规模以上企业劳动合同签订率100%，工伤认定结案率97%，劳动人事争议仲裁案件结案率100%。开展劳资纠纷的调处化解工作，有效调处和化解43起群体性事件。开展专项服务活动，组织开展春节前后加班和复工情况调研，暑期向579家规模企业发出《关于依法规范接纳在校学生实习及夏季高温津贴发放的友情提示》，聚焦50家重点化工企业开展化工企业劳动用工检查与服务活动，组织36家重点用工企业开展“一对一”保姆式服务。推动基层劳调组织建设，重点培育村田电子、三星电子、希捷公司等多家企业劳调组织。邀请上海仲裁院专家为200余家企业人事和各街道劳资调解员讲解“2019劳动法律法规综合理解与案例适用”讲座。（沈颖妮 黄 斌 石 磊）

居民生活

【城镇居民人均可支配收入】 2019年，新吴区城镇居民人均可支配收入6.03万元，比2018年增长8.6%。（徐伟恩）

【城乡居民人均消费品支出】 2019年，新吴区居民人均生活消费品支出3.13万元。社会消费品零售总额368.9亿元，同比增长9%。（徐伟恩）

退役军人事务

【新吴区退役军人事务局完成组建工作】 2019年，新吴区退役军人事务局于2月底完成组建工作。主要负责贯彻执行退役军人思想政治、管理保障和安置优抚工作政策法规，拟订相关规范性文件并组织实施，褒扬彰显退役军人为党、国家和人民牺牲奉献的精神风范和价值导向；负责军人转业干部、复员干部、离退休干部、退役士兵和无军籍退休退职职工的移交安置工作；负责贯彻落实全区军队转业干部、退役士兵、随军家属及随调家属安置办法及安置计划并组织实施；负责退役军人教育培训、优待抚恤等工作；负责自主择业军队转业干部服务管理、待遇保障等工作，承担军队转业干部安置工作小组办公室日常工作；负责指导拥军优属活动，承担审核、报批、褒扬革命烈士工作；负责优抚对象的抚恤，指导优抚事业单位的管理，承担双拥工作领导小组办公室的日常工作；承办区工委、管委会交办的其他事项。（邓茜文 马正文）

【整体布局规划】 2019年，新吴区区委成立由副市长、区委书记王进健担任组长的退役军人工作领导小组，形成区委退役军人事务工作领导小组统一领导，退役军人事务部门管理指导，区退役军人服务中心和6个街道、101个社区退役军人服务站在2019年5月底全部挂牌成立。（邓茜文 马正文）

【双拥工作】 2019年，积极打造双拥特色品牌，高标准做好双拥优抚工作。召开军政座谈会、双拥工作领导小组会议，成立拥军支前军地协调小组，制定出台《新吴区进一步加强新时代双拥工作的意见》。无锡市在接受全国双拥模范城考核中，四个观摩点有两个位于新吴区，分别是科技职业学院和驻区部队。“八一”、国庆等重要节日，区委、区政府主要领导和分管领导带队，走访慰问驻军部队、困难优抚对象以及军烈属。组织41名重点优抚对象赴荣军医院进行短期疗养，为卧病在床优抚对象提供进行上门巡诊服务。针对当前退役军人涉法问题多、“两参”人员身份鉴定难等问题，积极筹建人大代表、政协委员、现役军人和退役军人代表以及心理咨询、法律、公证等专业人士组成阳光关爱团队，为退役军人提供政策解读、法律咨询和心理疏导等服务；针对当下青年少年国防意识、拥军意识、尚武意识弱化的问题，主动与人武、教育、团委等部门协调，成立新吴区少年军校，6所小学与驻地部队基层连队签订共建协议；针对社区管理服务难以有效覆盖部队家属区的实际，积极筹建驻区部队家属委员会，探索解决部队“三后”问题新途径。（邓茜文 马正文）

【就业安置】 2019年，坚持改进培训方式、拓宽就业渠道、改进方法，不断提升就业安置质量。针对退役士兵的心理特点，开展为期3天的适应性培训，邀请上级机关领导和院校专家教授，介绍当前经济社会发展情况、就业创业优惠政策和选岗择业技巧要领，为退役士兵上好返乡“第一课”。积极参加省第一批退役军人就业创业示范基地创建活动，加强与科技职业技术学院对接，研究探索培训、就业一体化安置方式。拓宽就业渠道，通过微信公众号和APP及时发布就业信息，主动征求退役士兵就业意愿，积极对接区内企业用工需求，协调新新人力资源公司、"一米智蓝"人力资源集团等单位，组织新吴区2019年退役军人专场招聘活动，近50家企业为退役士兵提供300多个就业岗位。改进安置方法，科学制定安置接收方案，认真做好军转干部、退役士兵、随调随军家属等人员的安置接收工作，主动对接个人特长与接收单位需求，实现军转干部和接收单位双满意。

（邓茜文　马正文）

【信息档案工作】 2019年，着力解决好退役军人切身利益问题，确保退役军人群体稳定。建立工作底册，完成退役军人信息采集工作，完善退役军人工作电子档案；找准主要诉求，深入开展"大走访大调研大落实大培训"活动，区、街道、社区三级联动走访优抚对象，送政策、送温暖、送帮扶。实时关注退役军人和其他优抚对象个人生活及家庭情况，建立健全困难退役军人和其他优抚对象"一本账"，加强帮扶解困，把退役军人服务管理工作纳入社区网格；强化责任担当，常态化落实矛盾化解"每天汇总、每周分析、每半月攻坚"工作模式，实行"一案一包、一案一档、一案一策"，集中力量开展化解工作。抓实重点工作，在区委退役军人事务工作领导小组领导下成立工作专班，拟制《新吴区部分退役士兵社会保险接续工作实施方案》。（邓茜文　马正文）

社会救助

【救助政策】 2019年，新吴区出台《关于建立综合性社会救助工作机制的意见》，明确社会救助实施主体部门职责清单，调整新吴区社会救助联席会议成员单位，完善区、街道、社区三级救助服务网络，明确职责任务，实现综合救助全参与、内容全覆盖、信息全共享。低保、临时救助、医疗救助、慈善救助、助学救助、住房救助等救助制度无缝对接，形成救助互补机制。出台《关于修订新吴区"阳光扶贫"监管系统相关职责制度的通知》《关于做好新吴区"阳光扶贫"监管系统日常运行管理工作的通知》，运用"阳光扶贫"监管系统、省市申请救助家庭经济状况核对系统，通过各级自查自纠、交叉检查、循环式逐一核查的方式，全面做好比对复核工作，及时做好各类申请救助新增对象、脱贫对象的信息更新管理，确保救助对象应救即救，应退即退。全年累计发放各类救助资金1500余万元，惠及困难群众4万余人次。（祁　燕）

【慈善救助】 2019年，新吴区开展"爱在新吴"——靶向帮扶进社区慈善活动项目，推出个性化帮扶方案，主要涉及助老、助困、助残、儿童等领域8个项目落地，定期开展丰富多彩的义工服务活动。依托定向捐赠，撬动社会资源参与公益慈善。全年接收慈善捐款129笔共96.58万元，其中定向捐赠70笔共61.2万元，一日捐58笔共32.38万元，零星捐赠1笔共3万元。全年享受阳光助困176人，发放金额20.85万元；享受慈善助学40人，发放金额12.7万元；慈善救助1人，救助金额0.46万元。区慈善超市全年共募集物资金额合计16.18万元，发放物资金额合计11.8万元，接收物资件数为6002件，发放物资件数为3871件，救助1716人次，举办各类慈善公益活动共17场。（祁　燕）

民政事务

【殡葬事务】 2019年，新吴区稳步推进殡葬长效管理，开展违规建设殡葬服务设施专项整治，顺利通过省市级专项督查督导，开展清明文明祭扫，推进公益性骨灰堂建设，殡葬工作信息化水平进一步提高。（殷　婷）

【区划地名工作】 2019年，新吴区做好区划地名工作，完成41条地名命名申报工作。积极推进第二次全国地名普查成果转化，《新吴区地名录》初稿完成，开展2015——2018年地名补录工作，开展锡苏边界线第四次联合检查，维护锡苏边界线新吴——相城段安定团结。

（殷　婷）

【婚姻及收养登记】 2019年，新吴区不断提高婚姻登记、收养登记服务质量和管理成效，全年累计办理婚姻登记3934件，收养登记61件，登记合格率达100%，实现婚姻登记及收养登记"零投诉、零差错、零违规"。（殷　婷）

【社区治理】 2019年，新吴区全面发挥村（居）自治基础作用，发挥村（居）务监督委员会功能，推进村（居）务公开和民主监督工作。开展社区治理服务创新实践书记（主任）项目评选，江溪街道太湖花园第二社区的"和谐太二唯有议治"项目在无锡市101个项目中脱颖而出，荣获一等奖；江溪街道鼎城社区的"'议言九鼎'微自治项目"、太湖花园第一社区的"'太湖群议厅'社区共治议事项目"和新安街道新安花苑第三社区的"'三微合一'让'她力量'发挥'大能量'"分获大赛优秀奖。探索三社联动机制下的社区共建，实施"善议新吴·共治家园"社区议事实践项目，在全区范围内优选12个村、社区作为试点单位，实施议事项目，为在全区实现社区议事平台的规范化、科学化夯实基础，形成一批社区优秀议事案例。（殷　婷）

【社工人才队伍建设】 2019年，新吴区实施"三项计划"分层分类培育社工人才队伍。一是为54名新入职社工定制"雏鹰计划"，提供"理论培训＋跟岗实践"，帮助其适应新角色，做合格社工。二是组织开展

"青藤计划"新吴区社区干部培训班,有针对性地对社区书记主任和骨干社工进行理论、业务等方面的提升培养。三是对220名在岗社工组织开展"磐石计划"。提供初、中级社工师考前培训。2019年,54名社工通过初、中级社工师考试。打造"社工说"系列活动:包括"社工说.社工有观点"辩论赛、"社工说.社工有行动"系列社区治理项目、"社工说·社工有故事"征文大赛,通过线上线下相结合的形式,挖掘优秀社工,发挥示范引领作用,总结经验做法推广社区治理新吴做法,打造新吴区"社工说"特色品牌。区公益发展园获评无锡市社会工作实训基地,全市率先引入线上社工培训平台,三社联动有创新。（殷　婷）

老龄事务

【养老机构建设】 2019年,新吴区大力发展养老机构基础设施建设,启动旺庄养老院、硕放颐养院二期、新安养老院、梅村养老院、鸿山颐养院的规划和新建。全面推进养医融合发展,华卫护理院、江溪夕阳红护理院获批,鸿山街道养老院内设医务室通过备案,完成老年人在养老机构和医疗机构之间卫生健康服务的便捷对接,实现养老机构医疗卫生服务覆盖率100%。全区养老机构床位3242张,其中护理型床位2129张,占比65.67%,每千名老人床位数43张。（王绞呈）

【养老改革】 2019年,新吴区提升居家养老服务能力,规范居家养老服务标准,全区AAA以上居家养老机构达52家。推进居家养老机构社会化运营改革,引进浙江椿熙堂、康乐年华、净慧养老、福康通、柏佳福等专业化养老服务团队进行运营管理,社会化运营率达65.8%。推进日间照料中心提档升级,以新安街道日间照料中心为示范,按照二类标准进行改造,进一步整合资源、完善功能。（王绞呈）

【养老服务】 2019年,新吴区推进居家养老援助服务,全年全区为近万名老年人提供助洁、助浴、心理慰藉、助餐等服务;新安街道居家养老服务中心成为全省首批二类以上居家养老服务机构。通过各街道区域性助餐中心,为1500名老人提供助餐服务,提高特定人员生活质量;为75户困难老年人家庭进行设施适老化改造,改善老年人生活起居环境。成立全区首家养老服务实训基地,为养老管理人员、养老护理员和养老服务志愿者提供必要的业务培训,切实促进养老服务工作量质提升。（王绞呈）

残疾人事务

【残疾人社会服务】 2019年,新吴区全年残疾人基本康复服务覆盖率达到100%。开展全区小学一至三年级学生低视力筛查共20726人41452眼,其中筛查出疑似低视力患者2056名;完成免费白内障复明手术153例;58名精神病人得到免费服药,提供精神病医疗救助及机构康复86人次;开展0——14岁儿童康复训练202人次,建档率100%;发放辅助器具362件;做好年度残疾人基本服务状况和需求信息数据动态更新工作,调查完成率100%,入户率达95%以上;发放老年重度残疾人生活补助2466人次,共145.96万元;普及残疾儿童少年15年免费教育,共向103名残疾学生发放慈善助学金20.4万元,审核发放高中以上残疾学生和残疾人家庭子女奖、助学金95人,共13.05万元;养老保险补贴应补尽补,医疗保险救助应救尽救,商业保险参保率100%,共发放6128人次46.68万元。（陈锡财　张春林　王　哲）

【惠民实事工程】 2019年,新吴区向符合条件的60名残疾人免费适配电动轮椅、向有需求的残疾人配发100台电脑、组织1029名残疾人免费身体检查。新安置残疾人实名制就业77人;新增残疾人实现辅助性就业44名;新增残疾人实名制就业培训118名;举办残疾人岗前适应性训练(实训)班,培训人员实现就业率43%;开设残疾人生活技能、在岗技能、计算机应用、烘焙、饮品及动漫设计等7类培训班,培训残疾人200名;做好企业残疾人就业保障金年审工作,共年审企业523家,录用残疾人1846人。

（陈锡财　张春林　王　哲）

【康复养护中心】 康复养护中心项目是新吴区重大民生工程,按"三位一体(残疾人康复养护中心+旺庄街道社区卫生服务中心+特殊教育学校)"功能定位。1号楼为康复医院(含重度残疾人托养中心),2号楼为新吴区特殊教育学校。项目于2017年6月开工,重度残疾人托养中心于2019年12月启用,入住8名托养人员、30名特殊儿童建档立卡;特殊教育学校于2019年9月正式开学,现有40名残疾儿童就读。

（陈锡财　张春林　王　哲）

【社区康复示范点建设】 2019年,新吴区为进一步完善基层残疾人康复服务条件,满足残疾人就近就便康复服务需求,制订出台《关于街道残疾人之家补充部分康复器材的实施办法》,为肢体、智力及精神类残疾人提供实用、易行、受益广的基本康复训练服务。委托市残联辅具服务定点机构,指导各街道抓好残疾人辅助器具服务中心(站)、示范性社区康复站(室)及残疾人之家与社区康复融合示范点建设。各街道残疾人辅助器具服务中心(站)、社区康复站(室)于6月底建成。开展盲人按摩进残疾人之家服务,7月起为在残疾人之家工疗、农疗及其他有需求的残疾人提

供保健按摩、健康咨询等职业康复服务，扶持视力残疾人就业创业。（陈锡财 张春林 王 哲）

【困难残疾人家庭宜居工程暨无障碍改造】 2019年，困难残疾人家庭宜居工程纳入新吴区“为民办实事项目”，无障碍改造列入“省为民办实事项目”。为确保组织领导到位、物资准备到位、改造效果到位，区残联研究制定《新吴区困难残疾人家庭宜居工程暨无障碍改造实施方案》，将无障碍改造与宜居工程融合推进实施。按每户1.5万元标准，预排45万元经费，委托市残联定点机构，按照一户一设计的原则，重点对30户残疾人家庭卫生间、厨房、卧室、周围出行环境进行宜居、无障碍化改造，获得残疾人家庭认可。（陈锡财 张春林 王 哲）

【党建助残】 2019年，新吴区借助外企党建助残服务中心，聚集百余家企业组成10个企业党建微联盟，分别与6个街道残疾人之家、4个助残社会组织结对，围绕向脱贫攻坚倾斜、向共建共享聚焦、向就业增收发力、向群众困难解忧，开展以企业党组织为核心、党员为骨干，职工共同参与的“党建+志愿助残”公益活动，提供项目支持、资金支持及志愿者服务支持，内容涉及残疾人就业、文化、艺术、心理、康复、残疾人之家设施、残疾人家庭无障碍改造等多方面，资金总额累计达500余万元。（陈锡财 张春林 王 哲）

【残疾人就业服务】 新吴区残疾人就业供求服务中心和辅助性就业劳动产品调配中心建成以来，在推动全区残疾人就业增收工作上，坚持精确掌握、精细服务、精准帮扶，2019年，劳动年龄内残疾人就业率达84%，位居全市第一。残疾人就业供求服务中心服务面覆盖全市，累计完成就业年龄段残疾人摸底调研2125名，接待有效求职残疾人（实名制登记，符合就业条件）461名，实现正规就业138名，上门登记企业56家，开发岗位96个，处理残疾人劳动争议27起（冲突2起、旷工13起、违纪12月起），举办残疾人专场招聘会7场，培训508人（包括岗前及在岗培训），与华润、夏普、索尼、特江科技等60余家企业达成长期合作关系。辅助性就业手工劳动产品调配中心累计登记16家企业信息，在原有产品基础上新增剪纸、立体封套、798倒地开关、贺卡、儿童科学材料包等多项手工劳动产品，调配覆盖全区12个残疾人之家，年服务残疾人超过80000人次，为残疾人创收近20万元，助力残疾人之家常态化运行。（陈锡财 张春林 王 哲）

【残疾人体育】 在2019年8月举行的全国第十届残运会暨第七届特奥会上，区残疾人运动员许振清、王莉、史栋伟在男子4×100米接力、110米栏、坐式排球等项目上勇夺3银1铜；在10月举行的全省第九届残疾人健身周旱地冰壶比赛中，区参赛运动员邹亚华、周健、庄春雪和王东青获团体亚军。

（陈锡财 张春林 王 哲）

【残疾人代表严三媛获“全国自强模范”称号】 2019年，旺庄街道残疾人代表严三媛获“全国自强模范”称号。5月，在第六次全国自强模范暨助残先进表彰大会上发言并受到习近平亲切接见。

（陈锡财 张春林 王 哲）

社会组织

【社会组织数量】 截至2019年年底，新吴区共有在册登记的社会组织312个，其中社会团体93个、民办非企业单位219个，同时备案组织达到842个，社会组织数量稳步增长；社会组织规范化不断提升，全区累计拥有AAAA级社会组织4家，AAA级7家。（祁 燕）

【无锡市首家区级社会组织党建服务平台】 2019年，新吴区打造无锡市首家区级社会组织党建服务平台——“新锋益家”，以党建引领公益、公益助推党建的发展理念在新吴区公益发展园中得以具体体现，基本形成“一体两翼”（“一体”：“新风公益党建联盟”，“两翼”：公益发展园和社会组织党建服务平台）的服务格局。（祁 燕）

【“千社结对千村(居)”行动】 2019年，新吴区积极引导社会组织参与“千社结对千村(居)”行动。针对社会组织不同的业务领域和服务范围，鼓励创建各类形式的帮扶项目，最大程度发挥自身优势，打造优秀公益品牌。社会组织服务质量不断提升，加强了新吴区“三社联动”，在激发基层活力、加强基层治理中发挥了重要作用。（祁 燕）

表8 新吴区部分注册登记社会团体一览表

序号	社会组织名称	序号	社会组织名称
1	无锡市新吴区计划生育协会	32	无锡市新吴区梅村街道商会
2	无锡市新吴区江溪街道商会	33	无锡市新吴区社会工作协会
3	无锡市新吴区鸿山街道青年商会	34	无锡市新吴区美术家协会

续表 8

序号	社会组织名称	序号	社会组织名称
4	无锡市新吴区篮球协会	35	无锡市新吴区佛教协会
5	无锡市新吴区鸿山癌症康复协会	36	无锡市新吴区医药质量管理协会
6	无锡市新吴区老科技工作者协会	37	无锡市新吴区新安慈善协会
7	无锡高新区（新吴区）人民对外友好协会	38	无锡市新吴区援手志愿者协会
8	无锡市新吴区梅村癌症康复协会	39	无锡市新吴区环保行业协会
9	无锡市新吴区空港经济开发区商会	40	无锡新吴区阳光志愿者协会
10	无锡市新吴区旺庄街道商会	41	无锡市新吴区水滴志愿者协会
11	无锡市新吴区健身气功协会	42	无锡市新吴区印刷行业协会
12	无锡市新吴区智慧健康行业协会	43	无锡市新吴区鸿山街道乐乐义工站
13	无锡市新吴区餐饮协会	44	无锡市新吴区梅村二胡行业协会
14	无锡市新吴区安徽五河商会	45	无锡新吴区空港贤君公益协会
15	无锡市新吴区老区建设促进会	46	无锡新吴暖阳扬志愿服务协会
16	无锡市新吴区鸿山街道商会	47	无锡市新区梅村向日葵－泰伯义工站
17	无锡市新吴区社区矫正工作协会	48	无锡市新吴区癌症康复协会
18	无锡市新吴区泰伯陵吴文化交流协会	49	无锡市新吴区人大工作研究会
19	无锡市新吴区互联网行业协会	50	无锡市新吴区新安欢乐送义工俱乐部
20	无锡市新吴区足球协会	51	无锡市新吴区总商会
21	无锡市新吴区企业文化联合会	52	无锡新吴区会计协会
22	无锡市新吴区平安志愿者协会	53	无锡市新吴区国土资源学会
23	无锡市新吴区泰伯文化研究会	54	无锡市新吴区鸿山街道慈善协会
24	无锡新吴区创业创新促进会	55	无锡市新吴区江溪街道慈善协会
25	无锡市新吴区游泳协会	56	无锡市新吴区旺庄街道慈善协会
26	无锡市新吴区职工文化体育协会	57	无锡市新吴区医疗机构管理学会
27	无锡市新吴区星火爱心协会	58	无锡市新吴区硕放街道慈善协会
28	无锡市新吴区城市绿洲新市民子女协会	59	无锡市新吴区梅村街道慈善协会
29	无锡市新吴区益草堂老龄协会	60	无锡新吴区人力资源工作协会
30	无锡市新吴区乐援公益互助协会	61	无锡市新吴区慈善总会
31	无锡市新吴区欣悦月亮妈妈协会	62	无锡市新吴区外商投资企业协会

生态环境

综述

【概况】 2019年,新吴区突出环境问题得到缓解,污染防治攻坚战成效显著,区域环境质量持续改善。空气环境质量实现双达标,旺庄国控大气点位环境空气质量PM2.5平均浓度为41微克/立方米,管控成效初显,为2013年以来最优;优良天数比率为71.4%,同比提升1.4个百分点,两项指标均完成年度目标。水环境质量稳中趋好,4个“水十条”国、省考断面达标率100%,优Ⅲ比例连续3年保持75%。9条河道综合整治断面达标率77.8%,优Ⅲ比例66.7%,同比提高11.1个百分点,增幅较市平均高出13.3个百分点。土壤环境质量总体保持稳定。 (惠 尉)

【环境保护宣传教育】 2019年,新吴区充分发挥“世界环境日”“世界水日”“生物多样性日”等重大环保纪念日的独特平台作用,以“蓝天保卫战,我是行动者”为主题,开展环境保护宣传“四进”和“公众看环保”系列活动12场。广泛营造生态环境宣教舆论氛围,组织开展1期全区范围重点企业环保培训班,持续做大做强品牌公益活动,首创新吴区EHS峰会推动企业在新形势下落实环保主体责任,“蒲公英”环保启蒙教育活动持续开展第11年,提出绿色快递概念推进苏南快递产业园绿色发展工作。以“绿色创建”带动环境教育推广和普及,锡梅实验小学创建省级绿色学校。全区各中小学充分开展各类宣传教育活动,中小学环保知识教育面比例达到100%。调动各类环保社会组织和志愿者参与环境保护,9篇“环境守护者”案例入选省级优秀案例。“一图一故事”案例《环保人的“朋友圈”》等50余篇报道登上生态环境部官微、《中国环境报》、“学习强国”、江苏生态环境、无锡生态环境、《无锡日报》等平台。(陈 怡)

12月5日,新吴区“蒲公英”环保启蒙教育活动现场
(陈 怡 摄)

【节能降耗】 2019年,新吴区以先进制造业新增用能为主体的全区综合能源消费总量增速较快。2019年,全区规上工业总能耗165.98万吨标准煤,同比增长2.7%。根据SK海力士二工厂、华虹半导体芯片、海力士M8、法液空、乐友新能源正极材料、力特半导体和恒云太云计算数据中心项目,及其他在建重大产业项目新增能源消费的估算,到“十三五”期末,全区新增能源消费总量将达到58万吨标煤。为完成市下达的总量目标任务,在打赢“区域能源总量控制”攻坚战的同时确保包括海力士M8等全区在手在建重大产业项目顺利实施,须通过能源消耗替代来进行能源总量控制。 (王 鹏 张 帆 吴 敏)

【工业企业评价控能】 2019年,新吴区优化工业企业评价和工业集中区提档升级工作机制及政策体系,研究制定工业企业资源利用绩效评价办法和差别化政策;开发企业评价分析系统,构建全区工业分布云图;以评价结果为依托,推进工业集中区提档升级。根据2018年全区规上工业企业等级评价初步结果,计划对评为D类的全区14家企业实施最严格的用能管理措施,同时对2019年企业经营困难、发展无望

的D类企业加快实施企业关停或者产业转移。

（王 鹏 张 帆 吴 敏）

【C类企业节能】 根据2018年全区规上工业企业等级评价初步结果，2019年，对评为C类的全区127家企业积极开展节能技术改造专项活动。通过、鼓励企业积极开展节能技术改造、淘汰高能耗设备并替换节能设备、合同能源管理、分布式光伏屋顶发电新能源替代等多种方式，有效降低企业能源消费。

（王 鹏 张 帆 吴 敏）

【工业节能和循环经济重点项目】 2019年，新吴区以重点工业节能和循环经济项目为抓手，跟踪项目建设实施，确保每个项目按申报时序进度顺利完工并竣工验收，通过关键生产耗能环节的优化提升、新型节能设备的购置、余热回收利用等多种方式，有效降低企业能源消耗，提高企业经济效益。

（王 鹏 张 帆 吴 敏）

【分布式光伏发电新能源替代】 2019年，新吴区以全区“十三五”期间已建在建拟建的115个分布式光伏屋顶发电项目为工作抓手，继续发挥新能源项目对现有全区电力消耗的有效替代，实现清洁能源消费和绿色能源替代。根据《关于无锡新区加快推进分布式光伏发电的工作意见》和《关于无锡新区促进光伏产业持续健康发展的若干意见》，组织区内重点分布式光伏项目的申报，2019年共拨付分布式光伏项目补贴资金914万元。 （王 鹏 张 帆 吴 敏）

环境质量

【水环境质量】 2019年，新吴区列入全市整治计划的9条河流中，达标河流为7条，达标率为77.8%，较2018年上升11.1个百分点，优Ⅲ类水体比例为66.7%，较2018年上升11.1个百分点，其中望虞河312国道桥断面、古市桥港古市里桥断面、大溪港大溪港桥断面、承泽坟桥断面、张塘河新造桥断面、徐塘桥河徐塘桥断面水质符合Ⅲ类标准，京杭大运河望亭上游断面水质符合Ⅳ类标准。区级河长制监测断面，年平均断面达标率45.4%。 （朱琰美）

【空气环境质量】 旺庄站点为新吴区境内唯一国控点。2019年，旺庄站点PM2.5年平均浓度为41微克/立方米，比2018年下降2微克/立方米；优良天数占比为71.4%，比2018年上升1.4个百分点。新吴区所属区域内的5个空气质量监测点位（旺庄站、吴博园站、科技园站、梅村水厂站和硕放站）PM2.5累积平均浓度为39微克/立方米，较2018年下降3微克/立方米，空气质量优良天数比例为94.0%，比2018年上升16.2个百分点。 （朱琰美）

【声环境质量】 2019年，新吴区昼间区域环境噪声等效A声级为59.0分贝，夜间区域环境噪声等效A声级为48.6分贝，城市区域环境昼夜噪声质量等级均为三级，对应评价等级为一般。65分贝（A）以上高声级覆盖面积比为零，较上年保持稳定。（朱琰美）

土地资源保护

【耕地保护】 2019年，新吴区落实耕地“五重”保护机制，出台《新吴区耕地保护责任考核办法》，建立长效管护机制，超额完成市政府下达的耕地保有量不低于4.64万亩、永久基本农田不低于0.34万亩的保护任务。 （徐小涛）

【林地保护】 高标准完成造林任务1350亩，造林合格率达到96.2%，顺利通过上级验收，林木覆盖率上升0.409%。 （徐小涛）

【湿地资源保护】 规范大溪港省级湿地公园、梁鸿国家湿地公园等自然湿地管理，自然湿地保护率达到82%，全市第一；成功创建“三化”示范村1个。（徐小涛）

11月13日，江苏省林业局营造林实绩核查工作组赴新吴区开展2019年度营造林实绩核查工作，新吴区以合格率96.2%的优异成绩通过核查 （徐小涛 摄）

水资源保护

【水利工程建设与管理】 2019年，新吴区望虞河除险加固工程顺利通过省水利厅组织的竣工验收，望虞河西控工程全面收尾。区属河道栏杆维修及新建工程、蚂蟥浜清淤工程、夹蠡河南段沟通工程、香泾浜（沪宁高速—梅育路）新开工程、徐塘桥河综合整治工程、谈家桥河沟通工程、周泾河（新韵北路—西仓浜）工程、周泾河沟通工程（高浪路—梅西路）、西仓浜（金城东路—群新路）河道工程等水利工程均按期完成。六个街道持续推进河道清淤整治工作，尤其是鸿山街道结合农村人居环境整治提升工程加大对伯渎港、张塘河沿线支浜的综合治理力度，成效显著。规范水利工程管理，通过除险加固、泵闸站大修改造、新建等工程措施对新吴区55处区属泵站、水闸工程实施标准化创建；通过政府采购方式统一外包泵闸站等水利工程运行管理，对闸站建筑物确权划界范围内的水工建筑物、机电设备、上下游引河、引河堤防、办公生活设施实施全面规范管理，形成全区统一的管理、运行、调度模式，利用信息化手段科学决策、科学管理，最大化发挥防洪保安、常年不间断生态调水的经济、生态、社会效益。太湖、京杭运河、望虞河、伯渎港、大溪港等五条骨干确权划界年度工作任务中的划界工作通过验收，成果已向社会公布；借助省骨干河道确权划界工作的推进，将区属70条（不含新安街道）河道统一规范化管理，分为两个标段通过政府采购确定长效管护单位，管护内容包括河道日常巡查，河道管理范围垃圾清理，确保河道水面无漂浮物，堤防、岸线管护，栏杆零星维修管护等工作，全面打造水清岸绿、整治有效的新吴区河道管理体系。（顾　峰）

【水资源管理工作】 2019年，新吴区用水户取水62.9万立方米，其中地下水2.5万立方米，地表水60.4万立方米，共征收水资源费29.33万元。年内创建省级节水型学校1个（市新吴区春星小学）、省级节水型企业2个（中和羊绒（无锡）有限公司、久保田建机（无锡）有限公司）、省级节水型单位1个（新区欣荷大酒店）、省级节水型社区1个（旺庄街道春潮园一区南区）、节水减排示范项目1个（格兰富水泵（无锡）有限公司——涂装危废水回用项目）、市级节水型学校1个（市新吴区泰山路实验小学）。2019年，新建一口Ⅱ承压地下水位自动监测井，实时监测地下水位；完成取水工程（设施）核查登记工作，共登记取水项目22个，包括8个企业取水项目和14个农业灌溉泵站。（王金娥）

【河长制管理】 2019年，新吴区因机构调整和人员变动，为确保河长制工作的全覆盖，对河长制工作领导小组及各级河长名单进行调整，召开全区河长制工作推进会，对街道、村（社区）两级河长进行培训。为进一步压实河长责任，方便河长履职，在原有的河长制信息化管理平台上，新增30个拥有黑光功能的监控点位，用于实时监控重点河湖断面，对水位及河面漂浮物进行预警，并配套出台《新吴区河长制管理信息平台考核办法（试行）》。为有效减少河湖显见性问题，推动河湖综合整治工作，2019年4月起，区河长办每月发布明察暗访通报。到2019年年末，全区共有213名三级河长，其中区级河长21名，街道级河长86名，村（社区）级河长106名，履职6000余次，有效推动全区水环境质量的提升，河长制“有名”到“有实”。2019年，全区4个国省考断面、5个重点水功能区水质达标率100%，9条环境综合整治河道考核断面达标7个，达标率77.78%，优III比例66.67%，省级交办的 5起“三乱”问题全部完成销号，河湖“两违”整治完成年度目标。（杜聿辰）

【蓝藻打捞】 2019年，新吴区高度重视太湖安全度夏工作，从3月起，全面开展蓝藻（水草）打捞处置准备工作，编制完成2019年新吴区蓝藻打捞处置和湖泛巡查工作方案，修订蓝藻打捞工作方案、应急处置预案，通过打捞机制规范化、打捞队伍专业化、打捞工作科学化、打捞技术现代化、处置工作智能化等“五化”举措扎实开展全区蓝藻打捞和处置工作。全年共出动人员1.41万人次、出动打捞船1584艘次、运输船1168艘次，累计打捞蓝藻10.3万吨、水草3645吨，产出藻泥3707吨。（王　骏）

污染防治

【污染源普查】 2019年，新吴区组织开展污染源普查对象（5类源共5032家）基础信息审核与修改、污染物排放量核算和数据分析比对。集中修改污普数据50余次，集中交叉审核数据2次，迎接市级以上现场核查5次；采用ACCESS审核、指标间逻辑关系审核等手段，查找、分析、修正问题数据；对接农业、建设、民政、统计等部门，开展数据横向核实比对和分析；完成新吴区第二次全国污染源普查工作报告编制和技术报告编制；在市级历次通报中，全区污普工作质量稳居全市前列，污染源普查技术报告和专题报告均被评为“市污染源普查优秀报告”。（殷松江）

【水污染防治】 2019年，新吴区围绕年度“水十条”计划，深入实施城乡污染治理、加油站油罐改造、水生态保护、清洁化改造等4大类10个重点工程项目。狠抓污水处理设施提标建设，新城水处理二厂已投入试生产，出厂水质达到准Ⅲ类地表水，在国内同类城镇污水处理厂中处于领先水平。打好长江保护修复攻坚战，按照“水陆统筹、以水定岸”原则，全面完成重点区域入河排污口排查；完成15个入河排污口复核。推进加油站地下油罐防渗改造，全区13个民营加油站点有12家完成改造任务，1家停业整改。（赵春晓）

【大气污染防治】 2019年，新吴区推进大气治理重点项目，市下达的VOCs治理、餐饮业油烟治理、油气回收在线监测、工地扬尘在线监测、锅炉低氮改造等152个项目全部完成。区下达的43家VOCs治理任务，26家餐饮业油烟治理任务全部完成。加大夏秋季臭氧管控及秋冬季重污染天气管控工作力度，做好重污

染天气应急响应及空气治理保障，新增一批符合豁免条件的企业纳入豁免名单，完成全年空气质量达标。（王　宁）

【土壤污染防治】 2019年，新吴区推进重点行业企业用地调查，新增重点行业企业调查对象28家，全面完成134家调查对象第一阶段工作。启动46家重点行业企业第二阶段调查工作，完成海力士等3家省级重点监管单位周边土壤及地下水监测工作。组织辖区300余家重点单位进行《中华人民共和国土壤污染防治法》宣讲培训。强化土壤污染源头控制，完成电镀企业整治效果现场核查评估。强化污染地块风险管控和治理修复工程监管，初步建立风险管控及修复目录。无锡能之汇环保科技有限公司的等离子熔融危废焚烧项目形成9900吨/年危废处置能力，并取得危废经营许可证。（殷松江）

【重金属污染防治】 2019年，新吴区强化电镀行业企业整治工作，组织开展电镀企业整治效果现场核查评估工作，跟踪推进核查评估电镀企业整改完善工作和长效管理情况。强化重点行业重点重金属管理，完成38家全口径重点行业企业重点重金属核算评估工作，为重点重金属减排、重金属重点防控区专项整治及涉重重点项目的审批夯实基础。落实重金属减排工作，全年申报重点重金属减排项目3个，减排重点重金属187.2公斤，减排量全市第一，减排比例全市第二。落实涉镉等重金属排查整治工作，排查出全区涉镉企业2家，其中全厂关停企业1家、生产线关停企业1家。（殷松江）

【大气走航监测】 2019年7月，新吴区正式启动为期3个月的大气精准治理(第一阶段)工作，依靠激光雷达及走航车，实现整个城区范围快速精准溯源，搭建"新吴蓝天保卫工作群"沟通平台，每日通报走航监测日报及异常点位现场排查问题表，逐步锁定以机动车尾气、扬尘、餐饮油烟为重点的精准治理导向。通过颗粒物走航共发现影响大气环境问题(颗粒物)98起，其中，建筑工地不规范作业问题26起，道路扬尘16起，道路施工问题13起；通过激光雷达扫描，进一步缩小巡查范围，聚焦机动车尾气及扬尘管控突出问题。通过VOCs走航，重点在新吴区旺庄国控点周边5公里范围内及5大主要工业园区开展"点穴式"走航溯源，覆盖全区约100平方公里，共发现VOCs污染异常点共计156个，立案查处37家，处罚金额323.5万元。（朱琰美）

监督执法

【环境执法检查】 2019年，新吴区通过开展化工环境安全隐患、太湖安全度夏、入湖排污口排查、大气精准治理等一系列专项行动，直击全区环保"痛点"，使用VOCs走航监测车，对区域内多点位、多种VOCs气体实时在线监测，迅速锁定重点嫌疑企业，"精准滴灌"式执法被《无锡日报》等媒体专程采访报道。2019年1——12月共出动环境执法人员3555人次，检查企业1422家次；立案处罚173家，处罚金额1954.3万元，查封扣押25起，停产限产4家，移送刑事拘留2件。其中检查核与辐射单位105家，涉源企业17家，核与辐射以及"双随机"检查率均达到100%。（严　荔）

2019年8月26日，voc走航车发现一家企业处理设施没有开启，环境执法人员赴现场进行检查

（严　荔　摄）

【环境执法服务】 2019年，新吴区制定"环境处罚学习积分补过"试行制度，制度的推行达到"双赢"的预期效果。同时对每起行政处罚案件企业负责人进行约谈，力争通过沟通取得对方的认同和理解。提升企业的主体责任意识，力争让服务变为更主动、更精准、更高效的监管，多次获赠监管对象送来的锦旗和感谢信。（严　荔）

【环境信访投诉】 2019年1——12月，全区共处理环境信访数1055件，较2018年同期减少331件，同比下降23.8%，到部去省信访数44件，较2018年同期减少56件，同比下降56%。结合全区环境信访工作实际情

况,进一步完善信访月、季统计分析研判制度,并每季度就各街道信访情况及要求下发通报,针对热点问题及时通报属地,协同解决化解。（严 荔）

【环境执法监督】 2019年,新吴区监管上利用物联网技术技防代替单一人防,采购执法用无人机、安装污染源在线监测、用电工况监控。应用省生态环境厅统一移动执法系统,做到执法过程和证据固化留痕。按在编在岗人员数量配备足额的执法终端,包含平板电脑、便携式打印机、带定位的执法记录仪、全省统一的执法系统等一系列先进设备,满足现场制作笔录,第一时间上传云端要求,保证执法全过程的规范高效。（严 荔）

2019年8月26日,环境执法与监测人员在voc走航车内开展巡查（严 荔 摄）

湿地公园

旺庄街道

【概况】 旺庄街道区域面积43平方公里，位于高新区（新吴区）核心地带。街道下辖16个社区（筹建组），户籍人口6.9万人，常住人口22万人。2019年，旺庄街道紧紧围绕高质量发展目标，牢牢把握“稳中求进、稳中奋进”的主基调，结合“不忘初心、牢记使命”主题教育，进一步解放思想、真抓实干、开拓创新，全街道高质量发展取得新突破。全年完成公共财政预算收入13.08亿元，同比增长5.4%；完成规模以上工业产值263.55亿元，同比增长6.2%；社会消费品零售总额、重点服务业收入分别同比增长9.1%、8.6%。2019年，旺庄街道先后获得省“敬老文明号”、省社会教育先进集体、省第四次全国经济普查优秀集体、省级健康单位等荣誉。

（陈 超 华晓鹏 缪 毅 赵 雯）

表9 2019年旺庄街道社区（筹建组）基本情况一览表

社区名称	地址	户籍户数（户）	户籍人口（人）	常住人口（人）
新光社区	新光嘉园8——11	2428	6446	12629
春雷社区	荷花井1号	1519	4467	8767
红旗社区	大尤巷一号旁	1700	4700	11635
春丰社区	春潮花园二区187号	1854	3627	14783
群星社区	群星社区鲍庙桥108号	1131	3584	8184
高浪社区	高浪嘉园80号	833	2363	9120
联心社区	联心嘉园5号	1639	1750	20250
长欣公寓社区	长欣公寓159号	1717	5269	8316
春潮园第一社区	春潮园一区70——2号	2049	5653	10782
春潮园第二社区	春潮园一区253号	2082	5749	10286
春潮园第三社区	春潮花园二区43号	2714	4323	9766
春潮园第四社区	锡士路468号三楼	2141	5863	14980
长江社区	长江北路11——37	885	2211	6786
新洲社区	高浪东路25号	1619	4375	4806
尚泽社区	湘江路6号三楼	1460	3753	4325
嘉城社区筹建组	正大万物城42号三、四楼	40	120	3500

表 10　　2019 年旺庄街道上市企业一览表

序号	证券代码	证券名称	类型	企业名称	企业地址	上市日期
1	600475	华光股份	主板	无锡华光锅炉股份有限公司	省市高新区（新吴区）城南路 3 号	2003 年 7 月 21 日
2	300680	隆盛科技	创业板	无锡隆盛科技股份有限公司	省市高新区（新吴区）城南路 231——3 号	2017 年 7 月 25 日
3	831285	常欣科技	新三板	无锡常欣科技股份有限公司	省市高新区（新吴区）城南路 209 号	2014 年 11 月 15 日
4	832990	创达新材	新三板	无锡创达新材料股份有限公司	省市高新区（新吴区）城南路 201——1	2015 年 7 月 24 日
5	833112	海宏电力	新三板	江苏海宏电力工程顾问股份有限公司	省市高新区（新吴区）龙山路旺庄科技创业中心 B 栋 8 楼	2015 年 8 月 13 日
6	834763	万力粘合	新三板	市万力粘合材料股份有限公司	省市高新区（新吴区）长江南路 17——17 号	2015 年 12 月 18 日
7	839890	外贸印刷	新三板	外贸无锡印刷股份有限公司	省市高新区（新吴区）机场路 59 号	2016 年 11 月 29 日
8	870397	佳利达	新三板	江苏佳利达国际物流股份有限公司	省市高新区（新吴区）锡兴北路 1 号	2017 年 1 月 4 日

【招商引资】 2019 年，旺庄街道聚力招商选资“一号工程”，围绕打造先进制造先行区域，强化产业招商，突出高端装备制造、新能源、人工智能和 5G、生物医药，健全完善招商机制，培育招商队伍，赴深、湘、京、沪、杭等地精准招商，全年到位外资 2700 万美元，完成新批超亿元重大项目 9 个，其中超 10 亿元以上项目 2 个。华美 5G 等 8 个项目完成签约，威孚精机 T8 联合厂房项目开工建设，罗益生物医药等 5 个重大技改项目已进入收尾阶段，伊格尔独立研发中心等项目已竣工投产，TDK 扩产项目将于 2020 年 2 月投产。　（高理燕）

【项目投资】 4 月 19 日，旺庄街道与 TDK-Lambda 株式会社签约的 TDK-Lambda 中国总部项目战略合作协议签约仪式举行，项目总投资为 5 亿元人民币，计划新建厂房面积 15200 平方米，其中研发中心面积不少于 3000 平方米，研发人员达 100 名，将于 2020 年 2 月投产。5 月 15 日，范德威尔（中国）纺织机械有限公司举行新增项目投资协议签约仪式暨 20 周年庆典。2018 年，公司销售额达到 5.61 亿元，上缴税收 3600 余万元。公司计划于 2022 年前完成智能化工厂改造，新增项目总投资超 1.5 亿元。7 月 10 日，伊格尔密封研发（无锡）有限公司开业仪式，总投资 8000 万元。11 月 12 日，第七大道上市总部项目正式落户旺庄街道，并举行项目签约仪式，成为第七大道开展游戏研发、运营业务的主体和总部。11 月 27 日，旺庄街道举行 Dodospace·融智新空间启用暨旺庄菁耘荟成立仪式。　（高理燕　夏　敏　周莲）

2019 年 11 月 27 日，旺庄街道举行 Dodospace·融智新空间启用暨旺庄菁耘荟成立仪式　（旺庄街道　供稿）

【科协第一次代表大会】 12 月 13 日，旺庄街道召开科学技术协会第一次代表大会，区科协主席郭中华，街道相关领导，街道科协 72 名代表参加。大会选举产生科协第一届领导班子，设主席 1 名、副主席（兼职）2 名。　（缪　毅）

【产业转型】 2019 年，旺庄街道坚持产业升级和引育人才“双轮驱动”，构筑现代化产业新体系，培育发展新动能，打造经济发展新引擎。完成高企入库 46 家，净增高企 29 家，创建省工程技术研究中心、市级技术研究中心各 3 家，新增市雏鹰企业入库 5 家，瞪羚企业入库 11 家，准独角兽企业入库 4 家，新增火炬中心科技部科技型中小企业101家，企业创新梯队进一步得到扩容；完成产学研项目8项，新增省“双创人才”1人、“双创博士”2人，“太湖人才计划”6人、团队1个，人才创新创业机制进一步完善。加快企业科创板上市步伐，奥特维、芯朋微已申报科创板，在会待批。扎实推进街道工业园区提档升级，全年关闭、整改“散乱污”企业198家，清理低效企业101家（含拆迁和“263”清理），提升低效标房1.2万平方米，腾出土地150亩，并投入1600万元实施工业集中区综合环境改造提升工程。 （赵丽华 缪毅 吕可 高理燕 汪敏南 周莲）

【产城融合】 2019年，旺庄街道重点打造旺庄智能装备小镇、科技创业中心，进一步优化生产力布局。智能装备小镇建设有序推进，已完成小镇客厅装修基础方案、装修立项和招投标，新增市级智能车间1家，申报省级智能车间2家，完成省级特色小镇材料申报，站前三期地块167亩土地出让，实现土地经营性收入9.5亿元。旺庄科技创业中心，联合市金投、区新投合作设立市金程高新创业投资管理有限公司，注册成立1.2亿元的“融智引航基金”，是高新区第一支纯国有的天使投资基金。（高理燕 宣云峰 周莲）

【棚户区改造】 旺庄街道2019年完成拆迁总量20.23万平方米（其中住宅569户、11.75万平方米），完成全年任务，其中扫尾灭点完成3个，确保完成项目完成3个，加快推进项目完成2个。安置房建设大力推进，新光嘉园10号房于5月底完成交付，共136套房源，建筑面积1.3万平方米；新光嘉园二期、春丰苑一期、红蕾佳苑一期三个棚改项目全面开工建设。 （朱翔 秦振兴）

【城市管理】 2019年，旺庄街道结合示范街区连片整治，推进长江路片区、春潮花园二区片区和宝龙一新地假日广场片区改造提升，春潮一区、机场路、埌下小游园，旺庄东路、泰山路沿线改造，锡春路包装出新等工程均已完成；全力开展优美环境合格区建设，全年合格率达100%，优良率达100%，7.5万平方米的拆违任务全面完成；街道所有安置房小区全面实施封闭式管理，停车难问题得到有效改善，高浪嘉园正式实施物业服务外包工作，物业服务整体效能、居民满意度得到大幅提升。城市居民小区生活垃圾分类覆盖率达100%，垃圾分类设施覆盖率达100%。 （华伏兵）

【社区治理】 2019年，旺庄街道社区治理创新不断加强，开展社工“分层培力计划”“燃跑社工”技能大赛、上海跟岗学习等培训，总计500多人次参训，提高社工人才培养的实效性。旺庄街道各社区（筹建组）共有持证社工101人，其中社会工作师37人。“微爱旺庄”社区微治理品牌趋于成熟，16个公益项目累计开展活动201次，服务人数达3390人次，有效盘活社区、社会资源；发挥益创空间“三社联动”效应，服务各类人才400余人次，辖区居民1.6万余人次。 （鲍佩萍）

【民生改善】 2019年，旺庄街道投入2.88亿元实施8大类27项民生实事项目，其中春星小学一期改扩建、新社区卫生服务中心已投入使用，春潮农贸市场提升改造工程将于元旦投入使用，正大凯悦幼儿园将进行室内装潢，高浪小学扩建、养老院新建工程已开工建设。不断提高残疾人之家助残服务水平，完成退役士兵信息采集，居家养老服务中心被评为省、市两级“敬老文明号”，旺庄乐龄配餐被评为市级“敬老文明号”，各类参保人数均实现净增长。

（朱国清 邹浩良 过敏洁 秦振兴）

2019年10月12日，旺庄街道隆重举办“不忘初心 牢记使命、融智逐梦新时代”主题文艺汇演

（旺庄街道 供稿）

【康复医院、重度残疾人托养中心、社区卫生服务中心启用仪式】 12月12日，新吴区康复医院、新吴区重度残疾人托养中心、旺庄街道社区卫生服务中心举行启用仪式。作为新吴区民生领域的一件大事、实事，新吴区康复医院、新吴区重度残疾人托养中心、旺庄街道社区卫生服务中心的启用，将为旺庄街道乃至新吴区医疗卫生事业发展注入新的动力，将为辖区及周边群众提供更加优质的医疗保障服务。 （钟小强）

2019年12月12日，新吴区康复医院、新吴区重度残疾人托养中心、旺庄街道社区卫生服务中心举行启用仪式 （旺庄街道 供稿）

【环境治理】 2019年，旺庄街道由主要领导挂帅，实体化运作污防攻坚办，坚决打赢三大攻坚战，生态环境持续优化，完成“四个一批”化工企业整治、新地假日广场餐饮油烟示范街创建，严格落实进博会、秋冬季大气管控期间限产减排措施；完成14个小流域整治工程，消除17条劣五类河道，全面落实“河长制”长效管理工作。 （吕 可 刘福贤）

【社会治理】 2019年，旺庄街道持续加大网格化管理、矛盾纠纷、扫黑除恶、安全隐患等的排查、调处和管控工作力度，不断提升依法行政工作水平，围绕专题法治、重点对象等开展普法宣传活动，着力抓好街道、社区两级人民调解委员会规范化建设，将矛盾纠纷排查与扫黑除恶专项斗争工作结合起来，完善健全群体性、突发性事件处理机制，有效预防和妥善处理2起群体性突发事件；创新网格社会治理机制，构建群众、公益组织、志愿队伍等多元共治格局，获2019年度市网格化社会治理优秀镇（街道）。深入开展扫黑除恶专项斗争，收到、核查线索8件，摧毁恶势力犯罪集团1个，涉恶团伙9个，破获涉恶案件48起。化解信访积案6件，进京上访和非正常上访案件压降30%以上。 （胡敏洁 朱建良 罗年康）

【安全生产】 2019年，旺庄街道深刻吸取各地安全生产事故教训，城市安全常抓不懈。深入开展防灾减灾宣传活动，提高全民防灾减灾意识和技能。深入开展城市安全集中整治，检查企业9201家次，参与检查5120余人次，聘请专家653人次，发现隐患3636条，整改隐患 3484条，街道安全生产形势总体平稳向好。 （章斌斌 朱建良）

2019年5月9日上午，无锡市2019年防灾减灾宣传周启动仪式在街道文体中心广场成功举办 （旺庄街道 供稿）

硕放街道

【概况】 硕放，以苏南（硕放）国际机场为中心，北至锡梅路，东侧以环太湖高速、沪宁高速公路为界，南至京杭大运河和望虞河，西抵新梅路、新韵路，规划面积55.88平方公里，实际管辖面积为26.21平方公里，下辖27个村（社区）居委会（含筹建办），常住人口约14万人。拥有全国文保单位昭嗣堂。

表11 2019年空港经济开发区（硕放街道）村居社区基本情况一览表

村居社区名称	地址	负责人	户数（户）	户籍人口（人）
大墙门居委	硕放街道经发七路17号	周品华	869	2700
东新居委	硕放街道丽景佳苑三期172——1	吴福民	263	758
香楠居委	硕放街道香楠村裕安一路北	曹建军	348	1287
安桥居委	硕放街道南星三路23号	曹建峰	322	1512
建丰居委	硕放街道经发三路16号	过洪祥	86	306
秦村居委	硕放街道经一南路与锡勤路交叉口北200米	张 明	421	1384
溇金居委	硕放街道经九路西	王 伟	622	1868

续表 11

村居社区名称	地址	负责人	户数(户)	户籍人口(人)
墙联居委	硕放街道唐南路 79 号	浦国栋	905	3368
墙裕居委	硕放街道墙宅路与裕丰路交叉口南 100 米	王纪国	219	686
黄家门居委	硕放街道长江东路 251 号	俞菊明	286	1038
硕放居委	硕放街道华友中路高速路出口南侧硕放村厂区内	王　赟	59	149
杨家湾居委	硕放街道墙宅路 802 号	杨　勇	234	872
新梅路居委	硕放街道新梅路村俞家里 1 号	邹贤伟	410	1142
合新居委	硕放街道丁更上 44 号	方　浩	549	1539
振发社区	硕放街道振发路 116 号	戴　敏	1024	2656
润硕苑社区	硕放街道润硕苑 44 号	徐海邦	769	3011
新锦园社区	硕放街道盈发路南	吴　帆	1232	2933
咏硕苑社区	硕放街道咏硕苑 156 号	谢莹婷	1720	4687
硕放街道社区	硕放街道墙门西路 37 号	薛政一	1502	5535
南星苑一社区	硕放街道南星苑三区	朱梅生	1524	3800
南星苑二社区	硕放街道南星二路 101 号	周家明	3802	4501
丽景佳苑一社区	硕放街道丽景佳苑 31 号	张辰奇	404	1234
香楠佳苑社区	硕放街道香楠佳苑 7 号	朱　明	650	1750
锦硕苑社区	硕放街道锦硕苑 37 号	朱佳昌	274	437
吉祥社区	硕放街道通祥路 19 号	李　萍	621	1760
丽景佳苑二社区	丽景佳苑二期 172——1	韩晓邦	331	1032
丽景佳苑三社区(筹建组)	丽景佳苑 238 号 101 室	曹建军	9	21

(唐钰倩)

2019 年,硕放街道完成规模以上工业总产值 354 亿元,同比增 9.9%;完成固定资产投资 30.8 亿元;社会消费品零售额完成 109 亿元,同比增长 9.2%;完成财政总收入 24.89 亿元,其中一般预算收入完成 14.15 亿元;2019 年空港经济开发区在省级开发区中的排名,从 123 位提升到 78 位。　(唐钰倩)

【招商引资】 2019 年,空港经济开发区新引进项目 11 个,其中先进制造业项目 8 个,生物医药项目 2 个,独立研发中心 1 个,总投资 30.6 亿元,达产后新增年产值 50 亿元,新增税收 3 亿元以上。其中航亚科技航空发动机关键零部件项目总投资 10 亿元以上,2021 年建成,2022 年达产,达产后将实现销售收入 20 亿元。深南电路总投 5 亿元以上,再投入年产电子装联产品 3000 万片项目;力特半导体投资 2 亿元以上,再投入电力保护器件二极管项目。　(唐钰倩)

【项目投资】 2019 年,空港经开区共计竣工项目 11 个(航亚科技二期、江松科技、深南电路二期、会通新材料、复星国药、华东重机、新林五金、科里斯特二期、瑞菲艾伦、格尔顿、医人健康);特恒科技、亮嘉新材料、美高帝机械、栖霞建设、瑞霆生物、昶生塑业 6 家企业开工建设。全年挂牌出让 4 个地块、255.5 亩,列入区 15 个重大建设项目,计划总投资 72 亿元,2019 年开工 7 个,竣工 9 个,完成投资 32.8 亿元。　(唐钰倩)

【主导产业】 2019 年,快递物流业迅速壮大,成为新的增长点。建成物流公共平台 2 家,引进和培育年营业收入超亿元现代物流企业 7 家,其中超 5 亿元 2 家;2019 年,26 家物流企业实现营业收入 35 亿元,同比增长 11.5%,占服务业总营收的 5.8%,比 2018 年同期增长1个百分点。现代商贸业持续攀升，业态不断优化。引进和培育跨境电商企业4家，引进年交易额超亿元电子商务企业1家和超亿元销售中心1家，招引品牌商贸企业2家和连锁品牌店铺2家。（唐钰倩）

【科技创新】 2019年，空港经济开发区制定出台《关于进一步推动科技创新创业和人才发展的若干意见》《推进高质量产业发展政策意见》，推行科技服务外包、提升科技服务水平，新注册科技型企业70家，新增区科技企业认定68家，申报国家高企45个，认定省级高企入库37个，新增入库市雏鹰企业21家、瞪羚企业8家、准独角兽企业1家，申报区领军人才创业项目2个。完成科技型中小企业评价入库92家；2个项目入选区创业领军人才项目，2个企业人才团队入选市领军型团队。加大科技创新研发投入，集聚创新资源。新增新型研发机构1家，签约产学研合作项目3个，兑现科技企业政策扶持匹配资金115万元。无锡祥生医疗科技股份有限公司成为无锡市首家在上交所科创板成功上市的企业；航亚科技正式进入上市辅导期。（唐钰倩）

【城市管理】 数字城管监督指挥中心和34个单元网格城管工作站达标建成并投入使用，完善“一长五员”制度，制定单元绩效考核制度。接收一体化信息案件达44113件，到10月的合格率达到100%，优良率91.17%。2019年共拆除违法建设共104631平方米，完成年度拆违任务，同时基本实现“全面遏制新增违建，有效治理存量违建”的工作目标。签署市容环境卫生责任书807份，查处店外经营、取缔流动摊贩2000余起，暂扣经营车辆700余辆，基本消除辖区内无证摊贩、露天烧烤、大排挡、店外经营现象。开展专项整治行动，共计拆除违规户外广告、店招标牌318个，取缔25米以上广告6个，取缔乱设撑牌约580起，清理“三乱”小广告1900余处，涉及“套路贷”500余处。规范停车管理，改善交通秩序，违章停车贴单3200余张，僵尸车拖车120余辆，清理共享单车900余辆。清理各类垃圾400余吨，拆除非法港口码头违法建设1600平方米，成功覆绿14000万平方米。围绕示范管理街区打造，做好背街小巷提升改造、里夫泾浜生态景观提升、安置房小区连片整治、公厕新建和提升改造等项目，1座新建公厕已建设封顶，正在施工装修；5座改建公厕已完成4座。（唐钰倩）

6月14日，空港经济开发区（硕放街道）召开拆迁拆违、城市管理百日攻坚战动员大会 （硕放街道 供稿）

【社区治理】 2019年，开展“致美空港1.0”社区服务大赛，挖掘“有创新、有成效、小而美、同参与”的社区治理项目。社区项目全面开花，共筛选出13个项目，落地11个社区，结项11个，资金17余万元，共开展活动174场，服务6424人次，居民自治程度不断提高，社区特色、品牌建设逐步展现；着力培育“五有”社工，持续开展“社工成长·新星计划”分阶培训、分类管理，提高专业性，成立“硕放街道社工协会”，创作《硕放街道社工之歌》，建立科学有效的社区工作者管理体系。村、社区共有社工233人，40周岁以下128人，持助理社工师、社工师共54人，40周岁以下持证率为42%。（唐钰倩）

【民生改善】 2019年，优化民生实事，文化中心综合性健康活动基地通过市级连心家园验收，辖区内公共文化设施面积达1.9万平方米。丽景佳苑三期17.7万平方米已竣工。丽景佳苑二期幼儿园9月1日投入使用。丽景佳苑小学的腾地拆迁完成。硕放社区卫生服务中心新建工程规划设计、颐养园二期建设、智慧养老机构设施建设和护理型床位改造加快推进。完成18个村级股份经济合作社的成立工作，为广大村民创收增收提供基础保障。做好村（居）撤并试点工作，结合各村集体资产改革工作进度，启动1个村的撤并工作，做好15个村、社区完成22名“两委”班子成员的补选工作。（唐钰倩）

【公共文化服务】 2019年，进一步优化提升公共文化服务水平，免费开放街道图书馆，全年新增图书近3200册，现有馆藏1.9万册，每月流通量约2500册。举办各类“书香读书节”系列活动20余场，参与人数达1000人。开放乒乓室、评曲展示馆、微雕馆、健身房等；启动建设黄良起艺术馆，推进“翁氏义庄”修复，协调推进昭嗣堂保护规划。组建100多人的文化志愿者队伍；进一步创新群众文化生活载体平台，开展睦邻文化节、“中国曲艺之乡”名城曲艺展演等多场活动。创作编排无锡评曲《老娘舅做寿》和原创舞蹈《寒灰重暖生阳春》。空港经济开发区特色文化服务“大墙门书场”全年接待人数约8万人次。积极打造“中国曲艺之乡”文化名片。进一步规范净化文化产业环境秩序，与文化业主签订安全生产、文明守法经营承诺书。联合公安等部门开展“扫黄打非”，发挥网吧义务监督员职能。（唐钰倩）

【环境治理】 2019年,完成"散乱污"企业整治268家,其中关停取缔155家,整改提升113家;完成劣五类河道治理9条,扎实开展控源截污小流域整治,规划地块完成率73.7%, 排水户完成率82.9%。辖区68条河道全面落实"河长制"长效管理,40名河长全年共巡河2816次,发现并及时联合处置污水排放、岸角垃圾等各类情况122起,共处理河道垃圾421车约530吨,打捞蓝藻、水葫芦13车约70吨。大力整治村庄环境卫生,2019年共清理各类垃圾8000立方米,拆除违建面积约7万平方米。完成太阳能路灯亮化、村道硬化优化、垃圾分类箱工程等工程。全力做好"大棚房"专项清理整治,顺利处理违法违规占用耕地问题18处,拆除各类房屋棚舍5821.7平方米,恢复耕地43.8亩。组织开展重污染天气管控、港口码头扬尘、VOCs、餐饮油烟和秸秆禁烧等专项整治活动。做好已拆除非法码头的覆土复绿工作,规范提升码头的扬尘治理,完成削减VOCs8家企业,完成餐饮油烟综合治理2个点位。强力推进"四个一批"专项整治工作,完成3家关停任务,2家提升任务。 (唐钰倩)

6月4日,"碧水蓝天家园美生态文明空港城"环境保护宣传月启动仪式暨"六·五"环境日主题活动

(硕放街道 供稿)

【安全生产】 2019年,共计召开各类安全生产会议51次,检查各类单位约14065家次。针对重点领域、重点行业、重点区域,确保责任落实到位、隐患排查到位、整改落实到位。在上半年安全生产大排查大整治中,共排查隐患2024条,全部整改到位。10月,开展城市安全集中整治,各专委会共检查单位6629家次,完成整改隐患2453条,停产停业170家,关闭取缔104家。各村(居)社区检查场所6047处,已整改隐患1286条。列出重点监管企业74家(涉爆粉尘21家,有限空间25家,高温熔融18家,涉氨企业5家,电子危化品使用企业2家,危化品生产企业1家,危化品使用企业3家,危化品经营带储存企业5家,一般化工企业6家,9家零售经营(点)店);开展"厂中厂、小园区"专项整治工作,迅速组织安监、城管、网格员和第三方人员力量深入企业进行重新摸排,共计排查企业183家,停产停业27家,关闭取缔1家。 (唐钰倩)

江溪街道

【概况】 江溪街道,位于市东南,新吴区北端。东接梅村街道,南与旺庄街道相邻,西隔古运河与梁溪区相望,北与锡山区东亭街道、梁溪区广益街道和江海街道交接。沪宁铁路、京沪高速公路、312国道以及本市的太湖大道、金城东路均穿越本街道。广南立交、景云立交、景渎立交和金城路公铁立交亦在该街道境内。街道总面积25.37平方公里。2019年有社区居委会25个,社区筹建组1个、村委2个,辖区总人口数289198人,其中户籍人口114785人,外来流动人口174413人。2019年,江溪街道紧紧围绕争当全区高质量发展领跑者目标定位,以打造"产城融合示范区、宜居宜业品质城"为方向,在对标领跑中精准发力,在解放思想中攻坚克难,综合实力始终位居全市街镇板块"第一方阵"。2019年,江溪街道完成地方一般公共预算收入16.6亿元,同比增幅8.7%;规模工业产值207.1亿元,同比增幅2.5%;固定资产投资69.69亿元,其中工业投入9.62亿元,同比增幅6.9%;全社会消费品零售额162.82亿元,同比增幅9%;重点服务业营业收入14.6亿元,同比增幅11.6%,部分指标排名全区街道板块前列。 (左 杰)

【项目投资】 2019年,完成市、区10个重大项目投资22.9亿元。全年招引项目87家,其中科技企业62家,人力资源、物业类企业14家,基金、股权投资类企业11家,COCOSPACE入驻企业总数达到26家。高新区金秋经贸节上,12个重点项目完成集中签约,总投资约124亿元,进一步补强壮大江溪城市产业链。春城西侧地块完成110千伏国际变站址规划变更,全年压降债务总量1亿元。羊腰湾10号地块经过9家开发商111轮竞价,最终以总价27.51亿元 、溢价4.08亿元、溢价率17.42%出让,成为新吴区首宗破万元地块。新世界北侧400亩闲置土地经过多轮次艰苦谈判,与深圳新世界集团签约。启动联东U谷·江溪智能互联科技园项目建设,规划建造3-6层厂房及研发公办载体,打造智能互联科技园区。建设"迪马(无锡)科技智慧港"项目,探索采用"企业入股、资产置换"新的合作模式,打造产、研、配套一体化产业园区。投资8000万元改造提升8条园区道路,园区营商环境不断优化。居然之家金城路店重装开业,全

方位转型升级打造以家居为业多业态的新零售综合体验MALL，实现线上线下融合。新之城全生活广场投资1.6亿元，引入中高端业态，全面提升商场品质。工博园累计盘活各类商业、办公载体6万余平方米，载体招商率达到73%，商企、商户总数突破1000家。（左　杰）

【资产清核】 2019年，江溪街道推进股份合作社资产核查工作，以规范资产管理为导向，统筹建设“三资”监管信息中心，规范化审批街道资产配置、经营性资产管理、政府采购和招标项目，出台街道农村集体经济组织“三资”管理办法，成立了由合作社董监事会、报账员、老党员代表、村民代表等组成的清产核资清查小组，聘请2家会计师事务所、4家测绘公司提供技术支撑，建立各股份合作社农村集体资产、资源明细台账，对集体所有的资产、资源进行登记、归档，据实反映集体资产的数量、种类以及经营使用情况，按照时间节点推行透明化管理，实现三轮公示，增强股民知情权，20个股份经济合作社资产清产核资全部完成并公示。全面落实低效厂房清理及统计工作，完成2.6万平方米低效厂房的清退，开展房东型企业标准厂房建档入册，梳理出税库外企业68家。（左　杰）

【科技创新】 2019年，江溪街道围绕集聚一批、招引一批、孵化一批，打造以高新技术企业为重点、“雏鹰企业”“瞪羚企业”为主体、“准独角兽企业”为引领、大中小企业梯次并进的创新矩阵。2019年，净增国家高企认定数15家、新增省高企入库数31家、市“瞪羚”企业培育入库数8家、“雏鹰”企业培育入库数10家，准独角兽企业培育入库数1家。火炬中心科技部科技型中心企业评价入库数97家，区科技企业认定数40家，研发机构1家，产学研项目签约数3个。入选省双创创新人才1人、太湖人才4人，为街道高质量发展提供了强有力的科技人才支撑。（左　杰）

【城市管理】 2019年，江溪街道累计完成拆迁总量17.6万平方米，其中住宅172户、非住宅24户，完成风雷H8、叙康路北侧、大竹园、邱巷4个地块“扫尾灭点”，解决叙康路北侧以及F4-6地块内锡海纺织矛盾问题。启动街道数字城管指挥分中心，在市年终考核中，34个管理单元合格率、优良率实现“双百”目标。统筹推进市容环境连片整治、示范商业街区建设、道路包装出新、背街小巷高标准整治、“奋战50天”集中整治行动、“公厕革命”、垃圾分类、违建拆除等重点工作任务。全面实施市政、环卫、绿化、“三乱”、亮化照明、市容秩序以及23个村巷背街小巷保洁市场化运作，90%以上道路纳入交通严管，新增停车位1500余个，绿地2.8万平方米，充电桩建设292个，城市面貌得到提升。（左　杰）

【社区治理】 2019年，江溪街道从“激发社工新能力、释放群团新动能、链接项目新资源、激发工作新思维”四个维度推进社工发展，实施“益聚江溪”、“议治江溪”、“菁英计划”、“高校研修课堂”社工游学计划，培育“最强社工”，搭建议事协商平台43个，通过协商民主程序解决问题56个，惠及居民4.3万人。太二社区荣获市2019年社区治理服务创新实践“书记（主任）项目”一等奖。（左　杰）

叙丰里社区——景渎立交旁的风景　（朱晓艳　摄）

【民生改善】 2019年，江溪街道制定街道“10大民生实事工程”，加大政府投入，启动第二社区卫生服务中心项目、叙丰家园E区安居房项目，推进江溪都市生活中心建设、中海幼儿园装修及叙丰幼儿园加固工程，完成10个凉亭改造工程、3所小学改扩建工程。建成街道居家养老服务中心1家、社区居家养老服务站21家，实现居家养老服务机构全覆盖。全面推进“脱贫攻坚”，为低保、残疾人、特困老人、孤儿失独家庭等发放各类救助补助近1000万元，选派两名人员赴青海省互助县开展技术扶贫，分别出资22万元和26.8万元帮扶宜川县集义镇花椒苗圃建设和幸福院捐赠项目，完成15户特定困难老年人家庭住宅生活设施适老化改造。系统开展“连心家园”“心灵家园”“安康关爱行动”育龄妇女免费健康普查与两癌筛查工作，完成450人无偿献血任务。实施就业优先战略，新增就业2705人。全年净增社保缴费人数825人。优化教育资源配置，新创建市优质园3家、省优质园2家，建立全区首家校外培训机构党支部。大力开展“悦·江溪”公共文体服务，系列开展文化、阅读、体育等多元活动。组建成立退役军人服务站，获得“省信息采集先进单位”。街道人武部获得省“基层武装工作先进单位”。 （左 杰）

南山慈善家园 （江溪街道 供稿）

【新吴区江溪都市生活中心项目开工仪式】 3月16日，新吴区江溪都市生活中心项目开工仪式举行。该项目是2019年市首批重大项目的重要组成部分，也是区街两级排定的年度重大民生工程。项目位于金城东路北侧、机场路东侧、锡士路西侧，总投资超5亿元，总占地面积约3万平方米，建筑面积超10万平方米，预计2020年底前竣工开业。项目建成后，将形成集农贸市场、商业休闲、行政服务等为一体的综合性、复合式业态格局，在提升城市品质、完善城市功能、补齐民生短板、推动高质量发展方面将发挥重要作用。 （左 杰）

【长江路工会联盟启动】 11月7日，江溪街道长江路工会服务联盟启动仪式举行。市总工会副主席施宇星，区、街工会相关领导以及首批联盟成员单位工会主席出席活动。长江路工会服务联盟由23家长江路沿线的企事业单位和江溪街道的骨干企业组成，旨在为各类型工会组织搭建相互交流、沟通和协作的工作平台，推进区域职工活动阵地建设。 （左 杰）

【法治惠民工程】 2019年，江溪街道突出法治引领导向，坚持法治惠民，优化发展环境，着力提升法治建设能力水平。发挥组织优势，构建“线上＋线下”相融合的公共法律服务体系，应用“无人律所”等智能公共法律服务终端，升级“新吴企业法律护航”小程序平台，打造“新吴区企业法律共享服务平台”服务号，推广完善社区“一委一居一站一办”服务管理架构，全面实行综治中心、调委会、治保会、“智慧警务室”一体化运行。合理采取“大水漫灌”与“细水滴灌”法治工作法，依托党建品牌“擎炬江溪”引领示范，运用“互联网＋”定期推送法律服务政策，探索“党建＋法治”新模式，实施“党建＋法治 普法进万家”项目化送法进基层活动、“法律顾问进社区”、“三官一律进社区”活动，举办现场法治咨询20余次，“以点带面”提供“家门口式”的公共法律服务，荣获全区法治惠民实事工程二等奖。 （左 杰）

南方不锈钢市场 （江溪街道 供稿）

【梅周课堂】 2019年，江溪街道依托党建品牌“擎炬江溪”视觉识别系统，打造“擎炬江溪”党建微信公众号子栏目“梅周课堂”，借助“互联网＋党建”有机融合的优势，以实地阵地为载体，“擎炬江溪”互联网党建为平台，突破时间、地点的限制，凝聚党组织和党员在同一个平台，消除学习“空白点”，实现组织动员“一呼百应”，有效联通基层党建工作从实体空间向虚拟空间的对接，以网络化、可视化党建覆盖更多的受众群体。公众号关注人数超2000人，平均阅读量超300人次，已成为党员群众互联网上的红色精神家园。 （左 杰）

【环境治理】 2019年，江溪街道完成辖区915家工业企业第二次全国污染源普查，中央、省级环保督察及“回头看”问题销号整改以及“263”电视曝光整改。落实施工、拆迁、拆违过程中的扬尘管控，完成13家企业省级秋冬季、10家企业省级春夏季和4家企业区级的大气管控任务。加快推进绿色发展转型升级，停产化工生产企业1家、VOCs重点企业整治6家、“散乱污”企业整治任务377家，其中关停取缔228家、搬迁改造19家、治理改造130家，劣五类河道两侧185家散乱污企业全面完成关停，拆除违建约51435平方米。深入开展“四位一体”小流域整治，梅东河、杨木桥港、富巷浜等河道水质提升明显，辖区环境质量得到明显改善，较好实现了“水清岸绿”的目标。（左　杰）

宜居生态环境　（江溪街道　供稿）

【安全生产】 2019年，江溪街道严格落实部署安全生产各项要求，细化修订街道城市安全工作实施方案，成立13个安全生产专业委员会和26个安全生产专项整治工作组，延伸基层安全生产监管体系至“神经末梢”。全面落实安全生产责任制，安全生产、消防安全责任书、协议书签订率均达100%。围绕“排查务必见底，整改务必彻底”要求，全领域开展安全生产隐患大排查大整治行动，边查边改、立行立改，划定排查整治时间表、路线图，直面问题，靶向治理，共发现安全隐患1247条，整改完成1198条，整改率96%。（左　杰）

梅村街道

【概况】 梅村，位于市新吴区，南临苏南硕放国际机场，北枕京沪高速铁路，沪宁高速公路、312国道、锡太路穿境而过，江南第一条运河——伯渎河贯穿全境。梅村街道行政区域面积25.5平方公里，下辖15个村（居）委、10个社区，另有一安置房社区在筹建之中。辖区内常住人口13万人，外来流动人口超过16万人。作为吴文化的发源地，梅村历史底蕴深厚、经济基础扎实、功能布局完善。

2019年，梅村街道坚持以高质量发展为主线，大力推动产业升级、城市更新、生态环境、社会治理、民生改善，“强富美高”新梅村建设取得新突破。2019年，梅村街道坚持以实现全面转型和高质量发展为主线，着力推动街道经济发展质量变革、效率变革、动力变革。全年完成财政总收入22.8亿元，公共财政预算收入13.13亿元。完成规模工业产值309.14亿元，实际完成固定资产投资30.58亿元，其中工业投资10.37亿元。累计完成到位外资6080万美元，名列全区街道板块第一，高质量发展取得良好开局。（杨　洋　王晓文）

表 12　　2019 年梅村街道村（居）、社区基本情况一览表

村（居）社区	户籍人口（人）	常住人口（人）	书记（主任）	地址	管辖范围
梅村居委	1132	1835	吕锡润	梅荆花苑五期 700——16	—
梅北居委	1135	1090	高国军	泰伯花苑五期 708——1	—
梅新居委	665	79	方益民	泰伯花苑五期 708——1	—
永新居委	1126	200	罗　虎	泰伯花苑五期 708——1	—
新宅居委	436	0	顾　佳	泰伯花苑五期 708——1	—
协丰居委	453	259	许　璋	锡义路香熙苑店面 1——28	—
南石园居委	0	0	高　龙	泰伯花苑一期 185 号	—
泰伯一社区	6290	11964	陈晓红	泰伯花苑一期 185 号	泰伯花苑一期、锡梅花园
泰伯二社区	3358	13358	沈彩霞	泰伯花苑 399 号	泰伯花苑二期 301 ~ 485 号
泰伯三社区	2705	3500	吴　豪	泰伯三期 515 号	泰伯花苑三区、泰伯花苑五区
梅荆一社区	4185	9150	吕　轩	梅荆花苑 65——1	梅荆花苑一期 1 号 ~ 160 号
梅荆二社区	3798	12000	黄一峰	梅荆花苑二期居委会	梅荆花苑二期 161 ~ 282 栋、梅荆花苑三期 301 ~ 344 栋
梅荆三社区	1335	16000	朱淑芳	梅荆花苑 477 号	梅荆花苑六期、梅荆花苑三期二区
香梅一社区	7203	26000	陈宇锋	香梅花园二期 290——2——3	恒泰雅居、香梅花园一期、二期、梅满嘉园、美满锦园、嘉禾广场、梅里水晶城、香梅人家、花半里、金梅苑
香梅二社区	4887	17425	陆　荣	城色佳园 50 号	太阳城、紫郡花园、城色佳园、梅里新街口、锡梅花园 1 ~ 18、52 ~ 55、香格梅里、梅里香舍
香梅三社区	2264	10314	沈文海	清风华景园 8——38——40	上品花园、清枫华景、吴樾东方
梅里社区	3826	7120	蔡　明	泰伯西路 104 号	梅里新村、梅西新村、梅苑新村、商业新村、梅南新村、泰伯商场、梅里路、梅苑路、景泉花园、河南街、泰伯西路、梅南路、书香国际
梅村社区（筹建）	391	2965	吕锡润	梅荆花苑五期 700——16	—
新南实业公司	1421	1450	陆采萍	新华路 121 号	—
新北实业公司	159	171	朱国宏	泰伯花苑二期 483——102	—
东园实业公司	3	3	黄　珅	泰伯花苑一期 185 号 2 楼	—
群力实业公司	0	0	朱　军	泰伯花苑二期 398——2	—
张公桥实业公司	15	15	黄　珅	泰伯花苑一期 185 号 2 楼	—
荆心实业公司	312	0	吕　轩	梅荆花苑一期 118——101	—
茅塘桥实业公司	45	0	黄一峰	梅荆花苑二期 256——102	—
繁荣实业公司	36	0	朱淑芳	梅荆花苑六期 477 号	—

【项目投资】 10月28日，梅村街道举行“2019金秋重大项目集中签约仪式”。集中签约落户梅村的10个重大产业项目包括：2个央企重金投资建设的产业基地项目、2个跨国公司投资的区域总部项目、2个外资企业参股并购本地民营企业项目、2个准独角兽企业项目及上市临界企业项目、1家中科院高层次人才科技成果产业化项目以及1家本地民营高科技上市公司基地化投资项目。总投资累计55.3亿元，项目全部建成投产后，将年新增工业产值158.5亿元、年新增税收16.02亿元，成为梅村高质量发展的新引擎。（华 艳 杨 洋）

表13　　2019年梅村街道重点签约项目汇总表

编号	项目名称	项目简介	总投入	预计年产值/税收	注册资金	载体资源	备注
1	美国菲沃泰纳米科技全球总部	组建以江苏菲沃泰为主体的集团企业，本部设立研发中心、管理中心、设备核心制造中心、市场及营销一服务中心；从事具有综合防护能力的等离子纳米镀膜设备及技术的研发及销售。5年内集团本部完成IPO挂牌上市	3亿元	8亿元/1亿元	1000万美元	43亩	准独角兽、上市临界、高科技项目
2	香港光大绿色环保华东产业基地	由港交所主板上市企业、中国专业环保服务提供商、光大国际旗下的中国光大绿色环保有限公司，以境外人民币方式出资1.8亿元收购梅村本土江苏佳愿环境科技有限公司90%的股份，整合原闲置资源，打造建设光大绿色环保华东产业基地，专注于区域生物质综合利用、危废处置等环保综合利用产业	1.8亿元	2亿元/0.52亿元	2800万美元	梅村原佳愿环保闲置的30亩土地厂房	世界500强企业并购投资项目
3	中科院油水分离技术研究院和产业化基地	由英国皇家化学学会会士、德国洪堡学者、中国复合材料学会优秀青年科学家、省双创人才马鹏程博士及其科研团队在无锡成立中科瑞丽新材料有限公司，推动油水分离功能材料与装备的产业化测试与推广。从事分离技术核心、成套化分离装备的设计、研发、销售，液体、气体分离技术的研发以及相关项目产业孵化，打造人才团队引进平台、科技成果转移转化平台	0.3亿元	3亿元/0.5亿元	1000万元	首期需要研发办公场所2000平方米，厂房3000平米	国家高层次A类人才产业化项目
4	琨圣科技新能源智能装备产业园项目	以琨圣科技为母公司和两家其控股的合资公司为主体设立琨圣集团公司。①琨圣科技拟整体搬迁至梅村；②并与青岛赛瑞达电子装备股份有限公司合作，在梅村控股新注册设立无锡赛瑞达电子装备有限公司、建立无锡研发生产基地；③与多益新能源合作梅村控股新注册设立无锡琨泰莱储能科技有限公司，研制生产新一代智能化储能集制作装备和国家级检测中心试验线。打造琨圣科技新能源智能装备产业园	1亿元	8亿元/0.5亿元	—	23.9亩，厂房1万平米。	上市临界企业项目

续表 13

编号	项目名称	项目简介	总投入	预计年产值/税收	注册资金	载体资源	备注
5	中国系统·中电梅村数智 Village 项目	由世界500强企业、中国电子行业龙头企业中国电子其下属两家子公司中国电子系统技术有限公司和中国电子产业开发有限公司依托中国电子央企大平台及中电系统超千家客户和供应商产业资源，打造建设中国电子梅村产业园区	25 亿元	50 亿元 /5 亿元	—	146 亩	—
6	北京坤鼎集团“未来梅村”科技产业园	坤鼎工业园区项目计划引入智能装备制造、高性能医疗器械、智能检测控制等高端智能技术设备、企业。项目将引入 20 家企业，项目竣工运营后年均税收不低于 50 万 / 亩，竣工 5 年内，50% 入园企业获得高新技术企业认定	15 亿元	55 亿元 /5.5 亿元	—	80 亩	工业集中区提质增效项目
7	宝通科技绿色经济总部产业园	宝通带业在梅村街道新置土地投资建设宝通科技新经济总部产业园，集“绿色织造 + 移动互联网游戏 + 新兴业态投资”多能一体的现代产业园，配套设立移动互联网游戏研发中心、智能工业织造研发中心、产业云数据计算中心等	3.5 亿元	3.5 亿元 /0.5 亿元	1 亿元	21.9 亩	—
8	瑞士布赫液压系统中国区配套供应中心项目	由瑞士布赫工业集团投资参股德力流体科设立合资公司，作为瑞士布赫集团液压件系统中国区总部，德力流体则利用收购资金在厂区旁再另行购地新建布赫液压系统配套供应中心	3 亿元	5 亿元 /0.5 亿元	4000 万美元	24 亩	瑞士上市公司并购投资项目
9	美国摩丁热能技术中国区核心生产基地	摩丁热能技术（无锡）有限公司整体搬迁至新租厂房，广东中山独资工厂整体搬迁并入与无锡摩丁完成合并，同时摩丁美国电泳项目也并入，整合打造成为美国摩丁热能技术中国区核心生产基地	0.8 亿元	10 亿元 /1 亿元	1000 万美元	租 3 万平方米厂房（占地 60 亩）	—
10	香港德昌电机集团汽车执行器华东区总部项目	德昌电机集团在无锡设立汽车执行器业务中国总部。产品线包含车灯执行器、汽车空调执行器和热管理阀执行器三大类产品线。同时提升研发能力，建设无锡研发中心	2 亿元	14 亿元 /1 亿元	3000 万美元	2 万平米厂房及 50 亩空地	—

【产业提档升级】 梅村街道现有街级工业集中区1个，包括传统产业片区和高质量发展片区，其中，传统产业片区总面积约8850亩，高质量发展片区总面积约2232亩，覆盖企业1120余家，其中工业企业770家，服务业企业350家；规模以上工业企业121家；外资企业80余家；年营收超亿元企业59家，年税收超千万元企业35家；上市企业11家，基本形成了电子信息、机械装备、新能源新材料和高端现代服务业（区域营销总部）四大产业板块。为推动传统产业片区提档升级，2019年，街道围绕“五个一批”（整治一批，拆除一批，腾出一批，建设一批，培育一批）工作思路，划出753亩作为先行示范区，计划利用3至5年时间，通过企业自改、政府主导、第三方参与三种不同模式，分步实施坤鼎“未来梅村”科技产业园、金城大厦科创中心及孵化基地、集华医药总部产业园、布赫液压科技产业园、前程智慧包装总部产业园项目5个示范区建设。 （杨　洋　曹　晴）

表14　　2019年梅村街道上市企业一览表

序号	证券代码	证券简称	企业名称	企业地址	注册资金（万元）	上市日期	所属行业	主要产品
1	300031	宝通科技	无锡宝通科技股份有限公司	新吴区张公路19号	39676.79	2009年12月25日	信息传输、软件和信息技术服务业	橡胶制品
2	430526	丝普兰	无锡精业丝普兰科技股份有限公司	新吴区锡达路267号	3200	2014年1月24日	专用设备制造业	喷气织机
3	430397	金帆股份	无锡金帆钻凿设备股份有限公司	新吴区锡泰路221号	3000	2014年1月24日	专用设备制造业	工程钻机
4	430602	腾旋科技	江苏腾旋科技股份有限公司	新吴区新都路6号	3257.68	2014年1月24日	通用设备制造业	旋转接头
5	430514	速升装备	江苏速升自动化装备股份有限公司	新吴区新华路121号	6425	2014年1月24日	专用设备制造业	自动化装备
6	837046	亿能电力	无锡亿能电力设备股份有限公司	新吴区锡达路219号	5010	2016年3月	电气机械和器材制造业	变压器
7	838104	万吉科技	无锡万吉科技股份有限公司	新吴区新都路10号	2576	2016年8月	计算机、通信和其他电子设备制造业	电子元器件
8	870123	安邦电气	无锡安邦电气股份有限公司	新吴区群兴路26号	2200	2016年11月	电气机械和器材制造业	LED产品
9	871670	兰桂医疗	无锡兰桂医疗股份有限公司	新吴区新洲路210号	540	2017年6月27日	专用设备制造业	药房自动化设备
10	872761	永基物业	无锡永基物业股份有限公司	新吴区金城东路9号	500	2018年3月23日	物业	物业管理

【科技创新】 2019年，梅村街道大力实施科技创新平台、创新企业、科技人才三个倍增计划。全年新引进科技企业70家，新增科技企业入库认定216家，引进准独角兽企业3家，申报工程技术研究中心2家，雏鹰瞪羚企业培育入库12家，产学研备案数4项。科技企业格林司通公司产值超亿元，宝通科技获国家科技进步二等奖，正大生物“中药材黄芩、黄芪、党参防治畜禽疫病功能的深度开发与应用”科技成果获得省科学技术三等奖，中科瑞丽团队项目获2019年市科技创新创业大赛二等奖。2019年梅村街道科学技术协会正式成立，科创中心全面投入使用，街道创新创业活力得到进一步激发。 （蔡　洁）

【城市管理】 2019年，梅村街道进一步调整和优化城镇区域布局，初步形成城乡一体、产城融合、景街互动、舒适宜居、人文宜游的新型城镇格局。全年累计完成149户住宅、19家非住宅拆迁，共计面积21.5万平方米，超额完成年度目标的143%。为妥善安置拆迁居民，街道全年在建安居房39.3万平方米，竣工交付1.6万平方米。为真正实现“马上办、网上办、就近办、一次办”作用，政务服务中心调整为为民服务中心，整合了人社、税务、物管等部门的22项服务事项，设立12个服务窗口、5个业务办公室，构建统一行政审批和社会保障服务平台，方便群众办事。成立了街道退役军人服务站，配套社区退役军人服务站

11个。街道城市精细化管理A类管理单元网格由9个增加至17个，管理单元面积达到14.33平方公里。有效推动梅里新村区域6万平方米背街小巷提升市容工程，高标准完成梅里路及菜场周边1.6万平方米综合改造工程，打造了锡义中路商业街、梅里古镇活力区2个示范管理街区，创建梅荆三社区、泰伯一社区2个城市精细化管理示范合格区。街道高度关注群众出行“最后一公里”问题，开通公交微循环线路2条，改扩建停车场4个，新增各类停车泊位近2000个。12个小区全面启用道闸设备，泰伯花苑二期完成停车收费试点，有效缓解了小区停车压力。街道城市管理单元案件数较之年初下降64.5%，街道交通秩序和城市形象持续改善。梅村街道获省“基层党员冬训工作示范街道”称号。 （钱晓晓 朱董杰 杨洋 张晓峰 束长松 谭园园 杨伟新）

【农业服务】 2019年，梅村街道开展农村集体产权改革，完成农村股份经济合作社股权量化设置工作。全年完成501亩夏收夏种和296亩小麦秋收秋种工作，下拨专项补贴合计5.4万元，稻麦两季机械化秸秆还田率100%，完成水稻穗期病害的药剂实物补助，农业参保率100%。完成春秋两季“一枝黄花”防除工作，防控面积共650余亩。完成市级“阳光平台+”中涉农板块的资金审核上传工作。完成春秋两季重大动物疫病防控工作。 （朱浩杰 浦伯钧）

【环境治理】 2019年，梅村街道坚持绿色发展理念，以“打赢污染防治攻坚战”为主线，结合污染源普查工作，加大环境整治力度，加快落后产能淘汰。2019年，关停取缔化工企业4家，完成6家企业VOCs治理，督促落实13家印刷包装企业废气设施整改提升。街道对各类城市顽疾重拳整治，全年累计清理暴漏垃圾480吨、取缔废品回收点7处，整治占道经营、违章搭建等8000余起。围绕小流域整治、河道清淤、岸线整治、活水引流、生态修复五个方面落实河道治理。14个小河道流域所有管网整治任务完成、地块验收过半，梅东河通过生态环境部现场督查考核。向东河、凤凰浜、梅花浜、梅苑浜、梅东河、夹蠡河、西仓浜7条劣五类河道落实“一河一策”。持续推进河长制各项工作，街、村两级河长累计巡河860余次，累计清理各类漂浮物、水生植物、岸线垃圾2930余吨。

（顾金鑫 朱浩杰 钱晓晓 朱董杰）

【民生改善】 2019年，街道全面落实惠民政策，不断增进民生福祉。街道新增就业人数2789人，登记失业率≤2.80%，城镇失业人员再就业人数1235人，城乡就业困难人员再就业人数214人，扶持自主创业207人，实现带动就业907人，全年养老保险净增缴费人数2132人，城镇居民人均可支配收入达60299元，同比增长8.6%。全年累计为低保、老年人、残疾人等各类对象发放补助救助金613.95万余元，其中春节发放困难补助金96.75万元。发放春节一次性尊老金554.87万元，惠及8316人，为所有户籍居民购买意外险，共87.3万元；街道对有需求的老人做好援助服务，现有上门家政服务对象880人，助餐服务对象107人。安息堂顺利竣工并交付使用。梅里路及梅里菜场周边道路完成综合改造，锡义路、新华路多个节点景观完成更新，新增游园4处、在建广场1个。推进老旧小区提升、二次供水改造、停车位扩建，全面加强各安置房小区物业服务、车辆管理、安全隐患排查整治，梅里花苑小区创建“市级示范物业管理项目”。 （王哲 周金峰 王金霞 胡珊珊）

【卫生健康】 2019年，梅村街道坚持新时代卫生与健康工作方针，以健康新吴建设为统领，预防控制重大疾病，优化生育服务，全力提升卫生健康服务能力和质量。梅村医院(养老院)异地新建工程启动建设。全年开展各类计划免疫工作，预防接种儿童27815人次，接种成人23介肺炎疫苗1087人次；高血压规范管理6258人，糖尿病规范管理1624人，精神病人管理158人；举办健康知识讲座36次，开展健康宣传、咨询17次，为65周岁以上老人免费体检4306人。全年发放各类奖励金、奖扶金、爱心款、慰问金等近190万元。获得“省级健康教育基地”“省健康单位”称号。 （邹冬明 蔡李红）

【教育事业】 梅村教育底蕴深厚，师资力量雄厚，教育质量上乘。钱穆、钱伟长、钱令希等都曾在梅村求学。截至2019年12月，辖区内共有1所高中、2所中学、2所小学、6所幼儿园，学生16991人，教职工1628人，具有从幼儿园到高中教育一体化的完善体系，其中梅村中学、梅村实验小学有百年历史，梅村中学现为国家级示范高中，梅村实验小学、梅村中心幼儿园均为省级示范学校，大地幼儿园、吴风实验学校等民办园校在锡东地区也享有较高声誉。万科配套幼儿园投入使用、梅村中心幼儿园完成改造。2019年，梅村实小被评为省青少年科技教育先进学校，学校棒球队获全国青少年棒球A组锦标赛九连冠，棒球项目被评为省基础教育对外合作交流重点项。梅村中心幼儿园获“省现代教育技术研究先进集体”。 （浦伯钧）

【社区治理】 梅村街道推进“三社联动”实践活动，不断强化社区治理创新发展理念，2019年投入经费38万余元，启动社区治理类、社会组织培育类、弱势群体关爱类和社区创新发展类共12个“梅好家园”社区治理创新发展项目。对标社工队伍专业化要求，推出“梅好社工”能力建设培训，社工证持证人数45人，其中助理社会工作师37人，社会工作师8人。全年投入社区改造经费2200余万元，重点对泰伯片区和梅荆片区6个安置房社区，进行不同程度的软硬件升级改造，提升了社区建设管理水平。（浦伯钧）

【文化体育】 作为吴文化的发源地，梅村街道紧抓“文化振兴”的战略机遇，以传承历史文化、弘扬民俗文化、丰富群众文化为核心，不断开创文化体育工作新局面。2019年，街道精心策划泰伯庙会、新年音乐会、少儿模特大赛、金秋美食节等文化活动，不断扩大梅村知名度和影响力。发挥文化引领作用，在新中国成立70周年之际，举行升旗仪式、我和祖国故事分享、江抗东进 80 周年活动，广泛激发干部群众爱国热情、民族自信。首次举办机关职工文艺汇演，展现了梅村青年干部风采。24小时自助图书驿站正式运行，进一步拓展了社区居民的活动空间，丰富居民业余文化生活，推动形成居民群众自我参与、自我娱乐、自我教育的现代文化形态。2019年，梅村街道全年新增、更换健身路径6套，建成健康步道2条，新增香梅三社区健身广场900平方米。（周　静）

9月5日，纪念江抗东进80周年报告会在梅村街道举行（朱卫德　摄）

红色基因 代代相传（杨伟新　摄）

梅村街道举行“五星红旗，你是我的骄傲”升旗仪式（沈生华　摄）

【“非遗”】 2019年，梅村街道深入挖掘、弘扬非遗文化，打造“梅里美礼”文创品牌，申报国家级非遗项目“泰伯庙会”，省级非遗项目两个“二胡艺术”和“清水油面筋”，市级非遗项目3个“蔡阿水羊肉”“小阿姨甜酒酿”和“钱氏古法酿酒”。陆林生获得省级非遗传承人荣誉称号，万其兴、强金波获得市级非遗传承人荣誉称号。9月，梅村二胡行业协会毕春洪、黄建洪、卜广军等7名制琴师受邀参加中国二胡学会全国名师专业二胡制作品鉴会，7人均被评为“中国二胡制作名师”，黄建洪、卜广军、杜放亮等制作师选送的3把二胡喜获“极品二胡”称号，毕春洪、熊建等制作师选送的7把二胡获“珍品二胡”称号，徐长林、卜广军等制作师选送的6把二胡获“精品二胡”称号，所获奖项等级及人次均独占鳌头，充分展示了梅村二胡制作水平在全国的领先地位。5月28日，全球唯一一个国家级、国际性、综合型的服务贸易交易平台“中国国际服务贸易交易会”在北京开幕，梅村二胡作为江苏展厅的重要组成部分，亮相该次盛会。10月15日，“‘我和我的祖国’——四海弦风群英

梅村二胡精彩亮相中国国际服务贸易交易会（方　璐　摄）

2019“中国二胡之乡”新年民族音乐会在无锡大剧院奏响 （沈生华 摄）

会·2019二胡名家名曲音乐会”在国家大剧院举行，在节目二胡合奏《我的祖国》表演中，宋飞、周维、邓建栋3名著名二胡演奏家选用的分别是梅村二胡制作师熊建、卜广军、杜放亮制作的获奖二胡，表现了专业演奏家们对梅村二胡品质的认同。梅村二胡文化园成为“省华侨文化交流基地”。（蔡奋红 杨伟新）

【社会治理】 2019年，梅村街道着力推进基层治理体系和治理能力现代化建设，坚持问题导向，全年共计调处人身损害赔偿、合同纠纷、工伤待遇等各类纠纷共124起，接待法律咨询360人次，开展法律讲座57场，其中开展扫黑除恶专项斗争讲座10场。深入村（居）、社区排摸矛盾隐患，强化信访积案化解，完成社会风险评估工作27项，妥善处置拆迁安置、城市管理、入学入幼、社区及商品房物业管理等方面的矛盾问题。 （杨伟新）

【安全生产】 街道深刻汲取响水“3·21”爆炸事故教训，全面部署推进安全隐患大排查大整治工作，统筹抓好生产安全、消防安全、食品药品安全等各领域工作，共排查高风险企业27家，排查一般企业862家，消除各类隐患2711条，大量隐患得到整改消除。全年在重点行业领域发现并消除各类隐患609条，责令企业局部停产2处，取缔非法工业气瓶存储点1处、铲除三合一场所1处，恢复消防通道3处，确保了重点行业领域安全形势的平稳有序。推进“智慧燃气”报警设备的宣传和安装，完成安装362家。在双控机制建设方面，完成规模以上企业验收130家，完成率100%；其余企业完成225家，完成率43.3%；开展化工企业、人员密集电子企业、涉爆粉尘、有限空间、高温融熔金属等高风险企业专项整治，专项整治完成率100%；重大隐患100%整改完成。对群租房、车库集中整治，截至12月，共排摸5人以上群租房5389房，其中10人以上1335户，10间10床的23户，完成整治3028户，其中联合整治2855户，自行整改173户，10间10床23户和10人以上的1335户的整治工作全面完成，并收缴煤气瓶206只。安置小区现有地面机动车库357个，非机动车库60个，地下机动车库5个（车位1027个）、非机动车库207个。

（朱群捷 杨瑷绮 沈赟薇）

鸿山街道

【概况】 鸿山街道位于市新吴区东南部，地处长江三角洲腹地，东起漕湖西底，南接苏州高新技术开发区，西靠无锡机场，北依锡东新城，312国道、沪宁高速公路、锡张高速、望虞河穿境而过，水陆空立体交通便捷。鸿山街道占地面积58.46平方公里，其中陆地面积52.69平方公里。

鸿山人杰地灵，不但是至德名邦，还是“院士之乡”，有着深刻的历史记忆和深厚的文化内涵。以人工运河——伯渎河为主轴，形成了吴文化资源集中带。2016年11月，鸿山成为江苏首个物联网特色小镇。2018年10月25日，经省政府批准，正式成立省无锡鸿山旅游度假区。

鸿山街道下辖大坊桥、东塘街、南塘、建新、后中、大新、梁鸿、鸿山、鸿西、马桥、鸿新、鸿声、七房桥15个村（居）委，鸿声居委、后宅居委2个居委，及鸿运苑第一社区、鸿运苑第二社区、鸿泰苑第一社区、鸿泰苑第二社区4个社区。2019年，街道户籍人口共60231人，常住人口97896人，其中外来人口37665人。（王晨莲）

表15 2019年鸿山街道村居社区一览表

序号	村居社区名称	居民小组数（个）	居民户数（户）	常住人口（人）	户籍人口（人）
1	大新村	2	949	59	3365
2	大坊桥村	41	1210	5120	4730
3	梁鸿村	4	23	78	2778
4	南塘村	10	35	140	1952
5	后中村	24	423	1782	3513

续表 15

序号	村居社区名称	居民小组数(个)	居民户数(户)	常住人口(人)	户籍人口(人)
6	建新村	29	46	225	2303
7	东塘街村	19	617	2056	2154
8	后宅居委	24	5320	19511	6854
9	马桥村	2	211	484	1330
10	七房桥村	24	1266	4100	4347
11	鸿山村	21	385	327	1225
12	鸿西村	29	758	1572	2416
13	鸿声村	24	963	2250	2282
14	鸿新村	21	56	278	2010
15	鸿声居委	7	3520	1627	1648
16	鸿运苑第一社区	24	5132	20000	7217
17	鸿运苑第二社区	13	4198	13565	1443
18	鸿泰苑第一社区	25	4783	15750	7653
19	鸿泰苑第二社区	15	2863	8972	1011

【经济发展】 2019年全年，鸿山全街道106家规模以上工业总产值143.19亿元，同比增长9.88%，增幅位列全区第一，公共财政预算收入完成7.62亿元，同比增长12.3%，增速均位列各街道板块第一；固定资产投资完成36.67亿元，其中工业投资10.6亿元，限上社会消费品零售额完成3.3亿元，到位注册外资完成2493万美元。2019年，规模以上企业117家，新增14家，退库3家。北特科技等7个重点项目顺利开工，诺飞科技等重点在建项目全部竣工投产；引进总投资1–5亿元项目7个、总投资10亿元以上项目1个，在谈总投资10亿元以上项目1个；全力盘活低效资源，依托整合的9万平方米低效厂房，引入冠亚恒温制冷等20多个总投资近16亿元的项目，有效提高亩均产值。2019年，街道在新吴区高质量发展考核中被评为A档。 （王晨莲）

表16 2019年鸿山街道上市企业一览表

序号	证券代码	证券简称	企业名称	企业地址	注册资金(万元)	上市日期	所属行业	主要产品
1	002395	双象股份	无锡双象超纤材料股份有限公司	鸿山街道后宅中路188号	26820.9	2010年4月14日	塑胶制品	PVC、PU人造革，胶膜，塑胶制品
2	300337	银邦股份	银邦金属复合材料股份公司	鸿山街道建鸿路北150米	82192	2012年7月18日	材料行业	金属复合材料、金属制品、铝材
3	300707	威唐工业	无锡威唐工业技术股份有限公司	鸿山街道建鸿路32号	15720	2017年10月10日	汽车行业	精密模具、五金冲压件、金属零配件

【街道风采】 2019年，鸿山街道获评2018年“省第三次全国农业普查先进集体”；连续6年被评为市区“安康关爱行动”工作先进集体；街道人社科被评为市人力资源和社会保障基层平台公共服务标准化工作优秀单位；街道七房桥村入选“千村万寨展新颜”展示名单，“千村万寨展新颜”是2019年中国农民丰收节6个“千万”系列活动之一；大坊桥村、七房桥村获评2016—2018年度省精神文明建设指导委员会表彰的“省文明村”；鸿运苑第一社区获评2016—2018年度省文明社区；街道代表钱婷妍荣获新吴区宣传思

想文化系统青年干部知识竞赛决赛第一名；街道两家企业林泰克斯、朗贤轻量化入选省潜在独角兽企业，占全区入围数33%。 （王晨莲）

七房桥美丽乡村田园风光 （鸿山街道 供稿）

【“萄醉鸿山，甜蜜一夏——农旅融合助推乡村振兴”活动】 2019年是鸿山举办葡萄文化旅游惠民活动的第十一年，也是鸿山旅游度假区建设的第一年。7月20日，“萄醉鸿山 甜蜜一夏——农旅融合助推乡村振兴”2019鸿山葡萄文化旅游惠民月开幕。市、区、街相关领导出席了活动。现场开展“我在鸿山有

7月20日，“萄醉鸿山 甜蜜一夏——农旅融合助推乡村振兴”2019鸿山葡萄文化旅游惠民月开幕

（鸿山街道 供稿）

棵葡萄树”公益认领活动，认领资金全部捐赠鸿山敬老院老人和环卫工人。以鸿山手绘地图、景点与土特产介绍为内容的鸿山文旅手册正式亮相。江南大学国家大学科技园与无锡鸿山葡萄专业合作社、无锡瑞可颐生物科技有限公司与鸿山街道“百企建百园”促进现代农业高质量发展、新吴区供电服务中心与鸿山街道乡村振兴战略合作等多个项目签约。开幕式现场还进行了“吴文化游学”项目揭牌仪式，这是江苏省首批、也是2019年无锡唯一的省社会教育服务指导中心游学实践基地。 （王晨莲）

【何处觅乡愁 鸿山看秋收”——2019鸿山秋收节暨徒步活动】 10月26日，由无锡高新区（新吴区）宣传部、无锡高新区（新吴区）商务局、江苏省无锡鸿山旅游度假区管理办公室、无锡市新吴区人民政府鸿山街道办事处主办，江南晚报社、无锡吴文化博览园建设发展有限公司承办，无锡市新吴区餐饮协会协办的

10月26日，“何处觅乡愁，鸿山看秋收”--2019鸿山秋收节暨徒步活动 （鸿山街道 供稿）

“何处觅乡愁 鸿山看秋收”——2019鸿山秋收节暨徒步活动盛大举行。2000余名来自社会各界的热情市民参加了活动。市民们体验传统农耕文化，徜徉美丽健康步道，品尝各色鸿山特产，观赏特色文化盛宴，领略秀美田园风光。活动期间，鸿山泰伯景区、梁鸿湿地公园、中华赏石园、鸿山遗址博物馆、钱穆钱伟长故

居(怀海义庄)对游客免费开放,让市民朋友们开启了一场领略吴地风光、探寻吴地文化之旅。(王晨莲)

【第三届中俄网络媒体论坛暨中俄建交70周年新媒体交流活动】 11月15——16日,“新时代·新起点——第三届中俄网络媒体论坛暨中俄建交70周年新媒体交流活动”在鸿山街道举办。该次论坛由国家互联网信息办公室、俄罗斯联邦数字发展通讯与大众传媒部共同指导,中国日报社、中国互联网发展基金会、省互联网信息办公室联合主办,中国日报网、无锡高新区管委会、市互联网信息办公室联合承办。中俄两国的政府官员、网络媒体、网信企业代表、专家学者等近200人参加论坛,围绕“新时代·新起点”的主题,就中俄新媒体合作、产业发展、创新传播等一系列话题进行深入探讨。国家互联网信息办公室副主任杨小伟,俄罗斯联邦数字发展、通信和大众传媒部副部长沃林·阿列克谢·康斯坦丁诺维奇,全国政协常委、中国日报社总编辑周树春,中国互联网发展基金会理事长马利,省人大常委会副主任、市委书记李小敏出席论坛开幕式并发表致辞。中央网信办网络新闻信息传播局局长黄其正主持开幕式。中国互联网发展基金会秘书长魏正新,中央网信办国际局局长祁小夏,省委网信办主任兼省委宣传部副部长徐缨,市委常委、宣传部部长袁飞,副市长刘霞,副市长、高新区党工委书记、高新区(新吴区)委书记王进健,高新区党工委副书记、管委会主任、高新区(新吴区)委副书记、区长封晓春,区领导吴胜荣、匡辉、刘霞等出席开幕式和相关活动。(王晨莲)

【“有事好商量”协商议事室成立】 10月29日,鸿山街道“有事好商量”协商议事室揭牌仪式暨协商议事活动筹备会在鸿泰苑一社区“委员履职工作室”举行,新吴区政协主席刘蓓红、鸿山街道党工委书记张文荣为鸿山街道“有事好商量”协商议事室揭牌。“有事好商量”协商议事室是区政协继“委员之家”“委员履职工作室”之后,致力打造的又一个新时代政协工作的特色品牌,是探索政协协商与基层协商有效衔接的重要举措。鸿山街道“有事好商量”协商议事室是依托社区“委员履职工作室”建立起来的,也是新吴区首个建成并投入使用的协商议事室。(王晨莲)

【“亲情中华”省华侨文化交流基地揭牌】 2019年2月15日,市侨联党组书记、市委统战部副部长李镇国,市侨联主席毛加弘,市侨联副调研员李志宏,高新区党工委委员、新吴区委常委、统战部长匡辉,新吴区侨联主席赵文斌到鸿山街道泰伯景区为“亲情中华”省华侨文化交流基地揭牌。(王晨莲)

【提质增效重大项目集中签约仪式】 5月20日,鸿山街道举行2019年提质增效重大项目集中签约仪式。市政府副市长、高新区党工委书记、新吴区委书记王进健,高新区党工委副书记、管委会主任、新吴区委副书记、区长封晓春,区领导洪延炜、吴胜荣,区相关部门和鸿山街道主要负责人等参加活动。鸿山街道与开云汽车SEV生产项目、洪记两轮智能交通工具有限公司、无锡冠亚恒温制冷技术有限公司、苏州首镭激光科技有限公司、无锡科泰华物联网技术有限公司、江苏邦泽生物医药技术股份有限公司、上海万木春生物工程有限公司7家公司进行集中签约。本次签约的7个项目总投资达6.5亿元,涉及物联网、智能交通、智能制造、智慧医疗等领域,达产后将新增销售28亿元,亩均税收将超100万元/亩。7个项目近7万平方米厂房用地均来自于清理整顿的低效厂房。(王晨莲)

【“吴文化游学”项目】 11月27日,鸿山街道“吴文化游学”项目通过省终身教育学分银行管理中心组织的以南京大学、中山大学教授、博士生导师高小康教授为组长,东南大学艺术学院首席教授、博士生导师汪小洋,江苏开放大学教授谢冬冰组成的省级专家评审团的现场论证,标志着“吴文化游学”项目的平台建设、学分机制创新等,都走在全省游学项目建设的前列。“吴文化游学”项目成为省内首个通过论证的游学项目,也是省内首个通过论证的社会培训项目。(王晨莲)

【文化】 1月13日(农历腊月初八)腊八节,鸿山街道泗洲寺、鸿山寺以及大坊桥教堂开展各种公益活动来传承传统文化习俗,彰显社会正能量。僧人和义工分组前往鸿山敬老院、各拆迁过渡安置点、老干部活动中心、社区广场等地发放腊八粥及福袋。1月28日,“倡导全民阅读 建设书香鸿山”2018年度鸿山图书馆总结暨2019年全民阅读分享展望会在鸿山图书馆举行。6月27日,鸿山街道举办“童心向党 礼赞祖国”百姓大舞台“迎七一”少儿专场文艺汇演。7月20日,“到人民中去”——2019市文联文艺家志愿者文化惠民演出暨2019鸿山葡萄文化旅游惠民月专场晚会在鸿山中华赏石园广场举行。8月30日,

首届鸿山年俗文化节之秋收集市(鸿山街道 供稿)

2019“素书堂”开蒙礼暨新时代文明实践“八礼四仪”教育基地揭牌仪式在钱穆钱伟长故居举行，为50名即将升入一年级的鸿山学龄孩童开启了人生第一课。9月28日，鸿山街道举办“壮丽七十年奋斗新时代”庆祝新中国成立70周年文艺汇演。12月28日，首届鸿山年俗文化节暨江南年俗文化论坛开幕。年俗表演、年俗比赛、创意征集、年货展销、年味美食、非遗展示、百姓大舞台等特色项目精彩纷呈。无锡鸿山旅游度假区管理办公室发表了《保护、传承、发展吴越民俗鸿山宣言》。（王晨莲）

【体育】 4月20日，鸿山街道总工会联合教育文体科、团委、妇联在梁鸿国家湿地公园开展鸿山街道全民健身活动启动仪式暨“走进鸿山拥抱健康”徒步活动。10月26日，“何处觅乡愁 ，鸿山看秋收”——2019鸿山秋收节暨徒步活动举行。2000余名来自社会各界的热情市民参加活动。（王晨莲）

【泗洲寺举行2019迎新年撞钟祈福法会】 2018年12月31日晚，来自鸿山本地以及周边地区3000多名群众在钟声与梵音中迎接新年的到来。该次迎新年撞钟祈福法会是泗洲寺重建后的首次正式亮相。泗洲寺的筹备重建，凝聚了上级领导、大德高僧、佛教学者和社会各界人士的关心和支持。2017年6月正式启动重建工程，2019年主体工程已基本竣工。泗洲寺将以体现和展示佛教文化底蕴和内涵为核心，让宗教文化与旅游文化有机结合，打造成为宗教文化、历史文化、旅游文化的精品工程、亮点工程。（王晨莲）

【首批人大代表社区联络站正式建成】 2019年，鸿山街道人大工委在鸿运苑第一社区、七房桥以及大坊桥选区分别建成3个人大代表联络站，在密切代表与群众联系、畅通民意收集渠道、增强代表履职能力等方面将发挥重要作用。街道人大工委也将充分利用代表联络站这个平台，有计划、有步骤地开展人大代表进“站”活动，推动“代表联络站”与“代表之家”的互补，为人大代表联系人民群众做好服务保障，在“建好”的基础上，更要“用好”人大代表社区联络站。（王晨莲）

【媒体宣传】 5月8日，在新吴区融媒体中心启用仪式上，鸿山街道获得“十佳微信公众号”“十佳社区新闻”“十佳信息员”等多项荣誉。6月4日，鸿山街道开展“聚焦人大代表”无锡全媒体采访活动。市大人常委会研究室、《代表与人民》刊物编辑部、无锡报业集团等媒体，对区优秀人大代表谈国良进行采访。（王晨莲）

【民生改善】 4月2日，市旅游局对前期已验收通过的泰伯景区吴文化广场AAA级旅游厕所和景区内AA级旅游厕所分别授牌并挂牌。9月29日，“文化引领、农旅融合，助推乡村振兴”2019年鸿山旅游度假区民生文旅项目集中开工。该次集中开工仪式共涉及总投资超25亿元的19个重点民生文旅项目，包括鸿山遗址本体保护、鸿山森林公园、七房桥农房建设试点项目及农村人居环境整治工程等重大项目。11月22日，高新区党工委副书记、管委会主任、新吴区委副书记、区长封晓春赴鸿山街道实地查看为民办实事重点项目——鸿山社区卫生服务中心项目。（王晨莲）

新安街道

【概况】 新安街道南濒太湖，运河穿境而过，是无锡的南大门，也是太湖新城东部产业区、高新区（新吴区）行政中心所在地。辖区面积24.27平方公里，有7.8公里长的太湖湖岸线，是太湖水源地一级保护区。辖区户籍人口3.4万人，总人口7.4万人。下辖沙墩港社区、李东社区、新庄社区、净慧寺社区、中华社区、新安社区、华联社区、新虹社区、新安花苑第一社区、新安花苑第二社区、新安花苑第三社区、新安花苑第五社区、和风社区、净湖社区14个社区（含留守村），菱湖社区、观湖社区2个社区筹建组。2019年，街道完成规模以上工业总产值28.23亿元，规模以上服务业营业收入2.92亿元，限额以上社会消费品零售额11亿元。2019年12月，《无锡太湖国际科技园管理办公室职能配置、内设机构和人员编制规定》出台，明确无锡太湖国际科技园管理办公室是无锡国家高新技术产业开发区管理委员会（市高新区（新吴区）人民政府）派出机构。无锡太湖国际科技园与新安街道实行“园街合一”的管理体制，无锡太湖国际科技园管理办公室与新安街道党工委、办事处设置一套职能机构。（郑周岚）

表17　2019年新安街道各社居委基本情况一览表

序号	社区居委名称	地址	居民户数	居民小组数	常住人口	户籍人口	备注
1	新安街道新安花苑第一社区居民委员会	市高新区（新吴区）新安花苑一区160号	4408	55	13000	9157	实际存在
2	新安街道新安花苑第二社区居民委员会	新安街道清源路288号	4098	47	10823	7148	实际存在

续表 17

序号	社区居委名称	地址	居民户数	居民小组数	常住人口	户籍人口	备注
3	新安街道新安花苑第三社区居民委员会	新安街道清源路 6 号	2175	67	11158	6064	实际存在
4	新安街道新安社区居民委员会	新安街道振新路 33 号	724	19	2700	1606	实际存在
5	新安花苑第五社区居民委员会	新安花苑第五社区 30 号	3257	21	6700	724	实际存在
6	新安街道和风社区居民委员会	和风家园 5 号（华清大道与和风路交界处）	700	27	4000	1835	实际存在
7	新安街道净湖社区居民委员会	朗诗绿色家园二期（浪新路 22 号）	2228	18	5162	1309	实际存在
8	新安街道菱湖社区筹建组	市高新区（新吴区）菱湖大道 8 号	1934	19	4252	1469	实际存在
9	新安街道观湖社区筹建组	新安街道龙湖滟澜山 478 号一楼	3298	—	7027	2739	实际存在
10	新安街道华联社区居民委员会	新安花苑一区 343-102	128	—	—	351	空壳社区
11	新安街道沙墩港社区居民委员会	新安花苑二区 15-101	139	—	—	291	空壳社区
12	新安街道新庄社区居民委员会	—	76	—	—	145	空壳社区
13	新安街道李东社区居民委员会	—	156	—	—	340	空壳社区
14	新安街道中华社区居民委员会	—	268	—	—	751	空壳社区
15	新安街道新虹社区居民委员会	—	52	—	—	106	空壳社区
16	新安街道净慧寺社区居民委员会	—	62	—	—	136	空壳社区

【公共文化服务】 2019 年，新安街道充分挖掘才艺达人和群文团队领军人，激发群文爱好者和艺术团队的创作热情，以群众智慧和“草根”力量进一步强化心和文化品牌建设的内生动力，现有 20 人以上群众文体团队 26 支，其中新增爵士舞、葫芦丝、梧悦文艺队 3 支特色团队。以“普惠共享”为定位，围绕美韵群文、书馨阅读、乐动健身 3 类主题版块，举办各类公益文化演出、文化活动 42 场次，吸引观众达 8000 余人，其中室外大型文艺演出活动 8 场，各类书画展览交流 12 次，展览展示 12 次，举办各类培训班 12 期，数字电影放映 100 场。坚持以精品奉献人民、用明德引领风尚，围绕回顾新安发展历程、弘扬新时代风貌等主题，完成“白玉兰”原创全文作品舞蹈《薪传》、歌曲《新安等你》、小品《有你真好》3 部作品。11 月 26 日，位于新安花苑第二社区的新安街道 24 小时自助图书驿站完成竣工验收，实现了 24 小时借书卡自助办理、书本自助借还，人脸识别进场等“一站式”集中公共阅读服务功能。新安街道 24 小时自助图书驿站同时也纳入到新吴区图书馆总分馆建设体系中，实现区馆、直属分馆、街道分馆、24 小时图书驿站的通借通还。 （蒋洁燕）

【文化活动】 2019 年 1 月 5 日，由新安街道办事处主办的“七十载风雨征程　新元年福聚新安”暨“寻味新安”城市趣味定向赛”——新安街道迎新春欢乐“大观园”系列活动在新安文化广场举行。活动现场设有无锡本土特色商户和传统非遗美食组成的年货集市，阳山小敏糕团、阿三百叶、甘露青鱼、市民早点公司、小阿姨酒酿、荡口步沿桥糕团、荡口走油肉等商户吸引了众多居民购买。“大观园”活动在传统的年货集市、非遗展示、文艺演出等基础上，增设了“寻味新安”活动环节，活动全程 8-10 公里，线路共设置 6 个通关打卡点，并设置了趣味任务，共有 200 余人报名参加城市趣味定向赛。

3 月 25 日（农历二月十九），净慧寺庙会举行，庙会现场设有惠山泥人、水晶内画、锡绣（精微绣）、剪纸、竹刻、面塑等独具匠心艺术作品展示摊位，增加荡湖船、抖空竹、锡剧等巡游表演环节，将中国优秀传统文化的魅力与净慧寺丰富历史文化相互融合。

9 月 1 日，“渔礼金九　共画新吴”新吴区首届渔文化节暨丰收献礼新中国成立 70 周年开捕集市在新安街道开幕，举行了渔文化系列歌舞表演，还设有渔文化市集、渔副产品科普、水产拍卖等活动。

10 月 11 日，紫金文化艺术节无锡分会场（新吴区）“高新区之夜——太湖音乐节”在新安街道举行。活动宣传短片以新安的自然生态、城市面貌、产业集群、生活空间为要素，体现新安“产、城、景、人”和谐共融的场景，展示了新安生态花园、产业乐园和绿色游园三大亮点。该次音乐节以“任四季变化，我在新安等你”为精神内涵，通过不同的音乐曲调和风格变换，展现四季新安的多姿多彩。活动现场共吸引居民群众4000余人驻足参加。（蒋洁燕）

新吴区首届渔文化节启动（新安街道 供稿）

太湖音乐节（新安街道 供稿）

【群众体育】 5月26日，2019“赏五月花海看锦绣高新”首届万人徒步系列活动在无锡新吴区新安街道成功举行。本次徒步活动分为半程8公里和全程16公里两个组别，起点设在新吴区政务服务中心，终点为软件园四期杜鹃座，沿途经过由金鸡菊、月见草、格桑花、大滨菊组成的万亩“网红花海”、高科技企业园区、太湖湿地等区域。园区联合工会、园区街道、机关工作人员、高校学生、外国友人、徒步爱好者等参加了活动。（蒋洁燕）

【扶贫助困】 2019年，新安街道积极开展扶贫救助。按照各类救助政策准入、比对和退出要求规范实施，确保“应保尽保”。共有低保户26户，保障人数53人，累计发放低保金及低保家庭物价补贴45万元。清退低保户1户1人，死亡2人；新增低保户1户2人。医疗救助对象14户15人，取消救助资格2人。发放春节一次性慰问金136.23万元/1951户；发放临时救助金7.41万元/71户，慈善救助14.8万元/31人。全年累计发放残疾人两项补贴104万元/189人。全街道现有特困人员（三无老人）共16人，其中分散供养3人、集中供养13人，以不低于1470元/人/月的供养标准，共支付特困人员供养经费16.09万元。发放计划生育奖励扶助金90.8万元、计划生育特别扶助金46.1万元，独生子女父母奖励金13.7万元，公益金24.55万元（包括红十字会慰问金8.2万元），各类奖励机制共计发放175.15万元。帮扶壶口镇坪佐行政村建设壶口酥梨观光采摘示范园，帮助提升特色产业发展，实现受益贫困户43户、一般农户195户。旅游观光采摘实现户均增收1000元。出资49.8万元帮扶县西山乡刘家沟村新建幼儿园设施设备建设。（王文婷 邹丹华 韩旭亮）

【养老事业】 2019年，新安街道启用街道居家养老服务中心。作为街道年度重点民生实事项目——街道居家养老服务中心为新安老年人提供健康管理、生活照料、专业照护、膳食餐饮、社区文化、失智管理等老年人照护、社区日间照料服务。围绕2020年每千名老人达到45张养老床位的目标任务，完成了新安新建养老院的选址工作。按照居家养老服务机构评级要求，街道7家居家养老服务中心AAAAA、AAAA、AAA级的占比分别达到28.57%。5家居家养老服务中心（站）完成社会化运营，占比达71%，标准化达标率82.7%。完成10户困难老年人家庭适老化改造工作，努力提高老年居民获得感和幸福感。全年累计发放尊老金83.13万元，重阳节发放老年人补贴59.4万元，全年发放老年人助养金406.47万元，10月1日启动高龄老人祝寿送蛋糕项目，已累计为辖区内105名高龄老人发放祝寿蛋糕。（王文婷）

新安街道居家养老服务中心顺利启用
（新安街道 供稿）

【社会组织】 2019年，新安街道以新益度·社区创新发展中心为依托，坚持“内外兼修”的孵化培育思路，以“专业外引”+“本土内培”双向带动模式丰富社区服务资源，共招募13家专业社会组织入驻，内培11支社区级草根组织，落地开展市级、区级、社区级项目13个。同时立足居民群众需求，开展“公益新干线”服务2期，输送专业服务进社区14场次。（冯雅洁）

【社区建设】 2019年，新安街道9个社区与高校社会服务系、与知名社会服务专业机构的专家“双选结对”，有效规划 “社区建设三年行动计划”，提炼社区特色品牌项目，打造和风社区的“网格规划师”协商民主议事项目、净湖社区的“楼栋议事厅”微探索项目、菱湖社区的“菱湖共同体”等一批社区服务品牌。新安花苑第三社区、和风社区入选2019年“善议新吴·共治家园”社区协商民主议事实践项目首批试点社区。新安花苑第三社区“‘三微合一’让‘她力量’发挥‘大能量’”项目被评为全市社区治理服务创新实践“书记（主任）项目”优秀奖。（冯雅洁）

【社工培育】 2019年，新安街道系统规划激励增能，培育社工“内外兼修”。举办“追梦新征程 社工在行动”2019年社工节广场主题宣传活动。开展社工政策咨询、社工服务项目体验、项目服务对象成果展示、社工风采展示等活动37场次。系统规划社工人才自身能力建设，组织开展社工理论素养提升、实务技能拓展、团队协作沟通、跟岗学习实践等培训课程19次、58课时，累计培训1270余人次。落实社区岗持证社工相关激励政策，进一步充实基层社区力量。（冯雅洁）

【退役军人服务】 2019年，新安街道挂牌成立退役军人服务站及退役军人服务站窗口，推动建立社区退役军人服务站9个，配强“一站九站点”工作力量，为退役军人的诉求反馈、政策解答、重点帮扶、精准救助提供服务保障。在全区率先完成了退役军人信息采集工作，并录入数据库审核通过。同时，对辖区内重点优抚对象落实建档立卡工作，确保一人一档，并对辖区内退役军人及其他优抚对象困难家庭建立了“一本账”制度，做到精准帮扶。认真落实抚恤补助政策，发送各类慰问金16.5万元，组织重点优抚对象进行短期疗养，并为慰问部队送去了近3万元的夏令用品和生活用品，为区人武部送去了近1.5万元的生活用品。全面开展“光荣之家”挂牌摸底统计，认真组织“光荣之家”牌匾悬挂工作，截至2019年已完成80%，上门悬挂率达100%。（顾剑琴）

【健康街道建设】 2019年，新安街道“以社区为核心，以学校和企业为两翼，以家庭为活力末梢”的健康细胞建设体系作为重点抓手，持续加大健康知识宣传，利用市民学校、微信课堂等阵地，举办健康教育知识讲座15次，广场活动5次，发放健康资料7000余份，受益人次1万人；常态化做好健康服务工作，家庭医生签约2142人，完成育龄妇女免费两癌筛查3627人，免费早期胃癌筛查1920人，65岁以上老人免费健康体检5758人。建成新安花苑五区卫生服务站、社区家庭医生工作室等卫生健康服务站点。持续推进“心灵家园”精神残疾患者艺术康复项目，开展各项艺术康复活动20次；继续打造“连心家园”——关爱计划生育特殊家庭服务品牌，丰富关怀内容，提高关怀质量，健全帮扶关怀长效机制。街道获评“2017——2018年度市无偿献血优秀集体”，和风社区创成省级健康社区，新安中心幼儿园创成省级健康单位，和风社区、新安街道居家养老服务中心创成无烟单位。（邹丹华）

【紧密型医联体建设】 2019年，新安街道以创建紧密型医联体为契机，在强化内部管理、优化服务理念、深化合作共建等方面持续发力，进一步规范双向转诊，开展专科共建、临床带教、业务指导，建设“小专科，大综合”性质的社区医院，全面提升中心医疗诊疗能力，着力打造新安群众家门口的优质医院，新吴区新安医院申报二级医院。（邹丹华）

【就业创业】 2019年，新安街道构建“园街联动”创业就业工作联动平台，开设新闻消息、政策动态、工作简讯和招聘信息等。举行“春风行动”公益招聘会暨创业宣传活动，汇集新吴区60多家企业，提供近700个岗位。通过街道劳务派遣窗口推荐免试人员282人，就业122人，城镇新增就业完成1530人，完成年度任务的102%，城镇登记失业率控制在2.19%左右，符合低于2.8%的市调控指标，城镇失业人员再就业人数850人，城镇就业困难人员就业再就业完成168人，超额完成全年目标任务。全年度GYB创业意识培训121人，SYB创业能力培训70人。自主创业完成215人，创业带动就业完成810人，发放创业贷款135万元，完成审核大学生租房补贴人次575人。（陆宇峰）

【社会保障】 2019年，新安街道共发放失地农民、失水渔民政府保养金7327万元、物价补贴243.5万元；发放镇级统筹养老金509人，合计151万元，发放街道各项社保优惠补贴717.50万元，同时每月做好本街道1100多名公益性岗位员工的工资发放管理工作。重点帮扶残疾人员及重症丧失劳动能力人员，共扶持68名残疾及重症丧失劳动能力人员参保（其中重症患者12人、残疾57人），补贴总金额83.57万元。全年企业职工养老保险净增缴费人数1977人，办理社会保障卡3220张，居民医疗保险8642人。（陆宇峰）

【教育】 2019年，新安街道6月市隽朗幼儿园顺利创建省优质园。11月，和风幼儿园高分高评价完成市优质园创建。完成太科园配套幼儿园主体建设，计划于2020年9月正式启用。提供全方位多层次的社区教育服务，努力提升居民素质，持续打造社区教育品牌，“幸福宜居新安垃圾分类先行”获“省社会教育品牌案例”。组织辖区居民参观无锡图书馆、鸿山游学体验，参加“送科技、送生活”老年教育活动，完成具有新安特色的社区教育视频或课程读本2门等。全力推进校外培训机构专项治理，排查校外培训机构25家，3家准入，其余绝大多数机构通过收缩经营范围、添加消防设施等措施实现了问题销号。（蔡闻祥）

【网格化社会治理】 2019年，新安街道严格对照“五统一”达标创建标准，督促各社区网格化治理工作，实现规范达标率100%。街道综治网格中心全年上报事件4479条、网格员自行处理2236条、网格长协调处理1116条，收集社情民意、解决民生问题共计2565条。把党员纳入网格体系，打造“共享型”党建网格联盟。6月，新吴区首个“红网格示范点”集成服务平台“智慧小屋在和风社区正式揭牌并投入使用。新安花苑第一社区网格员陈玥、新安花苑第三社区网格员吴敏获评“市最美网格员”荣誉称号，同时，陈玥获评“省最美网格员”荣誉称号。（吴雪峰）

新安街道全区首个“红网格示范点”、“智慧小屋”正式揭牌（新安街道 供稿）

【环境治理】 2019年，新安街道严格落实“河长制”管理，以河长app信息平台为抓手，全面推进街道镇、村两级河长巡河，街道镇村两级河长每月每河巡查至少2次，村级河长每周每河至少巡查1次。对大溪港河、大坟头河等4条河道实施“一河一策”，国考望虞河断面以及省考大溪港断面1——12月均达标。完成太湖沿线六步港至高墩港，大溪港河530段面，横泾巷河（运河—横泾巷桥）段面，秀景路河（耘林生命公寓——大溪港）段面，三房桥河西段（宁乐路——大溪港河）等河段的清淤疏浚及河道整治任务，累计清除淤泥约25000立方米，总长度约2000米。完成秀景河、三河港、四河港河道沟通工程，加强中关村软件园、慧海湾公园等水系行洪排涝能力。街道强化预警监测，提升蓝藻打捞能力，完成改造六步港蓝藻打捞平台1座，打捞能力从每小时80——100立方米提升至每小时180–200立方米，完成5000方蓝藻应急堆放池开挖，开挖应急调峰池30000立方米存量。全年累计打捞蓝藻103270吨，水草等漂浮物3515吨，出动人员12335人次，打捞船1416船次，运输船1048船次。

开展垃圾分类、市容环境卫生责任区制度宣传，处理绿化养护问题350余起，完成华新北路、运河西路、312国道至吴都路沿线环境改造提升工程，复绿面积达12.8万平方米。全街道生活垃圾无害化处理率达100%。深入推进“厕所革命”，高标准新建完成公厕一座。小流域整治项目作为街道重点改造项目，共涉及235个小街区，22个小流域，完成全部50个项目整改。全年共计处理9起排放口污水入河事件，6起污水浸没道路事件，5起在建项目直排河道事件，2起防汛抽水事件。（惠新建 吴敏倩）

【政务服务】 2019年，新安街道共受理为民服务事项42640件，办结42535件，办结率99.7%，其中即办件42467件，即办率99.5%，按时办结率100%。接待各类咨询11816人次，发放各类宣传资料3000多份。全年共受理各类热线工单710件，办结710件，办结率100%。5月28日，新安街道联合市广电集团举行全市首个“作风面对面”社区工作站揭牌仪式，开展首次“共享937”社区大讨论广播直播活动，打造“作风面对面”社区工作站样板示范。（史锦菊）

【民生实事】 2019年，新安街道推动完成居家养老服务中心装修建设，新吴区新安街道综治指挥中心项目施工，新安街道会议室加建工程，新安街道政务、党群服务中心及新安花苑第三社区党群服务中心，街道公共文化服务中心工程硬装工程，新安卫生院室外环境提升改造项目等。经工商注册使用液化石油气的餐饮商户安装智慧燃气报警器占比达80%，安装智慧燃气共124家。（吴敏倩）

【物业管理】 2019年，新安街道全年处理“12345”工单投诉200余起，做到工单答复回访率100%，按时办结率100%。推进颐泽园首次业主大会筹备组成员推选工作，协调琥珀家园首次业主大会筹备组逾期未能召开业主大会矛盾事项，推动落实国信观湖湾首次业主大会筹备成立工作，推进天骄观邸首次业主大会筹备组成员推选工作。完成和风家园安置房不动产权证初始登记工作，风家园作为全区首例以商品房小区房屋综合验收标准通过区住建局竣工验收，打造一个安置房房屋综合验收样板项目。在原有业务职能基础上承接大学生租房补贴备案证明业务，全年办理房屋租赁备案1000余件。协助和风家园申报通过市优示范小区创优工作，协助新安花苑五区申报通过区级安置房创优小区创优工作。完成老八栋半亩绿化改造，完成多层自来水总管加装排气阀176个，集水井清污320个，完成凉亭改造，清理化粪池480只，增设晾衣架230支，增设楼道灭火器1500个。（毛建明）

【拆迁安置】 2019年，新安街道累计完成签约住宅127户、非住宅55家，面积达15.43万平方米，超额完成区年初下达目标，其中完成4个扫尾灭点项目，2个确保完成项目，1个加快推进项目。加快推进老镇区棚户区改造，完成住宅127户、非住宅22家，共3.69万平方米。7月，启动并完成新安花苑五区与新安佳苑一期共计579套现房抓阄。同时，街道同步全面启动货币结算办法（试行）货币结算面积约2.4万平方米，结算金额为1.9529亿，进一步化解房源紧缺问题，减轻安置压力，节约土地资源。新安佳苑二期、新泽苑一期、二期在与太科园投开公司的协调下，8月，全面启动建设，预计2020年底完成交付安置房约2400套。（唐伟德）

【市容整治】 2019年，新安街道共清理"三乱"9887余处，重点整治市容难点热点问题70次，查处占道经营400余起，暂扣经营车辆50余辆次、各类经营物品700余件，配合交警部门查处"小飞龙"15辆，查处人行道板违停637起，强制拖车95辆次，强化渣土运输扬尘治理，查处工程车违规运输、偷倒垃圾行为216起，处置违法违规案件4440件，处置率达99.97%。启动街道数字城管监督指挥分中心建设，依托数字城管监督指挥平台，共处置案件5729件，每月问题数控制在650个以内，平均每天案件数22个以下，处置率达99.52%，无积存案件发生，位全市第四，全区第一。12345接出警平台投诉案件处理652件，无积案，群众满意度100%。拆除新增违建、历史违建、重要道路两侧违建等各类违法建设49处，拆除面积达1.9万余平方米。创新问题收集方式方法，以城管进社区、进商户店铺"面对面"座谈等方式收集各类问题103个。（邹 峰）

【安全生产】 2019年，新安街道加强基层安全生产工作的动态监管和源头治理，与街道各部门、社区、直属单位等签订安全生产责任书48份，签订率100%。将城市管理网格和综治网格纳入五大安全网格下进行整合，所有领导班子和专委会全部和网格挂钩，实现了区域面积、所有行业领域的全覆盖。街道列入管理的企业共160家，其中危化品经营企业8家、使用危化品的企业9家，烟花爆竹专柜2家。无金属冶炼、液氨使用、涉爆粉尘等企业。全年执法检查企业92家，出具整改指令书49份，现场处置决定书3份，上报协查2家，处罚企业2家（罚款5.5万元）。排查隐患292项，整改率90.4%。安全生产标准化建设目标8家（新审5家，复审3家），2019年，已完成11家；"双控"建设目标20家，完成率100%。（王炳裕）

【感知农贸市场改造】 2019年，新安街道启动市场监控系统全面改造升级，设置高清数字摄像头150多个，建设规范的监控室、消控室及管理系统，有效覆盖面积30000平方米左右，2019年12月完工，与市、区市场监督局联网。推动市场消防设施维修完善，涉及面积25000平方米。启动市场基础设施提升改造项目，涉及面积4000平方米，提升市场营商环境和品质，解决地面防滑问题、墙砖空鼓问题。（许 勇）

新任区级领导

丁洪军

【丁洪军】 男，汉族，1974年2月出生，江苏沭阳人，2000年7月参加工作，1999年5月加入中国共产党，硕士学历。

1997年9月，江西财经大学经济信息管理专业大学毕业。

2000年7月，江西财经大学财政金融学院财政学专业研究生毕业，获经济学硕士学位。

2000年7月，新区财政局工作人员。

2005年11月，新区财政局局长助理（副科级）。

2007年6月，新区财政局副局长。

2008年9月，新区财政局副局长、国有资产管理委员会办公室主任（正科级）。

2009年7月，新区财政局副局长、国有资产管理委员会办公室主任、新区创新创业投资有限公司董事长、高新技术风险投资股份有限公司董事。

2011年11月，新区财政局局长、国有资产管理委员会办公室主任、新区创新创业投资有限公司董事长、高新技术风险投资股份有限公司董事。

2014年5月，新区财政局局长、国有资产管理委员会办公室主任。

2016年5月，无锡高新区（新吴区）财政局临时协调小组组长。

2016年11月，无锡高新区（新吴区）财政局副局长（主持工作）、无锡高新区（新吴区）国有资产监督管理办公室党委书记。

2017年3月，无锡高新区财政局局长、新吴区财政局副局长（主持工作）、无锡高新区（新吴区）国有资产监督管理办公室党委书记。

2017年4月，无锡高新区（新吴区）财政局局长、党组书记、无锡高新区（新吴区）国有资产监督管理办公室党委书记。

2019年3月，无锡高新区管委会副主任、新吴区政府副区长人选、党组成员、无锡高新区（新吴区）财政局党组书记、局长、国有资产监督管理办公室党委书记。

2019年4月，无锡高新区管委会副主任、新吴区政府副区长、党组成员、无锡高新区（新吴区）财政局党组书记、局长、国有资产监督管理办公室党委书记。

张文荣

【张文荣】 男，汉族，1967年11月出生，江苏宜兴人，1987年11月参加工作，1991年1月加入中国共产党，大学学历。

1987年11月，工程兵舟桥第三十一旅司训二连战士、副班长。

1989年9月，解放军运输工程学院汽车分队指挥专业大专毕业。

1992年7月，步兵第一七九师五三七团汽车排排长。

1995年7月，步兵第一七九师司机训练连副连长。

1996年5月，步兵第一七九师汽车连代理指导员。

1997年7月，步兵第一七九师司机训练连连长。

1999年2月，锡山市人武部政工科正连职干事。

2000年7月，锡山市人武部军事科副营职参谋。

2001年4月，锡山区人武部军事科副营职参谋。

2003年6月，锡山区人武部军事科正营职参谋。

2005年3月，转业待分配(其间:2002年9月——2005年6月南京政治学院经济管理专业函授大学毕业)。

2005年12月，新区监察局工作人员。

2007年5月，新区监察局副科级纪检员。

2011年4月，新区地方经济贸易局副局长(其间:2013.01明确为正科级)。

2013年5月，新区鸿山街道党工委副书记、纪工委书记、新区镇街纪检监察工作室副主任。

2016年3月，新区鸿山街道党工委副书记、办事处主任、纪工委书记、新区镇街纪检监察工作室副主任。

2016年4月，新吴区鸿山街道党工委副书记、办事处筹备组组长、纪工委书记、新区镇街纪检监察工作室副主任。

2016年7月，新吴区鸿山街道党工委副书记、办事处主任、纪工委书记、新区镇街纪检监察工作室副主任。

2016年9月，新吴区鸿山街道党工委副书记、办事处主任(其间:2017年1月职务职级并行至副处级)。

2017年12月，新吴区鸿山街道党工委书记。

2019年5月，无锡鸿山旅游度假区管理办公室党组书记、主任、新吴区鸿山街道党工委书记。

2019年6月，无锡鸿山旅游度假区管理办公室党组书记、主任、新吴区鸿山街道党工委书记，四级调研员。

2019年10月，新吴区人大常委会副主任候选人，无锡鸿山旅游度假区管理办公室党组书记、主任、新吴区鸿山街道党工委书记。

2019年11月，新吴区人大常委会党组成员、副主任候选人，无锡鸿山旅游度假区管理办公室党组书记、主任、新吴区鸿山街道党工委书记。

2020年5月，新吴区人大常委会副主任、党组成员，无锡鸿山旅游度假区管理办公室党组书记、主任、新吴区鸿山街道党工委书记。

章晓明

【章晓明】 男，汉族，1971年7月出生，江苏无锡人，2001年11月参加工作，1997年6月加入中国共产党，大学学历。

2001年11月，滨湖区坊前镇春建村党支部副书记。

2002年11月，滨湖区坊前镇春建村党支部书记、村实业公司经理(其间:2001年9月——2004年4月江苏大学经济管理专业大专毕业)。

2005年1月，新区坊前镇党委委员、纪委副书记。

2006年5月，新区坊前街道党工委委员、纪工委副书记。

2007年5月，新区江溪街道党工委委员、纪工委副书记。

2007年11月，新区旺庄街道党工委委员、办事处副主任。

2010年12月，锡通科技产业园规划建设环保局局长(其间:2012年7月中央广播电视大学合作中国政法大学法学专业大学毕业)。

2013年3月，新区鸿山街道党工委副书记、办事处主任、鸿山工业安置区办公室主任。

2013年6月，新区鸿山街道党工委副书记、办事处主任、鸿山工业安置区办公室主任、吴文化博览园管理中心副主任。

2013年10月，新区鸿山街道党工委副书记、办事处主任、鸿山工业安置区办公室主任、吴文化博览园管理中心副主任、吴文化博览园建设发展有限公司总经理、法人代表。

2014年5月，新区鸿山街道党工委副书记、办事处主任、鸿山工业安置区办公室主任、吴文化博览园管理中心副主任。

2016年3月，新吴区梅村街道党工委书记。

2019年3月，新吴区硕放街道党工委书记、无锡空港经济开发区党工委副书记、管委会副主任(主持无锡空港经济开发区全面工作)。

2019年10月，无锡高新区党工委委员、新吴区委常委，无锡空港经济开发区党工委书记、管委会主任、新吴区硕放街道党工委书记。

祝君乔

【祝君乔】 男，汉族，1967年8月出生，江苏靖江人，1989年7月参加工作，1994年2月加入中国共产党，硕士学历。

1985年9月，衡阳工学院给排水专业大学毕业，获工学学士学位。

1989年7月，中国核工业华兴建设公司二公司安装队工长兼技术员。

1993年2月，中国核工业华兴建设公司二公司安装队副队长。

1997年11月，中国核工业华兴建设公司秦山核电站项目部技术部经理。

1999年5月，无锡新区规划建设环保局工作人员。

1999年7月，无锡新区规划建设环保局局长助理、兼市政管理处处长。

2000年1月，无锡新区规划建设环保局副局长、兼市政管理处处长。

2001年3月，无锡新区规划建设环保局副局长、公用事业管理处处长。

2002年6月，无锡新区规划建设环保局副局长（其间：2004年11月明确正科级）。

2005年1月，无锡新区规划建设环保局副局长、新区经济发展集团总公司党委委员、董事、副总经理、新区城市投资发展有限公司董事长、总经理、法人代表、机场有限公司董事、华友工业园咨询有限公司董事。

2006年5月，无锡新区规划建设环保局局长、机场有限公司董事、华友工业园咨询有限公司董事。

2006年10月，无锡新区规划建设环保局局长（其间：2007年8月明确副处级）。

2009年9月，无锡新区管委会副主任、无锡高新区管委会副主任、新区规划建设环保局局长。

2012年12月，无锡新区党工委委员、管委会副主任、无锡高新区管委会副主任、新区规划建设环保局局长。

2013年3月，无锡新区党工委委员、管委会副主任、无锡高新区管委会副主任。

2013年5月，无锡新区党工委委员、管委会副主任、无锡高新区管委会副主任、兼市规划局新区分局局长（其间：2010年3月——2013年6月东南大学工程软件工程学院，获工程硕士学位）。

2015年12月，无锡市新吴区人民政府筹备组成员、无锡高新区管委会副主任、兼市规划局新区分局局长。

2016年6月，无锡高新区管委会副主任、新吴区副区长、兼市规划局新区分局局长。

2017年9月，无锡高新区管委会副主任、新吴区副区长、党组成员（其间：2019年3月明确为正处职）。

2019年3月，无锡高新区党工委委员、管委会副主任、新吴区委常委、区政府副区长、党组副书记。

先进模范人物

【杨渊斌】 1976年10月28日生，江苏无锡人，中共党员，硕士研究生学历。2016年9月任无锡微纳产业发展有限公司总经理。2019年荣获首届创新中国年度评选“创新中国·创新管家”的称号。模范事迹：①重大项目引育。引进特大跨境并购项目——无锡锡产微芯半导体有限公司。该公司由中科院微电子所主导，注册资本21.1亿元，拟投资额30亿元人民币，主要从事半导体器件与集成电路的设计、开发和销售，预计2020年实现销售30亿元。②重大品牌争取。2019年，微纳园荣获亚洲企业孵化器协会评选的“2019年度亚洲最佳孵化器奖”（中国第五家、江苏首家）、年度国家级科技企业孵化器绩效评价A类、获评科技日报年度创新中国“创新管家·创新服务平台”等多项国家级荣誉；还获得江苏省专业孵化器十强、省科技企业孵化器绩效评价A类、省科技服务业百强机构等省级表彰；无锡市区两级还给予微纳园无锡市“服务科技创新先进集体”、无锡市新一代信息技术特色园区、无锡市服务业提质增效资金集聚示范区、无锡市服务科技创新先进集体、无锡市科技创新贡献奖、无锡市科技局授予“先进集体”、无锡市人才创新创业示范基地等荣誉称号。③科技企业培育突破。2019年，微纳园企业总产值达85亿元，税收达5亿元，纳税企业660余家。园区亩均产出2800万元，亩均税收160万元。净增国家高企认定数21家，高企累计71家，新增高新技术企业入库54家；新增市雏鹰企业培育入库数11个，市瞪羚企业培育入库数14个，市准独角兽企业培育入库数3个；火炬中心科技部科技型中小企业评价入库数112个;新增高新区领军人才项目数5个;苏南自创区瞪羚企业高成长50强企业3家,分别为天云数据、天芯互联、中石伟业。2019年在高新区各科技园区考核中,微纳园成绩位列首位。

【严三媛】 汉族,视力视残一级,中共党员。江苏省盲协副主席、无锡市盲协主席、新吴区政协委员。2019年5月16日,在人民大会堂受到习近平、李克强等党和国家领导人亲切接见,并代表8500万残疾人作了励志发言。先进事迹:自强不息,关心社会,道德高尚的优秀共产党员,在残疾人事业和慈善事业中做出突出贡献。2000年,创办无锡好轻松盲人推拿按摩有限公司,现有9家门店,360余名员工,19年深耕残疾人事业,累计帮扶千余名盲人就业创业,向社会捐赠爱心款项60余万元。她还首创了江苏省唯一一家黑暗体验馆,不仅为盲人就业开拓了新领域、新平台,更累计向1.2万余名社会公众提供了预防残疾体验教育,被无锡市政府评为无锡市预防残疾体验基地。严三媛以其自强不息的精神、高度的社会责任感、良好的精神状态和工作实绩得到各级政府和社会各界肯定,先后当选为新吴区政协委员,无锡市盲协主席,江苏省盲协副主席,获得"中国好人""全国先进个体工商户""全国自强创业之星""江苏省自强模范""江苏省道德模范""无锡市自强模范""无锡市优秀共产党员""江苏省最美人物""全国自强模范"等荣誉。

【陈波毅】 女,1968年8月3日生,江苏无锡人,无党派人士,大专学历,旺庄街道卫生健康科科长。江2019年获评苏省红十字会"2016——2018年度红十字基层组织先进个人"。先进事迹:①乐于奉献,弘扬"人道、博爱、奉献"的红十字精神,倾情红会事业,把红会工作与日常工作、生活融为一体。为进一步提高大家应对突发灾难和意外伤害的自救、互救能力,减少突发事件造成的人员伤亡,不断提高应急救护知识普及率;2016年起,特邀市、区专业医生进行授课,每年均组织开展各类初级救护员、普及救护员培训,每年约有900余人参加普及性培训,90余人参加初级救护员培训工作;每年3月5日学雷锋纪念日,动员街道居民群众向雷锋同志学习,加入到红十字志愿服务队伍中来,进一步传承和弘扬雷锋精神。每年的12月组织旺庄街道无偿献血活动,近3年街道机关干部、社区工作人员和青年志愿者们累计100余人,每年约有400——500名居民踊跃参加。②构建应急体系联动自救互救安全网络。为更好发挥红十字在应急救护培训中的主体作用,推广普及应急救护知识与技能,陈波毅主持建设了与政府应急体系联动的群众性自救互救安全网络, 进一步发挥志愿者的积极作用,弘扬"奉献、友爱、互助、进步"的红十字志愿者精神,在工作中,号召更多不同类型的人员,宣传、学习居民应急救护知识,不断提高广大群众特别是高危人群的自救互救能力。作为一名红十字工作人员,还积极参加各项公益活动到敬老院照顾老人、为灾区捐款等,充分体现了"人道、博爱、奉献"的红十字精神。

【徐双谊】 女,汉族,1981年2月出生,江苏无锡人,中共党员,本科学历,无锡新港物流发展有限公司经济发展部经理。2019年,被江苏省第四次全国经济普查领导小组评为"江苏省第四次经济普查优秀工作者"。先进事迹:深入细致,严谨细致,无私奉献,做好经济普查工作。自全国第四次经济普查工作启动开始,徐双谊便担任旺庄街道新港物流园区域经济普查工作的一名普查员。接到普查任务后,她义不容辞地将经济普查工作作为自己工作的重点,自觉挑起各项工作的重担。她坚持努力学习普查方案和PAD软件操作规范流程,结合实际反复研究,确保普查数据录入准确无误。新港物流园区内有620余家企业,面对巨大的工作量,她凭着认真负责的工作态度和严谨细致的工作作风,克服困难,坚持不懈地逐家上门登记,对不配合的单位,她没有退缩,第一次不行就第二次,甚至多次上门,用自己的行动感化普查对象,使他们配合做好工作,保证了普查数据的质量,圆满完成了经济普查工作。徐双谊在此次普查工作中,她奋力拼搏、团结进取,为全国第四次经济普查做出了较大的贡献。她认真负责、知难而进的敬业精神受到了领导和同事们的高度重视和表扬。

【于颖】 女,汉族,1981年10月生,黑龙江依兰人,党校研究生学历,中共党员,现任无锡高新区(新吴区)人民检察院第一检察部主任。2019年,被江苏省妇女联合会、江苏省女法官协会、江苏省女检察官协会、江苏省律师协会联合授予江苏省"双百法律服务助航计划"巾帼法律专家顾问称号。曾荣获全国、全省检察机关侦查监督业务标兵荣誉称号,获评新吴区首届十大最美法治人物、无锡"最美检察官",并被江苏省人民检察院荣记个人二等功等。先后成功办理省院交办的李某受贿案、刘某某非法吸收公众存款案、合同诈骗案等一批有重大有影响案件。

【孙宁】 男,汉族,1985年5月生,江苏无锡人,本科学历,中共党员,现任无锡高新区(新吴区)人民检察院第二检察部主任。全国优秀公诉人、全国公诉标兵提名、全省检察机关先进工作者、江苏省十佳公诉人、无锡市优秀共产党员。2019年,经最高检第一检察厅安排,8月7日,孙宁赴北京参与了腾讯守护者计划。该项工作结束后,最高人民检察院第一检察厅发函至新吴区院,对该院孙宁在参与网络反电信诈骗法制宣传活动中的突出表现予以表扬。

【师夏】 女，汉族，1985年3月生，山西翼城人，本科学历，中共党员，现任无锡高新区（新吴区）人民检察院第三检察部主任。2019年，入选“全省未检案件评查人才库。从事未检工作7年，倾情护航未成年人成长，打造“向阳花”青少年维权品牌，师夏开展“花季护航”系列活动，3年来帮教170余名青少年重扬生活之帆。会同团队开设“向阳花法治讲坛”，开展“以案说法”、防治校园欺凌等法制宣传活动90余场次，受教育学生4万人次。个人曾获“全省未成年人检察业务标兵”“全省刑事执行检察业务标兵”“江苏好人”“全省检察专门人才”“无锡最美巾帼人物”“无锡市三八红旗手”“无锡好人”“新吴区十大最美法治人物”“新吴区巾帼榜样”等荣誉称号。

【宗稀红】 鸿山街道工作人员，被江苏省老龄工作委员会评为江苏省2019年度“安康关爱行动”先进个人。围绕进一步加强养老保障工作，宗稀红时刻牢记自己是一名共产党员，能够紧紧围绕“以民为本、为民解困”的工作宗旨，牢固树立全心全意为人民服务的指导思想，注重工作效率、提高工作质量为目标，用心努力，较好地完成了各项工作任务。积极推进实施了“安康关爱行动”，这一惠老工程，已连续开展第7个年头，全街道适龄参保老年人由2013年的6967人，发展到2019年的18122人，参保率从52%提高到100%，超额完成了上级下达的工作目标，连续6年荣获无锡市“安康关爱行动”先进集体，赢得了广大老年人的满意和社会各界的赞赏。

【陈玥】 女，汉族，1993年12月生，江苏无锡人，研究生学历，中共党员，现任新安街道新安花苑第一社区居委会副主任。2019年被江苏省省政法委授予“江苏最美网格员”称号。先进事迹：陈玥在成为社区网格员以来，坚持用脚步丈量社区网格，用真心换取居民真情，用责任守护社区平安。工作中，她不断创新创优方法，为做强网格党建，将基层党建体系和网格化治理体系深度融合，建立“红色网格”队伍，成立彩虹志愿服务队伍，形成网格党建微信圈。为做精网格管理，认真钻研业务，努力做到自己学明白、想明白、说明白，充分利用“网格E通”规范巡查，有效化解了多起各类安全事故隐患和纠纷矛盾。为做优网格服务，积极宣传“慧通新安”服务管理APP，认真探索居民协商议事机制，为群众及时办理各项事务的受理率、办结反馈率均为100%。

【张维春】 男，无锡市新吴区梅村街道社区卫生服务中心副主任，分管妇幼保健条线工作。2019年，被江苏省人民政府妇女儿童工作委员会授予“江苏省妇女儿童工作先进个人”称号。先进事迹：自1993年参加工作以来，始终秉承着“救死扶伤、无私奉献、全心全意为人民服务”的职业精神，爱岗敬业，具有强烈的责任感和使命感。他认真对照市、区下达的目标任务，加强自身学习，掌握妇幼保健知识和业务技能和服务项目的流程管理和考核目标，为开展妇幼保健工作奠定了理论基础。充分发挥多方合作工作机制开展工作，严格按照无锡市妇幼保健工作考核评分标准，分解任务、明确职责，查找存在的不足，寻求解决困难的办法，充分依托街道计生、妇联、社区妇女主任、幼托机构保健老师、社区卫生服务站工作人员等多方联动，互相帮助，既有分工又有合作，妇幼保健工作取得实效。通过全体妇幼保健人员的共同努力，多年来梅村社区卫生服务中心的妇幼保健工作在市、区的年度考核中均取得了优异的成绩，也多次获得“先进集体”和“先进个人”的荣誉称号。2018年，梅村街道社区卫生服务中心妇儿保门诊通过了江苏省妇幼保健规范化门诊市级建成单位的评审。

【田大伟】 1982年12月生，河南邓州人，中共党员，大学本科学历，担任新吴区退役军人服务中心副主任。2019年，被江苏省退役军人事务厅授予“江苏省信息采集先进个人”称号。先进事迹：田大伟在退役军人和其他优抚对象信息采集中，主动作为思路清，服务奉献意识强，工作操作流程熟，为推进全区信息采集工作顺利完成做出了突出贡献，获得了广大采集对象的认可与好评。他立足实际分析新吴区信息采集工作的优劣势，积极向领导提出合理意见建议和行之有效的实施方案，组织开展街道社区相关工作人员业务培训，迅速搭建起区、街道、社区三级联动工作机制；将信息采集常见问题“十四条”送到一线工作人员手中，大大提高了工作效率；同时遴选辖区优秀采集人员进行带教培训，采取“以优带群”方式，推动全区采集工作再上新台阶，取得了良好实效。

【孙东飞】 男，1985年8月1日生，2009年进入法院。现为新吴区人民法院硕放法庭副庭长。2019年，被江苏省高级人民法院授予“江苏省法院执行工作先进个人”称号。先进事迹：政治素质高，自觉提高政治站位，强化责任担当，坚持把讲政治和讲法治结合起来，将执法办案的法律效果、政治效果、社会效果有机统一；业务能力强，作为员额法官、团队长，勇于担当，攻坚克难。从事执行工作10余年，铁腕治赖，攻坚疑难复杂执行案件，勇于啃“骨头案”“钉子案”，妥善化解并执结一大批法律关系复杂的民生案件，在办案中总结的“二三五规范”制度，被中院在全市进行推广；工作质效优，执法办案屡创新高，近3年平均年个人结案420余件。2018年，全年办结执行案件467件，带领的执行团队共计办结执行案件1176件，均位列全市前列。灵活适用破产法中工人工资优先支付的规则，通过司法拍卖工厂资产，顺利为工人追回了300多万工资款。

先进集体

表 18

获奖单位	荣誉(全称)	授予单位(全称)	授予时间	备注
无锡微纳产业发展有限公司	2018 年度国家级科技孵化器考评优秀（A）	科技部	2019 年 11 月	—
无锡微纳产业发展有限公司	2019 年度最佳孵化器奖	亚洲孵化器协会 (AABI)	2019 年 11 月	中国第五家，江苏首家
无锡微纳产业发展有限公司	2019 年江苏省专业孵化器十强	江苏省孵化器协会	2019 年 10 月	—
无锡微纳产业发展有限公司	创新中国·创新服务平台	科技日报社	2019 年 5 月	首届“创新中国·2018 年度评选活动
无锡市自然资源和规划局新吴分局	2016——2018 年度江苏省文明单位	江苏省精神文明建设指导委员会	2019 年 12 月	—
行政审批局	2016——2018 年度江苏省文明单位	江苏省精神文明建设指导委员会	2019 年 12 月	—
新吴区教育局	2018 年全民终身学习周成功组织单位	中国成人教育协会	2019 年 08 月	中成协〔2019〕028 号
旺庄街道尚泽社区	2018 年度全国综合减灾示范社区	国家减灾委员会应急管理部中国气象局中国地震局	2019 年 6 月	—
旺庄街道春潮园第三社区	江苏省健康社区	江苏省爱国卫生运动委员会	2019 年 1 月	—
旺庄街道居家养老服务中心	江苏省“敬老文明号”	江苏省老龄工作委员会	2019 年 9 月	—
旺庄街道红旗社区	江苏省文明社区	江苏省精神文明建设委员会	2019 年 12 月	—
旺庄街道教育科	2019 年度江苏省社会教育先进集体	江苏省社会教育服务指导中心	2019 年 12 月	—
旺庄街道第四次全国经济普查领导小组办公室	江苏省第四次全国经济普查优秀集体	江苏省第四次全国经济普查领导小组	2019 年 12 月	—
旺庄街道高浪社区	江苏省文明社区	江苏省精神文明建设指导委员会	2019 年 12 月	—
旺庄街道	2019 年省级健康单位	江苏省爱国卫生运动委员会	2020 年 3 月	—
旺庄街道春潮幼儿园	2019 全国生态文明教育特色学校	环境教育杂志社中国环境文化教育专家委员会	2019 年 12 月	—
旺庄街道科创中心	2018 年度江苏省科技企业孵化器绩效评价结果优秀单位	江苏省科学技术厅	2019 年 6 月	—
旺庄街道科创中心	2019-2020 年度江苏省电子商务示范基地	省商务厅	2019 年 7 月	—
旺庄街道科创中心	国家级科技企业孵化 2018 年度考核评价结果良好单位	科技部火炬中心	2019 年 11 月	—
新吴区检察院	2019 年度全国检察宣传先进单位	检察日报社	2019 年 9 月	—
未成年人检察工作科	全国巾帼文明岗	全国妇联	2019 年 3 月	—
新吴区检察院	江苏省公共机构节能示范单位	江苏省机关事务管理局	2019 年 5 月	—
高新区税务局	2016——2018 年度江苏省文明单位	江苏省精神文明建设指导委员会	2019 年 12 月	苏文明委〔2019〕15 号
江苏省无锡高新区（新吴区）人民检察院未成年人检察工作科	全国巾帼文明岗	全国妇联	2019 年 3 月	—
无锡市新吴区江溪街道景渎社区居民委员会	江苏省巾帼文明岗	江苏省城镇妇女“巾帼建功”活动领导小组、江苏省妇女“双学双比”竞赛活动领导小组	2019 年 2 月	—
国家税务总局无锡国家高新技术产业开发区（无锡市新吴区）税务局税源管理一科	江苏省巾帼文明岗	江苏省城镇妇女“巾帼建功”活动领导小组、江苏省妇女“双学双比”竞赛活动领导小组	2019 年 12 月	—
区物管中心	培育创建的科技商务中心项目省级示范物业管理称号	省住建厅	2019 年 7 月	苏建房管〔2019〕266 号
区物管中心	培育创建的滟澜艺墅项目省级示范物业管理称号	省住建厅	2019 年 7 月	苏建房管〔2019〕266 号
江溪街道人武部	基层武装工作先进单位	江苏省军区政治工作局	2019 年 1 月	—

续表 18

获奖单位	荣誉(全称)	授予单位(全称)	授予时间	备注
无锡市新吴区江溪街道文化站	“同唱祖国好 幸福舞起来——2019年‘舞动江苏’广场舞大赛”中，荣获优秀组织奖	中共江苏省委宣传部、江苏省文明办、江苏省文化和旅游厅、江苏省体育局、江苏省文联	2019年9月	—
奕淳社区	江苏省统计规范千佳单位	江苏省统计局	2019年1月	—
江溪街道第四次全国经济普查领导小组办公室	江苏省第四次全国经济普查优秀集体	江苏省第四次全国经济普查领导小组	2019年12月	—
江溪街道退役军人服务站	全省信息采集先进单位	江苏省退役军人事务厅	2019年11月	—
无锡市新吴区安监环保局	2018年度全省冶金等工贸行业安全生产工作先进集体	江苏省应急管理厅	2019年1月	—
新吴区安全生产监督管理和环境保护局	2018年全市安全生产暨夏季百日安全生产专项活动先进集体	无锡市人民政府安全生产委员会	2019年3月	—
鸿山街道	国家卫生镇	全国爱国卫生运动委员会	2019年——2021年	—
七房桥村	全国乡村治理示范村	中央农办、农业农村部、中央宣传部、民政部、司法部	2019年12月	—
七房桥村	入选“千村万寨展新颜”展示名单	中国农民丰收节组织指导委员会办公室	2019年9月	—
鸿泰苑第一社区	2019年新时代春节晚会一等奖	世界大舞台中国文化艺术交流组（香港）	2019年1月	—
无锡鸿山葡萄专业合作社	国家农民合作社示范社	中华人民共和国农业农村部	2018年6月——2020年6月	—
大坊桥村	2016-2018年度江苏省文明村镇	江苏省精神文明建设指导委员会	2019年12月	—
大坊桥村	2019年江苏省休闲农业精品村	江苏省农业农村厅	2019年12月	—
鸿山村委	江苏省休闲农业精品村	江苏省农业农村厅	2019年4月	—
鸿山村委	省级创业型社区（村）	江苏省人力资源和社会保障厅	2019年5月	—
鸿山街道	2018年度全省基层党员冬训工作创新项目	中共江苏省委组织部、中共江苏省委宣传部	2019年7月	—
鸿山街道	省级和谐劳动关系试验区	省人社厅	2019年	—
泰伯景区	吴文化游学基地	江苏省社会教育服务指导中心	2019年10月	—
鸿泰苑第一社区	江苏省村（社区）统计规范化建设“千佳单位”	江苏省统计局	2019年1月	—
鸿泰苑第一社区	江苏省健康社区	江苏省爱国卫生运动委员会	2019年1月	—
鸿运苑第一社区	江苏省文明村（社区）	江苏省精神文明建设指导委员会	2019年12月	—
七房桥村	2016-2018年度江苏省文明村	江苏省精神文明建设指导委员会	2019年12月	—
七房桥村	2018年度全省行政村（社区）综合性文化服务中心	江苏省文化和旅游厅	2019年3月	—
泰伯实验幼儿园	江苏省餐饮质量安全示范店（食堂）	江苏省市场监督管理局	2019年3月	—
怀海义庄	国家3A级旅游景点	江苏省旅游景区质量等级评定委员会	2019年	—
新安街道	江苏省社会教育品牌案例	江苏省社会教育服务指导中心	2019年10月	—
和风社区	省级节水型社区	江苏省水利厅、江苏省发展改革委员会	2019年8月	—
市场公司	全国文明诚信经营示范市场	中国市场学会批发市场发展委员会	2019年4月	—
市场公司	江苏省放心消费创建先进单位	江苏省放心消费创建活动办公室	2019年2月	—
市场公司	江苏省文明市场示范单位	江苏省广播电视总台（集团）	2019年9月	—
和风幼儿园	在“童画之星.第二十届世界华人幼儿穿衣美术大赛”中荣获集体奖：世界华人幼儿创意美术大赛二等奖	中国教育基金学前教育研究会	2019年4月	—

续表 18

获奖单位	荣誉(全称)	授予单位(全称)	授予时间	备注
和风幼儿园	在“童画之星.第二十一届世界华人幼儿穿衣美术大赛”中荣获集体奖:世界华人幼儿创意美术大赛特等奖	中国教育基金学前教育研究会	2019年11月	—
香梅第一社区	江苏省文明社区	江苏省精神文明建设指导委员会	2019年	—
梅荆花苑第三社区	2019年健康社区	江苏省爱卫办	2019年12月	—
无锡高新区(新吴区)发改委	江苏省创业投资集聚发展示范区	江苏省发展改革委	2019年10月	苏发改财金发〔2019〕975号
无锡高新区(新吴区)发改委	上交所资本市场服务苏南基地	上海市政券交易所	2019年10月	—
无锡高新区(新吴区)发改委	2018年金融环境奖	无锡市人民政府	2019年2月	锡政发〔2019〕5号
无锡高新区(新吴区)发改委	2018年脱贫攻坚先进单位	青海省委省政府	2019年9月	青发〔2019〕25号
无锡高新区(新吴区)发改委	双创示范基地	江苏省政府办公厅	2019年6月	苏政办发〔2019〕61号
无锡高新区(新吴区)发改委	服务业产业强势先进集体	无锡市人民政府	2019年12月	锡委发〔2019〕73号
无锡高新区(新吴区)司法局	全省司法行政系统新闻宣传工作先进集体	省司法厅	2019年1月	—
区民政卫健局	江苏省卫生应急工作规范化建设	江苏省卫生健康委	2019年12月	—
新吴法院	全省法院先进执行集体	江苏省高级人民法院	2019年7月	—
新吴法院	2019年度司法宣传工作表现突出的人民法院	最高人民法院	2019年8月	—
新吴法院	派驻人民法院优秀人民调解工作室	江苏省高级人民法院、江苏省司法厅、江苏省律师协会	2019年12月	—

先进个人

表 19

姓名	单位	荣誉(全称)	授予单位(全称)	授予时间	备注
杨渊斌	无锡微纳产业发展有限公司	创新中国·创新管家	科技日报社	2019年5月	首届“创新中国·2018年度评选活动
蔡志真	无锡市自然资源和规划局新吴分局新安国土资源所	全省自然资源系统优秀党务工作者	江苏省自然资源厅	2019年7月	—
张琦	尚泽社区	优秀红十字会员	江苏省红十字会	2019年11月	—
徐双谊	无锡新港物流发展有限公司	江苏省第四次经济普查优秀工作者	江苏省第四次全国经济普查领导小组	2019年12月	—
严三媛	无锡市好轻松盲人推拿按摩有限公司	江苏“最美巾帼人物”	中共江苏省委宣传部江苏省妇女联合会	2019年3月	—
陈波毅	卫生健康科	2016–2018年度红十字基层组织先进个人	江苏省红十字会	2019年1月	—
于颖	新吴区检察院	江苏省“双百法律服务助航计划”巾帼法律专家顾问	江苏省妇女联合会、江苏省女法官协会、江苏省女检察官协会、江苏省律师协会	2019年5月	—
周洁敏	新吴区检察院	2019年度未成年人检察理论论文优秀奖	中国女检察官协会、最高人民检察院第九检察厅、最高人民检察院检察理论研究所	2019年6月	—

续表 19

姓名	单位	荣誉(全称)	授予单位(全称)	授予时间	备注
孙宁	新吴区检察院	最高人民检察院第一检察厅发函至新吴区院，对该院孙宁同志在参与网络反电信诈骗法制宣传活动中的突出表现予以表扬	最高人民检察院第一检察厅	2019 年 9 月	经最高检第一检察厅安排，8 月 7 日，孙宁赴北京参与了腾讯守护者计划。
史济峰	新吴区检察院	“应华明职务侵占、非国家工作人员受贿案”入选江苏省第二期《公告》	江苏省人民检察院	2019 年 6 月	省院内网发文
师夏	新吴区检察院	入选“全省未检案件评查人才库”	江苏省人民检察院第八检察部	2019 年 9 月	省院内网发文
钱豪奕	新吴区检察院	入选 2017 年度全国检察机关保护知识产权十大典型案例	清风苑	2019 年 9 月	—
陆甜甜	新吴区检察院	2019 年度未成年人检察理论论文优秀奖	中国女检察官协会、最高人民检察院第九检察厅、最高人民检察院检察理论研究所	2019 年 6 月	—
赵晓荣	新吴区检察院	《政府行政执法检察监督的探索实践及模式路径》“新时代基层法治政府建设”优秀论文三等奖	江苏省法学会、中国法治现代化研究院	2019 年 11 月	—
郝红梅	新吴区检察院	2018 年度全国检察宣传先进个人	检察日报社	2019 年 7 月	—
苗迪	新吴区检察院	全省检察机关司法警察警务技能汇报演练三等奖	江苏省人民检察院	2019 年 7 月	—
陆建君	江溪街道信访科	新中国成立 70 周年大庆全省安保维稳工作先进个人	江苏省政法委江苏省人力资源和社会保障厅	2019 年 10 月	—
桑梅	江溪街道	江苏省优秀党务工作者	中国共产党江苏省委员会	2019 年 6 月	—
卞益峰	江溪街道信访科	2019 年三季度全省信访系统“岗位之星”	中共江苏省委信访局江苏省政府信访局	2019 年 11 月	—
陈叶	江溪街道经济贸易科	江苏省第四次全国经济普查优秀工作者	江苏省第四次全国经济普查领导小组	2019 年 12 月	—
陈晨	江溪街道经济贸易科	江苏省第四次全国经济普查优秀工作者	江苏省第四次全国经济普查领导小组	2019 年 12 月	—
虞甜	江溪街道经济贸易科	江苏省第四次全国经济普查优秀工作者	江苏省第四次全国经济普查领导小组	2019 年 12 月	—
陈燕	奕淳社区	2018 年度全省“优秀环境守护者”	江苏省环境厅办公室	2019 年 3 月	—
杨晓杰	无锡市新吴区应急管理局安全生产监察大队	三等功	中共无锡市委组织部	2019 年 8 月	—
宗稀红	鸿山街道	江苏省 2019 年度“安康关爱行动”先进个人	江苏省老龄工作委员会	2019 年	—
陈玥	新安花苑第一社区	江苏最美网格员	省政法委	2019 年 10 月	—
马心雯	新安街道统计科	江苏省第四次全国经济普查优秀工作者	省四经普领导小组	2019 年 12 月	—
丁玉辉	新安街道统计科	江苏省第四次全国经济普查优秀工作者	省四经普领导小组	2019 年 12 月	—
张维春	无锡市新吴区梅村街道社区卫生服务中心	江苏省妇女儿童工作先进个人	江苏省人民政府妇女儿童工作委员会	2019 年 7 月	—
陈娃	梅里社区	社区教育先进工作者	江苏省成人教育协会	2019 年 9	—
田大伟	新吴区退役军人事务局	江苏省信息采集先进个人	江苏省退役军人事务厅	2019 年 11 月	—
胡敏洁	旺庄街道司法所	全国模范司法所长	司法部	2019 年 1 月	—
顾青	新吴区民政卫健局	全省民政系统先进工作者	省民政厅	2019 年	—
姚国兴	新吴区民政卫健局	江苏省重点职业病监测与职业健康风险评估先进个人	江苏省疾病预防控制中心	2019 年	—
严海涛	新吴法院	2017 年度全省法院优秀裁判文书三等奖	江苏省高级人民法院	2019 年 5 月	—
孙东飞	新吴法院	全省法院执行工作先进个人	江苏省高级人民法院	2019 年 7 月	—
孙森	新吴法院	全省法院执行工作先进个人	江苏省高级人民法院	2019 年 7 月	—

组织机构和负责人名单

1. 区四套班子:

无锡高新技术产业开发区党工委

书　记　王进健

副书记　封晓春

洪延炜

吴胜荣

委　员　匡　辉

余银龙

焦夕莲(女)

刘　霞(女)

胡　逸(2019 年 1 月止)

祝君乔(2019 年 3 月起)

章晓明(2019 年 10 月起)

中共新吴区委员会

书　记　王进健

副书记　封晓春

洪延炜

常　委　吴胜荣

匡　辉

余银龙

焦夕莲(女)

刘　霞(女)

祝君乔(2019 年 3 月起)

章晓明(2019 年 10 月起)

褚　建(2019 年 10 月止)

王颐然(2019 年 10 月起)

胡　逸(2019 年 1 月止)

袁小强(挂职,2019 年 6 月止)

无锡高新技术产业开发区管委会

主　任　封晓春

副主任　洪延炜

胡　逸(2019 年 1 月止)

祝君乔

朱晓红

李伟敏(女)

钱　前

丁洪军(2019 年 3 月起)

石松哲(挂职,2019 年 4 月止)

顾　瑾(女,挂职,2019 年 6 月止)

新吴区人民政府

区　长　封晓春

副区长　胡　逸(2019 年 1 月止)

祝君乔

朱晓红

李伟敏(女)

钱　前

丁旭东

丁洪军(2019 年 3 月起)

石松哲(挂职,2019 年 4 月止)

顾　瑾(女,挂职,2019 年 6 月止)

田　丰(挂职)

禹　罡(挂职,2019 年 8 月起)

党组成员　李桂林(2019 年 12 月起)

新吴区人大常委会

主　任　张明烈

副主任　刘　骁

何雪清

黄家传(兼)

严冬兴(2019 年 7 月止)

副主任候选人　张文荣(2019 年 10 月起)

党组成员　杨　牧

吴　易(2019 年 3 月起)

政协新吴区委员会

主　席　刘蓓红(女)

副主席　沈雪芳
　　　　肖伟民(兼)
　　　　平　江
　　　　金　燕(女)(兼)
副主席候选人　曹建兴(2019年3月起)
党组成员　陶锡强
　　　　　钱国新(2019年3月起)

2. 区纪律检查委员会:
无锡高新区纪工委
书　记　焦夕莲(女)
副书记　殷　璐(女)(2019年10月起)
中共新吴区纪委
书　记　焦夕莲(女)
副书记　殷　璐(女)
　　　　欧　华(2019年4月止)
　　　　沈　健(2019年4月起)
常　委　周　辰
　　　　朱　鼎
　　　　张汝洋
新吴区监察委员会委员会
主　任　焦夕莲(女)
副主任　殷　璐(女)
　　　　欧　华(2019年4月止)
　　　　沈　健(2019年4月起)
委　员　周　辰
　　　　朱　鼎
　　　　许富伟
　　　　王国柱

3. 区委工作机构及直属单位:
区党政办公室
主　任　钱国新(2019年3月止)
　　　　匡　辉(2019年6月起)
副主任　李桂林(2019年11月止)
　　　　吴建华(2019年2月止)
　　　　王　佳(女)
　　　　任　璐(女)(兼)(2019年10月止)
　　　　邵登云(2019年6月起)
　　　　孙志敏(2019年10月起)
区委组织部
部　长　吴胜荣
副部长　吴俊芬(女)
　　　　孙　昊
　　　　王志军(兼)
区委宣传部
部　长　刘　霞(女)
副部长　钱　韵(女)
　　　　万　江
区委统一战线工作部
部　长　匡　辉
副部长　范忠良
　　　　陈伟文(2019年2月起)
　　　　沈　琦(女)
区委政法委员会
书　记　余银龙
副书记　封雷(2019年2月止)
　　　　任　璐(女)
　　　　王　松(2019年3月起)
　　　　平文杰(2019年4月起)
区委机构编制委员会办公室
主　任　李桂林
副主任　王　珏(2019年3月起)

4. 区人大常委会工作机构:
区人大办公室(挂研究室牌子)
副主任　钱　洁
区人大人事代表联络工作委员会
主　任　周卫明
区人大内务司法工作委员会
主　任　郭雪强
区人大财政经济工作委员会
(挂农业农村工作委员会牌子)
主　任　陆　侃
区人大环境资源城乡建设工作委员会
主　任　周群威
区人大教育科学文化卫生工作委员会
主任人选　朱中群(2019年12月起)
副主任　朱中群(2019年12月止)

5. 区人民政府工作机构及直属单位:
机构改革前(2019年2月前)
区经济发展局(2019年2月止)
局　长　吴　易(2019年3月止)
副局长　陈伟良(2019年5月止)
　　　　王黎明(2019年2月止)
　　　　邵　丹(女)(2019年2月止)
区科学技术和信息化局(2019年2月止)
局　长　桂　涛(2019年3月止)
　　　　李敏芸(女)(2019年2月止)
　　　　刘　燕(女)(2019年2月止)
　　　　黎鸿飞(2019年2月止)

区教育文体局（2019年2月止）
局　长　张　英（女）（2019年3月止）
罗生根（2019年2月止）
卞惠忠（2019年2月止）
邹　萍（女）（2019年2月止）
区财政局
局　长　丁洪军
副局长　汪雄飞（2019年2月止）
吴宏达
雷老闲
区人力资源和社会保障局
局　长　冼　薇（女）
党组书记张晓松
副局长　郭会文
荣福年
张　轶
区住房和建设交通局（2019年2月止）
局　长　黄海清（2019年3月止）
副局长　陈伟文（2019年2月止）
邵志忠（2019年2月止）
黄　嵩（2019年2月止）
区商务旅游局（2019年2月止）
局　长　王新华（2019年3月止）
副局长　王光远（2019年2月止）
孟　军（2019年2月止）
区司法局
局　长　李建平（2019年3月止）
副局长　毛　卫
黄　娅（女）
唐　鹏
区农经水利局（2019年2月止）
党组书记　张顺根（2019年6月止）
副书记　曾益明（2019年2月止）
副局长　吴治军（2019年2月止）
张国芬（女）（2019年2月止）
邓　峰（2019年2月止）
区民政和卫生计划生育局（2019年2月止）
局　长　杜　斌（2019年3月止）
副局长　吴　琪（2019年2月止）
卢军英（女）（2019年2月止）
吴宝龙（2019年2月止）
区综合行政执法局（2019年2月止）
局　长　洪　斌（2019年3月止）
朱　康（2019年2月止）
张国强（2019年2月止）
倪　震（2019年2月止）
区市场监督管理局
局　长　郑　虎
副局长　许　杰
包旭东
周建忠
孙志立
区行政审批局
局　长　张继鸿（2019年3月起）
副局长　庞建新
丁伟（2019年7月止）
王晓彦
区安全生产监督管理和环境保护局（2019年2月止）
局　长　王立新（2019年3月止）
副局长　庞正方（2019年8月止）
顾东方（2019年2月止）
焦柯寒（2019年2月止）
区招商服务局（2019年2月止）
局　长　华艳红（女）（2019年3月止）
副局长　陆鸿燕（女）（2019年2月止）
蔡佶靓（2019年2月止）
高新区综合保税区管理局
局　长　孙　磊（2019年3月止）
副局长　郁　江
徐勇坚
邱瑞华
审计局
局　长　丁少春
机构改革后（2019年2月后）
区发展和改革委员会
主　任　孙　磊（2019年3月起）
副主任　汪雄飞（2019年2月起）
王黎明（2019年2月起）
邵　丹（女）（2019年2月起）
区教育局
局　长　张　英（女）（2019年3月起）
副局长　罗生根（2019年2月起）
卞惠忠（2019年6月止）
邹　萍（女）（2010年2月起）
彭　雷（2019年6月起）
区科学技术局（2019年2月起）
局　长　吴建华（2019年2月起）
副局长　李敏芸（女）（2019年2月起）
黎鸿飞（2019年2月——2019年5月）
王　波（2019年3月起）
区工业和信息化局
局　长　韩建中（2019年6月起）

副局长　刘　燕(女)(2019年2月起)
金晓忠(2019年2月起)
吴宝龙(2019年2月起)

区民政和卫生健康局
局　长　卢军英(女)(2019年2月起)
副局长　吴　琪(2019年2月起)
罗　艳(女)(2019年4月起)
陆　云(女)(2019年11月起)

区司法局
局　长　杜　斌(2019年3月起)
副局长　毛　卫
黄　娅(女)
唐　鹏

区财政局
局　长　丁洪军
副局长　吴宏达
雷老闲
周旭红(女)(2019年12月起)

区人力资源和社会保障局
局　长　冼　薇(女)
党组书记　张晓松
副局长　郭会文
荣福年
张　铁

区住房和城乡建设局
局　长　黄海清(2019年3月起)
邵志忠(2019年2月起)
张国强(2019年2月起)
黄　嵩(2019年2月起)
邓　峰(2019年2月起)

区城市管理局
局　长　洪　斌(2019年3月起)
副局长　倪　震(2019年2月起)
周　晖(2019年3月起)
邹加春(2019年6月起)
覃春芳(女)(2019年11月起)

区农业农村局
局　长　吴治军(2019年2月起)
副局长　张国芬(女)(2019年2月起)

区商务局
局　长　华艳红(女)(2019年3月起)
副局长　王光远(2019年2月起)
陆鸿燕(女)(2019年2月起)
蔡佶靓(2019年2月起)
王里成(2019年11月起)

区退役军人事务局
局　长　封　雷(2019年2月起)
副局长　王夜明(2019年2月起)
俞　群(女)(2019年3月起)

区应急管理局
局　长　王立新(2019年3月起)
副局长　顾东方(2019年2月起)
钱国锋(2019年3月起)

区审计局
局　长　丁少春
副局长 朱志宏(2019年3月起)

区行政审批局
局　长　张继鸿(2019年3月起)
副局长　庞建新
王晓彦

区市场监督管理局
局　长 郑　虎
党组书记包旭东(2019年10月起)
副局长　包旭东
唐国标
许　杰
周建忠
孙志立

区统计局
副局长　丁　伟(2019年7月起)
黄　芳(女)

无锡高新技术产业开发区管委会综合保税区管理局
局　长　孙　磊(2019年3月止)
副局长　郁　江
徐勇坚
邱瑞华

江苏省无锡鸿山旅游度假区管理办公室
主　任　张文荣
副主任　陈　松(2019年5月起)
夏晓伟(2019年5月起)
姚　远(女)(2019年7月起)
吴喜明(2019年5月起)

无锡太湖国际科技园管理办公室(2019年12月起)

6. 区政协工作机构:

秘书长　曹泉源

区政协办公室
副主任　周学芳(女)

区政协提案委员会
副主任　朱宏军

区政协经济科技委员会

区政协人口资源和城乡建设委员会

主　任　诸国强
区政协文教卫体委员会
主　任　杜　旎(女)
区政协学习文史和社会法制委员会
(挂港澳台侨和民族宗教委员会牌子)
主　任　曹泉源

7. 区纪委监委工作机构:
纪委监委办公室
主　任　刘绪中
干部监督管理室
主　任　刘晴奇
党风政风监督室
主　任　史文群(2019年3月止)
信访室
主　任　李敏杰(2019年11月起)
案件监督管理室
主　任　马　骏
第一纪检监察室(监委第一派出监察员办公室)
主　任　鲍　波(2019年11月止)
第二纪检监察室(监委第二派出监察员办公室)
主　任　徐　胜
第三审查调查室(2019年12月起)
第四审查调查室(2019年12月起)
第五审查调查室(监督审查技术室)(2019年12月起)
主　任　陈　鹏(2019年12月起)
第三纪检监察室(2019年12月止)
主　任　钱　旸
第四纪检监察室(2019年12月止)
主　任　张　锋
案件审理室
区纪委派驻第一纪检监察组
组　长　庞建国(2019年3月起)
副组长　李敏杰(2019年11月止)
　　　　孙浩轩(2019年11月起)
区纪委派驻第二纪检监察组
组　长　朱志宏(2019年3月止)
副组长　马宇红
区纪委派驻第三纪检监察组
组　长　袁乃佳(女)(2019年7月起)
副组长　邱凯凯
区纪委派驻第四纪检监察组
副组长　朱臣海
区纪委派驻第五纪检监察组
副组长　王　挺
区委巡察工作办公室
主　任　殷　璐(女)(2019年10月起)
副主任　王夜明(2019年2月止)
　　　　殷　翔(2019年3月起)
区委巡察一组
组　长　马晓东(2019年10月起)
副组长　窦兴龙
区委巡察二组
组　长　陈志高
副组长　任　云(2019年11月起)
区委巡察三组
副组长　王智明
　　　　殷　翔(2019年3月止)

8. 区人民法院
无锡高新区(新吴区)人民法院
院　长　叶志浩
副院长　蒋少文
　　　　刘　伟(2019年12月止)
　　　　陈津波
　　　　雷海亮(2019年12月起)

9. 区人民检察院
无锡高新区(新吴区)人民检察院
检察长　苟小军(2019年11月止)
检察长候选人　丁宏伟(2019年11月)
代检察长　丁宏伟(2019年12月起)
副检察长　徐子良
　　　　　华军
　　　　　杨一峰

10. 群众团体机构及工商联:
区总工会
主　席　吴胜荣
党组书记　夏同军
副主席　夏同军
共青团无锡市新吴区委员会
副书记(主持工作)　李晓峰
区妇女联合会
主　席　袁秋明(女)
归国华侨联合会(与统一战线工作部合署办公)
主　席　赵文斌
副主席　荚厚成
区科学技术协会
主　席　郭中华
区残疾人联合会
理事长　肖伟民(兼)

副理事长　陈锡财
区红十字会
会　长　李伟敏(女)
常务副会长　季　茗(女)
区工商业联合会
主　席　黄家传(兼)
党组书记　沈琦(女)(兼)
副主席　肖　品

11. 各街道(园区)党工委、人大工委、办事处、纪工委:

(1)中共江苏无锡空港经济开发区工作委员会
书　记　曹建兴(2019年3月止)
章晓明(2019年10月起)
副书记　朱冬青(2019年3月止)
陈伟良(2019年3月起)
邹　峰
委　员　金晓忠(2019年2月止)
殷晓军
陆　斌
焦柯寒(2019年2月起)
陆有恒
纪工委书记　钱振宇(2019年5月起)
江苏无锡空港经济开发区管理委员会
主　任　曹建兴(2019年3月止)
章晓明(2019年10月起)
副主任　章晓明(2019年3月——2019年10月)(主持工作)
朱冬青(2019年3月止)
陈伟良(2019年3月起)
金晓忠(2019年2月止)
殷晓军
陆　斌
焦柯寒(2019年2月起)
陆有恒
无锡市新吴区硕放街道
党工委
书　记　曹建兴(2019年3月止)
章晓明(2019年3月起)
副书记　朱冬青(2019年3月止)
陈伟良(2019年3月起)
邹　峰
委　员　金晓忠(2019年2月止)
殷晓军
陆　斌
焦柯寒(2019年2月起)
陆有恒
钱佳彬(2019年10月起)
纪工委
书　记　钱振宇(2019年5月起)
人大工委
主　任　陈琼
办事处
主　任　朱冬青(2019年3月止)
陈伟良(2019年5月起)
副主任金晓忠(2019年2月止)
殷晓军
陆　斌
焦柯寒(2019年2月起)
陆有恒
(2)无锡市新吴区旺庄街道党工委
书　记　陆　军
副书记　黄锡渭
陆　云(女)(2019年11月止)
许　瀛(2019年6月起)
束国军(2019年12月起)
委　员　钱敏锋(女)(2019年6月止)
许　瀛(2019年6月止)
束国军(2019年12月止)
周晓斌
浦咏贤(女)
鲍　波(2019年11月起)
张　军(2019年11月起)
纪工委书记　周　芳(女)
宣传委员　朱　威
统战委员　季要芳(女)(2019年4月起)
人大工委
主　任　何兴南
办事处
主　任　陆　军
黄锡渭
副主任　钱敏锋(女)(2019年6月止)
许　瀛(2019年6月止)
束国军(2019年12月止)
周晓斌
(3)无锡市新吴区江溪街道
党工委
书　记　陈卫红
副书记　吴立新
徐福伟
王　松(2019年3月止)
阮　杰(2019年4月起)
张凡明(2019年12月起)

委　员　鲍燕敏(女)
钱振宇(2019年5月止)
朱跃新
周　栋
薛智娟(女)(2019年8月止)
朱　杰
郭　健(2019年5月止)
辛圣旦(2019年10月起)
组织委员　李　彬(女)
纪工委书记　蔡唯一(女)
宣传委员　刘　璐(女)(2019年10月起)
政法委员　徐之武
人大工委
主　任　杨小栋
办事处
主　任　吴立新
副主任　鲍燕敏(女)
钱振宇(2019年5月止)
朱跃新
周　栋
朱　杰(2019年4月起)
(4)无锡市新吴区梅村街道
党工委
书　记　章晓明(2019年3月止)
朱冬青(2019年3月起)
副书记　吴　炜
张业生
袁乃佳(女)(2019年4月止)
秦向军(2019年12月起)
委　员　阮　杰(2019年4月止)
马伟华
曹石韵(女)(2019年8月止)
赵　俊
浦立军
王　岳
过云锋(2019年11月起)
组织委员　韩　理(女)
纪工委书记　陈加佐(2019年11月止)
张　锋(2019年11月起)
政法委员　胡　健
人大工委
主　任　俞小菲(女)
办事处
主　任　吴　炜
副主任　阮　杰(2019年4月止)
马伟华
曹石韵(女)(2019年8月止)
赵　俊
浦立军
王　岳
陈加佐(2019年11月起)
郭　健(2019年11月起)
(5)无锡市新吴区鸿山街道
党工委
书　记　张文荣
副书记　宋志明
贾敏东(2019年4月起)
方　军
委　员　贾敏东(2019年4月止)
惠　明
朱春华
陈国伟
潘　明
费　贤(2019年12月止)
张金玉(2019年11月起)
组织委员　张　艳(女)
纪工委书记　邹小英(女)
宣统委员　吴喜明
人大工委
主　任　李　铭
办事处
主　任　宋志明
副主任　贾敏东(2019年4月止)
惠　明
朱春华
陈国伟
潘　明
费　贤(2019年12月止)
张金玉(2019年11月起)
王立涛(2019年12月起)
(6)无锡市新吴区新安街道
党工委
书　记　尤　伟
副书记　缪建平
郜学爱(2019年4月起)
委　员　肖雅平(女)
鲍宇红(女)(2019年8月止)
郜学爱(2019年4月止)
陆　炎
邹文伟
谢　彬(2019年5月止)
蔡国新

组织委员　郑江伟（2019年5月起）
纪工委书记　邹文伟（2019年4月止）
　　　　　　蔡乾宇（2019年4月起）
宣传委员　钱月霜（女）（2019年11月止）
统战委员　钱月霜（女）（2019年4月止）
　　　　　潘诗娴（2019年4月起）
政法委员　陈光银
人大工委
主　任　华立明
办事处
主　任　缪建平
副主任　肖雅平（女）
　　　　鲍宇红（2019年8月止）
　　　　郜学爱
　　　　陆　炎
　　　　邹文伟（2019年4月起）
　　　　钱月霜（女）（2019年11月起）

12. 区直属单位：

无锡高新区科技创新促进中心
副主任　阙尧尧（主持日常工作）
　　　　王建清
　　　　王　澄（2019年4月止）
　　　　王曙东（2019年4月起）
无锡高新区招商发展中心
主　任　金　燕（女）
副主任　孙　妍（女）（2019年12月起主持日常工作）
　　　　玄英子（女）
中共无锡市新吴区委员会党校
校　长　吴胜荣（2019年12月起）
常务副校长　卞惠忠（2019年6月起）
副校长　汪　英
新吴区土地储备中心
主　任　王里成
副主任　贺　音
　　　　谢　艳

重要文件

表20

文件标题	发文日期
锡新办发〔2019〕1号　转发区委统战部区委组织部《关于推进党外干部“321人才计划”的实施办法》的通知	2019年1月2日
锡新办发〔2019〕2号　关于印发《无锡高新区（新吴区）生态文明建设（“两减六治三提升”专项行动）考核意见（暂行）》的通知	2019年1月4日
锡新办发〔2019〕3号　关于成立新吴区绿点科技公司劳务返费纠纷协调处置工作专班的通知	2019年1月17日
锡新办发〔2019〕4号　印发《新吴区集中整治形式主义、官僚主义的工作实施方案》的通知	2019年1月21日
锡新办发〔2019〕5号　关于印发《2019年无锡高新区（新吴区）企业挂钩服务工作方案》的通知	2019年3月14日
锡新办发〔2019〕6号　关于成立区公益诉讼工作领导小组的通知	2019年3月25日
锡新办发〔2019〕13号　关于印发《中共无锡国家高新技术产业开发区工作委员会（中共无锡市新吴区委员会）机构编制委员会办公室职能配置、内设机构和人员编制规定》的通知	2019年3月31日
锡新办发〔2019〕14号　关于印发《中共无锡国家高新技术产业开发区工作委员会（中共无锡市新吴区委员会）巡察工作办公室职能配置、内设机构和人员编制规定》的通知	2019年3月31日
锡新办发〔2019〕15号　关于印发《无锡国家高新技术产业开发区（无锡市新吴区）发展和改革委员会职能配置、内设机构和人员编制规定》的通知	2019年3月31日
锡新办发〔2019〕16号　关于印发《无锡国家高新技术产业开发区（无锡市新吴区）教育局职能配置、内设机构和人员编制规定》的通知	2019年3月31日
锡新办发〔2019〕17号　关于印发《无锡国家高新技术产业开发区（无锡市新吴区）科学技术局职能配置、内设机构和人员编制规定》的通知	2019年3月31日
锡新办发〔2019〕18号　关于印发《无锡国家高新技术产业开发区（无锡市新吴区）工业和信息化局职能配置、内设机构和人员编制规定》的通知	2019年3月31日

续表 20

文件标题	发文日期
锡新办发〔2019〕19 号　无锡高新区（新吴区）党政办公室关于印发《无锡国家高新技术产业开发区（无锡市新吴区）民政和卫生健康局职能配置、内设机构和人员编制规定》的通知	2019 年 3 月 31 日
锡新办发〔2019〕20 号　关于印发《无锡国家高新技术产业开发区（无锡市新吴区）司法局职能配置、内设机构和人员编制规定》的通知	2019 年 3 月 31 日
锡新办发〔2019〕21 号　关于印发《无锡国家高新技术产业开发区（无锡市新吴区）财政局职能配置、内设机构和人员编制规定》的通知	2019 年 3 月 31 日
锡新办发〔2019〕22 号　关于印发《无锡国家高新技术产业开发区（无锡市新吴区）人力资源和社会保障局职能配置、内设机构和人员编制规定》的通知	2019 年 3 月 31 日
锡新办发〔2019〕23 号　关于印发《无锡国家高新技术产业开发区（无锡市新吴区）住房和城乡建设局职能配置、内设机构和人员编制规定》的通知	2019 年 3 月 31 日
锡新办发〔2019〕24 号　关于印发《无锡国家高新技术产业开发区（无锡市新吴区）城市管理局职能配置、内设机构和人员编制规定》的通知	2019 年 3 月 31 日
锡新办发〔2019〕25 号　关于印发《无锡国家高新技术产业开发区（无锡市新吴区）农业农村局职能配置、内设机构和人员编制规定》的通知	2019 年 3 月 31 日
锡新办发〔2019〕26 号　关于印发《无锡国家高新技术产业开发区（无锡市新吴区）商务局职能配置、内设机构和人员编制规定》的通知	2019 年 3 月 31 日
锡新办发〔2019〕27 号　关于印发《无锡国家高新技术产业开发区（无锡市新吴区）退役军人事务局职能配置、内设机构和人员编制规定》的通知	2019 年 3 月 31 日
锡新办发〔2019〕28 号　关于印发《无锡国家高新技术产业开发区（无锡市新吴区）应急管理局职能配置、内设机构和人员编制规定》的通知	2019 年 3 月 31 日
锡新办发〔2019〕29 号　关于印发《无锡国家高新技术产业开发区（无锡市新吴区）审计局职能配置、内设机构和人员编制规定》的通知	2019 年 3 月 31 日
锡新办发〔2019〕30 号　关于印发《无锡国家高新技术产业开发区（无锡市新吴区）行政审批局职能配置、内设机构和人员编制规定》的通知	2019 年 3 月 31 日
锡新办发〔2019〕31 号　关于印发《无锡国家高新技术产业开发区（无锡市新吴区）市场监督管理局职能配置、内设机构和人员编制规定》的通知	2019 年 3 月 31 日
锡新办发〔2019〕32 号　关于印发《无锡国家高新技术产业开发区（无锡市新吴区）统计局职能配置、内设机构和人员编制规定》的通知	2019 年 3 月 31 日
锡新办发〔2019〕33 号　关于贯彻落实机构“三定”规定的通知	2019 年 3 月 31 日
锡新办发〔2019〕34 号　关于印发《关于开展“一推三治五化”专项行动大力推进农村人居环境整治提升的实施方案》的通知	2019 年 4 月 3 日
锡新办发〔2019〕35 号　关于印发《2019 年高新区（新吴区）农业农村工作要点》的通知	2019 年 4 月 3 日
锡新办发〔2019〕36 号　关于建立无锡高新区（新吴区）乡村振兴推进工作领导体系的通知	2019 年 4 月 3 日
锡新办发〔2019〕37 号　关于印发新吴区安全隐患大排查大整治专项行动方案的通知	2019 年 4 月 4 日
锡新办发〔2019〕38 号　关于印发《高新区党工委（新吴区委）全面深化改革委员会 2019 年工作要点》的通知	2019 年 4 月 4 日
锡新办发〔2019〕39 号　关于印发《新吴区学前教育管理办法》的通知	2019 年 4 月 8 日
锡新办发〔2019〕40 号　关于印发《关于加强专职党建指导员队伍建设的意见》的通知	2019 年 4 月 11 日
锡新办发〔2019〕41 号　关于成立无锡鸿山旅游度假区工作领导小组和相关专业工作组的通知	2019 年 4 月 22 日
锡新办发〔2019〕42 号　关于调整无锡高新区（新吴区）校园及周边安全秩序综合治理联席会议成员的通知	2019 年 4 月 26 日

续表 20

文件标题	发文日期
锡新办发〔2019〕43 号　关于成立高新区（新吴区）伯渎河重点开发片区建设领导小组的通知	2019 年 5 月 6 日
锡新办发〔2019〕44 号　关于印发《江苏省无锡鸿山旅游度假区管理办公室职能配置、内设机构和人员编制规定》的通知	2019 年 5 月 6 日
锡新办发〔2019〕45 号　关于调整高新区（新吴区）防汛防旱指挥部成员的通知	2019 年 5 月 14 日
锡新办发〔2019〕49 号　关于成立无锡高新区（新吴区）跨境电子商务综合试验区建设领导小组的通知	2019 年 5 月 21 日
锡新办发〔2019〕52 号　关于调整无锡高新区（新吴区）服务业发展工作领导小组的通知	2019 年 6 月 11 日
锡新办发〔2019〕53 号　关于印发《无锡市高新区（新吴区）新时代文明实践中心建设工作实施方案》的通知	2019 年 6 月 14 日
锡新办发〔2019〕54 号　关于解决形式主义突出问题落实“基层减负年”工作措施的通知	2019 年 7 月 21 日
锡新办发〔2019〕56 号　关于印发《无锡高新区（新吴区）年度综合考核工作规定（试行）》的通知	2019 年 9 月 10 日
锡新办发〔2019〕7 号　关于印发《中共无锡市新吴区纪律检查委员会（中共无锡国家高新技术产业开发区纪律检查工作委员会）、无锡市新吴区监察委员会机关职能配置、内设机构和人员编制规定》的通知	2019 年 12 月 4 日
锡新办发〔2019〕59 号　关于转发无锡市委编制机构委员会《无锡太湖国际科技园管理办公室职能配置、内设机构和人员编制规定》的通知	2019 年 12 月 18 日
锡新办发〔2019〕57 号　关于印发《关于深化新吴区纪委监委派驻机构改革的实施意见》的通知	2019 年 12 月 21 日
锡新办发〔2019〕58 号　关于印发《关于区属国有企业纪检监察机构设置有关事项的意见》的通知	2019 年 12 月 21 日
锡新办发〔2019〕60 号　关于印发《新吴区安全生产巡查工作实施方案》的通知	2019 年 12 月 31 日
锡新办发〔2019〕61 号　关于印发《无锡市新吴区全面深入开展安全生产专项整治行动工作方案》的通知	2019 年 12 月 31 日
锡新办发〔2019〕62 号　关于印发《高新区（新吴区）推进城市安全发展实施方案》的通知	2019 年 12 月 31 日

重要文献

中共新吴区委工作报告

牢记初心使命坚定领跑追求
奋力谱写“强富美高”建设新篇章
——在中共无锡市新吴区委一届九次全体会议上的讲话
（2020 年 1 月 3 日）

封晓春

全会的主要任务是，以习近平新时代中国特色社会主义思想为指导，深入学习贯彻中共十九大和十九届二中、三中、四中全会精神，认真落实中央经济工作会议和省委十三届七次全会、市委十三届九次全会要求，回顾总结 2019 年经济社会发展和党的建设工作成效，研究部署 2020 年高质量发展和全面从严治党任务，动员全区上下进一步坚定争当高质量发展标杆、示范和领跑者的目标追求，振奋精神、开拓创新，保持定力、拼搏奋进，奋力谱写“强富美高”建设新篇章。

一、坚定高质量发展的领跑追求，经济社会发展迈上新台阶

2019 年，在市委市政府的坚强领导下，全区上下以习近平新时代中国特色社会主义思想为指导，坚持稳中求进工作总基调，认真践行新发展理念，深入贯彻落实习近平总书记重要指示批示和中央、省市委决策部署，坚定实施“四个走在前列”三年行动计划，统筹推进改革发展稳定各项工作。一年来，我们着力落实“稳”的措施，经济保持健康发展。全年地区生产总值完成 1870 亿元、增长 6.5%；一般公共预算收入 205 亿元、增长 3.2%；固定资产投资增长 6.4%，规上工业增加值突破 1000 亿元，增长 3.1%；进出口总额 3476.8 亿元，同比增长 3.8%；社会消费品零售总额 368.9 亿元、增长 9%，高于全市平均。一年来，我们奋力保持“进”的态势，增长迈出有力步伐。工业投入、规上工业增加值、规上服务业营业收入、到位注册外资的全市占比进一步提升到 27.7%、27.3%、32.2%、38.7%，居民人均可支配收入突破 6 万元。全区 43 个重点项目应开尽开，开工率达到 100%。全年新增“工厂总部化”项目 40 个，累计认定的跨国总部和功能机构数占到全市的 53%，累计增加销售约 570 亿元、税收 26 亿元和研发人员 1700 余人。一年来，全力突出“质”的提升，经济结构不断优化。全年服务业增加值占比提升至 38.3%，提高 3.3 个百分点，近年最高；高新技术产业产值占比 66.5%，提高 2 个百分点，历史新高；全社会研发经费支出占 GDP 比重 3.76%，提高 0.24 个百分点，全市第一；一般公共预算收入占 GDP 比重保持 11% 的较高水平，全市第一，区域经济结构、产业结构和动力结构持续优化。

（一）狠抓要素集聚，创新能级明显提升。推进创新驱动，最大程度激发创新活力，使创新成为高质量发展的最强引擎。加速聚集创新要素。围绕打造创新创业“强磁场”，出台一批有份量的创新支持政策文件，科技招商、高企培育、人才引育等机制不断调优。新增科技企业 850 家，增长 33%；净增高新技术企业 180 家，是 2018 年的 2.5 倍。入选市准独角兽、瞪羚企业培育入库数分别达到 13 家、86 家，均为全市第一。祥生医疗成为全市首家科创板上市企业，科创板过会数占到全市的二分之一。科技创业领军人才企业总产出达 110 亿元，人才绩效全市第一。大力打造创新平台。落户省产业研究院集成电路设计技术研究所、上海技物所光电材料与器件研究院等 7 家新型研发机构，新增院士 6 名，省级院士工作站 3 家，省级以上工程技术中心 22 家，新增数量全市第一。持续优化创新生态。初步建立创新园区“六个一”运营机制，建成运营苏南国家自主创新示范区无锡高新区“一站式”服务中心，无锡中关村科技创新园获批国家级科技企业孵化器，微纳园荣获全省首个“亚洲最佳孵化器”奖，与上交所合作成立资本市场服务苏南基地，设立“新科贷”，带动成立基金规模近 40 亿元，“引得来、留得下、有发展”的创新创业生态日益形成。

（二）狠抓提质增效，产业基础持续夯实。坚持智能化、绿色化、服务化、高端化，着力布局现代产业

体系、重塑产业价值链。持续壮大产业集群。围绕“6+1”产业体系，引进乐友新能源、济民可信、北特汽车等一批重大产业项目，全年新批亿元以上重大产业项目95个。华虹项目(一期)、SK海力士二工厂等一批标杆项目以最短时间竣工投产，体现了新时代的“高新区速度”。省市区工业重大项目分别完成计划投资的172%、121%、138%，其中高技术制造业投资占比85%，高于全市平均44个百分点左右。持续推动产业提质。扎实推进“千企技改”，先导智能、威孚高科成为全省首批工业互联网发展示范企业，新增省级智能车间17家、市级智能车间22家，均位居全市第一，普洛菲斯公司荣获全国“智能制造标杆企业”，为全市唯一，带动全区工业企业利润稳步提升，利润规模约占全市三分之一。持续拓展产业空间。把盘活存量用地、建设专业园区作为推动转型、腾出容量、置换空间的关键之举，落户阿斯利康国际生命科学园、先导智能高端装备产业园、海尔物联生态网示范基地等一批高端产业园区；划定5个街道工业集中区先行示范区，清理低效厂房21.8万平方米，引导资源向新兴产业、优质企业倾斜；创新节约集约用地机制，盘活存量土地3380亩，完成低效用地再开发1535.86亩，区域产业承载力和吸附力进一步提升。

（三）狠抓改革开放，发展活力日益呈现。突出“全方位、深层次”，着力以改革开放突破制约、激发活力。落实改革举措。统筹推进经济体制、农业农村、社会民生、民主法制等9个领域改革，强化高质量发展的体制机制保障。顺利完成党政机构改革，设立鸿山旅游度假区、太湖国际科技园，区域行政管理体制机制进一步优化，工作效能进一步提升。坚持市场化导向，坚定推进国有企业股权多元化、运营平台实体化改革，国企助推转型、服务发展的成效进一步体现。优化营商环境。放大“区政合一”体制优势，做好国家级开发区全链审批赋权承接，市赋权清单综合承接率达75%，提升19个百分点。综合推进相对集中行政许可权改革、“不见面审批”改革和街道为民服务中心建设等，审批效率、服务质量走在全市前列。全面落实减税降费各项政策，积极帮助企业降本减负，减免企业税费54亿元，一般工业用电价格下降10%。打造开放高地。统筹内外资源，积极应对中美贸易摩擦，到位注册外资13亿美元，连续四年领跑全省，其中战略性新兴产业占比80%以上，创历史新高。综保区“五个中心”建设稳步推进，进出口总额全省排名第2。开通网购保税“1210”模式，跨境电商试点强势启动，经济的开放度和国际化水平不断提高。

（四）狠抓产城融合，城乡面貌显著变化。聚焦城乡建设高质量，精细谋划发展规划，精心组织项目建设，促进区域品质快速提升。城市建设提质。完成分区战略规划和重点片区建设规划，投资19.5亿元建设70个基础设施项目，以三条城市功能主轴和四大重点发展片区为支撑的城市形态初步呈现。城市管理提效。以优美环境合格区建设为抓手，扎实开展“百日攻坚”“奋战50天”等专项行动，城市精细化管理水平居全市前列。在背街小巷环境整治、交通停车秩序、违法建设管控等问题上持续发力，群众对城市管理问题的处置满意率达98%。倡导垃圾分类“新时尚”，住宅小区生活垃圾分类设施覆盖率100%。乡村振兴提速。出台乡村振兴五年规划和两年计划，在全市率先打造“智慧农业云”平台，完成农村集体产权制度改革，96个村级经济组织全面建成股份经济合作社，新增省市级农业龙头企业2家，盘活乡村资源，激发乡村活力。

（五）狠抓安全稳定，社会大局安定有序。牢固树立总体安全观，坚决守住安全稳定底线。平安建设迈上新台阶。深入开展扫黑除恶专项斗争，全区扫黑除恶知晓率和满意度分别达到96%和97%。以智慧技术为支撑，创新“党建＋网格＋警格”的综合治理机制，扎实推进立体化、信息化社会治安防控体系建设，平安建设水平明显提高，全区公众安全感达到98%，历年最高。基层治理呈现新气象。加强党对基层治理的领导，党组织对网格的覆盖率达到100%。在全区建立15处“有事好商量”协商议事室，形成了区、街道、社区三级联动协商议事平台体系。完善社会综合治理网格化联动机制，信访案件化解率97.1%。鸿山街道七房桥村成为“全国乡村治理示范村”。本质安全得到新提升。全面完善安全生产工作体系，扣紧压实安全生产责任，大力推动安全监管能力建设，深入开展城市安全集中整治，全年生产安全事故下降62%，交通运营事故下降83%，总体安全形势平稳向好。

（六）狠抓民生保障，社会事业协调发展。把人民满意不满意、幸福不幸福作为工作的出发点和落脚点，高质量办成10大类28项民生实事项目，让人民群众的美好生活愿景加快变成幸福实景。优质公共服务供给更有力。落实义务教育“以区为主”管理体制，新建续建中小学幼儿园25家，招引各层次教师320人，增长33.3%，迈出“幼有乐育、学有优教”的坚实步伐。SK海力士医院签约落地、新瑞医院建成运营，市人民医院新安分院通过省首批社区医院试点验收，区中医医院、康复医院投入使用，5个社区卫生服务中心异地新建稳步推进。群众居住条件改善更扎实。新建安置房10638套，为2018年的5.8倍。道路彩化、城市绿化、小公园和小游园建设全面推进，“十五分钟健身休闲圈”加速形成。投资19.1亿元开展7大类21项乡村人居环境改造，鸿山街道大坊桥村创成省级农村人居环境整治示范村。群众文化生活更丰富。出台《推动文化建设高质量发展三年行动计划》，鸿山遗址本体保护及相关工程顺利开工，成功举办区第七届全民运动会、万人徒步、海峡两岸城市棒球交流赛等系列文体活动，精心举办鸿山秋收节、渔文化节、泰伯庙会等特色民俗活动，成立书法家协会、音乐舞蹈家协会和民间文艺家协会，更好地满足群众丰富多样的文化活动需求。

（七）狠抓从严治党，党的建设不断加强。制定实施党的建设三年行动计划，把全面从严治党责任切实履行到位、工作推进到位。着力加强党的领导。加强和改进党对人大工作的领导，支持政府依法行政，推进政协协商民主广泛、多层、制度化发展，汇聚最广泛的思想共识和力量支持。实施领导干部与党外人士结对交友、党政机关部门与民主党派组织对口联系等制度，港澳台及海外统一战线联谊服务能力得到有效提升。深入开展主题教育。把握“守初心、担使命，找差距、抓落实”总要求，精心组织谋划，做好示范引领，推动全区62个参学单位、1500多个基层党组织、近3万名党员深入开展主题教育，得到中央巡回督导组“三好一到位”的充分肯定。切实加强组织队伍建设。开展提升两新组织“两个覆盖”质量“百日攻坚”集中行动，落实“基层减负年”工作要求，深入推动“三项工程”，6个区级薄弱后进村（社区）党组织按计划“销号”，全区基层组织的功能作用得到有力提升。将“五突出五强化”和“三项机制”相结合、年轻干部选拔任用和用好各个年龄段干部相结合、机构改革与选优配强领导班子相结合，审慎推进职务与职级并行制度，畅通村（社区）书记主任晋升通道，完善街道（园区）、区级机关和国有企事业单位干部交流机制，激励干部改革创新、担当实干，全力打造面向基层、干在一线、年富力强、素质过硬的干部队伍。坚决落实意识形态责任。区委常委会专题研究意识形态工作，组织开展区委巡察意识形态专项检查，加大重点领域的监管力度。率先建成全市首个区级融媒体中心，构建起“雁阵+矩阵+联盟”工作格局，建成5个新时代文明实践所，50个新时代文明实践站。保持反腐高压态势。压紧压实“两个责任”，推动各级党组织书记当好第一责任人、班子成员履行好“一岗双责”。坚持抓早抓小、防微杜渐，运用“四种形态”处置419人。持之以恒纠治“四风”，查处违反中央八项规定精神问题19件21人。坚定不移反腐肃贪，给予党纪政务处分143人，留置8人。开展四轮区委巡察，持续加强中央和省委巡视反馈意见整改。开展政治生态监测评估，用好容错纠错机制，形成知敬畏、存戒惧、守底线、敢担当、勇作为的良好氛围。

回顾2019年的工作，这些成绩是在土地资源和环境容量的“双重制约”下取得的，是在宏观经济下行、产业周期调整、中美贸易摩擦的“三大挑战”下取得的。全区上下始终确立领先追求、保持领跑姿态，深入实施四个“三年行动计划”，在高质量发展的“坐标系”中谋局落子、对标找差，推动发展迈上新的台阶。在于我们始终狠抓进度不放松。全区上下紧盯重点工作、关键环节、核心指标，面对经济下行压力加大、部分指标逐月下滑的困境，靶向发力、精准施策，加强运行监测、指标研判、督促协调，经济运行保持平稳，较好地完成了全年目标任务。

在肯定成绩的同时，也要看到，经济社会发展还存在着一些不平衡不协调问题。新旧动能转换还需加快，创新企业数量储备还不多，精细化管理、“散乱污”整治成效仍待巩固，教育医疗供求矛盾等压力较大，安全生产隐患排查、源头治理的成效还不够明显，基层党组织的战斗堡垒作用发挥得不够到位，基层“微腐败”问题、“四风”问题，特别是形式主义、官僚主义的新表现还不同程度存在，党风廉政建设成效还需全面提升。对此，必须高度重视，采取有力措施，切实加以解决。

二、坚决贯彻落实新发展理念，开创“强富美高”实践新境界

2020年是全面建成小康社会和“十三五”规划的收官之年，是全面贯彻落实中共十九届四中全会精神的开局之年，是我们实现四个“三年行动计划”目标、开创“强富美高”新境界的关键之年。做好2020年工作，责任重大、使命光荣。

当前，国际国内形势正在发生深刻变化。一方面，要看到经济全球化遭遇更大的“逆风”和“回头浪”，供应链、产业链受到冲击，国际贸易不确定性增加，我国正处在转变发展方式、优化经济结构、转换增长动力的攻关期，结构性、体制性、周期性问题相互交织，经济增长速度换挡、结构调整阵痛、前期刺激政策消化的叠加影响持续深化。另一方面，也要看到经济全球化的大势没有改变，我国经济稳中向好、长期向好的基本趋势没有改变，特别要看到新吴区在宏观经济下行、行业周期调整、中美贸易摩擦的“三大挑战”中，形成了系统性的应对机制，夯实了战略性的产业基础，培育出前瞻性的创新动能，凝聚起广泛性的发展力量，具有应对各种风险挑战的更足底气和更强韧性。特别要看到中美贸易谈判已取得阶段性的胜利，开放环境触底转好，改革动能更加充沛。另外，还要看

到长三角区域一体化、苏南国家自主创新示范区等国家战略的深入实施，为新吴区更好地聚集资源、项目和人才带来前所未有的机遇。我们要加强统筹协调，抓好具有引领性、标志性的重点工作，靶向发力、精准突破，一步一步地把美好蓝图变为现实美景。

要着眼于结合新吴区实际、贯彻落实中共十九届四中全会精神，抓创新、深探索。中共十九届四中全会，是我们党站在“两个一百年”奋斗目标历史交汇点上召开的具有开创性、里程碑意义的重要会议，系统回答了在我国国家制度和国家治理体系上应该坚持和巩固什么、完善和发展什么这个重大政治问题。我们要以高度的政治自觉、思想自觉和行动自觉，结合高新区实际，重点围绕用制度保障党的领导、支撑产业强市、增进民生福祉、优化环境质量和维护社会和谐，在区域创新治理、产城融合发展、公共安全治理、政务服务体系、特色园区建设、民生改善保障等方面作探索创新，形成支撑高质量发展的制度体系。

要着眼于高水平全面建成小康社会、“十三五”规划圆满收官，补短板、强弱项。对照高水平全面建成小康社会标准，新吴区在服务业增加值占 GDP 比重、每千人口执业（助理）医师数、每千老年人口养老床位数等方面，还有一定差距；对照“十三五”规划，研发经费占 GDP 比重、主要污染物排放量、空气质量达标天数比例等任务艰巨；对照四个“三年行动计划”，规上工业产值增速、新增省认定外资总部数量、外资企业研发经费占销售比重、引育省级以上重点人才数、重点片区建设等工作进度落后于序时要求。对此，要进一步明确目标、细化责任，加紧攻坚、确保完成。

要着眼于融入长三角区域一体化、落实国家发展重大战略部署，寻机遇、求合作。贯彻落实国家各项重大战略部署是我们的重大政治责任；立足区域一体加强规划、产业、创新和民生对接，是我们的重大发展机遇。我们要围绕无锡打造“长三角先进制造核心区、技术创新先导区、绿色生态标杆区、综合交通枢纽区”的定位，融合贯彻落实长江经济带、苏南国家自主创新示范区、“一带一路”等国家战略部署，认真规划、整合资源、布局项目、对接融入，力争落地一批关联带动强的项目，形成一批引领示范好的合作，形成更为显著的区域发展优势。

要着眼于贯彻新发展理念、推动高质量发展，当示范、作标杆。新发展理念是通向未来的唯一发展道路，是高新区实现高质量发展的必由之路。我们必须把注意力集中到解决新旧动能转换、发展空间拓展、经济社会发展不协调不均衡等问题上，必须以提高经济发展效益和群众获得感为立足点，必须坚持安全第一、生态优先、绿色发展的发展道路，必须转向创新驱动、内生增长的发展轨道。

2020 年，全区总的工作要求是：以习近平新时代中国特色社会主义思想为指导，深入学习贯彻中共十九大和十九届二中、三中、四中全会精神，认真落实中央经济工作会议和省委十三届七次全会、市委十三届九次全会要求，坚定争当高质量发展标杆、示范和领跑者的目标定位，自觉践行新发展理念，坚持产业强市主导战略和创新驱动核心战略，坚持以改革开放为动力，坚决打赢三大攻坚战，全力做好“六稳”工作，圆满完成高水平全面建成小康社会和“十三五”规划，推动“强富美高”新吴区建设不断取得新成效。结合国内外经济发展形势，供给侧结构性改革和减税降费等实际，2020 年全区经济社会发展的主要预期目标是：地区生产总值增长 7% 左右，一般公共预算收入增长 5% 左右，规上工业增加值增长 7.5% 左右，固定资产投资增长 6% 左右，到位注册外资 13 亿美元，社会消费品零售总额增长 9% 左右，规上服务业营业收入增长 9% 左右，进出口稳中提效，居民人均可支配收入与经济增长同步，节能减排和大气、水环境质量确保完成市下达的目标任务。

重点是做好以下七方面工作：

（一）重中之重稳定经济运行。把经济稳定摆在全区更加突出的位置，优存量、拓增量，确保经济运行在合理区间，保持总体平稳、稳中有进。布局三大经济。结合区位、产业、交通等禀赋优势，做好产业发展谋划规划，找出发展数字经济、总部经济、枢纽经济的着力点、主攻点。在数字经济方面，依托新吴区物联网、大数据、云计算、人工智能、集成电路、软件服务和区块链等相对完整的产业链条，加快谋划布局、加速构建生态，着力把握发展先机、形成引领之势。在总部经济方面，要全面深化“工厂总部化”工作，引导和鼓励存量外资加工制造项目延伸产业链、提高价值链，成为区域研发中心、销售总部和生产基地。在枢纽经济方面，要着力发挥苏南机场和综保区的关键作用，放大邮政互换局、药品口岸、国际货运等功能，推动人流、物流、信息流和资金流的融合汇聚，把区域枢纽位置变为资源聚集优势。延伸产业链。紧盯新一代信息技术产值 2000 亿元、高端装备制造产值 1000 亿元、新能源及新能源汽车产值 500 亿元、生物医药产值 500 亿元、人工智能产值 100 亿元的目标，深入研判产业发展规律和链条环节，大力实施“强链、补链、延链”工程，探索引育配套集群、研发集群、资本集群，推动产业链、创新链、资金链、价值链深度融合，提升产业集群竞争优势。招引大项目。重大项目既是稳增长的关键，也是重塑区域产业链条的关键。要紧盯招引签约、开工建设、竣工达产等重点环节，以有效投资的持续增长为经济发展注入新动能，确保新批亿元以上项目超过100个，引进一批投资超10亿元、50亿元的重点项目。发展服务业。把握新吴区制造业发达、创新要素集聚、空港区位优越、消费需求升级的特点，加快培育深度嵌入产业链的科技服务机构，积极引育综合物流服务商，提高会展服务能力水平，创出文化服务品牌，更有针对性地制定实施促进消费的政策措施，以优质服务满足个性化、多样化发展需求，提高服务业对经济增长的贡献度，力争2020年服务业增加值占GDP的比重达到40%。推进智能化。以智能车间、智能工厂建设为抓手，引导组建智能制造产业联盟，深化人工智能、5G、工业互联网等新一代信息技术与制造业融合发展，对制造业进行全要素、全流程、全产业链的改造，推动制造业加速向数字化、网络化、智能化方向转型升级，电子信息、电气机械等相关重点行业领域基本普及数字化，全年新增国家智能制造成熟度评估企业10家以上，新增省、市级智能车间（智能工厂）20家以上，实施智能化改造项目50个以上，培育工业互联网平台5个以上，加快建设智能制造创新集聚区，抢占智能制造发展新高地。培育民营经济。坚持问题导向，深入贯彻中央《关于营造更好发展环境支持民营企业改革发展的意见》，着力优化公平竞争的市场环境，完善精准有效的政策环境，健全平等保护的法治环境，有效畅通民营企业与政府的沟通渠道，建立健全对民营企业全生命周期的服务模式和服务链条，支持和引导民营企业不断做强做优。要着眼长远，结合街道工业集中区提档升级，打造民营经济科技园，帮助符合“6+1”产业导向、安全和环保要求的民营小微企业拓展发展空间。

（二）持之以恒坚持创新驱动。创新是实现发展质量变革、动力变革和效率变革的根本支撑。突出抓好科技企业引育。科技企业是创新的主体、人才的载体。要将科技企业引育作为落实创新驱动战略的“牛鼻子”，加快构建科技企业引育体系，确保新增科技企业数量全市第一，高新技术企业总数突破750家，入选市雏鹰、瞪羚、准独角兽企业入库总数突破200家。要依托龙头集聚一批，依托中电海康、海尔、特康、朗新等龙头企业的行业影响力和吸附力，发挥产业链、供应链的协同效应，吸引一批上下游科技创新企业；要营造生态招引一批，将新吴区产业特色、创新优势和专业服务转化为更具竞争力的创新创业生态，围绕产业链条布局资金链、服务链和资源链，不断壮大创新集群；要招才引智孵化一批，通过引进一批具有连续创业背景的领军型人才，带来一批项目、落地一批企业。切实加强科技人才引进。人才是科技创新中最关键、最活跃的因素。要全面优化“飞凤人才计划”，着力形成务实管用、精准高效的人才政策体系。建立“一事一议”人才制度，为高端人才的创新创业需求配置独特资源。全面优化普惠人才政策，围绕人才创新创业、安家安居的全链条，出台针对性强、可操作的政策服务，切实解决人才创新创业的融资需求、服务需求、生活需求和发展需求。着力加快创新平台建设。以普惠服务和精准政策相结合，打造协同创新的发展生态，助力新型研发机构、产业创新平台和科技孵化器等快速做强做大，能够更好地服务企业、孵化成果。以华进国家级制造业创新中心建设为示范，大力鼓励和引导企业建设研发机构，实现产业与创新的“无缝对接”。加快科研院所及其高层次科研团队的引进，确保新增新型研发机构5家以上。大力推动专业园区建设。对标国际一流创新园区，以太湖国际科技园体制机制改革为统领，以“六个一”运营机制为支撑，提升专业服务，打造园区文化，举办创新活动，推动软件园、微纳园、IC设计园、生命科技园等专业园区打出打响特色品牌，构建世界创新格局中的“新吴坐标”。探索“一园一策”精准服务机制，全力支持SK海力士、阿斯利康、中电海康、海尔、朗新等龙头企业建设特色创新园区。以创新、高端、绿色为导向，着力推动街道工业集中区转变为专业园区。2020年，5个示范园区要确保专业定位、运营团队、环境改造、服务机制、政策配套“五个到位”。建强科技金融服务体系。建立“高新金融谷”，创新税费减免、股权转让等扶持政策，引进一批行业顶尖投资机构，推动基金、风投、投行聚集发展。探索园区“土地入股、载体入股、服务入股”等模式，建立园区与科技企业融合发展的机制，提升园区企业的归属感和认同感。充分发挥省、市、区风险补偿贷款专项资金协同作用，扩大科技贷款覆盖面，确保全年有240个以上的科技项目获得“新科贷”“锡科贷”“苏科贷”支持。排出一批符合国家产业导向、产品科技含量突出、发展前景好、企业家素质高的企业，加强国有主导金融资本、合作投资资金的导入，助力企业获得更多的资本支持。

（三）更高层次提升开放水平。牢牢把握新一轮扩大开放的契机，深度对接全国自贸区、“一带一路”建设等，优化体制机制供给。大力构筑开放优势。着力抢抓中央新一轮的开放机遇，更加积极地对接复制自贸区各项政策，率先建设各类区域中心、功能机构、创新载体和国际合作园区，着力与美欧日韩等国家和地区加强在智能制造、高端制造、物联网、云计算、生物医药等战略性新兴产业领域合作，推动在5G产业、人工智能、增材制造、区块链等未来产业领域合作，深化在商务、信息、物流、旅游、医疗、养老等现代服务业领域合作，积极将新吴区产业优势、环境优势进一步转化为开放优势，抢占对外开放制高点，当好全市对外开放试验田和排头兵。深入促进外贸转型。重点发展研发设计、知识产权、检测维修等生产性服务贸易，不断提高全区外贸结构中的服务贸易占比、服务外包结构中的中高端业务占比。引导区内企业深入开展技改研发、专利申请、品牌培育，推动传统代工型外贸企业逐步向研发、设计、核心器件制造等环节升级。高水平建设国家跨境电子商务综合试验区，全区聚集跨境电商企业100家以上。加快“五个中心”建设。全力深化增值税一般纳税人资格试点、全球维修检测业务试点、非保税货物分类监管、药品功能口岸和文化产品进出口基地建设，做优综保区和特殊监管区功能，努力把综保区建设成为具有全球影响力和竞争力的加工制造、研发设计、物流分拨、检测维修和销售服务中心，引领新吴区对外开放进入新高度。

（四）创新健全治理体系。将中共十九届四中全会精神贯穿改革全过程，深化改革、健全制度，全面提升全区治理能力和治理体系的现代化水平。深化民主政治体系。深化落实人民代表大会制度、政治协商制度，巩固提升统一战线工作，依法实行民主选举、民主协商、民主决策、民主管理、民主监督，不断丰富民主形式，拓宽民主渠道，使各项制度和区域治理能够更好地体现人民意志、保障人民权益、激发人民创造。创新政务服务体系。以开发区赋权承接、“一件事”改革、“不见面”审批（服务）、“3550”改革、相对集中行政许可权改革和三级政务服务体系建设为支撑，以全面优化营商环境、增强便民服务为重点，着力增强政务服务的综合性、系统性和集成性，打造出全区统筹、全域协调、全局联动的政务服务新机制。探索基层治理体系。以加强党的基层组织建设为根本，以集体产权制度改革为抓手，以学习“枫桥经验”和社工职业化建设为切入，探索党组织领导的自治、法治、德治相结合的基层政治治理体系，区级指导、街道督导、村（社区）运行的村级经济发展体系，民主协商、社会协同、公众参与、法治保障的基层事务处理体系，形成政治领导有力、经济发展有质、公共生活有序的共建共治共享基层治理体系。健全国资运行体系。坚持实体化和市场化的方向，按照“一个公司确定一个主营（转型）方向，提出一个发展目标，编制一个改革计划，制定一个考评标准”的“一企一策”改革要求，扎实推动国控公司弱化平台功能、增强实体运作，提高国有资本配置、运行效率和发展能力。完善法治工作体系。积极打造党委领导、各方参与的法治建设工作格局，加强重要领域制度建设，提升运用法治思维和法治方式深化改革、推动发展、化解矛盾、维护稳定、应对风险的能力。深化司法体制综合配套改革，保证监察权、审判权、检察权得到依法正确行使，引导全区人民做社会主义法治的忠实崇尚者、自觉遵守者、坚定捍卫者。

（五）全力以赴推动产城融合。尊重城市发展规律，坚持精心规划、精致建设、精细管理，以城市建设质量和功能形象的持续提升，为经济发展拓空间，为生活幸福造环境。强化规划引领。围绕长江路—大运河商务生活轴、新华路—香泾浜科技创新轴、泰伯大道—伯渎港文化休闲轴和长江北路沿线、伯渎港沿岸、太湖国际科技园、站前商务区的“三轴四区”，加快构建产城融合发展的空间结构体系、现代产业体系、公共服务体系、基础设施体系和生态环境体系。坚持统筹谋划、高点定位，有序推进太湖国际科技园和新安街道的融合发展，打造产城融合的先导区、引领区。突出绿色发展、创新发展，统筹推动鸿山物联网小镇和旅游度假区建设，打造践行“两山”理论的示范区、样本区。狠抓项目建设。以更大力度实施“产城融合三年行动计划”，推动312国道改造、菱湖大道延伸、机场环线快捷化等交通路网体系建设，构筑融合发展的“大通道”和“微循环”。继续深入推进棚户区（城中村）、老旧小区改造，全年征收拆迁面积不低于150万平方米，力争城市面貌有质的改变。大力推动万达广场、梅里古镇等生活服务工程建设，着力提升城市生活功能。大力建设垃圾分类、污水处理、固废处理等基础设施，全面提升城市承载力。美化生态环境。聚焦中央、省环保督察和各级人大执法检查反馈问题、省政府挂牌督办问题整改，持续打好“蓝天、碧水、净土”保卫战。以产业结构调整为突破口，深度治理工业大气污染，加大VOCs重点排放企业治理，加大“四个一批”化工企业整治力度，确保PM2.5平均浓度持续下降、空气优良天数比例持续上升。深化“河长制”管理，细化“一河一策”治理，强化水环境综合整治，确保“国考”“省考”断面水质达到控制目标、9条“市考”河道中优Ⅲ河道比例持续提升。依托“大数据”、在线监控等技术，健全网格化环境监管体系，完善重点污染源自动监控系统，提升监测监察的信息化精准化水平。做优城市管理。大力实施城市绿化、美化、亮化工程，持续开展交通秩序、户外广告、出摊经营、渣土运输、扬尘等专项治理，不断加强城市精细化管理，巩固深化全国文明城市创建成果。狠抓工业集中区改造提升这一关键，按照“多规合一”的思路，实现产业园区与城市形态的全面融合。

（六）真心实意增进民生福祉。坚持“以人民为中心”的发展思想，满怀真情解决群众关心的热点难点问题，不断提升群众幸福感、满意度。持续固优补短。紧扣“全面性”，突出“高水平”，在幼有乐育、学有优教、劳有丰酬、病有良医、老有颐养、住有宜居、弱有善扶上持续用心用力，强力攻坚服务业增加值占GDP比重、每千人口拥有执业医师数量等短板弱项，巩固提升人均地区生产总值、居民人均可支配收入等优势指标，向中央和省、市委，向全区人民交出满意的答卷。认真做好对口支援合作和东西部扶贫协作，推动双方优势互补、协力发展，共同为高水平全面小康社会建设顺利收官做出贡献。强化就业保障。持续加强企业稳岗、就业培训、就业援助和创业带动就业等系列保障工作，托稳就业基础，确保年内新增就业1.3万人，扶持自主创业1200人。做好社会保险扩面征缴工作，稳步提升城乡居民低保、基础养老金、特困人员供养等标准，关心关怀退役军人，依法做好"治欠保支"工作，让群众有更强的获得感。优化服务供给。保障教育优先，在2018年新建续建25所中小学幼儿园的基础上，再布局建设23所中小学幼儿园，加快教学改革、教育评价、教师发展等体系建设步伐，全方位推动全区教育品质提升、品牌创优。结合新瑞医院、人民医院新安分院、区中医医院投入运营和SK海力士医院、公卫大楼、社区卫生服务中心建设等，大力推动医疗体制机制改革，形成以紧密型医联体为支撑，家庭医生负责慢病治疗和引导初诊分流、卫生服务中心负责常见病治疗、高端医院负责疑难杂症治疗的三级医疗卫生体系，让群众在家门口就可以就好医、看好病。推动乡村振兴。坚持将乡村产业作为农民增收、农村繁荣的基础，探索新形势下农业振兴、农村美丽、农民幸福的乡村振兴之路。完善村集体"三资"监管平台建设，推进村级集体经济组织登记赋码工作。把高科技、高品质农业作为现代产业体系的重要组成部分，充分发挥新吴区农业规模化、现代化基础较好的优势，大力发展观光农业、特色农业和示范农业，推动传统农业、低效农业向精品农业、高效农业转变，做响农业品牌，做优农业示范，做强农业效益。丰富群众生活。设立文化产业发展专项基金，加快建设市民族乐团演出基地、区文体中心等覆盖全面、功能健全、实用高效的公共文体设施，深度谋划全域旅游，以鸿山旅游度假区、梅里文化小镇、鸿山墓群本体保护展示工程为主阵地，发展乡村旅游、文化创意，将人文乡愁融入日常生活。

（七）标本兼治确保安全稳定。牢固树立总体安全观，聚焦经济、政治、文化、社会等重点领域，切实防范和化解各类重大风险。筑牢安全生产底线。围绕党政责任、属地责任、监管责任、主体责任和"三管三必须"，细化建立领导干部亲自制定方案、亲自部署安排、亲自检查督查、亲自推动整改的"四亲自"责任链条；出台村（社区）党组织书记安全责任清单、村（社区）排查整治清单和村（社区）日常排查、隐患风险报告制度，进一步压实安全生产责任，绷紧安全生产这根弦。加强基层安监能力建设，深化企业安全生产标准化和双重预防机制建设，加强危化品、建筑施工、道路交通、消防安全以及食品药品等重点领域风险排查，坚决防范遏制重特大安全生产事故。确保社会平安稳定。完善社会综合治理网格化联动机制，开展"红网格"建设，加强研判预警、风险防控、矛盾化解、舆情引导和应急处置工作。做好党政领导干部接访下访工作，健全矛盾纠纷源头预防和多元化解机制，深入推进信访积案化解攻坚，引导群众依法理性表达诉求。完善市场价格监管，加强食品药品安全监管。纵深推进扫黑除恶专项斗争，坚决打击各类违法犯罪行为。

在做好各项工作的同时，还要高起点、高标准做好"十四五"规划的编制工作。要坚持以习近平新时代中国特色社会主义思想为指导，坚定当好高质量发展标杆、示范和领跑者的定位，加强顶层设计、系统谋划，推动高新区成为经济更强的高端产业先行区、百姓更富的协调发展示范区、环境更美的城乡统筹标杆区、社会文明程度更高的现代治理样板区。要将贯彻落实国家各项战略部署作为重大政治责任和重大发展机遇，着力从空间、产业、创新、交通、民生、政策等方面加强对接、全力推进，力争在担当重要职责、发挥独特作用、作出更大贡献中锻造更强的发展能级，提升在长三角创新发展格局中的地位。要聚焦影响新吴区充分协调发展的土地资源和环境容量"两大制约"，经济和民生、产业和城市、民资和外资、制造业和服务业"四大不平衡"，确保教育、医疗、养老等短板弱项得到系统解决，发展质量、效率、动力实现有效变革，生产、生活、生态更加深入全面融合。

三、坚守初心使命，推动从严治党取得新成效

书写新吴区高质量发展答卷，关键在加强党的建设。要全面落实新时代党的建设总要求，推动全面从严治党取得更大成效。

（一）加强政治建设。政治建设是党的根本性建设。要坚定政治立场。持续巩固和提升"不忘初心、牢记使命"主题教育成效，深入开展党内政治生活状况检查，督促党员干部砥砺党性、纯净风气，切实在政治方向、政治立场、政治原则、政治道路上同以习近平同志为核心的中共中央保持高度一致。要强化政治规矩。以党内制度建设为依托，着力完善从严治党等各项制度，扎实推进政治生态监测评估，切实把党的领导贯彻到全区履行职责全过程，树牢"四个意识"、坚定"四个自信"、做到"两个维护"。要规范政治生活。

持续推动党内政治生活制度化、经常化、规范化，严格执行党章关于党内政治生活的各项规定，增强贯彻执行民主集中制的自觉意识和本领能力，认真落实"三会一课"、民主生活会和组织生活会、谈心谈话、民主评议党员和主题党日等制度，做到按程序决策、按规矩办事、按制度落实，确保组织生活有实质内容、实际效果。

（二）突出思想引领。思想建设是党的基础性建设。要抓强理论武装。构建"不忘初心、牢记使命"长效机制，推动全区各级党组织和党员干部深入学习领会习近平总书记系列重要讲话精神，着力用党的创新理论武装头脑、指导实践、推动工作，真正把理论素养的提高转化为开拓创新、攻坚克难、化解矛盾的能力。要抓好思想解放。结合学习贯彻习近平新时代中国特色社会主义思想，引导党员干部自觉地在解放思想中统一思想，坚决破除思维定势、工作惯性、路径依赖，更好地用新思想引领新实践。要抓实意识形态。坚持党管思想、党管意识形态，严格落实意识形态工作责任制，进一步强化新闻舆论宣传，加强阵地建设管理，让主流意识形态牢牢占据主导。

（三）夯实基层基础。党的力量来自组织。要建强基层组织。认真落实《中国共产党支部工作条例（试行）》，以提升组织力为重点，突出政治功能，统筹抓好企业、农村、机关、事业单位、社区等各领域的支部建设，不断增强支部组织生活实效。深入推进村（社区）和"两新"组织"雁阵计划"，加强村（社区）党委建设培育一批具有时代特点、新吴特色的基层党组织典型，发挥好整体联动、梯次有序的"雁阵集群"效应。要选优基层书记。按照"五强"标准，进一步拓宽培育选拔视野，选优配强基层党组织带头人，使基层党组织更有战斗力。完善管理激励体系，逐步提高经济待遇和政治待遇，让基层党组织书记尤其是村（社区）党组织书记干事有舞台、干好有出路、提升有通道。要创新基层工作。深化拓展基层党建"三项工程"，通过枢纽型组织带动、联合党建、选派党建指导员等工作模式，提高"两个覆盖"质量，扩大党在新兴领域、新兴阶层的号召力和凝聚力。注重基层党建传统优势与信息技术深度融合，大胆探索"互联网＋党建""智慧党建"，实现网上网下党组织都有声音、有服务、有影响力。

（四）锻造干部队伍。坚持党管干部，全力打造忠诚干净担当的高素质干部队伍。要"配"好干部。坚持有为有位、无为让位，把敢不敢扛事、愿不愿做事、能不能成事作为评判干部的重要标准，优先提拔、大胆使用善抓落实、敢抓敢管的干部。用好"五突出五强化"选人用人机制，扩大选人用人视野，加大优秀年轻干部培养选拔力度，加快优秀年轻干部成长成才。要"炼"好干部。认真落实源头培养、跟踪培养、全程培养要求，强化"人才到基层锻炼、干部从一线选拔"用人导向，着力优化干部成长路径，提高干部素质培养的系统性、持续性、针对性，增强干部挑重担、做实事的干事创业本领，以及直面挑战、敢于亮剑的斗争精神和斗争本领。要"管"好干部。坚持严管和厚爱结合、约束和激励并重，充分释放"三项机制"的制度效能，在注意保护好敢负责、敢担当干部的同时，加大对不担当、不作为、慢作为、假作为等现象的整治力度，最大限度激发干部工作热情。

（五）净化政治生态。政治生态关系发展，决定作为。要持续改进作风。集中整治形式主义、官僚主义，加大对基层群众反映强烈的典型问题通报曝光力度，在基层减负上精准发力，真正让基层干部有更多的时间和精力抓工作、抓落实。紧盯不敬畏、不在乎、喊口号、装样子的问题，用好正面教育和反面警示两种手段，加强案例剖析，列出行为准则，让党员干部知所趋赴、有所敬畏。要切实加强监督。综合用好监督执纪"四种形态"，抓好关键少数、管好绝大多数，压实扣紧"两个责任"和"一岗双责"。突出抓早抓小、防微杜渐，在日常监督、长期监督上探索创新、取得实效。加大巡视巡察整改力度，实现本届区委巡察工作的"圆满收官"。要保持高压态势。综合发挥执纪监督、派驻监督、巡察监督的作用，用好"三资"监管等信息化平台，加强反腐倡廉教育和廉政文化建设，严查干部违纪违法行为，真正把有权必有责、有责要担当、失责必追责的压力传导到各级党组织和每名党员领导干部，一体推进不敢腐、不能腐、不想腐，着力营造出风清气正的政治生态。

同志们，事业在奋斗中铸就，梦想在实干中绽放。要更加紧密地团结在以习近平同志为核心的中共中央周围，高举习近平新时代中国特色社会主义思想伟大旗帜，攻坚克难、接续奋斗，只争朝夕、不负韶华，以领跑高质量发展的新吴实践，顺利开启基本实现现代化的新征程！

新吴区政府工作报告

——在新吴区第一届人大常委会第五次代表大会上的报告
（2020 年 5 月 26 日）

封晓春

一、2019 年工作回顾

2019 年，新吴区政府以习近平新时代中国特色社会主义思想为指导，在无锡市委、市政府和区委的正确领导下，在新吴区人大、政协的监督支持下，紧紧依靠全区广大人民，坚持稳中求进工作总基调，积极践行新发展理念，统筹推进经济社会发展各项工作，较好完成了区一届人大四次会议确定的目标任务。

认真践行新发展理念，积极对接长三角一体化发展等国家战略，全年地区生产总值完成 1845.5 亿元、增长 6.3%，人均 GDP 突破 32 万元，位居全省城区第一；一般公共预算收入完成 205.1 亿元、增长 3.2%、全市占比持续提升，其中税收收入完成 185.5 亿元、全市占比 21.3%，税收占比达 90.5%；规模以上工业总产值 4217.6 亿元，规模以上上工业增加值突破 1000 亿元大关；固定资产投资增长 6.4%；工业投资增长 12.2%，占固定资产投资比重达 69%，高技术制造业投资占工业投资比重达 83.6%，均位居全市第一；社会消费品零售总额完成 368.9 亿元、增长 9%，高于全市平均 0.5 个百分点。

坚持抓重点、补短板、强弱项，坚决打好“三大攻坚战”，高水平全面建成小康社会基础更加坚固。全力防范化解重大风险，政府债务监管系统获得广泛推广，政府债务有效压降，没有发生系统性金融风险，扫黑除恶专项斗争深入推进，社会大局和谐稳定，尤其是解决了一批城市安全突出问题，守住了城市安全底线，城市本质安全极大提升；大力开展精准扶贫，全面实施乡村振兴战略，对口帮扶的宜川县、互助县成功“脱贫摘帽”；认真践行“绿水青山就是金山银山”理念，持续实施大气、水、土壤污染防治行动计划，生态环境持续改善。

围绕“四个走在前列”目标，深入实施四个“三年行动计划”。全年完成高新技术产业产值 2790.7 亿元、增长 4.6%，占规模以上工业总产值比重达 66.2%，同比提高 1.6 个百分点；战略性新兴产业占规模以上工业总产值比重达 50.4%，全市第一，其中物联网、集成电路、生物医药、软件服务、大数据产业分别增长 16.1%、8.1%、47.6%、15.2%、25.1%，获评省大数据产业园；规模以上服务业营收增长 10.8%，服务业增加值占 GDP 比重达到 39.3%，同比提高 4.3 个百分点，创历史新高；全区单位建设用地亩均税收收入达 15.6 万元，全市第一；全社会研发费用占 GDP 比重达 3.76%，高于全市平均 0.86 个百分点；万人发明专利拥有量 139.92 件，是全市平均的 3 倍；进出口总额完成 3482.5 亿元、增长 3.9%，全市占比达到 54.7%；到位外资完成 13.15 亿美元，连续 4 年位居全省县（市、区）和开发区第一；重点片区开发建设加速推进，50 个基础设施项目顺利竣工，城市精细化管理成效明显，城市功能品质和形态面貌持续有效提升；位列全省城区高质量发展考核第 10 名，实现全市高质量发展考核两连冠。

坚持以人民为中心，民生福祉持续增强。切实加强和改善公共服务供给，10 大类 28 项民生实事项目全面完成，城镇登记失业率控制在 1.75% 的较低水平，6 个学校项目建成投用，4 所医院开业运营，全区第七届运动会举行，卫生、养老、公共文化等社会事业取得新进展，城镇居民人均可支配收入 6.03 万元、增长 8.6%。

（一）保持产业强区战略定力，狠抓创新驱动和转型升级，经济发展“步子稳”“质量高”

项目建设富有成效。围绕产业体系化发展开展精准招商，新批超亿元项目 95 个、总投资 462.8 亿元，其中 SK 海力士 M8、乐友新能源等超 50 亿元项目 2 个，北特汽车、航亚科技等超 10 亿元项目 11 个。100 个区级重点项目、17 个省市重点项目投资完成率分别为 121%、138%，连续 3 年全市第一；SK 海力士二工厂等 28 个项目竣工投产，华虹项目建设速度刷新行业记录，夏普液晶显示模块、村田二工厂等 38 个项目开工建设，电子信息、高端制造、新能源等产业链条持续延伸拓展。新建、续建重大服务业项目 12 个，万达广场、梅里古镇二期等项目加速推进。

转型升级更加有力。突出“亩均论英雄”导向，扎实推进街道工业集中区提档升级，建立空港智能制造产业园、江溪智慧产业创新园等 5 个先行示范区，亩均税收增长12.3%。深入推进传统产业与新一代信息技术深度融合，先导智能、普洛菲斯等企业斩获5个国字号荣誉项目，在全市实现零的突破，新增省工业互联网标杆工厂2家、星级上云企业27家、市级以上智能车间39家，新增省级示范智能车间数量占全市58%，连续三年蝉联全市第一，完成智能化改造项目50个，获评省首批"互联网+先进制造业"基地，4家企业产品入围省首台(套)重大装备。总部经济"亮点纷呈"，新增省级跨国公司地区总部2家，完成工厂总部化项目40个，阿斯利康、中船、先导、朗新等外资、国资、民资龙头企业实现园区化发展。英飞凌、威孚高科、华光股份包揽全市"市长质量奖"。民营经济在智能制造、科技创新、资本运作等领域"多点开花"，贡献了全区25%的规模以上工业产值、40%的税收、60%的就业。

创新资源加速集聚。招引第七大道、美林数据等科技企业850家、同比增长32.2%；净增高新技术企业183家，全市第一；入选苏南自创区潜在独角兽企业6家、瞪羚企业31家，认定省级"专精特新"小巨人企业8家，入选市雏鹰、瞪羚、准独角兽榜单企业182家；基本形成"科技型中小企业—雏鹰企业—瞪羚企业—准独角兽企业"创新路径。新增重大产业创新平台3家、新型研发机构7家、院士工作站4家、省级以上企业工程技术研究中心22家、市级以上众创空间4家。新招引各类人才1万余人，其中院士6人、高层次人才1147人；引育国家级人才6人、省级人才25人，入选市级人才计划50项，均位居全市第一；引进市级人才项目50个，领军人才创业企业总产值达110亿元。

创新动能持续增强。按照"六个一"模式全力推进专业园区建设，无锡国际生命科学创新园正式开园，泰格医药、多宁生物等10家知名药企抢先入驻，生物医药产业呈爆发态势。中电海康物联网产业基地、海尔物联生态网示范基地、微纳园二期建设取得新进展，国家传感网创新示范区建设十周年成就斐然，物联网"太湖印记"愈发清晰。华虹一期等重大项目竣工投产，海力士集成电路科技园加速推进，集成电路设计产业园强链补链，集成电路产业能级显著提升。企业上市发展势头良好，新增上市企业2家，祥生医疗成为全市首家科创板上市公司，科创板受理过会3家、上市辅导3家、完成股改15家，荣获全省创业投资集聚发展示范区。苏南自创区"一站式"服务中心投入运行，中关村科技创新园获批国家级科技企业孵化器，微纳园斩获"亚洲最佳孵化器奖"。

(二)持续推进产城融合发展，狠抓规划建设和精细治理，城市建设"亮点多""面貌新"

城市建设稳步推进。落实"一心三轴五板块"产城融合发展总体布局，完成旺庄第一岗、新华路站前等片区规划研究，全面启动鸿山新市镇、泰伯广场等区域城市设计，长江路片区改造快速推进，太科园、伯渎河片区建设成效初显。综合交通体系规划建设取得阶段成果，飞凤路快捷化改造、长江路改造等项目加速推进，华友中路、锡义路等38个道桥项目启动建设，和风路、修齐路等23条断头路、卡脖子路建成通车。周泾河沟通工程、人防疏散基地等50个重点基础设施项目顺利完工，增加机动车泊位9188个，新建改建公厕51座。积极疏通公共交通"毛细血管"，新开优化公交线路10条。完成拆迁135万平方米、增长23.8%，其中安置房腾地拆迁27.7万平方米。新建安置房10638套，在建棚改安置房12853套，竣工2372套。出让经营性用地18幅1396亩，出让金额历史最高。城市环境明显改善。164个A类优美环境合格区合格率100%、优良率73.2%，荣获全市城市精细化管理第1名；全面实施综合环境"百日攻坚"整治，查处影响市容市貌行为4.5万余起，"小飞龙"基本绝迹，拆除违法建设50万平方米，整治背街小巷12条，道路包装出新12条，慧海湾生态公园建成开放，完成道路景观提升5条，新建改建公园游园18个，新建改建绿地面积124万平方米。深入推进"蓝天、碧水、净土"保卫战，小流域综合治理工程全面完成，建成区黑臭水体得到全面整治，劣五类河道基本消除，地表水国省考断面水质优Ⅲ比例达75%，9条考核河道断面优Ⅲ率达77.8%，太湖水源地保护区生态环境建设全面推进，太湖连续12年实现安全度夏；完成VOCs治理、工地扬尘、餐饮油烟治理等工程152个，空气质量优良天数比率71.4%；强力开展涉危化工、铅酸蓄电池等排查整治专项行动。

城市安全稳定向好。坚持问题导向，深入开展城市安全集中整治，突出抓好交通运输、危化品、建筑施工、群租房、工贸企业等重点行业领域20个专项整治，出动检查6.1万人次，整改一般安全隐患42441项、重大隐患45项，停产停业企业991家，关闭取缔1953家，风险分级管控与隐患排查治理双重预防机制建设扎实推进，全区安全生产形势总体稳定。

(三)全面激发释放发展活力，狠抓内功修炼和对外拓展，改革开放"领域宽""成效好"

全面深化供给侧结构性改革。全面落实减税降费政策，全年减免各类税费54亿元；打造小额担保、科技信贷、种子基金、天使基金等全链金融支撑体系，新增基金总规模超过40亿元，帮助企业科技贷款、物联网金融贷款114.9亿元，区金融公共服务平台为企业解决31.4亿元资金需求。建成村田、华虹等重点配套电力工程4个，10千伏以上工商业企业用电价格下降

10%，核减能源消费35万吨。整治散乱污企业603家，关停化工企业11家，盘活存量土地3592.4亩，消化批而未供土地1564.6亩，完成低效用地再开发1726.2亩。新登记市场主体15002户，其中企业6307户，新增“四上企业”375家。

深入推进重点领域改革。全面完成区级机构改革任务，设立鸿山旅游度假区管理办公室和太科园管理办公室，全区行政管理体制进一步优化。持续推进“放管服”改革，承接国家级开发区全链审批赋权182项，深入推动相对集中行政许可权改革，开办企业实现“当天领照、次日营业”，最快半小时领取营业执照。建立“个性化和定制化”审批服务直通车，建设项目审批材料精简60%，审批时长压缩到20个工作日、仅为法定时限8%。稳步推进农业、交通等领域综合执法改革。全面推进“互联网＋政务服务”，建立区、街道、村（社区）三级政务服务体系，行政审批（服务）事项实现60%就近办、70%立即办、80%网上办、90%一次办、100%进政务大厅。深化科技创新体制改革，成立集成电路和软件等4个专业园区工作领导小组，全面整合完善专业园区管理体制，持续完善高企引育、科技企业分层培育、科技项目准入评估、新型研发机构引育等工作机制。教育改革全面发力，义务教育全面实现“六个统一”，“区管校聘”深入推进，社会办学体制优化提升。医疗卫生体制改革稳步推进，“市人民医院—新吴区”紧密型医联体建设内涵不断深化，分级诊疗体系进一步健全。国有企业“一企一策”市场化改革有序推进，国有资本配置效率稳步提升。

全面提升开放水平。外资外贸结构持续优化，战略性新兴产业到位注册外资占比达到86%，第二届进博会采购金额超过4.5亿美元；加快“走出去”步伐，境外协议投资超过1亿美元，与“一带一路”沿线国家和地区贸易进出口突破100亿美元，华光签约总价2.45亿元西港热电工程，为建区以来最大标的海外承包工程。全面复制推广自贸区改革试点经验，深入推动综保区转型升级，新增增值税一般纳税人资格试点企业4家、全球检测维修企业4家，综保区进出口总额排名升至全国第五、江苏第二。跨境电商网购保税模式监管中心建成投用，跨境电商实现全模式通关，“一带一路”跨境电商产业园、无锡空港跨境电商产业园加快建设。新加坡工业园获评省级国际合作园区，国际邮政互换局获国家批准，冰鲜水产品进口口岸通过国家验收。

（四）精准聚焦群众迫切需求，狠抓补短强弱和拉长抬高，民生改善“力度大”“实惠足”

就业保障工作扎实有力。深入实施就业促进、创业引领、技能就业计划，新增就业1.74万人，城镇失业人员再就业1.56万人，就业困难人员再就业3562人，支持自主创业3089人。新增企业职工基本养老保险缴费1.70万人。全面开展特困家庭深度救助，发放低保金274.9万元，办理住房救助162户，开展医疗救助194人，发放残疾人两项补贴1025万元，完成特殊困难家庭设施无障碍改造75户，区重度残疾人托养中心正式启用。政府、企业、社会组织共同发力，大力发展公益事业，实施了“爱在新吴”等一批优质助学、助老、助困、助残项目。退役军人工作开局良好，“一中心、两站”建设圆满完成，服务保障体系实现全覆盖。

各项社会事业全面发展。投资15亿元推进16个中小学项目建设，投资总额同比增长108%，春城实小等8个项目顺利完工、增加学位1万余个，丽景小学等8个项目加快推进，海力士学校正式落地，区特殊教育学校正式开办；学前教育质量稳步提升，省市优质幼儿园创建比例达96%；新招聘教师320人，同比增长33.3%，引进高层次教育人才占全市40%。优质教育共同体建设深入推进，金桥双语实验学校入驻开办，成功创建市级“智慧校园”20所，独角兽企业曲速教育的“极课大数据”在全区中小学推广使用。“健康新吴”扎实推进，国家慢病防控示范区创建工作取得新进展。新瑞医院开业运营，219名上海专家签约注册，全面融入长三角医疗一体化发展；中医医院成功挂牌，海力士医院、区公共卫生大楼加速推进，人民医院新安分院获评省级社区医院。老年人日间照料中心、区域性助餐中心实现区域全覆盖，旺庄“医养一体化”养老院等4个养老项目开工建设。举办中俄网络媒体论坛、海峡两岸棒球交流赛、太湖音乐节等大型文体活动，开建鸿山遗址本体保护展示工程，建成55个新时代文明实践所站。

社会治理扎实推进。扫黑除恶专项斗争有力开展，破获9类涉黑涉恶案件84起。严格开展食品药品执法检查，全面推进“明厨亮灶”工程，维护市民“舌尖安全”，获评省级食品安全示范区。探索构建“网格＋警格”治理新模式，“法官、检察官、警官和律师”“三官一律”进社区正式启动。妥善处置各类涉稳矛盾纠纷327件，全区信访案件化解稳定率达98.2%。着力实施社区议事实践项目，社区民主协商富有成效，获评省“民主法治示范村（社区）”6个。

乡村振兴富有成效。积极发展智慧农业，2个项目获评国家数字农业农村三新优秀项目。5000亩优质水稻种植基地获评省第一批绿色优质农产品基地，鸿山葡萄专业合作社获评国家级示范社。农村集体产权制度改革全面完成，96个村级经济组织全面建成股份经济合作社，启动撤销空壳村（居）工作。深入开展农村人居环境集中整治，全区农村人居环境明显提升，七房桥村入选全国乡村治理示范村、全国“千村万寨展新颜”展示名单，大坊桥村荣获省级农村人居环境整治示范村。此外，科普、史志、档案、文保、侨务、对台、外事、民族宗教、国防动员、人防、双拥等工作取得新成绩。

2019年，面对艰巨繁重的改革发展稳定任务，区政府深入学习贯彻习近平新时代中国特色社会主义思想，坚持全面从严治党，坚持依法行政，切实转变工作作风，政府自身建设取得新进展新成效。始终坚持把政治建设摆在首位，扎实开展“不忘初心、牢记使命”主题教育，把学习教育、调查研究、检视问题、整改落实贯穿始终，经过主题教育洗礼，全区政府系统高质量发展的导向更加鲜明，想干事、能干事、干成事的氛围更加浓厚。严格落实意识形态工作责任制，着力做好教育、侨务、民族、宗教等重点领域意识形态监管。自觉接受区人大、政协及各民主党派的监督，按时办复区人大代表建议65件、区政协委员提案90件，代表和委员满意率分别达到98.5%、96.7%。强化法治政府建设，规范行政权力运行，全面推进“三项制度”落实，严格规范行政执法，全面开展规范性文件备案审查，扎实推进“七五”普法，全区公共法律服务中心规范化建设达标率100%。持之以恒纠正“四风”，力戒形式主义、官僚主义，着力为基层减负，全区文件印发量、会议召开数分别下降41.5%、42%，社区（村）“牌子乱象”基本得到清理整治。强化党风廉政建设，持续抓好巡视巡察反馈问题整改，积极压缩一般性支出，区级“三公”经费支出下降4%，审计核减政府投资6.1亿元。

全区经济社会发展能够在复杂严峻的形势下取得上述成绩，这是市委、市政府和区委坚强领导的结果，是区人大、政协有力监督和社会各界关心支持的结果，更是全区人民共同奋斗的结果。

在肯定成绩的同时，也清醒地认识到新吴区在经济社会发展中仍然存在不少问题，发展不平衡不充分的一些突出问题尚未根本解决，主要表现在：高质量发展成效尚不够突出，在国家级高新区排名中位次还不靠前；创新资源要素的集聚、优质创新生态的打造距离一流科技园区的要求还有较大差距，新旧动能转换仍需加快；城市功能、形态、品质还需加速提升，生态环境治理和城市安全保障还存在一些薄弱环节；教育、医疗、养老等民生社会事业发展水平还不能较好地满足群众需求。

二、2020年工作安排

2020年1月，面对突发的新冠肺炎疫情，新吴区全面贯彻中央、省市和区委决策部署，按照“坚定信心、同舟共济、科学防治、精准施策”总要求，始终坚持外防输入、内防扩散，全面筑牢疫情防线，全力推进联防联控、群防群控、精密智控，做到了“部署早、控得牢、效果好”；始终坚持统筹推进疫情防控和经济社会发展“两手抓、两不误”，积极推动分批分类精准复工复产，率先建立企业复工驻派员制度，着力畅通人流、物流、资金流，稳步推进开学复课工作，以最快速度恢复正常生产生活秩序。经过全区上下的艰苦努力、顽强拼搏，新吴区疫情防控取得了重大成果，经济发展保持稳定，民生保障有力有序。

2020年是全面建成小康社会和“十三五”规划收官之年，是全面贯彻落实中共十九届四中全会精神开局之年。要实现第一个百年奋斗目标，为“十四五”发展和实现第二个百年奋斗目标打好基础。当前，国际疫情持续蔓延，给新吴区巩固拓展疫情防控良好态势、推动经济社会平稳健康发展带来重大挑战，要抓紧抓实抓细常态化疫情防控，不断巩固疫情防控持续向好形势全力以赴、只争朝夕，把耽误的时间抢回来，把遭受的损失补回来。

2019年政府工作的总体要求是：以习近平新时代中国特色社会主义思想为指导，全面贯彻中共十九大和十九届二中、三中、四中全会精神，深入贯彻落实习近平总书记对江苏工作的重要讲话指示精神，按照中央经济工作会议和省委十三届七次、市委十三届九次、区委一届九次全会部署，紧扣高水平全面建成小康社会目标任务，坚持稳中求进工作总基调，坚持新发展理念，坚持以供给侧结构性改革为主线，扎实做好“六稳”工作，全面落实“六保”任务，统筹推进稳增长、促改革、调结构、惠民生、防风险、保稳定各项工作，保持经济运行在合理区间，着力做好“能级提档、产业提质、动力提升、环境提优”四篇大文章，打造更具创新力、带动力的国家高新区，建设更具国际化、现代化的城市主城区，确保高水平全面建成小康社会，确保“十三五”规划圆满收官，勇当全市经济社会高质量发展“全能冠军”。

鉴于全球疫情和经贸形势不确定性很大，全区上下要集中精力抓好“六稳”“六保”，再攀新高，再创新业，2019年地区生产总值、一般公共预算收入、规模以上工业增加值、固定资产投资、社会消费品零售总额、规模以上服务业营业收入等主要经济指标增速要确保高于全市平均水平、高于苏南主要开发区平均水平，全社会研发投入占比达到4%，进出口总额实现稳中提质，到位注册外资完成12.8亿美元，城镇居民人均可支配收入与经济增长保持同步，城镇新增就业1.3万人以上，城镇登记失业率控制在4%以内，节能减排和大气、水环境质量完成市下达的目标任务，生产安全事故起数和死亡人数实现大幅下降。

当前,境内外疫情防控和经济形势正在发生新的重大变化,新吴区发展的外部环境更加严峻,但积极因素和有利条件正在逐步增多。中共十九届四中全会对坚持和完善中国特色社会主义制度、推进国家治理体系和治理能力现代化作出重大战略部署,将进一步为政治稳定、经济发展、文化繁荣、民族团结、社会安宁、国家统一提供更加有力的保障。“一带一路”建设、长江经济带建设、长三角一体化发展、苏南自创区建设、传感网创新示范区建设等国家战略,为新吴区确立长远发展定位、谋划“十四五”发展提供了科学指引,将进一步激发新吴区高质量发展的内生动力。疫情之下,更加积极的财政政策和稳健的货币政策,更大力度的供给侧结构性改革,更精准的稳企助企措施,更多实惠的民生举措,为新吴区经济社会“逆势上扬”增添了充足能量。近年来,新吴区全面贯彻新发展理念,综合经济实力明显提高,创新发展活力有效释放,改革开放步伐坚定有力,产城融合成效日益凸显,区域发展环境持续改善,居民生活水平稳步提高,这些因素都为新吴区经济社会稳定发展创造了良好条件。

面对百舸争流的竞争态势,我们要跟进学习贯彻习近平总书记最新重要讲话,强化坚定不移的决心、稳扎稳打的耐心、成竹在胸的信心,落实落细“六稳”“六保”要求,坚决守住“保”的底线、筑牢“稳”的基础、保持“进”的态势,全力稳住经济基本盘,下好先手棋、打好主动仗,以积极进取的主动性对冲疫情带来的不确定性,奋力夺取疫情防控和经济社会发展双胜利。重点把握好以下几点:一是坚持以新发展理念为指引。以供给侧结构性改革为主线,妥善处理好稳增长与调结构的关系,在全面对接和深度融入国家战略中精准发力,深入实施产业强区主导战略和创新驱动核心战略,加快构建自主可控的现代产业体系和产业科技创新体系,精心编制“十四五”规划,推动高质量发展再攀新高峰。二是坚持把人民对美好生活的向往作为追求。更加注重优质、均衡、公平,全力补齐民生领域短板,加快提升基本公共服务水平,坚决打好决胜高水平全面建成小康社会收官战。三是坚持走好社会治理现代化之路。全面贯彻落实中共十九届四中全会精神和省市、区委部署要求,深入学习推广新时代“枫桥经验”,加强战略谋划、顶层设计,坚持系统部署、统筹推进,充分尊重和鼓励基层创造,积极汇聚各方力量,不断提升社会治理社会化、法治化、智能化、专业化水平,形成共建共治共享的现代社会治理新格局。四是坚持把握运用好底线思维。坚守疫情防控底线、决不能有丝毫的麻痹大意和放松懈怠;坚守稳定底线、决不能发生严重危害社会稳定的问题;坚守安全底线、决不能以牺牲群众利益为代价推动发展;坚守生态底线、决不能为了发展破坏生态环境;坚守廉政底线、决不能以工作为借口破坏廉洁纪律。

围绕总体要求和主要目标,重点做好以下七方面的工作:

(一)坚持提档提质,在推动产业高质量发展上争做全市“代言人”

坚定不移稳增长。围绕“6+1”产业集群,深入实施“强链、补链、延链”工程,推动形成配套集群、创新集群、资本集群,促进产业链、创新链、资金链深度融合,加快打造新一代信息技术、高端装备两个超千亿产业集群,加速发展生物医药,依托无锡国际生命科学创新园,打造合同研发和生产服务平台,着力构建优质生态圈,促进生物医药倍增发展。把项目建设作为“一号工程”,发挥好投资的关键作用,围绕产业链重点企业和招商路线图强力招商,力争新批超亿元项目100个,其中超10亿元项目10个。健全重大项目审批建设服务机制,推动近百个区级重点项目提速提质提效,实现开工项目30个、竣工项目30个,完成投资380亿元;做好政府投资项目的谋划储备和滚动实施,加大生态环保、基础设施、社会民生领域补短力度,实施重大政府投资项目18个。着力提升消费能级,加快推进万达广场开业运营,做优长江路、梅里古镇等特色商圈,健全社区便民服务设施,完善消费维权体系,推动消费环境优化升级;全力推进商贸流通新业态、新模式健康发展,加快引进建设一批新零售项目;主动承接进博会溢出效应,探索发展会展经济;完善跨境电商政策、载体、通关环境建设,加快龙头项目引育和集聚区建设,打造全市跨境电商产业高地。

大力推动转型升级。在发展数字经济、总部经济、枢纽经济“三大经济”上率先领先,巩固扩大物联网、集成电路、大数据、云计算等新一代信息技术产业的领先优势,推动制造业加速向数字化、网络化、智能化方向转型升级,完成智能化改造项目50个,新增省市智能示范车间(工厂)20个以上,培育国家智能制造能力成熟度二级以上企业10家,打造全市数字经济高地。深入推进工厂总部化,鼓励内外资企业总部化、集团化发展,完成总部化改造40家,打造全市总部经济高地。重点发展空港枢纽经济,加快编制空港枢纽经济区发展规划,完善空港集疏运体系,打造全市枢纽经济高地。推动制造业和现代服务业深度融合,引导制造业企业向科技研发、咨询设计、系统集成等领域拓展,促进生产性服务业规模化、特色化发展,推动服务业集聚区提档升级;深度挖掘吴文化时代价值,以鸿山旅游度假区、梅里文化小镇、空港“曲艺之乡”为主阵地，推动文旅深度融合发展，力争服务业增加值占GDP比重超过40%。

加快对外开放步伐。发挥对外开放"特战队"作用，努力克服境外疫情蔓延带来的影响，积极参与"一带一路"建设，开辟新的外贸市场，鼓励企业到境外投资发展。实施贸易促进计划，加快推进药品进出口中心、文化产品出口基地建设，推动综保区"五个中心"建设，持续做好推广增值税一般纳税人资格、全球维修检测业务、保税研发、保税融资租赁等工作，推进贸易结构优化，提升"一般贸易""服务贸易"占比，促进外贸"优进优出"，一般贸易占比持续提高。全面实施外商投资准入前国民待遇加负面清单管理制度，引导外资更多投向战略性新兴产业，推动现有外资企业增资扩股扎根发展，做优做强星洲工业园、综合保税区、空港经开区等特色园区。

（二）坚持创新驱动，在建设太湖湾科创带中勇当急先锋

引育更多创新主体。持续实施"栽新苗"工程，引进各类科技企业1200家，全面实施高新技术企业提质增量计划，力争新增国家高新技术企业188家，新增雏鹰企业、瞪羚企业、准独角兽企业300家，加大"专精特新"小巨人扶持力度，加速培育造就一批具有行业引领力、国际竞争力的创新型龙头企业，形成大中小企业梯次并进的"创新矩阵"，新增科创板上市企业3家，打造科创板的"新吴板块"。支持企业加大研发投入，力争有效发明专利突破8000件、万人发明专利拥有量突破140件。深入实施"太湖人才计划""飞凤人才计划"，探索打造"龙头企业＋人才团队＋创新项目"引才聚才模式，办好招才引智重大品牌活动，大力吸引集聚顶尖科学家、创新团队，引进各类人才1万人以上，其中高层次人才570人、高技能人才2300人，引育领军人才创业项目70个，为创新发展注入更多人才"活水"。

开启更好创新路径。启动运行太科园管理机构，科学统筹各科技园区的空间布局、产业规划，让科技企业创新有服务、转化有渠道、发展有空间。全面推行"六个一"科技园区运行模式，加快中电海康、阿斯利康、海力士、先导、朗新、海尔、特康等科技园区建设步伐。加强与国内外一流高校和科研院所的战略合作，积极推进国家集成电路特色工艺及封装测试创新中心等重大研发机构、创新平台建设，重点推进街道产业加速器建设，构建"众创空间—孵化器—加速器—产业园"的技术转化、企业成长新路径。

营造更优创新生态。加快健全完善科技创新体制，优化科研项目评审管理机制、科技投入绩效评价机制，充分发挥苏南自创区"一站式"服务中心作用，搭建资本与科创对接的常态化平台，构建从孵化、加速到成熟的全链条创新创业专业服务体系。加大土地、财税、金融等要素支持力度，重点发挥好科技金融政策集成作用，支持科技企业加快科技成果产业化。规划建设科技金融园区，做大区级产业投资平台，完善市区投融资平台共享机制。

（三）坚持改革引领，在优化营商环境上作出新示范

深化供给侧结构性改革。按照"巩固、增强、提升、畅通"要求，全面落实减税降费和降本减负政策，着力清理规范涉企收费；集中精力强势推进街道工业集中区提档升级，着力"砸笼换绿""腾笼换鸟""开笼引凤"，探索开展"土地整备"，加大低效厂房清退力度，关停低效企业500家、腾退低效工业用地1000亩，亩均税收增长15%以上；以"宜居空间、创新空间、产业空间"三大空间为抓手，加快谋划建设产业与生活融合互促的产业综合体；以壮士断腕的意志重点推进"四个一批"化工专项整治，关停化工企业20家；向"散乱污"宣战，强化执法大力整治关停"散乱污"企业，力争腾出土地2000亩以上、厂房70万平方米以上；加快推进加氢站、鸿山200千伏变电站等能源供给项目建设。

持续加大"放管服"改革力度。积极构建全区统筹、全域协调、全局联动的服务机制，让新吴成为"无难事、悉心办"的生动缩影。实现国家级开发区全链审批赋权"应接尽接"，扩大相对集中行政许可权改革效应，探索"办照即营业""拿地即开工"审批服务新模式，积极推动"3550"改革提档升级，力争实现"1120"新目标。深入推进"双随机、一公开"联合执法，全力加强事中事后监管。全力推进"一件事"改革，开设长三角"一网通办"专窗。深化三级政务服务体系建设，打造"15分钟政务便民服务圈"。

发展壮大民营经济。认真贯彻中央关于营造更好发展环境、支持民营企业改革发展的意见，坚决破除制约民营企业发展的各种限制和障碍，加大在智能改造、技术创新等方面的扶持力度，引导社会资本参与民营企业纾困，全力弘扬新时代"锡商精神"，构建亲清政商关系，充分调动广大企业家的积极性、主动性、创造性，推动更多民营企业走好"专精特新"小巨人之路，让民营经济创新源泉充分涌流，努力打造千亿级民营经济产业集群，让民营企业更有方向感、获得感、归属感。

（四）坚持产城融合，在提升城市功能品质上取得新突破

持续优化城乡规划。按照"以产兴城、以城聚产、产城联动、融合发展"工作思路，全面推进国土空间总体规划编制，高站位、高水平谋划镇村布局规划修编、

绿道绿地布局规划、大运河沿线及太湖沿线地区等重点片区规划，实现土地利用规划与城市规划、生态保护规划相融合；持续深化泰伯广场、旺庄第一岗、鸿山新市镇等重点片区的城市设计与功能策划研究，全力推进鸿北—新市镇、梅北—新镇南等控规单元的控规动态更新，为重大项目建设提供空间保障；全面完成鸿山全域旅游规划，积极推动鸿山旅游度假区详细规划与设计，全力促进乡村振兴深入实施。

持续完善城市功能。把握新基建风口，加快推进慧海湾小镇启动区、鸿山物联网小镇创新片区进入实质性建设阶段，打造智慧城市建设的样板。加快推进太科园、站前、第一岗、伯渎河等重点片区建设，梅里古镇二期建成投用。抓好城市基础设施建设，加快推进312国道、高浪路等快速化改造项目，着力推动新洲路延伸、大坊桥危桥改建等一批道桥工程建设，确保飞凤路改造等一批重大基础设施竣工投用。新增机动车泊位5000个、公共停车场11处。结合地铁三号线开通，优化公共交通网络，畅通居民出行"最后一公里"。全力拓展发展空间，启动旧城改造地块26个，完成征收拆迁项目45个、150万平方米，其中扫尾灭点项目25个，完成棚户区征收拆迁1500户，新建安置房85万平方米，竣工50万平方米。

持续强化城市管理。坚持"建管结合"，进一步完善统筹协调、考核督查、巡查处置、专业管养及行政执法五大体系建设，全面提升城市精细化管理水平，继续推进背街小巷整治和道路包装出新，有效解决共享单车乱停乱放、路边占道经营、私设户外广告等管理难题，加快示范管理街区建设，推动生活垃圾分类收运、处置体系建设，确保居住区、公共场所设施覆盖率达100%，优美环境合格区建设合格率100%、优良率不低于80%。启动安置房综合改造7个，完成老旧小区提升改造5个、住宅小区二次供水改造20个。大幅提升全区物业管理水平，创建2个市级优秀安置房小区。

（五）坚持绿色发展，在建设美丽新吴上迈出新步伐

持续推进"三大保卫战"。深入开展"263"专项行动，实施"统筹治水"，深入落实"河长制""断面长制"，开展河长制示范河道建设，加强重点涉水企业监管，确保国省考断面水质稳定达标，完成太湖安全度夏和更高水平的"两个确保"目标。全力提升空气质量，推进VOCs综合治理、餐饮油烟治理等45个重点项目，加强重污染天气管控，统筹推进PM2.5和臭氧浓度"双控双减"，完成空气质量年度目标。完善土壤污染防治联防联控机制，深入推进重点行业企业用地调查，强化土壤及地下水风险管控。

全面夯实生态文明基础。全面推进绿色科技创新，积极实施统筹节能、降耗、减排、治污的集成化、系统化绿色解决方案，推动化工钢铁煤电行业转型升级高质量发展；持续推进资源集约利用，推进太阳能发电、分布式光伏发电应用，全面完成年度减煤任务，确保全区单位GDP能耗持续减降；积极开展危废处置专项整治，深入排查环境风险隐患；强化环境执法和检测，严厉打击环境违法犯罪行为；加快绿色新吴建设步伐，加快推进伯渎港绿色廊道建设，完成慧海湾公园二期建设，提升改造新洲生态园，新建改建游园公园6个，新增绿地500亩。

（六）坚持安全发展，在提高城市本质安全上展现新作为

开展安全生产专项整治。牢固树立"生命至上、安全第一"理念，按照"四严四实"要求，深入开展安全生产专项整治行动，严格落实安全生产"五个责任"，注重全面系统、注重靶向发力、注重整体效果，持续开展地毯式、拉网式隐患大排查，横向到边、纵向到底，对全区安全隐患"大抄底"，推动隐患动态"清零"，打好监管盲区消除、风险隐患化解、安全事故防范的攻坚战。

夯实安全生产基础。结合安全生产工作要求，配齐配全各类设备设施，不断提升应急处置能力。全面夯实企业主体责任，严格督促企业强化安全投入、安全培训、基础管理和应急救援。梳理优化现有执法队伍结构，扎实推进安全监管执法规范化标准化建设。加大各类园区、街道和企业安全管理人员的教育培训力度，筑牢基层"第一道防线"。加快推进"智慧安监"等信息化项目建设，提升安全风险隐患智能防控能力。严格执行值班值守和事故报告制度，确保各类突发事件和紧急情况第一时间得到有效处置。加大对食品药品安全违法行为的执法力度，扩大"明厨亮灶"覆盖面。

构建安全治理新格局。构建风险分级管控、隐患排查整治双重预防工作机制，建立完善安全生产诚信体系和"黑名单"制度。制定全区总体应急预案、专项应急预案、部门应急预案、企事业单位应急预案。全面提升71个安全生产管理网格的监管能力，真正实现安全生产巡查全覆盖。把落实安全生产市场准入制度与项目招引、产业绩效评估等工作紧密结合，筑牢安全生产防线。

（七）坚持民生为本，在大力保障和改善民生上增添新内涵

慎终如始抓好疫情防控。坚决按照"外防输入、内防反弹"的总体策略和"守住一线、放开全域"的工作要求，不折不扣落实好国家和省市区各项常态化防控措施，打好、打赢疫情防控的人民战争、总体战、阻击战。持续完善疾病预防控制、重大疫情防控救治和

公共卫生服务体系，优化医疗卫生资源投入结构，发挥好新瑞医院龙头引领作用，加快空港、鸿山、梅村社区卫生服务中心以及区中医医院、公共卫生大楼等重点项目建设，有效提升公共卫生治理体系和治理能力现代化水平。

提升就业和社会保障水平。全力以赴保居民就业，发挥政府作用保基本，多措并举扩大就业总量，推进全民参保登记长效机制，精准帮扶失业断保群体，推动适龄居民应保尽保。着力保基本民生，注重普惠性、基础性、兜底性，抓好各类救助政策精准实施，逐步探索建立社区级综合救助服务窗口，推进涉农社区村级医疗互助全覆盖。充分利用各类社会组织、企事业单位以及慈善会、红十字会等各方力量补充完善现有救助体系。强化退役军人服务保障体系规范化标准化建设，探索建立退役军人培训、就业、创业基地，营造尊崇军人的浓厚氛围。以项目为牵引，加大对口帮扶力度，携手宜川县、互助县共奔小康。

深入推进社会事业发展。积极创建全国义务教育优质均衡发展区，全面推动教学改革、教育评价、教师发展等体系建设，深化优质教育发展共同体建设，推动实施名校、名校长、名师“三名工程”，新建续建中小学幼儿园16所，改扩建学校7所。加快推进空港、旺庄、鸿山等5个养老院建设，持续完善社区和居家养老服务平台，构建“15分钟优质养老健康服务圈”。完成区级新时代文明实践中心建设，成立区文联，出台文化高质量发展扶持政策，加快文体设施规划建设，大力提升文体事业发展水平。

强化基层社会治理。建立健全遏制黑恶势力滋生蔓延的长效机制，取得扫黑除恶专项斗争压倒性胜利。完善社会矛盾纠纷多元预防调处化解综合机制，推动信访积案化解，全力维护社会稳定。稳妥有序推进基层整合审批服务执法力量改革，形成“集中高效审批、强化监管服务、综合行政执法”的基层治理架构，构建“便民服务一窗口、综合执法一队伍、镇村治理一网络、指挥调度一中心”基层治理模式，提升基层机构工作效能。推进社区治理共同体建设，完善社区工作者职业体系，持续实施社区民主协商项目，深化自治法治德治一体的基层治理格局。推进村（居）务监督委员会建设，完善村（居）务公开。

深入推进乡村振兴战略。扶持物联网农业、智慧农业等新兴产业发展，推动一二三产深度融合发展。深化农村集体产权制度改革，推进村级股份经济合作社赋码登记，鼓励和引导农村集体经济组织抱团联合发展。完善农村集体“三资”规范管理长效机制。全面完成空壳村（居）撤销工作。持续实施农村人居环境整治行动，继续推进美丽乡村结对共建，扎实推进农村垃圾治理、污水治理、道路优化等重点领域治理。加强乡风文明建设，完善乡村治理体系，加快农村基本公共服务均等化步伐，提高乡村发展水平和文明程度。

按照“尽力而为，量力而行”原则，新吴区2020年计划投入23亿元，在改善居住条件、生活便民配套、教育设施保障、医疗卫生优化、健康养老服务、生态环境治理、弱势群体关爱等10个方面兴办50项民生实事工程，让改革发展成果更多更公平惠及全区人民，不断创造高品质生活。

三、全面加强政府自身建设

夺取疫情防控和经济社会发展双胜利，完成高水平全面建成小康社会历史使命，当好全市经济社会高质量发展“全能冠军”，对新吴区政府自身建设提出了新的更高要求。要以习近平新时代中国特色社会主义思想为指导，坚持人民政府为人民服务、对人民负责、受人民监督，加快转变政府职能，着力提升施政能力，切实加强作风建设，在构建职责明确、依法行政的政府治理体系上迈出更大步伐。

加强政治建设。旗帜鲜明讲政治，切实增强“四个意识”，坚定“四个自信”，做到“两个维护”，严守政治纪律和政治规矩，永葆政治本色。认真落实全面从严治党的政治责任，全面加强政府系统党的建设，强化制度建设，把党的领导贯彻到政府工作全过程各领域，推动中央、省市和区委决策部署落地生根。严格落实意识形态工作责任制，守牢守好意识形态阵地。

坚持依法行政。践行法治理念，严格依法行政、依法办事，将政府活动全面纳入法治轨道，严格规范公正文明执法，自觉接受人大法律监督、工作监督和政协民主监督，自觉接受人民群众监督和社会舆论监督，让权力在阳光下运行。深入开展“七五”普法，不断丰富居民法治文化生活。提高公共法律服务质效，打通法律服务“最后一公里”。

强化担当作为。政府带头当好实干家，凡是作出的承诺，必须说一件、干一件、成一件，深化重点工作清单式管理，制定任务单、责任单、成绩单，做到事事明确、层层负责、人人担当。旗帜鲜明地为担当者担当，为负责者负责。坚持问政于民、问计于民、问需于民，在工作一线发现问题、协调问题、解决问题，以出色的实绩赢得百姓口碑。

严格正风肃纪。认真履行党风廉政建设“一岗双责”，坚决贯彻落实中央“八项规定”及其实施细则精神和省、市委具体办法。健全行政问责制度，紧密联系政务公开、绩效考核等制度，加强公务人员监督管理。严格财政预算管理，花钱必问效、无效即问责，确保"三公"经费持续下降,着力保基层运转。坚决防止和反对腐败,着力解决人民群众身边的不正之风和腐败问题。

使命重在担当,实干铸就辉煌。让我们更加紧密地团结在以习近平同志为核心的中共中央周围,在市委、市政府和区委的坚强领导下,团结拼搏,克难奋进,撸起袖子加油干,凝心聚力抓落实,奋力夺取疫情防控和经济社会发展双胜利,为高水平全面建成小康社会、加快"强富美高"建设、当好全市经济社会高质量发展"全能冠军"而努力奋斗!

重大课题调研报告

《开发区人大工作的着力点究竟在哪里》

黄胜平

改革开放以来,随着我国开发区的建立与发展,特别是随着各地开发区面积的扩大,人口的增加,许多开发区已成为具有数十、数百平方公里土地,数万、数十万以至百万人口的特殊区域,由此,大量的社会民生事务急剧增加,旨在反映民情民意、体现人民当家作主的人民代表大会制度,随之而向开发区延伸与覆盖。各地开发区人大机构应运而伸,开发区人大工作随之也得到了长足的发展。

然而,尽管在开发区开展人大工作,符合国家宪法和地方组织法的有关规定和党的有关重要文件、重要会议精神,但由于2019年我国尚未出台关于开发区人大工作的专门法律和专门规定,没有明确设置开发区人大工作的管理部门,因而,各地开发区人大工作大多处在探索之中。开发区人大工作究竟怎么做、做什么、如何做,各地的做法不尽相同,尤其是开发区人大工作的着力点放在哪里,各地都在探索之中。前一段时间,我们有机会参加了由无锡市人大常委会组织的开发区人大工作专题调研,对无锡市省级以上开发区人大工作概况有了一个全面的了解,由此也引发了一些思考。我们觉得,无锡开发区人大工作关于开发区人大工作着力点的经验值得重视和借鉴。

一、无锡开发区人大工作的主要着力点

自1992年无锡市设立首个国家级开发区——无锡高新技术产业开发区以来,2019年已建成14个省级以上开发区,包括6个国家级和8个省级开发区。经过20多年的发展,无锡开发区已经成为无锡市对外开放的主阵地,经济发展的主战场,全市经济社会发展的主力军。开发区各项指标增幅均快于全市,为全市经济社会又好又快发展做出了重要贡献。与此同时,在无锡市委和无锡市人大常委会的重视和支持下,江阴、宜兴、锡山、惠山、滨湖、新吴等县(市)区开发区人大工作,也先后起步并逐步开展。各开发区人大工委(包括街道人大工委),在2019年法律体制的框架下,都能认真履行工作职责,积极开展工作。其工作着力点主要体现在以下几个方面。

1. 着力抓好民主法治建设,助推依法治区

开发区人大工委是政治组织,其首要任务是贯彻人民代表大会制度,抓好辖区内的民主法治建设。在这方面,无锡市开发区人大工作的主要做法:一是抓好人大干部和人大代表对国家宪法及相关法律的学习、理解和运用。恪守宪法原则,弘扬宪法精神,履行宪法使命,坚持党的领导、人民当家作主和依法治国有机统一,把与党同向、与民同心、与时俱进的人大工作思路落实到推进法治建设的过程中,落实到坚持和完善人民代表大会根本制度中。通过法制讲座、法律培训等途径,加大对《代表法》《监督法》等涉及人大工作的重要法律法规的学习和执行力度,提高人大法治工作水平。二是协助党工委统筹抓好依法治区的重

点工作，为推动开发区经济社会发展营造公正高效的法治环境。积极推动开发区法治体系建设，推进法治社会的各项工作，坚持把全面贯彻实施中华人民共和国宪法摆在依法治区的突出位置。三是积极开展群众性的法治宣传教育，增强群众法律意识。以多形式、分层级的方式对群众进行普法宣传教育。在社区等人流量多的地方，利用横幅、展板、电子屏及连环画等趣味方式进行普法宣传，在辖区内推选人民陪审员，在青少年群体中进行“普法教育千人签名活动”“今日学法”和手抄报比赛等活动。四是加强法律法规监督检查，积极配合上级人大对各类法律法规贯彻落实情况的督查。

2. 着力组织代表参与经济中心工作，助推开发建设

开发区是一个特殊的经济体，开发区的中心工作是经济工作，是开发建设。实践证明，开发区的人大工作只有围绕中心工作，才能得到开发区党政部门的重视和支持，人大工作才有活力和生命力。2018 年以来，江阴高新区人大工委，以助力产业发展为重要目标，根据高新区党工委提出的壮大实体经济、推动产城融合的战略部署，围绕重点重大项目，结合“连心富民、联企强市”大走访活动和领导干部“五个一”结对挂钩联系制度，开展主题调研活动，组织代表先后走访了普莱医药、中芯长电、天江药业等企业，通过与企业负责人交流座谈、听取项目情况介绍，了解项目进展中的困难和问题，并积极向市区有关部门和领导反映。同时，多次召开评议座谈会，引导代表解放思想、开拓视野，积极建言献策，服务开发区经济社会发展。惠山经济开发区人大工委（长安街道人大工委）研究选取惠山开发区中心工作与人大工作的结合点和切入点，重点对龙头企业发展、高新企业培育、金融服务体系建设情况等进行视察调研，为惠山开发区“争创国家级开发区、打造千亿级开发区”出谋划策。该街道人大工委还通过民意调查、听取汇报、填写调查问卷、实地考察等方式，组织代表主动参与全区重点产业项目推进计划和《为民办实事十项工程》项目计划的制定和实施。

3. 着力畅通与群众的联系渠道，助推民意表达

实现顺畅的民意表达，充分反映辖区民情，这是开发区人大工作的基本要求。无锡各开发区人大工委通过建立“人大代表之家”和“代表联络站”，畅通与群众的联系渠道，使辖区的民情民意得到充分表达。2018 年以来，在江阴市人大常委会的指导和推动下，江阴高新区和临港经济开发区的四个街道一个镇，全部建成“代表之家”与“代表联络站”，极大地方便了人大代表们按计划定期前往代表联络站、代表之家接待群众，收集民情民意，从而实现了代表与群众接触全履盖。其中，临港经济开发区建成代表之家 5 个、代表联络站 13 个，开展联系选民活动 220 次。江阴高新区人大工委精心安排每一位代表参加“回选区、见选民”活动，深入基层，深入群众，广泛倾听民意，认真开展代表述职活动，2019 年上半年，已组织安排了 5 位市人大代表向选区选民代表进行述职。同时，针对蟠龙山生态公园建设、节能减排、集镇改造和公共社会事业等“1310”工程，公开征求人大代表意见，共组织召开代表座谈会 8 次，收集了有关高新区转型发展、产业强区、集镇改造、环境保护、民生工程等方面的合理化意见建议 36 条，并认真进行梳理、及时汇总上报。2018 年 11 月，江阴高新区人大代表之家与杨市社区、石牌社区、寿山社区、蟠龙社区 4 个人大代表联络站正式启用。作为联络站启用后的第一个服务日，各联络站的人大代表入站履职，认真听取群众建议，打通了联系和服务人民群众的“最后一公里”。

4. 着力组织开展人大监督，助推代表履职行权

开发区人大工委是上一级市人大常委会的派驻机构，它不是一级权力机关，因而，它对开发区的工作监督和法律监督，主要是通过人大代表实施的。一是对开发区改革的重大事项进行监督。江阴市是江苏省县级集成改革的试点单位，其要义是将区域内各项改革举措系统化、集成化，把分散的“盆景”变成风景。2018 年以来，江阴高新区人大工委、临港经济开发区人大工委多次组织人大代表就集成改革开展监督工作。2018 年 9 月 18 日，15 名市人大代表现场视察高新区管理服务指挥中心、江阴高新区政务服务中心、江阴高新区一体化双创服务平台，对高新区集成改革工作进行专题审议，集思广义制定对策，推进了各项集成改革措施的落实，取得了显著的系统化、集成化改革效应。二是组织人大代表开展对环境整顿工作的监督。根据江阴市人大常委会《关于组织开展 2018 年“代表建议督办月”活动的通知》和《关于组织开展 2018 年“市人大代表履职活动周”的实施意见》的要求，组织代表开展“263”专项整治视察行动。高新区人大工委组织社会事业组人大代表对高新区“310”综合整治行动工作进行视察评议。代表们实地查看福赞科技环境，凤凰山北侧停车场、金童社区停车场、洪流村宅基地土地复耕情况，以及老大河港河道环境整治情况，随后开展监督评议。代表们针对老百姓最为关心的环境污染、违章搭建、占道经营、基础管理薄弱、配套设施不全等问题提出了有价值的意见和建议。三是对开发区财政预决算进行监督。惠山经济开发区人大工委（长安街道人大工委）在人代会期间，组织辖区人大代表听取惠山开发区、惠山街道办事处财政预算报告，专题听取上半年财政预算执行情况和决算情况的报告，并征求意见。江阴高新区人大工委在人代会召开之前，组织力量对高新区财政预算执行情况进行调研，从而做好人代会期间财政预算监督审查工作，做到预算编制审查清晰，合理合法。四是健全代表履职监督机制。江阴高新区人大工委对每位代表在人代会和闭会期间参加会议活动、视察调研、执法检查、工作评议、工作调研、提出建议等履职情况进行监督考核，实行“一人一档”，同时将社区“代表联络站”的运行工作列入年度考核，充分调动代表依法开展监督的主动性和积极性。该人大工委把提高代表意见建议办成率放在工作重要位置，实时跟踪代表意见和建议的办理程度，满意和基本满意率达100%。

5. 创设选民会议制度，助推人民当家作主

在工业化、城市化发展过程中，各地不少乡镇都改成了街道，因而使原来乡镇人大代表的职务全部终止，在这种情况下，许多开发区的街道出现了人大代表少、活动稀、发声弱，甚至出现人大代表空白、人大活动失声、人大工作断线的情况。基于此，无锡市一些省级以上开发区借鉴外地经验，积极开展创实选民会议制度的试点工作。2019年3月以来，江阴市人大常委会在临港经济开发区的申港、利港及南闸街道进行街道选民代表会议制度的试点工作。开发区（街道）选民代表会议制度是在党委的领导下，由开发区（街道）人大工委组织召集辖区内选民代表会议成员听取和讨论开发区（街道）经济社会发展情况，参与民主管理的群众性民主议政制度，是开发区（街道）领导层、管理层实施民主决策的重要渠道，是加强开发区（街道）政府与群众沟通、干部接受群众监督的重要平台。这一制度，是对现有开发区（街道）基层民主政治建设的一项必要的补充，是新形势下人民群众对开发区（街道）行政行为进行监督的一项有效措施。江阴市人大通过半年多选民会议制度的试点工作，得到广大基层群众的欢迎，成效显著，即将在全市所有开发区（街道）推行这项制度，以民主助推基层治理现代化。

二、关于开发区人大工作着力点的理性思考

近几年来，无锡市省级以上开发区人大把工作着力点放在助推依法治区、开发建设、民意表达、代表履职行权和创设民意代表机制方面，这些实践尽管是初步的、不全面的，甚至是不成熟的，然而，却颇有价值，它反映和体现了开发区人大工作的若干规律和特点，值得深入研究。

1. 助推依法治区是开发区人大的重要使命

党的十八大通过的《中共中央关于全面推进依法治国若干重大问题的决定》，是我国建设社会主义法治国家的根本性纲领。按照依法治国的要求，我们必须积极推进依法治区。依法治区就是依照国家法律法规来治理开发区经济、文化、社会事务，使各项工作都进入法治轨道，党员干部、国家公务员、公民都在法律法规的范围内活动，自觉坚持依法执政、依法行政、办事依法、遇事用法，以实际行动建设法治政府。依法治区是依法治国的必然要求，是依法治国的具体体现。全面推进依法治区，是事关落实国家发展战略的一个全局性问题，是全面深化改革和发展的基本保障。在依法治区过程中需全面贯彻党的十八届四中全会依法治国精神，坚持用法治的精神、法治的思维、法治的方式和法治的力量推动工作，开创依法治区新面貌。

只有按照依法治国要求推进依法治区，才能使开发区经济社会体系建设全面纳入法治轨道。按照依法治国要求推进依法治区大势所趋，是推进开发区建设的必要举措。2019年我国开发区经济发展迅速，但是开发区的民主建设速度远不及经济发展速度，所以亟需按依法治国要求推进依法治区，进一步加强开发区民主政治建设。

只有按照依法治国要求推进依法治区，才能使开发区的体制机制改革创新于法有据。习近平主席在十八届四中全会上提出：“凡重大改革都要于法有据。”依法治国是实现国家长治久安、社会和谐的根本大计。但是，依法治国需要实现立法与改革决策相衔接，做到重大改革决策于法有据，立法需要主动适应改革与经济社会发展的需要。

只有按照依法治国要求推进依法治区，才能保障开发区人民的利益诉求。依法治国是维护群众利益的根本保障，依法治区是开发区人民群众的迫切要求和共同心愿，开发区人民迫切要求党委、政府以法治方式维护自己的合法利益。习近平总书记曾讲过：“要让人民群众在每一个司法案件中都感到公平正义。”坚持按照依法治国要求推进依法治区，是促进社会和谐、维护公平正义、保障人民合法权益的必由之路。

开发区人大在依法治区的过程中承担着重要而光荣的使命，这不仅是因为开发区人大工作是依法治区的一支重要方面，而且它所联系、服务和组织的辖区内的各级人大代表，还是依法治区的一支重要生力军。同时，人民代表大会制度本身就是民主法治的产物，是民主法治的象征。在开发区践行人民代表大会制度，本身就是一种严肃的法治行为，又是一种丰富生动的法治实践，所以，助力依法治国是开发区人大的重要使命。

2. 开发区人大工作要服务和服从于开发建设

改革开放以来,党的中心工作就是经济建设,表现在开发区就是开发建设,因此开发区人大工作必须服务和服从于开发建设。

首先,从人大的性质看,宪法第五十七条规定:“中华人民共和国全国人民代表大会是最高权力机关。”第九十六条规定:“地方各级人民代表大会是地方国家权力机关。”这种权力在本行政区域内是至高无上的,它包括经济、政治、文化等各个方面的管理权。根据生产力决定生产关系,经济基础决定上层建筑的原理,人大及其常委会当然必须把行使对经济建设的管理权放在首要和基本的位置。其次,从人大的职能看,从国家到地方,均把审查和批准国民经济和社会发展计划,财政预决算这一经济工作中最重大的问题交给人大。全国人大为全国最高立法机构,通过制定法律对经济建设进行最有影响力的调控。地方各级人大讨论、决定本行政区城内重大事项。当然,其“重大”,莫过于经济工作了。所以,从人大的职能看,中心工作非经济建设莫属。再次,从党在国家政治生活中的领导地位看,经济建设是全党工作的中心。中国共产党是我国的执政党,人大是在它的领导下开展活动的。所以,人大必须服从于党的工作中心,也就是以经济建设为中心。

不言而喻,作为开发区人大,其工作的安排和开展,也必须服务和服从于开发建设。多年来的实践证明,开发区人大工作只有服务和服从于开发区的开发建设,人大工作才会得到开发区党工委的重视,得到其它工作部门和各方面的支持,开发区人大工作才有强劲的生命力。

3. 完善和实现民意表达是开发区人大的基本要求

人民当家作主的权利,最基本的应当是话语权和表达权。因此,通过制度建设,最充分地保证人民群众对国家事务和社会事务的话语权、对自身意愿和诉求的表达权,既是我国民主政治建设的内在要求,也是基层人大工作包括开发区人大工作的职责所在。

马克思主义的政治理论告诉我们,人民民主是社会主义的生命,发展社会主义民主政治是我们党始终不渝的奋斗目标。这充分显示了发展社会主义民主的重要性,凸显了党在新时期科学执政、民主执政、依法执政的理念。在我国,人民代表大会及其常委会属于法定的民意代表机关,各项工作的开展自始至终都必须以实实在在的民意为动力,其全部工作的成效时时处处都离不开广泛而雄厚的民意支撑。因此,保证全社会各个阶层、各个方面的民意最充分地向人民代表大会及其常委会有效表达,是地方人大包括开发区人大的一项重要任务。但是长期以来,由于种种原因,地方人大特别是开发区人大的民意表达成了一块短板。

新中国成立70年来,特别是改革开放41年来,我国经济社会取得了巨大进步,日趋完善的社会主义市场经济不可避免地推动着利益的分化与重组,不同社会主体出于对自身利益的关注、追求与维护,愈发需要进行利益表达和政治参与。在这里,人民群众的话语权和表达权应当在民主政治的制度建设中得到充分的尊重和维护。否则,诸多意愿和诉求的表达便有可能在体制之外泛滥和冲撞,造成社会潜在的不稳定,最终损害人民群众的根本利益。自我国进入互联网时代以来,在几乎每一个重大事件和案件背后,都能看到成千上万民众汹涌的民意表达,这是必须引起高度重视的。

因此,面对新的形势,按照中共十九大关于人民民主不断扩大的新要求,进一步扩大人民民主,充分保证公民有序的政治参与,努力使政治建设适应经济、文化、社会发展和时代的要求,满足人民群众不断增强的政治参与愿望,为党领导人民有效治理国家提供制度保证,这是我国基层民主政治建设面临的一项重大历史任务。地方人大直接担负着推进基层民主政治健康发展的历史使命,通过不断健全和完善相关工作制度,使全社会各个阶层、各个方面的意愿和诉求得以充分表达,这是地方人大适应时代要求、搞好自身工作的需要,也是2019年推进开发区民主政治发展的一个突破口和着力点。

其实,在开发区开展人大工作,本身就是开发区人大民意表达和疏导机制的一种创新。

4. 组织代表履职行权是做好开发区人大工作的关键所在

人大代表的身份具有法定性。人大代表是人民行使国家权力的代表。宪法开宗明义:“中华人民共和国的一切权力属于人民。”“人民行使国家权力的机关是全国人民代表大会和地方各级人民代表大会。”其中,全国人民代表大会是最高国家权力机关,行使国家最高权力;地方各级人民代表大会是地方国家权力机关,行使地方国家权力。因此,人大代表是人民选派到国家权力机关中的代表,代表人民当家作主,代表人民行使国家权力,代表人民的根本利益。这是我国人大代表的本质属性所在。

根据宪法规定,全国和地方各级人大代表,代表人民的利益和意志,依照宪法和法律赋予本级人大的各项职权,参加行使国家权力。代表法明确规定,会议期间人大代表的工作,概括来说,就是行使审议权、选举权、表决权、建议权等。这些职权的有效行使,是人大代表执行代表职务的基础。因此,会议期间,人大代表要认真审议各项报告和议案,依法参加选举和表决,围绕发展大局和人民群众普遍关注的热点难点问题,积极建言献策,发表意见。

然而,2019年,全国不少条件比较成熟的开发区建立的开发区人大工作机构,由于本身不是一级权力机构,它不能像地方行政区人大一样召开人民代表大会和常务委员会,因而不具有在人大及常委会会上的审议权、选举权、表决权、建议权等,因此,开发区人大的工作包括对国家宪法和法律实施的法律监督、对政府及其有关部门的工作监督,都要通过人大代表履行职务、行使代表权力来实现的。所以,开发区人大日常的大量工作主要是联系代表,服务代表,组织代表开展各种履职行权活动。从某种意义上讲,开发区人大工作就是人大代表工作,人大代表工作做好了,开发区人大工作也就做好了。因此,有效地组织代表履行职责,行使代表权力,不仅是开发区人大的常规性工作,而且是做好开发区人大工作的关键所在。

(文章原载于《人大研究》杂志2019年第7期。作者为无锡市高新区原党工委副书记、人大工委主任,无锡国家高新区发展研究院院长,全国开发区人大研究会会长)

《无锡高新区(新吴区)国企改革的实践》

无锡高新区(新吴区)国资办

无锡高新区国有企业是伴随着区域开发建设而发展起来的,在高新区一次创业、二次创业、打造科技新城和现代化示范区建设的不同阶段中发挥了先行军、主力军的作用,做出了不可忽视的历史贡献。

1992年11月,新区经济发展总公司成立,开启新区国资国企发展的序幕,2005年实现了政企分开,2008年新区国资办成立,组建了专门从事国资监管的机构,完善了国有资产管理体系和国资监管制度,建立了"一委三会"的国资管理架构,有效促进了区属国资有序发展。20多年的发展,新吴区国资取得快速裂变式的增长,截至2017年12月末,12家直管国有企业总资产达到622亿元,净资产279亿元,在职职工2001人。完成了100多平方公里的高标准基础设施。形成了大量商业、工业、科技等用房,主要包括商业办公用房近100万平方米、工业标房80万平方米(另外,新发集团已转让32万平方米)、科技载体用房140万平方米,国有企业发展为区域经济发展奠定了良好的条件和保障。国企为区内企业还提供有效的金融服务和保障,累计引进合作基金20余家,总规模近200亿元,累计为区内企业提供融资担保50多亿元,创造了良好的金融服务环境。

伴随着2016年区划调整,无锡高新区国有企业亦步入深化改革的新阶段,高新区国资监管部门和国有企业围绕改革实施意见的要求,狠抓落实,区属国有企业改革向着既定方向不断前进,国资国企深化改革取得了阶段性成果。

一、稳步实施重组,国企架构更加清晰

(一)明确国企功能定位,实现分类管理

高新区在前期调研的基础上,以分类管理和科学监管为基本原则,根据国有企业在高新区区域经济社会发展中的职能、所处的行业等差异,将区属国有企业分为公益类、功能类和竞争类三种类型,实施分类管理。企业在区域社会发展中的功能定位得到进一步明确,一方面强化了国有企业在区域发展推动上的支撑功能,保障社会效益的提升,另一方面突出强调了国有企业的市场主体地位,为国有资本的壮大提供经济支持。

(二)积极实施产权调整,加快改革发展

围绕改革实施意见,以一企一策为原则,细化高新区国有经济布局和结构调整的重组整合方案,推进国资重组和管理架构重建。涉及区两大集团、4家科技地产公司、标的金额近20亿元的股权协议转让顺利获批,使国资国企改革规模最大的产权调整事项落实到位,为国有企业集中优质资源强化主业打下了扎实的基础,更有利于新吴区国有企业区域影响力的进一步扩大。

(三)大力推进企业上市,混改有序推进

本着成熟一家、上市一家、不强求、不列时间表的要求,优选一批竞争类企业,结合企业资源禀赋,组织开展研究论证。对条件已成熟的企业,细化工作方案,加快股权资产调整,为实现资本上市铺路;对尚未达到条件的企业,制定发展规划,指导国有企业在既有业务定位的

基础上开拓创新、优化业务模式、提升运营管理水平和经营绩效。2019年新吴区区属企业无锡星洲工业园区开发股份有限公司已启动上市前的基础工作，有望在三至五年内实现区属国有企业上市工作的重大突破。

二、紧抓制度完善，国资国企发展有序

（一）健全现代企业制度，规范企业治理

从国有企业内部入手，规范国有企业股东会、董事会和经理层的权责，制定出台《区属国有企业董事会管理暂行办法》及《区属国有企业监事会管理暂行办法》，指导国有企业根据自身情况制定贯彻落实“三重一大”制度，督促企业形成权责明晰、运转协调、制衡有效的企业法人治理结构，实现在董、监事（会）的制衡下和在企业内控制度的作用下，提升对国有企业负责人行为的监督约束，提高国有企业科学管理的规范性。

（二）规范人员管理制度，完善考核激励

成立区国资办党委和区属国有企业党的基层组织，出台《区属国有企业领导人员管理暂行办法》和党组织议事规则，坚持党管干部原则，按照企业法人治理结构要求，依法选择国有企业领导人员，对国有企业领导人员实行身份脱离和任期制契约化管理；探索建立国有企业领导人员综合考核评价制度，在分类原则的基础上，坚持经济效益和社会效益相统一，在强化经营业绩考核的同时，加强履行政治责任、社会责任、党风廉政建设等情况的考核评价，体现以德为先、全面担当；建立以市场为导向、以绩效为基础、结合企业分类定位的国有企业负责人薪酬分配体系，完善基础薪酬有保障、绩效年薪有考核、突出业绩有嘉奖的国有企业负责人年度薪酬制度；制订《区属国有企业人力资源管理暂行办法》，指导国有企业以市场化为原则，建立能上能下、能进能出的内部人力资源管理制度，让适合的人干适合的事。

（三）完善财务管理体系，强化审计监督

拓展区国资监管平台，以系统化、规范化方式实现国有企业财务管理、走访调研、审计整改等监管事项全覆盖；贯彻“统筹兼顾、收支平衡、效益优化”为原则，以增强政府宏观调控、夯实国资监管基础、加强国有企业运营规范及约束为目标，推行区级国有资本经营预算制度，有效支持国资国企向做优做强、稳步发展；完善国有企业分类经营预算编制体系，强化公益类企业成本费用控制、功能类企业政府性业务的预算编制论证以及竞争类企业的业务盈利能力测算，通过预算明权责、识风险、优配置、提效率，推动企业实现战略发展目标。

（四）改革投资管理制度，鼓励自主运营

制定《区属国有企业投资管理暂行办法》，改革原有投资项目决策制度，尽力消除政府及职能部门对企业经营决策的不合理干预，在明确权责的基础上，赋予企业更多投资决策自主权，鼓励国有企业从市场上获得投资项目和资金，通过市场运营强化国有企业可持续发展能力，一批市场化项目逐步开展，国有企业团队活力和造血能力得到了提升。

三、国企发力先行，引领区域产业发展

（一）发挥国企示范作用，投资支持城乡融合和区域开发

2016年以来，区属国有企业聚焦区域总体发展战略，发挥国资国企在基础设施开发建设保障和城市功能配套提升以及资源增值中的引领担当作用，积极推进政府性公益类固定资产建设和重点功能类项目投资。

积极承担政府性公益类项目，无锡市新发集团有限公司、无锡市太湖国际科技园投资开发有限公司、无锡吴文化博览国建没发展有限公司承担的市政道桥、官网等新建、续建项目超百项，为促进新吴区固定资产投资稳步增长，保障经济平稳较快发展基础，提升新吴区环境质量、保障社会民生、完善城市管理起到了极大的促进作用。

功能类项目投资大步前行，无锡吴文化博览园建设发展有限公司长乔海洋王国项目、吴越水街项目启动建设，为吴博园区域文化旅游板块发展和物联网小镇建设打下基础；无锡高新物流中心有限公司响应空港物流园区开发打造“国际先进制造业聚集区、国家科技创新先导区和苏南国际物流集散区”的战略目标，充分发挥国企支撑作用，全面推动园区铁路专用线建设，打造覆盖全国主要城市和全球重点物流枢纽港站的多维物流服务网络及公、铁、水、空四位一体的多式联运，增加新吴区产业承载能力。

（二）发挥国资推动作用，精准助力产业培育和科技创新改革实施以来，区属国有企业发挥资本优势和品牌优势，在区域产业转型带头先行，无锡市新发集团有限公司配合区域总体招商引资和全市重大战略项目部署，针对土地资源稀缺问题，提前做好土地购置和工业标房建设计划，确保后续稳健开发；无锡市太湖国际科技园投资开发有限公司充分利用园区行业集聚效应，加强对外合作及对接力度，与无锡市微纳产业园开发有限公司携手承办世界物联网博览会传感器产业发展高峰论坛，不断提升国资科技载体影响力；无锡市高新水务有限公司对接区域企业废水处理需求，拓展再生水回用市场化业务，探索经济效益和环保效益双赢之路。

科技创新发展亮点频现，无锡市新区科技金融创业投资集团有限公司积极进行内部改革和外部业务拓展，发挥品牌优势开展市场化产业直投和市场化基金运作，撬动新兴优势产业落户新吴区；无锡高新技术风险投资股份有限

公司秉承“服务创造价值”理念,坚持“立足本地、投资新区、深入挖掘、早期参与”,为投资企业持续提供融资对接、兼并收购、资质申报、上下游业务拓展等诸多增值服务,所投企业无锡威唐工业技术股份有限公司年内成功登陆资本市场,并创下区内企业 IPO 申报过会最快记录;无锡市新区创友融资担保有限公司争做科技型中小企业“融资天使”,九大金融产品为企业量身定制贴身式金融服务,满足企业各个层面的融资需求;江苏智慧新吴信息科技有限公司与阿里云 IOT 开展深度合作,吸取合作方大平台、大数据技术经验,创新开发“飞凤平台”,降低万物互联门槛,突破了物联网行业连接最后一百米困境。

(三)发挥国资保障作用,攻坚克难改善社会民生

区属国有企业结合新吴区重点工作部署,将实际压力转化为工作动力,在社会民生项目建设上取得了优异成绩。无锡市新发集团有限公司克服时间紧任务重的困难开展新瑞医院和国际学校项目建设,并在年内完成国际学校校园的竣工,为新吴区外国籍学生入学提供了硬件基础,对新吴区国际化氛围的形成提供了有力支撑。无锡新区公共交通有限公司围绕高新区公共交通发展,不断优化公交线路,提升公交运营服务质量,有力保障了区内公共交通需求。无锡新新人力资源开发有限公司结合新吴区“飞凤计划”“大湖人才计划”等引才政策,举办高校毕业生专场招聘,并带领区内重点企业参加高新区整体雇主全国巡回校园招聘,并为区内重点企业量身定制整体招聘方案,保障区内重点企业的用工需求,缓解了高校毕业生就业矛盾。

四、牢记经验启示,深化改革有规可循

不断深化国资国企改革是高新区改革创新的重要工作,在取得成果的同时,改革推进的过程也为新吴区未来国资国企管理工作提供了有益的经验和启示。

(一)坚持以发展为主题,顺应区域发展大局调整国有资本布局

结合区域经济社会在不同发展阶段的主题思想和工作重心,坚持以促进国有企业做大做优做强、实现可持续滚动发展为目标,将国有资本作为区域体制创新下的优质资产,科学调整国有资本布局,实现人、财、物向国有企业集中,确保国有企业在改革发展上的先行优势。

(二)坚持以企业为主体,结合企业特色有针对性地进行改革和监管

结合企业各自的功能定位、发展目标、发展特点和发展阶段的实际情况,坚持“一企一策”,研究改革方案,充分调动企业的积极性,发挥企业的主观能动性,推动国有企业的市场化、专业化、高效化改革。

(三)坚持依法依规管理,维护国有出资人的合法权益

坚持国有企业依法依规发展和国有资产依法依规监管,以法律法规、政策规章为保障,实现外部依法监管和国有企业自律相结合,从不同角度实现国有出资人合法权益的维护以及国有资产保值增值。

(无锡国家高新区发展研究院供稿,本文原载《让国有企业真正走向市场——关于深化无锡市国有企业改革的研究》(中国经济出版社,黄胜平等著,2019 年 6 月)

部分机关事业单位微信公众号一览表

表 21

序号	单位名称	公众号名称
1	无锡市自然资源和规划局新吴分局	新吴自然资源规划
2	新吴区政协	新吴区政协
3	行政审批局	高新区政务
4	无锡市自然资源和规划局新吴分局	新吴自然资源规划
5	无锡高新区(新吴区)教育局	新吴教育
6	无锡市新吴区青少年活动中心	无锡市新吴区青少年活动中心
7	无锡市新吴区教师发展中心	无锡市新吴区教师发展中心
8	旺庄街道	融智旺庄

续表 21

序号	单位名称	公众号名称
9	新吴区检察院	无锡高新区检察院
10	新吴区妇联	新吴巾帼
11	共青团新吴区委员会	团聚新吴
12	高新区（新吴区）市场监管局	新吴区市场监督管理局
13	江溪街道办事处	江溪之声
14	江溪街道办事处	擎炬江溪
15	鸿山街道办事处	吴韵鸿山
16	鸿山街道办事处	活力鸿山
17	新安街道	湖韵新安
18	新安街道	慧通新安
19	梅村街道办事处	梅里聚焦
20	鸿山旅游度假区管理办公室	无锡鸿山旅游度假区
21	新吴区退役军人事务局	无锡市新吴区退役军人事务局
22	区司法局	法润新吴
23	民政卫健局	新吴社视
24	新吴法院	新吴法苑
25	无锡高新区科技创新促进中心	科创新吴

索引

A

B

C

D

E

F

G

H

J

H

L

M

N

P

Q

R

S

T

W

X

Y

Z